Dietz

Diether Posser

Anwalt im Kalten Krieg

Deutsche Geschichte in politischen Prozessen 1951–1968

Verlag J. H. W. Dietz Nachfolger

Die Deutsche Bibliothek – CIP-Einheitsaufnahme

Posser, Diether:
Anwalt im Kalten Krieg : deutsche Geschichte in politischen Prozessen
1951 – 1968 / Diether Posser. – Bonn : Dietz, 2000

ISBN 3-8012-0291-7

Verlag J.H.W. Dietz Nachf. GmbH
In der Raste 2, 53129 Bonn
Umschlaggestaltung: Manfred Waller, Reinbek
Das Foto auf dem Umschlag ist aus dem
Privatbesitz des Autors
Druck und Verarbeitung: Ebner Ulm

Printed in Germany 2000

Dieses Buch erschien in zwei Auflagen im Verlag C. Bertelsmann, München.
Die Veröffentlichungsrechte liegen heute exklusiv beim Verlag J.H.W. Dietz Nachf., Bonn.

Inhaltsverzeichnis

Vorwort 9

Kriegsende und Kalter Krieg 11

Der Kalte Krieg im Gerichtssaal.
Klara Marie Fassbinder:
Eine katholische Pazifistin zwischen den Fronten 55

Wilhelm Elfes: Vom CDU-Politiker zum Staatsfeind? 79

Mein erster politischer Strafprozess:
Die Gesellschaft für deutsch-sowjetische Freundschaft 93

Ein ehrengerichtliches Verfahren: Die sowjetische Deutschlandnote
und Konrad Adenauers Umgang mit der Wahrheit 109

Vom Elend der gesamtdeutschen Justiz:
Friedrich Karl Kaul und der Milchmann 118

Christa Thomas: Strafbare Friedensliebe? 131

Alfons Kaufmann: Die Anklageschrift als Geheimdokument 140

Das »Programm der nationalen Wiedervereinigung Deutschlands«:
Scheinrevolutionäre Phrasen als Hochverrat 144

Das Verbot der KPD 147

Die Amnestiediskussion 150

Der Fall Clemens: Das Urteil stand schon vor der Verhandlung fest 153

Die KPD als kriminelle Organisation 156

Der »Landesverratsprozess« gegen Viktor Agartz 159

Der Fall Berndsen: Eine Premiere in der bundesdeutschen Justiz 173

Das Bundesverfassungsgericht greift ein:
Die verfassungswidrige Strafnorm 178

Karl Schabrod:
Als Mensch und Abgeordneter geschätzt, als Kommunist verfolgt 183

Heinz Renner: Trauer um einen Staatsfeind? 189

Was ist eine Ersatzorganisation der verbotenen KPD? 198

Wer den Schah bekämpft, ist ein Feind des Grundgesetzes 200

Die Güde-Titelgeschichte im »Spiegel« und ihre Folgen 205

Frohe Ferien für die Kinder – Gefängnis für die Betreuer 209

Der Fall Knepper:
Der Kalte Krieg verhalf dem Denunzianten zur Karriere 215

Belastungszeugen und Agenten 225

Zeugen vom Hörensagen 230

Die Behandlung der Beweisanträge 235

Verteidiger und Richter in politischen Strafsachen 238

Der »mündige« Staatsbürger unter politischer Vormundschaft 243

Der missglückte Zeitungsaustausch 247

Tatort Äther 248

Politische Strafjustiz in der DDR:
Der Verschleppungsfall Heinz Brandt 254

Otto Brenner: Erfahrungen mit einem Arbeiterführer 288

Helmut Brandt: Ein Irrtum der Bautzener Zuchthausverwaltung 290

Der Fall Heinz Benster: Ein in der DDR zum Tode Verurteilter will nach seiner Begnadigung nicht in den Westen 292

Häftlingsfreikäufe 342

Eine Hypothekenbank und das Verbot der KPD 355
Gefährdung der Münchner Olympiade? 358
Der Durchbruch zur Reform 362

Abkürzungsverzeichnis 371
Personenverzeichnis 373
Zum Autor 381

Vorwort

Die Anti-Hitlerkoalition der Westmächte mit der Sowjetunion, die den Sieg über Hitler-Deutschland errungen hatte, brach schon bald nach Kriegsende zusammen und mündete rasch in eine Konfrontation der beiden Machtblöcke. Hierfür wurde seit 1947 die Bezeichnung »Kalter Krieg« geläufig. Die Weltmächte trugen ihren ideologischen und machtpolitischen Konflikt durch psychologische Kriegsführung (Propaganda, Desinformation, Infiltration), durch Embargos, Militärbündnisse und eine intensive Geheimdiensttätigkeit aus. Das Grundelement des Kalten Krieges war das wechselseitige abgrundtiefe Misstrauen zwischen Ost und West. Das schlug sich – besonders in den USA und in der 1949 entstandenen Bundesrepublik Deutschland – in einer bis dahin in demokratischen Staaten unbekannten politischen Strafjustiz, vor allem gegen Kommunisten oder ihre vermuteten Verbündeten nieder.

Während in den USA der McCarthyismus nach wenigen Jahren überwunden werden konnte, dauerte die Verfolgungswelle in der Bundesrepublik über 17 Jahre. Mehr als 150.000 staatsanwaltschaftliche Ermittlungsverfahren wurden nach neuen Straftatbeständen eingeleitet, für die es in keinem westeuropäischen Staat ein Beispiel gab. Gleichzeitig wurden diese Verfahren besonderen Strafgerichten übertragen. Beim Bundesgerichtshof wurde ein politischer Strafsenat eingerichtet, der – in sogenannten Musterprozessen – in erster und letzter Instanz entschied. Zugleich war dieser Senat zuständig für die Revisionen gegen alle Urteile der Staatsschutzstrafkammern, die in jedem Oberlandesgerichtsbezirk bei nur einem Landgericht gebildet wurden. Bei der Überführung der in solchen Prozessen Angeklagten wurden Methoden angewandt, die eines Rechtsstaates unwürdig waren. Beweisanträge, die den Verdacht gegen einen Angeklagten ausräumen konnten, wurden als »verfahrensfremd« abgelehnt.

Die behauptete verfassungsfeindliche Tätigkeit einer als kommunistische Tarnorganisation verdächtigten Vereinigung wurde von den politischen Strafgerichten als »gerichtsbekannt« oder als »allgemeinkundig« festgestellt und damit jeder Beweiserhebung entzogen. Um angebliche Tatzeugen in der Hauptverhandlung vor Fragen oder Vorhaltungen der Angeklagten und ihrer Verteidiger zu bewahren, wurde mehr und mehr der »Zeuge vom Hörensagen« eingeführt. Es erschien also nicht mehr der eigentliche Zeuge vor Gericht, sondern ein Polizeibeamter oder Ermittlungsrichter, der die Aussage des von ihm vernommenen eigentlichen Zeugen vortrug und beschwor. Alle Fragen der Verteidigung nach der Identität des

Zeugen oder danach, ob er ein Tatbeteiligter war, dem für seine belastende Aussage die Einstellung des Verfahrens versprochen worden war, oder nach seinem Verhältnis zu dem Angeklagten, den er belastete, wurden mit dem stereotypen Satz abgeblockt: »Darauf erstreckt sich nicht meine Aussagegenehmigung.«

Die jahrelangen Anstrengungen, die dazu führten, dass der Bundestag gegen nur 9 Stimmen sowie der Bundesrat einstimmig den strafrechtlichen Staats- und Verfassungsschutz auf ein rechtsstaatlich vertretbares Maß zurückführten, werden in diesem Buch erörtert. Das Buch schildert aber nicht nur geradezu unglaubliche Strafprozesse in der alten Bundesrepublik, sondern auch Strafverfahren, die in der ehemaligen DDR durchgeführt wurden, wie etwa den Verschleppungsfall des IG Metall-Journalisten Heinz Brandt.

Das Buch ist »Gustav Heinemann in dankbarer Erinnerung« gewidmet, der selbst als Verteidiger in bedeutenden politischen Strafprozessen mitgewirkt hat, so in dem Strafprozess gegen den Cheftheoretiker der Gewerkschaften Viktor Agartz vor dem Bundesgerichtshof, der mit Freispruch endete. In Heinemanns Amtszeit als Bundesjustizminister fiel dann die weitgehende Abschaffung des politischen Strafrechts.

Essen, im Januar 2000 Diether Posser

Kriegsende und Kalter Krieg

Als ich am 28. Juni 1947 aus französischer Kriegsgefangenschaft in meine Heimatstadt Essen zurückkehrte, hatte ich als Fünfundzwanzigjähriger über sechs Jahre Kriegsdienst und Gefangenschaft hinter mir. Meine Eltern waren seit 1943 ausgebombt und hatten nach Kriegsende eine zweiräumige Wohnung gefunden, in der auch ich unterkommen konnte.

Am 9. Mai 1945 – am Tage der Kapitulation – war ich in Börnersdorf in der Nähe der sächsisch-tschechischen Grenze in russische Kriegsgefangenschaft geraten. Es war meine erste Begegnung mit sowjetischen Soldaten. Während des Krieges war ich als Funker bei einer Fernaufklärungsstaffel im westlichen und östlichen Mittelmeer mit den Standorten Montpellier und Athen, ab 1944 in der Sowjetunion eingesetzt. 1945 wurden Fernaufklärer nicht mehr benötigt, und ich kam zum Fallschirm-Panzerkorps Hermann Göring, wie die Infanterie der Luftwaffe großsprecherisch genannt wurde, denn wir hatten weder Panzer noch Fallschirme. Wir wurden bei Rückzugs- und Abwehrkämpfen südlich Berlins, in der Lausitz und im südlichen Sachsen eingesetzt. Als Leutnant der Reserve hatte man mir eine Kompanie ganz junger Soldaten anvertraut. Als am 8. Mai über Rundfunk bekannt gegeben wurde, dass um Mitternacht die Kapitulation in Kraft trete, gab ich den Befehl, unter keinen Umständen mehr zu schießen. Wir kampierten in Börnersdorf, einem Ort, der Jahrzehnte später durch die unrichtige Meldung bekannt wurde, dort seien in einem abgestürzten Flugzeug die geheimen Tagebücher Hitlers gefunden worden, die dann der »Stern« veröffentlichte, bis die Fälschung erwiesen war. Gegen 9 Uhr morgens rückten russische Soldaten auf Börnersdorf zu. Plötzlich wurde von einer Nachbarkompanie mit Maschinengewehren aus einem Waldstück auf die Russen geschossen, die arglos auf der Straße marschierten, zum Teil auf kleinen, mit Pferden bespannten Wagen fuhren. Sie hatten erhebliche Verluste an Toten und Verwundeten. Die russischen Soldaten schwärmten aus und stürmten Börnersdorf. Wie sich später herausstellte, waren in der Nacht alle deutschen Offiziere geflohen, so dass ich als einziger Offizier gefangen genommen wurde. Ein sowjetischer Offizier zeigte mir die inzwischen in Börnersdorf angekommenen bluttriefenden Wagen mit den Toten und Verwundeten und ließ mir mittels eines Dolmetschers mitteilen, dass mein Befehl zum Schießen nach der Kapitulation auf die friedlich sich Börnersdorf nähernden sowjetischen Soldaten ein Verbrechen war, für das ich mit dem Tode büßen müsste. Ich sagte dem Dolmetscher, der sich als einer der ersten deutschen Kriegsgefangenen dem »Nationalkomitee Freies Deutschland« angeschlossen hatte, ich hätte schon Stunden vor dem Anrücken der sowjetischen Soldaten den Befehl gegeben, wegen der in Kraft getretenen Kapitulation nicht mehr zu schießen, der unverantwortliche Beschuss sei durch eine andere Einheit erfolgt. Der Dolmetscher erklärte das dem russischen Offizier, der aber nur den Kopf schüttelte und – wie mir der Dolmetscher zurief – den Befehl gab, mich vor dem wenige Meter entfernten Scheunentor zu erschießen. Ich war nach tagelanger Übermüdung wie gelähmt. Deprimiert durch das von der Nachbarkompanie angerichtete Blutbad und wegen des verlorenen Krieges, war ich nicht mehr fähig aufzubegehren. Dann geschah das Wunder: Der Offizier, der meine Erschießung befohlen hatte, grüßte einen mit einem Beiwagen-Motorrad herangebrausten Offizier, einen Major, wie ich später hörte. In diesem Moment ging mein Bursche, der erst zwei Tage vorher zu mir gekommen war, auf den Major zu und sprach ihn in fließendem Russisch an. Ich verstand nichts. Der Major hörte aufmerksam zu, dann kam er auf mich zu, umarmte und küsste mich und rief mehrfach. »Woina kaputt«, »Woina ni budit« (»Krieg kaputt«, »Krieg wird nicht mehr sein«). Dann ging der Major auf den anderen Offizier zu und sprach kurz mit ihm. »Mein« Bursche erklärte mir, er sei Baltendeutscher, spreche seit früher Jugend russisch und habe dem Major als Zeuge versichert, dass ich korrekt durch ein Schießverbot die Kapitulation beachtet hätte. Die Schießerei mit den blutigen Folgen sei nicht von unserer Kompanie ausgelöst worden. Der Major werde mir eine Kutsche zur Verfügung stellen und den Dolmetscher neben der Kutsche herreiten lassen. Ehe ich mich bedanken konnte, war der Bursche mit der Bemerkung, er müsse noch etwas erledigen, weggelaufen. Ich habe ihn nie wiedergesehen und weiß auch seinen Namen nicht mehr. In der Bibel habe ich von den »Engeln« des Herrn gelesen. Dies war ein solcher »Engel«, der mein Leben gerettet hat. Der »aufgeklärte« Leser wird vielleicht lächeln und das Geschehen für einen Zufall halten. Für mich war dieser »Schutzengel« lebenserhaltende Wirklichkeit.

Nach etwa einer Viertelstunde kam die angekündigte Kutsche. Ein Einspänner mit einem russischen Soldaten auf dem Bock. Ich saß allein darin; neben mir ritt der Dolmetscher. Meine »Jungens« marschierten in gelockerter Formation hinterher. Nach einiger Zeit fragte ich meinen reitenden Begleiter, ob er wisse, wo mein »Bursche« sei; er hatte dessen Eingreifen miterlebt. Der Dolmetscher ritt zurück, kam nach etwa zehn Minuten wieder heran und sagte, er habe den »Burschen« nicht entdecken können, aber der Major habe eine mit einem Auftrag versehene Bitte an mich: In einem etwa 5 km von dieser Straße entfernten Ort habe sich eine SS-Panzereinheit verschanzt, die möglicherweise nicht wisse, dass die Kapitulation in Kraft sei. Ob ich bereit sei, dorthin zu fahren, damit es kein unnötiges weiteres

Blutvergießen mehr gebe. Ich erhielt ein Fahrrad und wurde von vier russischen Soldaten auf Motorrädern und dem Dolmetscher zu Pferde begleitet. Die Panzer waren aufgegeben; die Einheit war abgezogen. In ihrer Neugierde kletterten die Russen in die Panzer. Dies war eine Gelegenheit, mir eine längere sowjetische Kriegsgefangenschaft zu ersparen. Ich sah in der Nähe einen Hohlweg, der in ein Waldgebiet mit dichtem Unterholz führte. Nach einem schnellen Anlauf sprang ich auf das Rad und bog in den Hohlweg ein, der Dolmetscher rief zweimal: »Bleiben Sie stehen«, und schoss dann mit seiner Pistole in die Luft. Nach kurzer Zeit knatterte es, die Soldaten waren wohl aus den Panzern herausgeklettert und schossen in meine Fluchtrichtung. Ich hatte das Rad liegen gelassen und mich in dem dichten Unterholz versteckt. Die Soldaten verfolgten mich nicht. Ich war dann bis zum 19. Mai auf dem Wege in den Südharz, wo ich bei Verwandten hätte untertauchen können. Grundsätzlich lief ich nur nachts; ich hatte gelernt, mich an den Sternen zu orientieren. Tagsüber hielt ich mich versteckt. Nach zehn Tagen »Freiheit« wurde ich von ehemaligen polnischen Zwangsarbeitern entdeckt, die mich amerikanischen Soldaten übergaben. Am nächsten Tag wurde ich viele Kilometer nach Naumburg in ein Kasernengelände zurückgefahren, das als Kriegsgefangenenlager diente. Kurz bevor die Amerikaner die von ihnen besetzten Teile Thüringens und Sachsens am 1. Juli 1945 den Sowjets übergaben und dafür mit Engländern und Franzosen in West-Berlin je einen Besatzungssektor übernahmen, wurden die Lagerinsassen in den Westen transportiert und in Camps unter freiem Himmel erst in Babenhausen, dann in Siershahn/Westerwald untergebracht. Mitte Juli wurden wir an die Franzosen übergeben, die uns am 28. Juli 1945 nach Frankreich transportierten. Am längsten war ich in Mulsanne in der Nähe von Le Mans. Dort gab es eine Lagerakademie. Unter den rund 7000 Offizieren und Reserveoffizieren gab es allein dreißig Professoren und Hochschuldozenten. Ich war ein Jurastudent, der zwischen Reichsarbeitsdienst und Einberufung zur Luftwaffe vom 1. September 1940 bis Juli 1941 in Münster drei Trimester Volkswirtschaft und Rechtswissenschaft gehört hatte. Die Kurse in der Lagerakademie, bei der sich erfahrene Richter, wie Gustav Goecke, der jüngste Kammergerichtsrat Preußens, Carl-Hermann Ule, der spätere Vizepräsident des Oberverwaltungsgerichtes für Niedersachsen und Schleswig-Holstein, und Hans-Heinrich Jescheck, der spätere Strafrechtsprofessor in Freiburg, neben anderen um den juristischen Nachwuchs verdient machten, wurden mir 1947 von einer an der Universität Göttingen bestehenden Anerkennungsstelle mit zwei Semestern auf mein Studium angerechnet. In unserem Lager war auch ein russischer Hauptmann, der Russisch-Kurse veranstaltete. Meine kurze Begegnung mit den sowjetischen Soldaten am 9. Mai 1945 hatte mich auf diese Sprache so neugierig gemacht, dass ich an diesem Kursus teilnahm. Nach der

Rückkehr nach Deutschland hörte ich während meines abschließenden zweisemestrigen Studiums an der Universität Köln auch noch Russisch bei dem ehemaligen zaristischen Hofrat von Walther. Immerhin hatte ich »nebenbei« so viel gelernt, dass ich in den fünfziger Jahren die Briefe übersetzen konnte, die der Patriarch der russisch-orthodoxen Kirche an Gustav Heinemann schrieb.

Am 11. Dezember 1948 legte ich das Referendarexamen ab, promovierte am 21. November 1950 mit einer völkerrechtlichen Dissertation und bestand am 7. November 1951 die Assessorprüfung. Mein Berufsziel war, in den Auswärtigen Dienst einzutreten. Als Gustav Heinemann im Oktober 1950 als Bundesinnenminister zurückgetreten war, meldete ich mich bei ihm und half ihm beim Beantworten der vielen Post, die ihn erreichte, sowie beim Vorbereiten seiner umfangreichen Reisetätigkeit. Heinemann war ein Freund meines Konfirmators Friedrich Graeber, der als Angehöriger der Bekennenden Kirche 1935 seines Amtes enthoben worden war und seine Kirche nicht mehr betreten durfte. Heinemann hatte damals im Essener »Haus der Technik« den Börsensaal gemietet, 800 Stühle gekauft und Kanzel und Harmonium beschafft. Die sich um Graeber sammelnde Gemeinde, zu der auch meine Eltern gehörten, nannte sich »Freie Presbyterianer« und finanzierte alle Unkosten aus Spenden.

Verschiedentlich wird behauptet, Adenauer und Heinemann hätten von Anfang an ein gespanntes Verhältnis zueinander gehabt. Das ist nicht richtig. Die Gegensätze brachen erst auf, als Adenauer 1950 seine Politik der Wiederaufrüstung begann. Heinemann war wie Adenauer ein überzeugter Anhänger der westlichen Demokratie und des Europagedankens. Auf Grund seiner Erfahrung in der Wirtschaft trat Heinemann für eine marktwirtschaftliche Ordnung ein, er war gegen die Planwirtschaft und gegen die Verstaatlichung der Grundstoffindustrie. Übrigens war Heinemann nie »Krupp-Syndikus«, wie der Adenauer-Biograf Hans-Peter Schwarz schreibt, sondern zunächst Prokurist und dann Vorstandsmitglied der Rheinischen Stahlwerke, die ein reines Bergbauunternehmen waren, nachdem sie die Stahlerzeugung 1926 an die Vereinigten Stahlwerke abgegeben hatten. Unrichtig ist vor allem auch die Darstellung von Schwarz, dass Adenauer als damaliger Vorsitzender der CDU-Landtagsfraktion dem seiner Partei angehörenden Ministerpräsidenten Karl Arnold seinen Parteigänger Artur Sträter als Justizminister aufgezwungen habe. Der Satz: »Bei der Gelegenheit muss Gustav Heinemann seinen Sessel räumen, was die Sympathie zwischen diesem und Adenauer nicht gerade vertieft«, ist falsch. Richtig ist, dass der auch von Arnold als Justizminister vorgesehene CDU-Politiker Sträter von den Engländern, die als Besatzungsmacht ein Einspruchsrecht hatten, abgelehnt wurde, weil er bei der Landtagswahl am 20. April 1947 kein Landtagsmandat errungen hatte. Heinemann sprang widerwillig unter der Bedingung ein, dass er höchstens ein Jahr zur Verfügung stehen müsse. Folgerichtig schrieb er am 18. Mai 1948 an Arnold: »Das Höchstmaß meiner Zeit der Mitwirkung in der Landesregierung ist nachgerade erreicht. Eine längere Mitwirkung in der Landesregierung ist im Hinblick auf andere Aufgaben nicht möglich.« Arnold erfüllte diesen Wunsch mit großem Bedauern. Am meisten überrascht war Adenauer, der es schlechterdings für unmöglich hielt, dass ein Politiker einen Ministersessel jemals freiwillig aufgeben würde.

Neben seinem Beruf als Vorstandsmitglied und Leiter der Hauptverwaltung der Rheinischen Stahlwerke war Heinemann Oberbürgermeister von Essen, Landtagsabgeordneter, vor allem aber Präses der gesamtdeutschen Synode der Evangelischen Kirche und Mitglied ihres Rates. Deshalb lehnte er sowohl 1948 die Berufung in den Parlamentarischen Rat als auch 1949 die Kandidatur für den Bundestag ab, obwohl Konrad Adenauer noch einmal in einem Brief vom 29. Juni 1949 an ihn appellierte: Wenn er wegen des Oberbürgermeisteramtes in Essen nicht in der Lage sei, immer im Bundestag anwesend zu sein, so sei doch der Gewinn, den sein Name als Bundestagsabgeordneter für die Gesamtpartei bedeute, so groß, dass man deswegen nicht auf seine Kandidatur und Mitgliedschaft im Bundestag verzichten dürfe. »Ich bitte Sie dringendst … die Kandidatur anzunehmen.« Heinemann blieb bei seiner Ablehnung.

Wie sehr Adenauer Heinemann für die CDU aktivieren wollte, zeigt auch die Tatsache, dass bei der Eröffnung des Bundestagswahlkampfes der Unionsparteien am 21. Juli 1949 in Heidelberg drei Redner sprachen: Adenauer, Ehard, als Vorsitzender der CSU und bayerischer Ministerpräsident, und Heinemann. Was die Bildung der Bundesrepublik Deutschland aus den drei westlichen Besatzungszonen anging, so war Heinemann trotz vieler gemeinsamer Überzeugungen in diesem Punkt anderer Ansicht als sein Freund Martin Niemöller. Heinemann hielt die Gründung für unumgänglich und war auch bereit, in die Bundesregierung einzutreten, als die Unionsparteien aus der Bundestagswahl am 14. August 1949 als stärkste parlamentarische Gruppierung hervorgegangen waren. Es mag sein, dass Adenauer andere personelle Vorstellungen bei der Besetzung des Bundesministeriums des Inneren hatte, aber der Favorit der CDU/CSU-Fraktion war Gustav Heinemann. Jedenfalls hat sich Heinemann dem Kanzler nicht aufgedrängt, sondern der nachdrücklichen Forderung vieler politischer Freunde nachgegeben und schließlich zugesagt. Finanziell brachte er ein großes Opfer: Die Amtsbezüge eines Bundesministers machten nur einen Bruchteil des Einkommens aus, das er als Vorstandsmitglied in der Montanindustrie und Mitglied mehrerer Aufsichtsräte erhielt. Seinem Freund Ernst Wilm, Präses der Evangelischen Kirche in Westfalen, schrieb er damals: »Es war für mich ein schwerer Entschluss, nach Bonn zu gehen.

Er beinhaltete das völlige Abbrechen aller bisherigen beruflichen Arbeit auf die Ungewissheit politischer Entwicklungen hin.« Auch das Amt des Oberbürgermeisters in Essen musste er niederlegen, nur seine kirchlichen Ämter behielt er bei. Heinemann tat sich schwer mit Adenauers Regierungsstil und dessen gelegentlichen »einsamen Entschlüssen«, ohne vorherige Aussprache im Kabinett.

In der Sitzung des Bundeskabinetts am 31. August 1950 teilte Adenauer mit, er habe am Tage zuvor dem amerikanischen Hochkommissar McCloy ein Sicherheitsmemorandum übergeben, in dem er die Bereitschaft erklärte, die Bundesrepublik Deutschland mit einem militärischen Kontingent von 150 000 Mann an einer gemeinsamen westeuropäischen Verteidigungsstreitmacht zu beteiligen. Keiner der Bundesminister kannte den Wortlaut des Memorandums, auch nicht der Innenminister, der für die Sicherheit des Staates eine besondere Verantwortung trug. Heinemann bot sofort seinen Rücktritt an, den Adenauer nach vergeblichen Vermittlungsversuchen politischer Freunde einige Wochen später annahm. Am 10. Oktober 1950 schied Heinemann aus der Bundesregierung aus. Er war zwar bereit, eine Bundespolizei als Gegengewicht zur »Kasernierten Volkspolizei«, die in der DDR aufgebaut wurde, aufzustellen, hielt aber eine militärische Aufrüstung der Bundesrepublik Deutschland fünf Jahre nach der totalen Kapitulation des Deutschen Reiches, das sich damals noch im Kriegszustand mit der Sowjetunion befand, auch dann nicht für vertretbar, wenn deutsche Verbände Teile einer westeuropäischen Streitmacht würden. Vor allem befürchtete er, dass ein westdeutscher Militärbeitrag die Chance für eine friedliche Wiedervereinigung Deutschlands auf unabsehbare Zeit zunichte mache. Heinemann kehrte nach Essen zurück.

Die 1949 schriftlich gegebene Zusage, bei einem Ausscheiden aus der Bundesregierung wieder im Vorstand der Rheinischen Stahlwerke tätig werden zu können, wurde nicht eingehalten, doch erhielt Heinemann für seine 21-jährige Tätigkeit eine Pension. Die zunächst schmerzliche und auch mit finanziellen Einbußen verbundene Entscheidung des Unternehmens erwies sich als glückliche Fügung. Heinemann konnte freier Anwalt werden, sich seinen kirchlichen Ämtern voll widmen und vor allem politisch aktiv werden. Wahrscheinlich wäre er später auch weder Bundesjustizminister noch gar Bundespräsident geworden, wenn er in die Wirtschaft zurückgekehrt wäre.

Mein Vater hatte mir Heinemann immer als Vorbild hingestellt, so dass ich nicht zögerte, als er mich im Sommer 1951 fragte, ob ich mit ihm eine Anwaltspraxis aufbauen wolle, zumal ich auch politisch mit ihm übereinstimmte. Am 1. November 1951 eröffnete er ein Büro in Essen, und am Tage nach meinem Assessorexamen trat ich in seine Praxis ein. Im nächsten Jahr wurde ich sein Sozius. Niemand hat mich in dem folgenden Vierteljahrhundert bis zu seinem Tode so geprägt wie Gustav Heinemann. Es mag damit zusammenhängen, dass ich ihn in dem Jahr näher kennen lernte, in dem mein Vater starb.

Schon am 21. November 1951 trat die von Heinemann mit Helene Wessel, Adolf Scheu und sieben weiteren Mitgliedern wenige Tage vorher gegründete überparteiliche »Notgemeinschaft für den Frieden Europas« im Plenarsaal des nordrhein-westfälischen Landtages an die Öffentlichkeit. Ich wurde ihr Geschäftsführer. Wir hatten satzungsmäßig vereinbart, dass die Aufnahme neuer Mitglieder nur mit Zustimmung aller zehn Gründungsmitglieder möglich war. Das war als Schutz gegen Unterwanderung gedacht. Die meiste politische Erfahrung von uns hatte Helene Wessel. Sie war in der Weimarer Republik fünf Jahre lang preußische Landtagsabgeordnete des Zentrums gewesen und hatte z.B. 1933 in der Zentrums-Fraktion vergeblich dafür gekämpft, dem Ermächtigungsgesetz für den preußischen Ministerpräsidenten Göring nicht zuzustimmen. In der NS-Zeit war sie in ihrem Beruf als Fürsorgerin tätig. Nach dem Kriege gehörte sie dem nordrhein-westfälischen Landtag, dem Parlamentarischen Rat und dem Bundestag an. Als sie die »Notgemeinschaft« mitgründete, war sie die Vorsitzende der Zentrums-Partei, eine Führungsposition, die nach ihr in Deutschland keine Frau mehr erreichen konnte. Sie verließ die Zentrums-Partei – wie Heinemann im Oktober 1952 die CDU – und gründete mit ihm am 29./30. November 1952 die »Gesamtdeutsche Volkspartei« (GVP). Die Partei blieb bei der Bundestagswahl vom 6. September 1953 mit einem Stimmenanteil von nur 1,2 % weit unter der 5 %-Klausel. Eine Umfrage, die wenige Wochen vor der Wahl erfolgte, hatte erbracht, dass nur 5 % der Bevölkerung überhaupt wussten, dass es eine neue Partei mit diesem Namen gab. Hinzu kam die vielfältig geäußerte Vermutung, die GVP betreibe – zumal nach der kurz vor der Wahl vereinbarten Absprache mit dem »Bund der Deutschen« (BdD) – bewusst oder unbewusst das Spiel der Sowjetunion, eine Verdächtigung, die immer wirkte. Wiederholt wurde die Schelle an unserer Anwaltspraxis abgerissen oder mit dem Aufkleber versehen »Von Moskau bezahlt«. Mehrere Prozesse mussten wegen übler Nachrede und Verunglimpfungen gegen Tarnorganisationen von Geheimdiensten geführt werden, wie den »Stoßtrupp gegen bolschewistische Zersetzung«. Unsere Telefone wurden von Nachrichtendiensten überwacht. Der Verfassungsschutz und der Bundesnachrichtendienst – letzterer sogar nach deutschem Recht unzulässig – observierten uns. Dieser Rechtsverstoß kam heraus, als der BND-Angehörige, der Heinemann auftragsgemäß in den fünfziger Jahren observiert hatte, Anfang 1969 ein Schweigegeld in Höhe von 100 000 DM vom BND zu erpressen versuchte. In den ersten zehn Jahren nach Kriegsende war das geschlagene Deutschland ohnehin ein Tummelplatz für Geheimdienste, die oft genug ohne Abstimmung sogar gegeneinander arbeiteten. So wurde nach eigenem Bekunden General Gehlen noch bis etwa 1949 vom amerikanischen Geheimdienst CIC gesucht[1], obwohl er schon im August 1945 ohne Wissen der amerikanischen Regierung mit vier seiner Offiziere aus der von ihm 1942-1945 geleiteten Abteilung Fremde Heere Ost im Generalstab des Heeres unter falschen Personalien in die USA gebracht worden war. Er übergab sein über das Kriegsende gerettetes Nachrichtenmaterial und baute nach der im Juli 1946 erfolgten Rückkehr nach Deutschland mit amerikanischer Finanzierung die nach ihm genannte Geheimdienstorganisation auf, die 1955 von der Bundesregierung als Bundesnachrichtendienst übernommen wurde. Sachkenner schätzen, dass etwa 70 % aller militärischen Informationen der USA über den Ostblock von der Organisation Gehlen stammten[2]. Gehlen war verständlicherweise bei dem Teil der US-Generalität willkommen, der schon bei Kriegsschluss von einer bevorstehenden militärischen Auseinandersetzung mit der Sowjetunion überzeugt war. So wurde z. B. General George Patton 1945 seines Postens als Militärgouverneur für Bayern enthoben, weil er gesagt hatte: »Wir werden früher oder später gegen die Russen kämpfen; auf jeden Fall im Laufe der nächsten Generation. Warum nicht jetzt, solange unsere Army noch intakt ist und wir die verdammten Russen in drei Monaten nach Hause zurücktreiben können[3].«

Die Spannungen zwischen den Angloamerikanern und den Sowjets waren schon in den letzten Kriegsmonaten erkennbar geworden und mündeten rasch in die Konfrontation der beiden Machtblöcke, für die seit 1947 die schlagwortartige Bezeichnung »Kalter Krieg« geläufig wurde. Die Weltmächte trugen ihren ideologischen und machtpolitischen Konflikt durch psychologische Kriegsführung (Propaganda, Desinformation, Infiltration), Embargo, Militärbündnisse, Unterstützung revolutionärer und nationalistischer Bestrebungen und eine stark ausgebaute Geheimdiensttätigkeit aus. Das Grundelement des Kalten Krieges war das abgrundtiefe Misstrauen zwischen Ost und West. Dieses Misstrauen führte zum Beispiel dazu, dass der britische Premierminister Churchill – was allerdings erst 1954 bekannt wurde[4] – im April 1945 dem britischen Oberbefehlshaber Montgomery die Anweisung gab, »die deutschen Waffen sorgfältig zu sammeln, so dass sie leicht den deutschen Soldaten wiedergegeben werden könnten, mit denen wir zusammenzuwirken hätten, wenn die Sowjets ihren Vormarsch über die vereinbarte Demarkationslinie hinaus fortsetzen«. Die nicht nur in den USA herrschende Auffassung über die Sowjetunion ging dahin, dass die sowjetischen Führer ihren

1 *Reinhard Gehlen,* Der Dienst, Erinnerungen 1942-1971, Mainz 1971, S. 145.

2 *Hermann Zolling/Heinz Höhne,* Pullach intern, General Gehlen und die Geschichte des Bundesnachrichtendienstes, Hamburg 1971, S. 135 und 329. Vgl. auch *Christopher Simpson,* Der amerikanische Bumerang, Wien 1988, S. 74-89 und 296-314.

3 *Andrew Cockburn,* Die sowjetische Herausforderung, München 1983, S. 125.

4 KAG 1954, S. 4864 B.

aus der marxistisch-leninistischen Ideologie hergeleiteten Anspruch auf die Weltrevolution mit allen, also auch militärischen Mitteln, gegen den Westen durchsetzen wollten. Die Sowjetunion berief sich ihrerseits auf ihr Sicherheitsbedürfnis nach den Erfahrungen aus den Jahren 1918 bis 1921 mit den militärischen Interventionen des Westens im russischen Bürgerkrieg und den fortdauernden Bemühungen der USA, einen cordon sanitaire um die Sowjetunion zu legen, der mit einer aus ihrer Sicht vollständigen militärischen Einkreisung verbunden war.

Es gab in dem rund 40 Jahre andauernden Kalten Krieg zwischen den Supermächten immer wieder Phasen, in denen Verständigung und Interessenausgleich erreichbar schienen, doch folgten stets Perioden gegenseitiger Verdächtigungen und als aggressive Akte empfundene Handlungen. Der doppelte Kampf gegen die Sowjets als ideologischem Feind und möglichem militärischem Gegner spielte sich vor allem in den USA ab. Schon während des Zweiten Weltkriegs hatte sich das 1908 gegründete US-Bundeskriminalamt, das Federal Bureau of Investigation (FBI), zunehmend zu einer politischen Polizei entwickelt. Unter seinem von Mai 1934 bis zu seinem Tode am 2. Mai 1972 amtierenden Direktor Edgar Hoover trat neben dem Verhüten und Aufdecken krimineller Handlungen mehr und mehr das Aufspüren »unmoralischer und unamerikanischer Gesinnungen« in den Vordergrund. Auf dem Nährboden des Kalten Krieges bekämpfte das FBI mit allen ihm verfügbaren Mitteln die »rote Gefahr«. Auch alle, die nicht energisch genug gegen die Kommunisten vorgingen, waren für Hoover Feinde Amerikas. Am 29. Mai 1946 schickte Hoover einen Bericht an das Weiße Haus, der geradezu ein Paradebeispiel für unbewiesene, ja groteske Gerüchte von einem »riesigen Spionagering« in Washington war. Unter den namentlich genannten, »für ihre prosowjetischen Tendenzen bekannten« Personen waren u.a. der stellvertretende Außenminister Dean Acheson und der ehemalige stellvertretende Kriegsminister John McCloy aufgeführt. Die Absurdität der Vorwürfe stellte sich bald heraus: Acheson wurde im Januar 1949 Nachfolger von Außenminister Marshall und gründete in seiner vierjährigen Amtszeit die NATO. McCloy war von 1947 bis 1949 Präsident der Weltbank und von 1949 bis 1952 der erste amerikanische Hohe Kommissar in der Bundesrepublik. Wie sein enger Freund Joseph McCarthy setzte sich auch Hoover nach eigenem Ermessen über die bürgerlichen Freiheitsrechte hinweg. So hörte das FBI Telefongespräche ab, obwohl das Oberste Bundesgericht 1939 Abhöreinrichtungen verboten hatte. Die Republikanische Partei stellte die Kongresswahlen im November 1946 erstmals unter das Wahlmotto »Kommunismus oder Republikanismus« und gewann damit seit vierzehn Jahren wieder eine Mehrheit im Repräsentantenhaus und im Senat. Die Hysterie nahm immer schlimmere Formen an. Ein trauriges Beispiel ist das Schicksal von James Forrestal, der – seit 1944 Marineminister – im September 1947 Verteidigungsminister wurde. Er war ein fanatischer Antikommunist, der einen Krieg zwischen den USA und der Sowjetunion für unvermeidlich hielt. Ende März 1949 musste er von seinem Posten abgelöst werden, weil er offensichtlich dem Ministeramt nicht mehr gewachsen war. Freunde brachten ihn zur Erholung nach Florida. Dort verstärkte sich sein Verfolgungswahn. Er lief durch die Straßen und rief: »Die Russen kommen. Die Russen kommen. Sie sind schon da. Ich habe russische Soldaten gesehen.« Nach einem Selbstmordversuch wurde er am 2. April wieder nach Washington zurückgeflogen und ins Bethesda Naval Hospital eingewiesen. Auch dort konnte er von seinem Verfolgungswahn nicht geheilt werden und stürzte sich in einem unbewachten Augenblick aus dem 16. Stock in den Tod[5]. Die Republikaner hatten nach ihrem Sieg bei den Kongresswahlen 1946 fest damit gerechnet, die Präsidentenwahlen im November 1948 ebenfalls zu gewinnen. Zur allgemeinen Überraschung wurde jedoch Truman im Amt bestätigt. Diese fünfte Präsidentschaftsniederlage hintereinander veranlasste die Republikaner, die Gefahren des Kommunismus in den USA noch mehr zu dramatisieren und den Kalten Krieg zu verschärfen. Den Demokraten warfen sie vor allem vor, China 1949 an die Kommunisten ausgeliefert zu haben. Es war die hohe Zeit des 1946 in den Senat gewählten Republikaners McCarthy und seines paranoiden Antikommunismus. Glücklicherweise trat Präsident Truman diesem Demagogen energisch entgegen. Am 24. Januar 1951 setzte er eine aus neun Persönlichkeiten bestehende Kommission ein, die prüfen sollte, auf welche Weise die USA der kommunistischen subversiven Tätigkeit begegnen und dabei doch ihre historischen Freiheiten wahren könne. Es komme darauf an, die Erfordernisse der Sicherheit mit der Aufrechterhaltung der grundsätzlichen Freiheit zu vereinen. Zum Vorsitzenden der Kommission berief der Präsident Admiral Chester Nimitz, der als Oberbefehlshaber der Pazifikflotte einen wesentlichen Anteil am Sieg über Japan gehabt hatte[6]. Mit ihm wollte Truman zugleich ein Gegengewicht gegen General MacArthur gewinnen, der sich im Koreakrieg als sehr eigenwilliger Heerführer für die nächste republikanische Präsidentschaftskandidatur empfehlen wollte. Als McCarthy seine Angriffe gegen die Truman-Regierung und ihre Beamtenschaft unvermindert heftig fortsetzte und u. a. vom Präsidenten die Entlassung von Außenminister Acheson forderte, des »Meisters der betrügerischen Politik in Asien« und der »Strohpuppe des Politbüros in Moskau«[7], entschloss sich Truman, dem Treiben des Senators und seiner vielen Helfershelfer öffentlich entgegenzutreten. Er hielt am 21. August 1951 vor der Amerikanischen Legion, dem Frontkämpferbund der USA, eine scharfe Rede gegen die Methoden des McCarthyismus und warnte vor der maßlosen verleumderischen Demagogie. Die »Frankfurter Allgemeine Zeitung« druckte ihre Kernsätze am 22. August 1951 nach:

---

5 *Daniel Yergin*, Der zerbrochene Frieden, Frankfurt 1979, S. 200-203.

6 KAG 1951, S. 2787 G.

7 KAG 1950, S. 2382 C.

»Der Amerikanismus wird im Lande und außerhalb des Landes vom Kommunismus angegriffen. Wir verteidigen ihn gegen diesen Angriff. Wir schützen unser Land vor Spionen und Saboteuren. Wir zerbrechen die kommunistische Verschwörung in den Vereinigten Staaten. Wir bauen unsere Verteidigung auf, machen unser Land stark und helfen unseren Verbündeten, damit sie sich selbst helfen können.

Aber der Amerikanismus wird auch von anderer Seite angegriffen. Er wird unterminiert von einigen Leuten in diesem Lande, die laut verkünden, dass sie seine Hauptverteidiger seien. Diese Leute behaupten, Gegner des Kommunismus zu sein. Aber sie unterhöhlen unsere fundamentalen Freiheiten nicht weniger heimtückisch und weit wirkungsvoller, als es die Kommunisten je vermocht haben. Sie versuchen, Furcht und Verdacht zu erzeugen unter uns, indem sie sich der Verleumdung, der unbewiesenen Anschuldigungen und glatter Lüge bedienen.

Diese Verleumder versuchen, uns so hysterisch zu machen, dass niemand mehr wagt, gegen sie aufzustehen, aus Furcht, ein Kommunist genannt zu werden. Der seelische Meuchelmord ist ihre Waffe. Sie haben eine solche Welle von Furcht und Ungewissheit geschaffen, dass ihre Angriffe auf unsere Freiheit fast unbeantwortet bleiben. Viele Menschen werden ängstlich, und ängstliche Menschen protestieren nicht. Der seelische Meuchelmord ist so sehr an der Tagesordnung, dass er bereits die freie Meinungsäußerung hindert. Er bedroht alle unsere anderen Freiheiten. Es gibt bereits heute Menschen, die nicht mehr wagen, einen neuen Gedanken zu denken. Wie viele von ihnen fürchten sich bereits, sich über ein strittiges Problem frei auszusprechen. Wie viele von ihnen fühlen, dass man in allen Dingen und zu allen Gelegenheiten auf ›Nummer sicher‹ gehen muss. Verleumdung, Lügen, seelischer Meuchelmord – alle diese Dinge sind eine Bedrohung jedes einzelnen Bürgers, wo er auch in diesem Lande wohnen mag. Wenn nur ein einziger Amerikaner, der kein Unrecht getan hat, aus Furcht gezwungen ist, zu schweigen, dann sind alle Amerikaner in Gefahr …«

Heinemann hielt diese Rede, auch für die Situation in der Bundesrepublik, für so bedeutsam, dass er den Text lange Zeit immer bei sich trug und als ein Beispiel für die Stärke der amerikanischen Demokratie gern zitierte.

Als Eisenhower im Januar 1953 sein Amt als Präsident antrat, hoffte McCarthy, in ihm einen Bundesgenossen zu haben. Aber er hatte sich gründlich getäuscht. Schon im Juli 1953 kam es zum ersten Konflikt, als der »Hexenjäger« protestantische Geistliche als Unterstützer des kommunistischen Apparates anprangerte und auch die Personalpolitik des Auslandsnachrichtendienstes CIA angriff[8]. Nachdem McCarthy im Sommer 1954 sich auch mit der Armee anlegte, griff der Senat in einem ungewöhnlichen Verfahren zur Selbsthilfe: Er überwies am 2. August einen von dem Republikaner Flanders eingebrachten Tadelsantrag gegen McCarthy

8 KAG 1953, S. 4078 A.

»wegen unwürdigen, den Traditionen des Senats widersprechenden und den Kongress diskreditierenden Verhaltens« mit 75 : 12 Stimmen zur Untersuchung an einen Spezialausschuss, der mit je sechs Senatoren der beiden Parteien besetzt war[9]. Die zwölf Senatoren empfahlen in einem einstimmigen Bericht dem Plenum, McCarthy zu tadeln. Der Senat stimmte am 3. Dezember dem Tadelsantrag mit 67 : 20 Stimmen zu[10]. Aus Enttäuschung darüber, dass Eisenhower ihn nicht unterstützte, griff McCarthy erstmalig öffentlich den Präsidenten persönlich mit dem Vorwurf an, er besitze nicht die Fähigkeit, einen lebens- und kraftvollen Kampf gegen die Kommunisten in der Regierung zu führen[11]. Der mit breiter Mehrheit beschlossene Tadelsantrag und sein Angriff auf Eisenhower beendeten die politische Laufbahn McCarthys.

Auch die Strafverfolgung gegen Kommunisten in den USA, die in den Jahren 1950/51 ihren Höhepunkt erreichte, war, anders als in der Bundesrepublik Deutschland, rasch beendet. Zwischen 1953 und 1956 gab es nur noch 42 Anklageschriften[12]. Im Jahre 1954 gingen die Prozesse langsam zu Ende, denn die Enttarnung von Hoovers Informanten in der Beweisaufnahme zerstörte das Geheimdienstnetz, das das FBI für den Bereich der inneren Sicherheit unbedingt für nötig hielt. Deshalb empfahl Hoover dem Justizministerium, sorgfältig zu erwägen, ob es vorteilhafter sei, einen Prozess anzustrengen oder seine Spitzel weiterarbeiten zu lassen[13]. Das Ausweichen auf »Zeugen vom Hörensagen«, wie es in der Bundesrepublik Deutschland üblich wurde, war nach amerikanischem Beweisrecht unzulässig. Auch der Oberste Bundesrichter der USA, William Douglas, meldete sich zu Wort:

> »Die Philosophie der Stärke durch freie Rede wird ersetzt durch die Philosophie der Furcht durch Unterdrückung. Natürlich beten wir weder Lenin noch Stalin an. Aber wir bewegen uns rasch in der Richtung der Unterdrückung. Wenn eine Idee auch nur für einen Augenblick zufällig mit der Politik Russlands übereinstimmt, so genügt dies, um ihren Träger mit einer Wolke von Verdächtigungen zu umgeben.«[14]

Es war deshalb keine Überraschung mehr, dass der Supreme Court in Washington am 17. Juni 1957 ein Epoche machendes Urteil verkündete: Es hob nicht nur die

9 KAG 1954, S. 4664 D.
10 KAG 1954, S. 4884 B.
11 KAG 1954, S. 4892 A.
12 *Richard G. Powers,* Die Macht im Hintergrund, München 1988, S. 371.
13 Wie Anm. 12, S. 324.
14 FAZ vom 10. 9. 1952.

Verurteilungen von 14 angeklagten Kommunisten auf, sondern änderte auch die eigene Rechtsprechung des höchsten Gerichtes der USA[15].

Im Verhältnis der Westmächte zur Sowjetunion hatte das beiderseitige Misstrauen eine Einigung über eine gemeinsame Friedensordnung für Deutschland unmöglich gemacht. Nur die Friedensverträge mit den fünf Staaten, die als Verbündete des Deutschen Reiches am Krieg teilgenommen hatten – Finnland, Italien, Ungarn, Bulgarien und Rumänien –, konnten am 10. Februar 1947 noch von allen unterzeichnet werden.

Während des Krieges haben die Sowjets von ihren westlichen Alliierten die Anerkennung »strategischer Grenzen« verlangt. Darunter verstanden sie die Anerkennung ihres Besitzstandes vom 22. Juni 1941, einschließlich des Baltikums, der Curzon-Linie als polnisch-russische Grenze, der Karpato-Ukraine und Bessarabiens. Die Westmächte haben diesem Wunsch nicht ausdrücklich widersprochen, doch hatten die USA niemals die 1940 unter russischem Druck erfolgte Umwandlung der baltischen Staaten Litauen, Lettland und Estland in Sowjetrepubliken anerkannt. Andererseits hatten Amerikaner und Briten in Potsdam das nördliche Ostpreußen den Russen zugesprochen. Die Sowjets sahen in dieser Festlegung den Beweis, dass die Angloamerikaner nicht auf der Wiederherstellung selbstständiger baltischer Staaten bestehen würden, weil sie sonst das ihnen zugesprochene Gebiet um Königsberg nur auf dem Seeweg hätten erreichen können. Die Sowjets stellten ihre ganze Außenpolitik darauf ab, an ihrer Westgrenze die Bildung eines neuen *cordon sanitaire zu* verhindern. Der Begriff wurde 1815 geprägt, als nach dem Wiener Kongress eine Reihe von Staaten an der französischen Grenze als cordon sanitaire gegen die Wiederkehr des Bonapartismus bezeichnet wurden.

Nach dem Ersten Weltkrieg wurde ein solcher cordon sanitaire mit Beteiligung der baltischen Staaten, Polens und Rumäniens unter dem Patronat Frankreichs und Englands geschaffen, um einen »Sperrriegel« gegen Sowjetrussland aufzubauen, nachdem die militärischen Interventionen der Westmächte gegen die Sowjetregierung 1918-20 und der polnische Überfall auf die Ukraine 1920 gescheitert waren. Seit dieser Zeit, in der das bolschewistische Regime in Moskau vor dem Abgrund stand – im Frühsommer 1919 waren drei Viertel des alten russischen Reiches von den Westmächten und den von ihnen mit Kriegsmaterial, Geld und Beratern unterstützten weißrussischen Armeen besetzt sowie eine antibolschewistische Gegenregierung unter Admiral Koltschak gebildet –, beherrschte die Sorge vor Interventionen und militärischer oder politischer Einkreisung das Denken der sowjetischen Politiker. Als z.B. Eden bei einer Außenministerkonferenz in Moskau

---

15 *Richard Schmid,* »Ein neues Kommunisten-Urteil des Supreme Court«, Juristenzeitung 1958, S. 501-504.

während des Krieges (Oktober 1943) mittel- und osteuropäische Föderationspläne befürwortete, lehnte Molotow dies als eine Rückkehr zu dem gegen die Sowjetunion gerichteten System des cordon sanitaire schroff ab[16]. Auch dem amerikanischen Außenminister Byrnes sagte Molotow, in den angrenzenden Ländern würde die Sowjetunion nie mehr eine ihr unfreundlich gesinnte Regierung dulden[17]. Schon während der Konferenz von Teheran Ende November 1943 beklagte Stalin gegenüber Churchill, was so sehr fehle, sei ein polnischer Paasikivi[18]. Juho Paasikivi war jener finnische Staatsmann, der 1940 bei den Friedensverhandlungen mit Russland nach dessen Angriffskrieg in Karelien eine führende Rolle gespielt hatte. Im Frühjahr 1945 übernahm er eine ähnliche Aufgabe, durch die er Finnland als Bündnispartner Hitler-Deutschlands vor einer sowjetischen Besetzung bewahrte. Als Ministerpräsident und späterer finnischer Staatspräsident schätzte Paasikivi die Machtrealitäten nüchtern ein und erreichte, dass Finnland mit einer freiheitlichen inneren Ordnung unbehelligt in der Nachbarschaft der übermächtigen Sowjetunion leben konnte. Für Stalin war diese Einstellung der Finnen wichtiger als eine ideologische Wesensverwandtschaft. Er hoffte wohl, mit der polnischen Exilregierung in London zu einem ähnlichen Abkommen gelangen zu können, wie es mit Finnland möglich gewesen war. Die Sowjets meinten, sich Osteuropa durch die Absprachen in Yalta als ihr anerkanntes Interessengebiet gesichert zu haben. Das aber wollte die britische Regierung für Polen, dessen Schicksal 1939 der Grund für Englands Kriegseintritt war, nicht akzeptieren. Sie drängte darauf, dass in Polen sobald wie möglich freie Wahlen stattfinden sollten, wie das auch in Yalta besprochen worden war. Die von den Sowjets abhängige provisorische polnische Regierung zögerte den Wahltermin immer wieder hinaus. Die Sowjets misstrauten der britischen Parole »Zuerst freie Wahlen«, weil der Status Polens, insbesondere auch die polnisch-deutsche Grenzfrage, noch nicht entschieden war. Sie befürchteten, dass Polen aus Enttäuschung und Verärgerung über die Gebietsabtretung an die Sowjetunion sich dem Westen anschließen und von diesem eine Revision der Curzon-Linie erhoffen könne. Bei der Neubegründung des polnischen Staates nach mehr als 120-jähriger Aufteilung zwischen Russland, Österreich und Preußen hatte der britische Außenminister Curzon im Namen der Interalliierten Konferenz von Spa am 11. Juli 1920 nach ethnographischen Untersuchungen einen Vorschlag für die polnisch-russische Grenze vorgelegt, den zwar die Russen akzeptierten, die

16 »The Memoirs of Cordell Hull«, London 1948, S. 1298/1299, zitiert nach *Boris Meissner,* Russland, die Westmächte und Deutschland. Die sowjetische Deutschlandpolitik 1943-1953, Hamburg 1953, S. 25.

17 Wie Anm. 5, S. 126.

18 *Louis J. Halle,* Der Kalte Krieg, Frankfurt a. M. 1969, S. 74.

Polen aber ablehnten. Diese hatten bereits im April das durch die militärischen Interventionen der Westmächte und den Bürgerkrieg geschwächte Sowjetrussland überfallen und waren weit nach Osten, bis nach Kiew vorgestoßen. Dann erfolgte der Gegenschlag. Die Russen warfen die Polen nicht nur in ihre Ausgangsstellungen zurück, sondern marschierten im Juli in Polen und Litauen ein. In wenigen Wochen stand die Rote Armee vor Warschau, wurde aber von einem französischen Expeditionskorps unter General Weygand, in dem auch der Leutnant Charles de Gaulle diente, gestoppt, das den Polen auch mit modernem Kriegsmaterial zur Hilfe gekommen war. Nach der Schlacht bei Warschau vom 13.-16. August 1920 mussten sich die geschlagenen Russen wieder zurückziehen. Der den Sowjets auferlegte Friedensvertrag von Riga vom 18. März 1921 fixierte die russisch-polnische Grenze so, dass über sechs Millionen Bjelorussen und Ukrainer dem polnischen Staatsverband eingegliedert wurden. Die Polen waren in den neu erworbenen Gebieten nur eine Minderheit. Die Sowjets forderten von den Westmächten während des Zweiten Weltkrieges die Curzon-Linie als ihre neue Westgrenze, was auch mit Abweichungen von 6-8 km zu Gunsten Polens zugestanden wurde. Die Curzon-Linie war übrigens auch die Grenze, auf die sich Hitler und Stalin in dem geheimen Zusatzprotokoll zum Nichtangriffspakt im August 1939 verständigt hatten.

Hatte zunächst Frankreichs Widerstand gegen eine einheitliche Verwaltung Deutschlands durch gesamtdeutsche Staatssekretariate die Funktion des Kontrollrats gelähmt, so gab ab 1946 das wachsende Spannungsverhältnis zwischen den USA und der Sowjetunion dem Gedanken einer gemeinsamen Deutschlandpolitik der Besatzungsmächte den Todesstoß. Im Mai 1946 stellten die Amerikaner die Reparationslieferungen aus ihrer Zone an die Sowjets mit der Begründung ein, die Russen entnähmen ihrer Zone Reparationen aus der laufenden Produktion und erzielten Überschüsse, während die USA hohe Beträge in ihr Besatzungsgebiet hineinstecken müssten. Anfang Dezember 1946 wurde die amerikanisch-britische Bizone errichtet. Am 30. Juni und 24. Juli 1946, d. h. nicht einmal ein Jahr nach der japanischen Kapitulation, ließen die USA über dem Bikini-Atoll neue, verbesserte Atombomben explodieren. Zur selben Zeit wurde in Washington über eine neue Politik gegenüber der Sowjetunion beraten. Das Ergebnis war die *containment-policy* (Eindämmungspolitik), die auch für die deutsche Frage von erheblicher Bedeutung war. Der amerikanische Bankier und Politiker Warburg hatte in seinem Buch, das den bezeichnenden Titel *Germany – Bridge or Battleground* (»Deutschland – Brücke oder Schlachtfeld«) trägt, vor dieser Politik gewarnt und eine Verständigung mit den Sowjets über Deutschland vorgeschlagen. Aber die Weichen waren schon gestellt. Das »Lexikon der Politik« (1. Auflage – Redaktionsschluss 1. März 1947) spricht bereits unter dem Stichwort »Westblock« von dem »Gedanken einer gemeinsamen Gruppierung, Allianz oder Föderation der westeuropäischen Staaten ... vielleicht auch Deutschlands bzw. dessen westlicher Hälfte«. Im Juli 1947 erschien in der amerikanischen Zeitschrift *Foreign Affairs* ein mit Mr. X gezeichneter Artikel, in dem George F. Kennan die Grundlagen der »Eindämmungspolitik« umriss, die Präsident Truman am 12. März 1947 als Truman-Doktrin proklamiert hatte. Kennan, der Anfang 1947 Direktor der Planungsabteilung im US-Außenministerium geworden war, vertrat die Ansicht, die Sowjetmacht habe große innere Schwierigkeiten und trage alle Merkmale des Niederganges. Es komme nur darauf an, rund um die Sowjetunion eine Einkreisungsfront zu bilden und auf den sowjetischen Zusammenbruch zu warten. Der bekannte politische Publizist Walter Lippmann hat in seiner Streitschrift *The Cold War* die Thesen Kennans sofort nach Bekanntwerden scharf kritisiert. Den Vorschlag, Chinesen, Perser, Türken, Araber, Griechen, Italiener, Deutsche (!) sowie die nichtkommunistischen Parteien in Polen, der Tschechoslowakei, Rumänien, Bulgarien, Ungarn und Finnland in diese antisowjetische Front einzubeziehen, nannte Lippmann ein »gigantisches diplomatisches Unheil«: »Denn wir dürfen nicht vergessen, dass die Sowjetunion, gegen die diese Koalition gerichtet ist, widerstehen und reagieren wird.« Lippmann schlug an Stelle eines »ideologischen Kreuzzuges gegen die Sowjetunion« eine amerikanische Außenpolitik vor, die den Rückzug der eigenen und der sowjetischen Truppen aus den vorgeschobenen Stellungen ermögliche[19].

Für Deutschland hatte die »Eindämmungspolitik« schwer wiegende Konsequenzen: Die drei westlichen Besatzungszonen, vertreten durch ihre Militärgouverneure, wurden – zunächst wirtschaftlich – in die Westunion eingegliedert. Sie nahmen an der Marshallplan-Hilfe teil, die wesentlich zum wirtschaftlichen Aufschwung in Westeuropa beitrug. Die Hilfe empfangenden Länder mussten den USA einen gewissen Einfluss auf ihre Wirtschaft und Politik einräumen. Dies war der Grund, warum die Sowjetunion (und einige osteuropäische Staaten auf Moskaus Druck), trotz ursprünglicher Bereitschaft dazu, am Marshallplan nicht teilnahmen. Übrigens nahm auch die Schweiz keine Hilfe in Anspruch, weil sie in einigen Vertragsklauseln eine Beeinträchtigung ihrer Neutralität sah[20].

Die wirtschaftliche und politische Integration der drei westlichen Besatzungszonen ging zügig voran und führte am 20. März 1948 zum faktischen Ende des Kontrollrates. Auch die Sowjets sahen in ihrer Besatzungszone nicht nur ein Faustpfand, sondern ein Experimentierfeld. Der schon bald nach 1945 einsetzende

19 *Walter Lippmann,* The Cold War, A Study in U.S. Foreign Policy, New York 1947, S. 21/22, S. 50ff.

20 *Walter Theimer,* Lexikon der Politik. 4. Auflage. Auerdruck Verlag 1952. Stichwort »Marshall-Plan«, S. 392-394.

Sowjetisierungsprozess erleichterte den Westmächten psychologisch die weiteren Schritte. Auf die Währungsreform am 18.-20. Juni 1948 folgten ab Juli 1948 Besprechungen der drei Militärgouverneure mit den Ministerpräsidenten der in den Westzonen gelegenen deutschen Länder mit dem Ziel der Bildung eines westdeutschen Staates unter einem Drei-Mächte-Besatzungsstatut. Nach Unterzeichnung des vom »Parlamentarischen Rat« ausgearbeiteten Grundgesetzes am 23. Mai 1949 trat die Bundesrepublik Deutschland ins Leben.

Gegen die sich seit Anfang 1948 abzeichnenden westlichen Pläne zur Bildung eines deutschen Staates im Bereich der drei westlichen Besatzungszonen ergriff die Sowjetunion eine Reihe von Maßnahmen, von denen die totale Blockade Berlins auf dem Land- und Wasserweg vom 24. Juni 1948 bis 12. Mai 1949 die bekannteste und die psychologisch verhängnisvollste für die Sowjets war. Die Versorgung Berlins durch die amerikanische und britische »Luftbrücke« erhöhte die ohnehin vorhandene Sympathie der deutschen Bevölkerung für die Westmächte beträchtlich und steigerte die bereits vorhandene große Abneigung gegen die russische Besatzungspolitik ins Unermessliche. Die sowjetische Reaktion auf die Truman-Doktrin vom 12. März 1947 bestand in der verstärkten Gleichschaltung der osteuropäischen Staaten und der brutalen Liquidierung der Oppositionsparteien in den Ländern, wie Walter Lippmann es vorausgesehen hatte. Durch die Gründung der Bundesrepublik Deutschland, der die Errichtung der DDR im Bereich der sowjetischen Besatzungszone am 7. Oktober 1949 folgte, waren im alten Reichsrahmen zwei deutsche Staaten entstanden, die beide beanspruchten, für ganz Deutschland zu sprechen. Bundesrepublik und DDR wurden immer stärker in die rivalisierenden Machtblöcke einbezogen. Diese Integrationsprozesse waren begleitet von einem innerdeutschen Auseinanderleben, das immer feindseligere Formen annahm.

Anfang 1950 erschien in den USA ein Buch des damals führenden Außenpolitikers der Republikaner und späteren Außenministers John Foster Dulles (1953-1959), das im selben Jahr auch in deutscher Übersetzung vorgelegt wurde: *War or Peace* (»Krieg oder Frieden«). Darin hieß es ein halbes Jahr vor dem Koreakrieg, der angeblich die Diskussion über die Notwendigkeit einer Aufrüstung der Bundesrepublik ausgelöst hat:

> »Es gibt keine gute Lösung des Problems Deutschland, solange nicht Deutschland oder wenigstens der Teil von Deutschland, der frei ist – im Rahmen des Westens als ein integraler Teil untergebracht wird ... Wir können keine deutsche Nationalarmee riskieren. Wir dürfen aber ruhig riskieren, dass Deutsche individuell in einer europäischen Armee dienen, Schulter an Schulter mit Franzosen und Belgiern, unter nichtdeutscher Führung und irgendwo in Westeuropa, am besten nicht in Deutschland stationiert« (S. 229).

An einer anderen Stelle seines Buches schrieb Dulles zur deutschen Frage, Deutschland könne »ein großer Trumpf in den Händen des Westens sein«:

> »Indem es Ostdeutschland in den Machtbereich des Westens zieht, kann es eine vorgeschobene strategische Position in Mitteleuropa gewinnen, welche die sowjetkommunistischen militärischen und politischen Positionen in Polen, der Tschechoslowakei, in Ungarn und anderen angrenzenden Ländern unterminiert« (S. 163).

Diese Äußerungen waren bezeichnend für eine neue Phase der amerikanischen Außenpolitik gegenüber der Sowjetunion. Die »Eindämmungspolitik« hatte nicht zum Zusammenbruch der Sowjetunion oder auch nur zu einem Nachgeben der Sowjets in wesentlichen Punkten geführt. Deshalb befürwortete Dulles eine *liberation policy* (»Befreiungspolitik«), ein *roll back* (»Zurückdrängen«) der Sowjetunion auf die Grenzen von 1939, ein »Hinausdrohen« aus Mitteleuropa, ja sogar eine »Dekomposition der Sowjetunion«. Die »Befreiungspolitik« wurde allerdings erst Anfang 1953 zur offiziellen Konzeption der US-Regierung. Vorher hatte sich jedoch schon ein »Amerikanisches Befreiungskomitee der Völker Russlands« gebildet, das offiziösen Charakter gewann, als im Februar 1952 der gerade aus dem Amt geschiedene amerikanische Botschafter in Moskau, Admiral Kirk, die Leitung übernahm[21]. Am 10. Oktober 1951 trat das amerikanische Auslandshilfegesetz in Kraft, in dem u. a. 100 Millionen Dollar für die An- und Abwerbung von Personen aus der Sowjetunion und den Volksdemokratien für die NATO bereitgestellt waren[22]. Nachdem bereits am 21. August 1951 in Stuttgart ein »Rat für die Befreiung der Völker Russlands« (SONR) gegründet worden war, fand Anfang November 1951 die erste größere Tagung des Befreiungsrates in Wiesbaden statt[23].

Adenauer sah in der von den USA unmissverständlich gewünschten militärischen Beteiligung der Bundesrepublik am Westblock eine Chance, die deutsche Gleichberechtigung zu erreichen und an der Seite der Westmächte den Kalten Krieg gegen die Sowjetunion zu gewinnen. Hier lag der entscheidende Meinungsunterschied zu Heinemann und seinen politischen Freunden. Adenauer, der sich durchaus in die Lage der westeuropäischen Nachbarstaaten hineindenken konnte und z.B. ihr Sicherheitsbedürfnis vor Deutschland wiederholt öffentlich anerkannte, wollte oder konnte die Situation der osteuropäischen Staaten, insbesondere der Sowjetunion, nicht verstehen. Der Kanzler hat – wie jeder Unvoreingenommene anerkennen muss – bleibende große Verdienste um die Bundesrepublik Deutschland, deren Politik er fast 14 Jahre prägte. Lobenswert sind seine erfolgreichen

---

21 KAG 1952, S. 3342 D.

22 KAG 1951, S. 3191 D.

23 *Boris Meissner,* wie Anm. 16, S. 287.

Versuche, das Vertrauen der meisten Länder (außerhalb des Ostblocks) in die Verlässlichkeit der Deutschen zurückzugewinnen und die Aussöhnung mit Israel zu erreichen. Dass die Entwicklung der Bundesrepublik zu einem demokratischen Sozialstaat gelangte, ist ihm, der die Richtlinien der Politik bestimmte, ebenfalls hoch anzurechnen. Umso stärker fällt das Versagen in der Deutschland- und Ostpolitik ins Gewicht.

Nach dem Zweiten Weltkrieg wäre eine der wichtigsten Aufgaben gewesen, den nationalsozialistischen Ungeist zu überwinden, der gerade in der Parole vom »bolschewistischen Untermenschen« und der angeblichen »Minderwertigkeit« der Russen und Polen zum Ausdruck kam. Ich habe jedoch keine Rede Adenauers gefunden, in der er besonders den deutschen Überfall auf die Sowjetunion und den dann planmäßig einsetzenden Ausrottungs- und Vernichtungsfeldzug erwähnte. Es wurde im Verhältnis zur Sowjetunion alles tabuisiert oder verdrängt, was dort während des Krieges geschehen war.

Um die deutsche Bevölkerung nur fünf Jahre nach der bedingungslosen Kapitulation wieder zu einer Aufrüstung bewegen zu können, brauchte er ein Feindbild: Die Sowjetunion und die Kommunisten, die nach seiner Darstellung für alle Übel in der Welt verantwortlich waren. Sein Argumentationsschema war einfach und wurde während der entscheidenden Jahre ohne Abstriche beibehalten: Die Rote Armee steht auf Grund des sowjetischen Expansionsdrangs mitten in Deutschland. Auch im Ausland verwies Adenauer immer wieder auf die »Tatsache, dass Sowjetrussland heute bereits im Herzen Europas steht«, so bei seiner Ansprache vor dem außenpolitischen Ausschuss des amerikanischen Senats am 9. April 1953 während seiner ersten USA-Reise«[24]. Was dieser Tatsache vorausgegangen war, blieb stets unerwähnt. Im Kampf gegen Sowjetrussland heiligte für ihn der Zweck die Mittel, und er griff bedenkenlos zu Täuschung, Verdrehung und Irreführung. In der Wehrdebatte des Bundestages am 7./8. Februar 1952 spielte wieder »die Größe und die Furchtbarkeit der Gefahr aus dem Osten« die Hauptrolle. So erklärte der Bundeskanzler, »dass Sowjetrussland in der Ostzone rund 30 Divisionen marschbereit (!) zum Einzug gegen Deutschland unterhält, »dass Sowjetrussland den Frieden in der Welt nicht will« und Westdeutschland in die westeuropäische Verteidigungsgemeinschaft eintreten müsse, »um endlich Ruhe und Frieden vor dem Drang und den Angriffen aus dem Osten« zu haben. Als diese allgemeinen Redensarten bei den Abgeordneten anscheinend noch nicht die gewünschte Wirkung hatten, zeichnete der Bundeskanzler am darauf folgenden Tage mit Auszügen aus seinem Sicherheitsmemorandum vom 29. August 1950 ein furchterregendes Bild des

24 *Adenauer,* Erinnerungen 1945-1953, Stuttgart 1965, S. 588.

sowjetischen »Offensivaufmarsches« (u. a. wörtlich: »Die Marschverpflegung (!) ist in den Händen der Truppe«) und schloss unter dem starken Beifall der Regierungsparteien pathetisch: »Derjenige, der gegenüber einer solchen Bedrohung unseres Landes und unserer Bevölkerung erklärt, dass er nicht bereit ist, einen Beitrag zu dieser Verteidigung zu leisten, der soll sich vor seinem Gewissen und vor dem deutschen Volk dafür verantworten« (Bundestagsprotokoll, S. 8160). Folgerichtig proklamierten dann Sprecher der Regierungsparteien anschließend angesichts dieser bedrohlichen Lage ein Notwehrrecht und eine »Notwehrpflicht der jungen Generation, die für ihre Mütter, ihre Schwestern, ihre Bräute, für Frau und Kinder auch ein Jahr (Militärdienst) wird opfern müssen, um ihnen Leben und Frieden zu erhalten« (Bundestagsprotokoll, S. 8178).

Allerdings hatte dieser Appell an die Angst eine von der Regierung unerwartete Wirkung im Volk. Denn jeder Denkfähige sagte sich, dass angesichts einer angeblich marschbereiten Roten Armee im Herzen Deutschlands der geplante Aufbau einer westeuropäischen Armee mit westdeutschen Kontingenten nichts mehr nützen könne – die ersten 100 Freiwilligen für die Bundeswehr erhielten am 12. November 1955 in Bonn ihre Urkunden – und geradezu zwangsläufig provozierend wirken müsse. Um diese unerwünschte Reaktion abzufangen, sagte deshalb der Bundeskanzler in der außenpolitischen Debatte des Bundestages am 3. April das, was Kenner weltweiter strategischer Zusammenhänge und innerrussischer Verhältnisse schon seit langem behauptet hatten:

> »Ich bin weiter der Auffassung, dass auch nicht einmal die sowjetrussischen Generäle Krieg wollen, und zwar deswegen nicht – ich möchte das gegenüber gewissen Sorgen in der deutschen Bevölkerung sagen –, weil jetzt schon der Westen so stark ist, dass Sowjetrussland keinen Krieg vom Zaune brechen wird. Es kommt ein Weiteres hinzu, was uns, glaube ich, berechtigt, mit Optimismus in die Zukunft zu sehen. Sowjetrussland hat große innere Aufgaben zu erfüllen … zu denen es Kapital und Menschen braucht« (Bundestagsprotokoll, S. 8761).

Obwohl die Regierungsparteien auch diese Äußerung mit anhaltendem Beifall quittierten, wird niemand ernstlich bestreiten können, dass die beiden Erklärungen, die der Bundeskanzler in einem Zeitraum von weniger als zwei Monaten vor dem Bundestag abgegeben hat, absolut unvereinbar miteinander waren. In der Wehrdebatte hatte die aus Bayernpartei und Zentrum gebildete Fraktion der Föderalistischen Union am 8. Februar 1952 einen Antrag vorgelegt, in dem u. a. die Bundesregierung ersucht wurde, durch Verhandlungen »den Völkerrechtsstatus etwaiger deutscher Soldaten eindeutig zu klären, insbesondere zu klären, ob sie den völkerrechtlichen Schutz gegenüber allen Alliierten genießen«. Ich hatte dem Zentrumsabgeordneten Dr. Reismann Unterlagen zugeleitet, nach denen ein westdeutscher Militärbeitrag ein Verstoß gegen gültige Kontrollratsgesetze sein könnte. Reismann und sein Fraktionskollege Etzel hatten die Argumente im Bundestagsplenum vorgetragen[25] und den eingebrachten Antrag – Drucksache Nr. 3084 – begründet. Der Antrag wurde dem damaligen Ausschuss für Besatzungsstatut und auswärtige Angelegenheiten überwiesen. Eingangs der außenpolitischen Debatte am 3. April 1952 wurde die Stellungnahme des Ausschusses bekannt gegeben. Darin hieß es u.a.: »Die völkerrechtliche Stellung deutscher Kontingente im Rahmen einer europäischen Armee regelt sich nach der Haager Landkriegsordnung, zurzeit allerdings zusätzlich nach den Bestimmungen des Kontrollrates. Es kann wohl keinem Zweifel unterliegen, dass die Verhandlungen zwischen der Bundesregierung und den Westalliierten, die zu einem etwaigen Abkommen über den Beitritt zur europäischen Verteidigungsgemeinschaft führen sollen oder können, auch die Klärung des völkerrechtlichen Status etwaiger deutscher Soldaten und deutscher Kontingente mindestens gegenüber den Westalliierten zum Gegenstand haben werden. Eine darüber hinausgehende Klärung dieses Status gegenüber allen Alliierten kann im Augenblick wohl nicht erwartet werden«[26].

Es ist also im Bundestag eindeutig klargestellt worden, dass die Kontrollratsgesetze, die die vollständige Entmilitarisierung anordneten, weiterhin verbindlich waren. Das bedeutete, dass etwaige westdeutsche »Soldaten« von den Russen mit schwersten Strafen belegt werden konnten, wenn sie in deren Hände fallen würden. Ein solcher Fall hatte sich bereits in Berlin ereignet – nur mit umgekehrtem Vorzeichen: Im Mai 1950 wurden acht Volkspolizisten, die auf einem LKW versehentlich in den amerikanischen Sektor Berlins geraten waren, von dem amerikanischen Bezirksgericht in Lichterfelde zu mehrjähriger Freiheitsstrafe verurteilt, weil sie durch »Tragen der Uniform einer halbmilitärischen Organisation und ungesetzlichen Transport von Feuerwaffen (Pistolen)« die Kontrollratsgesetze verletzt hatten. Zur Gültigkeit der Kontrollratsgesetze führte der amerikanische Gerichtsvorsitzende u. a. aus: »Die Tatsache, dass eine gewisse Macht (die Sowjetunion) die Mitarbeit im Kontrollrat abgelehnt hat, macht seine Gesetze nicht unwirksam.«

Auf dieses Urteil hatte der Abgeordnete Fürst zu Öttingen-Wallerstein von der Föderalistischen Union auch noch ausdrücklich hingewiesen. Trotzdem wurde der oben mitgeteilte Antrag durch die Mehrheit im Bundestag abgelehnt.

Am 10. März 1952 richtete Stalin seine berühmt gewordene Note an die Westmächte. In ihr und den folgenden Noten – vom 24. März, 9. April und 23. August 1952 – bot die Sowjetunion freie gesamtdeutsche Wahlen, den Abzug aller ausländischen, also auch ihrer Truppen, aus Deutschland und die Unterstützung zur

25 Bundestagsprotokoll S. 8176 und 8241.

26 Bundestagsprotokoll S. 8748.

Aufnahme Deutschlands in die UNO an, wenn ein Friedensvertrag mit einer gesamtdeutschen Regierung abgeschlossen werde, in dem der völkerrechtliche Status Deutschlands im Sinne eines Teilnahmeverbotes an militärischen Blockbildungen festgelegt werde.

Die Westmächte wichen jeder Erörterung des Friedensvertragsentwurfes aus und forderten zuerst freie Wahlen sowie vorweg die Prüfung durch eine UNO-Kommission, ob die Voraussetzungen für die Durchführung freier Wahlen im sowjetischen Besatzungsgebiet gegeben seien. Die Haltung des Westens wurde nicht nur in oppositionellen Kreisen bedauert und missbilligt. Der FDP-Bundestagsabgeordnete Dr. Pfleiderer, später Botschafter in Belgrad, schrieb in einer Denkschrift vom 2. September 1952:

> »Mit Beschlüssen über gesamtdeutsche Wahlen beginnen zu wollen, verrät deutlicher als irgendetwas anderes die Absicht, den Verhandlungen mit der Sowjetunion auszuweichen und die Möglichkeit einer deutschen Wiedervereinigung im Keime zu ersticken«.

Nach der teilweisen Freigabe britischer und amerikanischer Archive kann heute dreierlei nicht mehr bestritten werden:

1) Die sowjetischen Deutschlandnoten boten eine Chance für die gesicherte Wiedervereinigung Deutschlands[27],
2) Bundeskanzler Adenauer unternahm alle Anstrengungen, um jeden Versuch einer näheren Prüfung der Noten abzublocken[28],
3) Adenauer machte mehrfach, u. a. auch vor dem Deutschen Bundestag, über den Inhalt der Noten Angaben, die in allen wesentlichen Punkten unrichtig waren. Dies werde ich später im Zusammenhang mit einem Beweisantrag abhandeln, den ich im Strafprozess gegen Mitglieder der »Gesellschaft für deutsch-sowjetische Freundschaft« vor dem Bundesgerichtshof gestellt habe.

Adenauers schroffe Ablehnung, die Stalin-Note – »ein Fetzen Papier« – auch nur zu prüfen, fand nicht ungeteilten Beifall in den eigenen Reihen und wurde von der Opposition gerügt, die ein »Ausloten« des Friedensvertragsvorschlages verlangte. Hermann Pünder, von 1926 bis 1932 Chef der Reichskanzlei, dann Regierungspräsident, politischer Häftling im Dritten Reich, Mitbegründer der CDU, Nachfolger Adenauers als Kölner Oberbürgermeister 1945 bis 1948, Oberdirektor des Ver-

---

27 *Rolf Steininger*, »Eine Chance zur Wiedervereinigung? Darstellung und Dokumentation auf der Grundlage unveröffentlichter britischer und amerikanischer Akten« (Archiv für Sozialgeschichte. Beiheft 12). Bonn 1985.

28 *Rolf Steininger*, »Freie, gesamtdeutsche Wahlen am 16. November 1952«; in: Jürgen Weber (Hg.), Die Republik der fünfziger Jahre. Adenauers Deutschlandpolitik auf dem Prüfstand. München 1989. S. 88-111.

waltungsrates des Vereinten Wirtschaftsgebietes (Bizone) und von 1949 bis 1957 Mitglied des Bundestages – also ein verdienter und erfahrener Mann – schildert in seinen Lebenserinnerungen die Behandlung der Stalin-Note im Vorstand der CDU/CSU-Bundestagsfraktion am 25.März 1952, an dem Tag, an dem die Antwort der drei Westalliierten in Moskau abgegeben wurde. Nach Pünders stenografischen Notizen habe Adenauer, der sich »wie üblich« wegen wichtiger Besprechungen nach seinem etwa dreißigminütigen Bericht entfernte und der Diskussion entzog, u. a. ausgeführt:

> »Ich hatte vollberechtigt an ihrer Abfassung (der Antwortnote) teilgenommen. Mehreres konnte ich streichen und einiges hinzufügen ... Wenn die Neuordnung Europas kommt – und sie wird kommen –, dann wird man aber auch nicht vorbeigehen können an einer Neuordnung im europäischen Osten. Deshalb darf die Aussprache mit den Sowjets nicht zu früh kommen, da jetzt die Dinge noch nicht soweit sind ... Ich habe die feste Zuversicht, dass die Sowjets keinen heißen Krieg führen werden. Wann nun wird der Zeitpunkt für diese entscheidenden Gespräche gekommen sein? Jedenfalls werden nicht viele Jahre darüber hingehen. Unter General Eisenhower als USA-Präsident wird dies alles schneller gehen, weil dies auch ganz seine eigene Konzeption ist ... Verhandlungen mit den Sowjets im jetzigen Stadium wären für uns geradezu schädlich«[29].

Pünder berichtet weiter, dass in seiner nächsten Umgebung besonders die Berliner CDU-Abgeordneten Lemmer, Friedensburg und Tillmanns in ihrer kritischen Haltung zu Adenauers Ausführungen völlig einig gewesen seien. Und er fügt hinzu: Ehe sich nicht die Archive der Kabinette öffnen, wird die Frage streitig bleiben, ob damit nicht eine Sternstunde deutscher Nachkriegsgeschichte vertan worden sei[30].

Heinemann und seine GVP-Freunde waren sich darüber klar, dass Stalins Angebot eigennützigen Motiven entsprang. Aber das brauchte nicht gegen die deutschen Interessen zu verstoßen. Selbst für Laien in geopolitischen und militärstrategischen Fragen war einsichtig, dass Stalin einen hohen Preis zahlen würde, um die militärische Kombination USA und Bundesrepublik Deutschland zu verhindern. Die deutschen Armeen hatten die Sowjetunion an den Rand des Abgrunds gebracht. Die USA hatte den Russen durch ihre Lieferungen im Werte von über 10 Mrd. Dollar entscheidend geholfen[31].

---

29 *Hermann Pünder,* Von Preußen nach Europa. Stuttgart 1968. S. 488.

30 *Derselbe,* a.a.O. S. 489.

31 Vom Oktober 1941 bis zum 31. Mai 1945 haben die USA an die Sowjetunion geliefert: 427248 LKW, 37170 Motorräder, 15039 Flugzeuge, 13303 Panzer, 1900 Lokomotiven und 10000 Eisenbahnwaggons. Dazu 4,5 Mio t. Fleischkonserven, Zucker, Mehl und Fett, so dass 12 Millionen sowjetische Soldaten Tag für Tag mit mehr als einem halben Pfund hochwertiger US-Verpflegung versorgt wurden (zit. nach *Werner Keller,* Ost minus West = Null, München-Zürich 1960, S. 285/286).

Die großen Hoffnungen, die Adenauer auf die neue amerikanische Regierung unter Präsident Eisenhower mit Außenminister Dulles setzte, die im Januar 1953 ihr Amt antrat, schienen zunächst auch erfüllt zu werden. Am 17. Juni 1953 veröffentlichte die »Rheinische Post« auf Seite 2 einen Bericht ihres Korrespondenten in Washington vom Vortage unter der Überschrift »Dulles lässt Bücher verbrennen«:

> »Der USA-Außenminister Dulles gab bekannt, dass das Staatsdepartement 11 Bücher amerikanischer Verfasser verbrennen ließ, die sich in Bibliotheken amerikanischer Botschaften in Europa befunden hatten. Bei den Büchern handelte es sich um Schriften mit ›kommunistenfreundlicher‹ Tendenz; in den meisten der 11 Werke wurde zum Ausdruck gebracht, dass ein friedliches Nebeneinanderbestehen zwischen den USA und der Sowjetunion durchaus möglich sei. Die Aktion des Außenministeriums erregt umso größeres Aufsehen, als Präsident Eisenhower das Verbrennen von Büchern kürzlich scharf verurteilte.
>
> Auch die Chikagoer Zeitung ›Sun Times‹ protestierte dagegen, dass eine Vereinigung, die sich die ›Freunde des antibolschewistischen Blocks‹ nennt, literarische Erzeugnisse verbrannte, die ihr nicht zusagten. Gleichzeitig wird betont, dass in der Stadt Cleveland die Buchhändler gezwungen wurden, den Verkauf von Büchern einzustellen, die sich auf einer amtlichen ›Schwarzen Liste‹ befinden. Unter den verbotenen Büchern befindet sich u.a. die ›Einführung in die Psychoanalyse‹ von Sigmund Freud.
>
> In den Kreisen der amerikanischen Intelligenz haben die Bücherverbrennungen zu Gegenmaßnahmen geführt. Die Fordstiftung gab bekannt, dass sie 15 Millionen Dollar für die Bekämpfung der Zensurmaßnahmen gegen die individuellen Freiheiten zur Verfügung stellen werde. Die ›New York Herald Tribune‹ veröffentlichte den Brief eines entrüsteten Lesers, in dem es heißt: ›Bücher ins Feuer zu werfen, ist ein Merkmal der totalitären Staaten. Wir Amerikaner erinnern uns mit Grauen an die Autodafés, die das Hitlerregime veranstaltete‹«.

Wir teilten Adenauers Ansicht, dass der Kommunismus und die Grundsätze einer rechtsstaatlichen Demokratie unvereinbar waren, traten aber dennoch für ein friedliches Nebeneinanderbestehen der beiden Supermächte ein.

Es war ein Glück, dass sich Eisenhower sofort von Dulles und McCarthy, der diese Aktion von Dulles verlangt hatte, distanzierte. In einer bemerkenswerten Rede hatte Eisenhower am 14. Juni 1953 gewarnt:

> »Schließen Sie sich nicht denen an, die Bücher verbrennen! Wie können wir den Kommunismus besiegen, wenn wir nicht wissen, was er überhaupt ist, was er lehrt und warum er eine so große Anziehungskraft auf die Menschen ausübt? Der Kommunismus ist beinahe eine Religion, wenn auch eine niedere. Wir müssen ihn mit einer besseren Idee bekämpfen. Wir wollen nicht versuchen, die Gedanken unserer Mitmenschen zu verbergen. Sie gehören zu Amerika. Und wenn sie Ideen haben, die unseren eigenen widersprechen, dann haben

diese Leute trotzdem ein Recht, auf ihre Weise zu denken ... oder unser Land ist nicht mehr Amerika.«[32]

Ich werde noch berichten, dass auch in der Bundesrepublik Schriftenmaterial zur Vernichtung eingezogen worden ist, u.a. Reden von Chruschtschow. Zur Überraschung Adenauers hatte Eisenhower den Tod Stalins am 5. März 1953 zum Anlass genommen, sich von früheren Äußerungen zur »Befreiungspolitik« zu distanzieren. Hatte er in einer Rede vor der American Legion am 25. August 1952 in New York noch 17 Länder in Europa und Asien genannt, die von kommunistischer Knechtschaft befreit werden müssten (darunter die drei baltischen Staaten, China, Tibet, die Äußere Mongolei und das nördliche Indochina)[33], so machte er in einer programmatischen außenpolitischen Rede am 16. April 1953 in Washington der neuen sowjetischen Führung ein Friedensangebot mit dem erklärenden Hinweis, dass mit dem Tode Stalins eine Epoche zu Ende gegangen sei. Wenn die bisherige Entwicklung im Verhältnis zwischen Ost und West nicht aufgehalten werde, komme es schlimmstenfalls zum Atomkrieg und bestenfalls zu einem Leben unter beständiger Furcht und drückender Rüstungslast[34]. Churchill, der nach dem konservativen Wahlsieg im Oktober 1951 wieder Premierminister geworden war, begrüßte nicht nur am 20. April im Unterhaus »die mutige und begeisternde Initiative des Präsidenten der USA«, sondern eröffnete am 11. Mai 1953 eine außenpolitische Debatte im Unterhaus mit dem Vorschlag eines Gipfelgesprächs zur Entspannung der Weltlage und einer wechselseitigen Garantie der Staatsgebiete in Osteuropa. Er erkannte auch ausdrücklich ein russisches Sicherheitsbedürfnis an: »Russland hat ein Recht darauf, sich davor sicher zu fühlen, dass sich die schrecklichen Ereignisse der Invasion durch Hitler niemals wiederholen werden«[35]. Als Helene Wessel am 4. Dezember 1952, also einige Monate vor der Churchill-Rede, im Bundestag darauf hinwies, dass es auch ein russisches Sicherheitsbedürfnis gebe, ohne dessen Respektierung eine Wiedervereinigung unseres Volkes nicht zu erreichen sei, wurde sie aus den Reihen der Regierungsparteien mit den Kommunisten auf eine Stufe gestellt (Bundestagsprotokoll, S. 11360 ff.).

Die Reden Eisenhowers und Churchills wurden von der neuen Führung im Kreml begrüßt. Die Klima-Verbesserung erleichterte das Zustandekommen des am 27. Juli 1953 geschlossenen Waffenstillstandsabkommens in Korea, das den 38.

32 KAG 1953, S. 4038 A.

33 KAG 1952, S. 3625 F.

34 KAG 1953, S. 3953 A.

35 KAG 1953. S. 3992 A.

Breitengrad als Demarkationslinie festlegte. Dagegen hatte der Anfang Juni von Moskau angekündigte neue Kurs in der DDR keinen Erfolg, der kaum verhüllt die Existenz der DDR zur Disposition stellte, wenn die sowjetischen Sicherheitsinteressen gewahrt und die Oder/Neiße-Linie als polnische Westgrenze anerkannt würden. Es gehört zur Tragik der deutschen Nachkriegsgeschichte, dass der sich zum Volksaufstand ausweitende Arbeiterprotest am 16./17. Juni 1953 die sowjetische Besatzungsmacht veranlasste, Ulbricht zu stützen, und die unter den genannten Bedingungen zur Preisgabe der DDR bereite Gruppe im Kreml nachgeben musste. Aus Bonn kam auch kein ermutigendes Echo, vielmehr bekannten sich Adenauer und Sprecher der Regierungsparteien ausdrücklich zu den Thesen der »Befreiungspolitik«. Der Kanzler meinte unter dem Eindruck seines großen Erfolges bei der Bundestagswahl auf dem Marktplatz in Bonn, man solle statt Wiedervereinigung lieber von »Befreiung« sprechen (»Die Welt« vom 7. September 1953).

Die Großmächte vereinbarten eine Außenminister-Konferenz zur deutschen und österreichischen Frage, die ab 25. Januar 1954 in Berlin stattfand. Der sowjetische Außenminister Molotow beantragte zu Beginn der Konferenz, dass Vertreter der Bundesrepublik und der DDR von den Teilnehmern der Viermächtekonferenz angehört werden sollten, doch wurde dies von den drei Westmächten abgelehnt, weil nur die Bonner Regierung legitimiert sei, im Namen des deutschen Volkes zu sprechen. Dieser Alleinvertretungsanspruch spielte in der politischen Strafjustiz eine erhebliche Rolle, weil er auch eine Treuepflicht der in der DDR lebenden Deutschen gegenüber der Bundesregierung einschloss.

Molotow legte zugleich den Entwurf eines Friedensvertrages mit Deutschland vor, der im Wesentlichen dem entsprach, der am 10. März 1952 den Westmächten mit der »Stalin-Note« überreicht worden war.

Die Bundesregierung ließ vor der Berliner Konferenz an allen Plakatsäulen im Bundesgebiet und in Berlin-West in Großformat »Deutschlands Forderungen zur Viererkonferenz« anschlagen:

Freie gesamtdeutsche Wahlen
Verfassunggebende Nationalversammlung
Gesamtdeutsche Regierung mit völliger Handlungsfreiheit.

»Freiheit« war ein oft von Adenauer verwendetes Wort, wenn er Forderungen an die Sowjets richtete, und sicher gab es niemanden in der Bundesrepublik, der nicht in Freiheit leben wollte. Doch der Kanzler wollte oder konnte nicht verstehen, dass in russischen Ohren das gute deutsche Wort Freiheit einen bösen Klang hatte. Nach dem deutschen Überfall auf die Sowjetunion am 22. Juni 1941 spielten die deutschen Rundfunkstationen bei Sondermeldungen ein Lied, dessen Refrain lautete:

»Von Finnland bis zum Schwarzen Meer,
vorwärts, vorwärts, stürmendes Heer,
Freiheit das Ziel, Sieg das Panier,
Führer befiehl, wir folgen Dir.«

Als die Sowjetunion 1947 freie Wahlen in den vier Besatzungszonen anbot, aus denen eine gesamtdeutsche Regierung hervorgehen sollte, hatte der britische Außenminister Bevin gesagt: »Ich bin nicht gewillt, die Sicherheit Englands einer Volksabstimmung durch die Deutschen auszusetzen«[36].

Aber die Russen, die unter der deutschen Aggression am meisten gelitten hatten, sollten sich ohne vorherige Anerkennung ihrer Sicherheitsinteressen dem Ergebnis einer Wahl der besiegten Deutschen unterwerfen, deren Regierung die »Neuordnung ganz Osteuropas« forderte. Wiederholt hatte Molotow westlichen Politikern vorgehalten, auch Hitler sei durch »freie Wahlen« an die Macht gekommen. Im Indochina-Konflikt haben umgekehrt die USA die vereinbarten freien Wahlen nicht akzeptiert, weil sie das Ergebnis im Voraus kannten und mit ihren Interessen für nicht vereinbar hielten.

Die sowjetischen Politiker hatten auch aufmerksam registriert, dass Adenauer führende Mitarbeiter des Goebbels'schen Propagandaministeriums in Tarnorganisationen der Regierung duldete, wie den früheren Leiter der Antikominternabteilung der Goebbels'schen Giftküche, Dr. Eberhard Taubert, der beim Bundestagswahlkampf 1953 sogar eigene Entwürfe für Hetzplakate lieferte. Im Rückblick erstaunt es auch, welch harter Sprache sich Adenauer bis zu seinem Besuch in Moskau 1955 gegenüber den Russen bediente, obwohl wir uns bis zum 25. Januar 1955 noch im Kriegszustand mit der Sowjetunion befanden.

Aufschlussreich war für die Sowjets auch, wie Adenauer Menschen behandelte, die sich für eine Verständigung mit Osteuropa, insbesondere mit der Sowjetunion einsetzten. Es begann mit dem hessischen Kirchenpräsidenten Martin Niemöller, der im Dezember 1951 von der Russisch-Orthodoxen Kirche zu einem Besuch nach Moskau eingeladen worden war. Niemöller sagte zu und bereitete sich am Wochenende 29./30. Dezember 1951 mit befreundeten Theologen, u. a. den Präsides der Rheinischen und der Westfälischen Kirche, Held und Wilm, auf die Reise vor. Theologieprofessor Helmut Gollwitzer, der erst 1950 aus sowjetischer Kriegsgefangenschaft zurückgekehrt war, konnte aus Gesundheitsgründen nicht teilnehmen, schrieb aber einen längeren Brief, in dem er die Annahme der Einladung begrüß-

36 Von Heinemann in seiner Rede im Bundestag am 23. Januar 1958 zitiert (Bundestagsprotokoll S. 402 C). Auch in *Heinemann,* Verfehlte Deutschlandpolitik, Irreführung und Selbsttäuschung, Frankfurt a. M. 1966. S. 127.

te[37]. Gollwitzer hatte damals gerade sein Buch »Und führen, wohin Du nicht willst«, den Bericht seiner Gefangenschaft in der UdSSR, geschrieben, der ein außerordentlich gutes Echo fand.

Adenauer erklärte zu der Reise Niemöllers, die vom 2. bis 9. Januar 1952 stattfand, am Neujahrstag 1952:

> »Ich finde es tief bedauerlich, dass ein Deutscher in der Person des hessischen Kirchenpräsidenten Niemöller seiner Regierung auf diese Weise und zu diesem Zeitpunkt in den Rücken fällt«[38].

Weshalb veranlasste die Reise Niemöllers zum Patriarchen der russisch-orthodoxen Kirche Konrad Adenauer zu einer solchen Reaktion? Sollte nicht bekannt werden, dass entgegen einer damals weit verbreiteten Ansicht die orthodoxe Kirche zwar bedrängt und im öffentlichen Leben praktisch einflusslos, aber doch keine Katakombenkirche war? Im Juni/Juli 1954 weilte Heinemann fast drei Wochen auf Einladung des russisch-orthodoxen Patriarchen mit fünf weiteren Mitgliedern der EKD – je drei aus den beiden deutschen Staaten – in Moskau, Sagorsk, Leningrad, Kiew und Odessa. Heinemann, der einzige Nichttheologe der Gruppe, war als Präses der gesamtdeutschen Synode Delegationsleiter. Wie schon Niemöller zweieinhalb Jahre zuvor, nahm auch Heinemann an einem angebotenen Gespräch mit dem stellvertretenden sowjetischen Außenminister Zorin teil und sprach auch mit dem Vorsitzenden des Sowjetischen Roten Kreuzes über die noch in der Sowjetunion zurückgehaltenen deutschen Kriegsgefangenen und Zivilinternierten. Das Sowjetische Rote Kreuz wünschte einen unmittelbaren Kontakt zum Deutschen Roten Kreuz. Darüber unterrichtete Heinemann dessen Präsidenten Dr. Weitz, den er nicht nur von der gemeinsamen Tätigkeit in der Landesregierung und dem Landtag Nordrhein-Westfalens kannte. Weitz, der von Mitte 1947 bis Ende 1951 Finanzminister in Düsseldorf gewesen war, antwortete schriftlich, er habe wegen dieses direkten Kontaktes »schon im Dezember (1952) mit dem Auswärtigen Amt Fühlung genommen und bin hier auf sehr heftigen Widerstand gestoßen, was schließlich auch zu erheblichen Meinungsverschiedenheiten mit dem Chef der Bundesregierung geführt hat … Ihrer Anregung gemäß habe ich auch den Versuch gemacht, eine Reihe von Einzelfallen dem Russischen Roten Kreuz bekannt zu geben …« Heinemann schrieb daraufhin am 27. September in einem Brief an den Bundeskanzler über sein Gespräch in Moskau mit dem Vorsitzenden des Sowjetischen Roten Kreuzes, bei dem er erfahren habe, dass das Deutsche Rote Kreuz »bis

37 Zur Vorgeschichte und zum Verlauf der Reise vgl. *Jan Niemöller,* Erkundung gegen den Strom, Eine Dokumentation, Stuttgart 1988.

38 KAG 1952, S. 3281 A 3282.

dahin – also neun Jahre nach Kriegsende – noch keinen einzigen konkreten Fall von Nachfrage oder Hilfeersuchen hinsichtlich solcher Personen an das Sowjetische Rote Kreuz herangetragen habe, die in Russland gefangen gehalten oder an der Rückkehr nach Deutschland gehindert werden«. Abschließend forderte Heinemann den Bundeskanzler auf, dem Deutschen Roten Kreuz »endlich volle Handlungsfreiheit und volle Unterstützung seiner Arbeit zu geben, damit dem großen menschlichen Leid begegnet werden kann, das der Krieg für zahllose Familien hinterlassen hat«. Am 1. Oktober 1954 schrieb Weitz wieder an Heinemann. Bezeichnend für das damalige Klima des Kalten Krieges ist die in dem handschriftlichen Brief enthaltene Bemerkung:

> »Tun Sie deshalb bitte in der Sache Deutsches Rotes Kreuz nichts mehr, bevor wir zusammen gesprochen haben. Ich scheue jedes schriftliche Wort. Man weiß ja nie, ob und wie man bespitzelt wird. Auch bei sauberstem nationalem Gewissen.«

Heinemann hatte auch beim sowjetischen Botschafter in Berlin Puschkin (in Bonn gab es noch keinen) angeregt, Weitz persönlich zu empfangen, was auch am 26. März 1955 geschah. Am gleichen Tag schrieb Weitz zusammen mit dem Leiter des Suchdienstes Dr. Wagner an Heinemann:

> »Ihr freundliches Bemühen hat uns die Tore zu P. (Puschkin) geöffnet. Es war eine lange (1 1/2 Stunden), wie ich hoffe, fruchtbare Aussprache. Er hat baldige Entscheidung an Dr. W. (Wagner) in Aussicht gestellt. Und nun: wie sage ich es meinem K. (Konrad Adenauer)? Ich halte Sie auf dem Laufenden.«

Auch zum Tschechischen Roten Kreuz ebnete Heinemann Weitz den Weg. In Prag knüpfte er im März 1955 Kontakte zum Präsidenten des dortigen Roten Kreuzes Tuma, an, die später zu einem Besuch Tumas in Bonn und zur Normalisierung führten[39].

Adenauer glaubte, wie die meisten Bundesbürger, Heinemann sei nach der Wahlschlappe der GVP 1953 politisch erledigt. Zwei Tage vor der Bundestagswahl vom 6. September 1953 hatte der Kanzler bei einer Wahlkundgebung in Essen über seinen einstigen Weggefährten gesagt:

> »Dass das Ziel Sowjetrusslands die Weltrevolution ist, erkennt sogar Ihr Mitbürger Heinemann an – ich wollte Ihnen nicht zu nahe treten mit dem Wort ›Mitbürger‹, meine Damen und Herren.«

---

39 *Gustav Heinemann*, »Das Rote Kreuz im Spannungsfeld des Kalten Krieges«, Frankfurter Hefte, Februar *1964*. Auch abgedruckt in *Heinemann*, Verfehlte Deutschlandpolitik (wie Anm. 36) S. 105 ff.

Nun war Heinemann 1954 nicht nur in Moskau, sondern auch in Washington. Ab 15. August fand in Evanston bei Chicago die – nach Amsterdam 1948 – zweite Vollversammlung des ökumenischen Weltkirchenrates statt, an der Vertreter von 160 Kirchen aus 48 Ländern teilnahmen. Die EKD, zu der bis 1969 auch die evangelischen Landeskirchen im Bereich der DDR gehörten, entsandte 35 Delegierte, darunter Heinemann. Ende Juni 1954 wurde das amerikanische Visum für Heinemann wegen seines Besuches in der Sowjetunion verweigert. Da Heinemann noch nicht aus Moskau zurückgekehrt war, verständigte ich Niemöller und in den USA James P. Warburg. Beide antworteten mir umgehend. Warburg sagte zu, über Freunde auf die amerikanische Regierung einzuwirken, und Niemöller erklärte, er werde auch nicht nach Evanston fahren, wenn Heinemann die Einreise in die USA verweigert werde. Niemöllers bedingte Absage wirkte in den maßgeblichen kirchlichen Kreisen Amerikas wie ein Schock: Der Präsident des Kirchlichen Außenamtes der EKD verfügte in den USA über ein Ansehen wie nur wenige Ausländer, nicht zuletzt, weil er seit dem 1. Juli 1937 bis Kriegsende im Gefängnis und in den Konzentrationslagern Sachsenhausen und Dachau wegen seines Glaubens festgehalten worden war. Rechtzeitig vor der Abreise bekam Heinemann den zunächst verweigerten Sichtvermerk im Reisepass, allerdings eingeschränkt *Only to attend Charch Meeting-Church Word Conference* (»nur zum Besuch der Weltkirchenkonferenz«). In Amerika angekommen, erhielt Heinemann alsbald ein unbeschränktes Visum und konnte nach der Konferenz einige Tage in Washington nicht nur Gespräche mit leitenden Beamten der Deutschlandabteilung des Außenministeriums führen, sondern auch mit Senatoren beider Parteien, darunter dem späteren Präsidenten Johnson und dem Republikaner Flanders, der kurz zuvor den Tadelsantrag gegen McCarthy im Senat eingebracht hatte. Flanders empfahl wenige Tage später, die militärischen Fragen in Mitteleuropa zurückzustellen, Deutschland zunächst ohne Aufrüstung wiederzuvereinigen und seine Neutralität von West und Ost zu garantieren[40]. Kurz vor Beginn der Weltkirchenkonferenz hatte Präsident Eisenhower mit aller Schärfe in einer Pressekonferenz am 11. August 1954 die damals verschiedentlich zu hörenden Forderungen nach einem Präventivkrieg gegen die Volksrepublik China oder die Sowjetunion abgelehnt und auch Vorschläge verworfen, die Beziehungen zur Sowjetunion abzubrechen oder die UNO in eine antisowjetische Allianz umzuwandeln[41].

---

40 FAZ vom 22. 9. 1954.

41 KAG 1954, S. 4674 A. - Walter Lippmann berichtete, dass in den späten vierziger Jahren ein hoher Beamter des US-Verteidigungsministeriums versucht habe, ihn zu überreden, »Artikel zu Gunsten eines atomaren Präventivkrieges gegen die Sowjetunion« zu schreiben (New York Herald Tribune v. 25. Juni 1965); zitiert nach *Halle* (Anm. 18) S. 175. Vgl. auch die Veröffentlichungen über das

Adenauer versuchte auch außerhalb des politischen Bereichs tatsächliche oder vermeintliche Widersacher zu bekämpfen. Einer seiner publizistischen Gegenspieler war der Mitherausgeber der »Frankfurter Allgemeinen Zeitung« Paul Sethe, der zugleich Ressortleiter »Politik« in der Gesamtredaktion war. Im Herausgebergremium gab es seit 1950 Meinungsverschiedenheiten, die sich im Frühjahr 1952 verschärften, als Sethe sich von der westlichen Antwort auf die Deutschlandnoten Stalins tief enttäuscht zeigte und auf Verhandlungen mit der Sowjetunion drängte, um die Ernsthaftigkeit der sowjetischen Vorschläge zu prüfen. Wie Sethe am 4. Februar 1956 dem SPD-Politiker Fritz Erler brieflich mitteilte, hat Adenauer jahrelang Druck auf die FAZ ausgeübt, sich von Sethe zu trennen:

»Ich erinnere an seine Anregung an die Industriellen, der Frankfurter Allgemeinen meinetwegen keine Inserate mehr zu geben; ... an meine Vorladung im Juni 1955 zum Bankier Pferdmenges (›meine Freunde und ich sind sehr unzufrieden mit Ihnen‹); an den Brief eines Freundes des Kanzlers an den Verlag vom August 1955 mit dem Bemerken, man müsse die Inserenten gegen die Zeitung mobilisieren, wenn meine Schreiberei so weiterginge. Das alles hat mir viele schlaflose Nächte bereitet ... Unter dem Eindruck des letzten Briefes vom August habe ich dann bereits am 22. August 1955 dem Verlag meinen Rücktritt angeboten. Mein endgültiger Sturz war am 14. September.«

Sethe ging zur »Welt«, die – nach dem Krieg als Organ der britischen Besatzungsmacht gegründet – ungeachtet des Kaufs durch den Verleger Axel Springer im Jahr 1953 den Charakter einer Stiftung behalten hatte, mit der die unkündbare Stellung des Verlagsgeschäftsführers Heinrich Schulte verbunden war, der Sethe den nötigen Freiheitsraum sicherte. Als Schulte 1963 starb, war die Trennung von der »Welt« unausweichlich geworden. Adenauer hat auch bald nach Sethes Eintritt in die Redaktion der »Welt« Klage wegen dessen Einstellung in einem vierstündigen Gespräch mit einem führenden Mitglied des Verlages geführt, allerdings wohl wegen Schultes Standfestigkeit vergeblich, wie Sethe am 8. Februar 1957 Erler mitteilte. Nach 1963 schrieb Sethe bis zu seinem Tod im Juni 1967 für »Die Zeit«[42].

Heinemann und die GVP hatten nur geringe Möglichkeiten, ihre Auffassung publizistisch darzustellen. Die von der GVP herausgegebene »Gesamtdeutsche

---

Tagebuch des amerikanischen Militärattachés an der US-Botschaft in Moskau, Generalmajor Robert Grow, aus dem Jahre 1951 (Spiegel v. 19. März 1952, S. 16/17). Entgegen solchen Forderungen haben die US-Regierungen stets den Gedanken an einen Präventivkrieg gegen die Sowjetunion zurückgewiesen (vgl. *Henry A. Kissinger* »Die amerikanische Politik und der Präventivkrieg« in der Beilage zur Wochenzeitung Das Parlament v. 28. September 1955, S. 589-594).

42 Vgl. *Hartmut Soell,* Dokumentation »Zum Problem der Freiheit des Journalisten«. Aus der Korrespondenz Fritz Erler - Paul Sethe 1956/1957 in: *Vierteljahrshefte für Zeitgeschichte* 1/1975, S. 91-116 (106, 113).

Rundschau« hatte lediglich einige tausend Bezieher, und die finanziellen Mittel der Partei waren nie ausreichend, um hauptamtliche Kräfte zu bezahlen und Geschäftsstellen zu unterhalten. Andererseits war die SPD auf dem Wege zum Godesberger Programm. Der Bundesparteitag der GVP beschloss deshalb am 18./19. Mai 1957 mit einer Mehrheit von 43:9 Stimmen bei einer Enthaltung die Auflösung der Partei und empfahl den Mitgliedern, die politisch aktiv bleiben wollten, sich der SPD anzuschließen. Einige Mitglieder gingen zur FDP, wie der nordrhein-westfälische Landesschatzmeister Jan Brügelmann, der später Bürgermeister der Stadt Köln wurde. Heinemann und ich hatten noch die Möglichkeit, regelmäßig in der »Stimme der Gemeinde« die Politik der Bundesregierung kritisch zu erörtern. Hinzu kamen gelegentliche Kommentare in einigen Tageszeitungen, wie dem »Westdeutschen Tageblatt«. Ich hatte 1954 eine Broschüre über die deutsch-sowjetischen Beziehungen zwischen 1917 und 1941 geschrieben, die 1963 in 2. Auflage erschien.

Bei der Bundestagswahl 1957 kamen Heinemann und Helene Wessel auf SPD-Landeslisten ins Parlament. Heinemann nutzte am 23. Januar 1958 die Gelegenheit, seine erste außenpolitische Rede zu halten, in der er seine grundsätzlichen Einwände gegen Adenauers Ost- und Deutschlandpolitik zusammenfasste:

> »Ich habe dem Herrn Bundeskanzler nie und keinen Augenblick vorgeworfen, dass er mit den westlichen Nachbarn einen Ausgleich betrieb. Das war unerlässlich. Aber ich habe ihm immer vorgeworfen und tue es auch in dieser Stunde, dass er mit diesem westlichen Ausgleich neue Ostfeindschaft verbunden hat, in der Art, wie geredet wurde von ihm und seinen Mitarbeitern bis tief in die Reihen der CDU hinein ... Unsere politische Aufgabe nach dem Kriege war von Anfang an und ist bis zur Stunde eine doppelte ... nämlich das harte, das unerschütterliche Nein zum totalitären System zu verbinden mit dem Ja zur Nachbarschaft der totalitär regierten Ostvölker. Das müssen wir miteinander fertig bringen, dieses Nein und gleichzeitig dieses Ja« (Bundestagsprotokoll, 23.1.58, S. 404).

Adenauer hatte die Aufnahme diplomatischer Beziehungen mit der Sowjetunion gegen die Freilassung von knapp 10 000 Kriegsgefangenen – »Kriegsverurteilten« wie die Sowjets sagten – seit 1955 nicht genutzt. Erich Mende schreibt zu diesem Punkt in seinem 1984 erschienenen Buch »Die neue Freiheit«:

> »Was von Konrad Adenauer am 13. September 1955 so hoffnungsvoll eingeleitet wurde, blieb durch deutsche Überheblichkeit oder außenpolitische Kurzsichtigkeit und europäische Rücksichtnahme im Ansatz stecken. Die Zeit begann uns schon damals davonzulaufen, nicht erst nach der Errichtung der Mauer in Berlin« (S. 356).

Das ablehnende Verhalten des Kanzlers ist umso weniger verständlich, als er 1966 in seinen »Erinnerungen 1953-1955« über das Ergebnis seines Moskau-Besuches im September 1955 bemerkenswerte Feststellungen trifft:

»Die Russen haben ihr Wort gehalten und das ganze Abkommen genau erfüllt. Die ersten Heimkehrer trafen im Lager Friedland am 7. Oktober 1955 ein« (S. 551).

»In Moskau wurde niemals verlangt, dass wir aus den westlichen Organisationen ausscheiden sollten ... hatten wir alle, die wir in Moskau waren, die Überzeugung gewonnen, dass die Sowjetregierung wirklich ein starkes Sicherheitsbedürfnis hatte« (S. 555/556).

Adenauer wusste auch, dass die Sowjetunion durch den deutschen Überfall die höchsten Opfer von allen Völkern hinnehmen musste; denn schon am 3. April 1953 hatte das ihm unterstehende Presse- und Informationsamt der Bundesregierung im »Bulletin« Schätzungen über die Menschenverluste der zwei Weltkriege veröffentlicht. Von den 55 Millionen im Zweiten Weltkrieg Getöteten entfielen danach auf die Sowjetunion 20600000 Tote (13,6 Millionen Soldaten und 7 Millionen Zivilisten); auf Deutschland – ohne Österreich – 3,25 Millionen Soldaten und 3,2 Millionen Zivilisten (darunter 2,5 Millionen verschollene Vertriebene)[43].

Es ist schwer verständlich, warum Adenauer die diplomatischen Beziehungen zur Sowjetunion nicht benutzte, um zu einem besseren Verhältnis zu kommen. Eine Verärgerung oder gar Misstrauen im Westen war nicht zu befürchten. Im Gegenteil ist Adenauer mehrfach ermutigt worden. Churchill nutzte seine Dankesrede für den ihm verliehenen Internationalen Karls-Preis in Aachen am 11. Mai 1956 im Beisein Adenauers, um sogar die Einbeziehung der Sowjetunion in die NATO vorzuschlagen:

»Wir müssen einsehen, wie tief und aufrichtig die russischen Befürchtungen wegen der Sicherung ihrer Heimat gegen eine Invasion von außen sind. In einer wahren Einheit Europas muss Russland seine Rolle erhalten ...

Ich wiederhole, dass dieses System (der NATO) seinem Geiste nach Russland und die osteuropäischen Staaten nicht ausschließen sollte. Es kann sehr wohl sein, dass die großen Probleme, die uns so viel Sorgen bereiten und zu denen als eines der ernstesten die Wiedervereinigung Deutschlands gehört, alsdann leichter gelöst werden könnten, als wenn feindliche Blöcke einander mit Misstrauen und Feindschaft gegenüberstehen«[44].

Das war für Adenauer unannehmbar. Hatte er doch bei der großen Wehrdebatte am 7./8. April 1952 im Bundestag erklärt, »dass wir die Wiedervereinigung Deutschlands nur erreichen werden mit Hilfe der drei Westalliierten, niemals mit

43 KAG 1953, S. 3937 A.

44 AdG 1956, S. 5769 B.

Hilfe der Sowjetunion« (Bundestagsprotokoll, S. 8099), und nun schlug Churchill sogar die Mitgliedschaft der Sowjetunion und ihrer Satelliten in der NATO vor. Der Kanzler war genau gegenteiliger Meinung. Schon in einer Rede in der Universität Bonn am 21. Juli 1948 hatte er erklärt, dass Sowjetrussland eine »asiatische Macht« sei, und auch bei der Wahlkampferöffnung im Heidelberger Schloss am 21. Juli 1949 setzte er »Sowjetrussland mit Asien gleich«. Das hielt er durch bis zu seiner letzten größeren Rede im Ateneo in Madrid am 16. Februar 1967, zwei Monate vor seinem Tode: »Wenn ich von Europa spreche, so meine ich damit alle in Europa liegenden Staaten, mit Ausnahme Sowjetrusslands«[45].

Zur Sowjetunion fand der Bundeskanzler – mit Ausnahme der Septembertage 1955 in Moskau – kein entkrampftes Verhältnis. Im letzten Jahr seiner Kanzlerschaft – ein Vierteljahr vor seinem Rücktritt – sagte Adenauer zu de Gaulle bei dessen Besuch in Bonn am 4. Juli 1963: »Ich predigte meinen Leuten immer wieder, jede außenpolitische Handlung müsse in erster Linie unter dem Gesichtspunkt betrachtet werden, ob sie Russland stärke oder nicht[46]. An diese Handlungsmaxime hat sich Adenauer zeitlebens gehalten. Das galt übrigens auch für die privaten Wirtschaftsbeziehungen. Unter den Männern der deutschen Wirtschaft war der Generalbevollmächtigte Krupps, Berthold Beitz, neben Otto Wolff von Amerongen derjenige, der sich nachhaltig für einen verbesserten Handelsverkehr mit dem europäischen Osten einsetzte, zumal er sich davon günstige Auswirkungen auf die allgemeinen politischen Beziehungen zwischen der Bundesrepublik und den Oststaaten versprach. Beitz verfügte in Polen, aber auch in der Sowjetunion über ein hohes persönliches Ansehen, weil er während des Zweiten Weltkrieges als leitender Angestellter einer Ölfirma trotz persönlicher Gefährdung zahlreichen Polen und in Polen lebenden Juden das Leben gerettet hatte. Die Polen hatten ihm wegen seiner Haltung und seines Einsatzes den höchsten Zivilorden verliehen, den Ausländer erhalten können. Zudem hatte Beitz schon seit langem eine undogmatisch-vorurteilsfreie Außenpolitik vertreten und persönliche Kontakte auch zu führenden sowjetischen Politikern wie Chruschtschow herstellen können.

Am 12. Juni 1958 veranstaltete die »Staatsbürgerliche Vereinigung« ihr erstes politisches Seminar vor einem Kreis, der sich aus Herren des unternehmerischen Nachwuchses großer deutscher Industriefirmen zusammensetzte. Zum Abschluss des Seminars gab der Bundeskanzler den Teilnehmern, unter denen sich auch ein leitender Angestellter der Firma Krupp befand, einen Empfang. Bei seiner Begrüßungsansprache richtete Adenauer einen persönlichen Angriff gegen Beitz, weil

45 *Konrad Adenauer,* Reden 1917-1967. Eine Auswahl. Hrsg. von Hans-Peter Schwarz. Stuttgart 1975. S. 120, 148, 484/485.

46 *Konrad Adenauer,* Erinnerungen 1959-1963, Stuttgart 1968, S. 229.

dessen Reise in die Sowjetunion nicht mit dem Auswärtigen Amt oder dem Bundeskanzleramt abgestimmt worden sei, und er äußerte »Zweifel an der nationalen Zuverlässigkeit« der Krupp'schen Firmenleitung. Das veranlasste den Krupp-Vertreter, den Empfang sofort zu verlassen und seinen Chef zu unterrichten. Außerdem hielt er am nächsten Tag in einem Brief an den Bundeskanzler den Vorfall fest. Auch Alfried Krupp von Bohlen und Halbach beschwerte sich am 14. Juni 1958 brieflich bei Adenauer und verwahrte sich gegen die vom Kanzler geäußerten »Zweifel an der nationalen Zuverlässigkeit«. Krupp wies darauf hin, dass die Einladung zu dieser Reise von Beitz und dem Vorstandsmitglied Dr. Kallen nach Moskau bei der Hannover-Messe vom stellvertretenden Ministerpräsidenten Mikojan ausgesprochen worden sei, und zwar in Gegenwart des Bundeswirtschaftsministers und Vizekanzlers Erhard. Das Auswärtige Amt sei durch Beitz unterrichtet worden. In den Gesprächen seien nie Bedenken geäußert worden. Adenauer antwortete am 20. Juni 1958: Er habe nachträglich festgestellt, dass Krupp zwar mit dem Auswärtigen Amt Fühlung aufgenommen habe, aber nicht mit dem Wirtschaftsministerium. Das Außenministerium habe sich darauf verlassen, dass das Wirtschaftsministerium unterrichtet werde und er, der Kanzler, von diesem Fachressort. Im Übrigen habe er nichts gesagt, was »überhaupt die Möglichkeit eines Zweifels an Ihrer nationalen Zuverlässigkeit zulassen würde«. Herr Pferdmenges, der bei dem Empfang anwesend gewesen sei, habe ihm das auf Anfrage sofort bestätigt[47]. Nach dieser Darstellung des Kanzlers muss der Krupp-Mitarbeiter wohl völlig grundlos den Empfang verlassen und seinen Brief auf Grund eines Hörfehlers geschrieben haben.

Bei allen Versuchen der Westmächte, mit der Sowjetunion ein besseres Verhältnis herzustellen, bremste die Bundesregierung. Als die Sowjetunion im Zusammenhang mit dem später zurückgenommenen Berlin-Ultimatum am 10. Januar 1959 einen – nach 1952 und 1954 – dritten Entwurf für einen Friedensvertrag mit Deutschland vorlegte, der 48 Artikel umfasste, erklärte der amerikanische Außenminister Dulles, es gebe auch andere Wege zur Wiedervereinigung als freie Wahlen. Bei einer Außenministerkonferenz der drei Westmächte und der Bundesrepublik Ende März 1959 legte die amerikanische Regierung einen Stufenplan für die Wiedervereinigung vor, der auch eine vorübergehende lose Konföderation und einen gesamtdeutschen Rat vorsah. Im Konferenz-Kommuniqué war dieser Punkt nicht erwähnt. Der amerikanische Regierungssprecher gab hierzu bekannt, der Konföderationsplan sei als nicht zur Diskussion stehend zu betrachten, da von deutscher Seite Einwendungen gegen diesen Teil des Planes erhoben worden

47 »Historisches Archiv« der Firma Fried. Krupp GmbH, Essen.

seien[48]. Außenminister von Brentano weigerte sich, an der in demselben Jahr in Genf stattfindenden Deutschlandkonferenz der Siegermächte teilzunehmen, weil auch der DDR-Außenminister Bolz eingeladen war. Die westdeutsche Delegation erhielt die strenge Weisung, jeden Kontakt mit den DDR-Vertretern zu meiden. Es klingt wie eine Satire und war doch bittere Wirklichkeit: Die Westmächte vertraten zur »Tischordnung« die Auffassung, die Delegationen der Vier Mächte sollten an den vier Seiten eines viereckigen Tisches Platz nehmen und die deutschen »Berater« an besonderen Tischen hinter den Delegationen. Die Sowjetunion schlug einen runden Konferenztisch vor, an dem alle, auch die »Vertreter der beiden deutschen Staaten«, platziert werden sollten. Nach stundenlangen Beratungen konnte ein Kompromiss gefunden werden: Ein runder Tisch für die Vier Mächte; je ein kleiner viereckiger Tisch für die deutschen »Berater« aus West und Ost, der an den runden Tisch herangeschoben wurde. Zwischen den beiden kleinen Tischen der Deutschen wurde ein Raum freigelassen. Dort wurde in einem größeren Abstand vom runden Tisch ein dritter Tisch für das Konferenz-Sekretariat aufgestellt[49].

Heinrich von Brentano, der am 7. Juni 1955 zum Außenminister bestellt worden war, lag – im Unterschied zu seiner früheren Einstellung – ganz auf der deutschlandpolitischen Linie des Kanzlers. Am 10. Juli 1955 hielt er anlässlich der Tausend-Jahr-Feier der Schlacht auf dem Lechfeld in Augsburg eine denkwürdige Rede. Schon Schulkinder wissen, dass es bei dieser Schlacht um die Abwehr eines Angriffs der Ungarn auf Deutschland ging. In seiner Rede erwähnte von Brentano mit keinem Wort die Ungarn, natürlich auch nicht, dass die Ungarn vorher Russland überfallen und unterjocht hatten. Vielmehr sagte er:

> »Damals standen vor den Toren des Abendlandes, vor den Toren dieser Stadt, in der wir weilen, die heidnischen Nomadenscharen des Ostens, Verderben und Untergang drohten. Jetzt stehen wiederum, nicht sehr viel weiter von dieser Stadt entfernt, die Massen des Ostens, und wiederum sehen wir der Gefahr ins Auge, dass das Abendland von ihnen überrannt wird und ihnen zur Beute fallen kann. In gewisser Beziehung ist die Gefahr noch gewaltiger als damals«[50].

48 *Heinrich Siegler*, Dokumentation zur Deutschlandfrage. Von der Atlantik-Charta 1941 bis zur Genfer Außenministerkonferenz 1959. Hauptband: Chronik der Ereignisse, 1959, S. 1004/1005.

49 AdG 1959, S. 7708 A/3.

50 Bulletin des Presse- und Informationsamtes der Bundesregierung Nr. 128/1959 v. 14. 7. 1955, S. 1069.

Im darauf folgenden Jahr brachte der Außenminister es sogar fertig, bei einer Rede vor der oberschlesischen Landsmannschaft im Text des Potsdamer Protokolls über die »früher« deutschen Gebiete das Wort »früher« zu unterschlagen[51].

Als die Sowjetunion und die DDR am 13. August 1961 die Mauer in Berlin errichteten, um den ständig wachsenden Flüchtlingsstrom abzudrosseln, schickte Präsident Kennedy als seinen persönlichen Vertreter General Clay nach Berlin. Clay empfahl die Aufnahme von Verhandlungen mit der DDR, weil eine Wiedervereinigung eher durch direkte Gespräche mit dem ostdeutschen Regime als durch dessen Ignorierung zu erreichen sei. Die Anregung wurde nicht aufgegriffen. Die Bundesregierung war überrascht und bestürzt, dass die Westmächte keine Gegenmaßnahmen ergriffen. Warum das nicht geschah, hätten die Deutschen einer Rundfunk- und Fernsehansprache Präsident Kennedys am 25. Juli 1961 zur Berlin-Situation entnehmen können:

> »Unsere Anwesenheit in Berlin ist ein Resultat unseres Sieges über Nazideutschland, und zu unseren Grundrechten, dort zu sein, die aus diesem Siege stammen, gehört sowohl unsere Anwesenheit in Westberlin wie auch die Wahrnehmung des Rechts auf Zugang durch Ostdeutschland«[52].

Von einem sowjetischen Siegerrecht hatte Adenauer nie gesprochen. Er berief sich stets auf das Selbstbestimmungsrecht des deutschen Volkes, dem die Sowjets zu entsprechen hätten. Siegerrecht bedeutete, dass man den Sowjets für ihren Abzug aus Deutschland einen »Preis« zu zahlen hatte, denn sie waren nicht als Angreifer nach Deutschland gekommen, sondern als Verfolger derjenigen Macht, die sie an den Rand des Abgrunds gebracht hatte. Es mussten Bedingungen vereinbart werden, die für Sieger und Besiegte tragbar waren. Jetzt rächte es sich, dass Adenauer alle Vorschläge für einen Friedensvertrag mit Deutschland, die von der östlichen Seite kamen, mit Nein beantwortete bzw. von den Westmächten beantworten ließ, ohne je einen Gegenvorschlag zu machen. Er verlangte von der Siegermacht Sowjetunion, dass sie freie Wahlen und deren voraussehbares Ergebnis ohne Bedingungen akzeptiere und einer gesamtdeutschen Regierung völlige Handlungsfreiheit zugestehe. Der Hinweis auf den noch ausstehenden Friedensvertrag wäre nur dann förderlich gewesen, wenn die Bundesregierung selbst oder auf ihre Initiative die Westmächte zu einer Friedenskonferenz eingeladen hätten. Das aber ist nie geschehen. Heinrich Krone, einer der engsten Vertrauten Adenauers, hat in den Jahren 1954-1969 Aufzeichnungen zur Deutschland- und Ostpolitik

51 Wie Anm. 50 Nr. 121/1956 v. 4. Juli 1956, S. 1202.

52 AdG 1961, S. 9241 C.

gemacht, die Anfang 1974 veröffentlicht worden sind[53]. Darin sind auch deutliche Unmutsäußerungen über das »Versagen« der Westmächte gegenüber den sowjetischen Maßnahmen und über amerikanische »Zumutungen« an die Bundesregierung zu lesen. So heißt es z. B. unter dem 5. August 1963:

»Wir sind die Opfer der amerikanischen Entspannungspolitik. Ostern vor einem Jahr ... versuchten es die Amerikaner auch, uns zu überrumpeln. Damals gelang es ihnen nicht« »›Trauen Sie den Amerikanern nur mit Vorsicht‹, hat mir der Alte mehr als einmal gesagt«[54].

Die Vorwürfe an die Adresse der Amerikaner sind ungerecht. Wir sind nicht das Opfer amerikanischer Politik, sondern der Adenauer'schen Illusionen geworden. Der Kanzler erwog sogar nach dem Mauerbau, es zu »riskieren, mit Chruschtschow zu sprechen, ehe er zu den Ansinnen der Amerikaner ja sage, Gesprächsangebote zur Oder-Neiße-Linie als Grenze und zur Anerkennung Pankows« an den Osten zu machen[55].

Unter dem 7. Dezember 1961 notierte Krone:

»Drei Stunden beim Kanzler. Ein Gespräch über vieles. Er gibt mir die Niederschrift über ein Gespräch mit (dem sowjetischen Botschafter) Smirnow. Für den Rest seines Lebens halte er es für das Wichtigste, das er noch tun wolle, unser Verhältnis zu Russland in eine erträgliche Ordnung zu bringen«[56].

Am 6. Juni 1962 machte Adenauer – laut Krones Notiz – Smirnow, der ihn aus anderem Anlass aufsuchte, den Vorschlag eines »Burgfriedensplans«: Man möge für die nächsten zehn Jahre die Dinge so belassen, wie sie jetzt seien. In zehn Jahren sähe man weiter, nur möge der Kreml dafür Sorge tragen, dass die menschlichen Verhältnisse in der »Zone« besser würden. Smirnow brachte am 2. Juli als Antwort Chruschtschows die Aufforderung, der Kanzler möge doch statt später sofort die deutschen Fragen anpacken[57].

Eine unangenehme Überraschung war für die Bundesregierung vor allem die Rede, die der amerikanische Präsident Kennedy am 10. Juni 1963 – also nach der Kuba-Krise vom Oktober 1962 – hielt, in der er eine Überprüfung der Haltung der USA gegenüber der Sowjetunion und zum Kalten Krieg forderte. Darin hieß es u. a.:

---

53 In: »Adenauer Studien III«, hrg. von Rudolf Morsey und Konrad Repgen. Veröffentlichungen der Kommission für Zeitgeschichte, Reihe B, Band 15. 2. Aufl. Mainz 1974. S. 134-201.

54 A.a.O., S. 178.

55 A.a.O., S. 163.

56 A.a.O., S. 169/170 mit den dortigen Anmerkungen 137 und 140.

57 In: »Adenauer-Studien III« a.a.O. (Anm. 53) S. 170, Anm. 140.

»Wir Amerikaner empfinden den Kommunismus als Verneinung der persönlichen Freiheit und Würde im tiefsten abstoßend. Dennoch aber können wir das russische Volk um vieler seiner Leistungen willen – sei es in der Wissenschaft und Raumfahrt, in der wirtschaftlichen und industriellen Entwicklung, in der Kultur und in seiner mutigen Haltung – rühmen. Unter den vielen Zügen, die den Völkern unserer beiden Länder – USA und Sowjetunion – gemeinsam sind, ist keiner ausgeprägter als unsere beiderseitige Abscheu vor dem Krieg. Wohl kein anderes Volk in der Geschichte hat mehr gelitten als das russische Volk im Verlauf des Zweiten Weltkrieges. Mindestens 20 Millionen gaben ihr Leben. Zahllose Millionen von Häusern und Bauernhöfen verbrannten oder wurden zerstört. Ein Drittel des russischen Gebietes – darunter nahezu zwei Drittel seiner Industriegebiete – wurde verwüstet, ein Verlust, der der Verwüstung unseres gesamten Landes östlich von Chicago gleichkäme«[58].

Diese Rede zur »Strategie des Friedens« hatte ein günstiges Echo in der Sowjetunion und führte am 5. August 1963 in Moskau zur Unterzeichnung des Abkommens über die Einstellung aller Kernwaffenversuche in der Atmosphäre, im Weltraum und unter Wasser.

Die Charakterisierung des russischen Volkes durch Kennedy unterschied sich wohltuend von der in Deutschland weit verbreiteten Meinung, die Russen seien faul, nicht kreativ, kulturlos, minderwertig, wie es ein 1960 erschienenes und damals viel gelesenes Buch mit dem Titel »Ost minus West = Null« suggerierte.

Spätestens seit dieser Rede Kennedys musste die Bundesregierung wissen, dass die USA nicht bereit waren, durch Druck auf die Sowjets zu erreichen, dass sie am Verhandlungstisch die westlichen Forderungen bedingungslos akzeptieren würden. Von der »Befreiungspolitik« war schon seit 1955 keine Rede mehr.

Viele Jahre blieb die Frage offen, warum Adenauer alle Gegenvorschläge zu Friedensvertragsangeboten des Ostens abgelehnt und nie eine Friedenskonferenz gefordert hat. Unter der Hand wurde verbreitet, der Kanzler wolle vermeiden, dass bei einer Friedenskonferenz die 63 Staaten, die sich am 8. Mai 1945 im Kriegszustand mit dem Deutschen Reich befunden hatten, geschlossen einem sozusagen auf der Anklagebank sitzenden Deutschland gegenüberträten und wahrscheinlich beträchtliche finanzielle Forderungen erhöben. Das mag zutreffend sein. Aber es spielte mindestens ein weiterer Punkt noch eine ausschlaggebende Rolle, dessen unvermeidliche Behandlung in einem Friedensvertrag die unvereinbare Auffassung zwischen den westlichen Alliierten und der Bundesrepublik hätte offenbar werden lassen: die Gebiete hinter der Oder/Neiße-Grenze. Adenauer hat für die Tragödie des deutschen Ostens immer nur die Sowjetunion verantwortlich gemacht. Die Vertreibung von Millionen deutscher Menschen aus ihrer Heimat, die

58 AdG 1963, S. 1062.

entgegen den Potsdamer Vereinbarungen durchweg nicht als »geordnete und humane Übersiedlung« durchgeführt wurde und bei der mehr als zwei Millionen Menschen ums Leben kamen, war neben der Besatzungspraxis in der sowjetischen Zone ein wesentlicher Grund für die feindseligen Gefühle der großen Mehrheit der Deutschen gegenüber der Sowjetunion in den ersten zwanzig Jahren nach Kriegsende.

Als die Regierungen Polens und der DDR am 6. Juni 1950 ein Abkommen über die »Oder-Neiße-Friedensgrenze« abschlossen, legte der Bundestag am 13. Juni 1950 eine feierliche Rechtsverwahrung ein, die der gebürtige Schlesier und langjährige Reichstagspräsident Paul Löbe abgab, der als sozialdemokratischer Abgeordneter und Alterspräsident dem Bundestag angehörte, und zwar zugleich mit Zustimmung der Bundesregierung und des Bundesrates. Dass ein Alterspräsident des Bundestages für die drei obersten Verfassungsorgane unseres Staates sprach, hat es nie wieder gegeben. Nach dem zutreffenden Hinweis auf den Friedensregelungsvorbehalt im Potsdamer Protokoll verlas Löbe das Kernstück der Rechtsverwahrung:

> »Gemäß dem Potsdamer Abkommen ist das deutsche Gebiet östlich von Oder und Neiße als Teil der sowjetischen Besatzungszone Deutschlands der Republik Polen nur zur einstweiligen Verwaltung übergeben worden. Das Gebiet bleibt ein Teil Deutschlands«[59].

Leider hat die Erklärung einen entscheidenden Mangel: Im Potsdamer Abkommen steht das Gegenteil. Im Abschnitt IX mit der Überschrift »Polen« heißt es dazu:

> »Die Häupter der drei Regierungen stimmen darin überein, dass bis zur endgültigen Festlegung der Westgrenze Polens (in der Friedenskonferenz), die früher deutschen Gebiete östlich der (näher umschriebenen) Oder-Neiße-Linie einschließlich des Teiles Ostpreußens, der nicht unter die Verwaltung der Union der Sozialistischen Sowjetrepubliken ... gestellt wird ... unter die Verwaltung des polnischen Staates kommen und in dieser Hinsicht nicht als Teil der sowjetischen Besatzungszone in Deutschland betrachtet werden sollen«[60].

Diese Sonderregelung hatte tief greifende Veränderungen zur Folge: Anders als in der sowjetischen Besatzungszone, der späteren DDR, gab es in den deutschen

59 Bundestagsprotokoll v. 13. Juni 1950, S. 2457.

60 Amtsblatt des Kontrollrats in Deutschland. Ergänzungsblatt Nr. 1, S. 19; vgl. KAG 1945 S. 344 ff, hier: S. 347. Die vom Hauptsekretär des Kontrollrats veranlasste deutsche Übersetzung ist auch abgedruckt in *Völkerrechtliche Urkunden zur europäischen Friedensordnung seit 1945,* hrsg. von Kraus-Heinze, Schimmelbusch & Co. Bonn 1953. Dokument Nr. 8, hier: S. 16. Der englische Text ist ferner abgedruckt bei *Ingo von Münch,* Dokumente des geteilten Deutschland. Stuttgart 1968. S. 41/42.

Ostgebieten seit Kriegsende keine deutschen Gemeindevertretungen, keine deutschen Verwaltungsbehörden (wie Standesamt, Schulamt, Finanzamt) und keine deutschen Gerichte mehr. Die Oder/Neiße-Gebiete haben niemals zum Vier-Zonen-Deutschland gehört, auf das sich die Kompetenzen des Alliierten Kontrollrates erstreckten. Vielmehr galt dort polnisches Recht, das auf die Eingliederung der deutschen Ostgebiete in den polnischen Staatsverband zielte. Es ist nicht mehr festzustellen, wie es zu der Löbe-Erklärung gekommen ist, deren Inhalt die Auffassung aller demokratischen Parteien für nahezu zwanzig Jahre bestimmt hat. Die Spuren verlieren sich im Kanzleramt.

Adenauer hatte schon früh erfahren, wie die Westmächte über die polnische Westgrenze dachten. Nachdem die Amerikaner und Briten vor einigen Jahren einen Teil ihrer Archive geöffnet haben, konnten deutsche Wissenschaftler den Sachverhalt aufhellen. Am 14. November 1951 war die entscheidende Unterredung Adenauers mit den drei Hohen Kommissaren McCloy, Kirkpatrick und Francois-Poncet. Am 24. September 1951 hatten diese dem Bundeskanzler ihren Entwurf für einen Generalvertrag übergeben, der das Besatzungsstatut ablösen sollte. Eine Meinungsverschiedenheit betraf die späteren Art. 2 und 7 des Generalvertrages: Welches Territorium wurde von dem Begriff »Wiedervereinigung Deutschlands« oder »Deutschland als Ganzes« umfasst? Wie McCloy und Kirkpatrick ihren Regierungen am Tag danach berichteten, machten sie ebenso wie Francois-Poncet dem Kanzler unmissverständlich klar, dass die drei Mächte, wenn sie von einem wiedervereinigten Deutschland sprächen, damit die Wiedervereinigung der östlichen Zone und Berlins mit der Bundesrepublik meinten, unter keinen Umständen jedoch an die Gebiete östlich der Oder/Neiße-Linie dächten[61]. Die Adenauer eröffnete Haltung der Westmächte zur polnischen Westgrenze blieb eines der bestgehüteten deutschen Staatsgeheimnisse. Das bis zu Adenauers Tod durchgehaltene Schweigen und sein gegenüber den Vertriebenen immer wieder erfolgter Hinweis auf den Friedensvertragsvorbehalt als die eigentlich wichtige Aussage im Potsdamer Protokoll, hatten verheerende Folgen. Adenauers »Erinnerungen« erschienen ab 1965. Spätestens zu diesem Zeitpunkt hätte Adenauer sich zur Wahrheit bekennen müssen. Hätte die deutsche Öffentlichkeit diese Wahrheit gekannt, wäre es

61 Vgl. den Bericht des britischen Hochkommissars Kirkpatrick vom 15. November 1951 an das Foreign Office Public Record Office London, FO 371/ 93407/C 10110/662; zit. nach *Josef Foschepoth,* »Potsdam und danach: Die Westmächte, Adenauer und die Vertriebenen« in: Die Vertreibung der Deutschen aus dem Osten, hrg. von Wolfgang Benz, Frankfurt a. M, 1985, S. 87-89. Inhaltlich im Kern übereinstimmend der Bericht des amerikanischen Hochkommissars McCloy vom 15. November 1951 an Acting Secretary of State, Foreign Relations of the United States 1951 111/1. S. 1579-1582: zit. nach *Hans-Peter Schwarz,* Adenauer, Der Aufstieg: 1876-1952, 2. Auflage. Stuttgart 1986. S. 891, 998.

nach 1970 niemals zu den erbitterten Auseinandersetzungen um den Warschauer Vertrag gekommen, nicht zu den maßlosen Angriffen mit den Parolen »Scheel und Brandt an die Wand« oder »Eher wird der Brandt gehenkt, ehe deutsches Land verschenkt«. Auch die erregten Debatten über die 1965 erschienene »Ostdenkschrift« der Evangelischen Kirche wären unterblieben. Mit Adenauer schwiegen seine wenigen Mitwisser. Die von dem damaligen engsten Mitarbeiter Adenauers, Blankenhorn, 1980 veröffentlichten »Blätter eines politischen Tagebuchs 1949 bis 1979« weisen zwischen dem 8. November und dem 3. Dezember 1951 eine Lücke auf. Auch Grewe lässt in seinem Buch »Rückblenden« diese lange, entscheidende Unterredung unerwähnt. Am 21. September 1989 wurde in Bonn der erste Band der »Akten zur auswärtigen Politik der Bundesrepublik Deutschland« vorgestellt. Darin ist auch die auszugsweise Aufzeichnung des deutschen Protokollführers Prof. Dr. Grewe über die Besprechung vom 14. November 1951 veröffentlicht, die bis dahin nicht bekannt war[62]. Ich bat das Auswärtige Amt um Aufklärung. Der Staatssekretär antwortete mir am 2. Februar 1990, Dr. Grewe hätte sich »bereit erklärt, Unterlagen aus seiner früheren Tätigkeit, die sich noch in seinem Besitz befanden, an das Politische Archiv des Auswärtigen Amtes abzugeben und der neuen Aktenedition zur Verfügung zu stellen«. Wie Blankenhorn in mehreren Fällen[63], so hatte auch Grewe mindestens ein wichtiges geheimes Dokument der Bundespolitik wie Privateigentum behandelt und mehr als drei Jahrzehnte dem Archiv des Auswärtigen Amtes vorenthalten.

Die Vertriebenen, deren Stimmen gegen die angebliche Verzichtspolitik der sozial-liberalen Koalition begrüßt und denen in zahlreichen Veranstaltungen das Offensein der Grenzfrage im Osten bis zu einem Friedensvertrag versichert wurde, erlebten dann, wie durch den Artikel 1 im »Vertrag über die abschließende Regelung in Bezug auf Deutschland« vom 12. September 1990 (Zwei-plus-vier-Vertrag) so entschieden wurde, wie es die Westmächte schon am 14. November 1951 Adenauer mitgeteilt hatten[64].

Schon Jahrzehnte vor der offiziellen Beendigung des Kalten Krieges waren sich die Präsidenten des Bundesnachrichtendienstes Gehlen und des Bundesamtes für

---

62 Vgl. 40 Jahre Außenpolitik der Bundesrepublik Deutschland. Eine Dokumentation, hrsg. vom Auswärtigen Amt, Bonn 1989, S. 38/40.

63 Vgl. *Spiegel* v. 31. Juli 1989 »Geheimes im Privat-Ordner«.

64 »Das vereinte Deutschland wird die Gebiete der Bundesrepublik Deutschland, der Deutschen Demokratischen Republik und ganz Berlin umfassen. Seine Außengrenzen werden die Grenzen der Bundesrepublik Deutschland und der Deutschen Demokratischen Republik sein und werden am Tage des Inkrafttretens dieses Vertrages endgültig sein. Die Bestätigung des endgültigen Charakters der Grenzen des vereinten Deutschland ist ein wesentlicher Bestandteil der Friedensordnung in Europa.«

Verfassungsschutz Nollau – bei allen sonstigen Meinungsverschiedenheiten – in einem wichtigen Punkt einig: Es gab keine militärische Bedrohung der Bundesrepublik Deutschland durch die Sowjetunion in der Nachkriegszeit. So formulierte Gehlen in seinen 1971 erschienenen Erinnerungen »Der Dienst« aus der Erfahrung von 36 Jahren leitender geheimdienstlicher Tätigkeit gegen die Sowjetunion:

> »Nach meiner Überzeugung ging es den Sowjets 1956 – ebenso wie 1953 und später 1968 bei der Besetzung der CSSR – nur um die demonstrative und gewaltsame Behauptung ihres Satellitenbereiches, der für die Sowjets Wall und Brücke zugleich ist … Wir haben dementsprechend frühzeitig gemeldet, dass mit einem Übergreifen der sowjetischen militärischen Operation auf Österreich und Bayern nicht gerechnet werden müsse« (S. 270).

Nollau kommt nach 25 Jahren Einsatz im Bundesamt für Verfassungsschutz in seinem Buch »Das Amt« 1978 zu dem gleichen Ergebnis:

> »Die Invasion in Ungarn und der Tschechoslowakei war kein Indiz für eine der Bundesrepublik geltende militärische Bedrohung« (S. 185).

Nollau ergänzt, er sei davon überzeugt, »dass die Gefahr des Kommunismus in unserem Lande ständig übertrieben wurde« (S. 188). Er gibt auch eine Begründung für seine Erkenntnis:

> »Meine Organisation hatte in der KPD Dutzende von geheimen Vertrauensleuten« (S. 198), und »die Alliierten hatten schon fünf Jahre früher – (also 1945) – angefangen, die KPD zu beobachten, und die hatten hervorragende Ergebnisse erzielt« (S. 196).

Vor diesem zeitgeschichtlichen Hintergrund spielten sich die Verfahren und Strafprozesse ab, über die ich nachfolgend als Anwalt im Kalten Krieg berichten werde.

Der Kalte Krieg im Gerichtssaal

Klara Marie Fassbinder: Eine katholische Pazifistin zwischen den Fronten

Die an der Bonner Pädagogischen Akademie lehrende Klara Marie Fassbinder kandidierte bei der Bundestagswahl am 6. September 1953 in Wiesbaden für die Gesamtdeutsche Volkspartei. Schon bevor ich sie persönlich kennen lernte, hatte Helene Wessel von ihr erzählt, die sie vom Friedensbund seit langem kannte. Im Frühjahr 1954 suchte mich Frau Fassbinder auf und bat um anwaltliche Beratung, weil gegen sie ein Dienstordnungsverfahren durch das nordrhein-westfälische Kultusministerium wegen Verletzung der Beamtenpflichten eingeleitet worden war. In einer mehrstündigen Unterhaltung erfuhr ich Einzelheiten aus dem Leben dieser ungewöhnlichen Frau. Zugleich wurde mir an ihrem Beispiel deutlich, wie in Deutschland in diesem Jahrhundert mit Pazifisten umgegangen wurde.

Am 15. Februar 1890 in Trier als fünftes von sieben Kindern eines Lehrers und späteren Schulrates geboren, erlebte das von seinen Lehrern als außerordentlich begabt bewertete Mädchen zunächst die damals bestehenden Schwierigkeiten, als Mädchen eine Ausbildung für einen akademischen Beruf zu erhalten. Bei den Ursulinen erzogen, durfte sie zwar nach dem Besuch eines Seminars als Lehrerin tätig werden, doch konnte sie erst 1913 die Reifeprüfung ablegen, die das Studium der Germanistik und der französischen Sprache an den Universitäten Bonn und München ermöglichte. Im Februar 1917 bestand sie in Bonn das Staatsexamen für die Oberstufe in den Fächern Deutsch, Geschichte, Französisch und Philosophie mit Auszeichnung und lehrte – als Studienreferendarin mit der Vertretung einer vollen Lehrkraft beauftragt – ein Jahr an der Kaiserin-Augusta-Schule in Köln.

In ihrem Elternhaus wurde die junge Klara Marie nicht nur streng katholisch, sondern auch stramm deutsch-national und kaisertreu erzogen. Als sie gegen Ende des Ersten Weltkrieges in einem Gespräch mit ihrem Vater sagte, die Republik habe auch Vorzüge gegenüber der Monarchie, meinte dieser, dann wolle er nicht mehr leben. Entsprechend dem damaligen Zeitgeist sah sie in Frankreich den »Erbfeind« und in England, dem Volk der »Krämer«, das »perfide Albion«. So war es nur folgerichtig, dass sie von Mai bis Oktober 1918 begeistert als »Referentin für Fortbildung und Unterhaltung« im Hauptquartier der 3. deutschen Armee in Frankreich tätig wurde. Aber anfängliche Begeisterung wich Zweifeln am Sinn des Krieges. Auch konnte sie bei den Fortbildungskursen die bohrenden und kritischen

Fragen der Soldaten nach ihren eigenen Erkenntnissen nicht mehr überzeugend beantworten: Etwa, was sie vom Eingreifen der Amerikaner in den Krieg halte, der jetzt doch wohl endgültig für Deutschland verloren sei, wie sie die russische Revolution und das Drei-Klassen-Wahlrecht beurteile und die Tatsache, dass man Frauen gänzlich vom Wahlrecht ausschließe? Auf solche und viele ähnliche Fragen konnte sie nur ausweichende Antworten geben. Ihre Zweifel am angeblich gerechten Krieg gegen den französischen »Erbfeind« wuchsen von Tag zu Tag, je mehr sie in der Etappe Kontakte zur Zivilbevölkerung bekam, ihre Nöte und Ängste miterlebte und wegen ihrer ausgezeichneten Sprachkenntnisse immer mehr zur »Klagemauer« der sie mit ihren Sorgen bedrängenden Französinnen und deren Kindern wurde. Am Ende des Krieges war sie überzeugt, dass sie sich zukünftig mit allen Kräften für die deutsch-französische Verständigung einsetzen müsste. Während ihrer Assessorinnenzeit in Bonn promovierte sie über den provenzalischen Dichter Raimbaut de Vaqueiras, mit einer kulturgeschichtlichen Dissertation zum Problem des Minnesanges und des beginnenden Individualismus, mit der Höchstnote »summa cum laude«. Im Februar 1921 wurde sie Landesgeschäftsführerin des neugegründeten Bühnenvolksbundes für das Saargebiet und die Pfalz. Der Bühnenvolksbund firmierte als »Vereinigung zur Theaterpflege in christlich-deutschem Volksgeist« und war eine katholische Variante der Volksbühnenbewegung mit enger Verbindung zu den christlichen Gewerkschaften. In dieser Funktion blieb Frau Fassbinder zwölf Jahre lang. Sie verstärkte während dieser Zeit ihre Aktivität in der nationalen und in der internationalen Friedensbewegung, besuchte Friedenskongresse und arbeitete unermüdlich für die deutsch-französische Verständigung, ja Freundschaft. Als sie 1932 zur zweiten Vorsitzenden im Friedensbund deutscher Katholiken gewählt wird, ist sie durch ihre Artikel und Vorträge in Frankreich schon beachtet und geachtet, zumal sie bereits 1925 ein Buch über den französischen Schriftsteller und Literatur-Nobelpreisträger Romain Rolland geschrieben hatte, dessen Tätigkeit beim Internationalen Roten Kreuz und dessen wiederholte Appelle zum Frieden sie tief beeindruckt hatten. Ihren Kampf gegen den aufkommenden Nationalsozialismus führte sie auf eine besonders geschickte und zu ihr passenden Weise. Solange es neben den NS-Massenkundgebungen noch Diskussionsveranstaltungen gab, ging sie dorthin und kritisierte vor allem die antisemitischen Torheiten der NS-Ideologie. So geriet die tapfere zierliche Frau rasch auf die schwarze Liste der Nationalsozialisten. Als sie nach Hitlers Machtübernahme von einer Reise nach China und Japan zurückkehrte, erzwangen die neuen Herren ihre Ablösung als Landesgeschäftsführerin der Pfalz wegen ihrer frankophilen Einstellung und ihrer »Liebedienerei« gegenüber dem Judentum. Bis zur Rückgliederung des Saargebietes an das Deutsche Reich nach der eindeutigen

Volksabstimmung von 1935 war sie mit halbem Gehalt noch Geschäftsführerin des Bühnenvolksbundes in Saarbrücken. Es folgten bittere Jahre in großer Not, zumal aus politischen Gründen auch ihre älteste Schwester, eine Studiendirektorin, und der Mann ihrer jüngsten Schwester mit fünf Kindern aus ihren Ämtern entlassen worden waren und sich mühselig durchschlagen mussten. Auf Grund von Verbindungen, die sie während ihrer Ostasienreise anknüpfen konnte, eröffnete sich die Chance, an der deutschen Schule in Shanghai eine Anstellung zu finden, allerdings unter der Bedingung, dass die inzwischen 45-Jährige noch die Facultas im Englischen erwerben müsse. Dazu waren vier Semester Zusatzstudium an der Universität Bonn nötig; wieder zwei anstrengende Jahre, die mit einer Enttäuschung endeten: Das Reichsministerium für Wissenschaft, Erziehung und Volksbildung beschied ihre Bitte um Verwendung an der deutschen Schule in Shanghai abschlägig und teilte ihr zusätzlich mit, dass sie wegen ihrer leitenden Funktion im pazifistischen Friedensbund deutscher Katholiken nie mehr im öffentlichen Schuldienst, geschweige an einer höheren Schule, tätig werden dürfe. In den folgenden Jahren konnte sie sich durch Vorträge in katholischen Vereinen und durch Zeitungsartikel bei bescheidener Lebensführung über Wasser halten, wie sie es schon während ihres Englischstudiums getan hatte. Sie veröffentlichte in zwei katholischen Verlagen Bücher, wie die volkstümliche Kirchengeschichte »Die Stadt auf dem Berge« und – zusammen mit ihrer ältesten Schwester – »Der heilige Spiegel«. Für Herders Konversationslexikon schrieb sie Artikel über international bedeutende Frauen. Zugleich begann sie, bis zum Ausbruch des Zweiten Weltkrieges zwei Werke des französischen Schriftstellers Paul Claudel ins Deutsche zu übersetzen: 1938 »Der Kreuzweg«, von dem bis 1954 14 Auflagen erschienen sind, und 1939 »Die Messe«, das bis 1954 vier Auflagen erreichte. Im April 1940 gelang es der nun 50-Jährigen, an einer privaten Mädchenmittelschule im rheinischen Horrem beschäftigt zu werden. Das Barentgelt bei freier Verpflegung und Unterkunft in einer Mansarde betrug monatlich 100 Reichsmark. Nach Beginn des Krieges war eine gelegentliche Mitarbeit an französischen Zeitungen, wie der Tageszeitung »L'Aube«, deren Chefredakteur der spätere Außenminister und Ministerpräsident Georges Bidault war, unmöglich geworden. Nach Beendigung des Zweiten Weltkrieges gehörte Frau Fassbinder zu den nicht eben zahlreichen völlig unbelasteten Persönlichkeiten, die sich in schwerer Zeit als Demokraten und überzeugungstreue Christen bewährt hatten. So war es nahe liegend, dass sie »ab 1. Oktober 1945 zur Wahrnehmung eines Lehrauftrages an der Pädagogischen Akademie in Bonn berufen« wurde.

Nach ihrer Lebenserfahrung und ihrem Erlebnishintergrund war es verständlich, dass die Wiederaufrüstungspolitik Konrad Adenauers nur fünf Jahre nach der bedingungslosen Kapitulation Deutschlands, ohne Friedensvertrag und bei fortdauerndem Kriegszustand mit der Sowjetunion den erbitterten Widerstand der katholischen Pazifistin fand. Sie engagierte sich verstärkt in der Friedensbewegung, vor allem in der im Herbst 1951 entstandenen Westdeutschen Frauenfriedensbewegung und im Weltfriedensrat, der u. a. den Völkerkongress für den Frieden in Wien im Dezember 1952 organisiert hatte, bei dem Frau Fassbinder einen Vortrag über das Thema hielt: »Was kann der christliche Erzieher für den Frieden tun?« Nun war das »Friedensklärchen«, wie die Bonner Professorin spöttisch-verständnisvoll genannt wurde, endgültig ins Fadenkreuz der Behörden und antikommunistischen Organisationen geraten. Schon am 30. September 1952 hatte der zuständige Gruppenleiter des Düsseldorfer Kultusministeriums den Direktor der Bonner Pädagogischen Akademie wissen lassen, es sei ihm von Studenten der Akademie, besonders von Teilnehmern des Historischen Seminars, wiederholt berichtet worden, dass Frau Fassbinder ihre Pflicht- und Wahlvorlesungen sowie die Übungen und Seminare mit einer völlig eindeutigen Zielrichtung halte. Dazu solle sie sich dienstlich äußern. Die »wiederholte« Unterrichtung des Kultusministeriums durch Studenten der angegriffenen Dozentin beschränkte sich bei näherer Prüfung auf einen Bericht des früheren Akademiedirektors vom Januar 1948, Frau Fassbinder habe eine »reichlich pro-französische Einstellung« und käme immer wieder »auf die schauerlichen Folgen des Naziregimes« zu sprechen, wobei sie den angebrachten Takt vermissen lasse. Die zweite Quelle sprudelte bei einem Bierabend am 26. Juli 1952, als ein angeblicher Teilnehmer des von Frau Fassbinder geleiteten Historischen Seminars dem Ministerialbeamten erklärte, es sei mit der Aufsichtspflicht des Staates unvereinbar, in welch »unobjektiver, einseitiger, dadurch allerdings den Widerspruch der Studierenden herausfordernden Art« diese ihren Lehrauftrag für Geschichte ausübe. Allerdings entpuppte sich der Gewährsmann als Zeuge vom Hörensagen, der nie Vorlesungen oder Seminare bei der so Gescholtenen belegt hatte. Frau Fassbinder widerlegte Punkt für Punkt die gegen sie erhobenen Vorwürfe. Ihre Darstellung wurde von sämtlichen Mitgliedern des Historischen Seminars der beiden letzten Semester bestätigt. In einem zweiseitigen Brief vom 20. November 1952 schrieben die Unterzeichner u. a.: »Wir sind von ihr bisher noch nie in einseitiger Weise unterrichtet worden … Wir sind erstaunt, dass das Ministerium auf wiederholte Beschwerden von angeblichen Seminarmitgliedern, die einen anderen als den Dienstweg gingen, überhaupt etwas unternimmt. Sämtliche Mitglieder des Seminars, das sind die Unterzeichneten, haben solche Äußerungen nie getan noch wissen sie etwas von ihnen …« Aber es kehrte keine Ruhe ein. Aus dem zunächst relativ unbedeutenden Vorgang wurde der »Fall Fassbinder«. In einem Brief vom 6. November 1952 appellierte der »Volksbund für Frieden und Freiheit« an den nordrhein-westfälischen Innenminister »im Auftrag aller aufrechten Antikommunisten, dem sowjetfreundlichen Treiben der Frau Prof. Fassbinder den Resonanzboden zu entziehen«. Einzige Begründung: Durch ihre Mitwirkung am Frauenfriedenskongress in Velbert am 14. Oktober 1951, aus dem die Westdeutsche Frauenfriedensbewegung hervorging, habe Frau Fassbinder sich »in den Dienst der bolschewistischen Zersetzungspolitik gestellt«. Drei Wochen später machte der Bonner Oberbürgermeister, der zugleich Landtagsabgeordneter war, in einem Brief an die Kultusministerin Christine Teusch unter ausdrücklichem Hinweis auf die ihm übersandte Durchschrift des Schreibens des Volksbundes an den Innenminister die »interessante Mitteilung«, dass nach Angabe von Frau Dr. Hampel vom Ministerium für Gesamtdeutsche Fragen »Frau Fassbinder aus sowjetischen Mitteln finanziert werde«. Dann überschlugen sich die Ereignisse. Am 21. Januar 1953 schrieb der Vorsitzende der CDU/CSU-Bundestagsfraktion, Dr. von Brentano, an die Kultusministerin »wegen der politischen Tätigkeit, die Frau Klara Marie Fassbinder entfaltet« und mahnte am 20. März, 13. April und 12. Juni 1953 eine Antwort an, was inzwischen geschehen sei. Am 30. März 1953 unterrichtete der Vorsitzende des Landesverbandes Nordrhein-Westfalen der FDP und Vorsitzender ihrer Landtagsfraktion, Dr. Friedrich Middelhauve, die christdemokratische Ministerin über »die prokommunistische Einstellung« der Frau Fassbinder, wiederholte bereits widerlegte Behauptungen, Studenten hätten empört über die Tendenz ihrer Vorlesungen berichtet, und schloss, er habe den Eindruck, dass »die Pädagogische Akademie eine Brutstätte des Kommunismus« sei. Am 15. April 1953 meldete sich der Bundesminister für Gesamtdeutsche Fragen und behauptete, Frau Fassbinder habe sich durch ihre Tätigkeit »mit den Zielen der kommunistischen Friedensbewegung« identifiziert. Dasselbe Ministerium fragte am 24. August 1953 Frau Teusch, »ob die Tätigkeit von Frau Fassbinder an der Pädagogischen Akademie in Bonn noch zu verantworten ist«. Einige Wochen vorher hatte sogar der Bundeskanzler in einem Brief vom 27. Juli 1953 an den nordrhein-westfälischen Ministerpräsidenten Karl Arnold selbst eingegriffen, um dessen »Aufmerksamkeit auf den Fall Fassbinder zu lenken«. Die Tatsache, dass die Akademieprofessorin öffentlich den Inhalt ihrer Unterredungen mit dem Sowjetbotschafter Semjonow und einem seiner Vertreter im sowjetischen Hauptquartier in Karlshorst geschildert habe, bei denen ihr die Ziele der sowjetischen Deutschland-Politik auseinandergesetzt worden seien, wäre nach seiner Ansicht mit dem beamtenrechtlichen Treueverhältnis nicht vereinbar.

Der Vorwurf, dass die Kultusministerin Teusch die Untersuchung nicht energisch genug vorantreibe, war allerdings nicht zutreffend. Schon im Februar 1953 war Frau Fassbinder mitgeteilt worden, das Ministerium werfe ihr eine Verletzung ihrer Beamtenpflichten vor, weil sie Mitte Dezember 1952 ihren Dienstort ohne

Erlaubnis des Akademiedirektors zu einer Reise nach Wien für mehrere Tage verlassen und eigenmächtig eine Seminarübung habe ausfallen lassen. Bei ihrer Anhörung durch einen Ministerialrat des Kultusministeriums erklärte die Beschuldigte, sie habe am Völkerkongress für den Frieden Mitte Dezember 1952 auf Bitten des Bischofs von Meißen teilgenommen. Den Akademiedirektor habe sie vor ihrer Abreise nicht erreicht, aber sein Vorzimmer unterrichtet und eine schriftliche Erklärung nachfolgen lassen. Es sei keine Seminarübung ausgefallen, vielmehr habe sie nach Rücksprache mit den Seminarmitgliedern in der folgenden Woche die Übung nachgeholt. Bei diesem dürftigen Befragungsergebnis schlug der ermittelnde Ministerialrat seiner Ministerin am 25. März vor, als Dienstordnungsmittel eine Warnung auszusprechen, da in einem förmlichen Disziplinarverfahren das Dienstordnungsgericht möglicherweise aus subjektiven Gründen (fehlendes Bewusstsein der Rechtswidrigkeit ihres Tuns) zu Gunsten der Beschuldigten entscheiden werde. Ein solches Ergebnis erschien der Ministerin und ihren Beratern völlig unangemessen. Als Erstes teilte das Ministerium unter dem Datum vom 8. April 1953 über den Akademiedirektor mit, dass der Frau Fassbinder erteilte Lehrauftrag für Geschichte zurückgezogen werde. Vom Beginn des Sommersemesters 1953 werde ihr ein Lehrauftrag für Methodik des Geschichtsunterrichts erteilt. Auf die Rückfrage der damals noch nicht anwaltlich beratenen Frau Fassbinder, warum ihr denn ihr bisheriger Lehrauftrag entzogen worden sei, lautete die Antwort knapp, dies sei aus dienstlichen Gründen erforderlich gewesen. Die dem Ministerium bekannt gewordenen Gespräche der Akademieprofessorin in Berlin-Ost und in Karlshorst waren dann der Anknüpfungspunkt für das förmliche Disziplinarverfahren, das Frau Teusch mit Beschluss vom 8. August 1953 eröffnete. Hauptvorwurf war, dass Frau Fassbinder »gewisse Pläne der sowjetischen Deutschlandpolitik unterstützt hat, deren Verwirklichung nach der Meinung der großen Mehrheit des deutschen Volkes zu einer Gefährdung oder gar Beseitigung der freiheitlich-demokratischen Grundordnung unseres Staatswesens führen würde«. Die Untersuchung begann mit einiger Verzögerung. Das Dienstordnungsgericht hatte am 19. August einen Bonner Landgerichtsdirektor als Untersuchungsführer benannt. Dieser aber erklärte sich selbst für befangen, weil sich Frau Fassbinder mit Erfolg für die Freilassung eines nahen Verwandten aus einem Zuchthaus der DDR eingesetzt habe. Als neuer Untersuchungsführer wurde wieder ein Bonner Richter bestellt, Landgerichtsdirektor Schroeder, der zahlreiche Zeugen vernahm. Allerdings wurde der Druck auf die Kultusministerin so groß, dass sie nicht mehr das Ergebnis der Untersuchung abwarten konnte, sondern Frau Fassbinder durch Beschluss vom 9. November 1953 ohne Angabe von Gründen mit sofortiger Wirkung vorläufig des Dienstes enthob. Nun konnten Anfragen nach dem Sachstand des Verfahrens mit dem Hinweis beantwortet werden, die Ermittlungen würden von einem unabhängigen Richter geführt, auf dessen Tätigkeit und Entscheidung das Ministerium keinen Einfluss nehmen könne. Immer wieder habe ich als Anwalt an beeindruckenden Beispielen erlebt, welche Bedeutung die richterliche Unabhängigkeit für einen Rechtsstaat hat.

Schroeder legte am 15. Juli 1954 seinen Abschlussbericht vor, in dem er die Einlassung der Beschuldigten und die wichtigsten Zeugenaussagen bewertete: Es gab keinen Anhaltspunkt für eine Dienstpflichtverletzung. Entscheidend für die Meinungsbildung des Untersuchungsführers waren die Aussagen des Bischofs von Meißen, Heinrich Wienken, der als Geschäftsführer der Fuldaer Bischofskonferenz die Belange der katholischen Kirche bei der Regierung der DDR vertrat, und seines protestantischen Kollegen Propst D. Heinrich Grüber, der seit der Konstituierung der DDR Bevollmächtigter der Evangelischen Kirche in Deutschland bei der dortigen Regierung war und auch – wie Wienken – Verhandlungen mit sowjetischen Dienststellen führte. Schroeder suchte beide Herren in Berlin auf. Bischof Wienken kannte Frau Fassbinder seit mehr als dreißig Jahren von ihrer Arbeit im Bühnenvolksbund, dessen Vorstand er angehörte. Nach seinen Angaben trat Ende der vierziger Jahre die Sowjetische Militär-Administration (SMA), Abteilung Informations-Verwaltung, an ihn heran mit der Bitte, das von Frau Fassbinder verfasste Buch »Der heilige Spiegel« zu besorgen, das in Paris von der Weltmütterbewegung preisgekrönt worden war. Auf seine Bitte schickte sie ihm ein Exemplar, das Wienken persönlich bei der SMA in Berlin-Karlshorst abgab. Der Bischof beobachtete mit Sorge, wie der christliche Einfluss in der Zentralverwaltung der Volksbildung und vor allem im Demokratischen Frauenbund Deutschlands (DFD) zurückging, der überparteilich und überkonfessionell arbeiten sollte. Zwei in der DFD-Führung verbliebene Katholikinnen baten den Bischof um Vermittlung eines Kontaktes zu einer im Bundesgebiet lebenden und in der DDR nicht von vornherein zurückgewiesenen Persönlichkeit. Der Bischof dachte sofort an Frau Fassbinder, von deren Tätigkeit in der Weltmütterbewegung er wusste. Bei einem ihrer Berlinbesuche empfahl Wienken ihr im Jahre 1951, Verbindung zu zwei von ihm benannten Damen in der DFD-Leitung aufzunehmen, was Frau Fassbinder auch tat. Der Bischof hoffte, sie könne dadurch auch »zur Milderung des Loses ihrer Geschlechtsgenossinnen in sowjetischer Gefangenschaft« einiges erreichen. Er sei immer davon überzeugt gewesen, dass sie auf Grund ihrer christlichen und gradlinigen Haltung stets den rechten Weg gehen würde. Nach ihrer Überzeugung könne und müsse wahres Christentum alle, auch politische, Gegensätze überwinden. In ihrem Handeln sei sie von Liebe zu ihrem Volk und zur Menschheit geleitet.

»Zur Erreichung ihres Zieles scheut sie weder persönliche noch finanzielle Opfer.« Ähnlich äußerte sich Propst Grüber, der Frau Fassbinder während des Katholikentages 1952 in Berlin kennen gelernt hatte. Er habe sie ermutigt, viele Gespräche mit DDR-Stellen und, wenn möglich, auch mit sowjetischen Stellen zu führen, konkrete Einzelfälle vorzutragen und hartnäckig um Abhilfe zu bitten. So habe sie u. a. durch persönliche Vorstellungen und Briefe die DDR-Behörden vor einem Kirchenkampf gewarnt, als deren Vorgehen gegen die »Junge Gemeinde« einen Höhepunkt erreichte. Er sei überzeugt, dass die Kursänderung der DDR-Regierung am 19. Juni 1953 auch auf ihren Einsatz zurückzuführen gewesen sei. Auch Grüber betonte, dass das Handeln der beschuldigten Professorin einem tiefreligiösen Anliegen entspringe, das sie auch zu den größten Opfern und Entsagungen befähige. Das Anhörungsprotokoll schloss mit den Sätzen: »Irgendwelche persönlichen Motive, sei es Gewinnsucht oder Geltungsdrang, liegen Frau Fassbinder völlig fern. Ihre ganze Haltung ist enthusiastisch und nicht politisch. Ich werte sie als eine Fanatikerin der Wahrhaftigkeit.«

Der letzte Satz sollte im weiteren Verlauf noch eine Rolle spielen. Während des Disziplinarverfahrens erreichten das Kultusministerium auch Zuschriften von Personen, die schilderten, wie Frau Fassbinder sich für deren Angehörige in der Sowjetunion, in Polen und der DDR mit Erfolg für Haftentlassung oder Ausreise eingesetzt hatte. Aufschlussreich war auch, was ein ehemaliger Student, ein anerkannter politischer Flüchtling, am 29. Februar 1954 an Frau Fassbinder geschrieben hatte, die den Brief dem Untersuchungsführer bei ihrer Anhörung übergab. In diesem Brief hieß es u. a.:

> »Ich bedaure es außerordentlich, dass man Sie mit Mitteln kaltzustellen versucht, die gewiss einem demokratischen Staat schlecht anstehen. Dies umso mehr, weil ich am eigenen Leibe spüren durfte, wie unangenehm es ist, nur in Grenzen denken zu dürfen. Vielleicht habe ich Ihnen doch ein wenig damit geholfen, dass ich damals die Aufforderung, Sie zu bespitzeln und in Ihren Vorlesungen mitzuschreiben, abgelehnt habe.«

Besonders peinlich war die Aktion, durch eine in die Westdeutsche Frauenfriedensbewegung eingeschleuste Frau nachzuweisen, dass Frau Fassbinder um die kommunistische Finanzierung der von ihr geführten Vereinigung gewusst habe. Das Bundesministerium für Gesamtdeutsche Fragen hatte dem Düsseldorfer Kultusministerium für das Disziplinarverfahren Fotokopien mehrerer von dieser Frau an Frau Fassbinder gerichtete Briefe zugeleitet, in denen die kommunistische Finanzierung behauptet und durch angebliche Zeugenaussagen untermauert wurde. Die Antwortbriefe der Beschuldigten, in denen sie alle Vorwürfe widerlegte, hatte das Bundesministerium allerdings nicht mitgeschickt. Der Untersuchungsführer konnte auch diesen Vorgang durch Zeugenvernehmungen, insbesondere der eingeschleusten Frau, aufhellen:

Sie hatte ihre Angaben erfunden. Auch das Gesamtdeutsche Ministerium kam auf die Anfrage des Richters, wie es in den Besitz der Fotokopien gelangt sei, deren Originale sich nach wie vor bei der Beschuldigten befanden, in arge Bedrängnis. Das Bundesministerium behauptete, die Unterlagen seien in der Eisenbahn gefunden worden, während die eingeschleuste Frau angab, sie habe die Briefe versehentlich in einem Omnibus liegen gelassen. Gleichgültig, ob Eisenbahn oder Omnibus: Die angebliche Fundsache hätte doch entweder der Absenderin oder der Empfängerin zugeleitet werden müssen. Wie konnte sie – falls die Angaben überhaupt stimmten – beim Gesamtdeutschen Ministerium landen?

Die zuständigen Beamten dieses Ministeriums und des Düsseldorfer Kultusministeriums unternahmen vergeblich einen Rettungsversuch.

Die Bitte vom 10. März 1954 an den Untersuchungsführer, die Briefe nicht zu den Untersuchungsakten zu nehmen, vielmehr an den Kultusminister zur Weitergabe an das Bundesministerium zurückzuschicken, wurde abgelehnt. Schroeder teilte mit, dass die Briefe Gegenstand von Beweiserhebungen und damit Teil der Untersuchungsakten geworden seien. Dies machte er durch einen Vermerk auch noch aktenkundig. Nun war nichts mehr zu vertuschen. Das Kultusministerium war in eine schwierige Lage geraten.

Die Hoffnung, das Dienstordnungsgericht werde auf eine Disziplinarstrafe erkennen, gar die erwartete Entfernung aus dem Dienst aussprechen, war zunichte gemacht. Ich erhielt die beantragte Akteneinsicht und fertigte mit Datum vom 18. August eine Schutzschrift für meine Mandantin, die mit dem Antrag schloss, das Verfahren einzustellen und die Suspendierung der zu Unrecht Beschuldigten aufzuheben. Inzwischen hatte es auch einen Wechsel in der Leitung des Kultusministeriums gegeben.

Nach der Landtagswahl hatte der Düsseldorfer Rechtsanwalt Werner Schütz im Juli 1954 Frau Teusch abgelöst. Er schätzte die Rechtslage nüchtern ein und ließ sich vom Kabinett am 14. September 1954 ermächtigen, das Disziplinarverfahren durch eine Verständigung mit der Beschuldigten zum Abschluss zu bringen. Am 5. und 20. Oktober kam es zu Gesprächen des Kultusministers mit Frau Fassbinder und mir. Im Anschluss an die erste Unterredung bat Herr Schütz mich um ein Gespräch unter vier Augen. Er eröffnete mir, er wolle aus Fürsorgegesichtspunkten meine Mandantin auf ihren Geisteszustand untersuchen lassen. Zur Begründung führte er zwei Punkte an: Frau Fassbinder habe von Besuchen bei polnischen katholischen Bischöfen berichtet. Ob ich etwa glaube, dass dies zutreffen könne.

Seines Wissens seien die Bischöfe in Haft, und die Gesprächspartner seien Sicherheitsbeamte, die sich eine Kutte umgelegt hätten.

Mir verschlug es die Sprache, und ich antwortete eisig, ich sei wie er Protestant und besäße keine speziellen Kenntnisse des polnischen Katholizismus. Aber ich hätte einige katholische Freunde, die in lebhaftem Kontakt zur katholischen Kirche in Polen stünden. In keinem anderen osteuropäischen Land habe die Kirche einen solch starken Einfluss wie in Polen. Der gegenwärtige Jesuitengeneral in Rom sei Pole, und bei dem exzellenten Nachrichtendienst der Jesuiten und anderer Orden würde sofort in Westeuropa und in den USA bekannt werden, wenn in Polen die Kirche verfolgt oder gar in den Untergrund gezwungen werde. Auch keiner der westlichen Geheimdienste, die in Polen operierten, habe je eine solche Information geliefert. Auf meine Frage, wer ihm einen solchen Unfug eingeredet habe, gab Schatz mir keine Antwort. Als zweiten Grund für die von ihm als notwendig erachtete psychiatrische Untersuchung führte der Kultusminister an, Propst Grüber habe Frau Fassbinder eine »Fanatikerin« genannt und diese Wertung habe der Untersuchungsführer auf Grund seines eigenen Eindrucks übernommen. Er, Schütz, glaube, es mit einer Fanatikerin im psychiatrischen Sinne zu tun zu haben. Ich erwiderte scharf, Propst Grüber habe bei seiner Anhörung von »Fanatikerin der Wahrhaftigkeit« und nicht von einer möglichen Geistesschwäche gesprochen; Frau Fassbinder sei geistig gesund wie er und ich. Das hätte gerade noch gefehlt: Die bekannte Pazifistin, die Vorkämpferin der deutsch-französischen Verständigung, die Gesprächspartnerin Semjonows und anderer osteuropäischer Persönlichkeiten, die Übersetzerin von Werken Paul Claudels, als »Verrückte« hinzustellen. Andererseits litt Frau Fassbinder laut amtsärztlichem Attest an chronischer Hepatitis und brauchte selbst nach meinem medizinischen Laienurteil eine mehrwöchige Kur. Auf dieser Grundlage kam eine Vereinbarung zustande: Der Kultusminister bewilligte am 20. 0ktober zur Durchführung einer Kur einen Urlaub von sechs Wochen und teilte Frau Fassbinder gleichzeitig ohne Anrede und Grußformel die Einstellungsverfügung mit.

> »Das auf Grund des Eröffnungsbeschlusses vom 8. August 1953 nebst Ergänzungsbeschluss vom 2. September 1953 eingeleitete förmliche Disziplinarverfahren wird hiermit eingestellt. Gleichzeitig wird die mit meinem Bescheid vom 9. November 1953 ausgesprochene vorläufige Dienstenthebung aufgehoben.
>
> *Gründe:*
>
> Nach dem Ergebnis der Untersuchung auf Grund des Berichtes des Untersuchungsführers werden die in dem Eröffnungsbeschluss erhobenen Beschuldigungen nicht mehr aufrecht erhalten.«

So schien das Disziplinarverfahren nach einer Dauer von rund 1 1/4 Jahr ein zufrieden stellendes Ende gefunden zu haben.

Aber es kam wieder einmal ganz anders.

Schon mit Datum vom 10. September 1954 hatte das Bundesministerium für Gesamtdeutsche Fragen – wie immer durch seinen Staatssekretär – dem neuen Kultusminister in Düsseldorf mitgeteilt, dass Frau Fassbinder beim Katholikentag in Fulda in der Arbeitsgemeinschaft über »Das christliche Zeugnis in der politischen Entscheidung« »negatives Aufsehen erregt hat«. In der nächsten Ausgabe der Zeitschrift »Das Parlament« werde ein Bericht über den Katholikentag erscheinen, in dem es heiße: »Ein Sprecher zerpflückte die östlichen Thesen der Frau Prof. Dr. Fassbinder aus Bonn, dass wirklich nichts mehr davon übrig blieb.« Erklärend fügte der Staatssekretär hinzu: »Bei diesem Sprecher handelte es sich um einen Katholiken aus der Sowjetzone, dessen Name aus Sicherheitsgründen selbstverständlich nicht genannt werden kann.« Wohl auf Grund der Veröffentlichung im »Parlament« schrieb der damals in katholischen Kreisen hoch angesehene »Siedlervater« Dr. Nikolaus Ehlen am 18. Oktober an den Kultusminister, er sei ein Teilnehmer beim Fuldaer Katholikentag vom 28. August bis 5. September gewesen und habe die Ausführungen der Bonner Professorin gehört, die er seit 30 Jahren aus der katholischen Verbandsarbeit kenne. Ihre Ausführungen seien durchaus ruhig und sachlich gewesen. Andererseits meldete die Deutsche Sektion der Vereinigung »Internationales Comité zur Verteidigung der Christlichen Kultur« durch ihren Generalsekretär dem Düsseldorfer Kultusminister, bei ihr sei jetzt der Diskussionsredner beim Fuldaer Katholikentag erschienen und habe mitgeteilt, nach seiner Rückkehr nach Sachsen sei er vom Staatssicherheitsdienst wegen seiner Angriffe auf Frau Fassbinder verhört worden, wobei ihm vier Schreiben dieser Dame vorgelegt worden seien, die als eine gute Mitarbeiterin bezeichnet worden sei.

Das Kultusministerium unternahm noch nichts, weil es Frau Fassbinder in Kur wusste und außerdem den »Fall« Ende Februar 1955 als erledigt ansehen wollte, weil die unbequeme Dozentin in jenem Monat das 65. Lebensjahr vollendete und damit die Pädagogische Akademie verlassen musste.

Die Einstellung änderte sich, als Frau Fassbinder sich nach der Kur am 23. Dezember 1954 als dienstfähig zurückmeldete und die Aufnahme ihres Dienstes am 7. Januar 1955 in Aussicht stellte. Der Kultusminister beurlaubte sie am 3. Januar bis zum Eintritt in den Ruhestand am Ende des folgenden Monats und verbot ihr sogar das Betreten der Akademie. Gleichzeitig nahm das Ministerium Kontakt zu dem »Kronzeugen« Hans van Nahl auf, dessen Anhörung auch der nordrhein-westfälische Innenminister Dr. Meyers am 3. Januar 1955 seinem Kollegen Schütz empfohlen hatte. Zwischenzeitlich waren im »Rheinischen Merkur«, in der »Ketteler-Wacht«, dem Blatt der katholischen Arbeiterbewegung, und im »Spiegel der katholischen Kirchenpresse« die Vorwürfe nachgedruckt worden, die der Kronzeuge gegen Frau Fassbinder wegen ihrer Zusammenarbeit mit dem Staatssicherheitsdienst erhoben hatte. Während diese Blätter sich auf die Wiedergabe der Behauptungen des »Zeugen« beschränkten und sich nicht mit ihnen identifizierten, resümierte z.B. die »Trierische Landeszeitung« das Verhalten von Frau Fassbinder als »eine respektable Serie von Dolchstößen gegen die Freie Welt«. Der Höhepunkt der Kampagne gegen die Pazifistin, die Gottes Gnade und seinem Einfluss auf Denken und Handeln selbst verfeindeter Menschen und Nationen mehr vertraute als der Abschreckungswirkung fürchterlicher Massenvernichtungswaffen, wurde mit einem langen Bericht über den Leidensweg des Hans van Nahl in der Monatszeitung der katholischen Männerseelsorge »Mann in der Zeit« erreicht. Der in der Dezember-Ausgabe dieser Zeitschrift veröffentlichte Bericht mit einem Bild des »Zeugen« vor den Türmen des Fuldaer Doms ging noch einmal auf den Fuldaer Katholikentag im Sommer 1954 ein, der unter dem Bibelwort stand »Ihr sollt mir Zeugen sein«, und brachte unter der an das Motto des Katholikentages angelehnten Überschrift »Er wollte in Fulda Zeuge sein« Ausführungen über Frau Fassbinder, die in der damaligen Zeit normalerweise ihre sofortige Inhaftierung auslösen mussten.

Aber das geschah nicht. Wieder war Bischof Wienken der Schutzengel. Auch er hatte die Veröffentlichungen in der katholischen Kirchenpresse gelesen und war ebenso empört wie andere Würdenträger. So hatte der Theologieprofessor und Päpstliche Hausprälat Dr. Kraft aus Bamberg am 9. Dezember 1954 als CSU-Mitglied dem Bonner Presseamt, das den »Spiegel der katholischen Kirchenpresse« herausgab, u. a. geschrieben:

> »Ich bin über diesen Bericht erschüttert, weil er sachlich einen allzu deutlichen Stempel der Entstellung und Verleumdung von A–Z an sich trägt … schon formell eine üble Brunnenvergiftung …«

Bischof Wienken kannte den »Kronzeugen« und erkannte sofort die Gefährdung seiner »Mitstreiterin« durch dessen Aussagen. Hans van Nahl hatte tatsächlich Kontakte zu den katholischen Kirchengemeinden in der DDR, allerdings nicht, um dort seinen Glauben zu bekennen, sondern um sie durch Betrügereien finanziell auszunehmen. Wienken hatte auch herausfinden können, dass der angeblich aus politischen und religiösen Gründen Verfolgte und Verurteilte in Wirklichkeit ein vielfach, auch mit Zuchthaus und Sicherungsverwahrung Vorbestrafter war, dessen Angaben keinen Glauben verdienten.

Diese Erkenntnisse teilte der Bischof Frau Fassbinder mit, die zu einer Anhörung am 20. Januar 1955 ins Kultusministerium geladen worden war. Zwei Tage vorher vernahm ein Regierungsrat den »Kronzeugen« im Ministerium. Dieser schilderte noch einmal, was ihm angeblich nach Rückkehr vom Fuldaer Katholikentag ab 5. September 1954 in der DDR passiert war: Vernehmung durch zwei Personen, die sich mit Ausweisen vom »Ministerium des Innern der DDR, Abt. Staatssicherheitsdienst« legitimiert hätten. (Schon das musste eine Lüge sein, weil das Ministerium für Staatssicherheit ein eigenes Ministerium war, das viel weiter reichende Befugnisse hatte als das Ministerium des Innern, dem allerdings die Gefängnis- und Zuchthausverwaltung unterstand.) Die beiden Stasi-Angehörigen hätten genaue Berichte, ja Tonbänder vom Katholikentag besessen. Seine Weigerung, selbst einen Bericht über seine Erlebnisse in Fulda anzufertigen, sei von dem jüngeren der Vernehmenden, einem »Halbrussen«, mit vier bis fünf Schlägen auf seinen Hinterkopf beantwortet worden. Die Frage des »Halbrussen«, ob er Frau Fassbinder schon vor dem Katholikentag gekannt habe, habe er bejaht. Er habe nämlich »während der Hitlerhaft – ich war in der Zeit von 1938 bis 1940 inhaftiert gewesen wegen Vorbereitung zum Hochverrat – von einem Bekannten ein Buch bekommen, das Frau Fassbinder geschrieben hat«. Dieses Buch »Urkirche und Frühkatholizismus« habe er dem »Halbrussen« gezeigt, der es sofort in seine Aktentasche gesteckt habe. Man habe ihn zur Mitarbeit für den Staatssicherheitsdienst aufgefordert und hinzugefügt, Frau Fassbinder »bekennt sich schon seit 1952 zu uns«. Dann habe man ihm zum Beweis mehrere Schreiben der Professorin gezeigt, mit der Hand geschrieben und in hellblauer Tinte. Die Art des Papiers, den Briefkopf und die Unterschrift habe er sich »in aller Ruhe ansehen können«. Sie entsprächen in diesen Einzelheiten dem Schreiben, das Frau Fassbinder am 5. Mai 1954 an das Kultusministerium geschickt habe – der Vernehmungsbeamte hatte dieses Schreiben aus den Ministeriumsakten dem Zeugen zu Vergleichszwecken vorgelegt. Aus der langen Vernehmung – sie dauerte 3 1/2 Stunden – sei nur noch ein Satz zitiert, den der »Halbrusse« zu van Nahl gesagt habe: »Es wird nicht mehr zu viel Zeit verstreichen, dann steht unsere Volkspolizei im Ruhrgebiet.« Van Nahl versicherte, er habe alle Angaben »nach bestem Wissen und Gewissen gemacht. Ich bin jederzeit bereit, meine Angaben zu beeiden.«

Der vernehmende Regierungsrat legte in einem Vermerk fest, er habe »den Eindruck gewonnen, dass Herr van Nahl glaubwürdig ist«. Man darf dem Beamten keinen Vorwurf machen. Auf diesen geübten Schwindler waren Minister und Staatssekretäre reihenweise hereingefallen, weil van Nahl auf einem Höhepunkt des Kalten Krieges das sagte, was viele damals hören wollten. Der Vernehmungsbeamte konnte auch nicht wissen, dass van Nahl zwar 1938 – es war schon seine zehnte Strafe – verurteilt worden war, allerdings nicht wegen Vorbereitung zum Hochverrat, sondern wegen Rückfallbetruges in 15 Fällen in Tateinheit mit gewinnsüchtiger Urkundenfälschung zu 2 Jahren 6 Monaten Zuchthaus, Sicherungsverwahrung, 3 Jahren Ehrverlust sowie Unterbringung in einer Heil-und Pflegeanstalt, in die er 1940 eingewiesen wurde. Aus dieser war er am 12. August 1945 entwichen. Van Nahl konnte auch dem »Halbrussen« kein Buch Klara Marie Fassbinders überreicht haben, weil sie kein Buch mit dem angegebenen oder einem ähnlichen Titel geschrieben hatte. Monate später musste der »Kronzeuge« unter der Last der gegen ihn vorliegenden Beweise zugeben, nach dem Katholikentag gar nicht in die DDR zurückgekehrt zu sein.

Die Besprechung am 20. Januar 1955 zwischen dem Kultusminister, einem ihn begleitenden höheren Beamten und Frau Fassbinder – ich war leider an der Teilnahme verhindert – war nur kurz. Meine Mandantin bezog sich auf die ihr zugegangene Information des Bischofs Wienken, dass van Nahl ein Schwindler und Betrüger sei, dessen gesamte Angaben nach ihrer Bewertung frei erfunden seien. Daraufhin unterließ es der erfahrene Rechtsanwalt Schütz, der inzwischen ein halbes Jahr dem Kultusressort vorstand, einzelne Vorhaltungen aus dem umfangreichen Vernehmungsprotokoll van Nahls zu machen. Er verbot ihr aber noch einmal nachdrücklich das Betreten der Bonner Pädagogischen Akademie. Frau Fassbinder legte schon am folgenden Tag gegen die erneute Beurlaubung und das Zutrittsverbot Einspruch ein. Das Ministerium beschloss, auf den Einspruch nicht zu reagieren, zumal er nach den damaligen verwaltungsrechtlichen Vorschrift nach Ablauf eines Monats als abgelehnt galt.

Ferner sollten ein Strafregisterauszug über van Nahl eingeholt und ihm die Äußerungen Frau Fassbinders über sein Vorleben mündlich eröffnet werden, damit gegebenenfalls die Professorin wegen Verleumdung zur Verantwortung gezogen werden könne. Mit Datum vom 24. März 1955 schickte das Kultusministerium der inzwischen in den Ruhestand getretenen Klara Marie Fassbinder die Zurruhesetzungsurkunde. Es war ein Skandal: Nicht nur mussten die bei Professoren üblichen Verabschiedungen an der Akademie entfallen, sondern die Urkunde enthielt auch keinerlei Dank und Anerkennung für die Ausgeschiedene. 15 Jahre später habe ich als nordrhein-westfälischer Justizminister zahlreiche solcher Urkunden unterzeichnet, auch für Richter und Staatsanwälte, die in die schlimme Strafjustiz des Dritten Reiches verstrickt waren. Schon unter meinen Amtsvorgängern war in diesen Fällen ein Ausweg gefunden worden mit der Formulierung: »Für die dem Lande Nordrhein-Westfalen geleisteten treuen Dienste werden … Dank und Anerkennung ausgesprochen«, wobei die Tätigkeit in der Kriegs- und Vorkriegszeit ausgeklammert wurde.

Wenn Kultusminister und Mitarbeiter geglaubt haben sollten, sie hätten den »Fall Fassbinder« elegant und unauffällig erledigt, so wurden sie bald eines anderen belehrt. Van Nahl machte den Fehler und ließ sich in Castrop-Rauxel nieder. Der Verwaltungschef dieser westfälischen Stadt, August Bangel, war damals ehrenamtlicher Bundesvorsitzender der von Bertha von Suttner gegründeten Deutschen Friedensgesellschaft und kannte Frau Fassbinder seit Jahrzehnten. Er hatte auch die seine alte Bekannte schwer belastenden Berichte über den Fuldaer Katholikentag und den Namen des gegen sie auftretenden Kronzeugen gelesen. Dieser meldete sich mit Empfehlungsschreiben hoher staatlicher und kirchlicher Stellen im Dezember 1954 beim Vertriebenen-Amt in Castrop-Rauxel, dessen Leiter den Stadtdirektor verständigte. Beiden fielen Widersprüche in den vorgelegten Anträgen auf, u. a. für eine Sonderunterstützung als Sowjetzonenflüchtling. Bangel bat die Kriminalpolizei um Amtshilfe und wurde noch stutziger, als der Düsseldorfer Sozialminister an ihm, dem Stadtdirektor, vorbei das Vertriebenen-Amt anwies, an van Nahl den Betrag von 1000,– DM auszuzahlen. Das verbot der inzwischen von dem zuständigen Amtsleiter informierte Bangel bis zum Abschluss seiner bzw. der Kripo Ermittlungen. Diese kamen schnell voran. Auf Grund eines Haftbefehls vom 31. Januar 1955 wurde van Nahl am 8. Februar 1955 in Untersuchungshaft genommen. Dann erschien in der Wochenzeitschrift »Der Spiegel« vom 18. Mai 1955 ein ausführlicher Bericht über die ganze Affäre unter der Überschrift: »Propaganda-Schwindel – Was man hören will«. Die SPD-Landtagsfraktion griff in einer Interpellation vom 23. Juni 1955 die Angelegenheit mit vielen Fragen an die Landesregierung auf. Die parlamentarische Behandlung nahm in der Landtagssitzung vom 12. Juli 1955 weit mehr als die Hälfte der ganztägigen Plenumsdiskussion in Anspruch. Die zuständigen Mitarbeiter des Kultusministeriums hatten ihren Chef nur unvollständig auf die Landtagsdebatte vorbereitet. So erklärte der Minister im Plenum, in den Akten sei kein Beleg dafür vorhanden, dass ein Student aufgefordert worden sei, Frau Fassbinder zu »bespitzeln« und in ihren Vorlesungen mitzuschreiben. Diesen Irrtum hat Minister Schütz in einer bald darauf folgenden Sitzung des Hauptausschusses korrigiert. Schlimm war, dass der Kultusminister sogar im Plenum wiederholte, im Dienststrafverfahren hätten »sich begründete Anhaltspunkte dafür ergeben, dass die volle Verantwortung von Frau Fassbinder zum Mindesten zweifelhaft sein konnte … und ich hatte durchaus den Eindruck, es mit einer Fanatikerin in psychiatrischem Sinne zu tun zu haben«. Die SPD-Landtagsfraktion schickte neben dem glänzend formulierenden und genauestens vorbereiteten Abgeordneten Siemsen, dessen Ausführungen auch den Beifall der Zentrumsfraktion fanden, noch weitere vier Abgeordnete – Dr. Koch, Weizel, Steinhoff und Dr. Kassmann – an das Rednerpult. Kultusminister Schütz, der dreimal in die Debatte eingriff, folgte aus der CDU-Fraktion der Abgeordnete Dr. Schmidt/Wuppertal. Er hielt eine beeindruckende Rede, in der er sich in dem wichtigsten Punkte indirekt von dem Kultusminister distanzierte:

»Ich kenne Frau Fassbinder nicht. Aber ich habe mir von vielen ihrer langjährigen Bekannten und Freunden sagen lassen, dass sie eine leidenschaftliche, aus christlicher Verantwortung bestimmte Pazifistin ist. Und vor dieser Überzeugung kann ich nur die allertiefste Hochachtung haben.«

Auch in einem anderen Punkt fand Dr. Schmidt die Zustimmung des ganzen Landtages:

»Ihnen wie uns geht es um die Aufklärung des Bespitzelungstatbestandes. Diesen Bespitzelungstatbestand halten wir für absolut unwürdig. Er ist mit unserer demokratischen Grundordnung nicht zu vereinbaren«.

In dieser Sitzung ahnte wohl niemand, dass nur ein gutes halbes Jahr später die Regierung Arnold und damit auch der Kultusminister durch ein konstruktives Misstrauensvotum der SPD- und FDP-Fraktionen aus dem Amt scheiden musste und dass der neuen Landesregierung mit dem Ministerpräsidenten Steinhoff und den Ministern Siemsen und Kassmann drei der SPD-Debattenredner im Plenum vom 12. Juli 1955 angehören würden. Dieses Misstrauensvotum hatte Ministerpräsident Arnold ausschließlich dem Bundeskanzler Adenauer zu »verdanken«. Die CDU-Bundespartei strebte für das Bundesgebiet eine Wahlreform an, durch die sie sich auch nach Meinung ihres Koalitionspartners FDP »auf unabsehbare Zeit die absolute Majorität gesichert hätte. Damit gefährdete sie selbst aufs Schwerste nicht nur die Grundlagen der bestehenden Koalition, sondern auch der parlamentarischen Demokratie.« Die FDP sah »die drohende Gefahr einer Ein-Parteien-Herrschaft auf allen Gebieten der Politik …« Vor allem sei auch die Presse- und Redefreiheit gefährdet, hieß es in einem Rundschreiben des nordrhein-westfälischen Landesverbandes der FDP zur Unterrichtung seiner Mitglieder. In Punkt 8 des Rundschreibens wurde formuliert:

»Die zahlreichen Bemühungen der FDP für die Wiedervereinigung unseres Vaterlandes wurden als mangelnde Bündnistreue gegenüber dem Westen oder als Unterwerfung unter kommunistische Einflüsse öffentlich diffamiert und damit gefährdet«.

Die nordrhein-westfälische FDP entschied sich für einen Koalitionswechsel, um durch eine sozialdemokratisch geführte Landesregierung die fünf Stimmen des Landes im Bundesrat gegen die Wahlreform einsetzen zu können. Obwohl die CDU im letzten Augenblick erklärte, sie halte nicht an ihren Vorschlägen fest, blieb die

NRW-FDP bei ihrem Vorhaben und widerstand auch dem Druck ihrer Bonner Parteifreunde, die als Koalitionspartner der CDU/CSU nachdrücklich von einem Wechsel abrieten. Am 20. Februar 1956 berief der Landtag mit 102:96 Stimmen Ministerpräsident Arnold ab und wählte den Sozialdemokraten Steinhoff zu seinem Nachfolger. Der FDP-Landesvorsitzende Dr. Middelhauve, der stellvertretender Ministerpräsident war, erklärte, er habe sich bei der Abstimmung der Stimme enthalten, und trat zwei Tage später vom Landesvorsitz zurück. Neuer Kultusminister wurde der liberale Professor Dr. Paul Luchtenberg, der die unwürdige Behandlung meiner Mandantin korrigierte. Er bat in einem Gespräch mit Frau Fassbinder und mir um Rücksendung der Urkunde, die nachträglich um den üblichen Passus »Dank und Anerkennung« ergänzt wurde. Außerdem übernahm das Land die Anwaltskosten. Die Pädagogische Akademie in Bonn durfte jetzt auch die mit Zutrittsverbot geschasste Professorin öffentlich verabschieden.

Nach ihrer Rehabilitierung setzte Frau Fassbinder ihre politische Tätigkeit, vor allem in der Westdeutschen Frauenfriedensbewegung, verstärkt fort.

Auch gegenüber dieser Vereinigung gab es sofort nach ihrer Gründung Ende 1951 von offizieller Seite Misstrauen und Verdächtigungen. Veranstaltungen wurden behindert und sogar verboten. In zwei Bundesländern – Bayern und Rheinland-Pfalz – wurde die Organisation in die Liste der verfassungsfeindlichen Vereinigungen aufgenommen. Das bayerische Staatsministerium des Innern war allerdings so einsichtig, nach den Gegenvorstellungen bekannter Persönlichkeiten die Frauenfriedensbewegung von der Liste der verfassungsfeindlichen und damit verbotenen Organisationen zu streichen und darüber eine Mitteilung zu veröffentlichen. Anders verhielt sich das Land Rheinland-Pfalz. In der »Staats-Zeitung« vom 27. Februar 1955 wurden in einer amtlichen Veröffentlichung 18 Vereinigungen aufgeführt, die wegen Verfassungsfeindlichkeit verboten waren, darunter die Westdeutsche Frauenfriedensbewegung (WFFB). Als Begründung für diesen in das Grundrecht der Vereinigungsfreiheit eingreifenden Verwaltungsakt wurde angegeben:

> »Alle diese Vereinigungen werden von der KPD bzw. der SED der Sowjetzone gesteuert und finanziert. Sie dienen der Zielsetzung der SED und KPD, in der Bundesrepublik die verfassungsmäßige Ordnung zu beseitigen und ein Herrschaftssystem nach dem Muster der Sowjetzone zu errichten«.

Die Mitglieder der geschäftsführenden Leitung der WFFB erfuhren von dieser Veröffentlichung erst im April 1955 und beauftragten mich, die notwendigen rechtlichen Schritte bei der rheinland-pfälzischen Landesregierung zu unternehmen. Da die Landesregierung sich weigerte, dem Beispiel des Freistaates Bayern zu folgen und die Verbotsverfügung aufzuheben, reichte ich schließlich am 11. Februar 1956 Klage gegen das Land Rheinland-Pfalz beim Oberverwaltungsgericht in Koblenz ein. Das Verfahren dauerte mehr als vier Jahre. Das beklagte Land bestritt nicht, dass die Mitglieder der geschäftsführenden Leitung, später Präsidium genannt, nicht kommunistisch, sondern pazifistisch orientiert waren. Neben Frau Fassbinder waren es Ingeborg Küster, Elli Nowak-Haney und Elly Steinmann. Frau Küster war seit 1929 Sekretärin der Deutschen Friedensgesellschaft, seit 1951 Redaktionssekretärin der pazifistischen Wochenschrift »Das Andere Deutschland«, deren 1933 verhafteten Herausgeber Fritz Küster sie nach seiner Entlassung aus dem KZ Buchenwald 1938 geheiratet habe. Frau Nowak-Haney wurde zusammen mit ihrem damals dreizehnjährigen Sohn am 9. April 1945 von Granatsplittern getroffen, der Sohn vor ihren Augen zerrissen, sie selbst durch Lungensplitter schwer verletzt. Sie war eine überzeugte Pazifistin und Mitglied des Internationalen Versöhnungsbundes, der im Ersten Weltkrieg von Engländern und Deutschen gegründet worden war.

Frau Elly Steinmann war durch Kriegserlebnisse Pazifistin geworden. Sie hatte den Untergang Dresdens miterlebt. Die Behauptungen des beklagten Landes, das sich auf Berichte seines Landesamtes für Verfassungsschutz stützte, waren absurd. Sie gipfelten in dem Vorwurf, hinter der offiziellen Leitung der Frauenfriedensbewegung arbeite ein mit Kommunistinnen besetztes Sekretariat, das auf konspirative Weise die Tätigkeit der Vereinigung steuere und finanziere. In mehreren Beweisterminen mit vielen Zeugen konnten die Verdächtigungen widerlegt werden. Ich erlebte zum ersten Male Einzelheiten der Arbeit von Agenten des damaligen Verfassungsschutzes wie Falschaussagen, Dokumentenfälschungen, Bedrohungen, Bestechungen sowie illegale Abhörpraktiken und Observationen. Aus eigener Erfahrung kann ich bestätigen, was 1961 der zu jener Zeit amtierende Generalbundesanwalt Max Güde zum Schnüffelsystem des Verfassungsschutzes öffentlich erklärte:

> »Ich habe denen gesagt, sie sollten sich lieber mit wenigen guten Leuten zusammentun als mit vielen Lumpen. Aber sie sagten, sie hätten es mit den Lumpen ganz gut gemacht.«

Ich kann aber auch Güdes Feststellung aus eigener Kenntnis unterstreichen, dass etwa ab Ende der fünfziger Jahre der Verfassungsschutz gelernt hatte, systematisch und korrekt zu arbeiten.

Nachdem ausgerechnet der Leiter des rheinland-pfälzischen Verfassungsschutzes in den ersten zwei Jahren des gerichtlichen Verfahrens auch der Vertreter des Landes war, beauftragte die Landesregierung ab 1958 einen Rechtsanwalt als ihren Bevollmächtigten. Es war Justizrat Dr. Karl Weber aus Koblenz, ein angesehener CDU-Bundestagsabgeordneter, der 1965 auch für einige Monate Bundesjustizminister wurde. Ich war mir sicher, dass er einen rechtsstaatlich einwandfreien Prozess wünschte und dieses Schnüffelsystem ablehnte, und wurde nicht enttäuscht.

Am 19. Mai 1960 verkündete das Oberverwaltungsgericht das Urteil (1 C 16/56), das allen unseren Anträgen entsprach und dem Land die Verfahrenskosten auferlegte. Der beharrliche Kampf hatte sich gelohnt. Es war eine Freude, das 73 Seiten umfassende Urteil zu lesen – ein Dokument der Zeitgeschichte. Rheinland-Pfalz verzichtete auf eine Revision an das Bundesverwaltungsgericht. Justizrat Karl Weber hatte die Landesregierung wohl von der Aussichtslosigkeit des Rechtsmittels überzeugt.

Die von Ministerpräsident Altmeier unterzeichnete »Bekanntmachung der Landesregierung« – Streichung der WFFB von der Liste der verbotenen Vereinigungen – wurde in der »Staats-Zeitung« am 18. September 1960 veröffentlicht.

Von diesem Zeitpunkt an blieb die WFFB von weiteren Belästigungen und administrativen Eingriffen verschont. Vielleicht hat dabei zusätzlich eine Meldung Bedeutung gehabt, die der »Parlamentarisch-Politische Pressedienst« in Bonn am 21. September 1960 veröffentlichte: Frau Fassbinder habe sich in einer kritischen Leserzuschrift an die pazifistische Halbmonatszeitung »Das Andere Deutschland« mit Bundesverteidigungsminister Strauß solidarisch erklärt, der während des Eucharistischen Weltkongresses in München gesagt hatte, es sei erstrebenswert, dass in den osteuropäischen Staaten die Macht eines Tages wieder »aus atheistischen in christliche Hände« gelange. Zu dieser kritisch vermerkten Strauß-Äußerung schrieb Frau Fassbinder »… stimme ich für einmal mit Franz Josef Strauß überein, dass ich als Herrscher im Kreml wieder Christen sehen möchte, Russen, die die alte Tradition ihres gläubigen Volkes wieder ergreifen«.

In den folgenden Jahren setzte Frau Fassbinder ihre Reisetätigkeit fort und kam über die Weltmütterbewegung und Pax Christi auch in Kontakt mit der Friedensbewegung in westlichen Ländern bis hin nach Nordamerika. Sie führte eine Delegation von Frauen aus den USA und Kanada zu einer Audienz mit Papst Johannes XXIII. im April 1964 nach Rom; ein deutscher Kardinal hatte ihr eine handschriftliche Empfehlung mit auf den Weg gegeben. Immer wieder fuhr sie in ihre zweite Heimat: nach Frankreich. 1963 übersetzte sie ein in Frankreich erschienenes Buch über Leben und Werk Paul Claudels. 1964 folgte das Buch »Weihnachten bei Paul Claudel«, 1965 »Passion und Ostern bei Paul Claudel«, 1966 »Paul Claudel und das alte China«. Durch dieses Buch wurde die deutsche Öffentlichkeit auch daran erinnert, dass Claudel nicht nur ein bekannter Schriftsteller und seit 1946 Mitglied der »Académie Française« war, sondern vorher ein bewährter Diplomat, ein vorzüglicher China-Kenner, der seinem Land u.a. als Botschafter in Tokio und Washington gedient hatte.

1965 wollte der Präsident der Französischen Republik, General de Gaulle, den Offiziersrang des Ordens »Les Palmes académiqes« an die deutsche Professorin verleihen.

Diese Absicht teilte die französische Botschaft in Bonn dem Auswärtigen Amt am 18. September 1965 mit, das am 22. September das Bundespräsidialamt verständigte und um Mitteilung bat, ob Bedenken gegen die Ordensverleihung bestünden. Gemäß § 5 des Bundesgesetzes über Titel, Orden und Ehrenzeichen vom 26. Juli 1957 bedarf nämlich die Annahme eines ausländischen Ordens durch einen deutschen Staatsbürger/Staatsbürgerin der Genehmigung des Bundespräsidenten. Dieser lehnte am 27. Oktober 1966 die Genehmigung zur Annahme des Ordens ohne Angabe von Gründen ab. Als die Entscheidung bekannt wurde, brach ein Sturm der Entrüstung aus. Frau Fassbinder wurde mit einer nie erlebten Zahl von Sympathiebezeigungen überschüttet.

Die Weltpresse – im wahrsten Sinne des Wortes – griff den »Fall Fassbinder – Lübke« auf, allen voran die französischen Zeitungen und Zeitschriften, unabhängig von ihrer politischen Richtung; an der Spitze »Le Monde« und »Le Figaro«. Allgemein sah die Presse in der Entscheidung eine Brüskierung Frankreichs und seines Präsidenten. An den französischen Hochschulen machte eine Petitionsschrift die Runde, in die sich Tausende eintrugen, um sich mit der deutschen Professorin solidarisch zu erklären. In der britischen, nordamerikanischen (u.a. New York Times), norwegischen, italienischen, schweizerischen, österreichischen Presse, auch in der Presse Polens und der Sowjetunion, wo die deutsche Links-Katholikin eine angesehene und Vertrauen erweckende Persönlichkeit war, erschienen Artikel, die ein Echo widerspiegeln, das von Erstaunen bis Empörung reichte. In Deutschland vollzog sich das seltene Ereignis, dass sowohl in der Bundesrepublik als auch in der DDR die Entscheidung einhellig kritisiert wurde. Gräfin Dönhoff äußerte ihr Befremden in der »Zeit« vom 20. Januar 1967; Rudolf Augstein fragte im »Spiegel« vom 23. Januar 1967: »Was bringt ihn (den Bundespräsidenten) dazu, einer verdienten alten Dame, auf deren Leben nie ein Schatten gefallen ist, die Entgegennahme eines unpolitischen Ordens zu verweigern und solcherart gleich zwei Länder zu beleidigen. sein eigenes und Frankreich?«; Klaus Bölling schrieb in der »Westfälischen Rundschau« vom 18. Januar 1967: »Sollen wir uns von den Franzosen vorhalten lassen, dass einer Frau eine Auszeichnung missgönnt wird, die unter Hitler aus Gesinnungsgründen ihren Beruf aufgeben musste? Das sollten wir weder uns selbst noch den Franzosen zumuten. Dies ist kein guter Stil.«

Die »Vereinigung Deutscher Wissenschaftler«, der Deutsche Bildungsrat und zahlreiche Hochschulen meldeten sich zu Wort und appellierten an den Bundespräsidenten, seine Entscheidung zu überprüfen. Das Thema wurde öffentlich so eindeutig zu Gunsten der inzwischen fast 77-jährigen Professorin und zu Lasten des Bundespräsidenten erörtert, dass sich auch der Deutsche Bundestag am 26. Januar 1967 damit beschäftigte. In der Fragestunde (Bundestagsprotokoll, S. 4088-4093) wollten 14 Parlamentarier Näheres über die Gründe für die Ablehnung wissen. Die meisten Fragen stellte der FDP-Abgeordnete Genscher. Der antwortende Staatssekretär im Bundesministerium des Innern, Dr. Ernst, wich aus und stellte nur fest: »Schwerwiegende Gründe lagen vor, aber ich sage Ihnen noch einmal, ich bin nicht bereit zu sagen, welche Gründe das waren.« Auch die Frage, ob »die Gründe der Ablehnung andere Gründe als politische waren«, blieb unbeantwortet. Es blieb auch unbekannt, ob Heinrich Lübke aus Uneinsichtigkeit oder wegen falscher Beratung eine Korrektur seiner Entscheidung ablehnte. Jedenfalls meldete die »Frankfurter Allgemeine Zeitung« am 11. Februar 1967 auf Seite 1 unter der Überschrift »Keine Revision der Fassbinder-Entscheidung«, dass laut Auskunft des Bundespräsidialamtes der Bundespräsident an seiner Entscheidung festhalte. Leider hatte Lübke selbst Öl ins Feuer gegossen, als er bei einem Berlin-Aufenthalt Journalisten Erläuterungen zu dem »Fall« gab:

> »Unter Kommunisten tritt sie als fromme Katholikin auf, und bei den Katholiken ist sie eine stramme Kommunistin. Das ist nicht zu überbietende Falschheit ... Im Übrigen habe ich Claudels »Seidenen Schuh« seinerzeit gesehen ... Das hat sie doch nur übersetzt, um den Katholiken etwas vorzunebeln, um ihre Gesinnung zu verdecken ... Das war ein Trick, aber wir haben ihn durchschaut« (Der Spiegel, Nr. 6/1967 vom 30. Januar 1967).

Der Bericht wurde nicht dementiert, vielmehr wurde dazu amtlich erklärt, das Gespräch habe sich etwa in diesem Rahmen bewegt. Die Äußerungen des Bundespräsidenten bewiesen, dass er von dem Lebensweg dieser Frau nichts wusste. Was hatte man ihm eigentlich an Unterlagen vorgelegt? Das Drama »Der seidene Schuh« hatte nicht Frau Fassbinder ins Deutsche übersetzt, sondern der katholische Schweizer Theologe Hans Urs von Balthasar. Der Bundespräsident hat wohl nie erfahren, dass Frau Fassbinder als erste Werke Claudels 1938 und 1939 die Bücher »Der Kreuzweg« und »Die Messe« ins Deutsche übertragen hatte, als die Nationalsozialisten sie nicht wegen einer kommunistischen Gesinnung, die sie nie hatte, sondern wegen ihrer profranzösischen und judenfreundlichen Einstellung aus dem öffentlichen Schuldienst entfernten. Sicher konnte Lübke nicht wissen, dass Paul Claudel am 30. Juni 1938 an seine deutsche Übersetzerin sorgenvoll geschrieben hatte: »Ich fürchte sehr, dass Ihre Sympathie für mich Ihnen Unannehmlichkeiten mit der Gestapo bringt« (Übersetzung aus dem französischen Original). Aber hatte er kein Vertrauen, dass Präsident de Gaulle einen französischen Orden für kulturelle-literarische Leistungen keiner Deutschen verleihen würde, deren Charaktereigenschaft eine »nicht zu überbietende Falschheit« sein sollte? Jedenfalls war das Echo auf die neuerlichen Erklärungen des Bundespräsidenten durchweg negativ. Der Bundesvorstand der Jungdemokraten forderte durch seinen Vorsitzenden Gerhart Baum in Köln am 30. Januar 1967 sogar den Rücktritt des Bundespräsidenten. Aber Heinrich Lübke hielt eisern an seinem Irrtum fest.

Gustav Heinemann brachte nach seinem Amtsantritt als Bundespräsident die verfahrene Sache in Ordnung. Seine Entscheidung löste in Paris Freude und Erleichterung aus.

Der französische Botschafter in Bonn, Francois Seydoux de Clausonne, verlieh den Orden in seiner Residenz auf Schloss Ernich am 25. November 1969 im Beisein u.a. von Pierre Claudel, dem Sohn des Dichters und Diplomaten. *C'est pour moi un jour de grande emotion* – »Es ist für mich ein Tag großer innerer Bewegung«, begann der Botschafter seine Laudatio auf Klara Marie Fassbinder, in der er nicht nur ihre Verdienste um die Dichtung Paul Claudels und ihre beachtliche Förderung französischen Kulturgutes in Deutschland hervorhob, sondern auch ihre tapfere Haltung in schwierigen Zeiten in ihrem Eintreten für Frieden und Verständigung lobte. Nur einen Tag vorher hatte die Philosophische Fakultät der Universität Bonn einen akademischen Festakt veranstaltet, bei dem Frau Fassbinder die in lateinischer Sprache abgefasste Urkunde zum Goldenen Doktorjubiläum überreicht wurde. In dieser Urkunde wird nicht nur der wichtige Beitrag der jetzt so feierlich Geehrten für die Kenntnis des großen Dichters Paul Claudel in Deutschland gewürdigt. Die beiden letzten Absätze lauten:

> »Klara Marie Fassbinder, ... die durch zahlreiche Veröffentlichungen und persönliche Kontakte mit bedeutenden französischen Schriftstellern und Gelehrten an der Verständigung zwischen Deutschland und Frankreich in hervorragender Weise mitgewirkt und durch ihr Eintreten für Frieden und Menschlichkeit in den Beziehungen zwischen den Völkern stets ein Beispiel entschlossenen und mutigen Bürgersinnes gegeben hat.«

Der Höhepunkt ihrer »Rehabilitierung« aber wurde für die so viel Geschmähte, Verlachte, Verfolgte und Missverstandene zur Vollendung ihres 80. Lebensjahres am 15. Februar 1970 erreicht: Es wurde ihr die Festschrift »Das politische Engagement des Christen heute« gewidmet, für die 24 namhafte Persönlichkeiten Beiträge verfasst hatten. Die Spannweite der Autoren war beträchtlich: drei Bischöfe der katholischen Kirche und Kirchenpräsident Martin Niemöller, die langjährige treue Wegbegleiterin Elly Steinmann und Maria Deku von der Westdeutschen Frauenfriedensbewegung, Walter und Marianne Dirks, Pierre Claudel, Artikel über den »Versöhnungsbund« und die Pax-Christi-Bewegung. Norbert Blüm lieferte einen Aufsatz zur kritischen Funktion der CDU-Sozialausschüsse. Auch aus Mainz kam ein Beitrag zum Thema »Politisches Engagement der Frauen«. Verfasserin war die damalige Ministerialdirigentin Dr. Hanna-Renate Laurien, die spätere Senatorin und Bürgermeisterin in Berlin. Am meisten aber freute sich Klara-Marie Fassbinder über das Geleitwort der Festschrift, in dem ebenso knapp wie treffend angeführt ist, was die Motive ihres Handelns waren: Ihre Verfolger können es nur mit Beschämung lesen:

> »Frau Klara Fassbinder, emeritierte Professorin an der Pädagogischen Hochschule in Bonn, ist eine markante Persönlichkeit innerhalb des katholischen Deutschland unserer Tage. An ihrer tiefen Gläubigkeit, an ihrer Liebe zu Christus, zur Kirche und zum Papsttum, an ihrer opferfreudigen Nächstenliebe kann niemand, der sie kennt, zweifeln. In der Friedensfrage nimmt sie eine exzeptionelle Stellung ein, die unseren Politikern nicht immer Freude gemacht hat. Seit dem Kriegsende besucht sie in anstrengenden Reisen die östlichen Länder einschließlich der Sowjetunion und knüpft Beziehungen an zu hohen Persönlichkeiten in Kirche und Staat. Sie bemüht sich um die Verwirklichung des Friedens und unterstützt Hilfsbedürftige. Niemand, der sie kennt, kann an der Aufrichtigkeit und Selbstlosigkeit dieser ihrer Tätigkeit zweifeln. Sie versammelte internationale Frauengruppen – darunter auch Nichtchristen – in Rom, um sie dem Papst Johannes XXIII. und Paul VI., vorzustellen. Für ihre Übersetzung der Werke von Paul Claudel wurde sie von der französischen Regierung mit einer hohen Dekoration ausgezeichnet, die ihr vor kurzem durch die Weitherzigkeit des Bundespräsidenten Gustav Heinemann feierlich ausgehändigt wurde.
>
> Josef Kardinal Frings«

Bei einer so aktiven Frau war allen, die sie kannten, klar, dass nur eine schwere Erkrankung ihrem Reisen, Schreiben und Reden ein Ende setzen konnte. Im Herbst 1971 erlitt sie in Frankfurt einen Schlaganfall, dessen Folgen sie nicht ganz überwinden konnte, obwohl die Lähmungen zurückgegangen waren. Sie musste in ein Alters-Pflegeheim in der Nähe von Bonn, zumal sie erblindete. Sie erlebte noch den Durchbruch in der Deutschland- und Ostpolitik, für die sie sich so tatkräftig eingesetzt hatte. Als Klara Marie Fassbinder am 4. Juni 1974 die Augen schloss, endete ein erfülltes Leben. Zwei Monate vor ihrem Tode erschien auch die Monatsschrift der Westdeutschen Frauenfriedensbewegung »Frau und Frieden« zum letzten Mal nach 23 Jahren.

Am 15. Dezember 1982 hatten Bundespräsident Carstens und seine Frau 36 Personen zu einem »gesellschaftlichen Abendessen« in die Villa Hammerschmidt eingeladen, darunter auch meine Frau und mich. Es entsprach der Übung, dass die Bundespräsidenten gelegentlich einen Kreis von Gästen aus Wirtschaft, Wissenschaft, Diplomatie und Politik zu sich baten. An diesem Abend waren u. a. die Ehepaare Grundig, Overbeck, Burda, Lüst, die Botschafter der Sowjetunion und

Indiens, sowie der Vizepräsident des Bundestages Stücklen mit ihren Damen gekommen. Nach der vom Protokoll bestimmten Tischordnung saß Botschafter Semjonow zwischen Frau Carstens und meiner Frau, während Frau Semjonowa zwischen dem Bundespräsidenten und mir platziert war. In seiner Tischrede begründete der Hausherr, warum die Gäste dieses Abends eingeladen worden seien, z. B. wolle er sich bei mir als stellvertretendem Ministerpräsidenten und Finanzminister Nordrhein-Westfalens dafür bedanken, dass das Land dem Bund bei größeren Festveranstaltungen das Schloss Augustusburg in Brühl zu Repräsentationszwecken überlasse. Ich nutzte die Gelegenheit nach dem Essen und führte ein Gespräch mit Botschafter Semjonow. Dabei erwähnte ich, dass ich einige Jahre Frau Fassbinder anwaltlich vertreten und ihren Bericht über fünf Reisen durch die Sowjetunion gelesen hätte. Der Reisebericht war 1967 als Buch »Wolga! Wolga – Erlebte Sowjetunion« erschienen und »Wladimir Semjonowitsch Semjonow dankbar zugeeignet« worden. Ein Lächeln ging über das Gesicht des Botschafters: »Oh, ich habe sie sehr gut gekannt und verehrt«. Als ich hinzufügte, in der Bundesrepublik hätten manche das »Friedens-Klärchen« für eine verkappte Kommunistin gehalten, wurde aus dem Lächeln ein breites Lachen: »Glauben Sie mir, eher wäre ich Katholik geworden, als sie Kommunistin.« Dann fügte er hinzu: »Sie war eine Missionarin des Friedens.« In der Bewertung der glaubensstarken Katholikin waren sich selbst der Kölner Kardinal und der russische Atheist einig.

Wilhelm Elfes: Vom CDU-Politiker zum Staatsfeind?

Bei den Verhandlungen zwischen der Gesamtdeutschen Partei und dem »Bund der Deutschen« vor den Bundestagswahlen 1953 hatte ich Wilhelm Elfes kennen gelernt. Obwohl Heinemann und ich einige seiner Ansichten nicht teilten, waren wir doch mit ihm in seinem Hauptanliegen einig: Die Wiedervereinigung Deutschlands auf Grund freier, geheimer Wahlen bei Verzicht auf die militärische Eingliederung der beiden Teilstaaten in rivalisierende Machtblöcke zu erreichen, und nicht nur zu den westlichen, sondern auch zu den östlichen Ländern ein friedliches, nachbarschaftliches Verhältnis anzustreben. Mir imponierte vor allem, was der christliche Demokrat Elfes durch Fleiß, Zähigkeit und Überzeugungstreue aus seinem Leben gemacht hatte.

Elfes wurde 1884 als erstes von sechs Kindern einer Seidenweberfamilie in Krefeld geboren. Die Eltern starben früh. Mit seinen Geschwistern wurde er in einem katholischen Waisenhaus erzogen. Während seiner Lehre bei einem Hufschmied bildete Elfes sich im Selbststudium weiter. Sein politisches Interesse war groß. Mit zwanzig Jahren wollte er sich aktiv politisch betätigen. Der SPD, deren allgemeines Programm und deren Eintreten für die Arbeiter ihn beeindruckten, wollte er nicht beitreten, weil ihn – nach seinen Worten – deren damalige Religions- und Kirchenfeindschaft abstieß. Er wurde 1905 Mitglied der Deutschen Zentrumspartei, nachdem er sich ein Jahr zuvor bereits der christlichen Gewerkschaftsbewegung angeschlossen hatte. Mit 25 Jahren wurde er Arbeitersekretär und Redakteur bei der »Westdeutschen Arbeiterzeitung«. Am Ersten Weltkrieg nahm er als Soldat teil. Nach Beendigung des Krieges wurde Elfes Chefredakteur der »Westdeutschen Arbeiterzeitung«, nachdem sein Vorgänger in den Reichstag gewählt worden war. Bei der Kommunalwahl stand er an der Spitze der Wahlliste der Zentrumspartei, wurde zum Fraktionsvorsitzenden und zum unbesoldeten Beigeordneten der Stadtverwaltung gewählt. Von 1922 bis 1933 war er Mitglied des Reichsparteivorstandes der Zentrumspartei, gleichzeitig Abgeordneter des Rheinischen Provinziallandtages, der ihn von 1923 bis 1933 in den Preußischen Staatsrat wählte, mit dessen damaligem Präsidenten Konrad Adenauer er jahrzehntelang freundschaftlich verbunden war. Elfes war im Preußischen Staatsrat stellvertretender Vorsitzender der Zentrumsfraktion. Zur Verteidigung der Verfassung beteiligte sich Elfes an den Kämpfen gegen Spartakisten und Separatisten. Dabei wurde er wiederholt inhaftiert. Nicht zuletzt durch seine entschlossene Reichstreue beeinflusst, lehnte das rheinische Zentrum jede Teilnahme an separatistischen Bestrebungen ab. Weil er sich als Chefredakteur der »Westdeutschen Arbeiterzeitung« wiederholt für den Gedanken der Einheitsgewerkschaft ausgesprochen hatte, lobten ihn seine Parteifreunde 1927 auf den Posten des Polizeipräsidenten in Krefeld weg. Aus diesem Amt entfernten ihn die Nationalsozialisten. Um seine siebenköpfige Familie ernähren zu können, wurde er Handelsvertreter und übernahm auch Tätigkeiten für die katholische Kirche. Bei seinen Reisen unterhielt er weiterhin Kontakte zu politischen Freunden, darunter auch Adenauer. Wie dieser wurde auch Elfes nach dem 20. Juli 1944 verhaftet, konnte aber wenige Stunden vor dem Abtransport ins Konzentrationslager fliehen. Bis zum Kriegsende hielt er sich – durch einen struppigen Bart kaum wiederzuerkennen – auf dem Dachboden eines Bauern in der Nähe von Düsseldorf versteckt. Im April 1945 wählte ihn die provisorische Stadtverordnetenversammlung von Mönchengladbach einstimmig zum Oberbürgermeister. Nach Einführung der englischen Gemeindeordnung in der britischen Besatzungszone wurde Elfes kurzfristig Oberstadtdirektor und ab 24. Oktober 1946 bis zur Gemeindewahl im Herbst 1948 wieder zum Oberbürgermeister gewählt. Im Frühjahr 1947 kandidierte er für die CDU bei den Landtagswahlen in Nordrhein-Westfalen und wurde in direkter Wahl gewählt. Der damaligen CDU-Fraktion, deren Vorsitzender Adenauer war, gehörten auch Karl Arnold und Gustav Heinemann an. Als Mitglied des Verfassungsausschusses arbeitete er die Verfassung des Landes mit aus. Das Flugblatt, das die CDU bei den Landtagswahlen als Wahlaufruf für Elfes vorbereitete, schließt mit folgenden Sätzen:

> »Seine ganze Lebensarbeit galt dem Bildungswerk der christlichen Arbeiterschaft und der Überwindung des deutschen Proletarierschicksals. Er bekennt sich zur politischen und wirtschaftlichen Einheit Deutschlands, tritt für eine freiheitliche Staats- und Gesellschaftsform im christlichen Geiste ein und wirbt für die Idee enger europäischer Staatenföderation und einer Gemeinschaft aller Kulturnationen als der sichersten Bürgschaft des Wohlstandes und des Friedens in der Welt.«

Elfes hatte sich nach 1945 der CDU angeschlossen, weil er deren geradezu pazifistischen Gründungsaufruf und das Erste Programm (Ahlen 1947), das eine »soziale und wirtschaftliche Neuordnung von Grund auf« versprach, für richtig und ernst gemeint hielt. Bald merkte er allerdings, dass er sich getäuscht hatte. Seine Versuche, die CDU an ihren Versprechungen festzuhalten, scheiterten.

Ernste Schwierigkeiten gab es zwischen Elfes und der rheinischen CDU-Führung auch wegen der Lizenz, die Elfes sehr früh für die Herausgabe einer Tageszeitung von der britischen Besatzungsmacht erhalten hatte. Durch üble Intrigen konnte die »Westdeutsche Zeitung« erst mit großer zeitlicher Verzögerung erscheinen. Da Elfes wie die meisten christlichen Gewerkschafter um Jakob Kaiser, Karl Arnold, Johannes Albers, Bernhard Tacke oder Matthias Föcher in der CDU für eine Koalition mit den Sozialdemokraten eintrat, versuchte er als Herausgeber und Chefredakteur, die »Westdeutsche Zeitung« nicht als reines Parteiorgan, sondern offen für alle demokratischen Strömungen zu gestalten. Als Elfes einem Parteitag der SPD viel Raum gab und einen wohlwollenden Kommentar schrieb, stellte ihn der rheinische CDU-Vorsitzende Konrad Adenauer vor die Alternative, entweder eine Kursänderung bei der Zeitung vorzunehmen oder auf seine CDU-Parteiämter zu verzichten. Adenauer schrieb im November 1948, es falle ihm nicht leicht, gegenüber einem alten Freund, mit dem ihn auch während der Nazizeit immer enge Bande verbunden hätten, eine solche Alternative stellen zu müssen. Die finanzielle Lage der Zeitung war von Anfang an schwierig, zumal sie erst nach der Währungsreform 1948 erscheinen konnte. Die von der Militärregierung zugestandene Auflage von 250 000 Exemplaren wurde nicht annähernd erreicht, auch wenn die Zahl der Abonnenten seit der ersten Ausgabe vom 2. Juli 1948 von 50 000 auf 110 000 im Juli 1949 anstieg. Hinzu kam, dass die Zeitung im Lohndruck hergestellt wurde, Verlag und Druckerei somit getrennt waren. Im Januar 1950 schied Elfes aus der Redaktion und im November 1951 auch als Geschäftsführer aus der Verlagsgesellschaft aus. In demselben Monat hatte ihn der Vorstand der CDU-Kreispartei aus der Partei ausgeschlossen. Begründet wurde der Ausschluss mit dem Auftreten Elfes' bei einer gegen die Wiederaufrüstungspolitik Adenauers gerichteten Kundgebung in Dortmund am 23. September 1951. Bei dieser Großveranstaltung hatte neben anderen Rednern, wie dem Herausgeber der schon in der Weimarer Republik bekannten pazifistischen Zeitschrift »Das Andere Deutschland«, Fritz Küster, auch der kommunistische Bundestagsabgeordnete und KPD-Vorsitzende Max Reimann gesprochen. Der Inhalt der von Elfes gehaltenen Ansprache war nicht zu beanstanden, aber die Tatsache, dass Elfes bei einer Kundgebung mitwirkte, bei der auch ein führender Kommunist sprach, war in der damaligen Zeit allemal Grund genug für einen Parteiausschluss. Die Deutschland- und Ostpolitik des Bundeskanzlers war der entscheidende Punkt, der Elfes von der CDU trennte. Das hatte schon früh begonnen. Bei einem Abendessen in kleinem Kreise richtete Adenauer am 2. Januar 1948 in einem Kölner Hotel an seinen CDU-Fraktionskollegen im Düsseldorfer Landtag die Frage: »Was würden Sie sagen, Herr Elfes, wenn Sie jetzt vor die Frage eines Krieges gegen Russland gestellt würden?« Elfes, der vermutete, dass an Adenauer selbst vor kurzem diese Frage gestellt worden war, wehrte sofort heftig ab und war entsetzt über solche Überlegungen. Nach einer schlaflosen Nacht schrieb er Adenauer schon am nächsten Tag in einem Brief: »Das gestrige Tischgespräch beunruhigt mich sehr. Wie entsetzlich, so selbstverständlich von einem neuen Krieg zu sprechen! Ein neuer Krieg würde weiter zerstören, verwüsten, verwirren, aber er brächte keine Lösung der Probleme.« Adenauer antwortete nicht auf diesen beschwörenden Brief. In den nächsten Jahren kämpfte Elfes immer wieder in Reden und Artikeln für eine Verständigung auch mit der Sowjetunion als einer europäischen Macht, Adenauer sah weiterhin »Sowjetrussland als eine asiatische Macht«, die nicht zu Europa gehöre. Während Elfes die Wiedervereinigung des geteilten Deutschland im Einvernehmen mit der Sowjetunion erreichen wollte, vertrat Adenauer die Auffassung, die deutsche Wiedervereinigung müsse mithilfe der Westmächte gegen die Sowjetunion herbeigeführt werden. Da Elfes in seinem Mönchengladbacher Wahlkreis nicht mehr für die Landtagswahl am 18. Juni 1950 aufgestellt worden und damit aus dem nordrhein-westfälischen Landtag ausgeschieden war, suchte er seine deutschland- und ostpolitischen Vorstellungen außerhalb der CDU zu vertreten. Mit Adenauer hatte er noch einmal einen kurzen Briefwechsel im Sommer 1951, nachdem der Bundeskanzler die Kritiker seiner Deutschlandpolitik als »Dummköpfe« oder »Verräter« bezeichnet hatte. Elfes' Brief fand ein breites Echo, so bei Heinemann, Andreas Hermes, der Zentrumsvorsitzenden Helene Wessel, dem Nachfolger Adenauers als Kölner Oberbürgermeister, Hermann Pünder, der es »wirklich gut« fand, »dass das Wort von den Dummköpfen und Verrätern eine Zurückweisung« erfahren habe; außerhalb des politischen Bereichs kamen zustimmende Äußerungen von Martin Niemöller und den Schriftstellern Manfred Hausmann und Reinhold Schneider. Adenauer ging in seinem Antwortbrief vom 12. Juli 1951 nicht auf Elfes' Argumente ein, sondern schrieb knapp: »Ich bedauere aufrichtig diese Entfremdung.« Elfes engagierte sich in der Folgezeit in der Gesellschaft für die Wiedervereinigung Deutschlands, im Hauptausschuss für Volksbefragung, im Weltfriedensrat und in der Deutschen Sammlung, aus der dann am 10. Mai 1953 der Bund der Deutschen für Einheit, Frieden und Freiheit (BdD) als Partei entstand, in der auch Mitglieder anderer Parteien, wie der KPD, aktiv sein konnten. Doppelmitgliedschaft war also möglich. Spätestens seit 1953 war aus dem unbequemen Kritiker Wilhelm Elfes der potenzielle Verfassungs- und Staatsfeind geworden, der mit administrativen Maßnahmen und mit dem politischen Strafrecht bekämpft wurde.

Ende 1954 wandte sich Elfes mit der Bitte an mich, ihn in seiner Passangelegenheit anwaltlich zu vertreten.

Im Frühjahr 1953 hatte er an seinem Wohnort Mönchengladbach bei der Stadtverwaltung die Verlängerung seines Reisepasses beantragt. Die Verlängerung schien problemlos, war er den Mitarbeitern der Stadtverwaltung doch als Oberbürgermeister und zeitweiliger Oberstadtdirektor aus der ersten Nachkriegszeit bestens bekannt. Es gab mehrere Gründe, weshalb Elfes den Reisepass benötigte:

Während des Zweiten Weltkrieges wurde in Dänemark sein Sohn Heinz als deutscher Soldat von einem fanatischen Nationalsozialisten wegen politischer Meinungsverschiedenheiten getötet. Erstmals 1953 bestand für Elfes die Möglichkeit, das Grab seines Jungen in Dänemark zu besuchen und über dessen letzte Lebenstage etwas Näheres zu erfahren. Drei minderjährige Kinder dieses Sohnes – nach wie vor deutsche Staatsangehörige – lebten in Holland, wo die Mutter sich wiederverheiratet hatte. Es war selbstverständlich, dass das deutsche Vormundschaftsgericht ihn als nächsten männlichen Verwandten zum Vormund seiner Enkel bestellte. Ein Vormund hat bestimmte gesetzliche Pflichten, z. B. die Berichterstattung über Ergehen und Unterbringung der Mündel oder ihre schulische Entwicklung. Es traf Elfes deshalb wie ein Keulenschlag, dass die Verlängerung des Reisepasses ohne jede Begründung verweigert wurde. Inoffiziell wurde ihm mitgeteilt, dass Passangelegenheiten für die Stadt Auftragsangelegenheiten seien, bei denen sie an die Weisungen der Aufsichtsbehörde gebunden wäre, im konkreten Fall war dies der nordrhein-westfälische Minister des Inneren. Innenminister war damals Elfes' Nachfolger im Amte des Oberbürgermeisters und als CDU-Abgeordneter, der Mönchengladbacher Rechtsanwalt Dr. Franz Meyers, der auch den Ausschluss Elfes' aus der CDU 1951 mitbetrieben hatte. Am 18. September 1953 wies das Landesverwaltungsgericht Düsseldorf Elfes' Klage gegen die Versagung des Reisepasses ab. Es stützte sich dabei auf § 7 Abs. 1 Buchstabe a) des Gesetzes über das Passwesen vom 4. März 1952. Danach ist der Pass zu versagen, »wenn Tatsachen die Annahme rechtfertigen, dass der Antragsteller als Inhaber eines Passes die innere oder die äußere Sicherheit oder sonstige erhebliche Belange der Bundesrepublik Deutschland oder eines deutschen Landes gefährdet«.

Das Gericht entschied, dass Elfes durch sein Verhalten sowohl die äußere als auch die innere Sicherheit der Bundesrepublik Deutschland gefährdet habe. Die äußere Sicherheit habe er dadurch verletzt, dass er im Dezember 1952 an dem Kongress der Völker für den Frieden in Wien und im Juni 1953 an einer Tagung des Weltfriedensrates als Delegierter der Bundesrepublik teilgenommen und außerdem im Februar 1953 mit dem damaligen Präsidenten der französischen Nationalversammlung, Herriot, und anderen französischen Politikern in Paris gesprochen habe. Dazu heißt es wörtlich im Urteil:

»Nach Art. 32 Abs. 1 des Grundgesetzes ist die Außenpolitik Sache des Bundes. Zwar steht die Bestimmung des Grundgesetzes in dem Kapitel, das überschrieben ist ›Bund und Länder‹. Wenn aber schon einem deutschen Land durch das Grundgesetz eine selbstständige Außenpolitik untersagt ist, so muss die Bestimmung erst recht für einzelne Staatsbürger gelten. Nur die Organe des Bundes – Bundeskanzler, Bundespräsident, Bundestag, evtl. in einzelnen Fragen der Bundesrat und die Verwaltung des auswärtigen Dienstes – sind zur Pflege der Beziehungen zu auswärtigen Staaten befugt. Treibt ein einzelner Staatsbürger selbstständig Außenpolitik – einerlei welche Richtung er verfolgt –, so stört er damit die Handlungsfreiheit der nach dem Grundgesetz zuständigen Organe. Da es sich bei außenpolitischen Fragen in der Regel um Krieg oder Frieden, d.h. um Sein oder Nicht-Sein eines Staates und Volkes handelt, so wird die äußere Sicherheit der Bundesrepublik gefährdet, wenn ein einzelner Staatsbürger auf eigene Faust als Delegierter der Bundesrepublik auf internationalen Kongressen auftritt und Erklärungen abgibt.«

Der also zum Quasi-, wenn auch Pseudo-Bundesorgan Ernannte hatte übrigens bestritten, sich als »Delegierter der Bundesrepublik« bezeichnet zu haben.

Die innere Sicherheit der Bundesrepublik hatte Elfes nach Auffassung des Verwaltungsgerichtes durch Erklärungen auf dem Wiener Kongress sowie vor allem durch den Vortrag vor der Volkskammer der DDR gefährdet, die dadurch als »demokratisches Organ« durch ihn anerkannt worden sei. Gegen die Klageabweisung legte Elfes Berufung beim Oberverwaltungsgericht in Münster ein, das sie ohne mündliche Verhandlung durch Bescheid am 8. Dezember 1954 zurückwies, aber die Revision an das Bundesverwaltungsgericht zuließ. Das Oberverwaltungsgericht sah »erhebliche Belange der Bundesrepublik« gefährdet durch die Tatsache, dass Elfes eine Rede vor der Volkskammer gehalten habe; auch sei er anlässlich einer Tagung des Weltfriedensrates mehrfach gemeinsam mit Vertretern der DDR fotografiert worden, darunter mit dem DDR-Minister Wandel.

Ich übernahm gern Elfes' Vertretung vor dem Bundesverwaltungsgericht. Unsere Argumentation in der Revisionsbegründung wurde weitgehend vom Bundesverwaltungsgericht übernommen, insbesondere unsere Ausführungen über Art. 32 des Grundgesetzes, der im Abschnitt »Der Bund und die Länder« die Zuständigkeit für die Außenpolitik regelt, aber nichts über Auslandsreisen eines Bundesbürgers bestimmt. Auch wiesen wir darauf hin, dass nur der *Inhalt* von Ausführungen ein Kriterium sein könne. Die Sicherheit oder erhebliche Belange der Bundesrepublik könnten nicht dadurch gefährdet sein, dass Elfes mit dem DDR-Minister für Volksbildung, Paul Wandel, auf einem Foto abgebildet sei. Um das zu unterstreichen, legten wir dem Gericht eine Fotografie vor, auf der ein zweifellos linientreuer Bundesbürger gemeinsam mit Paul Wandel abgebildet war: der frühere bayerische Kultusminister und Landtagspräsident Alois Hundhammer.

Im April 1955 hatte Elfes einen erneuten Vorstoß bei der Stadtverwaltung in Mönchengladbach gemacht und um einen Pass gebeten. Er wollte im Juli nach Rio de Janeiro, um an dem Internationalen Eucharistischen Kongress teilzunehmen, für den er sich schon angemeldet und die Schiffspassage gebucht hatte. Im Anschluss an den Kongress wollte er in Alagoas/Brasilien seinen Sohn Albert und dessen Familie besuchen. Die Reisen nach Holland zu den Enkeln und nach Dänemark zum Grab des Sohnes Heinz waren bisher unmöglich gewesen. In dem Brief heißt es: »Ich bin schon fast 71 Jahre alt und habe nach menschlichem Ermessen gewiss nicht mehr viel Zeit zu strapaziösen Reisen.« Aber der Innenminister blieb hart.

Am 22. Februar 1956 fand die Revisionsverhandlung vor dem 1. Senat des Bundesverwaltungsgerichtes unter dem Vorsitz seines Präsidenten Egidi statt, der vorher als Ministerialdirektor die Abteilung »Innere Sicherheit« im Bundesministerium des Innern geleitet hatte, die auch den Entwurf für das Passgesetz vom 4. März 1952 geliefert hatte. Aber für einen Befangenheitsantrag gegen den Präsidenten hatte ich zu wenig griffige Unterlagen, und eine bloße Schau vor einem Gericht zu veranstalten, lag mir fern. In meiner ganzen Anwaltstätigkeit habe ich ein einziges Mal einen Befangenheitsantrag gestellt, und zwar mit Erfolg! Das war 1957 in einem erstinstanzlichen politischen Strafprozess vor dem Bundesgerichtshof. Die Verteidigung hatte nur die »Besorgnis der Befangenheit« vorgetragen, der Strafsenat, der über den Antrag zu befinden hatte, entschied sogar, dass der betreffende Bundesrichter »kraft Gesetzes« von der Mitwirkung an der Verhandlung ausgeschlossen sei. Eine vermeidbare Blamage.

Die beklagte Stadtverwaltung Mönchengladbach war übrigens in der Verhandlung gar nicht mehr vertreten. Das Bundesverwaltungsgericht wies die Revision zurück. Dieses Urteil ist auch für den Nichtjuristen als die Entscheidung des höchsten deutschen Verwaltungsgerichtes von großem Interesse.

Zunächst stellte das Bundesverwaltungsgericht fest, dass »jeder Deutsche einen Rechtsanspruch auf Ausstellung eines Passes hat«. Allerdings gebe es Ausnahmen von diesem Gesetz, die in § 7 des Passgesetzes aufgeführt seien. Dabei müsse es sich jedoch um staatliche

> »Belange handeln, die so erheblich sind, dass sie der freiheitlichen Entwicklung in der Bundesrepublik aus zwingenden staatspolitischen Gründen vorangestellt werden müssen: Dies wird in der Regel dann der Fall sein, wenn die freiheitliche Entwicklung durch einen Missbrauch der Freiheit gefährdet wird. Bei der Handhabung der Vorschriften müssen die Behörden … das Grundgesetz achten und sich von den Grundsätzen der freiheitlich-demokratischen Ordnung der Bundesrepublik leiten lassen. Nach dieser Ordnung versteht es sich von selbst, dass an den politischen Führungsstellen des Bundes und der Länder jederzeit grundsätzlich Kritik geübt werden kann. Das ist das gute Recht jedes Bürgers. Auch ist es grundsätzlich niemandem verwehrt, mit ausländischen Politikern Fühlung zu nehmen, an ausländischen Tagungen teilzunehmen und dabei seine politische Meinung zu vertreten, auch

wenn sie von der Meinung der Bundesregierung abweicht ... Der Meinung des Landesverwaltungsgerichtes, dass der Kläger entgegen Art. 32 GG eine selbstständige Außenpolitik betrieben habe und dass sich aus diesem Grunde die Versagung des Passes rechtfertige, ist ebenfalls nicht beizutreten. Für die Führung einer selbstständigen Außenpolitik fehlt dem Kläger jegliche Voraussetzung. Art. 32 GG will verhindern, dass die Länder der Bundesrepublik eine eigene Außenpolitik neben dem Bund betreiben, will aber nicht unterbinden, dass der einzelne Bürger an ausländischen Tagungen teilnimmt, mit ausländischen Politikern Fühlung nimmt und dabei seine politische Meinung äußert. Ebenso wenig reicht es unter den obwaltenden Umständen für eine Versagung des Passes aus, dass der Kläger mit SED-Funktionären Fühlung genommen und vor der sogenannten Volkskammer der Sowjetzone eine Rede gehalten hat, in der er sich, soweit das im Prozess bekannt geworden ist, für eine Wiedervereinigung Deutschlands auf Grund freier und geheimer Wahlen eingesetzt hat. Erhebliche Belange der Bundesrepublik sind dadurch nicht beeinträchtigt.«

Goldene Worte! Das Bundesverwaltungsgericht sah aber dennoch die Verweigerung des Reisepasses für gerechtfertigt an, weil der Kläger beim Völkerkongress in Wien die sogenannte »Gesamtdeutsche Erklärung« unterzeichnet und verlesen habe, »deren Fassung maßgeblich von den Vertretern der sowjetzonalen Machthaber bestimmt wurde«. In Wirklichkeit war die Erklärung weder vom Kläger unterschrieben noch in ihrer Fassung von den Vertretern der DDR maßgeblich bestimmt. Die inkriminierten Sätze aus der »Gesamtdeutschen Erklärung« lauteten wie folgt:

»Immer deutlicher zeigt es sich, dass Bonn die Verfassung und die demokratischen Grundrechte missachtet, um dem Willen Washingtons nach Aufstellung einer westdeutschen Armee beschleunigt nachzukommen. Die Völker Europas wissen jedoch aus eigener schmerzlicher Erfahrung, dass schon einmal die Vernichtung der demokratischen Freiheiten in Deutschland der Auftakt zur Vernichtung der Freiheit in ganz Europa war. Mögen die Völker die große Gefahr erkennen, die zwangsläufig aus der Politik der Gewalt und der Kriegsvorbereitung erwächst. – Die Wiederbelebung des deutschen Militarismus bedroht nicht nur Osteuropa, sondern auch die Völker Westeuropas. «

Dazu stellt das Bundesverwaltungsgericht fest:

»Mit dieser Erklärung hat der Kläger die Bundesrepublik verleumdet und das internationale Vertrauen untergraben, an dessen Herstellung und Förderung die Bundesregierung und die parlamentarische Opposition gemeinsam arbeiten. Die Erklärung ist geeignet, die Erhaltung dieses Vertrauens und damit die Stellung der Bundesrepublik in der Völkergemeinschaft zu beeinträchtigen und so die friedliche Entwicklung, die die Bundesrepublik im Verkehr mit anderen Völkern genommen hat, zu hemmen.«

Zu dieser Feststellung ließe sich zunächst einwenden, dass mit dem in den zitierten Sätzen der »Gesamtdeutschen Erklärung« enthaltenen Vorwurf die Politik der Bundes*regierung* angegriffen und nicht die verfassungsmäßige Ordnung der Bundes*republik* als solche angegriffen oder gar verleumdet wird. Vor allem hätte das Bundesverwaltungsgericht prüfen müssen, ob nicht zum Zeitpunkt der Abgabe dieser Erklärung, im Dezember 1952, besondere Verhältnisse in der Bundesrepublik Deutschland bestanden, die eine solche Äußerung verständlich machten. Dies war in der Tat der Fall.

Im Dezember 1952 kam es im Anschluss an die zweite Lesung des Generalvertrages und des Vertrages über die Bildung einer Europäischen Verteidigungsgemeinschaft zu einem ernsten Verfassungsstreit. Im Juni 1952 hatte der Bundespräsident das Bundesverfassungsgericht um die Erstattung eines Gutachtens über die Vereinbarkeit der Militärverträge mit dem Grundgesetz gebeten. Am 9. Dezember 1952 teilte das Bundesverfassungsgericht mit, dass dieses Gutachten beide Senate des Gerichtes binde. Gleichzeitig war bekannt geworden, dass in dem Gutachten eine für die Auffassung der Regierung keinesfalls günstige Beurteilung gegeben werde. Der Bundespräsident wurde vom Bundeskanzler bestürmt, seinen Antrag auf Erstattung des Gutachtens zurückzunehmen, um damit die Entscheidung des Bundesverfassungsgerichtes gegenstandslos zu machen. Theodor Heuss beugte sich der Bundesregierung und zog seinen Antrag zurück. Dazu schrieb der Sozialdemokratische Pressedienst am 10. Dezember 1952:

> »Die Bundesrepublik durchlebt in diesen Tagen und Stunden eine ernste Verfassungskrise, die sich zu einer Staatskrise auszuweiten droht. Sie ist nur äußerlich über Nacht ausgebrochen. In Wahrheit bereitet sie sich seit einiger Zeit immer sichtbarer in dem Versuch der Regierung vor, in der Frage der Westverträge eine politische Entscheidung in ihrem Sinne unter Missachtung verfassungsrechtlicher Gegebenheiten und Notwendigkeiten zu erzwingen. Diese Bemühungen steigerten sich am 9. Dezember zu massiven Pressionsmanövern des Kanzlers und anderer führender Persönlichkeiten des Regierungslagers auf den Bundespräsidenten, sein Gutachten zurückzuziehen ... Dies ist der besorgniserregende, ja alarmierende Tatbestand.«

Das war keinesfalls nur die Stellungnahme eines unmaßgeblichen Redakteurs dieses Pressedienstes gewesen. Denn am 12. Dezember 1952 fasste der Parteivorstand der SPD einen Beschluss, in dem es heißt:

> »Der Bundeskanzler versucht ohne Rücksicht auf das Grundgesetz und auf die außenpolitischen Tatbestände, die Ratifikation der Verträge durch Praktiken zu erzwingen, die für die Demokratie verhängnisvoll sind. Er hat sich dabei nicht gescheut, den Herrn Bundespräsi-

denten und das Bundesverfassungsgericht in die politische Auseinandersetzung hineinzuziehen. Er hat damit die Funktion wichtigster Faktoren der demokratischen Grundordnung der Bundesrepublik in Frage gestellt«.

Viele Zeitungen kommentierten damals in gleicher Weise. Wenige Tage nach diesen Vorgängen wurde die »Gesamtdeutsche Erklärung« in Wien abgegeben. Rechtfertigte sie nach dem, was der Bundeskanzler tatsächlich unternahm, wirklich eine Passverweigerung auf Lebenszeit? Vor allem hätte doch wohl nahe gelegen, die angeblichen Verleumdungen der Bundesrepublik in einem Strafverfahren zu überprüfen. Dann hätte der Kläger den Wahrheitsbeweis für seine Behauptung antreten können. Vor allem wäre dann wohl eine Gesamtwürdigung der »Gesamtdeutschen Erklärung« erfolgt. In ihr finden sich z.B. folgende Forderungen:

»Wiederherstellung der Einheit Deutschlands, auf die das deutsche Volk nach seinem natürlichen Selbstbestimmungsrecht natürlichen Anspruch hat ... Bildung einer gesamtdeutschen Regierung durch ein Parlament, das aus allgemeinen, gleichen, freien und geheimen Wahlen hervorgeht ... Abschluss eines Friedensvertrages mit der gesamtdeutschen Regierung, der die Unantastbarkeit und die politische und wirtschaftliche Unabhängigkeit des künftigen Deutschlands von West und Ost verbürgt, jede einseitige militärische Bindung ausschließt und Deutschland als gleichberechtigte Nation in die Gemeinschaft der Völker zurückführt.«

Ist das etwa die Sprache eines Staats- oder Verfassungsfeindes? Nun hatte tatsächlich ein umfangreiches Ermittlungsverfahren wegen des Verdachtes der Staatsgefährdung gegen Elfes geschwebt, das sogar von einem Ermittlungsrichter des Bundesgerichtshofes (BGH) geführt wurde und in dem alle unter irgendeinem Gesichtspunkt erheblichen Vorwürfe behandelt worden sind. Nach Abschluss der Voruntersuchung hat der Oberbundesanwalt beim BGH allerdings beantragt, »den Beschuldigten Elfes außer Verfolgung zu setzen«. Diesem Antrag hat der BGH entsprochen (Beschluss vom 22. Juni 1956 StE 48/ 52). Der Sachverhalt hat demnach nicht einmal zur Anklageerhebung gereicht. Andererseits sollte eine einzige Äußerung aus dem Jahre 1952 genügen, einem nicht vorbestraften über 70 Jahre alten Deutschen im Jahre 1957 für unabsehbare Zeit den Pass zu verweigern?

Den drei Gerichten stand durchaus die Vorschrift im Grundrechtskatalog unserer Verfassung im Blick, dass Ehe und Familie unter dem besonderen Schutz der staatlichen Ordnung stehen, denn sie nahmen dazu Stellung. Das Landesverwaltungsgericht Düsseldorf schreibt dazu in einem Bescheid:

»Das Gericht hat ... erwogen, ob dem Kläger nicht zum Besuch seiner Enkelkinder wenigstens ein Pass nach Holland ausgestellt werden könnte. Doch auch die Ausstellung eines solchen Passes ist ohne Gefährdung der Bundesrepublik nicht möglich. Falls dem Kläger ein

> Pass zum Besuch von Holland ausgestellt würde, wäre zu besorgen, dass er von Holland aus in die DDR oder in ausländische Staaten reiste, um dort seine für die Bundesrepublik gefährliche Tätigkeit zu entfalten«.

Bald nach dieser Entscheidung hatte das Vormundschaftsgericht den Konflikt zwischen der Vormundschaft über die Enkel und dem Staatsschutz gelöst: Elfes wurde die Vormundschaft entzogen. Deshalb konnte das Oberverwaltungsgericht feststellen:

> »Die Verweigerung des Passes hindert den Kläger auch nicht mehr an der Erfüllung vormundschaftlicher Aufgaben, weil er nach seinen neuesten Angaben nicht mehr Vormund seiner in Holland lebenden Enkelkinder ist. Sie nimmt ihm allerdings die Möglichkeit, diese Enkelkinder in Holland aufzusuchen; aber solche persönlichen Interessen müssen gegenüber den Belangen des § 7 Passgesetz zurücktreten.«

Das Bundesverwaltungsgericht sah dabei auch keine Schwierigkeit; denn: »Der Kläger ist nicht gehindert, seine Kinder und Enkelkinder nach Deutschland kommen zu lassen.«

Es blieb nur noch die Verfassungsbeschwerde, um zu klären, ob es eine Ausreisefreiheit als Grundrecht gibt. Immerhin hatte es die Weimarer Reichsverfassung in Artikel 112 ausdrücklich garantiert. Inzwischen hatte Artikel 13 der Erklärung der Vereinten Nationen über die Menschenrechte vom 10. Dezember 1948 vorgesehen, dass jeder Mensch das Recht hat, jedes Land – einschließlich seines eigenen – zu verlassen sowie in sein Land zurückzukehren. Diesem Satz – so hatte das Bundesverwaltungsgericht festgestellt – komme allerdings lediglich eine programmatische Bedeutung zu; eine allgemeine Regel des Völkerrechts, die die Bundesrepublik Deutschland binde, sei das nicht. Was würde das Bundesverfassungsgericht dazu sagen?

Am 30. Oktober 1956 fand die mündliche Verhandlung statt. Ebenso wie der Beschwerdeführer hatte ich nach dem Termin ein gutes Gefühl. Auch aus dem Kreise der Mitarbeiter der Verfassungsrichter hörte ich, die Sache werde positiv laufen. Die Entscheidung sollte am 28. November verkündet werden. Dann wurde unerwartet der Verkündungstermin aufgehoben und auf den 16. Januar 1957 vertagt. Ich hörte vertraulich, ohne mich für die Richtigkeit der Mitteilung verbürgen zu können, dass der Präsident des Bundesverwaltungsgerichtes Egidi beim Bundesverfassungsgericht vorgesprochen habe. Er soll ernste Gefahren für die Sicherheit der Bundesrepublik Deutschland befürchtet haben, wenn die politische Klausel des Passgesetzes ganz oder teilweise für verfassungswidrig erklärt werden sollte. Falls dagegen die Verfassungsbeschwerde zurückgewiesen werde, könne das

Bundesinnenministerium durch dienstliche Weisung verhindern, dass sich erneut ein Fall Elfes ereignet. Das Bundesverfassungsgericht entschied, wie ich nach der Vertagung befürchtet hatte: Das Recht auf freie Ausreise könne nicht aus der in Artikel 11 des Grundgesetzes garantierten Freizügigkeit hergeleitet werden. Dennoch entbehre die Ausreisefreiheit nicht eines angemessenen grundrechtlichen Schutzes, der sich aus der allgemeinen Handlungsfreiheit des Artikels 2 der Verfassung ergebe. Diese allgemeine Handlungsfreiheit werde allerdings durch jede formell und materiell verfassungsmäßige Rechtsnorm eingeschränkt. Das Passgesetz gehöre zur verfassungsmäßigen Ordnung. Bedenken könnten immerhin bestehen, soweit schon die Besorgnis der Gefährdung »sonstiger erheblicher Belange der Bundesrepublik Deutschland genügen soll«. Die Verwendung eines inhaltlich so unbestimmten Begriffs lege die Gefahr nahe, dass die Passversagung praktisch in das unüberprüfbare Ermessen der Passbehörde gestellt ist. Läge das so, könnte die Vorschrift keinen Bestand haben. Es brauche nicht geprüft zu werden, ob sämtliche Erwägungen aller an dem Verfahren beteiligten Behörden und Gerichte verfassungsrechtlich unbedenklich seien, es genüge, dass die Erwägungen, mit denen das Bundesverwaltungsgericht als die maßgebende Rechtsinstanz die Passversagung rechtfertige, verfassungsrechtlicher Prüfung standhalte. Dann kam ein Trostpflaster: »In der Zurückweisung der Verfassungsbeschwerde ist jedoch nicht die Billigung des Verfahrens der Passbehörde zu erblicken, die dem Beschwerdeführer die Passverlängerung ohne Begründung versagt hat.«

Die Allgemeine Verwaltungsvorschrift zur Ausführung des Passgesetzes vom 15. August 1952, die Ausnahmen vom Begründungszwang zulasse, sei mit dem Grundgesetz unvereinbar. Im Falle Elfes habe die Behörde – jedenfalls im verwaltungsgerichtlichen Verfahren – ihre Gründe bekannt gegeben, zu denen der Beschwerdeführer habe Stellung nehmen können.

Leider gab es damals beim Bundesverfassungsgericht noch keine Möglichkeit, abweichende Voten von Richtern bekannt zu machen. Es hätte mich sehr interessiert, ob die Entscheidung einstimmig ergangen war. Als einer der ersten Kritiker hat der stellvertretende Vorsitzende des Rechtsausschusses des Deutschen Bundestages, Adolf Arndt, seine schweren Bedenken gegen diese Passverweigerung vorgetragen und es für unstatthaft erklärt, »in einem freiheitlichen Staatswesen einem Bürger, der sich strafrechtlich nichts zu Schulden kommen ließ, nur aus politischen Gründen den Pass und damit einen wesentlichen Teil seiner Freiheit zu verweigern«.

Trotz dieser für ihn im Ergebnis ungünstigen gerichtlichen Entscheidung wurde Elfes am 1. Juli 1957 ein Reisepass ausgehändigt. Ein Widerspruch? Keineswegs, denn am 20. Februar 1956 war im Wege des konstruktiven Misstrauensvotums die

Landesregierung Karl Arnold und mit ihr der Elfes-Gegner Franz Meyers abgelöst worden, und die Stadtverwaltung Mönchengladbach hatte stets zu erkennen gegeben, keinen Grund für die Passverweigerung zu sehen, aber auf Weisung von Innenminister Meyers anders handeln zu müssen. Später erfuhr ich, dass der Bundesminister des Innern schon am 26. Februar 1957 an die Innenminister und -senatoren der Länder das Urteil des Bundesverfassungsgerichtes geschickt hat. Im Begleitschreiben wurde auf die Ausführungen des Gerichts zum Begriff »der sonstigen erheblichen Belange der Bundesrepublik Deutschland« hingewiesen und betont, dass von dieser Bestimmung »nur in engem Rahmen Gebrauch gemacht werden sollte«. Das sprach für die Richtigkeit der mir zugegangenen Mitteilung über das Gespräch Egidis in Karlsruhe. Aber auch durch die allgemeine politische Entwicklung verlor diese Vorschrift des Passgesetzes an Bedeutung. Seit August 1956 genügte der Bundespersonalausweis für Reisen nach Belgien, und seit April 1958 entfiel für die Bundesbürger der Passzwang bei Reisen in die Niederlande. Weitere Staaten folgten.

Bis zu seinem 80. Lebensjahr nahm Elfes an den Tagungen des Weltfriedensrates teil und war Ehrengast bei den Parteitagen der CDU-Ost, die in der Bundesrepublik Deutschland die verachtete Block-Partei in der von den Kommunisten beherrschten Nationalen Front des demokratischen Deutschland war. Adenauer hatte ihren langjährigen Vorsitzenden Otto Nuschke einen »Verräter« genannt. Deshalb war Elfes' Teilnahme an den Parteitagen immer auf Unverständnis und Ablehnung im Westen gestoßen. Wer hätte damals auch ahnen können, dass 25 Jahre später die starke Finanzausstattung und die bis ins letzte Dorf reichende straffe Organisation dieser stramm auf der SED-Linie operierenden Blockpartei bereitwillig von der CDU, der führenden Regierungspartei in der Bundesrepublik, in Anspruch genommen würde, um die ersten freien Volkskammer-Wahlen am 18. März 1990 so eindrucksvoll zu gewinnen und die aus diesen Wahlen hervorgegangene Regierung der DDR zu stellen?

Bis in sein hohes Alter behielt Elfes auch seinen hintergründigen Humor. Am 23. November 1965 schrieb er an den früheren Zentrumsreichskanzler Heinrich Brüning, den ein Jahr jüngeren politischen Weggefährten aus der Weimarer Republik, der der Deutschland- und Ostpolitik Adenauers ebenfalls kritisch gegenüberstand, u. a.: »Mir persönlich geht es gut – viel besser als ich es verdient habe, besser sogar als man mir wünscht. Ich bin gesund und wirtschaftlich unabhängig, ziehe redend und schreibend durch die Welt, bete täglich zum Hl. Geist um Erleuchtung und bevorzuge immer noch rote Krawatten.«

In seinem letzten Lebensjahr, 1969, erlebte der 85-Jährige noch die Anfänge einer realistischen Entspannungspolitik. Die Wahl Gustav Heinemanus zum Bundespräsidenten kommentierte er mit den Worten »endlich ein Mann mit sauberen Händen, ehrlicher Haut und gutem Willen«. Vier Wochen vor seinem Tode begrüßte er die Wahl Willy Brandts zum Bundeskanzler. Obwohl sich Ende 1968 die neugegründete Deutsche Kommunistische Partei mit der Deutschen Friedensunion und dem Bund der Deutschen, deren langjähriger Vorsitzender Elfes gewesen war, zu einem Wahlbündnis Aktion Demokratischer Fortschritt für die Bundestagswahl 1969 zusammengeschlossen hatten, empfahl Elfes seinen politischen Freunden, die SPD zu wählen. Ihm war klar geworden, dass nur so der Durchbruch zu einer vorurteilsfreien Ost- und Deutschlandpolitik gelingen konnte.

Mein erster politischer Strafprozess: Die Gesellschaft für deutsch-sowjetische Freundschaft

Am 23. Juni 1955 suchte mich ein junger Mann auf, der sich als Vertreter des Zentralrats zum Schutz demokratischer Rechte und zur Verteidigung deutscher Patrioten vorstellte. Er fragte mich, ob ich bereit sei, in einem politischen Strafprozess vor dem Bundesgerichtshof in Karlsruhe die Mitverteidigung zu übernehmen. Das Strafverfahren habe bereits begonnen, werde vermutlich bis Ende Juli dauern und richte sich gegen drei Angehörige der Gesellschaft für deutsch-sowjetische Freundschaft (GDSF), denen Vorbereitung zum Hochverrat, Staatsgefährdung, Geheimbündelei und Zugehörigkeit zu einer kriminellen Vereinigung vorgeworfen werde. Der Zentralrat war mir unbekannt; auch von der Tätigkeit der GDSF hatte ich bis dahin nur wenig gehört. Mich interessierte vor allem, warum man gerade mich für die Verteidigung gewinnen wolle. Mein Besucher, der sofort erklärte, er sei Mitglied der KPD und wegen dieser Mitgliedschaft nach seinem Referendarexamen vom juristischen Vorbereitungsdienst ausgeschlossen worden, sagte mir, seine Freunde hätten die Broschüre »Die deutsch-sowjetischen Beziehungen« gelesen, in der ich über die Jahre 1917-1941 vorurteilsfrei berichtet hätte. Der Zentralrat habe die Aufgabe, aus politischen Gründen Inhaftierte und ihre Familien zu betreuen und für eine möglichst gute Verteidigung zu sorgen. In unserem Gespräch, das sich wesentlich länger als erwartet hinzog, erfuhr ich von vorausgegangenen Strafprozessen vor dem Bundesgerichtshof, u.a. von dem erst vor knapp drei Wochen beendeten Verfahren gegen zwei leitende Funktionäre der Freien Deutschen Jugend (FDJ), bei dem der Angeklagte Angenfort am 12. März 1953 unter Verletzung seiner Immunität als nordrhein-westfälischer Landtagsabgeordneter der KPD verhaftet und am 4. Juni 1955 zu fünf Jahren Zuchthaus verurteilt worden war. Die KPD war zu diesem Zeitpunkt noch nicht verboten, vielmehr fand zwischen November 1954 und Mitte Juli 1955 erst die Beweisaufnahme vor dem Bundesverfassungsgericht statt, das am 17. August 1956 die KPD zu einer verfassungswidrigen Partei erklärte und auflöste sowie die Bildung von Ersatzorganisationen verbot.

Im Falle der KPD war übrigens der Schutz des Artikels 21 unseres Grundgesetzes gering, denn das darin enthaltene »Parteienprivileg« – über die Frage der Verfassungswidrigkeit entscheidet nur das Bundesverfassungsgericht – wurde dadurch unterlaufen, dass der politische Strafsenat des BGH das am 11. November 1952 veröffentlichte offizielle Parteiprogramm der KPD für hochverräterisch erklärte, was den Strafverfolgungsbehörden ermöglichte, die leitenden Funktionäre zu inhaftieren. Schon vor dem Verbot dieser Partei waren unter diesem Vorwurf sieben von elf Mitgliedern des Sekretariats des Parteivorstandes an ihrer Tätigkeit dadurch gehindert, dass sie entweder in Haft saßen (mit Untersuchungshaftzeiten von über zwei Jahren) oder das Bundesgebiet verlassen hatten, weil gegen sie Haftbefehle ergangen waren.

Ich wies meinen Besucher darauf hin, dass ich Vorstandsmitglied der Gesamtdeutschen Volkspartei (GVP) sei und die kommunistische Ideologie ablehnen würde; ich erinnerte ihn auch daran, dass bei der Bundestagswahl 1953 alle Kandidaten der GVP eine Erklärung unterschrieben hatten, in der es u.a. hieß: »Ich widersetze mich jedem kommunistischen System für Deutschland.« Mein Gesprächspartner lächelte und sagte, das sei alles bekannt. Ich gab noch keine Zusage, weil ich wegen des überraschenden Angebotes erst mit meinem Seniorpartner Gustav Heinemann sprechen wollte. Wir vereinbarten ein Telefonat am folgenden Nachmittag. Bevor ich mit Heinemann sprach, las ich in der mir überlassenen, vom 20. Dezember 1954 datierten Anklageschrift – sie war mit über 300 Seiten die mit Abstand längste, die ich bis dahin gelesen hatte. Bei der Lektüre wuchs mein Erstaunen über die Vorwürfe, die die Anklagebehörde erhob: Vorbereitung zum Hochverrat (dieser Vorwurf wurde im Prozess rasch fallen gelassen), Staatsgefährdung (die für rechtsstaatliche Erfordernisse fehlende Bestimmtheit der Straftatbestände und ihre schier uferlose Dehnbarkeit lernte ich bald zum Überdruss kennen), Geheimbündelei und Zugehörigkeit zu einer kriminellen Vereinigung. Heinemann riet mir am Ende unseres abendlichen Gesprächs, die Verteidigung zu übernehmen; für meine Vertretung in bereits bis Ende Juli 1955 terminierten anderen Prozessen werde er sorgen. Die mit Sicherheit verstärkt einsetzende Diffamierung gegen uns müssten wir ertragen, schließlich hätten wir in diesem Bereich schon jahrelang bittere Erfahrungen. Er hielt es für wichtig, dass wir die politische Strafjustiz unmittelbar und gründlich kennen lernen würden, um vielleicht – falls sich meine spontan geäußerten Befürchtungen bestätigen sollten – mit überzeugenden rechtsstaatlichen Argumenten eine Änderung erreichen zu können. Keiner von uns ahnte an diesem Abend, dass für mich die Vertretung in politischen Prozessen den größeren Teil meiner Arbeitskraft in den kommenden zwölf Jahren beanspruchen und dass diese Tätigkeit mir die Bemühungen um Freilassung politischer Häftlinge in der DDR wesentlich erleichtern würde. Es dauerte noch 13 Jahre, bis es nach hartnäckigem Einsatz endlich 1968 während der Zeit der großen Koalition gelang, dieses politische Strafrecht abzuschaffen, das den Ruf der Bundesrepublik Deutschland schwer beschädigt hatte.

Als mich am nächsten Tag mein Besucher anrief, erklärte ich mich zur Übernahme des angetragenen Mandates bereit, nannte aber noch einige Bedingungen, die sofort angenommen und auch eingehalten wurden, insbesondere mein Vorbehalt, keine Vorschriften für die Beweisanträge und für mein Plädoyer zu akzeptieren.

Am 27. Juni 1955 – am 6. von insgesamt 25 Verhandlungstagen – überreichte ich dem Strafsenat meine Vollmacht und begann intensiv, mich in die Vorschriften des politischen Strafrechts und die bisherige Rechtsprechung einzuarbeiten. Außerdem sprach ich mit den Mitverteidigern und den Angeklagten. Der Hauptangeklagte, Georg Gampfer, ein früherer Lehrer, war während der ganzen Hauptverhandlung in Untersuchungshaft, in der er sich – mit Ausnahme von vier Monaten im Jahr 1954 – schon seit dem 17. März 1953, also seit über zwei Jahren, befand. Die Angeklagten hatten ein gemeinsames Schicksal: Sie waren als blutjunge Soldaten in sowjetische Kriegsgefangenschaft geraten, nahmen an antifaschistischen Schulungskursen teil, kehrten 1948 bzw. 1949 nach Hause zurück, traten der KPD bei und betätigten sich in der Gesellschaft zum Studium der Kultur der Sowjetunion, die sich seit Herbst 1950 Gesellschaft für deutsch-sowjetische Freundschaft (GDSF) nannte.

Die Anklagebehörde hielt die GDSF für eine kommunistische Tarnorganisation, deren Ziel es sei, die freiheitliche Ordnung in der Bundesrepublik Deutschland zu untergraben. Die GDSF habe auch einen planmäßigen Hetzfeldzug gegen die Verfassungsorgane der Bundesrepublik geführt und entgegen ihren öffentlichen Erklärungen nicht für die Verständigung gearbeitet, sondern versucht, »eine Änderung der staatlichen und sozialen Ordnung nach dem Muster der in der SBZ herrschenden Verhältnisse zu erreichen oder ihnen wenigstens den Boden zu bereiten«. Die Behauptung der GDSF, sie habe die »Antisowjethetze« bekämpfen wollen, sei ein Vorwand, denn es habe in der Bundesrepublik keine solche Antisowjethetze gegeben.

Die Aufgabe der Verteidigung bestand darin, die Vorwürfe der Anklage durch zahlreiche Beweisanträge zu widerlegen, d. h. Zeugen zu benennen und Urkunden vorzulegen. So befassten sich Beweisanträge mit Beispielen solcher Hetze von Mitgliedern der damaligen Bundesregierung, Abgeordneten der Regierungsparteien und antikommunistischen Organisationen, denen die GDSF in ihrer Verbandszeitschrift »Freie Welt« entgegengetreten war. Hier konnte ich selbst einen guten Beitrag liefern, weil ich in den Jahren nach dem Krieg Belege für friedensgefährdende Propaganda gegen die Sowjetunion gesammelt hatte, ohne damals zu ahnen, dass ich diese Unterlagen Jahre später in politischen Strafverfahren verwenden könnte. Andere Beweisanträge befassten sich mit Äußerungen führender deutscher

Politiker, die die Politik der Sowjetunion grob verzerrt, ja verfälscht wiedergaben. In einem Beweisantrag vom 8. Juli 1955 hatte ich den Text der sowjetischen Deutschlandnoten vom 10. März, 9. April und 20. Mai 1952 vorgelegt sowie das Bundestagsprotokoll vom 19. März 1953 mit Äußerungen von Bundeskanzler Dr. Adenauer zum Inhalt dieser Noten, zum Beweise der Tatsache, dass »der Herr Bundeskanzler am 19. März 1953 vor dem Bundestag (anlässlich der dritten Lesung des General- und EVG-Vertrages) unrichtige Angaben über den Inhalt der sowjetischen Deutschlandnoten gemacht und dadurch die Bevölkerung falsch unterrichtet hat«.

Der Strafsenat war über die Fülle der Beweisanträge überrascht. Um sie abzuwehren, wurde neben den beiden in der Strafprozessordnung bei präsenten Beweismitteln – wie etwa Urkunden – vorgesehenen Ablehnungsgründen, die hier unstreitig nicht vorlagen, ein dritter Ablehnungsgrund erfunden: Verfahrensfremdheit. Da die Ablehnung der Beweisanträge nicht mit einer Beschwerde angegriffen werden konnte, weil sie mit der Verkündung bestandskräftig war, blieb nichts Anderes übrig, als die Entscheidung hinzunehmen. Mein Beweisantrag über die Unvereinbarkeit des Inhaltes der sowjetischen Deutschlandnoten mit den diesbezüglichen Ausführungen des Bundeskanzlers verfiel also auch der Ablehnung, weil er »allein zu verfahrensfremden Zwecken gestellt« sei. Dieser Beweisantrag hatte nach Abschluss des Prozesses noch ein bemerkenswertes Nachspiel.

Bei der Benennung von Entlastungszeugen musste die Verteidigung vorsichtig sein; denn je kompetenter ein Zeuge aussagen konnte, umso größer war die Gefahr, dass er von der Bundesanwaltschaft als Mittäter angesehen wurde. Dennoch benannten wir einige Persönlichkeiten aus dem Bundesgebiet, deren Vernehmung allerdings in keinem Fall von Anklagebehörde und Gericht als entlastend bewertet wurde. Nur ein Entlastungszeuge war für die Verteidigung unverzichtbar: Paul Krüger, der stellvertretende Verlagsleiter des Ostberliner Verlages »Kultur und Fortschritt«, der auch Mitglied des Zentralvorstandes der GDSF in der DDR war und sich aus geschäftlichen Gründen in Karlsruhe aufhielt. Über ihn hatte ein Belastungszeuge, der sich ohnehin durch phantasievolle Darstellungen hervortat, behauptet, Krüger habe ihn in Karlsruhe verfolgt, offenbar entführen wollen, und zudem sei er auch bewaffnet. Der Strafsenat solle Krüger sofort »untermauern«, worunter er »inhaftieren« verstand. Tatsächlich – so hatten wir erfahren – hatte der Belastungszeuge, als er Krüger sah, diesen bis zu dessen Hotel verfolgt und fotografiert. Krüger war ordnungsgemäß polizeilich gemeldet. Wir hielten die zeugenschaftliche Vernehmung Krügers für unerlässlich, weil seine Aussage die Glaubwürdigkeit dieses Belastungszeugen erschüttern konnte. Bei der Einvernahme Krügers gab es den einzigen erheiternden Moment in dem wochenlangen

Prozess. Als Krüger während seiner Vernehmung in die rechte Hosentasche griff, gingen die fünf Bundesrichter an ihrem Richtertisch in Deckung. Nach einer Schrecksekunde sagte der wieder aufgetauchte Vorsitzende in scharfem Ton: »Nehmen Sie die Hand aus der Tasche auf den Zeugentisch.« Die befürchtete Sensation blieb aus; die Taschen enthielten die üblichen Utensilien. Eine Pistole war nicht dabei. Nach der Vernehmung wurde der Zeuge vom Gericht entlassen, aber auf den letzten Treppenstufen auf Veranlassung der Bundesanwaltschaft festgenommen und in Untersuchungshaft genommen. Grund war nicht etwa der dringende Verdacht, dass Krüger als Zeuge eine falsche Aussage gemacht habe, sondern der Vorwurf der Mittäterschaft. Damals galt noch die Auffassung, dass auch ein in der DDR lebender Deutscher für Taten in der DDR dem bundesdeutschen Strafrecht unterliege, und es war nicht zu bestreiten, dass Krüger aktiv in der GDSF der DDR tätig war.

Angeklagte und Verteidiger erfuhren erst an einem der folgenden Tage von dem Vorgang. Wir Verteidiger legten einen schriftlichen Protest ein, zumal in der Begründung des Haftbefehls auch der skandalöse »dringende Verdacht« aufgeführt war, Krüger sei in Karlsruhe, um »die Verteidigung im Sinne der sowjetzonalen Gesellschaft für deutsch-sowjetische Freundschaft zu instruieren«. Wir Verteidiger hatten jedoch von der Anwesenheit Krügers in Karlsruhe nichts gewusst, bis der erwähnte Belastungszeuge in der Hauptverhandlung über sein Zusammentreffen mit Krüger – wenn auch falsch – berichtete. Eine Instruktion der Verteidigung durch Krüger hat nie stattgefunden, zumal er kein Jurist war. Für mich war klar, dass die Verhaftung Krügers auch die Verteidiger treffen sollte. Wir hatten nämlich überlegt, ob wir in der DDR wohnende Personen als Entlastungszeugen zur Widerlegung der Anklage nach Karlsruhe bitten sollten. Das war nun nicht mehr möglich, und wir waren froh, darauf verzichtet zu haben. Die Protesterklärung der Verteidiger gab Dr. Walter Ammann ab, einer der besten Strafverteidiger, die ich in vielen Jahren kennen gelernt habe. Es war immer ein Genuss, seinen gründlich vorbereiteten und sorgfältig formulierten Plädoyers zuzuhören. Er war praktizierender Katholik und ein aufmerksamer Beobachter des Zeitgeschehens, der politisch der linkskatholischen Gruppierung um Walter Dirks, Eugen Kogon, Helene Wessel, Klara Marie Fassbinder, Wilhelm Elfes nahe stand, und u. a. als Rechtsberater des badischen Caritas-Verbandes tätig war. In der Erklärung hieß es, durch die Verhaftung des Zeugen Krüger sehe die Verteidigung ihre Befürchtung bestätigt, dass die Sicherheit von Zeugen aus der DDR unter den gegebenen Verhältnissen auf dem Boden der Bundesrepublik Deutschland nicht gewährleistet sei. Der Schlussabsatz lautete: »Die Verteidigung protestiert hiermit gegen ein Verfahren, das die Grundlagen des Rechtsstaates gefährdet, die Wahrheitsfindung in größtem

Maße erschwert und bei der Verteidigung schließlich die Besorgnis hervorrufen muss, dass sie in Zukunft nicht in der Lage ist, ihre durch das Gesetz festgelegten Pflichten ordnungsgemäß zu erfüllen.«

Der Vorsitzende des Strafsenates, Dr. Baldus, der in diesem Verfahren den Präsidenten Dr. Geier vertrat, erwiderte kurz: »Der Inhalt der Erklärung ist für dieses Verfahren ohne Bedeutung. Ich nehme an, dass der Verteidigung bekannt ist, dass der Senat mit der Verhaftung des Zeugen Krüger in gar keiner Weise befasst war. Der Senat hat erst nachher von dieser Verhaftung erfahren, ohne über den Haftgrund orientiert zu sein.« Der Vertreter der Anklagebehörde, Bundesanwalt Dr. Wagner, nannte den Protest der Verteidiger »eine Erklärung, die ich als solche für unmöglich halte und die mich wegen ihres Inhalts auf das Äußerste befremdet hat. Ich bin der Ansicht, dass die Herren Verteidiger verfahrensfremde Dinge hier vorgebracht haben, die für die Entscheidung dieses Verfahrens unwesentlich sind.« Verfahrensfremdheit – mit diesem Begriff konnten alle Einwände und unerwünschten Beweisanträge der Verteidigung abgelehnt werden.

Für den Strafsenat war die Angelegenheit Krüger erledigt; für den Betroffenen allerdings nicht: Er blieb über zehn Monate in Untersuchungshaft, bis es zur Hauptverhandlung vor der Staatsschutzstrafkammer beim Landgericht Karlsruhe kam, in der ich Krüger verteidigte.

Während des Prozesses gegen die GDSF wurden Gericht, Anklagebehörde und Verteidiger mit Post überschüttet; aus vielen Staaten kamen die Proteste gegen das Verfahren, am meisten aus der DDR, wo Schulklassen, Hausgemeinschaften und Belegschaften gedruckte Texte unterschrieben. Wir Verteidiger hielten das für schädlich, weil es in den Augen von Bundesanwaltschaft und Gericht die Bedeutung der »abzuurteilenden Verfassungsfeinde« eher erhöhte. Auch machten wir uns keine Illusion darüber, dass die westdeutsche Öffentlichkeit von dem Prozess überhaupt Notiz nahm. Für Kommunisten, die für Freundschaft zur Sowjetunion eintraten, gab es damals kaum Sympathie. Anders war es mit gezielten Sympathiekundgebungen. Einen Tag bevor der Bundesanwalt gegen die Angeklagten wegen Staatsgefährdung vier, drei und ein Jahr Freiheitsstrafe beantragte, fand am 17. April 1955 im neu erbauten Karlsruher Wildparkstadion ein internationales Sportfest statt, an dem auch bekannte Sportler aus kommunistisch regierten Staaten teilnahmen, wie die mehrfachen tschechischen Olympiasieger Emil und Dana Zatopek und Spitzensportler aus der DDR. Sie kamen nach dem Sportfest am Sonntagabend zu uns ins Hotel. In dem lebhaften Gespräch erzählten sie von ihrer Hoffnung auf eine Verbesserung der politischen Beziehungen zwischen Ost und West, besonders durch den bevorstehenden Besuch von Bundeskanzler Adenauer in Moskau, zu dem ihn die Sowjetführer Anfang Juni 1955 eingeladen hatten. Diese

Hoffnung erwies sich als trügerisch, der Kalte Krieg wurde nicht beendet und wirkte sich auch verstärkt auf den Sport aus, als der Deutsche Sportbund nach Errichtung der Berliner Mauer – 1961 – die Beziehungen zum Deutschen Turn- und Sportbund der DDR abbrechen musste. Wie das maßlose politische Strafrecht noch Mitte der sechziger Jahre die Beziehungen belastete und sogar die Durchführung der Olympischen Spiele in München 1972 gefährdete, werde ich später im Zusammenhang mit dem Verfahren schildern, das in Düsseldorf gegen drei Personen wegen der Herausgabe einer Sportzeitschrift und wegen ihrer Kontakte zum Deutschen Turn- und Sportbund der DDR durchgeführt wurde.

Höhepunkt des Prozesses gegen die Gesellschaft für deutsch-sowjetische Freundschaft wurden die Plädoyers und die Schlussworte der Angeklagten. Nach einer Absprache unter den Verteidigern begann ich mit einem zeitgeschichtlichen Überblick, mit Ausführungen über die guten Beziehungen zwischen dem Deutschen Reich und der Sowjetunion nach 1917. Über diese Zeit war den Angeklagten in den Schulen des Dritten Reiches – sie waren bei Hitlers Machtübernahme 9, 8 und 6 Jahre alt – nichts erzählt worden. Im Gegenteil: Der »jüdisch-bolschewistische Untermensch« war der Weltfeind Nr. 1, der uns angeblich bedrohte. Dieses Gift, diese Erziehung zum Hass, wirkte auch in ihnen nach, als sie Soldaten wurden. Dann kamen sie in russische Gefangenschaft. Eine Welt brach für sie zusammen, als sie Einzelheiten des Hitler'schen Vernichtungsfeldzuges erfuhren. Nach Rückkehr in die Heimat erlebten sie, wie der primitive Antikommunismus wieder mehr und mehr Oberwasser bekam und oftmals dieselben Leute die Hetze gegen die Sowjetunion betrieben, die es schon unter Hitler und Goebbels getan hatten. Diese Hetze war etwas ganz Anderes als noch so harte Kritik an sowjetischen Fehlentscheidungen oder an verbrecherischen Gräueltaten, die sich auch Angehörige der Roten Armee hatten zu Schulden kommen lassen. Ihre Tätigkeit in der GDSF war für die Angeklagten, die diesen Erlebnishintergrund hatten, keine diktierte Parteiarbeit, sondern Verpflichtung und Herzensbedürfnis.

In einem Punkt musste ich der Anklage zustimmen: In den Schriften der GDSF wurden Bundeskanzler und Bundesregierung, aber auch – in der damals typischen Sprache der kommunistischen Agitation – die »rechten Führer« der SPD und der Gewerkschaften in maßloser Weise angegriffen und verunglimpft. Eine Verurteilung wegen Beleidigung und Verunglimpfung wäre durchaus vertretbar gewesen, auch wenn man bedenkt, dass die damalige Bundesregierung ihre kommunistischen Gegner auf das Schärfste attackierte und kriminalisierte. Ich schloss diesen ersten Teil meines Plädoyers mit einem Zitat aus einem Bericht, den wenige Wochen vorher der Chefredakteur der »Welt«, Hans Zehrer, über eine Reise in die Sowjetunion in seiner Zeitung veröffentlicht hatte:

> »Es gibt bei uns die festen, seit Jahrzehnten geprägten Urteile und Vorurteile. Und während man erzählen will, wie das hier ist und wie es auf einen wirkt, und während man gedrängt wird, seinem Leser vorsorglich zu sagen, ich bin eigentlich immer ein konservativer Mensch gewesen, und vor 25 Jahren, als es das gerade noch gab, hätte ich mich der Rechten zugerechnet, ich bin also alles andere als ein Kommunist – da spüre ich bereits, wie ich in das Dickicht der Schlagworte und das Gestrüpp der politischen Ideologien gerate, und ich höre die bösen Worte ›Von den Sowjets eingewickelt‹, oder den noch böseren Verdacht der ›Kornmunistenfreundlichkeit‹.«

Im zweiten Teil meiner Ausführungen untersuchte ich den Beweiswert der Aussagen einiger Belastungszeugen. Rechtsanwalt Dr. Ammann ging der Frage nach, ob die Angeklagten als Rädelsführer einer verfassungsfeindlichen Vereinigung, als Mitglieder oder Vorsteher eines Geheimbundes und als Rädelsführer einer kriminellen Organisation verurteilt werden durften, wie dies Bundesanwalt Dr. Wagner beantragt hatte.

Mit besonderer Spannung erwarteten wir das Plädoyer des Rechtsanwaltes Dr. Curt Freiherr von Stackelberg, der auch Vorsitzender der Strafrechtskommission des Deutschen Anwalts-Vereins war. Er, aus einer baltendeutschen Familie stammend, war dem Angeklagten Glaser als Pflichtverteidiger beigeordnet worden. Hans-Georg Glaser, der sich vom 28. März bis zum 5. November 1953 in Untersuchungshaft befand und unmittelbar nach dem Plädoyer des Bundesanwaltes, der eine Freiheitsstrafe von drei Jahren gegen ihn forderte, im Gerichtssaal erneut wegen Fluchtverdachts verhaftet wurde, stand spätestens seit Anfang 1953 der kommunistischen Ideologie kritisch gegenüber, und wünschte auch keinen von der GDSF oder dem »Zentralrat« vermittelten Anwalt als Verteidiger. Während des ganzen Prozesses hatte er aber seine Tätigkeit in der GDSF als notwendig und gerechtfertigt vertreten und ein »Geständnis« im Sinne der Anklage zurückgewiesen. Stackelberg unterstützte seinen Mandanten wirkungsvoll. Als der Bundesanwalt Widersprüche zwischen Aussagen Glasers in der Untersuchungshaft und in der Hauptverhandlung zu erkennen glaubte, erwiderte Glaser, er sei in der Haft schwer erkrankt und nicht vernehmungsfähig gewesen, aber trotz der Hinweise auf seine Erkrankung vom Ermittlungsrichter vernommen worden. Stackelberg beantragte, den zuständigen Gefängnisarzt zu diesem Vorbringen als Zeugen zu laden, was auch geschah. Der Gefängnisarzt sagte unter Eid aus, Glaser hätte an schwerer Augenmigräne gelitten, die so schmerzhaft sei, dass zeitweilig die Denkfähigkeit aussetzte. Dann kam ein enthüllender Satz: »Wenn der Angeklagte Krimineller gewesen wäre, hätten wir ihn ins Lazarett übernommen, so aber ging das nicht.« Der Zeuge fügte entschuldigend hinzu, dass keine Einzelzimmer im Lazarett vorhanden seien, sondern nur Mehrbettzimmer; bei Aufnahme von »Politischen« ins Lazarett werde befürchtet, dass die Kriminellen politisch verseucht würden.

Als Stackelberg als letzter Verteidiger das Wort ergriff, machte er sofort klar, dass er bei der Bewertung politischer Vorgänge mit seinem Mandanten nicht übereinstimme. Dieser habe z.B. die russische Revolution von 1917 verherrlicht. »Er hat das getan im Glauben daran, dass das ein segensreicher Fortschritt für die Menschheit gewesen ist. Ich selbst habe diese Revolution miterlebt kraft meiner Geburt und kraft meiner Familientradition als Angehöriger der Klasse, die damals beseitigt werden sollte, um den Weg freizumachen für die klassenlose Gesellschaft. Was meine Erinnerung an diese Zeit anbetrifft, so weicht das entschieden ab von dem, was Herr Glaser erlebt hat. Wenn ich das jetzt hier erwähne, so tue ich das deshalb, um meiner Stimme, wenn ich um Verständnis für Glaser bitte, auch noch ein persönliches Gewicht zu geben.« Zur erkennbaren Überraschung des Anklagevertreters und vor allem der fünf Bundesrichter trat Freiherr von Stackelberg den Rechtsausführungen des Rechtsanwalts Dr. Ammann ohne Einschränkung bei und schloss sein Plädoyer mit dem Antrag, seinen Mandanten »in vollem Umfange freizusprechen«.

Die Angeklagten benutzten ihre Schlussworte dazu, noch einmal auf die Motive ihres Handelns einzugehen. Von Überzeugungskraft und logisch klug aufgebaut waren besonders die Ausführungen des Angeklagten Glaser. Im Oktober 1926 in Essen als Sohn eines Schlossers geboren, der christlicher Gewerkschaftler und Anhänger der Zentrumspartei war, erhielt er im Sommer 1944 das Zeugnis der Reife und wurde bald darauf zum Kriegsdienst einberufen. Im Februar 1945 begann sein Einsatz an der Ostfront, der für den 18-Jährigen am Tage der Kapitulation am 9. Mai 1945 auf der Halbinsel Hela in sowjetischer Kriegsgefangenschaft endete. Als die Eltern sein erstes Lebenszeichen aus Russland erhielten, ging sein Vater zum damaligen Essener Oberbürgermeister, Heinz Renner, den die britische Besatzungsmacht alsbald nach Kriegsende – mit dem damals der CDU angehörenden Rechtsanwalt Dr. Gustav Heinemann als Bürgermeister – eingesetzt hatte. Renner war schon während der Weimarer Republik als Kommunist Stadtverordneter in Essen und genoss in der Bevölkerung wegen seiner sozialen Einstellung und Hilfsbereitschaft weit über die Grenzen seiner Partei hinaus hohes Ansehen, ja Sympathie. Renner versprach dem Vater, nach Möglichkeit seinem Sohn zu helfen. Tatsächlich wandte Renner sich an die sowjetische Besatzungsmacht. Glaser wurde zwar nicht entlassen, doch fragte ihn die Lagerleitung, ob er an einer antifaschistischen Schulung teilnehmen wolle, wozu er bereit war. Bis zu seiner Entlassung aus der Kriegsgefangenschaft im März 1949 war er schließlich als Lehrer in einem Lager tätig. In seinem Schlusswort betonte Glaser, dass es Antifa-Schulen nicht nur in der Sowjetunion, sondern auch in den USA, Kanada, Ägypten und Großbritannien gegeben habe, die im Sinne der Anti-Hitler-Koalition eine demokratische Entwicklung in Deutschland fördern und ein Wiederaufleben des nazistischen Ungeistes verhindern wollten. Er bestritt nachdrücklich, dass an diesen sowjetischen Schulen Agenten für die Sowjetunion ausgebildet worden seien. Er sei nach Deutschland mit dem festen Vorsatz zurückgekehrt, alles ihm Mögliche zu tun, dass zwischen Deutschland und der Sowjetunion eine Politik des Ausgleichs und der Verständigung betrieben werde. Es habe ihn tief getroffen, dass er schon einige Zeit nach seiner Rückkehr erste Anzeichen neuer Hetzpropaganda gegen die Sowjetunion entdeckt habe. Zunächst musste er einen Lehrgang für Spätheimkehrer besuchen, weil sein Kriegsabitur nicht anerkannt wurde. Nach abgelegter Reifeprüfung im März 1950 studierte er mit Mitteln des Heimkehrerfonds Rechtswissenschaft, musste aber nach drei Semestern das Studium aufgeben, weil ihm – höchstwahrscheinlich aus politischen Gründen – kein Zuschuss mehr gezahlt wurde. Eine Zeit lang sei er durch Erklärungen des Bundeskanzlers Dr. Adenauer beruhigt gewesen, der mehrfach, auch im Bundestag, seine prinzipielle Gegnerschaft gegen eine Wiederaufrüstung der Bundesrepublik Deutschland erklärt habe. Die dann aber doch betriebene Aufrüstungspolitik habe ihn maßlos empört, weil sie von starker Hetze gegen die Sowjetunion begleitet gewesen sei, die angeblich einen Überfall auf die Bundesrepublik vorbereite. Nach Meinung bekannter Rechtswissenschaftler sei die Aufrüstung völkerrechtswidrig gewesen, da der Kriegszustand zwischen dem Deutschen Reich und der Sowjetunion erst am 7. Februar 1955 beendet worden sei. Glaser zitierte Beispiele friedensgefährdender Propaganda, die wenige Jahre nach Kriegsende unbegreiflich waren. Beeindruckend war die Schilderung, wo der Schwerpunkt der Arbeit Glasers in der GDSF lag: in der Abteilung »Kunst und Wissenschaft«, später außerdem in der Abteilung »Werbung«. Glaser bereitete mehrfach Ausstellungen vor wie »Großbauten des Friedens«, wofür er Aufsätze auswertete, die 1949, 1950 und 1951 im »Europa-Archiv« erschienen waren, einer anerkannten Zeitschrift, die niemals dem Verdacht kommunistischer Einflussnahme ausgesetzt war. Eine andere Ausstellung befasste sich mit »Inszenierungen sowjetischer Theater« in Moskau, Leningrad, Kiew und anderen Städten der Sowjetunion mit Werken von Tschechow, Gogol, Gorki, aber auch Goethe, Schiller, Shakespeare, Opern Glinkas, Mussorgskys, Rimsky-Korsakows, Tschaikowskys, Mozarts – ein eindrucksvoller Einblick in die Spielpläne sowjetischer Theater. Gleichzeitig wurde in mehreren Städten der Bundesrepublik eine Ausstellung über die Moskauer Tretjakow-Galerie gezeigt, die Kenntnisse über russische Malerei vermittelte. Daneben gab es Dia-Serien und Broschüren über Forschungen sowjetischer Mediziner wie »Die Entstehung von

Zellen aus lebender Materie«. Eine Dia-Serie zeigte russische Märchen. Besonders beliebt war der Farbfilm »Die steinerne Blume«. Dazu die Anklageschrift: »Damit beeinflusste er in einer für Kinder verständlichen Darstellung die jugendlichen Betrachter des Films ebenfalls im Sinne der GDSF.« Während Glaser diese aufklärende Arbeit über das kulturelle und wissenschaftliche Leben in der Sowjetunion verteidigte und in den Vordergrund rückte, gab er andererseits auch Fehler zu. »Anders steht es natürlich mit den von mir gebrauchten massiven Formulierungen, die teilweise den Tatbestand der Beleidigung erfüllen. Wenn ich heute aus meiner Sicht noch einmal die Situation aufgezeigt habe, in der diese Äußerungen gefallen sind, dann nicht darum, um diese Äußerungen zu rechtfertigen, sondern nur, um die Situation verständlich zu machen, um die Ereignisse aufzuzeigen, die auf mich damals einwirkten und mich zu diesen unüberlegten Äußerungen hingerissen haben. Es ist mir heute vollkommen klar, dass die Äußerungen besser unterblieben wären. Ich hätte dem Gedanken der Völkerfreundschaft besser gedient, wenn ich sie unterlassen hätte. Aber eines bestreite ich auf das Entschiedendste, dass diese Äußerungen von mir in der Absicht getan worden sind, die verfassungsmäßige Ordnung der Bundesrepublik Deutschland zu beseitigen oder auch nur zu erschüttern.« Ähnlich ließen sich die beiden Mitangeklagten ein, die ebenfalls bestritten, dass die GDSF neben den ausdrücklich angeführten verfassungsneutralen Zielen noch andere, verfassungswidrige Bestrebungen verfolgt habe.

Zwischen den Plädoyers und Schlussworten und der Urteilsverkündung lagen sechs Tage. Am 28. Juli 1955 erging das Urteil. Die Urteilsverkündung verlief dramatisch. Nachdem der Senatsvorsitzende Dr. Baldus den Urteilssatz verlesen hatte, begann er mit der Urteilsbegründung. Nach einiger Zeit wurde ihm das Sprechen schwer. Dann sagte er: »Ich muss leider um eine kurze Pause für mich bitten.« Beim Hinausgehen musste er gestützt werden. Nach einer Pause von einer guten Stunde wurde die Sitzung durch einen anderen Bundesrichter wieder eröffnet. Er teilte mit, dass Dr. Baldus infolge schwerer Erkrankung nicht im Stande sei, die Urteilsbegründung fortzusetzen. Es müsse infolgedessen insoweit nachher auf die schriftlichen Urteilsgründe verwiesen werden. Das Urteil sei aber mit der Verkündung der Urteilsformel, die Schuldausspruch und Strafmaß enthalte, rechtskräftig geworden. Die Haftbefehle gegen Gampfer und Glaser blieben wegen Fluchtverdachts bestehen. Meines Wissens ist dieses Urteil die einzige höchstrichterliche Entscheidung in der bundesdeutschen Strafrechtsgeschichte, die mündlich nicht zu Ende begründet worden ist. Dr. Baldus hatte einen Herzinfarkt erlitten, der ihn zu einem mehrmonatigen Sanatoriumsaufenthalt zwang.

Als wir uns in einer Sitzungspause kurz vor Beendigung des Verfahrens auf dem Flur trafen, hatte er mir gesagt, die politischen Strafprozesse stünden ihm bis zum Hals, wobei er eine entsprechende Handbewegung machte, er wolle aus dem politischen Strafsenat ausscheiden. Nach Rückkehr in den Dienst übernahm er den Vorsitz eines Revisionssenates. Als im Frühjahr 1971 in einem Revisionsverfahren gegen Euthanasieärzte ein Befangenheitsantrag gegen ihn gestellt wurde, weil er im Dritten Reich in der Strafrechtsabteilung des Reichsjustizministeriums tätig und von dort 1939 zur Reichskanzlei als juristischer Mitarbeiter versetzt worden war, brach Baldus die Verhandlung ab und ließ sich – ohnehin kurz vor seiner mit 68 Jahren erfolgenden Pensionierung stehend – in den Ruhestand versetzen. Ingo Müller, der dies in seinem Buch »Furchtbare Juristen« berichtet, erwähnt auch, dass Baldus sich als Senatsvorsitzender in dem Prozess gegen Mitglieder der GSDF »zur Speerspitze der Kommunistenverfolgung gemacht« habe. Das ist nicht richtig. Baldus hatte nur ausnahmsweise den Senatspräsidenten Dr. Friedrich-Wilhelm Geier vertreten, der nach übereinstimmender Meinung der an politischen Strafprozessen beteiligten Verteidiger die extensivste Auslegung der Straftatbestände, insbesondere bei der Vorbereitung zum Hochverrat, betrieben hatte.

Geier, der aus der nationalsozialistischen Zeit unbelastet war, wurde allgemein als der eigentliche Kopf des politischen Strafsenates angesehen. Seine außergewöhnlich hohe juristische Begabung ließ nach unserer Beobachtung keinen Widerspruch im Senat aufkommen, verhinderte aber auch nicht die verhängnisvolle Entwicklung der Rechtsprechung. Als das Bundesverfassungsgericht am 21. März 1961 *den* Paragraphen des Strafgesetzbuches wegen Verfassungswidrigkeit für nichtig erklärte, den er, Geier, nach dem Verbot der KPD mit scheinbar glänzender Begründung zur Grundlage der Verurteilung von Kommunisten für ihre Tätigkeit vor dem Verbot gemacht hatte, war er bestürzt und niedergeschlagen. Er litt darunter, dass er – führender Kommentator in Standardwerken zum Strafgesetzbuch und zur Strafprozessordnung – nicht die Verfassungswidrigkeit erkannt hatte und der Staat nach den späteren Wiederaufnahmeverfahren Entschädigungen für unschuldig erlittene Untersuchungs- und Strafhaft zahlen musste. Geier ist ein Beispiel dafür, dass auch herausragende, juristische Fähigkeiten krasse Fehlurteile nicht verhindern, wenn der sonst so klare Blick durch Vorurteile getrübt wird.

Wir Verteidiger hatten von Baldus den Eindruck, dass er von den fünf Bundesrichtern als Einziger ein gewisses Verständnis für Teile der Arbeit der GDSF hatte. Jedenfalls sagte er zu unserer Überraschung in der Verhandlung, als mehrere Bundesrichter eine Hetze gegen die Sowjetunion ausschlossen, er habe schlimme Plakate gesehen, die man als Hetze empfinden müsse. Der weitere Vorwurf an Baldus in dem erwähnten Buch von Ingo Müller, in dem Urteil vom 28. Juli 1955 sei straferschwerend gewertet worden, dass die nicht verbotene GDSF »noch während der Hauptverhandlung in Karlsruhe eine Präsidialsitzung abgehalten (hatte) und mit Erklärungen an die Öffentlichkeit getreten war«, übersieht, dass Baldus wegen seiner langen Erkrankung an der Urteilsfassung nicht beteiligt war und das Urteil auch nicht unterschrieben hat. Außerdem findet sich die zitierte Stelle im schriftlichen Urteil nicht im Abschnitt »Strafzumessung«, sondern im Kapitel »Gründung und Entwicklung der GDSF», sodass das Auftreten der Gesellschaft in der Öffentlichkeit trotz des schon laufenden Strafprozesses nicht straferschwerend angerechnet worden ist. Alle Angeklagten wurden als Rädelsführer einer verfassungsfeindlichen Vereinigung und kriminellen Organisation sowie als Vorsteher eines Geheimbundes verurteilt.

Der Vorsitzende Dr. Baldus hatte, bevor seine plötzliche Erkrankung zur Unterbrechung der Urteilsverkündung führte, erklärt, dass der Strafsenat keine Veranlassung sehe, auf Grund der Plädoyers der Verteidiger von seiner bisherigen Rechtsprechung abzugehen. Eine Vereinigung sei schon dann staatsgefährdend, wenn ihre Tätigkeit sich gegen die verfassungsmäßige Ordnung der Bundesrepublik Deutschland richte, wobei deren Änderung nicht angestrebt zu werden brauche. Es brauche auch keine bestimmte Vorstellung darüber zu bestehen oder sichtbar zu werden, wie die bestehende verfassungsmäßige Ordnung gegebenenfalls geändert oder ersetzt werden soll. Und es sei auch unerheblich, ob die Verwirklichung alsbald oder später – etwa erst nach der Wiedervereinigung – ins Auge gefasst werde.

Die GDSF wurde auch zum Geheimbund erklärt, obwohl die Gesellschaft weder über Geheimbüros noch Decknamen und -anschriften verfügte, sondern in aller Öffentlichkeit arbeitete. Die Verurteilung als Geheimbund wurde damit begründet, dass die GDSF, neben den nach außen erklärten Zielen, noch das hintergründige Ziel angestrebt habe, den Boden für eine kommunistische Gesellschaftsordnung vorzubereiten. Dies habe sie der Bevölkerung bewusst verschwiegen. Die Verurteilung wegen Rädelsführerschaft in einer kriminellen Organisation erfolgte, weil die GDSF einen planmäßigen Hetzfeldzug gegen die Bundesregierung und andere Staatsorgane geführt habe. Eine Verurteilung wegen Vorbereitung zum Hochverrat, die der Bundesanwalt zusätzlich beantragt hatte, wurde nicht ausgesprochen.

Der Hauptangeklagte Gampfer erhielt als Strafe drei Jahre Gefängnis, wobei ihm nur ein Jahr und sechs Monate erlittene Untersuchungshaft angerechnet wurden. Da über sechs Monate Untersuchungshaft unberücksichtigt blieben, entsprach das gegen ihn ergangene Urteil in etwa dem auf vier Jahre lautenden Antrag der Anklagevertretung. Ihm wurden außerdem die Fähigkeit zur Bekleidung öffentlicher Ämter, das Wahl- und Stimmrecht sowie die Wählbarkeit auf die Dauer von vier Jahren aberkannt, beginnend mit der Verkündung des Urteils. Der Strafsenat folgte auch dem Antrag des Bundesanwaltes, die Polizeiaufsicht gegen ihn für zulässig zu erklären. Damit war für den früheren Lehrer eine Tätigkeit im weiten Bereich des öffentlichen Dienstes ausgeschlossen. Nach seiner Haftentlassung zu Weihnachten 1956 machte er sich selbstständig und wurde ein erfolgreicher Unternehmer.

Hans-Georg Glaser wurde am 23. Dezember 1955 nach Verbüßung von zwei Dritteln der Strafe entlassen. Zu den Bewährungsauflagen gehörte auch die Auflage, »sich ausschließlich der von ihm beabsichtigten Berufsausbildung zu widmen oder, falls sie aus irgendeinem Grunde nicht durchführbar sein sollte, einer geregelten Arbeit nachzugehen«. Glaser setzte sein Jurastudium fleißig fort, konnte es aber nicht abschließen, weil er wegen seiner Verurteilung nicht zum Staatsexamen zugelassen wurde. – Auch die von ihm vorbereitete Dissertation über Rechtsfragen der Koexistenz wurde wegen seiner Vorstrafe nicht angenommen. Der Weg zu einem akademischen Beruf war damit versperrt. Glaser bewarb sich bei vielen Firmen vergeblich um eine Stelle. Dann gelang es ihm, als Volontär bei der »Westdeutschen Allgemeinen Zeitung« (WAZ) in Essen angenommen zu werden, die damals schon die auflagenstärkste bundesdeutsche Abonnentenzeitung war. Glaser hatte als Jurastudent ein völkerrechtliches Seminar bei dem deutschen Diplomaten Erich Kordt an der Universität Köln besucht. Kordt, der dem Vorstand der »Deutschen Gesellschaft für auswärtige Politik« angehörte, hatte mehrere von Glaser verfasste Arbeiten dem Herausgeber und Chefredakteur des »Europa-Archivs«, Wilhelm Cornides, empfohlen. Dessen in Essen lebende Schwester hatte den Herausgeber und Verleger der WAZ, Erich Brost, auf Glaser aufmerksam gemacht. Brost, selbst schon in jungen Jahren ein politischer Journalist hohen Grades, hatte auch das Talent, journalistische Begabungen zu erkennen, und holte ihn schon nach einjährigem Volontariat in das politische Ressort seiner Zeitung. Glaser nutzte die ihm gebotene Chance. Durch fast drei Jahrzehnte berichtete er in viel beachteten Artikeln über außenpolitische Vorgänge und Hintergründe in aller Welt. Seine zahlreichen Reisen um den Globus hatten nicht nur sein Wissen vermehrt, sondern auch den Blick für Zusammenhänge geschärft.

Immer wenn ich einen der von ihm verfassten Artikel las, dachte ich an den Karlsruher Prozess und den Schluss-Satz des Plädoyers seines Pflichtverteidigers von Stackelberg, ihn »in vollem Umfang freizusprechen«. Die Bundesrichter, die in ihm einen Verfassungsfeind sahen, haben Unrecht behalten. Mir gefiel besonders, dass die bei Glaser schon früh erkennbare Abwendung von der kommunistischen Ideologie nicht in einen fanatischen Antikommunismus umgeschlagen war, wie es bei ehemaligen Kommunisten gelegentlich vorkam.

Gegen den dritten Angeklagten Otto S., der nur eine untergeordnete Aufgabe in der GDSF übernommen hatte, wurde eine Gefängnisstrafe von acht Monaten ausgesprochen, die zur Bewährung ausgesetzt wurde. Damals konnte eine Bewährungsstrafe bis zu neun Monaten Gefängnis ausgesetzt werden.

Am Tage nach meiner Rückkehr aus Karlsruhe unterrichtete ich meinen Seniorpartner Dr. Heinemann ausführlich und teilte ihm auch mit, dass der zeitgeschichtliche Teil meines Plädoyers von der GDSF gedruckt würde, die auf Bundesebene nach wie vor nicht verboten war. Die unmittelbare Folge des Urteils waren Verhaftungen leitender Funktionäre der GDSF und die Durchführung von Strafprozessen bei besonderen Landgerichten. Gleichzeitig mit dem 1. Strafrechtsänderungsgesetz vom 30. August 1951 war nämlich auch ein folgenreicher Eingriff in den Aufbau der Gerichtsbarkeit vorgenommen worden. Ein politischer Strafsenat des Bundesgerichtshofes war in erster und letzter Instanz für die bedeutendsten Fälle zuständig, insbesondere für diejenigen, die der Generalbundesanwalt an sich gezogen hatte; bei ihm liefen für den Bereich des Staatsschutzes alle Fäden zusammen. Im Bereich der Hochverratsvorschriften konnten Verfahren an das zuständige Oberlandesgericht abgegeben werden, das auch einen politischen Strafsenat einrichtete, der mit fünf (in den anderen Senaten: drei) Berufsrichtern besetzt war und ebenfalls in erster und letzter Instanz entschied. Die Masse der politischen Strafverfahren lag aber im Bereich der »Staatsgefährdung«, vor allem die sogenannten Organisationsdelikte (verfassungsfeindliche Vereinigung, Geheimbündelei, kriminelle Organisation). Hier führte der BGH den »Musterprozess«, in dem dann die maßgebende strafrechtliche Charakterisierung einer Vereinigung erfolgte. War das höchstrichterliche Urteil gesprochen, wurden die anderen anhängigen Strafverfahren gegen weitere Mitglieder der betreffenden Vereinigung bei Staatsschutzstrafkammern abgewickelt. In jedem Oberlandesgerichtsbezirk war das Landgericht zuständig, in dessen Bezirk das Oberlandesgericht seinen Sitz hatte. Das fiel oft zusammen, wie etwa bei Düsseldorf, Köln, Frankfurt, München oder Hamburg; in einigen Fällen gab es aber Abweichungen, so im größten Bezirk Hamm, für den das Landgericht Dortmund zuständig war, oder das Landgericht Lüneburg für den Bezirk des Oberlandesgerichts Celle. Falls eine Staatsschutzstrafkammer wegen der Fülle der Fälle nicht ausreichte, wie etwa beim Landgericht Dortmund, wurden mehrere solcher Strafkammern eingerichtet. Das bedeutete eine starke Konzentration. In allen anderen Städten des Oberlandesgerichtsbezirks Hamm mit Sitz eines Landgerichts wie Münster, Essen, Bochum, Bielefeld, Detmold, Paderborn, Siegen erfuhr man von diesen Prozessen nichts. Wenn wider Erwarten einmal eine Staatsschutzkammer von der Rechtsauffassung, die in dem Musterprozess niedergelegt war, abgewichen wäre, hätte die Staatsanwaltschaft Revision eingelegt, über die dann der Strafsenat des BGH entschied, der sich im Musterprozess festgelegt hatte. Eine einzigartige Konstellation: Dieselben fünf Bundesrichter, die als Tatsacheninstanz über eine inkriminierte Vereinigung das Urteil sprachen, gegen das es kein Rechtsmittel gab, waren die alleinige Revisionsinstanz für alle Urteile aller Staatsschutzkammern. Damit war eine zentrale Steuerung sämtlicher politischer Strafprozesse erreicht. In nichtpolitischen Strafsachen waren die anderen Strafsenate ausschließlich Revisionssenate, die über Revisionen gegen Strafkammerurteile zu entscheiden hatten. Falls ein Strafsenat von der Rechtsauffassung eines anderen Strafsenats abweichen will, dieser aber an seiner Auffassung festhält, muss der Große Senat für Strafsachen eingeschaltet werden, der dann die endgültige Entscheidung in der Streitfrage trifft. Eine solche Divergenz-Revision war in politischen Strafprozessen jedoch nicht möglich, weil immer derselbe Senat entschied.

Es war mir klar, dass die Verteidigung von Funktionären der GDSF vor den Staatsschutzstrafkammern nur wenig ausrichten konnte, nachdem der Musterprozess durchgeführt war. Die Tätigkeit für die Gesellschaft konnte mit Aussicht auf Erfolg nicht geleugnet werden, weil die Angeklagten in der Öffentlichkeit aufgetreten waren. Es blieb nur die Möglichkeit, beim Strafmaß etwas zu erreichen, sei es, dass durch die fast regelmäßig erlittene Untersuchungshaft die verhängte Freiheitsstrafe verbüßt war oder dass die Freiheitsstrafe zur Bewährung ausgesetzt wurde. Dennoch war es ausgerechnet ein Strafverfahren gegen einen Funktionär der GDSF vor der Staatsschutzstrafkammer des Landgerichtes Lüneburg, das durch eine die Verurteilung angreifende Verfassungsbeschwerde den ersten starken Einbruch in das festgefügte System der politischen Strafjustiz bringen sollte.

Ein ehrengerichtliches Verfahren: Die sowjetische Deutschlandnote und Konrad Adenauers Umgang mit der Wahrheit

Ich war bereits in weiteren politischen Strafprozessen tätig geworden, als ich ein vom 28. Oktober 1955 datiertes Schreiben – 46 ARs 35 10/55 – der Geschäftsstelle des Amtsgerichtes Essen erhielt:

> »Betr.: Ehrengerichtliches Ermittlungsverfahren gegen Sie. Hierüber sollen Sie vernommen werden. Sie werden daher auf den 18. November 1955, 12 Uhr, vor das Amtsgericht in Essen, Zweigertstraße 52, Zimmer 144, geladen.«

Anrede und Grußformel fehlten, wie es damals bei Schreiben der Justiz üblich war. Die zuständige Richterin eröffnete mir, der Vorwurf gegen mich stütze sich auf einen Beweisantrag aus dem Strafprozess gegen Mitglieder der GDSF, in dem ich behauptet hätte, Bundeskanzler Adenauer habe unrichtige Angaben über den Inhalt der sowjetischen Deutschlandnoten aus dem Jahre 1952 gemacht. Wir vereinbarten, dass ich eine schriftliche Stellungnahme einreichen solle. In ihr legte ich am 24. November 1955 dar, wie es zur Übernahme des Mandats gekommen war und fuhr fort:

> »... Die von mir in diesem Prozess gestellten Beweisanträge habe ich selbst entworfen und auch selbst das Beweismaterial zusammengetragen. Meine Beweisanträge habe ich für rechtserheblich gehalten, sodass es abwegig ist, mir zu unterstellen, ich hätte etwa den inkriminierten Beweisantrag zu verfahrensfremden Zwecken gestellt.
>
> Die Verfahrensbezogenheit gerade dieses Beweisantrages liegt auf der Hand. Die Angeklagten hatten zur Rechtfertigung ihrer teilweise massiven Kritik an der Politik der Bundesregierung angeführt, sie hätten es als ihre Aufgabe angesehen, die Hetze gegen die Sowjetunion in den Jahren 1951 - 53 und die planmäßige Irreführung der deutschen Öffentlichkeit über die Politik der Sowjetunion zu bekämpfen. Während des Prozesses wurde von Mitgliedern des Gerichts und von dem Vertreter der Anklagebehörde zum Ausdruck gebracht, dass es eine Hetze gegen die Sowjetunion wohl kaum gegeben habe und die deutsche Öffentlichkeit auch über die Politik der Sowjetunion zutreffend unterrichtet worden sei. Es war daher nötig, durch Einführung von Beweismitteln darzulegen, dass die Hetze gegen die Sowjetunion gerade zur Tatzeit einen Höhepunkt erlebte und dass falsche Unterrichtung der deutschen Öffentlichkeit über die sowjetische Politik selbst durch den Herrn Bundeskanzler vorgenommen worden sei.

Zu diesem Beweiszweck wurde auch der Antrag gestellt, aus dem Bundestagsprotokoll der 255. Sitzung den entsprechenden Passus S. 12305/306 zu verlesen, aus dem sich ergibt, dass der Herr Bundeskanzler in der Sitzung vom 19. März 1953 anlässlich der 3. Lesung des EVG-Vertrages über den Inhalt der sowjetischen Deutschland-Noten Ausführungen gemacht hat, die erweislich unrichtig sind. Zum Beweise der Richtigkeit dieser Behauptung habe ich beantragt, die sowjetischen Deutschland-Noten zu verlesen.

Die Äußerungen des Herrn Bundeskanzlers in der erwähnten Sitzung sind, soweit sie die russische Note betreffen, in allen Punkten falsch.

1. Die erste sowjetrussische Note ist nicht vom Herbst 1952, sondern vom 10. März 1952. Hierbei mag es sich um einen lapsus linguae des Herrn Bundeskanzlers handeln. Ich hätte selbstverständlich auf diesen Punkt einen so weit gehenden Beweisantrag nicht gestützt, wenn auch nur eine Einzige der vier sowjetischen Deutschland-Noten, die bis zu diesen Ausführungen des Herrn Bundeskanzlers veröffentlicht waren, auch nur in etwa diese Erklärungen des Bundeskanzlers, der nach dem Grundgesetz die Richtlinien der Politik bestimmt, getragen hätte.
2. In allen Noten findet sich nicht eine einzige Stelle dafür, dass die Sowjetunion einen Diktatfrieden für Deutschland auf Grund des Potsdamer Abkommens verlangt hätte, wie der Herr Bundeskanzler es vor dem Bundestag behauptet hat. Es heißt vielmehr im Gegenteil schon in der Note vom 10. März 1952: Es versteht sich, dass ein solcher Friedensvertrag unter unmittelbarer Beteiligung Deutschlands, vertreten durch eine gesamtdeutsche Regierung, ausgearbeitet werden muss. Hieraus folgt, dass die UdSSR, die USA, Großbritannien und Frankreich, die in Deutschland Kontrollfunktionen ausüben, auch die Frage der Bedingungen prüfen müssen, die die schleunigste Bildung einer gesamtdeutschen, den Willen des deutschen Volkes ausdrückenden Regierung fördern. In der Note vom 9. April 1952 heißt es zu diesem Punkt: Die Sowjetregierung erachte es für notwendig, dass die Regierungen der UdSSR, der USA, Großbritanniens und Frankreichs ohne Verzug die Frage der Durchführung freier gesamtdeutscher Wahlen erörtern, wie sie dies bereits schon früher vorgeschlagen hat. Die Anerkennung der Notwendigkeit der Durchführung freier gesamtdeutscher Wahlen seitens der Regierungen der UdSSR, der USA, Großbritanniens und Frankreichs würde durchaus die Möglichkeit schaffen, diese Wahlen in kürzester Zeit durchzuführen. Auch in anderen Noten sind in ähnlicher Weise Vorschläge gemacht worden.
3. Die Behauptung des Herrn Bundeskanzlers, dass die Sowjetunion in ihrer Deutschlandnote verlangt habe, dass uns ein niedriger Lebensstandard auferlegt werden sollte, ist ebenfalls unwahr. In der ersten sowjetischen Note vom 10. März 1952 heißt es wörtlich: ›Deutschland werden für die Entwicklung seiner Friedenswirtschaft, die der Hebung des Wohlstandes des deutschen Volkes dienen soll, keinerlei Beschränkungen auferlegt.

Deutschland werden auch keinerlei Beschränkungen in Bezug auf den Handel mit anderen Ländern, wie Seeschifffahrt und den Zutritt zu den Weltmärkten auferlegt‹.

4. Die Behauptung des Herrn Bundeskanzlers, die Sowjetunion habe in ihrer Note eine ständige, bis in die kleinsten Einzelheiten gehende Kontrolle über Deutschland verlangt, ist ebenfalls unwahr. In der Note vom 10. März 1952 ist nur von einer einzigen Beschränkung gesprochen worden, nämlich von einer militär-politischen. Danach solle es Deutschland zwar gestattet sein, eigene nationale Streitkräfte für Verteidigungszwecke zu besitzen, jedoch müsse sich Deutschland verpflichten, keinerlei Koalitionen oder Militärbündnisse einzugehen, die sich gegen irgendeinen Staat richten, der mit seinen Streitkräften am Krieg gegen Deutschland teilgenommen hat.

Die Sowjetunion hat in einer späteren Note noch einmal ausdrücklich die Verdächtigung zurückgewiesen, sie wolle eine ständige, bis in die Einzelheiten gehende Kontrolle. In der Note vom 24. Mai 1952 heißt es abschließend, dass die deutsche Regierung aller jener Rechte teilhaftig werden soll, die den Regierungen anderer unabhängiger und souveräner Staaten eigen sind. In der Note vom 23. August 1952 ist erneut expressis verbis gesagt, dass nicht die Wiederherstellung des vierseitigen Kontrollsystems gefordert werde, sondern nur die Errichtung eines einheitlichen, unabhängigen, friedliebenden und demokratischen Staates.

Schließlich heißt es in dieser Note ausdrücklich, dass Deutschland auch das Recht habe, sich mit anderen Nationen zu friedlichen Zwecken zu vereinen. Endlich muss noch hervorgehoben werden, dass die Sowjetunion in ihrer Note vom 10. März 1952 erklärt hat: Die Sowjetregierung schlägt vor, diesen Entwurf zu erörtern, und erklärt sich gleichzeitig bereit, auch andere eventuelle Vorschläge zu dieser Frage zu prüfen. Daraus ergibt sich, dass die Sowjetunion keinen Frieden diktieren wollte, sondern zu einer Diskussion über andere Vorschläge bereit war.

In einem Artikel über diese Ratifizierungsdebatte, der im Aprilheft 1953 der ›Stimme der Gemeinde‹ (›Stimme der Gemeinde‹, Jahrgang 1953, Seite 107) erschienen ist, habe ich schon auf diesen Tatbestand hingewiesen. Diese Veröffentlichung ist unmittelbar nach der zit. Bundestagsrede Dr. Adenauers schon im April 1953, mehr als zwei Jahre vor dem inkriminierten Beweisantrag, erfolgt.

Auch der Vorwurf, ich hätte mich standeswidrig verhalten, trifft nicht zu. Ein Strafverteidiger hat die Aufgabe, alles geltend zu machen, was sein Mandant zu Gunsten seiner Entlastung anzuführen vermag. Meinen Mandanten war in dem Prozess u.a. vorgeworfen worden, sie hätten Verunglimpfungen des Bundeskanzlers in staatsgefährdender Absicht dadurch vorgenommen, dass sie den Herrn Bundeskanzler einen Lügner nannten. Wenn auch zwischen der objektiven Unwahrheit und der Lüge durch das Hinzutreten des voluntativen Momentes ein wesentlicher Unterschied besteht, so hielt ich es doch für erforderlich, dem Bundesgerichtshof klarzumachen, wo eine Anzweiflung der Wahrhaftigkeit des Bundeskanzlers ihre Grundlage haben könne. Ich hätte standeswidrig gehandelt, wenn ich trotz Kenntnis der unrichtigen Ausführungen des Bundeskanzlers vor dem Bundestag den Beweisantrag, der zur Entlastung meiner Mandanten zumindest für die Strafzumessung Bedeutung hatte, nicht gestellt hätte.

Es ist mir bisher kein Fall bekannt, dass ein Rechtsanwalt deswegen zur Verantwortung gezogen wird, weil er einen Beweisantrag gestellt hat. Ein standeswidriges Verhalten würde m.E. erst dann vorliegen, wenn der Bundesgerichtshof nach Verlesung der von mir überreichten Dokumente zu der Feststellung gekommen wäre, dass entgegen der in dem Beweisantrag enthaltenen Behauptung der Bundeskanzler die Wahrheit gesagt hätte.«

Heinemann und ich waren uns sofort darüber im Klaren, dass das Verfahren von der Bundesanwaltschaft in Gang gebracht worden war, um mich abzuschrecken. Es war ein untauglicher Versuch, wie die unmissverständliche Sprache in meiner Stellungnahme zeigt. Er bestärkte nur unsere Entschlossenheit, mit aller Kraft gegen die Auswüchse der politischen Strafjustiz zu kämpfen. Nach längerer Überlegung beschlossen wir, über die Erfahrungen in Staatsschutzstrafverfahren den Bundestagsabgeordneten Dr. Adolf Arndt zu unterrichten. Arndt, der wie die meisten Mitglieder des Bundestages 1951 der Änderung des Strafgesetzbuches zugestimmt hatte, würde uns sicher unterstützen, wenn er Kenntnis von der eingetretenen Entwicklung bekäme. Wir hatten uns nicht getäuscht. Am 14./15. Januar 1956 hielt die SPD einen Kongress über »Die Neuordnung Deutschlands« in Köln ab, deren rhetorischer Höhepunkt Arndts Rede über »Die geistige Freiheit als politische Gegenwartsaufgabe« war. Darin sprach er auch die politische Strafjustiz an und führte u. a. aus:

»Das 1. Strafrechtsänderungsgesetz vom 30. August 1951 hat sich als ein Schlangenei erwiesen. Das gilt namentlich von den im Abschnitt »Staatsgefährdung« zusammengefassten Bestimmungen, aber auch von Hochverratsvorschriften. Diese Normen werden in zahlreichen Verfahren seitens der Strafverfolgungsbehörden und seitens mancher Gerichte, voran leider der Bundesgerichtshof, in einer Art und Weise ausgelegt, ausgedehnt und angewendet, die den gesetzgeberischen Willen nicht nur verkennt, sondern ihn in bedauerlichem Maße pervertiert. Was als Schutz der Freiheit unserer Verfassung gedacht war, wächst sich nach und nach zu einer Bedrohung der Freiheit aus ... Im Normenkomplex der Staatsgefährdung hat § 90a StGB eine schier uferlose Ausweitung erfahren. Nach dieser Vorschrift soll bestraft werden, wer eine Vereinigung gründet, deren Zweck oder deren Tätigkeit sich gegen die verfassungsmäßige Ordnung richtet. Der Bundesgerichtshof meint, um die schweren bis zu fünf Jahren Zuchthaus gehenden Strafen zu verwirken, bedürfe es weder einer konkreten Gefährdung der staatlichen Ordnung, noch komme es darauf an, ob eine Änderung dieser Ordnung überhaupt angestrebt sei. Als Rektor und Professorenschaft der Göttinger Universität ihre Stimme dagegen erhoben, dass ein Schlüter zum Kultusminister berufen wurde, hat man sie mit der Strafvorschrift wegen Staatsgefährdung bedroht.«

Im weiteren Verlauf seiner Ausführungen ging Arndt dann auf »meinen Fall« ein:

»Der Bürger ist nicht mehr frei, wenn das Wort nicht mehr frei ist, und das Wort ist nicht mehr frei, wenn es vor Gericht nicht mehr frei gesprochen werden darf. Auf diese staatspolitische und demokratische Einsicht gründet sich das Prinzip der anwaltlichen Freiheit, nicht auf irgendein Standesinteresse. Die Freiheit der Advokatur ist nicht um ihrer selbst willen, sondern als ein Fundament der allgemeinen Freiheit für jedermann errungen und notwendig. Diese Freiheit ist heute in Gefahr. Nicht nur durch den unzulänglichen Entwurf einer Bundesrechtsanwaltsordnung, die den freien Anwalt einer Kontrolle unterwerfen will, die überwiegend nicht von Anwälten, sondern von Berufsrichtern ausgeübt werden soll, sondern mehr noch durch Praktiken, die in politischen Prozessen den Verteidiger entrechten.

Der Bundesgerichtshof hat die Erfindung gemacht, dass Beweisanträge ohne Rücksicht auf die Wahrheit oder Unwahrheit der behaupteten Tatsache als verfahrensfremd abgelehnt werden könnten. Das gemahnt in einer peinlichen Weise an die Unrechtsprechung zum sogenannten Heimtückegesetz, nach der es ebenfalls nicht darauf ankommen sollte, ob eine Behauptung der Wahrheit entsprach oder nicht.

In einem Verfahren wegen Vorbereitung zum Hochverrat, Staatsgefährdung und Geheimbündelei vor dem Bundesgerichtshof hat der Verteidiger, Herr Rechtsanwalt Posser aus Essen, der Sozius von Herrn Heinemann – weil es mit darum ging, ob die deutsche Öffentlichkeit über die Politik der Sowjetunion richtig unterrichtet war und was die Angeklagten hierzu tun wollten –, eine Beweiserhebung durch Verlesung eines Bundestagsprotokolls von Noten der Sowjetunion dafür beantragt, dass der Bundeskanzler am 19. März 1953 vor dem Bundestag unrichtige Angaben über den Inhalt der sowjetischen Deutschlandnoten gemacht und dadurch die Bevölkerung falsch unterrichtet habe. Nicht nur ist dieser Antrag als angeblich verfahrensfremd abgelehnt worden, sondern – kaum ohne Zutun der Bundesanwaltschaft oder des Bundesgerichtshofs – ist Rechtsanwalt Posser in einem ehrengerichtlichen Verfahren zur Verantwortung gezogen worden, weil er durch einen verfahrensfremden Antrag seine Pflicht verletzt habe. Seit es in Deutschland eine freie Anwaltschaft gibt, ist ein ähnlicher Vorgang unter rechtsstaatlichen Verhältnissen nicht bekannt geworden. Man muss daher erschrocken fragen, ob wir es hier mit einem Justizskandal erster Ordnung zu tun haben und darin ein Signal sehen müssen, dass es an der Zeit ist, Alarm zu geben.«

Arndt schloss dieses Kapitel seiner Ausführungen über die Justiz mit folgenden Sätzen ab:

»Die Fragen der Justiz stehen hierbei auch deshalb im Brennpunkt, weil die Glaubwürdigkeit des Rechts eins ist mit der Glaubwürdigkeit der Freiheit. Denn Recht ist seinem Wesen nach

> Freiheitsordnung, oder es ist kein Recht, sondern Zwang ohne Würde. Keine Unterwanderung des Rechts ist darum so tückisch und so bedrohlich wie eine, die im gestohlenen Mantel des Rechts auftritt und sich legalistischer Mittel bedient.«

Das war eine der meisterhaften Reden dieses angesehenen Juristen und Politikers. »Die Zeit« schrieb über ihn: »Arndts Wirkung entsprang einer gerade bei Juristen seltenen Kombination von gedanklicher Klarheit und sprachlicher Ausdruckskraft. Seine Sprache blendete nicht, aber sie durchleuchtete ihren Gegenstand bis ins Innerste. Denen, die ihn gut kannten, wird er nicht nur als ein politischer Moralist und bedeutender Verfassungsrechtler im Gespräch bleiben; sie erinnern sich zugleich an einen Künstler, der mit der Macht des Wortes den abstrakten Ideen der Freiheit und Gerechtigkeit Leben eingehaucht hat.« Wenn ich von jungen Menschen gefragt wurde und werde, welche Politiker durch ihre Haltung, Leistung und Menschlichkeit ein glaubwürdiges Vorbild sind, dann gehörte und gehört Adolf Arndt immer zu denen, die ich zuerst nenne. Sein untadeliger Lebensweg hätte es wahrlich verdient, in Lese- und Schulbüchern dargestellt zu werden:

Adolf Arndt wurde am 12. März 1904 in Königsberg in Preußen geboren. Sein Vater war Professor für Staatsrecht an der dortigen Universität und 1904 gerade zu deren Rektor berufen worden. Seine Mutter entstammte einer alten Offiziersfamilie aus Hessen. 1912 übersiedelte die Familie nach Berlin. Nach dem Abitur studierte er in Marburg und Berlin Jura, Volkswirtschaft und Philosophie. Nach den beiden juristischen Staatsexamina ging er als Anwaltsassessor in die Berliner Praxis des damals bekanntesten deutschen Strafverteidigers Max Alsberg, bei dem er zuvor schon als Referendar tätig gewesen war. Dann wurde er Landrichter beim Kriminalgericht in Moabit. Gleichzeitig war er als Fakultätsassistent bei zwei angesehenen Rechtsprofessoren, Heinrich Triepel und James Goldschmidt, tätig, weil er die Universitätslaufbahn einschlagen wollte. Ein Höhepunkt in seiner Richterzeit war der Aufsehen erregende Kurfürstendamm-Prozess, bei dem es sich um ein Strafverfahren wegen Ausschreitungen der SA handelte, in dessen Verlauf es zu einem heftigen Zusammenstoß mit dem Zeugen Joseph Goebbels, dem damaligen Berliner Gauleiter der NSDAP, und mit dem als Verteidiger auftretenden Rechtsanwalt Roland Freisler, dem späteren Präsidenten des berüchtigten Volksgerichtshofs, kam. Nach Hitlers Machtübernahme fand Arndts Richtertätigkeit ein jähes Ende. Da die pommerschen Vorfahren seines Vaters lutherisch getaufte Juden waren, galt Arndt im NS-Jargon als Halbjude und wurde aus dem Staatsdienst entlassen. Seine Familie unterhielt er durch literarische Arbeiten, darunter einen Kriminalroman, die er unter einem Pseudonym schrieb. Durch Bemühungen seines Schwiegervaters, eines pensionierten hohen Ministerialbeamten, erhielt er Ende 1933 die

Zulassung als Rechtsanwalt und trat als Sozius in die Praxis des jüdischen Rechtsanwaltes Schoenbeck ein, der in der Weimarer Republik Justiziar des Allgemeinen Deutschen Gewerkschaftsbundes (ADGB) war. Arndt führte viele politische Prozesse von Juden und Sozialdemokraten, u. a. für Wilhelm Leuschner, den früheren hessischen Innenminister, der als Widerstandskämpfer vom Volksgerichtshof zum Tode verurteilt und im September 1944 hingerichtet wurde, und den letzten Vorsitzenden des ADGB, Theodor Leipart. Nach dem großen Judenpogrom im November 1938 wurde die Arbeitsmöglichkeit jüdischer Anwaltsfirmen noch weiter eingeschränkt. Nach Kriegsbeginn stellte die Berliner Anwaltskammer Arndt »als für die Rechtspflege entbehrlich dem Arbeitsamt zur Verfügung«, und er wurde als Aktenbote in einem Berliner Rüstungsbetrieb dienstverpflichtet, wo seine Hauptaufgabe im Transport von Schreibmaschinen zwischen Arbeitsplätzen und Luftschutzkeller bestand. Seine Familie hatte Arndt nach Marklissa in Schlesien gebracht, das sie 1945 als Heimatvertriebene wieder verlassen mussten. Um geistig auf der Höhe zu bleiben und als Herausforderung an sein Sprachtalent, übersetzte Arndt in dieser harten Zeit französische Dichtung, insbesondere Lyrik Baudelaires und Paul Valerys. Seiner musischen Veranlagung entsprechend, hatte er viele Freunde in Künstlerkreisen, vor allem unter modernen Malern. Er versteckte während des Dritten Reiches eine große Zahl der trotz Malverbots entstandenen Werke seiner Freunde wie E. W. Nay, Karl Schmidt-Rottluff, Oskar Kokoschka oder Ludwig Meidner. Kokoschka verhalf er in letzter Minute zur Flucht nach London über die Schweiz. 1943 wurde der »Wehrunwürdige« zur »Organisation Todt« eingezogen und als Munitionsschlepper in Paris, Lothringen und im Saargebiet eingesetzt. Zu dieser Zeit musste sein Sohn als Soldat in der Wehrmacht dienen und kam erst 1949 aus sowjetischer Kriegsgefangenschaft zurück.

Nach Kriegsende waren Männer wie Adolf Arndt gefragte Leute. 1945 zunächst als Oberstaatsanwalt in Marburg tätig, übernahm er bald darauf als Ministerialrat die Strafrechtsabteilung im Hessischen Justizministerium. 1946 trat er in die SPD ein, wurde 1948 Mitglied des Frankfurter Wirtschaftsrates und 1949 Mitglied des Deutschen Bundestages, dem er bis 1969 angehörte. Sein Mandat ruhte, als er von März 1963 bis März 1964 Senator für Wissenschaft und Kunst in Berlin war. Im Bundestag gewann er schnell das Vertrauen des SPD-Vorsitzenden Kurt Schumacher und wurde sein enger Mitarbeiter. Um in Prozessen auftreten zu können, hatte Arndt sich um die Zulassung als Rechtsanwalt beim Landgericht Bonn beworben. Als Politiker und Jurist wurde er eine der markantesten Figuren der ersten zwei Nachkriegsjahrzehnte. Die »Süddeutsche Zeitung« schrieb: »Wir erinnern uns an keine Erscheinung im Deutschen Bundestag oder in hochpolitischen Prozessen, die ähnlich wie Adolf Arndt schärfsten juristischen Verstand mit leidenschaftlicher

Freiheitsliebe verbunden hätte.« Wenn er an das Rednerpult trat, wurde es im Plenarsaal des Bonner Parlaments still. »Das Niveau seiner Reden hob ihn von Mal zu Mal mehr über das Parteienlager hinaus; zuletzt gewann er Züge von Verehrungswürdigkeit.« Zu vielen wichtigen Gesetzgebungsvorhaben hat er gesprochen. Auch im wissenschaftlichen Bereich leistete Arndt Hervorragendes. Seine Vorträge und Aufsätze sind noch heute eine Fundgrube für jeden, der sich mit Rechts- und Verfassungsfragen, Strafrecht und Strafgewalt, Rechtspflege und gerichtlichem Verfahren, aber auch mit Rechtsfragen der Presse und der Kunst befasst. »Wie kaum ein anderer Jurist vermochte er dem Recht Erkenntnisse anderer Wissenschaften nutzbar zu machen, vermochte er auch, aus dem Fundus einer umfassenden Bildung, dem Recht einen Platz innerhalb der Kultur zu weisen.«

Als Mitglied des SPD-Parteivorstandes, dem er seit 1956 angehörte, wurde Adolf Arndt zu einem der »Väter« des Godesberger Programms, insbesondere formulierte er den Abschnitt »Die staatliche Ordnung«. 1969 kandidierte der 65-Jährige nicht mehr für den Bundestag. Nach langer schwerer Krankheit starb Arndt am 13. Februar 1974. Die Nachrufe auf ihn hatten einen gemeinsamen Tenor, den die »Frankfurter Rundschau« in den Worten zusammenfasste:

> »Anlass, um ihn zu trauern, haben nicht nur seine Freunde, Weggefährten und Schüler. Betroffen darüber, dass seine leidenschaftliche Stimme nun für immer verstummt ist, müsste im Grunde die ganze Nation sein, wenigstens soweit sie sich zur Demokratie bekennt. Adolf Arndt war eine faszinierende Persönlichkeit, die wie wenige tief in das politische Leben der Bundesrepublik hineingewirkt hat, als Moralist und Politiker, als Anwalt wie als Rechtsdenker. So pathetisch es sich auch anhören mag, bei ihm kann man sagen, dass er Unermessliches für die Wiedergeburt von Verfassung und Recht und für die Bildung eines rechtsstaatlichen Bewusstseins in der Bundesrepublik geleistet hat.«

Bei der Trauerfeier in Berlin sagte der damalige Fraktionsvorsitzende der SPD im Deutschen Bundestag, Herbert Wehner: »Adolf Arndt stand für die Freiheit des Andersdenkenden ein. Er war unbestechlich. Zu keiner Zeit hat er Aufsehen von sich selbst gemacht. Er diente. Sein Lebensweg war streckenweise dornig. Seine letzten Jahre waren unsagbar leidvoll. Er hinterlässt dankbare Freunde.«

Die Rede, die Arndt beim Kölner Kongress Mitte Januar 1956 gehalten hatte, erschien einige Wochen danach in einer vom SPD-Vorstand herausgegebenen Broschüre. So wurde sie einem größeren Kreis bekannt und erregte besonders in Anwaltskreisen einiges Aufsehen. Das Mitteilungsblatt des Verbandes freier Berufe in Hamburg druckte im April 1956 wesentliche Teile des Arndt'schen Referates ab. Dadurch muss es wohl auch dem »Spiegel« bekannt geworden sein. Jedenfalls veröffentlichte das Nachrichtenmagazin am 16. Mai 1956 den Artikel »Des Kanzlers Wahrhaftigkeit«, in dem der Vorgang aufgegriffen wurde.

Zwischenzeitlich hatte Gustav Heinemann den damaligen nordrhein-westfälischen Justizminister Rudolf Amelunxen angerufen und ihn gefragt, ob ihm bzw. dem Justizministerium von dem Verfahren gegen mich etwas bekannt sei. Amelunxen und Heinemann kannten sich gut und schätzten sich. 1947/48 gehörten beide dem Kabinett des Ministerpräsidenten Karl Arnold als Sozialminister bzw. Justizminister an. Amelunxen teilte beim Rückruf mit, das Ministerium wisse nichts von dem ehrengerichtlichen Verfahren, habe aber den Generalstaatsanwalt in Hamm zur sofortigen Berichterstattung aufgefordert. Außerdem werde der Generalstaatsanwalt angewiesen, nach Abschluss seiner Ermittlungen den Entwurf der von ihm beabsichtigten Schlussverfügung dem Justizminister vorzulegen. Der Hammer Generalstaatsanwalt tat sich schwer. Aus der Universitätsbücherei in Münster wurde der Jahresband 1952 von »Keesings Archiv der Gegenwart« mit den sowjetischen Deutschlandnoten beigezogen. Ergebnis: Die von mir in Karlsruhe überreichten Texte waren authentisch. Dem Oberbundesanwalt, der noch während des GDSF-Strafprozesses mit Schreiben vom 16. Juli 1955 den Generalstaatsanwalt zur Einleitung des Verfahrens gegen mich veranlasst hatte, wurde meine schriftliche Einlassung vom 24. November zur Stellungnahme zugeleitet. Er blieb bei seiner Auffassung und stellte anheim, die Mitglieder des politischen Strafsenates zu hören. Das aber unterblieb. Inzwischen hatte nämlich der Vorstand der Rechtsanwaltskammer für den Oberlandesgerichtsbezirk Hamm am 16. Mai 1956 »die Angelegenheit eingehend erörtert« und den einstimmigen Beschluss gefasst, »dass Veranlassung zu standesrechtlichen Maßnahmen nicht gegeben ist. Die Darstellung des Rechtsanwalts Dr. Posser ist glaubhaft«. Mit Schreiben vom 6. September 1956 teilte Generalstaatsanwalt Dr. Kesseböhmer meinem Sozius Heinemann, der sich als Verteidiger für mich gemeldet hatte, mit, dass er das ehrengerichtliche Ermittlungsverfahren eingestellt habe.

Vom Elend der gesamtdeutschen Justiz: Friedrich Karl Kaul und der Milchmann

Zwischenzeitlich war auch im Strafprozess gegen Paul Krüger, der nach seiner Zeugenvernehmung im GDSF-Prozess am 15. Juli 1955 verhaftet worden war, einiges geschehen. Krügers Verteidigung hatte Rechtsanwalt Ernest Fuchs aus Herrenberg übernommen. Das bot sich deshalb an, weil Krüger wegen seines schlechten Gesundheitszustandes in das Krankenhaus der Strafanstalt Hohenasperg überführt worden war und von Herrenberg aus besser betreut werden konnte. Im Dezember 1955 kam Bewegung in das Ermittlungsverfahren. Vom 8. bis 10. Dezember 1955 hatte der 5. Kongress der GDSF der DDR getagt und ein Protestschreiben wegen der Inhaftierung ihres Mitgliedes Krüger an Rechtsanwalt Fuchs mit der Bitte geschickt, es an den zuständigen Strafsenat des Bundesgerichtshofes weiterzuleiten. Rechtsanwalt Fuchs entsprach dieser Bitte und übersandte am 27. Dezember 1955 mit einem kurzen Anschreiben die Protesterklärung, die u. a. folgende Sätze enthielt:

> »Die jüngste Geschichte lehrt, dass alle diejenigen, die den Weg des Rechts zu Gunsten einer volksfeindlichen und aggressiven Politik verlassen, eines Tages doch von ihrem Volke zur Verantwortung gezogen werden. Wir werden nicht ruhen, bis alle noch in Westdeutschland unschuldig eingekerkerten Patrioten befreit (werden) und auch in Westdeutschland demokratische Verhältnisse herrschen. Wir fordern Freiheit für Paul Krüger.«

Der politische Strafsenat des BGH reagierte scharf: Am 15. Februar 1956 schloss er Rechtsanwalt Fuchs als Verteidiger aus und eröffnete das Hauptverfahren gegen Paul Krüger vor der Staatsschutzstrafkammer des Landgerichts Karlsruhe. Der Ausschluss wurde damit begründet, dass Fuchs sich durch die Übermittlung des Schreibens zumindest der Beihilfe zu einem »Vergehen der verfassungsverräterischen Zersetzung in Tateinheit mit einem Vergehen der Beamtennötigung« schuldig gemacht habe. Der Verteidiger sei nicht nur Vertreter des Angeklagten, sondern ein mit besonderen Befugnissen ausgestattetes Organ der Rechtspflege. Er dürfe sich daher der Wahrheitsermittlung nicht hindernd in den Weg stellen. Fuchs habe in unzulässiger und strafbarer Weise seine Hilfe dazu geboten, auf das Gericht im Sinne einer bestimmten Gestaltung des Urteilsspruches einzuwirken. Nachdem in dem Beschluss bereits ausgeführt war, dass Fuchs »in strafbarer Weise« gehandelt habe, war eine Anklage vorauszusehen. Tatsächlich klagte die

Staatsanwaltschaft in Stuttgart am 25. Juni 1956 Fuchs an, und das Landgericht eröffnete am 20. Juli 1956 das Hauptverfahren. Zur Hauptverhandlung gegen Rechtsanwalt Fuchs kam es allerdings erst fünfeinhalb Jahre später.

Gegen den Ausschluss als Verteidiger gab es kein Rechtsmittel, weil das höchste Strafgericht die Maßnahme beschlossen hatte. Es blieb nur die Verfassungsbeschwerde an das Bundesverfassungsgericht. Sie wurde von dem Karlsruher Rechtsanwalt Caemmerer eingelegt und ausführlich begründet. Zur Unterstützung wurde später noch ein Gutachten des Strafprozessrechtlers Prof. Dr. Kern vorgelegt.

Die erste Sorge galt naturgemäß dem in Untersuchungshaft sitzenden Paul Krüger, der nun ohne Anwalt dastand. Ich übernahm die Verteidigung, verband einen Besuch auf dem Hohenasperg mit der Akteneinsicht in Karlsruhe und bereitete mich auf die Hauptverhandlung vor, die vom 22. bis 24. Mai 1956 stattfand. Mir war klar, dass die Staatsschutzstrafkammer die rechtliche Bewertung des Bundesgerichtshofes aus dem GDSF-Prozess übernehmen würde. Deshalb konzentrierte ich meine Ausführungen auf Widersprüche in den Aussagen der beiden Belastungszeugen, die schon im Hauptprozess aufgetreten waren, vor allem aber auf die Rechtsfrage, ob ein in der DDR lebender Deutscher für eine in der DDR ausgeübte und dort erwünschte Tätigkeit in der Bundesrepublik Deutschland bestraft werden könne. Von den im Haftbefehl genannten drei Vorwürfen waren schon zwei fallen gelassen worden, nämlich die angebliche Instruktion der Verteidigung im verfassungsfeindlichen Sinne und die – strafrechtlich ohnehin belanglose – Beobachtung des Prozesses im Auftrag der GDSF der DDR. Der Prozess wurde in öffentlicher Verhandlung mit Zutritt für jedermann durchgeführt, also hätte Krüger unbedenklich das gesamte Verfahren beobachten können, was er aber nicht getan hatte. Deshalb begründete der die Anklage vertretende Behördenleiter der Karlsruher Staatsanwaltschaft seinen Strafantrag, der auf 18 Monate Gefängnis lautete, mit der These, Krüger sei in der DDR als Mitglied des Zentralvorstandes der ostdeutschen GDSF ein »Hintermann« der westdeutschen GDSF gewesen. Ich plädierte – von einer Mittagspause unterbrochen – fast drei Stunden. Auf jeden Fall wollte ich erreichen, dass Krüger mit der Urteilsverkündung aus der Untersuchungshaft entlassen würde. Er gehörte zu den wenigen Überlebenden des Infernos der Schlacht um Stalingrad und litt in der Untersuchungshaft an einer schweren Gallenerkrankung mit zahlreichen Koliken, die zwar nicht zu einer Haftentlassung, aber immerhin zur Verlegung in das Gefängniskrankenhaus auf dem Hohenasperg geführt hatte.

Die juristische Kernfrage des Verfahrens war die Überlegung, ob der Geltungsbereich des bundesdeutschen Strafrechts identisch sei mit dem des Strafrechts des Deutschen Reiches vor 1945. Die nahezu allgemeine Auffassung bejahte damals diese Frage mit der Folge, dass nicht nur die DDR, sondern auch die deutschen Ostgebiete als Inland anzusehen waren. Die Bundesrepublik Deutschland erhob einen Alleinvertretungsanspruch für alle Deutschen. Neben ihr konnte und durfte es deshalb keinen zweiten deutschen Staat geben. Die DDR war kein Staat, sondern »ein zurzeit russisch besetzter Reichsteil« oder, wie Bundeskanzler Kiesinger noch mehr als zehn Jahre nach dem Krüger-Prozess – am 13. Oktober 1967 im Deutschen Bundestag – formulierte, »ein Phänomen, mit dessen Vertretern ich in einen Briefwechsel eingetreten bin«. Eine Zeit lang war es sogar verpönt, vor dem BGH und einigen Staatsschutzstrafkammern von DDR oder gar Deutscher Demokratischer Republik zu sprechen. Als ich zum ersten Mal diese Bezeichnung verwendete, wurde ich unterbrochen und belehrt, dass es entweder Sowjetische Besatzungszone (SBZ) oder allenfalls sogenannte DDR heißen müsse. Von da ab sagte ich sogenannte SBZ, bis ich auf das juristische Studienbuch »Deutsches Staatsrecht« stieß, das Prof. Dr. Theodor Maunz, der an der Universität München lehrte, verfasst hatte und das in einem bekannten juristischen Fachverlag erschienen war. Maunz hatte sein Lehrbuch in drei Hauptteile gegliedert: Die Bundesrepublik Deutschland, die Deutsche Demokratische Republik (DDR), Berlin und deutsche Grenzgebiete. Anführungsstriche oder Zusätze wie so genanntes gab es nicht. Schon im Vorwort zur 1. Auflage (1951) hatte der Verfasser von den »beiden staatlichen Gebilde(n) Deutschlands« geschrieben und hinzugefügt, in seinem Lehrbuch stehe »das Bemühen im Vordergrund, ein möglichst lebensnahes Bild von den gegenwärtigen staatsrechtlichen Verhältnissen in der Bundesrepublik Deutschland und in der Deutschen Demokratischen Republik zu zeichnen ... Ein Lehrbuch kann nicht eine Streitschrift für ein politisches Programm sein, sondern muss von den Fakten ausgehen.« Folglich gab es im Abkürzungsverzeichnis keine SBZ, sondern nur eine DDR. Theodor Maunz war keineswegs ein Kryptokommunist oder ein »nützlicher Idiot«, sondern ein fahrendes Mitglied der CSU und zudem von 1957 bis 1964 bayerischer Minister für Unterricht und Kultus sowie Mitglied des Bundesrates, der neben dem Bundestag oberstes Gesetzgebungsorgan der Bundesrepublik Deutschland ist. Der Hinweis auf Maunz beendete die Kontroverse über die »richtige« Bezeichnung des deutschen Territoriums jenseits von Elbe und Werra.

Ich versuchte in meinem Plädoyer zunächst, die Staatlichkeit der DDR darzulegen:

> »Die Legitimation eines Staates ist seine Existenz. Ob ein Staat existiert oder nicht, ist nicht eine Frage der Legalität, sondern eine Frage der effektiven Organisation. Wenn es in einem bewohnten Land eine Regierung, Verwaltungsbehörden und Gerichte gibt, dann ist das die typische Ordnung eines Staates. Selbst wenn schlecht regiert, willkürlich verwaltet und un-

gerecht judiziert wird, sagt das nichts gegen die Existenz des Staates, freilich viel über seine Qualität. Wenn man nur solche territorialen Gebilde als Staaten anerkennen wollte, deren Regierungen aus freien Wahlen der Bevölkerung hervorgegangen sind oder die eine strikte Gewaltenteilung haben, dann würde z.B. die UNO mehr als die Hälfte ihrer Mitglieder verlieren. Unbestreitbar ist die DDR auch ein Völkerrechtssubjekt, denn eine Reihe von Staaten unterhält diplomatische Beziehungen zu ihr. Die DDR hat auch zahlreiche Handelsabkommen abgeschlossen, selbst mit Ländern des westlichen Auslands. Selbst wenn man mit der herrschenden Lehre und Rechtsprechung unter dem Begriff Inland das Deutsche Reich in den Grenzen von 1937 versteht, ist eine Bestrafung Krügers nicht möglich. Wenn es unterschiedliche Rechtsregeln innerhalb eines einheitlichen Staatsgebietes gibt, müssen die Vorschriften des interlokalen Strafrechts gelten, d. h. das Recht des Tatortes. Das Reichsgericht hatte diese Frage z.B. für das Verhältnis zwischen dem Deutschen Reich und Österreich in den Jahren 1938-1945 zu entscheiden«.

Andere Beispiele, die ich erwähnte, waren Polen und die Tschechoslowakei. Im einheitlichen Staatsverband Polen galt bis 1930 deutsches, österreichisches und russisches Strafrecht nebeneinander, je nachdem, wo die Menschen innerhalb Polens wohnten. Ähnlich lagen die Verhältnisse in der Tschechoslowakei, wo österreichisches und ungarisches Strafrecht je nach dem Tatort nebeneinander zur Anwendung kamen. Die Gerichte in der Bundesrepublik Deutschland und in der DDR würden sich aber nicht an die Regeln des interlokalen Strafrechts halten, weil dies zu untragbaren Ergebnissen führe. Denn dann müsste z. B. ein aus der DDR in die Bundesrepublik geflüchteter Deutscher hier bestraft werden, wenn er sich einer Anklage wegen Boykotthetze oder eines anderen politischen Delikts durch Flucht entzogen hätte. Umgekehrt müssten die Gerichte in der DDR einen Bundesdeutschen bestrafen, der bei uns wegen Staatsgefährdung oder Arbeit für eine kommunistische Organisation verfolgt würde und in die DDR geflüchtet sei. Deshalb müssten die Grundsätze des internationalen Strafrechts angewandt werden. Das führe zum Freispruch und zur Aufhebung des Haftbefehls. Anders als sechs Jahre später – im Verfahren gegen den Chefredakteur des Deutschlandsenders Dr. Grasnick – waren meine Ausführungen in den Wind gesprochen. Das Gericht folgte im Schuldspruch dem Antrag des Anklagevertreters, verurteilte Krüger als »Hintermann« einer verfassungsfeindlichen Vereinigung und wegen »Unterstützung« einer kriminellen Organisation – damit war die GDSF in der Bundesrepublik gemeint – zu einer Freiheitsstrafe von acht Monaten, die durch die Untersuchungshaft als verbüßt angesehen wurde. Der Haftbefehl wurde aufgehoben, und Krüger war frei. Dass die Strafkammer so deutlich unter dem Strafantrag des Oberstaatsanwaltes blieb, führte ich auf das ergreifende, ganz ruhig vorgetragene

Schlusswort des Angeklagten zurück. Neben dem Hinweis auf Theodor Plieviers Buch »Stalingrad« berichtete er eigene Erlebnisse: »Vor genau dreizehneinhalb Jahren schrieb ich meiner Frau aus Stalingrad einen Brief und verabschiedete mich für immer von ihr. Ich habe ihr für all das Liebe und Gute gedankt, was wir miteinander erlebten, und sie gebeten, unseren Jungen, der damals sieben Jahre alt war, nach besten Kräften zu erziehen. Ich bin nicht nach dem Willen der Leute, die in der Naziregierung an der Spitze saßen, gestorben oder sonst dort zu Grunde gegangen, sondern gehöre zu den wenigen, die mit dem Leben davonkamen.« Er berichtete, wie er nach zehn Wochen im eingeschlossenen Stalingrad, in bitterer Kälte nur unzureichend gegen den Winter ausgerüstet, halb erfroren und wegen des unterbrochenen Nachschubs immer weniger verpflegt, halb verhungert in Gefangenschaft geraten sei, noch beeindruckt von der Nazi-Propaganda, die Russen würden keine Gefangenen machen, sie vielmehr nach Folterung und erpressten Aussagen grausam töten. Und dann kam alles ganz anders. Zwar war die Gefangenschaft mit ihren Entbehrungen sehr schwer, und viele deutsche Soldaten, total erschöpft und schwer verwundet, starben. Aber er, Krüger, der in der Gefangenschaft lange lebensgefährlich erkrankte, wurde von den angeblichen Untermenschen gesundgepflegt und sah seine Heimat wieder. Nach monatelanger Überlegung habe er sich entschlossen, in Zukunft für den Gedanken einer deutsch-sowjetischen Verständigung, ja Freundschaft einzutreten.

Nach seiner Rückkehr schrieb mir Krüger gelegentlich und fragte auch nach dem Ergehen seines ersten Verteidigers Ernest Fuchs. Da gab es lange nichts zu berichten. Nach der im März 1956 eingelegten Verfassungsbeschwerde gegen den Ausschluss als Verteidiger und der im Juli 1956 erfolgten Eröffnung des Hauptverfahrens vor der Staatsschutzstrafkammer des Landgerichts Karlsruhe war für Jahre Pause. Der Strafkammervorsitzende ließ mich auf Anfrage wissen, dass kein Verhandlungstermin anberaumt werde, solange nicht das Bundesverfassungsgericht über die Verfassungsbeschwerde entschieden habe. Erst fünf Jahre später – und bevor das Bundesverfassungsgericht entschieden hatte – lud das Landgericht Stuttgart zur Hauptverhandlung am 7. August 1961.

Zwischenzeitlich hatte sich auch Rechtsanwalt Kaul in beiden Verfahren als Vertreter von Ernest Fuchs gemeldet. Da wegen einer Verhinderung die Hauptverhandlung erst am 18. Dezember 1961 stattfand, musste ich allein verteidigen. Der politische Strafsenat des BGH hatte Kaul am 21. März 1961 in einem Revisionsverfahren als Verteidiger ausgeschlossen. Zur Begründung wurde angegeben, Kaul führe die Verteidigung nach den Richtlinien der SED, die politische Märtyrer ihrer Sache schaffen wolle; er mache aus seiner Parteimitgliedschaft, die auf einer weltanschaulichen Gesinnung beruhe, keinen Hehl und werde in Berichten im »Neuen

Deutschland« häufig und stets anerkennend erwähnt. Außerdem sei er wegen seiner angeblichen Verdienste um die »Wiederherstellung einer demokratischen Gesetzlichkeit in Westdeutschland« zum Professor ernannt worden. Kaul handele als Verteidiger in Staatsschutzsachen in selbstgewählter SED-Abhängigkeit. Seine Verteidigung sei daher »prozessordnungswidrig, ohne dass es auf Prüfung der Wirkung einzelner Prozesshandlungen« ankomme. Diese Argumentation übernahm die Stuttgarter Staatsanwaltschaft und beantragte beim Landgericht am 4. Oktober 1961 ebenfalls den Ausschluss Kauls, den die Staatsschutzstrafkammer dann auch beschloss.

Wegen Kaul hatte es schon früher viel Ärger bei Gerichten und in der Öffentlichkeit gegeben. Immer wieder waren Heinemann und ich gefragt worden, warum wir nicht Angeklagte in der DDR bei dortigen Gerichten vertreten würden, wenn es Kaul erlaubt sei, hier als Verteidiger aufzutreten. Tatsächlich hatten wir uns mehrfach bemüht, in der DDR als Verteidiger zugelassen zu werden, so im Strafverfahren gegen den Hallenser Studentenpfarrer Johannes Hamel oder im Strafprozess gegen den Konsistorialpräsidenten Grünbaum in Magdeburg. Immer wurde unsere Zulassung abgelehnt, da vor Gerichten in der DDR nach der dortigen Strafprozessordnung nur Rechtsanwälte mit Wohnsitz in der DDR auftreten konnten. Übrigens kannte unsere Strafprozessordnung die gleiche Vorschrift. Dass Kaul und einige wenige andere Juristen ohne Wohnsitz im Bundesgebiet, in den letzten Jahren vor allem Rechtsanwalt Wolfgang Vogel, in der Bundesrepublik Deutschland tätig werden konnten, liegt ausschließlich daran, dass sie in West-Berlin zugelassen sind. Kaul war am 25. März 1948 vorläufig und am 3. Juni 1949 endgültig in beiden Teilen Berlins als Anwalt zugelassen worden, neben ihm aus Ostberlin noch drei weitere Anwälte. Umgekehrt waren einige Rechtsanwälte aus Westberlin im Ostteil der Stadt zugelassen. Diese auf alliierter Entscheidung beruhende Zulassung Kauls hielt allen Angriffen stand. So scheiterte der erste Versuch bereits im März 1951 an der Weigerung der Westberliner Anwaltskammer, ein ehrengerichtliches Verfahren gegen ihn einzuleiten, weil es keine Rechtsgrundlage für ein Einschreiten gebe. 1952 versuchte das nordrhein-westfälische Innenministerium, der Justiz beizuspringen. In einem Strafverfahren gegen Angehörige der kommunistischen Jugendorganisation FDJ wegen Staatsgefährdung vor der Staatsschutzstrafkammer des Landgerichts Dortmund hatte Kaul sich als Verteidiger gemeldet. Er wohnte in einem Dortmunder Hotel und musste das Zimmer mit einem westdeutschen Kollegen teilen, da die Hotelkapazität damals noch nicht ausreichte. Am 26. August 1952 gegen 6 Uhr klopften Polizeibeamte an die Zimmertür. Als geöffnet wurde, forderten die Beamten Kaul freundlich, aber bestimmt auf, sich sofort anzukleiden, da sie den Auftrag hätten, ihn über die Zonengrenze abzuschieben. Kaul hätte nichts Besseres passieren können. In der DDR wurde sein »mannhaftes Auftreten« und die angebliche Angst der westdeutschen Justiz vor der Überzeugungskraft seiner Argumente in politischen Prozessen immer wieder lobend erwähnt. Nur deshalb habe das Gericht die Polizei zur Hilfe gerufen. Die Abschiebung erwies sich als Fehlschlag. Nach der Rechtslage in der Bundesrepublik gab es nur eine einheitliche deutsche Staatsangehörigkeit und nicht – wie die DDR beanspruchte – eine eigene Staatsangehörigkeit für die DDR-Bürger. Kaul war also nach hiesiger Auffassung deutscher Staatsangehöriger und die DDR Inland. War unter diesen Umständen eine Abschiebung überhaupt möglich? Und wenn ja, auf welcher Rechtsgrundlage und mit welcher Begründung?

Jedenfalls kam Kaul wieder, und weitere Abschiebungen unterblieben. Auch die Einreise in das Bundesgebiet konnte ihm nicht verweigert werden, weil für alle Deutschen Freizügigkeit verbürgt ist. Kaul nutzte den Dortmunder Vorfall propagandistisch aus: Vor dem Einschlafen habe der westdeutsche Kollege, mit dem er das Hotelzimmer teilte, zu ihm gesagt: Sie können einen wesentlichen Unterschied zwischen Bundesrepublik und DDR nicht bestreiten. Wenn es bei uns um 6 Uhr an der Tür klingelt, ist es der Milchmann, bei Ihnen kann es auch der Staatssicherheitsdienst sein. Als Kaul von der Polizei geweckt und abgeführt wurde, habe er seinem verstörten Zimmergenossen amüsiert zugerufen: Herr Kollege, Ihr Milchmann ist da. So brachte auch dieser Fehlgriff Wasser auf die Propagandamühle der Agitation gegen die Bundesrepublik Deutschland.

1953 unternahm das Westberliner Abgeordnetenhaus einen neuen Anlauf, durch eine Änderung der Anwaltsordnung die Rechtsgrundlage für den Ausschluss Kauls aus der Anwaltschaft zu schaffen. Danach sollte es möglich sein, Rechtsanwälten die Zulassung zu entziehen, die als Anhänger eines totalitären Systems die freiheitlich-demokratische Staatsform der Bundesrepublik Deutschland oder Berlins bekennerisch ablehnen. Die Westberliner Anwaltskammer, bei der der Justizsenator erneut den Entzug der Anwaltszulassung Kauls betrieb, lehnte wiederum ein Tätigwerden ab und erklärte die Verfassungsmäßigkeit der geänderten Anwaltsordnung für fragwürdig. Diese Rechtsfrage war verbindlich nicht zu klären. Das Bundesverfassungsgericht war wegen des Berliner Status für die Nachprüfung von Berliner Gesetzen nicht zuständig, und Berlin hatte kein eigenes Verfassungsgericht. So blieb alles wie bisher. Die 1959 geänderte Bundesrechtsanwaltsordnung hielt bloße totalitäre Gesinnung nicht für ausreichend, sondern verlangte eine staats- bzw. verfassungsfeindliche Betätigung. Die aber war Kaul nicht nachzuweisen. Sein Auftreten brachte aber nach wie vor Prozessbeteiligte, vor allem Richter beim Bundesgerichtshof, zur Weißglut. Kaul war nur zu dem Entgegenkommen bereit, auf die Mitwirkung in Spionageprozessen zu verzichten. Besonders zwischen dem Senatspräsidenten Heinrich Jagusch, der 1959 den Vorsitz des politischen Strafsenats übernommen hatte, und Kaul bestanden erhebliche Spannungen. Kaul hielt Jagusch für einen unverbesserlichen Nazi, was nicht zutraf, und glaubte, in ihm den SS-Führer entdeckt zu haben, der die Vernehmungen des Herschel Grynspan durchgeführt hatte. Der in Frankreich lebende Grynspan hatte als Rache für die Zwangsdeportation seiner Eltern aus Deutschland nach Polen geplant, den deutschen Botschafter in Paris zu erschießen, traf aber stattdessen Herrn vom Rath, einen Sekretär der Botschaft, der schwer verwundet bald nach dem Attentat starb. Das wurde am 9. und 10. November 1938 zum Anlass für das bis dahin schwerste Pogrom gegen die im Deutschen Reich lebenden Juden genommen, mit Brandstiftungen an Synagogen und Privathäusern, Friedhofsschändungen und zahllosen schweren Gewalttaten, einschließlich vieler Morde. Kaul sammelte Material gegen den ehemaligen SS-Führer Jagusch und wollte damit an die Öffentlichkeit treten. Durch Zufall erfuhr ich durch Kaul selbst von seiner Materialsammlung und fast zeitgleich, dass der gesuchte Jagusch als Rechtsanwalt in einer westdeutschen Großstadt lebte und mit dem Karlsruher Jagusch auch nicht verwandt war. Kaul sah nur zögernd ein, dass er sich auf einer falschen Fährte befand, war aber dann doch froh, dass mein Hinweis ihn vor einer großen Blamage bewahrt hatte. Jagusch hielt Kaul für einen gefährlichen Feind der Bundesrepublik, dem alles zuzutrauen war, was unserer freiheitlichen Ordnung schaden konnte. Das war allerdings auch eine Fehleinschätzung. Jedenfalls war in dieser Atmosphäre tiefer gegenseitiger Abneigung der Beschluss des BGH vom 2. März 1961 zustande gekommen. Damit war Kaul als Verteidiger in Staatsschutzstrafsachen ausgeschaltet.

Zu Beginn der Hauptverhandlung gegen Rechtsanwalt Fuchs am 18. Dezember 1961 wurde bekannt gegeben, dass das gegen ihn eingeleitete Ehrengerichtsverfahren schon Anfang 1961 als verjährt eingestellt worden war. Fuchs ließ sich dahin ein, dass er das Protestschreiben der ostdeutschen GDSF deshalb an den Bundesgerichtshof weitergeleitet habe, weil es doch an diesen gerichtet gewesen sei. Er habe keinerlei Unrechtsbewusstsein gehabt und habe sich auch mit dem Inhalt des Protestschreibens nicht identifiziert. Der Vertreter der Anklage nannte das Verhalten des Angeklagten beschämend; er habe sich zum Lakaien degradiert. Der Staatsanwalt beantragte vier Monate Gefängnis auf Bewährung. Meinen Antrag auf Freispruch begründete ich wie folgt: Zu entscheiden sei nicht, ob Fuchs sich geschickt verhalten habe. In einem Strafverfahren wegen der schweren Vorwürfe der verfassungsverräterischen Zersetzung und der Beamtennötigung gehe es nicht um Fragen des Taktes oder des Geschmacks, sondern ausschließlich um die Entscheidung, ob ein strafbares Verhalten vorliege. Fuchs habe die Resolution nicht bestellt, sondern zugeschickt bekommen. Er habe den Inhalt nicht gebilligt. Seine Einlassung, er habe das Schreiben nur deshalb nicht in den Papierkorb geworfen, weil es nicht an ihn gerichtet gewesen sei und ihm deshalb nicht gehört habe, sei nicht widerlegt. Nach den Plädoyers und dem kurzen Schlusswort des Angeklagten machte das Gericht die übliche Beratungspause. Der Vorsitzende, der die Verhandlung sehr freundlich, ja wohlwollend geführt hatte, bat mich zu sich. Er fragte mich, ob eine Verständigung auf der Basis einer Geldstrafe anstelle der beantragten viermonatigen Bewährungsstrafe möglich sei und dann das Urteil rechtskräftig werde. Selbst wenn die Strafkammer nach Beratung zu einem Freispruch kommen sollte, würde es dem Angeklagten nichts nutzen, denn die Staatsanwaltschaft würde, wie er sicher zu wissen glaube, Revision einlegen, über die gerade der Strafsenat zu entscheiden habe, an den das zersetzende und nötigende Protestschreiben gerichtet gewesen sei. Schließlich habe doch dieser Strafsenat schon in seinem Beschluss, durch den er Rechtsanwalt Fuchs als Verteidiger Paul Krügers ausgeschlossen habe, entschieden, dass Fuchs »in unzulässiger und strafbarer Weise« gehandelt habe. Ich dankte dem Vorsitzenden für seine offenen Worte, erklärte mich aber außer Stande, meinem Mandanten einen Rechtsmittelverzicht im Falle seiner Verurteilung zu empfehlen. Dafür sei die Angelegenheit von zu grundsätzlicher Bedeutung. Im Falle einer Revision hätte ich immer noch die Möglichkeit, diejenigen Richter des Strafsenats, die ihm schon Ende 1955 angehört hätten, als das Protestschreiben einging, wegen Besorgnis der Befangenheit abzulehnen. Das Urteil erging wie erwartet: Fuchs wurde »wegen Beihilfe zu verfassungsverräterischer Zersetzung anstelle einer an sich verwirkten Gefängnisstrafe von einem Monat zu 300,– DM Geldstrafe verurteilt. Eine Verurteilung wegen Beamtennötigung erfolgte nicht, weil er das Protestschreiben nicht als Drohung, sondern als Warnung der GDSF verstanden habe. Das Gericht gestand Fuchs zu, er habe im Verbotsirrtum gehandelt. Dieser sei aber nicht unvermeidlich gewesen, sondern beruhe auf Fahrlässigkeit. Ich erhielt die schriftliche Urteilsbegründung erst am 7. April 1962, nachdem ich am Tage nach der Urteilsverkündung Revision eingelegt hatte.

Die Begründung machte mir viel Freude, zumal ich sicher war, dass die Verurteilung keinen Bestand haben konnte. Ich trug zwei Argumente vor: In Staatsschutzstrafsachen werden tausende von »Protestschreiben« an Gerichte und Staatsanwaltschaften gerichtet. Die Staatsanwaltschaften oder andere angeschriebene staatliche Stellen geben derartige Schreiben an das für die Aburteilung zuständige Gericht weiter, selbst dann, wenn dieses Gericht nicht ausdrücklich als Empfänger angegeben ist. Das Strafverfahren gegen Krüger, in dem es zur Weiterleitung des Protestschreibens durch Rechtsanwalt Fuchs gekommen ist, begann damit, dass der die Anklage vertretende Oberstaatsanwalt den Richtern dutzende von »Protestschreiben« überreichte, die bei ihm eingegangen, aber für die Strafkammer bestimmt waren. War das Beihilfe zur verfassungsverräterischen Zersetzung? Der Rechtsanwalt ist – im Verhältnis zum Staatsanwalt – ein gleichgeordnetes Organ der Rechtspflege. Unter welchem rechtlichen Gesichtspunkt soll es vertretbar sein, dasselbe Verhalten als straffreies oder strafbares Tun zu werten, je nachdem, ob ein Staatsanwalt oder ein Rechtsanwalt der »Täter« ist? Die bloße Weiterleitung eines Schreibens mit strafbarem Inhalt kann zumindest dann nicht strafbar sein, wenn der Weiterleitende in dem betreffenden Strafverfahren Prozessbeteiligter ist. Dieser Grundsatz kann nur dann nicht gelten, wenn der Weiterleitende zu erkennen gibt, dass er sich mit dem strafbaren Inhalt identifiziert oder das Vorgehen der Täter billigt. Dann zog ich die Parallele zu einem Strafprozess, der nicht nur wegen der angeklagten Persönlichkeiten drei Jahre zuvor ein ungeheures Aufsehen erregt hatte. In der Revisionsbegründung brauchte ich nur die Fundstelle des Urteils anzugeben, weil jeder Bundesrichter das Verfahren kannte. Für den Leser sei kurz die Vorgeschichte berichtet: Am 8. Mai 1958 legte der Bonner Oberstaatsanwalt in einer Anklageschrift dem früheren Staatssekretär im Auswärtigen Amt und damaligen Präsidenten der Kommission der Europäischen Wirtschaftsgemeinschaft, Walter Hallstein, und dem früheren Ministerialdirektor im Auswärtigen Amt und damaligen Botschafter in Paris, Herbert Blankenhorn, zur Last, sich der leichtfertig falschen Anschuldigung und der üblen Nachrede zum Nachteil des Ministerialrates Hans Strack schuldig gemacht zu haben. Ein ausländischer Staatsangehöriger hatte Ende 1952 die unwahre Behauptung aufgestellt, Strack habe sich bestechen lassen. Hallstein und Blankenhorn hätten diese Beschuldigung einige Wochen später ungeprüft und unter Zurückhaltung von Unterlagen, aus denen sich Bedenken gegen die Richtigkeit des Vorwurfs ergaben, dem Bundesminister für Wirtschaft mitgeteilt, damit dieser gegen Strack eine Untersuchung durchführe.

Am 22. April sprach die 1. Große Strafkammer des Landgerichts Bonn Hallstein mangels Beweisen frei und verurteilte Blankenhorn wegen falscher Anschuldigung und übler Nachrede zu vier Monaten Gefängnis mit zweijähriger Bewährungsfrist und zu einer Geldbuße von 3000,– DM an das Deutsche Rote Kreuz, obwohl sich der Verdacht, Blankenhorn habe Unterlagen zurückgehalten, nicht bestätigt hatte. Die Bundesregierung lehnte Disziplinarmaßnahmen gegen Blankenhorn ab, weil sie das weitere Verfahren – Blankenhorn hatte Revision eingelegt – abwarten wollte. Sie hatte richtig gehandelt, denn am 13. April 1960 hob der 2. Strafsenat des BGH unter Vorsitz des Präsidenten Baldus – jenem Bundesrichter, der im GDSF-Prozess die Urteilsverkündung wegen eines Herzinfarktes abbrechen musste – das

Urteil des Bonner Landgerichts auf und sprach den Angeklagten wegen erwiesener Unschuld frei. Schon der Vertreter des Generalbundesanwaltes hatte einen gleich lautenden Antrag gestellt. Der Tenor der Entscheidung war, dass sich ein Beamter, der lediglich eine von dritter Seite erhobene Verdächtigung weitergebe, nicht strafbar mache. Eine ausdrückliche Distanzierung von der Verdächtigung ist also nicht erforderlich. Die Parallele zum Fall Fuchs war nicht zu übersehen. Ich sah deshalb dem Ausgang des Verfahrens mit Ruhe entgegen. Anfang Juli 1962 teilte der Generalbundesanwalt mit, dass die Revisionsverhandlung am 31. Juli 1962 stattfinde. Wenige Tage später erreichte mich die Mitteilung des Gerichts, dass »der auf den 31. Juli bestimmte Termin zur Hauptverhandlung aufgehoben (wird). Neuer Termin wird später bestimmt werden.« Da ich am 3. Juli ohnehin wegen einer anderen Revisionsverhandlung in Karlsruhe war, benutzte ich meine Anwesenheit zu einer Rücksprache in der Sache Fuchs. Bundesrichter Weber, der den abwesenden Senatspräsidenten Jagusch vertrat, sagte mir, die Vertagung sei erfolgt, weil das Bundesverfassungsgericht in Bälde über die von Fuchs eingelegte Verfassungsbeschwerde entscheiden werde; solange wolle der Senat mit der Revisionsverhandlung warten. Die nächste Nachricht kam aber nicht vom Bundesverfassungsgericht, auch nicht vom BGH, sondern von der Stuttgarter Staatsanwaltschaft. Sie bestand aus einem Satz: »Der Beschluss des 3. Strafsenats des BGH vom 17. September 1962 ist heute Ihrem Mandanten, Herrn Rechtsanwalt Ernest Fuchs, zugestellt worden.« Das hatte ich noch nie erlebt. In allen voraufgegangenen Revisionsverfahren hatte ich selbstverständlich als Verteidiger, der die Revision eingelegt und begründet hatte, Mitteilungen über Entscheidungen des BGH von dort erhalten. Was steckte dahinter? Hatte der Strafsenat – entgegen der mir von Bundesrichter Weber erteilten Auskunft – doch vor dem Bundesverfassungsgericht entschieden? Hatten die fünf Bundesrichter ihre Auffassung geändert, in mündlicher Verhandlung über die Revision zu entscheiden, und sie jetzt durch Beschluss als offensichtlich unbegründet verworfen? Die Aufklärung kam mit einem Brief meines Mandanten, dem der Beschluss zugegangen war, in dem er mir mitteilte, dass der 3. Strafsenat des BGH mit Zustimmung des Generalbundesanwaltes am 17. September 1962 beschlossen habe, das Verfahren auf Kosten der Staatskasse einzustellen.

Das war wieder eine Premiere für mich. Der Bundesgerichtshof entscheidet als Revisionsinstanz nur über Revisionen gegen Urteile der Strafkammern und Schwurgerichte, also in Verfahren mit schwerwiegenden Schuldvorwürfen. Und dann stellt *der* Strafsenat des BGH im Revisionsverfahren das Verfahren wegen Geringfügigkeit ein, der das von ihm angenommene strafbare Verhalten des Rechtsanwalts Fuchs für so gewichtig gehalten hat, dass er ihn sogar als Verteidiger

Krügers ausgeschlossen hatte. Gegen diese unerwartete und für die Revisionsinstanz ungewöhnliche Erledigung des Strafverfahrens gab es kein Rechtsmittel. Denn nach dem damaligen Prozesssrecht brauchten Angeklagter und Verteidiger vor einer Einstellung wegen Geringfügigkeit nicht gefragt zu werden, erst recht nicht zuzustimmen. Erst seit einer 1974 erfolgten Gesetzesänderung muss ein Angeklagter einer von Gericht und Anklagebehörde beabsichtigten Einstellung wegen Geringfügigkeit zustimmen, weil er durch Verweigerung der Zustimmung möglicherweise einen Freispruch erreichen kann.

Zwei Monate nach der bemerkenswerten Einstellung des Strafverfahrens gegen Fuchs in der Revisionsinstanz hob das Bundesverfassungsgericht am 19. Dezember 1962 den Beschluss des BGH auf, durch den am 15. Februar 1956 Fuchs als Verteidiger Paul Krügers ausgeschlossen worden war. Die Entscheidung wurde maßgebend für die Fortbildung des anwaltlichen Standesrechts. Zunächst stellte das höchste Gericht fest, dass Rechtsanwalt Fuchs trotz des rechtskräftigen Abschlusses des Strafverfahrens gegen Krüger noch ein schutzwürdiges Interesse an der Entscheidung habe. Denn die Ausschließung von der Verteidigung sei für Fuchs eine einschneidende Maßnahme gewesen, die auch weiter zur Minderung seines Ansehens und zur Beeinträchtigung seiner beruflichen Tätigkeit führen könne. Dann folgte eine Belehrung, die für die fünf Bundesrichter, die den Ausschluss vorgenommen hatten, schmerzlich zu lesen war: Ein Eingriff in die Freiheit der Berufsausübung bedürfe einer gesetzlichen Grundlage, die hier fehle. Zwar gebe es ein Gewohnheitsrecht, das noch aus der Zeit vor Verkündung des Grundgesetzes stamme und den Ausschluss eines Verteidigers in strengen Ausnahmefällen ermögliche. Auch für dieses Gewohnheitsrecht gelte aber das Verbot des Übermaßes. Der Ausschluss von der Verteidigung als die schärfste Maßnahme, über die das Gericht überhaupt verfüge, stehe hier ersichtlich außer Verhältnis zu dem gegebenen Anlass und sei deshalb unzulässig gewesen. Einer hatte diesen Ausgang schon früh vorausgesehen. Als der Beschluss des BGH, durch den Fuchs als Verteidiger ausgeschlossen worden war, veröffentlicht wurde, lieferte Adolf Arndt der »Juristen-Zeitung« sofort eine »Anmerkung«, die mit den Worten begann: »Der Beschluss kann nicht gebilligt werden. Ihm fehlt die gesetzliche Grundlage.« Das führte er im Einzelnen aus. Arndt schloss seine kritische Stellungnahme: »Der Weg, den der BGH beschreitet, muss zur Besorgnis Grund geben ... Liest man die Rede, die Platon zur Verteidigung des Sokrates veröffentlichte, so kann man sich der Einsicht nicht versagen, dass der BGH nach den Grundsätzen seines Beschlusses vom 15. Februar 1956 Platon von der Verteidigung ausgeschlossen hätte. Haben wir vergessen, was die Freiheit des Wortes, von der so viel gesprochen wird, in Wahrheit bedeutet?«

Mehr als sechs Jahre später machte das Bundesverfassungsgericht die wesentlichen Argumente Arndts zur Grundlage seiner Entscheidung. In seiner Verfassungsbeschwerde hatte Fuchs weiter gerügt, dass ihm vom Bundesgerichtshof kein rechtliches Gehör gewährt und er seinem gesetzlichen Richter entzogen worden sei. Denn an demselben Tag, an dem er als Verteidiger ausgeschlossen worden sei, habe der Strafsenat das Verfahren vor dem Landgericht Karlsruhe eröffnet, sodass diesem Gericht die Entscheidung über seinen etwaigen Ausschluss zugestanden hätte. Das Bundesverfassungsgericht äußerte sich auch zu diesem weiteren Vorbringen. Zur Verletzung des Anspruchs auf rechtliches Gehör meinte das Gericht: »In der Tat bietet das Verfahren insoweit zu Bedenken Anlass, als Tatsachen verwertet worden sind, zu denen der Beschwerdeführer (Fuchs) sich nicht äußern konnte.« Das Gericht hielt es auch nicht für bedenkenfrei, »dass die Ausschließung als Verteidiger an dem Tage erfolgte, an dem das Hauptverfahren an das Landgericht Karlsruhe abgegeben wurde. Einer Entscheidung bedarf es insoweit aber nicht, da der Beschluss ohnehin aufzuheben ist.« Auch Kauls Verfassungsbeschwerde gegen seinen Ausschluss in Staatsschutzstrafsachen hatte Erfolg. Nach mehr als sechs Jahren hob das Bundesverfassungsgericht am 28. Juni 1967 den Beschluss des politischen Strafsenates des BGH vom 2. März 1961 auf, weil dieser Eingriff in die anwaltschaftliche Berufsausübung mit dem Grundgesetz unvereinbar sei. Der letzte Satz des umfänglichen Beschlusses lautete: »Diese Entscheidung ist einstimmig ergangen.« Zu diesem Zeitpunkt hatte sich Kauls Tätigkeit längst auf andere Prozesse verlagert, und er leistete – wie noch zu berichten sein wird – nützliche Dienste im deutsch-deutschen Austauschgeschäft. Auch Jagusch war aus dem politischen Strafsenat ausgeschieden, hatte den Vorsitz eines anderen Senates übernommen, war ein bekannter Kommentator des Verkehrsstrafrechts geworden und gewann vor allem eine zunehmende kritische Distanz zum politischen Strafrecht.

Damit waren die beiden Beschlüsse des politischen Strafsenates, durch die im Zeitraum von fast 17 Jahren Rechtsanwälte als Verteidiger in Strafverfahren wegen Staatsgefährdung ausgeschlossen worden waren, vom höchsten deutschen Gericht korrigiert worden.

Christa Thomas: Strafbare Friedensliebe?

Das andere bedeutende politische Strafverfahren, das ich in der zweiten Hälfte des Jahres 1955 miterlebte, war der Strafprozess gegen die katholische Schriftstellerin Christa Thomas in Düsseldorf.

Der Politische Strafsenat des BGH hatte am 2. August 1954 zwei Mitglieder der KPD, Oskar Neumann und Karl Dickel, die im Hauptausschuss für Volksbefragung, dem späteren Hauptausschuss gegen die Remilitarisierung und für den Abschluss eines Friedensvertrages, führend tätig waren, als Rädelsführer einer verfassungsfeindlichen und kriminellen Vereinigung zu je drei Jahren Gefängnis verurteilt. Der BGH sah es als erwiesen an, dass die Volksbefragungsaktion zum Ungehorsam gegen die Gesetze und zur Nichtbeachtung von staatlichen Entscheidungen aufgerufen habe. Das Ziel des Hauptausschusses sei es gewesen, die Bevölkerung gegen die verfassungsmäßig gebildeten Staatsorgane auszuspielen. Nach diesem »Musterprozess« gegen kommunistische Funktionäre konnte dann mit einiger Aussicht auf Erfolg auch die Strafverfolgung gegen die nicht kommunistischen Gründer und Präsidiumsmitglieder des Hauptausschusses eingeleitet werden. Schon am 22. September 1954 legte der damalige Oberbundesanwalt in Karlsruhe dem BGH eine 46 Seiten umfassende Anklageschrift gegen Frau Thomas mit dem Antrag vor, das Hauptverfahren vor der Staatsschutzstrafkammer beim Landgericht Düsseldorf, in dessen Bezirk Frau Thomas wohnte, zu eröffnen. Der Eröffnungsbeschluss vom 29. Januar 1955 warf Frau Thomas vor, sie habe als Präsidiumsmitglied des Hauptausschusses in den Jahren 1951 und 1952 die verfassungsfeindliche und kriminelle Vereinigung als Rädelsführerin gefördert.

Der Prozess begann am 13. September 1955. Schon bei der Vernehmung zur Person und Sache der damals 62-jährigen Angeklagten zeigte sich, dass die resolute Kölnerin sich zu behaupten wusste und kein mildes Urteil, sondern ihren Freispruch erreichen wollte. Ihr Lebenslauf war beeindruckend. Der Vater – Stadtbaumeister in Köln – hatte sie angehalten, nach dem Besuch der Mittelschule und einigen Jahren der Mithilfe im elterlichen Haushalt, einen Beruf zu erlernen. Sie war das einzige Mädchen neben vier Brüdern. Als der Erste Weltkrieg zu Ende war, hatte sie ihren Verlobten und den ältesten Bruder verloren. Die anderen drei Brüder fielen im Zweiten Weltkrieg. Schon früh zeigte sich ihre schriftstellerische Begabung, und sie wurde Mitarbeiterin von Kölner Tageszeitungen und beim »Rheinischen Merkur«, für die sie Stimmungsbilder und Theaterkritiken schrieb.

Mit 28 Jahren verließ sie ihre Heimatstadt und besuchte die Soziale Frauenschule des Caritas-Verbandes in Freiburg-Breisgau.

Nach dem Staatsexamen als Wohlfahrtspflegerin wurde sie Verbandssekretärin des katholischen Frauenverbandes in Bochum und arbeitete nebenberuflich auch in den Redaktionen des Paulus-Verlages und der katholischen Kirchenzeitung in Recklinghausen. Ende der zwanziger Jahre leitete sie die Frauenabteilung des Arbeitsamtes in Bamberg. Dann ging sie in die Schweiz, arbeitete dort für einen Verlag und brachte mehrere Lebensbilder katholischer Persönlichkeiten heraus, darunter eine Broschüre über Leben und Wirken des katholischen Sozialreformers Carl Sonnenschein, des »Arbeiterapostels« in Berlin und Gründers der katholischen sozialen Studentenarbeit. Diesen in Düsseldorf geborenen Priester verehrte sie besonders.

Nach 1933 kehrte Frau Thomas nach Deutschland zurück und half dem Pfarrer Matthias Beckers bei dessen Arbeit auf dem Heinefeld, einer großen Elendssiedlung in Düsseldorf. Diese Menschen vegetierten überwiegend in Unterkünften, die aus Holzkisten und Wellpappe hergerichtet waren. Drei Jahre lebte sie selbst dort in einem Dachzimmer, dessen monatliche Miete 6 Mark betrug, dann hatte sie mit Hilfe der Kirche erreicht, dass das Elendsquartier aufgelöst und die dort Untergebrachten auf drei Siedlungen verteilt wurden, wo sie menschenwürdig leben konnten. Während des Zweiten Weltkrieges war sie in der sozialen Betriebsarbeit tätig und arbeitete weiter für die Caritas. Nach Kriegsende lebte Frau Thomas in Bamberg bei der Witwe des Rechtsanwaltes Hans Wölfel, eines katholischen NS-Opfers, der von den Nationalsozialisten hingerichtet worden war. Auch über ihn schrieb Frau Thomas ein Lebensbild. In Bamberg wurde sie Mitglied der CSU und arbeitete im dortigen Caritasverband.

Nach einiger Zeit wurde sie nach Mönchengladbach gebeten, wo der Bildungsverein für das katholische Deutschland, der im Dritten Reich aufgelöst worden war, wiedergegründet werden sollte, bei dem sie das Frauenreferat übernehmen sollte. Es kam aber nicht zur Wiedergründung. Politisch betätigte sich Frau Thomas nun in der CDU. Bald nach Kriegsende hatte sie wieder Kontakt zu Pfarrer Beckers bekommen, der seit dem Ersten Weltkrieg aus religiösen Gründen Pazifist war. Durch die erneute Zusammenarbeit mit ihm kam sie näher mit dem Gedankengut der katholischen Friedensbewegung in Berührung, der sie sich anschloss. Sie wollte für die Zukunft ihre Kraft in den Dienst des Friedens stellen und widmete sich vornehmlich der Arbeit im Friedensbund deutscher Katholiken und in der Pax-Christi-Bewegung. Seit 1949 hielt sie Vorträge über den Gedanken des Friedens, wobei sie sich neben der allgemeinen pazifistischen Literatur auch auf Papst-Enzykliken von Leo XIII. und Pius XII. stützte. 1950 wurde in Düsseldorf ein

Friedenskartell gegründet, in das Pfarrer Beckers, der Vorsitzende der Düsseldorfer Pax-Christi-Gruppe, Frau Thomas als Delegierte entsandte. Dem Friedenskartell gehörten 17 Organisationen an, darunter die Deutsche Friedensgesellschaft, der Bund der Kriegsdienstgegner, der Internationale Versöhnungsbund und die Internationale Frauenliga für Frieden und Freiheit. Für den 18. Dezember 1950 hatte eine damalige SPD-Stadtverordnete in München, Frau Hoereth-Menge, die der von Bertha von Suttner, der ersten Trägerin des Friedensnobelpreises, gegründeten Deutschen Friedensgesellschaft angehörte, zu einer Tagung gegen die Remilitarisierungspolitik nach Stuttgart eingeladen. An ihr nahm auch Frau Thomas teil. Nach einer weiteren Tagung in Essen am 28. Januar 1952 wurde das Manifest »Rettet den Frieden« verabschiedet und beschlossen, die Bundesregierung aufzufordern, eine allgemeine Volksabstimmung über folgende Frage durchzuführen: »Sind Sie gegen die Remilitarisierung Deutschlands und für einen Friedensvertrag mit Deutschland im Jahre 1951?« Diese Aufforderung sollte am folgenden Tage von einer Delegation der Teilnehmer dem Bundeskanzler überbracht werden; die Delegation wurde jedoch in Bonn nicht empfangen. Es ging aber ein schriftlicher Bescheid der Bundesregierung ein, wonach eine Volksbefragung aus verfassungsrechtlichen Gründen nicht stattfinden könne. Auf einer weiteren Tagung in Essen am 14. April 1951 konstituierte sich ein Hauptausschuss für Volksbefragung, der beschloss, die Volksbefragung auch gegen den Willen der Bundesregierung durchzuführen und die hierfür erforderlichen organisatorischen Grundlagen zu schaffen. Die Referate auf dieser Tagung hielten Frau Hoereth-Menge und der ehemalige Luftwaffengeneral Hentschel.

Zu diesem Zeitpunkt wurden auch Kommunisten im Hauptausschuss aktiv, wobei zu bedenken ist, dass die KPD damals nicht nur im Deutschen Bundestag, sondern auch in den meisten Landtagen in Fraktionsstärke vertreten war. Wenige Tage danach wurde unter dem 24. April 1951 die Stellungnahme der Bundesregierung zur Volksbefragung veröffentlicht. Ihre Durchführung wurde als ein Angriff auf die verfassungsmäßige Ordnung des Bundes bezeichnet. Zugleich wurden die Volksbefragungsausschüsse zu verfassungsfeindlichen Vereinigungen erklärt und die Länderregierungen aufgefordert, jede Betätigung dieser Vereinigungen zu unterbinden. In der Begründung wurde darauf verwiesen, dass die Volksbefragung den Bestrebungen der »Sowjetzonen-Machthaber« diene. Sie habe unter weit gehender Tarnung und irreführender Koppelung zweier Fragen die Erschütterung der freiheitlichen Grundordnung und die Beseitigung dieser Ordnung zum Ziele. Der Hauptausschuss erklärte öffentlich, er werde die Volksbefragung trotzdem durchführen. In einem Flugblatt mit der Überschrift »Die Volksbefragung beginnt« wurden schwere Vorwürfe gegen die Bundesregierung, insbesondere gegen den

Bundeskanzler und Innenminister Dr. Lehr wegen Rechts- und Verfassungsbruchs erhoben. Am 16. März 1952 gab der Hauptausschuss in Hohensyburg das Abstimmungsergebnis mit 9 119 667 Stimmen, die sich gegen die Wiederbewaffnung erklärten, bekannt. Nach der Hohensyburger Tagung nannte er sich »Hauptausschuss gegen die Remilitarisierung und für den Abschluss eines Friedensvertrages«. Das Fortbestehen wurde damit begründet, dass auf Grund der Ergebnisse der Volksbefragung nunmehr dafür gesorgt werden müsse, dass eine Remilitarisierung ohne Volksentscheid nicht durchgeführt würde. Der Hauptausschuss entfaltete von Anfang an eine umfangreiche Propagandatätigkeit, insbesondere durch Herausgabe eines Informationsdienstes, der nach Feststellung des Bundesgerichtshofs zunächst durchgängig eine sachliche Haltung wahrte. Dann sei es zu einem planmäßigen Hetzfeldzug gegen die Bundesregierung gekommen mit dem Vorwurf, dass sie einen Angriffskrieg vorbereite. Der Bundeskanzler sei als Kriegsverbrecher bezeichnet und mit Hitler verglichen worden. Im Herbst 1952 beendete der Hauptausschuss seine Tätigkeit.

Die Staatsschutzstrafkammer in Düsseldorf vernahm Frau Thomas vornehmlich zu den Artikeln, die sie für den »Informationsdienst« geschrieben hatte: »Der Abgrund zwischen katholischer Lehre und der Praxis katholischer Politiker«, »Gesamtdeutsche Beratungen im Lichte christlichen Glaubens«, »Friedliches Auskommen zwischen den Staaten ist möglich«, »Verfolgt Dr. Adenauer eine christliche Politik?«. Die Themenwahl entsprach nicht nur der Überzeugung von Frau Thomas, sondern auch ihrer Aufgabe als Leiterin der Arbeitsgruppe für katholische Christen im Hauptausschuss; die »Arbeitsgruppe für evangelische Christen« leitete Pastor Johannes Oberhof, der Jahre später wegen seiner Tätigkeit im Friedenskomitee zu einer Freiheitsstrafe verurteilt wurde. Ein Höhepunkt des Strafprozesses war die Zeugenvernehmung des Pfarrers Matthias Beckers von der Pfarrei Zur heiligen Familie in Stockum. Er bestätigte die Angaben über die segensreiche Arbeit von Frau Thomas auf dem Heinefeld seit 1934 sowie sein erfolgreiches Bemühen, sie für die christliche Friedensbewegung zu gewinnen. Über ihren Einsatz in dem Elendsquartier Heinefeld – »es waren die Ärmsten der Armen, die Enterbten, die dort zusammengepfercht waren« – berichtete der Zeuge u.a.: »Ich habe erkannt, dass sie aus lautersten und edelsten Motiven kam, einfach weil sie das Christentum ernst nahm. Es ist meine Überzeugung, dass sie in dem Geist der Bergpredigt handeln und leben wollte. Sie wusste, dass man den Leuten nicht mit frommen Bibelsprüchen helfen kann, sondern anpacken und ihnen durch die Tat helfen muss. Sie hat hier Pionierarbeit im wahrsten Sinne des Wortes geleistet, indem sie sich um die Leute gekümmert hat, die nicht zur Kirche kamen, denen die Kirche so fern war – das muss ich leider Gottes gestehen – auch durch unsere

Verantwortung. Sie hat keine Arbeit gescheut, sondern versuchte, die Mutter zu ersetzen bei denjenigen, wo die Mutter krank war oder zur Arbeit gehen musste. Vor keiner schmutzigen Arbeit ist sie zurückgeschreckt. Sie hat auch die Öffentlichkeit auf die Dinge hinzulenken versucht in Artikeln, die sie in der ›Kölner Kirchenzeitung‹ veröffentlicht hat und die wir später gesammelt haben. Sie sind noch in einem abgegriffenen Bändchen vorhanden. Die anderen sind verloren gegangen, da sie von der Gestapo beschlagnahmt worden sind, weil darin nur von der Tätigkeit der Kirche die Rede war. Es war damals nicht tragbar, dass es eine Stelle gab, die sich um die armen, bedürftigen und müden Menschen kümmerte und positiv etwas leistete.« Dann sprach der Zeuge von seiner pazifistischen Überzeugung, die Frau Thomas geteilt habe, und zitierte Friedensbotschaften der Päpste und geistlicher Wortführer der christlichen Friedensbewegung. Er bestätigte auch, dass er Frau Thomas zur Zusammenarbeit mit nichtkirchlichen Friedensgruppen sowie zu Vorträgen in den verschiedenen Frauengruppen ermutigt habe. Gegen Ende der Vernehmung fragte der Gerichtsvorsitzende den Zeugen: »Sie sind von Frau Thomas überzeugt, dass sie nach ihrem Gewissen gehandelt hat?« Der Zeuge antwortete: »Ja, und dass sie aus dem ehrlichen Willen gehandelt hat, den Menschen zu dienen, und aus dem Gedanken: ›Du sollst deinen Nächsten lieben wie dich selbst.‹ Ich bin überzeugt, dass sie da auch die Feinde mit einschließt. Soll ich das recht deutlich sagen: Sind Russen oder die Kommunisten nicht auch Menschen vor dem Herrgott und Geschöpfe Gottes? Dann muss ich ihnen die Hand geben und mit ihnen sprechen.« Der Zeuge wurde vereidigt. Anschließend legte die Verteidigung zahlreiche Urkunden vor, um zu beweisen, dass es in den Jahren 1951-53 auch Ehrverletzungen durch die Bundesregierung gegenüber Andersdenkenden gegeben hat und auch anonyme Bedrohungen an Leib und Leben. Auch für die Irreführung der Öffentlichkeit durch den Bundeskanzler über den Inhalt der sowjetischen Deutschlandnoten wurde Beweis angetreten. Ebenso für schwer wiegende friedensstörende Erklärungen deutscher Politiker gegenüber der Sowjetunion. Allen Beweisanträgen wurde stattgegeben, nicht ein Einziger wurde wegen »Verfahrensfremdheit« abgelehnt. In Düsseldorf waren die strafprozessualen Vorschriften über die Ablehnungsgründe bei präsenten Beweismitteln noch nicht durch die Rechtsprechung des politischen Strafsenats in Karlsruhe »angereichert«. Am 26. September 1955 verkündete der Vorsitzende Dr. Neiseke das Urteil: »Die Angeklagte wird auf Kosten der Staatskasse freigesprochen«. Es war mir klar, dass die Staatsanwaltschaft diesen Freispruch nicht hinnehmen und Revision einlegen würde. Über diese mussten dieselben fünf Bundesrichter entscheiden, die im »Musterprozess« in erster und letzter Instanz über den Hauptausschuss geurteilt hatten. Die schriftliche Urteilsbegründung war sorgfältig zusammengestellt. Die

Strafkammer vermied alles, was die Bundesrichter reizen konnte, und stellte ganz auf die Person von Frau Thomas ab. Allerdings ging die Strafkammer auch auf die Zeitumstände ein, die der politische Strafsenat des BGH bis dahin stets ausgeklammert hatte.

So begann dann auch ein wichtiger Abschnitt im Düsseldorfer Urteil mit den Sätzen: »In den Jahren 1950-1952 war die weltpolitische Lage ziemlich gespannt. Der sog. Kalte Krieg war in vollem Gange und wurde mit großem Propagandaaufwand betrieben.« Dann wurde aus den Beweisanträgen, die in der Hauptverhandlung überreicht worden waren, zitiert. Es entbehrte nicht einer gewissen Ironie, dass die Richter des Politischen Strafsenats nun in dem Urteil einer Staatsschutzstrafkammer den Inhalt von Beweisanträgen zu bewerten hatten, die sie beispielsweise im Strafprozess gegen Mitglieder der Gesellschaft für deutsch-sowjetische Freundschaft unbedingt aus dem Verfahren heraushalten wollten. Das Urteil ging auch auf eine Auseinandersetzung ein, die Frau Thomas mit dem damaligen Bundesminister für Gesamtdeutsche Fragen hatte. Durch Schreiben vom 18. Mai 1951 ließ der Bundesminister für Gesamtdeutsche Fragen bei der Angeklagten anfragen, ob sie an der Aktion für die Volksbefragung gegen die Remilitarisierung und für den Abschluss eines Friedensvertrages im Jahre 1951 beteiligt sei. Er habe in Protokollen über die Essener Tagung ihren Namen gelesen. Es interessiere ihn zu erfahren, ob ihr Name von Kommunisten missbraucht worden sei; falls die Angeklagte aber wirklich beteiligt gewesen sei, sei es für ihn wissenswert zu hören, was sie bewogen habe, sich an dieser kommunistischen Aktion zu beteiligen.

Die Angeklagte antwortete dem Bundesminister am 24. Mai 1951. In dem Antwortschreiben wies sie darauf hin, dass es sich ihres Wissens durchaus nicht um eine kommunistische Aktion handele, sondern um eine Aktion von Friedensfreunden und Friedenskämpfern aus allen Teilen der Bevölkerung, die, wie sie selbst, schon länger pazifistischen Organisationen angehörten. Auch die Anregung zur Volksbefragung komme nicht von Kommunisten, sondern aus pazifistischen Kreisen. Ihr selbst sei die Haltung des Heiligen Vaters, Papst Pius' XII., ein Beispiel gewesen, der nicht aufhöre, die Völker zum Frieden zu ermahnen, und der als Vater der Christenwelt den modernen Krieg verdamme und ihn nicht mehr als geeignetes Mittel anerkenne, die Konflikte unter den Völkern zu lösen. Sie halte als gläubige Christin von der im Gebet zu ergehenden Hilfe Gottes und der daraus hervorgehenden Arbeit für den Frieden mehr als von militärischer Aufrüstung und so genannter Verteidigung, die ja wohl keine Verteidigung mehr sei, sondern Auftakt zur Vernichtung. Remilitarisierung bedeute Krieg. Man stelle keine Waffen her, um sie nicht zu gebrauchen. Der Bolschewismus sei nur durch eine gerechte Sozialordnung, durch ein Tatchristentum zu überwinden.

Im Mai 1951 wurden von dem Bundesminister für Gesamtdeutsche Fragen an Anschlagsäulen und in öffentlichen Gebäuden im Bundesgebiet Plakate veröffentlicht, in denen unter der Überschrift »Öffentliche Warnung« gegen die vom Hauptausschuss geplante Volksbefragungsaktion Stellung genommen wurde. Auf den Plakaten hieß es u.a.:

> »Träger dieser Aktion sind Ausschüsse und Agenten, die ohne Ausnahme vom kommunistischen Politbüro der SED gesteuert und finanziert werden.«

Auf Grund dieser Veröffentlichung erstattete die Angeklagte durch einen Rechtsanwalt am 27. Juli 1951 Strafanzeige gegen den Bundesminister für Gesamtdeutsche Fragen wegen öffentlicher Beleidigung und übler Nachrede. Das Verfahren wurde von dem Oberstaatsanwalt in Bonn eingestellt aus Gründen, die der Angeklagten über ihren Anwalt durch Bescheid vom 1. September 1951 mitgeteilt wurden. Der an den Rechtsanwalt gerichtete Einstellungsbescheid lautet:

> »Auf Ihre Anzeige vom 27. Juli 1951 gegen den Herrn Bundesminister für Gesamtdeutsche Fragen, Jakob Kaiser, wegen Beleidigung Ihrer Mandantin, Frau Christa Thomas:
>
> Ich habe von der Durchführung eines Ermittlungsverfahrens abgesehen, da ohnehin die in der von Ihnen beanstandeten Druckschrift ›Öffentliche Warnung‹ enthaltenen Erklärungen zur Wahrnehmung berechtigter Interessen gemacht worden sind und auch aus der Form der Erklärungen keine Beleidigung ersichtlich ist (§ 193 StGB).«

Die gegen den Einstellungsbescheid von der Angeklagten eingelegte Beschwerde wurde vom Generalstaatsanwalt in Köln am 3. Oktober 1951 ohne weitere Begründung als unbegründet zurückgewiesen.

Zur inneren Tatseite stellte die Strafkammer dann fest: »Die Angeklagte hat nicht daran gedacht, die verfassungsmäßige Ordnung der Bundesrepublik zu untergraben oder infrage zu stellen … Nach Meinung der Angeklagten war der Bundestag in seiner damaligen Zusammensetzung nicht legitimiert, über einen deutschen militärischen Verteidigungsbeitrag zu entscheiden. Dieser Standpunkt, der auch von anderen Seiten mit gewichtigen Gründen vertreten worden ist, veranlasst die Angeklagte, sich für eine Volksbefragung einzusetzen.« Um das Urteil möglichst revisionssicher zu machen, erwähnte die Strafkammer, dass sie sich von der Richtigkeit der Einlassung der Angeklagten auf Grund des Bildes, das sich in der Hauptverhandlung von ihrer Persönlichkeit ergeben hat, überzeugt habe. Eingehend befasste sich das Gericht auch mit dem Vorwurf der Rädelsführerschaft in einer kriminellen Organisation. Es unterstrich die Feststellung im »Musterprozess«, dass von einem bestimmten Zeitpunkt im Informationsdienst des Hauptausschusses ein Hetzfeldzug begonnen habe und die dabei gebrauchten Beleidigungen und Verunglimpfungen nicht gerechtfertigt seien.

Im Falle von Frau Thomas hielten die Düsseldorfer Richter die Voraussetzungen eines schuldausschließenden Verbotsirrtums für gegeben. »In der Atmosphäre von Verbot, Polizeiaktionen, Hausdurchsuchungen und öffentlicher Anprangerung war die Angeklagte nicht in der Lage, sich durch nüchterne Abwägung ein unvoreingenommenes Bild über die Politik und die Politiker der Bundesrepublik zu machen ... Die weit verbreitete üble Form des politischen Kampfes zu der fraglichen Zeit ließ die Grenzen des Gerechtfertigten nicht klar erkennen ... Vor dem Hintergrund weltweiter Spannungen hatte auch der politische Kampf in der Bundesrepublik, durch seine Heftigkeit bedingt, außergewöhnlich scharfe Formen angenommen ... Die Angeklagte nahm mit dem ihr eigenen Temperament aktiv an der politischen Auseinandersetzung teil. Dabei sah sie sich selbst laufend schweren Vorwürfen und Verunglimpfungen ausgesetzt. Dadurch, dass diese Vorwürfe teilweise von staatlichen oder doch öffentlich-rechtlichen Stellen kamen, war es für die Angeklagte schwer, sich durch Gewissensanspannung ein richtiges Urteil von dem Rahmen des Erlaubten zu bilden. Pressemeldungen, an deren Richtigkeit zu zweifeln die Angeklagte keinen Anlass hatte, entnahm sie, dass der Bundeskanzler die Gegner einer Wiederbewaffnung öffentlich als Dummköpfe ersten Ranges oder Verräter kennzeichnete. Zu einer rein sachlichen und unvoreingenommenen Abwägung der gegenüberstehenden sittlichen Werte und Interessen war die Angeklagte bei dem gegebenen politischen Klima nicht in der Lage.«

Es war eine Freude, die 49 Seiten des Urteils zu lesen, von dessen Inhalt nur ein kleiner Auszug wiedergegeben werden kann. Der große Einsatz mit den vielen Beweisanträgen und die breite Schilderung der Zeitumstände hatten sich gelohnt. Wie erwartet, legte die Staatsanwaltschaft Revision ein. Auf zwei Seiten wandte sich die Revisionsbegründung vor allem gegen die Annahme eines Verbotsirrtums: Die Folge der von der Strafkammer vertretenen Auffassung wäre, dass ein Überzeugungstäter straffrei ausgehen müsste.

Die Revisionsverhandlung fand am 26. September 1956 in Karlsruhe statt. Rechtsanwalt Paul Schulze zur Wiesche, der im Dritten Reich der Bekennenden Kirche angehörte, angeklagte Pastoren und Mitarbeiter der Kirche verteidigt hatte und aus jener Zeit mit meinem Seniorpartner bekannt war, hatte schon in Düsseldorf wertvolle Beiträge geliefert und war mit zum Bundesgerichtshof gefahren. Im Mittelpunkt stand die Rechtsfrage, ob ein entschuldbarer Verbotsirrtum vom Landgericht zu Recht angenommen war. Ich hatte die damals noch nicht sehr umfangreiche Rechtsprechung und Fachliteratur zu diesem Thema durchgesehen und hatte zu diesem Zeitpunkt auch schon Erfahrung im Umgang mit dem Strafsenat. Mein Mitverteidiger, der zum ersten Mal vor diesem Senat auftrat, wurde in seinem Plädoyer nicht weniger als viermal unterbrochen, wobei der Senatspräsident Geier höflich, aber etwas süffisant Schulze zur Wiesche nahe legte, seine eigene Urteilsfähigkeit nicht zu unterschätzen. Er hatte nämlich, um seinen Ausführungen ein zusätzliches Gewicht zu geben, erklärt, er hätte bei den vorliegenden Umständen genauso gehandelt wie Frau Thomas.

Nach unseren Plädoyers teilte der Präsident mit, dass mit einer Entscheidung am selben Tag nicht mehr zu rechnen sei; das Urteil werde am folgenden Tag verkündet. Wir fuhren in unsere Heimatorte zurück. Daran, dass das freisprechende Urteil aufgehoben würde, zweifelten wir nicht. So kam es dann auch. Die Sache wurde zur neuen Verhandlung und Entscheidung an das Landgericht in Dortmund zurückverwiesen. Wenn der Strafsenat angenommen haben sollte, in Dortmund seien in der Staatsschutzstrafkammer »strammere« Richter als in Düsseldorf, so wäre er im Irrtum gewesen. Anfang 1959 – mehr als zweieinhalb Jahre seit Aufhebung des Düsseldorfer Urteils teilte mir die Dortmunder Strafkammer mit, sie habe die Akten an den Oberstaatsanwalt in Dortmund zurückgesandt mit der Bitte um Überprüfung, ob rechtliche Zusammenhänge mit der Tätigkeit der Angeklagten im Friedenskomitee bestünden und ob nicht eine solche Tätigkeit in das Verfahren einbezogen werden sollte. Auch so konnte Zeit gewonnen werden. Ob die Bundesanwaltschaft auf neue Terminierung gedrängt hat, weiß ich nicht.

Zwölf Jahre nachdem der BGH das freisprechende Düsseldorfer Urteil aufgehoben und eine neue Hauptverhandlung vor der Dortmunder Staatsschutzstrafkammer angeordnet hatte, erreichte mich 1968 aus Dortmund die Nachricht, dass die Strafsache gegen Frau Thomas erledigt sei: Die Strafverfolgung war verjährt.

Alfons Kaufmann: Die Anklageschrift als Geheimdokument

Ich war gerade zwei Wochen vom Prozess gegen die Gesellschaft für deutsch-sowjetische Freundschaft aus Karlsruhe zurück, als mich der Anruf eines Mannes erreichte, der sich als Verlagsleiter einer Tageszeitung vorstellte und mich als Anwalt zu sprechen wünschte. Der Herausgeber und Chefredakteur der Tageszeitung »Westdeutsches Tageblatt« in Dortmund, Herbert Kauffmann, den er erwähnte, habe ihm empfohlen, sich an mich zu wenden. Kauffmann, dessen Interessen ich im Beirat der »Lippischen Landeszeitung« vertrat, gehörte zu den wenigen Publizisten, die der Gesamtdeutschen Volkspartei nahe standen, und veröffentlichte regelmäßig von mir verfasste Aufsätze, darunter in Fortsetzungen auch meine Arbeit über »Die deutsch-sowjetischen Beziehungen«. Ich vereinbarte mit dem Anrufer am Samstag, dem 13. August 1955, einen Termin in der Anwaltspraxis; damals wurde noch an Samstagvormittagen gearbeitet. Mein Besucher, Alfons Kaufmann, fragte mich, ob ich ihn in einer politischen Strafsache verteidigen wolle. Auf meine Gegenfrage, um welchen Strafvorwurf es sich handele, erwiderte er, das könne er erst sagen, wenn ich mich zur Übernahme der Verteidigung verbindlich bereit erklärt hätte. Um sein mich überraschendes Verhalten zu begründen, übergab er mir ein an ihn gerichtetes Schreiben des 4. Strafsenates des Oberlandesgerichts Hamm vom 25. Juli 1955, das gleichzeitig mit der Anklageschrift an ihn geschickt worden war. In dem Begleitschreiben hieß es:

> »... Sie werden verpflichtet, den Inhalt der Anklageschrift geheim zu halten und außer mit Ihrem Verteidiger mit Dritten über den Inhalt der Anklageschrift nicht zu reden und diesen keinen Einblick in die Anklageschrift zu gewähren. Kommen Sie dieser Auflage nicht nach, machen Sie sich nach § 353 c StGB besonders strafbar. Nach Abschluss des Verfahrens wird die Anklageschrift eingezogen werden.«

Ein solcher Fall war mir noch nicht begegnet. Schon aus Neugierde erklärte ich mich zur Verteidigung bereit und bat um die Anklageschrift. Sie umfasste 82 Seiten und richtete sich gegen den Redakteur Heinz Kannenberg, der bereits seit dem 27. Dezember 1954 in dieser Sache in Untersuchungshaft einsaß, sowie gegen meinen Mandanten, der zunächst kaufmännischer Angestellter und dann Verlagsleiter der Gesellschaft war, die die »Neue Volkszeitung« herausgab. Es handelte sich um eine kommunistische Tageszeitung, und beide Angeklagten waren Mitglieder der KPD.

Der Schuldvorwurf lautete auf Vorbereitung zum Hochverrat, Beschimpfung und Verächtlichmachung der Bundesrepublik Deutschland und ihrer verfassungsmäßigen Ordnung sowie Beleidigung des Bundeskanzlers, der Bundesregierung und anderer hochrangiger Politiker. Der Oberbundesanwalt (spätere Bezeichnung: Generalbundesanwalt) hatte das Verfahren am 7. September 1953 an den Generalstaatsanwalt in Hamm abgegeben, der dann die Anklageschrift vom 14. Juli 1955 vorlegte. Die Vorbereitung zum Hochverrat wurde darin gesehen, dass in der Zeitung das »Programm der nationalen Wiedervereinigung Deutschlands« und Artikel zu diesem Programm veröffentlicht worden waren. Das Programm, das der Parteivorstand der KPD am 2. November 1952 als offizielles Parteiprogramm beschlossen hatte, war vom Parteivorsitzenden Max Reimann am 11. November 1952 der in- und ausländischen Presse übergeben worden. Die Anklagebehörde beim Bundesgerichtshof bewertete das Programm als hochverräterisch und leitete nicht nur gegen zahlreiche kommunistische Funktionäre Ermittlungsverfahren ein, sondern auch gegen die Redakteure der kommunistischen Tageszeitungen, in denen das Parteiprogramm abgedruckt worden war. Der politische Strafsenat des BGH verurteilte am 6. Mai 1954 zwei Kreissekretäre der KPD, die dieses Programm und dazu gehörende Flugschriften verteilt hatten, wegen Vorbereitung zum Hochverrat zu Freiheitsstrafen von drei bzw. anderthalb Jahren. Allerdings war neu, dass nunmehr auch ein Verlagsleiter in den Kreis der Täter einbezogen wurde. Mein Mandant hatte dafür eine Erklärung: Er sei Anfang Januar 1942 als Angehöriger der Luftnachrichtentruppe zur deutschen Luftwaffenmission nach Bukarest versetzt worden und dort bis zum 23. August 1944 – dem Sturz Marschall Antonescus und dem Ausscheiden Rumäniens aus dem Bündnis mit Deutschland – geblieben. Beim dortigen Nachrichtenstab habe er das Kriegstagebuch geführt und in den mehr als zweieinhalb Jahren Aufenthalt die rumänische Sprache erlernt. Die guten Sprachkenntnisse führten dazu, dass er dem deutschen General Stahel und seinem Stab als Dolmetscher zugeteilt wurde. Unter diesem General sei der deutsche Rettungsversuch im Südosten und ein Ausbruch Ende August 1944 gescheitert. Er habe gute Kontakte zur rumänischen Bevölkerung, insbesondere zu rumänischen Offizieren, gehabt, die Angehörige der »Garda de fier« (Eiserne Garde) gewesen und auf deutscher Seite hätten weiterkämpfen wollen. Es seien ihm Fälle bekannt geworden, dass ehemalige rumänische Offiziere noch nach Kriegsende Verbindung zu deutschen Stellen gesucht hätten, um aus Rumänien herauszukommen. Er selbst sei bis Juni 1945 in rumänischer Kriegsgefangenschaft gewesen und dann nach Deutschland entlassen worden. Einige Zeit nach seiner Rückkehr hätten ihn Abgesandte der US-Air-Force Historical Research aus Ludwigsburg aufgesucht, die über seinen Einsatz in Rumänien unterrichtet gewcsen seien und ihn zu einer eingehenden Vernehmung über sein Wissen über Vorgänge in Rumänien nach Ludwigsburg eingeladen hätten. Er habe aber jegliche Verbindung abgelehnt, obwohl er damals weder eine Wohnung noch eine Arbeitsstelle gehabt habe. Wegen dieser Weigerung sei er wohl auf eine »schwarze Liste« gekommen. Schon 1950 sei er im Zusammenhang mit dem Pfingsttreffen des kommunistischen Jugendverbandes FDJ in polizeilichen Gewahrsam genommen worden, obwohl er niemals der FDJ angehört und mit dem FDJ-Treffen nichts zu tun gehabt hätte. Dass er als einziger Verlagsangestellter einer kommunistischen Zeitung, der zudem keinen Einfluss auf die Redaktion gehabt habe, angeklagt werde, führe er auf ein Zusammenspiel des amerikanischen Nachrichtendienstes mit entsprechenden bundesdeutschen Stellen zurück. Wie auch immer der Zusammenhang gewesen sein mag: Ich legte am 31. August 1955 dem OLG Hamm einen Schriftsatz vor, in dem ich beantragte, das Hauptverfahren nicht zu eröffnen oder das Verfahren auszusetzen. Außerdem stellte ich den Antrag, die Auflage, die Anklageschrift geheim zu halten, aufzuheben. Ich verwies darauf, dass die politischen Strafsenate mehrerer Oberlandesgerichte im Hinblick auf das noch schwebende KPD-Verbots-Verfahren vor dem Bundesverfassungsgericht, die bei ihnen anhängigen, gleich gelagerten Verfahren auf unbestimmte Zeit vertagt hätten. Ich hatte auch erfahren, dass auf Anregung des Präsidenten des Bundesverfassungsgerichtes die Strafvollstreckung aus einem Urteil des OLG Köln ausgesetzt worden war.

Vor allem ging es mir darum, die Aufhebung der Geheimhaltungsauflage zu erreichen. Drei oder vier Fünftel der Anklageschrift befassten sich mit Artikeln, die in der Tageszeitung erschienen waren, so dass eine Geheimhaltung ohnehin nicht möglich war. Der Rest betraf den Lebenslauf der Angeschuldigten und ihre Einlassung auf die ihnen angelasteten Straftaten sowie die rechtliche Würdigung des Sachverhaltes. Das war zwar interessant, aber keinesfalls geheimhaltungsbedürftig. Anschließend versuchte ich, dem Gericht deutlich zu machen, wohin die Geheimhaltung führen müsse. »Die Hauptverhandlung müsste ebenfalls gänzlich geheim gehalten werden; das Urteil müsste eingezogen werden. Wie angesichts der Geheimhaltungsverpflichtung ein Schriftverkehr mit dem Angeklagten und dem Gericht geführt werden soll, ist ebenfalls schwer vorstellbar«. Als ich nach drei Wochen noch keine Antwort hatte, unterrichtete ich den Bundestagsabgeordneten Dr. Arndt, der am 5. Oktober 1955 eine parlamentarische Anfrage an die Bundesregierung richtete, ob es in der Bundesrepublik Deutschland geheime Anklageschriften gebe. Einen Tag später hob der Strafsenat den Geheimhaltungsvermerk auf. »Der Spiegel« brachte in seiner Ausgabe vom 12. Oktober 1955 einen Bericht unter der Überschrift »Geheim-Justiz«, in dem auch ein Foto meines Mandanten veröffentlicht war. Ich hatte diesen Artikel nicht veranlasst, aber schon am 3.

September im »Westdeutschen Tageblatt« und im »Münsterischen Tageblatt« den Vorgang geschildert. Mit Beschluss vom 17. Oktober 1955 setzte das OLG Hamm das Verfahren auf meinen Antrag auf unbestimmte Zeit aus und entließ den inhaftierten Redakteur aus der Untersuchungshaft.

Die von Dr. Arndt am 5. Oktober 1955 an die Bundesregierung gerichtete Anfrage wurde in der Fragestunde des Bundestages vom 7. Dezember 1955 von Bundesjustizminister Neumayer beantwortet. Er bejahte die Berechtigung eines vom Gericht angeordneten Schweigegebotes an den Angeklagten beim Vorwurf des Landesverrates oder dann, wenn eine Gefährdung der Staatssicherheit vermieden werden müsse. Das war hinnehmbar, traf aber auf diesen Fall nicht zu. Im Übrigen räumte der Bundesjustizminister ein, dass die Strafbestimmung des § 353c des Strafgesetzbuches reformbedürftig sei. »Es ist in Aussicht genommen, die Änderung bei sich bietender Gelegenheit, spätestens im Rahmen der Großen Strafrechtsreform vorzunehmen.« Herr Neumayer betonte, er habe während seiner Amtszeit eine Ermächtigung zur Strafverfolgung nach § 353c »in keinem einzigen Fall erteilt«.

Es war gut, dass Arndt die Frage im Bundestag angesprochen hatte. Mir ist kein weiterer Fall bekannt geworden, dass außerhalb von Landesverrats-Verfahren eine Anklageschrift für geheim erklärt und dem Angeklagten ein Schweigegebot auferlegt worden ist. Gut anderthalb Jahre später wurde das Verfahren wieder vor dem OLG Hamm aufgenommen. In der Hauptverhandlung vom 4. Mai 1957 wurden beide Angeklagten mangels Beweisen freigesprochen. Eine Entschädigung für die fast zehn Monate andauernde erlittene Untersuchungshaft wurde dem Redakteur nicht zugebilligt. Ein Rechtsmittel gab es nicht. Mein Mandant, der immer an seiner beruflichen Qualifizierung gearbeitet hatte, wurde im Laufe der Jahre Steuerberater mit einer recht umfangreichen Beratungspraxis. Er hat sich auch um den beruflichen Nachwuchs verdient gemacht.

Das »Programm der nationalen Wiedervereinigung Deutschlands«: Scheinrevolutionäre Phrasen als Hochverrat

Nach dem Musterprozess gegen drei Funktionäre der Gesellschaft für deutsch-sowjetische Freundschaft im Sommer 1955 vor dem Bundesgerichtshof wurden vor den Staatsschutzstrafkammern in den Ländern die Folgeverfahren durchgeführt. Da die GDSF als Geheimbund und kriminelle Organisation bewertet worden war, konnte gegen zahlreiche Personen ein Ermittlungsverfahren eingeleitet werden, weil bereits die einfache Mitgliedschaft genügte, während bei einer verfassungsfeindlichen Vereinigung nur Gründer, Rädelsführer oder Hintermänner strafrechtlich zur Verantwortung gezogen werden konnten. Im Frühjahr 1956 erklärte ein Staatsanwalt in einem vor der Staatsschutzstrafkammer in Frankfurt anhängigen Prozess, dass allein in Hessen eintausend Ermittlungsverfahren gegen Mitglieder der GDSF laufen würden.

Im Juni/Juli 1956 fand das Verfahren gegen fünf KPD-Mitglieder wegen Vorbereitung zum Hochverrat statt. Sie waren Mitglieder der vom Parteivorstand am 21. September 1952 benannten Programm-Kommission, die das am 11. November 1952 verkündete »Programm der nationalen Wiedervereinigung Deutschlands« entworfen haben sollten. Dieses Programm war durch mehrere BGH-Entscheidungen als »hochverräterisch« eingestuft worden. Hochverrat ist ein Angriff auf die verfassungsmäßige Ordnung mit dem Mittel der Gewalt oder der Drohung mit Gewalt. Nach Auffassung des BGH lag dem Programm ein hochverräterischer Plan zu Grunde, weil der Plan, »das Adenauer-Regime zu stürzen«, nach Gegenstand, Ziel, Mitteln und Zeitpunkt des Angriffs in ausreichender Weise bestimmt sei. Als Zeitpunkt für den von der KPD geplanten Umsturz hat der BGH die abschließende parlamentarische Behandlung der politischen und militärischen Westverträge (Generalvertrag und Europäische Verteidigungsgemeinschaft) angesehen, die im März 1953 erfolgte. Soweit das Programm noch nach diesem Zeitpunkt propagiert worden ist, lag auch nach Meinung des BGH keine Vorbereitung zum Hochverrat mehr vor, da der für das hochverräterische Unternehmen vorgesehene Zeitpunkt bereits verstrichen war. Lebhaft umstritten war die Auslegung des Begriffs »Gewalt«. Nach Auffassung des politischen Strafsenats des BGH kenne die Gegenwart andere und nicht minder wirksame Methoden des gewaltsamen Umsturzes als die Anwendung von Körperkraft; entscheidend könne nur die Zwangswirkung sein.

Deshalb könne auch ein Massen- und Generalstreik in einem stark industrialisierten und dicht besiedelten Land wie der Bundesrepublik Deutschland sehr wohl »Gewalt« in diesem Sinne sein. Man muss dem BGH zugestehen, dass das »Programm« in einer aggressiven Radikalität verfasst war, die ihresgleichen suchte. Zudem waren die Feststellungen über die angeblichen politischen und wirtschaftlichen Zustände im Bundesgebiet so realitätsfern, dass die Vermutung des Bundesgerichts, das Programm sei in der DDR verfasst worden, sich aufdrängen musste. Da das Programm auch in dem KPD-Verbotsprozess vor dem Bundesverfassungsgericht eine entscheidende Rolle spielte, sollen einige Passagen zitiert werden:

> »Das Adenauer-Regime fordert anstelle der Verständigung der Deutschen untereinander die Angliederung Ostdeutschlands durch militärische Stärke, d.h., es fordert Krieg und Bruderkrieg, die Verwandlung Deutschlands in ein neues Korea … Das Adenauer-Regime bereitet die Errichtung der Militärdiktatur vor.
>
> Nur der unversöhnliche und revolutionäre Kampf aller deutschen Patrioten kann und wird zum Sturz des Adenauer-Regimes und damit zur Beseitigung der entscheidenden Stütze der Herrschaft der amerikanischen Imperialisten in Westdeutschland führen.
>
> Unzweifelhaft wird unser Kampf Opfer fordern. Aber für jeden im Kampf gefallenen oder aus dem Kampf herausgerissenen Patrioten werden tausende neu aufstehen.
>
> Nicht mehr fern ist der Tag, an dem das deutsche Volk das Adenauer-Regime stürzen wird. So wird die Herrschaft der amerikanischen Okkupanten und ihrer deutschen Helfershelfer ihr Ende finden. Der Weg wird frei zu einem einigen, demokratischen und unabhängigen Deutschland. Des Volkes Wille wird oberstes Gesetz.«

Noch vor dem Strafprozess gegen die Mitglieder der Programm-Kommission und vor dem Urteil des Bundesverfassungsgerichtes hatte die KPD jedoch in mehreren Erklärungen im Frühjahr 1956 selbst bekannt, dass die im Programm ausgegebene Losung zum »revolutionären Sturz« der Bundesregierung falsch gewesen sei und den »realen Gegebenheiten in der Bundesrepublik nicht entsprochen« habe. Das Vorstandsmitglied Fisch nannte Teile des Programms eine Ansammlung »scheinrevolutionärer Phrasen«. Diese selbstkritischen Erklärungen bestätigten die Richter allerdings nur in der Annahme, dass ihre Bewertung des revolutionären Charakters des Programms zutreffend war. Aus ihrer Sicht folgerichtig konnten die Bundesrichter auch den folgenden Beweisantrag der Verteidigung ablehnen, da er »für die Entscheidung ohne Bedeutung« sei:

> »… die Innenminister der Bundesländer als Zeugen darüber zu vernehmen, dass sie
> a) keinerlei Kenntnis davon haben oder gehabt haben, dass die KPD irgendwelche Vorbereitungen dazu getroffen hat, mit Gewalt oder durch Drohung mit Gewalt die auf dem Grundgesetz der Bundesrepublik beruhende verfassungsmäßige Ordnung zu ändern;

b) keinerlei Maßnahmen zur Vorbeugung gegen derartige angebliche Absichten der KPD getroffen haben.«

Der BGH hat dann zwei der fünf Angeklagten freigesprochen, »da nicht mit der für eine Verurteilung erforderlichen Sicherheit festzustellen war, dass sie den mit dem Programm verfolgten Plan in seinem wahren Sinn und in seiner wirklichen Bedeutung erkannt hatten«. Eine der zwei freigesprochenen Personen war schon vor 1933 Mitglied der KPD gewesen und gehörte seit 1951 ihrem Parteivorstand an. Damit waren weitere Verfahren wegen Vorbereitung zum Hochverrat aus zwei Gründen praktisch unmöglich geworden. Wenn schon einem Parteivorstandsmitglied, das sogar der Programm-Kommission angehörte, nicht nachzuweisen war, dass es den hochverräterischen Inhalt des Programms erkannt hatte, um wie viel weniger konnte dieser Nachweis bei Funktionären auf Orts-, Kreis- oder Landesebene gelingen. Auch war der Zeitpunkt des geplanten hochverräterischen Unternehmens – März 1953 – längst verstrichen. Aus diesen beiden Gründen endeten die mit diesem Schuldvorwurf eingeleiteten Strafverfahren vor den verschiedenen Oberlandesgerichten durchweg mit Freispruch mangels Beweises. Für die erlittene Untersuchungshaft, die in einigen Fällen mehr als ein Jahr betragen hatte, gab es keine Entschädigung.

Das Verbot der KPD

Von größter Bedeutung für die weitere Strafverfolgung der Kommunisten und ihrer vermeintlichen Gesinnungsfreunde war das Urteil des Bundesverfassungsgerichtes vom 17. August 1956.

Die Bundesregierung hatte am 16. November 1951 beschlossen, beim Bundesverfassungsgericht einen Antrag auf Feststellung der Verfassungswidrigkeit der Sozialistischen Reichspartei (SRP) und der KPD zu stellen. Das Verfahren gegen die SRP endete schon 1952 mit dem Verbot und der Auflösung dieser Partei. Der Antrag gegen die KPD lag dem Gericht drei Jahre vor, ehe die mündliche Verhandlung begann. Dies lag nicht zuletzt daran, dass der leider Anfang 1954 verstorbene erste Präsident des Bundesverfassungsgerichtes, Professor Dr. Höpker-Aschoff, ein erklärter Gegner des Verbotsprozesses gegen die KPD war. Die Beweisaufnahme im KPD-Prozess dauerte dann von November 1954 bis Mitte Juli 1955. Die Beratungen des Gerichtes zogen sich weitere 13 Monate bis zur Urteilsverkündung hin. Während dieser Zeit ist auf den Senat vonseiten der Regierung in erheblicher Weise eingewirkt worden. Der Höhepunkt des Druckes war ein Änderungsgesetz zum Bundesverfassungsgerichtsgesetz, durch das »alle Verfahren gemäß Art. 21 des Grundgesetzes« – es war überhaupt nur dieses eine Verfahren anhängig! – mit Wirkung vom 31. August 1956 vom Ersten auf den Zweiten Senat des Bundesverfassungsgerichtes übergeleitet wurden. Damit war das Gericht in eine Zwangslage gebracht worden. Theoretisch hätte der Erste Senat einem Urteilsspruch dadurch ausweichen können, dass er bis zum 31. August 1956 nichts tat; damit wäre das Verfahren automatisch auf den Zweiten Senat übergegangen. Aber diese Möglichkeit war wirklich nur theoretisch. Außerdem hatte die Bundesregierung durch die von ihr beherrschten Koalitionsparteien die Wiederwahl von zwei Richtern des Bundesverfassungsgerichtes, deren Amtsperiode ebenfalls am 31. August 1956 ablief, hinausgezögert, bis sie dann wenige Tage vor der Urteilsverkündung erfolgte. Wenn auch nicht anzunehmen ist, dass die Richter sich durch solche Manipulationen in ihrem Votum beeinflussen ließen, so hätte die Bundesregierung hier doch den bösen Schein der Beeinflussung vermeiden müssen. Die Unlust und der Unmut des Verfassungsgerichtes, ein Urteil sprechen zu müssen, gingen schon aus den einleitenden Worten des Präsidenten vor Bekanntgabe der Urteilsgründe hervor, als er sagte, »die Bundesregierung allein trage die Verantwortung für dieses Verfahren«.

Kernpunkt der Urteilsbegründung war die Verfassungswidrigkeit der Ziele der KPD. Ohne Zweifel besteht eine ideologische Unvereinbarkeit zwischen den

Grundprinzipien des Marxismus-Leninismus, der Lehre von der proletarischen Revolution und Diktatur des Proletariats, mit den Grundwerten einer parlamentarischen pluralistischen Demokratie. Auch hatte die KPD schwere Fehler gemacht und als Partei jede Sympathie außerhalb ihrer Mitglieder verloren: die oft byzantinistisch anmutende Verherrlichung sowjetischer Politiker, vor allem Stalins, die völlige Kritiklosigkeit gegenüber Missständen in der DDR, die Verkündung scheinrevolutionärer Phrasen, die oft beleidigende und verunglimpfende Sprache gegenüber der Bundesregierung und anderes mehr. Aber es hat keine politischen Morde, keine Attentate, keine Aufstandsversuche, keinerlei Gewalttaten, keine geheimen Waffenlager und keine Liquidationslisten gegeben. Umgekehrt wurden sehr wohl Kommunisten verfolgt, ihre Parteibüros demoliert, ihre Schaukästen zertrümmert, ihre Redner misshandelt, ihre Funktionäre verleumdet und verunglimpft, ja sogar mit Mord von organisierten Banden, wie dem Bund Deutscher Jugend, bedroht. Neben der ideologischen Unvereinbarkeit stützte sich das Bundesverfassungsgericht vor allem auf das »Programm der nationalen Wiedervereinigung Deutschlands«. Eine aktuelle Gefahr kann das höchste deutsche Gericht in der Tätigkeit der KPD allerdings nicht gesehen haben. Andernfalls würde das Urteil nicht nur wesentlich früher gesprochen worden, sondern auch – wie im Falle der SRP – eine einstweilige Anordnung ergangen sein. Sie ist zulässig, »wenn dies zur Abwehr schwerer Nachteile, zur Verhinderung drohender Gewalt oder aus einem anderen wichtigen Grund zum gemeinsamen Wohl dringend geboten ist«. Diese Voraussetzungen sah das Gericht auch nach Abschluss der mündlichen Verhandlung am 14. Juli 1955 wohl nicht als erfüllt an.

In dreierlei Hinsicht wurde das Verbotsurteil bedeutsam für die weitere Praxis der politischen Strafjustiz:

1. Es gab nun eine Vorschrift des Bundesverfassungsgerichtsgesetzes, nach der vorsätzliche Zuwiderhandlungen gegen das KPD-Verbot mit Gefängnis nicht unter 6 Monaten bestraft wurden. Das ist dieselbe Mindeststrafe wie beim Totschlag, beim Raub oder beim Meineid.
2. Es wurde verboten, Ersatzorganisationen für die KPD zu schaffen oder bestehende Organisationen als Ersatzorganisationen fortzusetzen. Das war zwar eine logische Folgerung aus dem Verbotsurteil, doch hing viel davon ab, wie die Strafgerichte den Begriff »Ersatzorganisation« auslegten.
3. Die Strafvorschrift über verfassungsfeindliche Vereinigungen hatte in ihrem Absatz 3 folgende Einschränkung: »Ist die Vereinigung eine politische Partei im räumlichen Geltungsbereich dieses Gesetzes, so darf die Tat erst verfolgt werden, nachdem das Bundesverfassungsgericht festgestellt hat, dass die Partei verfassungswidrig ist.«

Konnten nunmehr die Funktionäre der KPD für ihre Parteiarbeit vor dem Verbot bestraft werden, wenn sie nach dem Inkrafttreten des Strafrechtsänderungsgesetzes vom 1. September 1951 tätig waren? Die Bundesanwaltschaft und die anderen für politische Ermittlungsverfahren zuständigen Staatsanwaltschaften bejahten dies mit folgender Begründung: Das Verbotsurteil des Bundesverfassungsgerichtes habe nur deklaratorische Bedeutung und stelle lediglich eine Verfahrensvoraussetzung dar. In Wirklichkeit sei die Tätigkeit in der KPD bereits seit dem 1. September 1951 strafbar, lediglich die Verfolgbarkeit sei bis zum Urteil des Bundesverfassungsgerichts hinausgeschoben gewesen. Es muss eingeräumt werden, dass der Wortlaut des Gesetzes für diese Auslegung spricht. So wurden denn ehemalige kommunistische Bundestags-, Landtags- und Kreistagsabgeordnete, Redakteure, Geschäftsführer und Gesellschafter von Verlagen und Druckereien der KPD angeklagt und verurteilt. Die Handhabung war allerdings im Bundesgebiet verschieden. In einigen Bundesländern gab es keine derartigen Strafverfahren, weil keine Anklagen erhoben wurden. Mehrfach haben Gerichte eine Verurteilung mit dem Argument vermieden, dem Angeklagten habe das Unrechtsbewusstsein gefehlt und der damit anzunehmende Verbotsirrtum sei in Verbindung mit der damaligen politischen Gesamtsituation als entschuldbar anzusehen. In anderen Urteilen dagegen wurde ein fehlendes Unrechtsbewusstsein nicht zugebilligt, weil den Angeklagten »die verfassungsfeindliche Zielsetzung der KPD, die schon der einfache Mann auf der Straße längst erkannt hat, nicht verborgen geblieben ist«. Hier wurde verkannt, dass die wesentliche Grundlage der Begründung des Verbots die Lehre von der proletarischen Revolution und von der Diktatur des Proletariats war, nicht etwa die propagierten politischen Nahziele der KPD, die »der einfache Mann auf der Straße« kannte.

Die Amnestiediskussion

Neben anderen Gruppen bemühten sich auch die Verteidiger in politischen Strafsachen, durch Vorsprache bei den im Bundestag vertretenen Parteien für den Gedanken einer Amnestie nach dem Verbotsurteil zu werben. Hier ist vor allem der Einsatz des Heidelberger Rechtsanwaltes Walter Ammann zu nennen, der 1956 einen Initiativausschuss für die Amnestie der Verteidiger in politischen Strafsachen gegründet und die Geschäftsfahrung dieses lockeren Zusammenschlusses übernommen hatte. Zwischen 1957 und 1968 wurden 15 Tagungen durchgeführt, bei denen neben Verteidigern auch Rechtswissenschaftler, wie der spätere Bundesminister Prof. Werner Maihofer, und Richter, wie die Oberlandesgerichtspräsidenten Staff (Frankfurt) und Schmid (Stuttgart), referierten.

Gustav Heinemann, der nach der Bundestagswahl 1957 erstmalig Mitglied des Bundestages geworden war, nutzte seine Möglichkeiten im kirchlichen Bereich. So hatte die Synode der Evangelischen Kirche Deutschlands, die im Juni 1956 in Berlin tagte, einmütig mit den Stimmen der Synodalen aus der Bundesrepublik, der DDR und dem Saargebiet eine politische Amnestie angeregt. Das Kuratorium »Unteilbares Deutschland«, die Bundestagsfraktionen der SPD und FDP, die Bundesminister Kaiser und Lemmer und die Landesregierung von Schleswig-Holstein griffen den Gedanken ebenfalls auf. Selbst die Vereinigung der Opfer des Stalinismus sprach sich für eine Amnestie aus, weil sie sich dadurch eine Verbesserung für die Opfer der politischen Strafjustiz in der DDR erhoffte. Die damals in Opposition stehende FDP brachte am 23. Oktober 1956 den »Entwurf eines Gesetzes über Straffreiheit« ein. Nach dieser Gesetzesinitiative sollte die Strafverfolgung und -vollstreckung wegen aller zwischen dem 23. Mai 1949 (Inkrafttreten des Grundgesetzes) und dem 17. August 1956 (KPD-Verbotsurteil) begangenen politischen Straftaten unterbleiben. Aber die Zeit war noch nicht reif. Statt dessen beriet der Bundestag damals das Vierte und Fünfte Strafrechtsänderungsgesetz, die auf eine Ausweitung des politischen Strafrechtes abzielten. Wieder einmal hielt Adolf Arndt die eindrucksvollste Rede, deren Berechtigung aber erst über zehn Jahre später allgemein anerkannt wurde. In ihr hieß es u. a.:

> »Das Gebot der Stunde und der Zukunft ist Revision und Verminderung des politischen Strafrechts, nicht sein weiteres Anwachsen. Auch wenn ich aus meiner Kenntnis der Entstehungsgeschichte und aus eigener Mitwirkung, die heute mein Gewissen drückt – ich bekenne das offen –, in vieler Hinsicht die Auslegung nicht zu billigen vermag, die die Rechtsprechung

dem Ersten Strafrechtsänderungsgesetz von 1951 zuteil werden lässt, stehe ich doch nicht an zu sagen, dass jenes Gesetz keine gesetzgeberische Meisterleistung ist und sich wegen seiner Unklarheiten und der Unbestimmtheit mancher Begriffe, ja sogar wegen seiner Unüberlegtheit nicht so bewährte, wie es für ein rechtsstaatliches Strafgesetz unerlässlich ist …

Es geht nicht nur darum, einen vielleicht in seinen Einzelheiten missglückten Entwurf zu kritisieren und aufzuzeigen, wie man ihn durch ein anderes Wort oder durch einen neuen Halbsatz verbessern könnte, sondern was hier zu demonstrieren ist, das ist der klinische Befund einer geistigen Tuberkulose, einer Schwindsucht im rechtsstaatlichen Bewusstsein, weil schlechthin die Denkweise, der solche Entwürfe entstammen, in ihrem Ansatz verfehlt ist und diese Denkweise uns vor die bestürzende Notwendigkeit stellt, Elementarlehren der Rechtsstaatlichkeit für unsere Strafgesetzgebung zu entwickeln und ihr – entschuldigen Sie – Abc wieder buchstabieren zu lernen.« (Bundestagsprotokoll v. 7. Februar 1957, S. 10911 und 10917.)

Der Abgeordnete Haasler von der CDU/CSU-Bundestagsfraktion antwortete Arndt am folgenden Tage auf dessen Kritik am politischen Strafrecht:

»Sie haben gesagt, dieses Gesetz stelle einen gewissen Restbestand aus dem Kalten Kriege dar. Sie haben damit zweifellos Recht. Es ist eine Waffe, die geschmiedet wurde, um im Kalten Krieg zu bestehen. Es passiert ja auch nichts Schlimmes, wenn wir die Waffen in der Hand behalten, die uns gegen die Fährnisse dieses Kalten Krieges schützen. Wir brauchen sie ja nicht anzuwenden. Wenn wir ein Gesetz machen, bedeutet es ja nicht, dass wir uns nun hunderte von Leuten greifen, nur um das Gesetz zu erproben.« (Bundestagsprotokoll v. 8. Februar 1957, S. 10931.)

Den Ausführungen Haaslers muss zweierlei entgegengehalten werden:

Erstens hatte Arndt nicht von einem »gewissen Restbestand aus dem Kalten Krieg« gesprochen, sondern die Rechtsstaatlichkeit von Teilen des politischen Strafrechts bezweifelt, und zweitens war der Hinweis, man brauche das Gesetz ja nicht anzuwenden, abwegig und falsch.

Anders als in vielen Staaten unterlag in der Bundesrepublik Deutschland auch das politische Strafrecht dem sogenannten Legalitätsprinzip, d. h., die Staatsanwaltschaft muss beim Verdacht einer strafbaren Handlung Ermittlungen einleiten und bei hinreichendem Tatverdacht Anklage erheben. Die Staatsanwaltschaft hat keinen Spielraum, zwischen Anklageerhebung und Verfahrenseinstellung zu wählen, wenn eine beschuldigte Person wahrscheinlich eine strafbare Handlung begangen hat.

Der von den damaligen Oppositionsparteien SPD, FDP und dem Gesamtdeutschen Block/BHE der Heimatvertriebenen und Entrechteten getragene Amnestie-Gesetzentwurf wurde am 11. April 1957 von der Bundestagsmehrheit abgelehnt. Es war ein Pyrrhussieg, wie sich einige Jahre später herausstellte. Zwar äußerten die Regierungsparteien in einer Entschließung den Wunsch, dass bei politischen Straftaten »die bisherige maßvolle Praxis in Zukunft fortgesetzt werde, insbesondere »durch eine weitherzige Anwendung des Begnadigungsrechtes« (Bundestags-Protokoll v. 11. April 1957, S. 11608 und 11673), doch sah die Praxis anders aus.

Schon 1956 war dem Bundestag eine Dokumentation zugegangen, in der über 3700 abgeschlossene politische Strafverfahren mit Aktenzeichen, Namen und Anschrift der Betroffenen verzeichnet waren, zum anderen konnte das Begnadigungsrecht doch erst ausgeübt werden, wenn eine Verurteilung erfolgt war. Die an das Legalitätsprinzip gebundenen Justizbehörden haben nicht einige hundert Ermittlungsverfahren durchgeführt, sondern nach seriösen Berechnungen gegen etwa 125 000 Personen ermittelt. Allein die Sicherungsgruppe des Bundeskriminalamtes in Bad Godesberg, die nur einen Teil der wichtigeren Fälle zu bearbeiten hatte, führte im Jahre 1960 »gegen 3142 Personen aus linksradikalen Kreisen Ermittlungen«[65].

Wenn auch die Bemühungen um eine Amnestie 1957 scheiterten, so war ein Strafverfahren, das vor der Staatsschutzstrafkammer des Landgerichts Lüneburg im November 1956 begonnen hatte, doch sehr hilfreich.

65 *Alexander von Brünneck,* Politische Justiz gegen Kommunisten in der Bundesrepublik Deutschland 1949-1968, Frankfurt a. M. 1978, S. 238 und 242.

Der Fall Clemens: Das Urteil stand schon vor der Verhandlung fest

Der GDSF-Funktionär Alfons Clemens war am 15. März 1956 verhaftet und vor dem Landgericht Lüneburg, das in politischen Strafsachen für den Oberlandesgerichtsbezirk Celle zuständig war, wegen Staatsgefährdung angeklagt worden. Im Oktober 1928 in Breslau geboren, wurde er mit fünfzehneinhalb Jahren zum Kriegsdienst eingezogen und geriet gegen Kriegsende in sowjetische Gefangenschaft, die er überwiegend in Usbekistan verbrachte. Als er Ende September 1948 entlassen wurde, hatten seine Eltern und die vier Geschwister schon die schlesische Heimat verlassen müssen und im Sauerland Zuflucht gefunden. Anfang 1950 wurde er Mitglied der KPD. Nach Besuch der Städtischen Handelsschule in Siegen erlangte er die mittlere Handelsschulreife und war anschließend als kaufmännischer Angestellter tätig. Ab Herbst 1951 wurde Clemens hauptamtlich in der Gesellschaft für deutsch-sowjetische Freundschaft eingesetzt, 1955 im Landesverband Niedersachsen. Daher die Anklage in Lüneburg.

Die Hauptverhandlung verlief wie in den anderen GDSF-Verfahren. Das Urteil stand im Prinzip schon fest, ehe der Angeklagte den Gerichtssaal betreten hatte: Clemens bestritt nicht, in der GDSF hauptamtlich tätig gewesen zu sein, und diese Vereinigung war nach dem Urteil des BGH verfassungsfeindlich, geheimbündlerisch und kriminell. Die Überraschung lag darin, dass Clemens auch als Rädelsführer der KPD verurteilt wurde, obwohl er ihr nur als Mitglied ohne Funktion angehört hatte. Das Strafmaß war hart: Zwei Jahre Gefängnis, drei Jahre Verlust der Fähigkeit zur Bekleidung öffentlicher Ämter, drei Jahre Verlust des Wahlrechtes, drei Jahre Zulässigkeit der Polizeiaufsicht, Einziehung seines PKWs und Zahlung von 15345 DM als »Tatentgelt«. Das »Tatentgelt« war die Summe seines Gehaltes für mehr als vier Jahre, monatlich hatte er zuletzt 400 DM brutto bezogen.

Gegen das Urteil vom 13. November 1956 legte ich sofort Revision ein. Ich rügte vor allem die Verurteilung als Rädelsführer der KPD vor deren Verbot sowie die Einziehung des Tatentgeltes. Der politische Strafsenat des BGH hob am 3. April 1957 das Lüneburger Urteil nur insoweit auf, als bei dem Verurteilten 15345 DM eingezogen worden waren.

Unter diesem Aspekt wurde die Sache zur neuen Verhandlung und Entscheidung nach Lüneburg zurückverwiesen, die Revision aber im Übrigen verworfen. Es war das erste Mal, dass der BGH die Verurteilung für eine Tätigkeit zu Gunsten der KPD vor dem Verbot gebilligt hatte. Da der Rechtsweg erschöpft war, bestand nun die Möglichkeit, mit einer Verfassungsbeschwerde das Bundesverfassungsgericht anzurufen. Ich verabredete mit meinem Kollegen Dr. Ammann, dass wir die Verfassungsbeschwerde gemeinsam einlegen wollten. Dies geschah am 26. Juli 1957. Die Entscheidung über die Verfassungsbeschwerde fiel erst im Frühjahr 1961.

Die erneute Verhandlung beim Landgericht Lüneburg wegen des eingezogenen Tatentgelts fand am 13. August 1957 in einer gereizten Atmosphäre statt. Der niedersächsische Justizminister hatte als oberste Gnadenbehörde entschieden, dass Clemens, der seit dem 15. März 1956 in Haft war, am 25. April 1957 aus der Haft entlassen und der noch zu verbüßende Strafrest bis zum 31. Dezember 1961 zur Bewährung ausgesetzt wurde. Das Landgericht blieb bei seiner Entscheidung, 15 345 DM als Tatentgelt einzuziehen. Nicht nur in der Hauptverhandlung, sondern auch noch im schriftlichen Urteil, als der Zorn über den ministeriellen Gnadenerlass eigentlich schon hätte abgeflaut sein können, gab es kräftige Seitenhiebe gegen den Justizminister, aber auch gegen den Bundesgerichtshof. Im Urteil liest sich die Rüge an den Minister wie folgt:

> »Dazu ist zunächst zu sagen, dass es aus rechtsstaatlichen Erwägungen bedenklich erscheint, einen Gnadenerweis zu erteilen, bevor noch das Gesamtverfahren rechtskräftig abgeschlossen ist. War die Gnadenbehörde formell auch zu ihrer Verfügung berechtigt, so bedeutet diese Entscheidung materiell doch einen Eingriff der Exekutive in ein noch anhängiges Verfahren. Das Gericht hält es für notwendig, das unmissverständlich festzustellen.«

Doch hier irrte sich die Staatsschutzstrafkammer. Mit dem Revisionsurteil des BGH vom 3. April 1957 war die Strafsache bis auf die Behandlung des Tatentgelts rechtskräftig abgeschlossen, und zur Einziehung des Gehaltes hatte der Minister nichts entschieden. Obwohl die Vorgänge im Gnadenverfahren vertraulich sind, teilte die Strafkammer im Urteil überraschend mit, dass »der Gnadenerweis entgegen dem Votum des Vorsitzenden der Strafkammer, des Oberstaatsanwaltes und des Generalstaatsanwaltes erteilt« worden sei.

Auch der politische Strafsenat des BGH wurde getadelt. Er hatte im Revisionsurteil festgestellt, dass die Einziehung gezahlter Gehälter den erlangten Tatvorteil wieder aufheben solle, »soweit dadurch nicht unangemessene und vom Standpunkt der Rechts- und Gesellschaftsordnung unerwünschte Folgen entstehen, etwa durch die Einziehung die soziale Wiedereingliederung des Betroffenen verhindert wird«. Dieser nahe liegende und vernünftige Gesichtspunkt fand bei den Lüneburger Richtern kein Verständnis. Für die Strafkammer »muss für den Richter bei der Entscheidung der Frage, ob Tatentgelte politischer Funktionäre eingezogen werden sollen, in erster Linie die Staatsräson stehen. Der Gesichtspunkt der Generalprävention erfordert es, sorgfaltig und nachhaltig zu prüfen, ob eine Großzügigkeit des

Richters nicht missverständlich vom Täter und seinen Gesinnungsgenossen als Wehrlosigkeit des angegriffenen Staatswesens ausgelegt werden könnte.« Für Bundesgerichtshof und Justizminister hatte die Strafkammer am Ende ihres langen Urteils noch eine deutliche Mahnung:

> »Die Deutschen jenseits der Zonengrenze würden es nicht verstehen, wenn in Westdeutschland ein Staatsfeind mit unangemessener Milde behandelt würde, der durch seine Tätigkeit gegen die freiheitliche Ordnung Westdeutschlands zugleich das ostzonale Terrorsystem in seiner Stellung gegen die ostzonale Bevölkerung unterstützt hat.«

Waren zwei Jahre Gefängnis, die Unfähigkeit zur Bekleidung öffentlicher Ämter, der Verlust des Wahl- und Stimmrechtes sowie der Wählbarkeit und die Zulässigkeit der Polizeiaufsicht, die sonst nur bei Schwerkriminellen angeordnet wurde, nicht genug? Vor allem widerlegte die Lüneburger Rechtsprechung in diesem und in weiteren Prozessen die immer wieder zu hörende Behauptung, die Strafprozesse wegen Staatsgefährdung seien ganz normale Strafverfahren und hätten mit politischen Erwägungen rein gar nichts zu tun.

Die KPD als kriminelle Organisation

Bis zur Neufassung des Tatbestandes durch das Strafrechtsänderungsgesetz von 1951 fielen unter die Strafvorschrift gegen Untergrundvereine oder kriminelle Organisationen ausschließlich zahlenmäßig kleine Gangstervereine, sogenannte Ringvereine der Berufsverbrecher, die gemeinsam Straftaten planen, durchführen und einen Teil des Beuteerlöses an den Verein abführen, damit davon hilfsbedürftige Vereinsmitglieder unterstützt werden können. Der Bundesgerichtshof hat seit 1951 mehrere politische Vereinigungen zu kriminellen Organisationen erklärt: die Freie Deutsche Jugend (FDJ), den kommunistischen Jugendverband, den Hauptausschuss für Volksbefragung und die Gesellschaft für deutsch-sowjetische Freundschaft. Von weit tragender Bedeutung war, dass der Bundesgerichtshof nach dem Verbotsurteil auch die KPD als eine Partei mit mehreren zehntausend Mitgliedern zur kriminellen Organisation erklärt hat. Zur Begründung hat das höchste Strafgericht mit bindender Wirkung für alle Strafkammern ausgeführt, die genannten Vereinigungen und die KPD hätten einen »planmäßigen Hetzfeldzug« gegen die Staatsorgane der Bundesrepublik geführt, durch Bemalen von Wänden, Brücken und Straßen mit politischen Parolen Sachbeschädigung verübt und gelegentlich bei ihren Druckschriften unrichtige oder unvollständige Impressa verwendet. Auch wenn sich der einzelne Beschuldigte nicht an dem »Hetzfeldzug« oder an anderen strafbaren Handlungen beteiligt hatte, konnte er dennoch wegen der bloßen Mitgliedschaft in der inkriminierten Vereinigung bestraft werden.

Die Auswirkungen dieser Rechtsprechung will ich nur an einem Beispiel zeigen: Als Rädelsführer der KPD, d.h. einer verfassungsfeindlichen und kriminellen Vereinigung, wurde von der Staatsschutzstrafkammer in Dortmund am 23. März 1960 neben vier anderen Angeklagten auch der Redakteur einer kommunistischen Tageszeitung zu einer fünfmonatigen Freiheitsstrafe auf Bewährung verurteilt, der nicht einen einzigen Artikel mit beleidigendem Inhalt geschrieben hatte, nicht vorbestraft war und einen vorzüglichen Leumund besaß. In dem Urteil wird über seinen Werdegang Folgendes festgestellt: »1933 studierte er an der Universität Köln. Dort wurde er wegen seiner jüdischen Abstammung exmatrikuliert. Im selben Jahr noch emigrierte er nach Frankreich, von wo er sich 1934 nach Holland begab … 1935 machte er sich in Amsterdam selbstständig … Dieses Geschäft wurde 1942 liquidiert. Im darauf folgenden Jahre tauchte er sodann mit einem Teil seiner Familie bis Kriegsschluss unter… Das älteste Kind, eine Tochter, ist jetzt 18 Jahre alt. Diese musste der Angeklagte drei Monate nach ihrer Geburt aus Sicherheitsgründen unter falschem Namen in ein Waisenhaus geben. Seine Eltern sind im KZ Bergen-Belsen verhungert. 29 andere Verwandte wurden in Auschwitz und anderen Vernichtungslagern vergast ... Nach dem Zusammenbruch kehrte er 1945 nach Deutschland zurück und fand Beschäftigung bei der Bezirksleitung der KPD in Köln. 1946 kam er als Redakteur zur ›Neuen Volkszeitung‹. Dort war er bis zum Verbot der KPD am 17. 8. 1956 tätig.«

Ist wirklich anzunehmen, dass ein Mann, der mit seiner Familie so schreckliche Erfahrungen mit einem Gewaltregime gemacht hat, »den Boden für die Errichtung einer Gewalt- und Willkürherrschaft vorbereiten« und Rädelsführer einer kriminellen Untergrundorganisation sein wollte? Wie sollte er erkennen, dass bei seiner zehn Jahre (1946-1956) ausgeübten Tätigkeit plötzlich ab 1. September 1951 – dem Datum des Inkrafttretens des Strafrechtsänderungsgesetzes – bisher straffreies Tun strafbar geworden sein sollte?

Es steht außer Zweifel, dass die KPD die Bundesregierung in den Jahren 1951-55 mit größter Schärfe und in beleidigender Weise angegriffen hat. Die dafür Verantwortlichen konnten belangt werden und sind auch wegen Beleidigung, übler Nachrede, Verunglimpfung von Staatsorganen verurteilt worden. Aber kann deswegen eine ganze Partei zur kriminellen Organisation erklärt werden?

Wenn man sich um Objektivität bemüht, wird man einräumen müssen, dass der Ton im politischen Kampf, besonders in turbulenten Zeiten, leider rau, ja roh ist und von beleidigenden Ausfällen strotzt. So wurden in einer einzigen außenpolitischen Bundestagsdebatte im März 1958 – also zu einer Zeit, als die KPD bereits verboten war – u. a. folgende beleidigende Ausdrücke gegenüber Anwesenden im Protokoll festgehalten: »Berufsmäßiger Verleumder«, »schweinische Hetze«, »ein reiner Provokateur«, »Sie sind eine Giftspritze«, »Da spricht ein Flintenweib«, »übler Provokateur«, »Lump«, »Strolch«, »der schlimmste Lümmel in diesem hohen Haus«, »Wer ein Lump ist, muss sich das auch sagen lassen«, »Bei dem fällt es schwer, nicht handgreiflich zu werden«, »billiger Jakob«, »Ich nenne Sie einen Totengräber der Demokratie«, »Mit solchen Leuten richtet man die deutsche Demokratie zu Grunde«, »Das war die primitivste Rede, die je hier gehalten worden ist«, »Schmutzkübel«, »Brunnenvergifter«.

Der Nürnberger Kriegsverbrecher-Gerichtshof hat eine Reihe von NS-Organisationen für verbrecherisch erklärt, darunter die SS (unter Ausklammerung der Reiter-SS). Wir wissen heute, dass diese Charakterisierung zumindest für einige SS-Einheiten und Institutionen, z. B. das Reichssicherheitshauptamt Heydrichs, zutrifft. Dennoch haben wir mit Recht daran festgehalten, dass niemand wegen bloßer Mitgliedschaft in der SS oder Zugehörigkeit zu einem bestimmten SS-Amt belangt werden durfte. Das rechtsstaatliche Strafrecht beruht auf dem Prinzip der persönlichen Verantwortung für eine konkrete Tat.

In den Jahren 1955 und 1956 hatte ich in mehreren Strafprozessen das Kernstück der 1951 eingeführten politischen Strafjustiz in den Gerichtssälen kennen gelernt: die sogenannten Organisationsdelikte (verfassungsfeindliche Vereinigung, Geheimbund, kriminelle Organisation). Mit ihnen sollte die Tätigkeit kommunistischer Gruppierungen auch mit den Mitteln des Strafrechts bekämpft und lahm gelegt werden. Die Tätigkeit in der KPD konnte nach dem Verbotsurteil seit dem 17. August 1956 außerdem rückwirkend ab 1. September 1951 bestraft werden. Anklagen und Verurteilungen mit dem Vorwurf der Mitgliedschaft in kommunistischen Organisationen machten bis 1961 die große Mehrzahl der Verfahren aus. Die als verfassungsfeindlich, kriminell oder geheimbündlerisch eingestuften Vereinigungen brauchten selbst zum Zeitpunkt von Anklage und Verurteilung nicht durch die zuständigen Verwaltungsbehörden verboten zu sein. Erschwerend kam hinzu, dass 1951 auch der Strafschärfungsgrund der staatsgefährdenden Absicht eingeführt wurde. Er machte aus Vergehen Verbrechen. Das hatte z. B. zur Folge, dass die Verjährungsfrist zehn Jahre betrug, eine Einstellung wegen Geringfügigkeit nicht mehr möglich war und beim Erlass von Haftbefehlen der Haftgrund der Fluchtgefahr nicht begründet zu werden brauchte, weil ein Verbrechen den Gegenstand der Untersuchung bildete. Da die Organisationsdelikte (Mitgliedschaft in einem Geheimbund und/oder in einer kriminellen Vereinigung) auch in staatsgefährdender Absicht begangen werden konnten, wurde die bloße Mitgliedschaft ohne einen persönlichen Verstoß gegen ein allgemeines Strafgesetz zum Verbrechen. Im Hinblick darauf, dass nach Auffassung der Strafverfolgungsbehörden alle Kommunisten in staatsgefährdender Absicht handelten, entwickelte sich die Rechtsprechung in politischen Verfahren zum Gesinnungsstrafrecht. So wurden die kommunistischen Mitglieder im »Hauptausschuss für Volksbefragung« verurteilt, die Nichtkommunistin Christa Thomas freigesprochen. In einem Strafprozess gegen acht Mitglieder der GDSF wurden im April 1958 von der Staatsschutzstrafkammer Düsseldorf die sieben ehemaligen KPD-Genossen zu Freiheitsstrafen verurteilt, während der achte Angeklagte, der nicht der KPD angehörte, freigesprochen wurde. Immerhin war er, ein in Düsseldorf praktizierender Arzt, seit 1952 Mitglied des Präsidiums, und er wurde nach dem Tode seines Vorgängers im April 1954 zum Präsidenten der Gesellschaft für deutsch-sowjetische Freundschaft gewählt.

Der »Landesverratsprozess« gegen Viktor Agartz

Im Jahre 1957 erlebten Gustav Heinemann und ich einen der interessantesten politischen Prozesse unserer Anwaltstätigkeit: Das im November/Dezember 1957 vor dem Bundesgerichtshof durchgeführte Strafverfahren gegen den Wirtschaftsprüfer Dr. Viktor Agartz. Heinemann und Agartz kannten sich aus gemeinsamer Marburger Studienzeit in den Jahren 1919/20, hatten sich aber für viele Jahre aus den Augen verloren und erst in der Nachkriegszeit wiedergesehen.

Nach dem Abitur hatte der am 15. November 1897 in Remscheid geborene Agartz unmittelbar nach Ende des Ersten Weltkrieges in Marburg das Studium der Nationalökonomie begonnen, das er von 1920 bis 1925 an der wirtschafts- und sozialwissenschaftlichen Fakultät der Universität Köln fortsetzte. Seit dem 18. Lebensjahr gehörte er – der Tradition des sozialdemokratischen Elternhauses folgend – der SPD an und arbeitete an beiden Universitäten im sozialistischen Studentenverband mit. Die Beschäftigung mit dem Marxismus war ein Hauptgegenstand seines Studiums. 1925 promovierte er mit dem Thema »Das praktische Verhalten der Arbeiterschaft gegenüber der Durchführung des Betriebsschutzes« zum Dr. rer. pol. In demselben Jahr heiratete er eine Kölner Ärztin und trat in den Vorstand der gewerkschaftseigenen Rheinischen Konsumgenossenschaft ein, die damals eines der größten Lebensmittelunternehmen war. Zugleich wurde er Dozent an der Arbeiterhochschule in Köln. Nach Hitlers Machtübernahme musste er die Lehrtätigkeit einstellen, weil er sich weigerte, der NSDAP und der Deutschen Arbeitsfront beizutreten. Bald danach wurde er auch als Vorstandsmitglied der Konsumgenossenschaft aus politischen Gründen entlassen. Ab 1936 fand er eine Beschäftigung bei der Rheinisch-Westfälischen Treuhand AG. Nach abgelegtem Examen als Wirtschaftsprüfer wurde er 1942 in den Vorstand der Treuhand AG berufen.

Seine berufliche Position erlaubte ihm die Rettung des Vermögens verschiedener konfessioneller Organisationen, z. B. der Kolping-Gesellschaft, des Verbandes katholischer Priester Pax und der Steyler Missionare. Außerdem organisierte er die finanzielle Unterstützung von Familien politischer Gefangener. Über die ganze Zeit des Dritten Reiches hielt er vorsichtig den Kontakt zu Gewerkschaften und Sozialdemokraten im Widerstand, so zu Hans Böckler, dem späteren ersten DGB-Vorsitzenden, und Wilhelm Leuschner, dem 1944 hingerichteten früheren sozialdemokratischen Innenminister Hessens. In den letzten Kriegsmonaten hielt er sich versteckt, weil er erfahren hatte, dass er durch Schutzhaftbefehl gesucht wurde. Nach Kriegsende beteiligte sich Agartz sofort aktiv beim Wiederaufbau der Gewerkschaften und der SPD. Beim ersten Nachkriegsparteitag der SPD in Hannover am 9. Mai 1946 wurde er auf Drängen des SPD-Vorsitzenden Kurt Schumacher Generalsekretär des Wirtschaftsrates der britischen Zone und übernahm Ende April die Leitung des Zentralamtes für Wirtschaft der britischen Zone in Minden, das ab 1947 das Zentralamt für Wirtschaft der anglo-amerikanischen Bizone wurde. Im Dezember 1946 reiste Agartz mit Schumacher zu Gesprächen mit der Labour Party nach London. Hauptthema war die möglichst rasche Beendigung der Demontage-Politik. Immerhin konnte Agartz während seiner Zeit in Minden von 2000 auf der Demontageliste stehenden Industriewerken fast 1600 in zähen Verhandlungen retten. Die KPD warf Agartz damals vor, er berücksichtige bei seinen Mitarbeitern zu wenige Kommunisten. Darüber sprach er mit dem KPD-Vorsitzenden Max Reimann und dem nordrhein-westfälischen Wiederaufbauminister Hugo Paul, der in der KPD für Gewerkschaftsfragen zuständig war. Beiden versicherte er, er habe keine Berührungsängste vor Kommunisten, doch hätten sie ihm keine geeigneten Leute für die entsprechenden Aufgaben benennen können.

Im Frühjahr 1947 musste Agartz die Leitung des Zentralamtes für Wirtschaft aus gesundheitlichen Gründen niederlegen: Hungerödeme und Skorbut hatten ihn arbeitsunfähig gemacht. Er wollte der britischen Besatzungsmacht demonstrieren, dass niemand von den offiziellen Lebensmittelrationen leben konnte. Zur allgemeinen Überraschung lehnte er die ihm angebotene Sonderverpflegung ab. Nicht zuletzt seine Demonstration veranlasste die Besatzungsmächte, die Rationen für die deutsche Bevölkerung beträchtlich zu erhöhen. Agartz fiel für mehrere Monate aus. Das von ihm geleitete Zentralamt wurde am 25. Juni 1947 organisatorisch in den Frankfurter Wirtschaftsrat übergeführt, der bis zur Errichtung der Bundesrepublik Deutschland 1949 für die drei westlichen Besatzungszonen (Trizone) zuständig blieb.

Agartz' Nachfolger wurde Ludwig Erhard, der spätere langjährige Bundeswirtschaftsminister und für drei Jahre Nachfolger Adenauers als Bundeskanzler. Nach seiner Genesung auf Vorschlag Schumachers zum Mitglied des Wirtschaftsrates ernannt, trat er 1948 aus Protest gegen die Währungsreform zurück, in der er einen entscheidenden Schritt zur Spaltung Deutschlands sah, durch den die sowjetisch besetzte Zone »Devisen-Ausland« wurde. Am 29. Mai 1949 beauftragte Hans Böckler Agartz mit der Leitung des vom DGB gegründeten Wirtschaftswissenschaftlichen Instituts (WWI). Agartz verlor durch den Tod Hans Böcklers am 16. Februar 1951 und den frühen Tod Kurt Schumachers am 20. August 1952 seine wichtigsten Förderer. Zunächst blieb sein Einfluss groß, nicht zuletzt durch seine in

Fachkreisen geschätzte Sachkunde, die ihm auch in der Vertretung der Gewerkschaften in zahlreichen Aufsichts- und Beiräten zugute kam (u. a. Verwaltungsrat der Kreditanstalt für Wiederaufbau und Aufsichtsrat der Thyssen AG). Dem Gedanken der Mitbestimmung und der These von der Sozialpartnerschaft stand Agartz trotzdem kritisch gegenüber. 1951 formulierte er in einem Referat: »Am Charakter der kapitalistischen Wirtschaft ändert das Mitbestimmungsrecht nichts. Unsere Forderungen gehen aber dahin, die Prinzipien dieser Wirtschaft zu ändern.«

In seinem Grundsatzreferat auf dem SPD-Parteitag 1946 hatte er dazu ausgeführt:

> »An die Stelle des privatkapitalistischen Gewinnstrebens hat die staatliche Planung zu treten. Über den Umfang und über die Richtung der Produktion darf zukünftig nur noch der demokratische Staat entscheiden. Die dezentralisierte Planung muss dabei immer von unten nach oben gehen, unter Einbau marktwirtschaftlicher Elemente.«

Nach seinen Vorstellungen sollten die Kohle-, Stahl- und Chemieindustrie wie auch das Bankwesen in öffentliches Eigentum übergeführt werden. Eigentümer sollte aber nicht der Staat werden, sondern die Gesellschaft. Eindeutig war seine Ablehnung einer Zentral- und Kommandowirtschaft, wie sie sich in den kommunistischen Staaten entwickelt hatte:

> »Wir lehnen einen zentralistischen Staatskapitalismus ab, eine Wirtschaftsform, die immer die Neigung hat, zu einer politischen Diktatur auszuarten.«

In jenen Nachkriegsjahren wurden auch in der CDU Sozialisierungspläne entworfen. So schlug zum Beispiel die nordrhein-westfälische Landesregierung unter dem der CDU angehörenden Ministerpräsidenten Karl Arnold eine Vergesellschaftung der Montanunternehmen vor.

Der Höhepunkt seines Einflusses in den Gewerkschaften schien gekommen zu sein, als Viktor Agartz beim 3. DGB-Kongress im Oktober 1954 in Frankfurt das Hauptreferat hielt. Der stellvertretende DGB-Vorsitzende und Präsident des Frankfurter Kongresses, Matthias Föcher, der ein führendes Mitglied der CDU-Sozialausschüsse war, charakterisierte die Rede mit folgenden Worten: »Ich möchte nicht unterlassen, noch einmal dem Kollegen Agartz für diese kristallklare Analyse der gegenwärtigen Situation unseren herzlichen Dank auszusprechen. Ich weiß, meine sehr verehrten Kolleginnen und Kollegen, dass er damit die Sprache der Gewerkschaft gesprochen hat.«

Nur wenigen Kongressteilnehmern fiel auf, dass keine Diskussion des Hauptreferates vorgesehen war. Die meisten Delegierten hielten das bei der Fülle des zu erledigenden Debattenstoffes auch für überflüssig. In Wirklichkeit war die von Föcher gelobte »kristallklare Analyse der gegenwärtigen Situation«, der eine marxistische Sicht zu Grunde lag und in der sich Agartz gegen die »Illusion der Sozialpartnerschaft« gewandt hatte, ein gewaltiger Stein des Anstoßes für einige einflussreiche Gewerkschaftsfunktionäre. Das ging bis zur Ankündigung einer Gewerkschaftsspaltung durch die Gründung christlicher Gewerkschaften, für die ausreichendes Kapital zur Verfügung stand. Ein marxistisch analysierender Cheftheoretiker, so wurde gesagt, sei für die Einheitsgewerkschaft DGB nicht tragbar. Auf raffinierte Weise wurde Agartz völlig unberechtigt in eine Dokumenten-Affäre verwickelt; das ihn eindeutig entlastende Dokument wurde dem DGB-Bundesvorstand vorenthalten. Außerdem wurde Agartz für Schwierigkeiten verantwortlich gemacht, die das Wirtschaftswissenschaftliche Institut mit zwei Mitarbeitern hatte. Außer diesen verließ auch Agartz das WWI zum Jahresende 1955.

Es gehört zur Tragik seines Lebens, dass im gleichen Jahr auch die Frau von Viktor Agartz gestorben war und ihm bei dieser entscheidenden Weichenstellung seines Lebens ihr Rat und Beistand fehlte. Aber Agartz wollte sich nach dem Verlust seiner Lebensgefährtin nicht in ein sorgenfreies Pensionärsdasein zurückziehen. Finanzielle Erwägungen spielten dabei keine Rolle. Auf Nebeneinkünfte war er nicht angewiesen, weil er von seinem Vermögen leben konnte. Seine verstorbene Frau stammte zudem aus wohlhabendem Haus; zu ihrem vererbten Vermögen gehörte auch eine Stahlwarenfabrik. Schon im Februar 1956 gründete Agartz die Gesellschaft für wirtschaftswissenschaftliche Forschung. Gesellschafter der GmbH, deren Stammkapital 20 000 DM betrug, war neben Agartz Ruth Ludwig, die seit den Mindener Tagen seine Sekretärin war. Paragraph 6 des Gesellschaftsvertrages lautete: »Die Gesellschaft soll keine Gewinne erzielen. Etwaige Überschüsse sind ausschließlich für wissenschaftliche Aufgaben zu verwenden«. Agartz selbst erhielt keine Bezüge. Außer ihm und Frau Ludwig waren bei der Gesellschaft fünf Personen tätig: Zwei wissenschaftliche Mitarbeiter, zwei Schreibkräfte und ein Fahrer.

Die Gesellschaft gab eine Halbmonatszeitschrift unter dem Namen »Wiso, Korrespondenz für Wirtschafts- und Sozialwissenschaften« heraus. Die erste Nummer erschien am 15. März 1956. Die Auflage betrug 4 000 Exemplare. Die Abonnentenzahl belief sich auf knapp 600. Die monatlichen Ausgaben der Gesellschaft für Druckkosten, Miete, Gehälter, Honorare und Nebenkosten lagen zwischen 9 000 und 10 000 DM.

Im Herbst 1956 folgte Agartz einer Einladung der russischen Akademie der Wissenschaften und hielt an der Moskauer Universität mehrere Vorträge über Fragen der westlichen Konjunktursituation, des Gemeinsamen Marktes und der

Staatsfinanzierung mit anschließenden Diskussionen. Bei der bundesdeutschen Botschaft in der sowjetischen Hauptstadt machte er einen Antritts- und Abschiedsbesuch. Der Gesandte Dr. Norte sprach ihm bei der Abreise den Dank der Botschaft dafür aus, dass er mit seiner Zuhörerschaft in einer marxistischen Denk- und Redeweise diskutiert habe. Er verband damit den Wunsch, er möge wiederkehren.

Am 20. März 1957 rief ein unbekannt gebliebener Mann bei einer Dienststelle der Berliner Kriminalpolizei an und teilte mit, dass in Ost-Berlin ein PKW Mercedes mit dem polizeilichen Kennzeichen HA - H 297 stehe. Der Fahrer hole einen größeren Betrag Westgeld ab, der illegal in die Bundesrepublik gebracht und einem KPD-Funktionär in Hagen übergeben werden solle. Das Geld bekomme aber »tatsächlich ein anderer, ein viel größerer«. Noch am selben Tag konnte die aus Berlin verständigte Polizei den beschriebenen Kraftwagen an der Zonengrenze in Helmstedt anhalten und den Fahrer festnehmen. Nach einigen Ausflüchten bestritt der festgenommene Fahrer Gustav Wieland, dass die bei ihm sichergestellten 21 920 DM West für die illegale KPD bestimmt seien. Vielmehr solle der Geldbetrag an das Institut für gesellschaftswissenschaftliche Forschung in Köln abgeführt werden, bei dem er seit dem 1. Oktober 1956 als Werber tätig sei. Der Leiter des Instituts sei Dr. Viktor Agartz. Der Rest war polizeiliche Routine. Wieland war bis zum Verbot der KPD Mitglied dieser Partei und der Fahrer des Leiters der Abteilung »Arbeit und Soziales« im KPD-Parteivorstand, Hugo Paul, der auch Herausgeber der kommunistischen Gewerkschaftszeitung »Tribüne der Arbeit« gewesen war. Wieland erklärte auch, dass das Institut aus der DDR finanziell unterstützt werde. Agartz und seine Sekretärin wurden am 25. März festgenommen; am folgenden Tag erging gegen sie ein Haftbefehl. Es wurde ihnen dreierlei vorgeworfen:

1. Rädelsführerschaft in einer verfassungsfeindlichen Vereinigung, worunter das Institut verstanden wurde.
2. Verstoß gegen das KPD-Verbotsurteil des Bundesverfassungsgerichtes durch Bildung einer Ersatzorganisation der verbotenen Partei.
3. Verfassungsverräterische Verbindung zum FDGB der DDR.

Zwei Tage nach ihrer Festnahme konnte ich am 27. März Agartz und Frau Ludwig im alten Kölner Gefängnis – im Volksmund Klingelpütz genannt – besuchen, nachdem ich vorher den Ermittlungsrichter des Bundesgerichtshofes Buddenberg aufgesucht und von ihm eine Besuchserlaubnis und eine kurze Inhaltsangabe der Schuldvorwürfe erhalten hatte. Nach den damaligen Vorschriften durfte ich im Besuchszimmer der Anstalt nur unter richterlicher Überwachung in getrennten Gesprächen mit den Beschuldigten reden. Beide gaben zwar den äußeren Geschehensablauf und die finanzielle Unterstützung aus der DDR von durchschnittlich monatlich 10 000 DM zu, bestritten aber jede Abhängigkeit vom FDGB und wiesen ein strafbares Verhalten zurück. Ich sagte beiden, dass nach meiner Erfahrung jetzt eine intensive Vernehmung aller Mitarbeiter des Instituts und eine Untersuchung des gesamten Umfeldes der »Wiso« beginnen werde, die einige Wochen in Anspruch nehme. Da beide Untersuchungshäftlinge waren, hatten sie zum Unterschied von Strafgefangenen einige Vorteile (z.B. die Möglichkeit, Verpflegung von außerhalb gegen Bezahlung zu erhalten). Sie hatten aber keinerlei Wünsche und Beanstandungen. Agartz war froh, dass er Bohnenkaffee in größeren Mengen bekommen konnte; ich hielt ihn fast für koffeinsüchtig. Außerdem war er ein starker Raucher.

Am nächsten Tag meldeten alle deutschen und viele ausländische Zeitungen, zum Teil in ausführlichen Berichten, die Verhaftung von Dr. Agartz und zwei Mitarbeitern und gaben die Gründe für die Inhaftierung bekannt, die die Bundesanwaltschaft in einer Pressekonferenz mitgeteilt hatte. Wie erwartet, führten der Ermittlungsrichter und Beamte des Bundeskriminalamtes in den folgenden Wochen umfangreiche Zeugenvernehmungen durch und prüften die Fülle des im Büro der Gesellschaft und in der Wohnung der Beschuldigten sichergestellten Materials auf beweiserhebliche Schriftstücke.

Gustav Heinemann, der mit seiner Frau gerade eine Auslandsreise angetreten hatte, als Agartz verhaftet wurde, ließ sich nach seiner Rückkehr von mir eingehend unterrichten. Am 10. April besuchten wir gemeinsam Agartz und Frau Ludwig im Kölner »Klingelpütz«. Auch an diesem Tage war die richterliche Überwachung unserer Besuche angeordnet worden. Diesmal war nicht der Ermittlungsrichter des BGH, sondern ein Richter des Amtsgerichtes Köln anwesend, der sich ans Fenster stellte und auf den Anstaltshof schaute. Er hätte auch am Tisch sitzen können, denn es gab nichts zu besprechen, was er nicht hätte hören dürfen. Als unser Gespräch mit Agartz beendet war und unser Mandant in seine Zelle zurückgeführt wurde, entschuldigte sich der Richter wegen seiner Überwachungsaufgabe. Sie sei ihm umso peinlicher, als Heinemann seine richterliche Ernennungsurkunde Anfang 1948 als nordrhein-westfälischer Justizminister unterschrieben hatte. Am 7. Mai 1957 entschied der BGH im Haftprüfungstermin, dass die Haftbefehle aufrechterhalten blieben, aber ihr Vollzug gegen Kaution ausgesetzt werden solle. Die Kaution bestand bei Frau Ludwig in einem Geldbetrag; bei Agartz in einer Arresthypothek auf sein Hausgrundstück in Höhe von 25 000 DM. Am 9. Mai waren beide Mandanten wieder auf freiem Fuß.

Der Generalbundesanwalt legte die vom 28. September 1957 datierte, 69 Seiten umfassende Anklageschrift dem Bundesgerichtshof mit dem Antrag vor, das

Hauptverfahren zu eröffnen. Der Anklagevorwurf war gegenüber dem Haftbefehl sehr geschrumpft. Die Bundesanwaltschaft lastete den Angeklagten nicht mehr die Rädelsführerschaft in einer verfassungsfeindlichen Vereinigung und auch nicht einen Verstoß gegen das KPD-Verbotsurteil an. Die Ermittlungen hatten ergeben, dass der Inhalt der »Wiso«-Korrespondenz nicht gegen die Grundprinzipien unserer Verfassung verstieß und Agartz keine Zensur ausübte bei den Beiträgen seiner wissenschaftlichen Mitarbeiter, die ganz überwiegend – wie die Professoren Abendroth und Kofler sowie die promovierten Volkswirtschaftler Hofmann und Horn – anerkannte politische DDR-Flüchtlinge waren und ihre eigenen Auffassungen zum Ausdruck brachten. Es blieb der Vorwurf einer verfassungsverräterischen Verbindung zum Freien Deutschen Gewerkschaftsbund der DDR (§ 100d Abs. 2 des Strafgesetzbuches). Mit dieser Strafvorschrift mussten wir uns nachhaltig befassen, weil sie uns in den bisherigen politischen Verfahren noch nicht begegnet war.

Das Strafrechtsänderungsgesetz von 1951 hatte unserem Strafgesetzbuch drei Abschnitte hinzugefügt: Hochverrat (§ 80-87), Staatsgefährdung (§ 88-98) und Landesverrat (§ 100a-100f). Unstreitig hat jeder Staat das Recht, sich gegen gewaltsamen Umsturz (Hochverrat) und gegen Landesverrat (Verrat und Ausspähung von Staatsgeheimnissen, Beziehungen zu fremden Geheimdiensten usw.) zur Wehr zu setzen. Mit dem zweiten Abschnitt »Staatsgefährdung« wurde 1951 gesetzgeberisches Neuland beschritten. Die Tatbestände sollten sich gegen die modernen Methoden eines gewaltlosen Umsturzes richten, der von innen vorbereitet und von außen unterstützt wird. Dass diese »Vorverlegung« des Staatsschutzes bedenklich, in einzelnen Teilen sogar verfassungswidrig war, wird noch belegt werden.

Einige Zeit vor der Anklageerhebung teilte uns die Bundesanwaltschaft mit, es könne unter Umständen eine Interessenkollision zwischen Agartz und Frau Ludwig entstehen, so dass wir nicht beide Beschuldigte verteidigen könnten. Frau Ludwig entschied sich für den Kölner Rechtsanwalt Dr. Robert Servatius als Verteidiger. Ihn kannte Agartz schon seit einigen Jahren.

Die Hauptverhandlung vor dem Bundesgerichtshof begann am 25. November 1957 mit der Darstellung der Lebensläufe der Angeklagten. Eindrucksvoll schilderte Agartz seine enge Verbindung zu Böckler und Schumacher. Den Parteivorsitzenden traf er mindestens einmal in der Woche. Noch am Sonntag vor seinem Tod sei Schumacher bei ihm gewesen. Angebote, das Wirtschaftsministerium in Nordrhein-Westfalen, Niedersachsen oder Hessen zu übernehmen, habe er abgelehnt, weil er seine Aufgabe als sozialistischer Theoretiker gesehen habe. Neben dem Drängen Böcklers sei er auch aus diesem Grunde aus dem Vorstand der Rheinisch-Westfälischen Treuhand AG ausgeschieden und habe die Leitung des Wirtschaftswissenschaftlichen Instituts (WWI) der Gewerkschaften übernommen. Nur für die, die ihn als geizig oder geldgierig ansähen, füge er hinzu, dass er beim WWI nur ein Drittel der Bezüge eines Vorstandsmitgliedes der Treuhand erhalten habe.

Wieland, der von Rechtsanwalt Hartmann aus Herne verteidigt wurde, bestätigte, vor dem Verbot Mitglied der KPD und ab Sommer 1955 Fahrer des KPD-Vorstandsmitgliedes Hugo Paul gewesen zu sein. Agartz habe er durch Vermittlung Pauls im Frühjahr 1956 kennen gelernt.

Die Einlassung der Angeklagten zu den Schuldvorwürfen nahm die beiden folgenden Sitzungstage in Anspruch. Agartz erklärte, bei den Absatzerwartungen für die »Wiso« sei er zu optimistisch gewesen. Deshalb habe er die Erklärung Pauls bei dessen Besuch Ende April 1956 begrüßt, ein »Pauschalabonnement« des FDGB in Höhe von 2000 Exemplaren zu vermitteln. Paul habe vorgeschlagen, das Geld durch Wieland in Ost-Berlin abholen zu lassen und in Teilbeträgen in mehreren westdeutschen Städten auf das Konto der Gesellschaft einzuzahlen. Die Finanzierung durch den FDGB sei sicher ungewöhnlich gewesen, doch habe er keine Berührungsängste gehabt. In diesem Zusammenhang erinnerte Agartz an die Interzonenkonferenzen, die es zwischen den westdeutschen Gewerkschaften und dem FDGB noch bis 1950 gegeben habe, dann seien diese Treffen dem Kalten Krieg zum Opfer gefallen. Er habe mehrere Bekannte im FDGB gehabt; u.a. sei sein Studienfreund Ernst Lemmer, jetzt Bundesminister, in den ersten Nachkriegsjahren der 3. Vorsitzende der ostdeutschen Gewerkschaften gewesen. Gegen die Vereinbarung des »Pauschalabonnements« habe er auch deshalb keine Bedenken gehabt, weil er darin einen Solidaritätsbeitrag für die vom DGB aus dem WWI entlassenen Kollegen Horn und Pirker sowie Frau Ludwig gesehen habe, denen er durch die Herausgabe der »Wiso« eine neue Tätigkeit verschafft habe. Agartz versicherte, er habe wegen des Inhalts der »Wiso« nie Weisungen erhalten, die er im Übrigen auch nicht akzeptiert hätte. Niemand habe von ihm verlangt, vor Abfassung der Artikel über den Inhalt unterrichtet zu werden. Über einzelne Aufsätze in der »Wiso« gab es bemerkenswerte Debatten zwischen Agartz und einigen Bundesrichtern. Es war aufschlussreich, wie der ehemalige Cheftheoretiker des DGB seinen Zuhörern die fundamentalen Unterschiede zwischen Marxismus und Leninismus-Stalinismus darlegte. Für Marx, der in seinen Werken Begriffe wie »Diktatur des Proletariats«, »Klassenlose Gesellschaft« nur selten verwendet habe, seien dies keine juristischen, sondern soziologische Termini gewesen. Für Marx hätte in dem kapitalistischen Staat die »Diktatur der Bourgeoisie« geherrscht, weil die Rechtsordnung (Handels-, Steuerrecht usw.) vorwiegend den Interessen des Bürgertums gedient habe. Dieser These hätte Marx die Antithese »Diktatur des Proletariats« gegenübergestellt. Die Synthese sollte die »Klassenlose Gesellschaft« bilden, in der es keine Privilegien geben dürfe. Diese dialektische Betrachtungsweise sei im Leninismus-Stalinismus verfälscht worden. »Diktatur« sei als juristischer Begriff verwendet und mit Gewalt und Terror gleichgesetzt worden. Er, Agartz, habe die Hoffnung, dass nach dem XX. Parteitag der sowjetischen Kommunisten 1956 und der von Chruschtschow bei dieser Gelegenheit gehaltenen Rede über die Verbrechen Stalins die sozialistisch-humanistische Grundidee aus der stalinistischen Pervertierung befreit werde. Für ihn seien Mehrparteiensystem, Anerkennung der Opposition, Grundrechte der Menschen und unabhängige Gerichte für eine demokratische Ordnung unverzichtbar. Er habe das auch seinen kommunistischen Gesprächspartnern gesagt.

Frau Ludwig berichtete, dass Agartz ihr schon früh von dem vereinbarten Pauschalabonnement erzählt habe. Sie habe das nicht für ehrenrührig und keineswegs für strafbar gehalten. Sie habe die Bücher geführt sowie die Gehälter und Honorare ausgezahlt. Agartz habe ihr gesagt: »Wenn Sie kein Geld mehr haben, lassen Sie es mich wissen; ich springe dann ein.« Dass sie kein schlechtes Gewissen habe, zeige auch die Tatsache, dass alle Unterlagen bei der Bürodurchsuchung noch vorhanden gewesen seien. Sie kenne ihren Chef aus 14-jähriger Zusammenarbeit gut genug, um erklären zu können, dass er nicht käuflich sei. Seine Aufsätze in der »Wiso« seien ihrem Inhalt nach so geschrieben worden, wie er immer geschrieben habe. Sie bezeichnete ihn als »Büchermenschen und Theoretiker«.

Am 28. November begann die Beweisaufnahme mit der Vernehmung der Zeugen. Der Tenor ihrer Aussagen war eindeutig und bestätigte Agartz' Angaben.

Am 10. Dezember plädierte der Vertreter der Bundesanwaltschaft. Er hielt Agartz und Wieland im Sinne der Anklage für schuldig und forderte für Agartz ein Jahr, für Wieland acht Monate Gefängnis. Für Frau Ludwig beantragte er Freispruch.

Der folgende Tag war für die Plädoyers der vier Verteidiger und die Schlussworte der Angeklagten vorgesehen. Gustav Heinemann begann mit einer brillanten Zusammenfassung des Prozessverlaufs, die – wie auch den Presseberichten zu entnehmen war – alle Prozessbeteiligten ungewöhnlich beeindruckte. Wir hatten vorher abgesprochen, dass ich eine rechtliche Würdigung der einzigen verbliebenen Strafvorschrift (§ 100d Abs. 2) vornehmen sollte. Schon der Wortlaut ist schwer zu verstehen. Absatz 1 lautet noch einigermaßen verständlich:

> »Wer in der Absicht, einen Krieg, ein bewaffnetes Unternehmen oder Zwangsmaßregeln gegen die Bundesrepublik Deutschland oder eines ihrer Länder herbeizuführen oder zu fördern, zu einer Regierung, einer Partei, einer anderen Vereinigung oder einer Einrichtung außerhalb des räumlichen Geltungsbereichs dieses Gesetzes oder zu einer Person, die für eine solche Regierung, Partei, Vereinigung oder Einrichtung tätig ist, Beziehungen aufnimmt oder unterhält, wird mit Zuchthaus bestraft.«

Dann folgt Absatz 2:

> »Handelt der Täter in der Absicht, sonstige Maßnahmen oder Bestrebungen einer Regierung, einer Partei, einer anderen Vereinigung oder einer Einrichtung außerhalb des räumlichen Geltungsbereichs dieses Gesetzes herbeizuführen oder zu fördern, die darauf gerichtet sind, den Bestand oder die Sicherheit der Bundesrepublik Deutschland zu beeinträchtigen oder einen der in § 88 bezeichneten Verfassungsgrundsätze zu beseitigen, außer Geltung zu setzen oder zu untergraben, so ist die Strafe Gefängnis. Der Versuch ist strafbar.«

Zur Erklärung müssen noch die in § 88 Abs. 2 Strafgesetzbuch aufgeführten Verfassungsgrundsätze genannt werden, die nicht beseitigt, außer Geltung gesetzt oder untergraben werden dürfen: die Volkssouveränität mit allgemeinem, unmittelbarem, freiem, gleichem und geheimem Wahlrecht, die Bindung der Gesetzgebung an die verfassungsmäßige Ordnung und die Bindung von Verwaltung und Justiz an Gesetz und Recht, das Recht auf parlamentarische Opposition, die parlamentarische Verantwortung der Regierung, die Unabhängigkeit der Gerichte und der Ausschluss jeder Gewalt- und Willkürherrschaft.

Von den zweifelhaften Vorschriften, die der Gesetzgeber 1951 im politischen Strafrecht einführte, war dieser Paragraph die zweifelhafteste Norm. Deshalb gab es in der juristischen Literatur nicht weniger als sechs Bezeichnungen: »Staatsfeindliche Zusammenarbeit mit dem Ausland«, »landesverräterische Wühlarbeit«, »Herbeiführung einer Kriegs- oder sonstigen Gefahr«, »landesverräterische Konspiration«.

Außerdem war diese Strafvorschrift vom Gesetzgeber nicht dem Abschnitt »Staatsgefährdung«, sondern dem Abschnitt »Landesverrat« zugeordnet worden. Deshalb war der BGH in ziemlichen Auslegungsschwierigkeiten, als er 1956 sieben Angeklagte aus der DDR abzuurteilen hatte, die als Angehörige der Vereinigung Nationale Front des demokratischen Deutschland in den Jahren 1954 und 1955 zur politischen Agitation in das Bundesgebiet eingereist und hier tätig waren. Zwar war eine Verurteilung wegen Rädelsführerschaft in einer verfassungsfeindlichen Vereinigung und wegen Geheimbündelei möglich, doch untersuchte der politische Strafsenat in seinem Urteil vom 2. November 1956 auch die Anwendbarkeit des § 100d Abs. 2 StGB. Das Prüfungsergebnis war vernünftig und ersparte der Bundesrepublik außenpolitischen Ärger. »Nach einer dem Wortlaut entsprechenden Anwendung hätte sich z.B. schon jeder Angehörige der SED wegen seiner Mitgliedschaft strafbar gemacht, sofern er die Bestrebungen seiner Partei kennt und fördern will, was in der Regel anzunehmen ist. Eine Betätigung seiner Mitgliedschaft im Bundesgebiet wäre nicht Voraussetzung, da § 100d StGB zu den Tatbeständen zählt, für die das deutsche Strafrecht selbst dann gilt, wenn sie ein Ausländer im

Ausland verwirklicht. Ähnliches würde … sogar für Angehörige fremder Staaten (zutreffen), die im Ausland zu ihren eigenen Regierungen Beziehungen in der Absicht unterhalten, deren gegen die verfassungsmäßige Ordnung der Bundesrepublik gerichteten Bestrebungen zu fördern. Nichts spricht dafür, dass der Gesetzgeber solche überaus häufigen Sachverhalte mit Strafe bedrohen wollte.« Deshalb könne der Tatbestand »nicht von Personen verwirklicht werden, die weder dauernd in der Bundesrepublik leben noch zu ihr in einem besonderen Schutz- oder Treueverhältnis stehen«.

Man sieht an diesem Beispiel, was der deutsche Gesetzgeber in der Atmosphäre des Kalten Krieges zu Stande gebracht hatte. Er beanspruchte ein Bestrafungsrecht für Franzosen, Italiener, Russen, Chinesen usw., die in ihrem jeweiligen Land Mitglieder der dort bestehenden kommunistischen Parteien waren. Dahinter stand die Vorstellung, dass alle kommunistischen Parteien »als monolithischer Block« das Ziel hätten, uns Westdeutsche daran zu hindern, nach den Grundsätzen der freiheitlichen Demokratie zu leben.

Ich begrüßte in meinem Plädoyer, dass der BGH 1956 gegen den klaren Wortlaut des Gesetzes entschieden hatte. Im Agartz-Prozess kam es darauf an, den BGH zu überzeugen, dass er sich – nun umgekehrt – in dem wichtigsten Punkt an den Gesetzeswortlaut halten solle. Heinemann hatte schon darauf hingewiesen, dass es in diesem Strafverfahren nur um ein einziges Wort ging: »Absicht«. Nach dem Gesetzestext konnte ein Angeklagter nur verurteilt werden, wenn er mit der in dieser Strafnorm umschriebenen »Absicht« gehandelt hatte. Das ist ein rechtstechnischer Begriff, der »Vorsatz« nicht genügen lässt. Schon bei der Einführung des politischen Strafrechts erklärte 1951 der Berichterstatter im Bundestag:

> »Dabei war sich der Ausschuss völlig darüber einig, dass diese verbrecherische Absicht wirklich das tragende Motiv für die Handlungsweise des Täters sein müsse und dass hier das Bewusstsein, dass sein aus anderen Motiven geführter politischer Kampf unter Umständen eine Staatsgefährdung zur Folge haben könne oder müsse, keinesfalls zur Bestrafung ausreiche.«

Das war auch die Auffassung maßgeblicher Kommentare zum Strafgesetzbuch. Unglücklicherweise hatte derselbe Strafsenat genau ein Jahr zuvor im Prozess gegen den früheren Präsidenten des Bundesamtes für Verfassungsschutz, Otto John, dem Begriff »Absicht« eine andere Auslegung gegeben, gegen die ich nun anzukämpfen hatte. John wurde auch deshalb verurteilt, weil er sich voll in die Bestrebungen des Ostens hat »eingliedern« lassen, »mag es ihm selbst auch auf diese Wirkung seines Tuns nicht angekommen sein«.

Da wir zweifelten, ob der Senat von seiner Rechtsauffassung abzubringen sei, hatten Heinemann und ich unsere Plädoyers vorsorglich auch darauf abgestellt, nachzuweisen, dass Agartz nicht die Bestrebungen des FDGB unterstützte, sondern es nur zuließ, dass der FDGB durch sein finanzielles Engagement Agartz' Pläne förderte.

Robert Servatius plädierte gediegen und überzeugend, hatte es allerdings nicht schwer, weil schon der Anklagevertreter Freispruch für Frau Ludwig beantragt hatte. Als Servatius dreieinhalb Jahre später in Jerusalem den Leiter des Judenreferates im Reichssicherheitshauptamt des Dritten Reiches, Adolf Eichmann, zu verteidigen hatte, zeigte er seine Qualitäten als Mensch und Jurist. Selbst tief erschüttert durch das ruchlose Verbrechen des millionenfachen Mordes an den Juden und von der Schuld seines Mandanten überzeugt, durfte er als Verteidiger die völkerrechtswidrige Entführung Eichmanns aus Argentinien durch den israelischen Geheimdienst nicht verschweigen, so dass er die Einstellung des Verfahrens forderte, nicht etwa den Freispruch des Angeklagten. Auch in Israel wurde kein Vorwurf gegen ihn laut. Ich dachte 1961 manchmal an den Kollegen Servatius im Eichmann-Prozess und war dankbar, dass ich niemals in einer psychologisch ähnlich schwierigen Situation gewesen bin.

Rechtsanwalt Hartmann aus Herne gab sich viel Mühe in seinem Plädoyer für Wieland und meinte, falls Agartz freigesprochen werden sollte, müsse es sein Gehilfe Wieland erst recht.

Zwischen den Plädoyers, den Schlussworten der Angeklagten und der Urteilsverkündung lag ein freier Tag. Heinemann und ich fuhren mit Agartz zur Bühler Höhe und zum Mummelsee. Er sagte uns, er habe ein Asylangebot aus Frankreich erhalten und fragte uns, ob wir sicher seien, dass er freigesprochen werde; auf keinen Fall wolle er noch einmal ins Gefängnis. Heinemann antwortete zunächst mit einem alten Verteidigerspruch: »Es kann niemand so dumm denken wie ein Gericht entscheiden kann«, doch dann machte er ernsthaft klar, worauf sich seine Zuversicht auf einen Freispruch gründete: Da waren zunächst das ruhige Auftreten von Agartz, die von ihm gegebenen Antworten, vor allem auch sein Lebenslauf anzuführen, dann die übereinstimmenden Bekundungen der Zeugen, insbesondere der politischen DDR-Flüchtlinge, die unzensiert den Hauptteil der Aufsätze in der »Wiso« geschrieben hatten, ebenso die Tatsache, dass Agartz' enger Mitarbeiter im WWI und in dem neuen Institut, Theo Pirker, gerade sein Buch über »Die Moskauer Schauprozesse« veröffentlicht hatte – das alles musste die Richter überzeugen, dass Agartz auf dem Boden des Grundgesetzes stand. Ich pflichtete Heinemann bei und bat Agartz, auf das Asylangebot nicht einzugehen. Das würde in der Öffentlichkeit als ein Schuldeingeständnis angesehen werden.

Am nächsten Morgen verkündete der Strafsenat das Urteil. Agartz' Freispruch mangels Beweises wurde damit begründet, dass es Zweifel gebe, ob er sich in die verfassungsfeindlichen Bestrebungen des FDGB habe »eingliedern« wollen. Es blieb bei der bisherigen Rechtsprechung zum Begriff »Absicht«; mein Plädoyer war erfolglos geblieben. Frau Ludwig wurde sogar mangels Tatverdachts freigesprochen, was die Übernahme ihrer Verteidigerkosten durch die Bundeskasse bedeutete. Erst Jahre später wurde gesetzlich geregelt, dass im Falle eines Freispruchs die Staatskasse immer auch die Kosten der Verteidigung zu tragen hat. Viele Pressebeobachter waren überrascht, dass der Angeklagte Wieland zu einer achtmonatigen Gefängnisstrafe auf Bewährung verurteilt wurde, und sahen darin ein Beispiel für die Methode, den Kleinen zu hängen und die Großen laufen zu lassen. Aber mit dieser Meinung würde man dem Senat nicht gerecht. Da Wieland Mitglied der KPD gewesen war, reichte das nach der ständigen Rechtsprechung aus, bei ihm den »Eingliederungswillen« in die verfassungsfeindliche Tätigkeit des FDGB festzustellen. Für das Gericht war Wieland nicht der Gehilfe von Agartz, sondern der Helfer Hugo Pauls und seiner Hintermänner im FDGB. Er stand also – wie es auch in der schriftlichen Urteilsbegründung formulierte wurde – »gleichsam im anderen Lager«.

Der Rundfunk meldete den Freispruch in den Mittagsnachrichten. Als Agartz, den ich begleitete, einige Stunden später zu Hause eintraf, waren schon mehrere Glückwunschtelegramme gebracht worden. Das Erste war von dem Industriellen Hans Heinrich Thyssen-Bornemisza geschickt, der Agartz vor allem aus seiner verdienstvollen Arbeit in den ersten Nachkriegsjahren kannte und schätzte. Das gehörte zu den Widersprüchen im Leben dieses Mannes: Der überzeugte Sozialist war zugleich ein anerkannter Gesprächspartner von Wirtschaftskapitänen. Der Mann mit dem gepflegten Äußeren und angenehmen Umgangsformen, der eine Gesellschaft glänzend unterhalten konnte, war zugleich – wie er selbst im Prozess sagte – »ein einsamer, ungeselliger Mensch«. Der Gewerkschafter, der bei öffentlichen Veranstaltungen mit populären Formulierungen Massen begeistern konnte, war in Wirklichkeit ein introvertierter Intellektueller. Ein vermögender Wirtschaftsprüfer, der einerseits eine erhebliche Einkommenseinbuße hinnahm, als er aus dem Vorstand der Treuhand zum Wirtschaftswissenschaftlichen Institut wechselte, und andererseits ein Mann, der seine »Wiso«-Korrespondenz zum größeren Teil aus der DDR finanzieren ließ. Dies war sein verhängnisvollster Fehler. Als der Freigesprochene den Gerichtssaal verließ, war er politisch ein toter Mann.

Einige Zeit nach Übernahme des Finanzressorts in Düsseldorf 1978 suchte mich der Bankier Hermann Josef Abs auf und sprach mit mir über eine finanzielle Unterstützung der Bonner Beethoven-Stiftung durch das Land Nordrhein-Westfalen. Abs war der Vorsitzende der Stiftung und hat sich um Erhalt und Pflege des Geburtshauses des großen Komponisten und um das Archiv verdient gemacht.

Zu Beginn unseres Gesprächs sagte Abs, er kenne mich seit über zwanzig Jahren. Als ich ihn erstaunt ansah, fügte er erklärend hinzu: »Sie haben meinen Freund Viktor Agartz vor dem Bundesgerichtshof verteidigt«.

Im großen Sitzungssaal des Bundeswirtschaftsministeriums finden jährlich die Verhandlungen statt, bei denen zur Stützung der deutschen Steinkohle (Kokskohle) die Höhe der finanziellen Zuschüsse durch den Bund und die Länder Nordrhein-Westfalen und Saarland sowie der eigene Anteil (Selbstbehalt) der Stahlindustrie und der Kohlegesellschaften vereinbart werden. Als ich Ende der siebziger Jahre zum ersten Mal den Saal betrat, sah ich die Fotos aller Bundeswirtschaftsminister und ihrer wenigen Vorgänger an der Stirnwand angebracht. Das Bild von Viktor Agartz war das erste in dieser »Ahnengalerie«. Zu Recht, wenn man an seine Leistung in der Aufbauphase der früheren britischen Besatzungszone denkt.

Der Fall Berndsen: Eine Premiere in der bundesdeutschen Justiz

Schon einen Monat nach dem Agartz-Prozeß verteidigte ich erneut vor dem 3. Strafsenat des Bundesgerichtshofes. Diesmal war der Schuldvorwurf nicht ein »Kontaktdelikt«, sondern das übliche »Organisationsdelikt«, allerdings nicht in einer KPD- oder SED-abhängigen Vereinigung begangen, sondern in der KPD selbst vor und nach deren Verbot. Die Anklageschrift datierte vom 16. Dezember 1957, so dass die Hauptverhandlung am 28., 29. und 30. Januar 1958 ungewöhnlich schnell auf die Anklage folgte. Möglicherweise hing die rasche Terminierung auch damit zusammen, dass der Angeklagte sich schon seit zehn Monaten in Untersuchungshaft befand.

In der Anklageschrift wurde auch mein Name genannt. Auf Seite 10 war bei den dort dargestellten Aktivitäten des Angeklagten aufgeführt: »Am 13. 8. 1953 hielt er eine Rede auf einer GVP-Versammlung in Wesel, auf der als Hauptredner Rechtsanwalt Dr. Posser aus Essen sprach.«

Ich hatte keine Erinnerung mehr an diese Veranstaltung, hielt aber einen kommunistischen Korreferenten, der vor oder nach mir eine Rede gehalten hätte, für ausgeschlossen. In der Hauptverhandlung stellte sich dann auch heraus, dass Berndsen neben anderen Veranstaltungsteilnehmern in der Diskussion gesprochen hatte. Solche Diskussionen waren üblich; Kundgebungen ohne Aussprachemöglichkeit gab es nur als Ausnahme.

Der BGH hatte zwar schon in seinem Revisionsurteil vom 3. April 1957 gegen den vom Landgericht Lüneburg verurteilten Alfons Clemens die Strafbarkeit einer Betätigung in der KPD vor deren Verbot bejaht, doch war dies relativ knapp begründet worden. Jetzt bot sich erstmalig die Möglichkeit, in einem erstinstanzlichen Verfahren vor dem höchsten deutschen Strafgericht die durch das Verbotsurteil des Bundesverfassungsgerichtes aufgeworfenen Rechtsfragen gründlich zu erörtern.

Der Angeklagte war im September 1951 als Neunzehnjähriger der KPD beigetreten, die damals sowohl im Bundestag als auch im Landtag von Nordrhein-Westfalen in Fraktionsstärke vertreten war. Ab März 1953 war er hauptamtlicher Funktionär dieser Partei, zuletzt bis zum Verbot in der Landesleitung in Düsseldorf. Ein bestimmtes abgegrenztes Arbeitsgebiet hatte er nicht, vielmehr wurde er für alle anfallenden Aufgaben verwendet. Nach dem Verbot arbeitete er illegal weiter, belieferte Parteimitglieder mit Zeitungen und Broschüren und richtete verschiedene »Anlaufstellen« für den Schriftenvertrieb ein. Er organisierte auch Zimmerversammlungen und veranlasste Geldsammlungen zur Unterstützung von Familien inhaftierter Gesinnungsgenossen. Bei einer Besprechung mit zwei anderen KPD-Funktionären wurde er am 28. März 1957 in einer Wohnung verhaftet.

Bei dieser Sachlage war eine Verurteilung wegen eines Verstoßes gegen das KPD-Verbotsurteil und wegen Geheimbündelei in verfassungsfeindlicher Absicht rechtlich nicht zu beanstanden. Umstritten war die Verurteilung als Rädelsführer in der KPD bis August 1956 sowie die Charakterisierung der KPD als kriminelle Organisation. Letzteres bejahte der BGH wegen eines von der KPD geführten »planmäßigen Hetzfeldzuges gegen die bestimmenden Organe in der Bundesrepublik ... jedenfalls für die Zeit seit 1951/52 bis in das Jahr 1955 hinein« sowie wegen der »unzähligen Fälle von Beleidigungen, übler Nachrede und Verleumdung gegen einzelne Persönlichkeiten des öffentlichen Lebens der Bundesrepublik«. Dass dem Angeklagten selbst keine einzige Beleidigung oder sonstige Straftat nachgewiesen werden konnte, spielte bei dem Organisationsdelikt keine Rolle. Ein bescheidener Erfolg konnte dadurch erzielt werden, dass der Strafsenat »nicht mehr an seiner Rechtsprechung festhielt«, der Strafrahmen für Rädelsführer oder Hintermänner einer kriminellen Organisation reiche bis zu 15 Jahren Zuchthaus, sondern »nur« noch bis zu fünf Jahren Zuchthaus oder Gefängnis. In der Kernfrage blieb der Strafsenat bei seiner Rechtsauffassung, dass die Tätigkeit in der KPD seit dem 1. September 1951 strafbar gewesen sei. Das Verbotsurteil habe nur das Verfolgungshindernis beseitigt. Mir war klar, dass der Senat bei der ausführlichen Darlegung seiner Rechtsmeinung auch an die Verfassungsbeschwerde Clemens dachte, über die das Bundesverfassungsgericht zu entscheiden hatte. In der mündlichen Urteilsbegründung hatte Senatspräsident Geier sogar gemeint, das Bundesverfassungsgericht teile die Beurteilung des Strafsenates. Im schriftlichen Urteil klang es etwas vorsichtiger, aber doch deutlich genug:

> »So führt das Bundesverfassungsgericht in dem Urteil vom 23. Oktober 1952 betreffend Feststellung der Verfassungswidrigkeit der Sozialistischen Reichspartei (BVerfGE 2, 1) folgerichtig aus, mit dem Urteil nach Art. 21 Abs. 2 GG stehe fest, dass die Partei wegen des mit den demokratischen Grundprinzipien im Widerspruch stehenden Inhalts ihrer politischen Vorstellungswelt die Voraussetzungen für die Mitwirkung bei der politischen Willensbildung des Volkes nicht erfüllt hat ... Den Abgeordnetenmandaten haftet, obwohl sie bis zum Urteil unangefochten ausgeübt werden konnten, von Anfang an ein unheilbarer Mangel an; der Abgeordnete ist – materiell – zu Unrecht in das Parlament gelangt«.

Die Strafe für Berndsen – zwei Jahre Gefängnis mit Anrechnung der Untersuchungshaft – war angesichts des hohen Strafrahmens maßvoll. Mit Recht hatte das Gericht bei der Strafzumessung festgestellt:

»Der Angeklagte ist noch jung; er ist unbestraft, strebsam, aufopferungswillig; er führt ein einwandfreies Privat- und Familienleben. Niedere Motive scheiden bei ihm aus; er hat aus Überzeugung gehandelt.«

Obwohl mit Berndsen kein Spitzenfunktionär vor Gericht stand, fand der Prozess ein erstaunliches Echo in der Presse. »Die Welt« berichtete u. a. am 31. Januar 1958:

»Vom Verteidiger Berndsens, dem Essener Rechtsanwalt Posser, war die Ansicht vertreten worden, der § 90a des Strafgesetzbuches erfasse nicht die Zeit vor dem Verbot einer Partei. Posser hatte kürzlich beim Bundesverfassungsgericht zum gleichen Thema eine Verfassungsbeschwerde eingereicht. Der Dritte Senat des Bundesgerichtshofs bezeichnete in seinem jetzigen Urteil die Auffassung Possers als irrig.«

Von den überregionalen Zeitungen befasste sich die »Frankfurter Allgemeine Zeitung« am intensivsten mit dem Strafverfahren. Unter der Überschrift »Erstes Urteil nach dem KPD-Verbot« brachte sie am 31. Januar 1958 einen Bericht ihres Karlsruher Korrespondenten, in dem die unterschiedlichen Auffassungen des Senates und der Verteidigung wiedergegeben wurden. Ergänzend erschien in derselben Ausgabe ein Kommentar mit der Überschrift »Unrechtsbewusstsein«. Darin hieß es u. a.:

»Es ist rechtens, dass bestraft wird, wer Unrecht beging; es ist auch rechtens, dass ein Abgeordneter zuerst seine Immunität verliert und dann für unrechte Taten bestraft wird. In diesem Fall aber kann er fragen: Wie kann die vordem legale Tätigkeit von ordentlich gewählten Abgeordneten plötzlich verfassungswidrig und nachträglich bestraft werden, wenn die gleichen Abgeordneten bis dahin zusammen mit anderen ihre Diäten empfingen und in vertraulichen Ausschuss-Sitzungen saßen? Der Grundgesetzartikel 103 sagt: Eine Tat kann nur bestraft werden, wenn die Strafbarkeit gesetzlich bestimmt war, bevor die Tat begangen wurde. Soll das für kommunistische Abgeordnete und Funktionäre nicht gelten? … Sehr glücklich ist niemand darüber, dass § 90a des Strafgesetzbuches die nachträgliche Strafverfolgung der Kommunisten bestimmt. Es muss zumindest das Unrechtsbewusstsein der kommunistischen Täter bewiesen werden.«

Nach dem Berndsen-Urteil mehrten sich die Anklagen mit diesem Schuldvorwurf. Hilfe konnte nur noch vom Bundesverfassungsgericht kommen, bei dem seit Juli 1957 die Verfassungsbeschwerde Clemens anhängig war. Heinemann war wegen des Ausgangs zuversichtlich, bei mir überwog die Skepsis. Dennoch versuchte ich mit allen noch vertretbaren Mitteln, die Strafverfahren in die Länge zu ziehen, besonders bei Angeschuldigten, die infolge hohen Alters oder wegen verfolgungsbedingter Gesundheitsschäden – einige hatten zehn Jahre Zuchthaus und/oder Konzentrationslagerhaft zwischen 1933 und 1945 erlitten – nach dem Verbot ihrer Partei nicht mehr politisch aktiv waren. Da halfen vor allem ärztliche Atteste, die nicht einmal »frisiert« waren.

Nach einer Verbüßung von zwei Dritteln der Strafe hatte der Strafsenat Berndsen aus der Strafhaft im August 1958 bedingt entlassen und die Reststrafe nach Ablauf der dreijährigen Bewährungsfrist durch Beschluss vom 29. September 1961 erlassen.

Nachdem das Bundesverfassungsgericht 1961 und 1963 durch zwei fundamentale Entscheidungen, über die ich noch berichten werde, die Anwendbarkeit der »Organisationsdelikte« auf die KPD vor ihrem Verbot verneint hatte, kam es am 17. April 1964 zum Wiederaufnahmeverfahren vor dem Bundesgerichtshof. Von den fünf Richtern, die das Urteil am 30. Januar 1958 gefällt hatten, gehörte nur noch einer dem Senat an. Berndsen hatte nach seiner Entlassung aus der Haft die Drechslerlehre beendet und ein Fernstudium als Techniker abgeschlossen. Er lebte mit seiner Familie in wirtschaftlich gesicherten Verhältnissen. Politisch hatte er sich nicht mehr betätigt.

Es wurde in einer entspannten Atmosphäre verhandelt. Anders als die Staatsschutzstrafkammer in Lüneburg im Fall Clemens zeigten sich die Bundesrichter wohlwollend. Obwohl auch schon 1958 die »illegale« Arbeit für die verbotene KPD den Schwerpunkt des Verfahrens gebildet und damit auch die Höhe der Strafe bestimmt hatte, lautete das Urteil nur auf ein Jahr Gefängnis wegen Fortsetzung der KPD und verfassungsfeindlicher Geheimbündelei. Das Urteil vom 30. Januar 1958 wurde aufgehoben; die Kosten des Wiederaufnahmeverfahrens hatte die Bundeskasse zu tragen. Zugleich erging der Beschluss, »dass der Verurteilte zu entschädigen ist, soweit gegen ihn mehr als ein Jahr Gefängnis, einschließlich Untersuchungshaft, vollstreckt worden ist«. Die Haftentschädigung wurde auf 2635,50 DM festgesetzt.

Die Auszahlung verzögerte sich. Mit Datum vom 12. Juli 1965 erhielt ich die Fotokopie eines Schreibens, das der Präsident des Bundesgerichtshofes wegen »Leistung einer überplanmäßigen Ausgabe« an den Bundesminister der Justiz gesandt hatte. Darin wird die Höhe der an Berndsen zu zahlenden Haftentschädigung mitgeteilt mit dem Hinweis, dass bei Kap. 0703 Tit. 302 im Haushalt 1965 1000 DM ausgebracht und dieser Ausgabeansatz nach § 8 des Haushaltsgesetzes um 7 v. H. gekürzt sei. Das war wieder eine Premiere in der bundesdeutschen

Justiz. Es schien schlechterdings ausgeschlossen, dass der Bundesgerichtshof in erster und letzter Instanz einen Angeklagten auf Grund von Strafvorschriften verurteilen konnte, die entweder verfassungswidrig (§ 90a Abs. 3) oder nicht verfassungskonform (§ 129) angewandt waren. Dass die höchsten deutschen Strafrichter trotz Hinweises der Verteidigung so irrig judizierten und Wiederaufnahmeverfahren die Fehlurteile korrigieren mussten, ja sogar noch eine Haftentschädigung zu zahlen war, das konnte man getrost als extrem unwahrscheinlich ansehen. Deshalb war zwar im Haushalt seit Jahren für einen solchen Fall ein Betrag von 1000 DM eingesetzt, der aber nie in Anspruch genommen zu werden brauchte. Nun reichte die noch um 70 DM gekürzte Summe nicht aus. Der Präsident des BGH wusste aber in seinem Brief an den Bundesjustizminister Rat: »Unter den gegebenen Umständen bitte ich, die Zustimmung des Bundesministers der Finanzen zur Leistung einer überplanmäßigen Ausgabe bei Kap. 0703 Tit. 302 Rechnungsjahr 1965 in Höhe von 1635,50 DM bewirken zu wollen. Zum Ausgleich der überplanmäßigen Ausgabe und zur Inanspruchnahme des gekürzten Betrages wird sich voraussichtlich eine Einsparung in Höhe von (70 DM + 1635,50 DM) = 1705,50 DM bei Kap. 0703 Tit. 301 ermöglichen lassen.«

Wenn ich mich nicht irre, war dies der Büchereititel. Bei späteren Terminen beim BGH wurde jedenfalls von mir bekannten Richtern scherzhaft gesagt, ich sei dafür verantwortlich, dass sie die neueste Auflage der gängigen Handkommentare für ein Jahr nicht mehr in ihr Arbeitszimmer bekommen hätten, sondern zum Nachschlagen die Bibliothek aufsuchen mussten.

Das Bundesverfassungsgericht greift ein: Die verfassungswidrige Strafnorm

Rechtsanwalt Dr. Ammann und ich begründeten unsere am 14. Juni 1957 eingereichte Verfassungsbeschwerde in der Strafsache Clemens mit einem Schriftsatz vom 26. Juli 1957, in dem wir einen Verstoß gegen die Artikel 21 Abs. 2 (Parteienprivileg) und 103 Abs. 2 (Rückwirkungsverbot) des Grundgesetzes rügten und beantragten, § 90a Abs. 3 StGB für verfassungswidrig zu erklären. Der Bundesminister der Justiz nahm am 28. Januar 1958 Stellung und hielt daran fest, dass die angegriffene Strafnorm verfassungsgemäß und die darauf fußende Rechtsprechung des BGH und der Staatsschutzstrafkammern richtig sei.
Zum besseren Verständnis sei der Text wiedergegeben:

> Absatz 1: »Wer eine Vereinigung gründet, deren Zwecke oder deren Tätigkeit sich gegen die verfassungsmäßige Ordnung oder gegen den Gedanken der Völkerverständigung richten, oder wer die Bestrebungen einer solchen Vereinigung als Rädelsführer oder Hintermann fördert, wird mit Gefängnis bestraft.
>
> Absatz 3: Ist die Vereinigung eine politische Partei im räumlichen Geltungsbereich dieses Gesetzes, so darf die Tat erst verfolgt werden, nachdem das Bundesverfassungsgericht festgestellt hat, dass die Partei verfassungswidrig ist.«

Zur mündlichen Verhandlung über unsere Verfassungsbeschwerde kam es erst am 31. Januar 1961. An diesem Tag war ich verhindert, aber Heinemann sprang ein und plädierte neben Ammann vor dem Bundesverfassungsgericht. Die Entscheidung wurde am 21. März 1961 verkündet. An diesem Tag hatte ich bei einer der beiden Staatsschutzstrafkammern in Dortmund zu verteidigen. In der Strafsache ging es neben dem Vorwurf der Rädelsführerschaft in einer »Tarnorganisation« der KPD auch um die Mitgliedschaft in dieser Partei vor deren Verbot. Wir hatten vereinbart, dass er mir ein positives Ergebnis in die Sitzung telegrafieren würde.

In Dortmund war der Verkündungstermin bekannt, aber nach allgemeiner Meinung würde die Verfassungsbeschwerde erfolglos bleiben. In der Mittagszeit klopfte es an die Tür des Sitzungssaales 23. Der Justizwachtmeister öffnete, nahm ein Telegramm in Empfang, schaute kurz darauf und legte es mir dann auf den Verteidigertisch. Den Inhalt kannte ich ja. Nach einigen Minuten fragte mich der Kammervorsitzende, ob ich eine Pause wünschte, um das Telegramm zu lesen. Das verneinte ich. Nach einer weiteren Viertelstunde machte der Vorsitzende einen erneuten Vorstoß: Ob das Telegramm etwas mit dem Verfahren zu tun haben könnte, in dem wir gerade eine »Lesestunde« hatten, d. h. Schriften der Vereinigung verlesen wurden. Ich wollte nicht unhöflich sein, riss den Umschlag auf, erhob mich und las vor:

> »Rechtsanwalt Posser, Landgericht Saal 23 Dortmund Bitte sofort zustellen. 90a 3 verfassungswidrig. Heinemann«

Der Gerichtsvorsitzende unterbrach sofort die Sitzung für eine Stunde und eilte mit den Beisitzern und Schöffen in das Beratungszimmer, der Staatsanwalt lief eilig zu seinem Dienstzimmer; meinem Mandanten und mir blieb nur die Gerichtskantine. Nach Ende der Sitzungspause erklärten der Vorsitzende und der Staatsanwalt, nach ihren Informationen sei die mir aus Karlsruhe übermittelte Nachricht zutreffend. Es müssten jetzt die Auswirkungen für das laufende Strafverfahren geprüft werden. Die Sitzung war damit beendet.

Das Urteil des Bundesverfassungsgerichtes (BVerfGE 12, 296 ff.) bedeutete eine Sensation. Zum ersten und bisher zum einzigen Mal in der mehr als 40-jährigen bundesdeutschen Justizgeschichte hatte das höchste Gericht eine Vorschrift des Strafgesetzbuches, die jahrelang angewandt worden war, für verfassungswidrig erklärt. Die 1975 erfolgte Aufhebung der Fristenlösung bei § 218 StGB ist nie Grundlage von Urteilen geworden.

Die Kernsätze des Urteils vom 21. März 1961 lauten:

> »Die Freiheit, eine politische Partei zu gründen, und ihr Recht, an der politischen Willensbildung des Volkes mitzuwirken, sind verfassungskräftig verbürgt. Daraus folgt die Legalität des Handelns der Parteigründer und der für die Partei tätigen Personen selbst dann, wenn die Partei später für verfassungswidrig erklärt wird.
>
> Die Anhänger und Funktionäre einer solchen Partei handeln, wenn sie Ziele ihrer Partei propagieren und fördern, sich an Wahlen beteiligen, im Wahlkampf aktiv werden, Spenden sammeln, im Parteiapparat tätig sind oder gar als Abgeordnete sich um ihren Wahlkreis bemühen, im Rahmen einer verfassungsmäßig verbürgten Toleranz ... Das Grundgesetz sieht aber als Korrelat der Freiheit der Parteigründung die Möglichkeit vor, dass die politische Partei für verfassungswidrig erklärt wird; die Entscheidung darüber hat es aber ausschließlich dem Bundesverfassungsgericht vorbehalten. Diese Regelung enthält eine verfassungsrechtliche Grundsatzentscheidung, die auch für das Strafrecht verbindlich ist.
>
> Das Grundgesetz musste, wenn es die politischen Parteien als Faktoren des Verfassungslebens anerkennt, ihren Status sichern. Dazu gehört auch die Regelung der Frage, was diejenigen, die für die Partei tätig werden, tun dürfen und was sie unterlassen müssen, solange die Partei nicht durch das Bundesverfassungsgericht für verfassungswidrig erklärt ist. Nach Art. 21 GG dürfen sie bis zum Spruch des Bundesverfassungsgerichts mit allgemein er-

laubten Mitteln im Namen der Partei an der Bildung des politischen Willens des Volkes mitwirken. Sie müssen dagegen alles unterlassen, was nach den allgemeinen Rechtsvorschriften verboten ist. Wenn sich also ihre Tätigkeit darin erschöpft, sich für die Verwirklichung der Ziele der Partei mit allgemein erlaubten Mitteln einzusetzen, so sind sie durch das Parteienprivileg auch dann geschützt, wenn ihre Partei durch eine spätere Entscheidung des Bundesverfassungsgerichts für verfassungswidrig erklärt wird. Die von der Verfassung eingeräumte Befugnis macht das Handeln rechtmäßig. Die Rechtsordnung kann nicht ohne Verstoß gegen den Grundsatz der Rechtsstaatlichkeit die zunächst eingeräumte Freiheit, eine Partei zu gründen und für sie im Verfassungsleben zu wirken, nachträglich als rechtswidrig behandeln.

Was das Grundgesetz gestattet, kann das Strafgesetz nicht verbieten, auch nicht in der Weise, dass es die Strafdrohung mit einer Strafverfolgungsbedingung verbindet ... Demnach hat der Gesetzgeber durch § 90a Abs. 1 in Verbindung mit Abs. 3 StGB das Parteienprivileg des Art. 21 GG verletzt. Es war daher festzustellen, dass § 90a StGB in seinem Absatz 3 in vollem Umfange, in seinem Absatz 1 insoweit nichtig ist, als die Bestimmung auch das Gründen und Fördern politischer Parteien mit Strafe bedroht«.

Abschließend heißt es im Urteil:

Da § 90a Abs. 3 schon wegen Verstoßes gegen Art. 21 GG »nichtig ist, erübrigt sich die Prüfung, ob auch das Rückwirkungsverbot des Art. 103 Abs. 2 GG verletzt ist«.

Also nach jahrelanger Ungewissheit ein juristischer Sieg!

Das Presseecho war groß und ohne Einschränkung zustimmend. In der »Frankfurter Allgemeinen Zeitung« vom 28. März 1961 kommentierte Bundesrichter Günther Willms unter der Überschrift »Das Ende einer unseligen Strafbestimmung« das Urteil. Willms, der eine Zeit lang selbst dem politischen Strafsenat des BGH angehörte, hatte seit 1957 wiederholt gut durchdachte kritische Anmerkungen zum politischen Strafrecht veröffentlicht. In dem FAZ-Beitrag erinnerte Willms auch an die 1956/57 im Bundestag gescheiterte Amnestie, die »um der rechtsstaatlichen Ordnung willen geboten gewesen« wäre. Ihre Ablehnung sei entschieden ein Fehler des Bundestages gewesen.

In mehreren Zeitungen, u.a. »Die Welt« vom 22. März 1961, wurde berichtet, die Entscheidung sei von namhaften Juristen im Bundestag begrüßt worden, weil das Verfassungsgericht damit »dem vom Bundesgerichtshof verfälschten Willen des Gesetzgebers« gerecht geworden sei. Das konnte nicht unwidersprochen hingenommen werden. Ich schrieb einen geharnischten Artikel, der in der Osterausgabe (1./3. April 1961) mehrerer Tageszeitungen (»Westdeutsches Tageblatt«, »Hagener Tageblatt« »Münstersches Tageblatt«, »Lippische Landeszeitung«) erschien und mit folgenden Sätzen schloss:

»Es ist keine Schande, in einer verfassungsrechtlichen Frage eines Besseren belehrt und korrigiert zu werden. Aber es ist unaufrichtig, die Folgen des eigenen Irrtums auf diejenigen abzuwälzen, die nach der Verfassung verpflichtet sind, das vom Parlament verabschiedete Gesetz – möglicherweise trotz inneren Widerstrebens – anzuwenden. Wenn dann noch behauptet wird, die Richter hätten den Willen des Gesetzgebers (der die nachträgliche Bestrafung doch erst ermöglicht hat!), *verfälscht*, so ist ein solches Verhalten geradezu unehrenhaft.«

Mit seiner Entscheidung hatte das Bundesverfassungsgericht die Urteile des Landgerichts Lüneburg vom 13. November 1956 und des Bundesgerichtshofs vom 3. April 1957 aufgehoben und die Sache an das Landgericht Lüneburg zurückverwiesen.

Anders als der Bundesgerichtshof im Fall Berndsen hat die Lüneburger Strafkammer bei Clemens im Wiederaufnahmeverfahren am 3. und 4. Oktober 1963 die Strafe nur unwesentlich gemildert, nämlich von zwei Jahren auf ein Jahr und neun Monate, von denen der Verurteilte schon ein Jahr, vier Monate und elf Tage verbüßt hatte. Wenn es gelungen wäre, das Wiederaufnahmeverfahren noch ein Jahr hinauszuschieben, hätte Clemens freigesprochen werden müssen, weil 1964 bei den Organisationsdelikten eine weitere einschneidende Änderung erfolgte.

Der BGH hatte in seinem Berndsen-Urteil vom 30. Januar 1958 die KPD vor ihrem Verbot nicht nur als eine verfassungsfeindliche Vereinigung, sondern »jedenfalls für die Zeit 1951/1952 bis in das Jahr 1955 hinein« auch als kriminelle Organisation angesehen und ihre Mitglieder entsprechend verurteilt. Logischerweise entfiel nach dem Urteil des Bundesverfassungsgerichtes auch diese Bestrafungsmöglichkeit. Das galt für die Verfahren, die nach dem Verbotsurteil gegen Funktionäre der KPD, Redakteure und Verlagsgeschäftsfahrer kommunistischer Tageszeitungen usw. eingeleitet worden waren. So hatte eine Staatsschutzstrafkammer in Dortmund am 23. März 1960 fünf Angeklagte verurteilt, die vor dem Verbot Gesellschafter, Geschäftsführer und Redakteure bei einem kommunistischen Zeitungsverlag waren. Weil damals schon die Verfassungsbeschwerde Clemens anhängig war, legte ich Revision ein, die ich nach Zustellung des 159 Seiten umfassenden Urteils am 8. Dezember 1960 begründete. Die Richter hatten die fünf Angeklagten, die zwischen 48 und 72 Jahre alt waren, nach elf Verhandlungstagen maßvoll mit je fünf Monaten Gefängnis auf Bewährung verurteilt. Maßgebend dafür war wohl die Feststellung im Urteil, dass alle Angeklagten das Verbot der KPD respektiert und sich nicht illegal betätigt hatten.

Während des Revisionsverfahrens hatte der politische Strafsenat des BGH am 5. Mai 1961 wegen des § 129 StGB (kriminelle Organisation) einen Vorlagebeschluss an das Bundesverfassungsgericht gesandt, inwieweit diese Strafnorm für Parteien anwendbar sei. Das Bundesverfassungsgericht entschied am 30. Oktober 1963, dass § 129 auf Parteien nicht anzuwenden sei (BVerfGE 17, 155). Daraufhin gab der BGH seine entgegenstehende Rechtsprechung auf.

Das Dortmunder Landgericht hatte die Angeklagten auch noch wegen Herstellung und Verbreitung verfassungsfeindlicher Schriften und wegen Beschimpfung der Bundesrepublik verurteilt. Dazu meinte der Bundesgerichtshof in seinem Revisionsurteil vom 8. Mai 1964, auch die Inkriminierung einer kommunistischen Tageszeitung vor dem KPD-Verbot als verfassungsfeindliches Schrifttum sei nicht möglich, und hielt seine frühere Rechtsprechung auch in diesem Punkt nicht mehr aufrecht. Wegen der als einzigem Schuldvorwurf übrig gebliebenen Beschimpfung der Bundesrepublik, die aber keinem Angeklagten persönlich angelastet werden konnte, regte der Senat an zu prüfen, ob das Verfahren nicht wegen Geringfügigkeit eingestellt werden könne. So entschied denn schließlich auch das Landgericht Dortmund.

Damit waren alle Strafprozesse abgeschlossen, die Schuldvorwürfe wegen einer Betätigung für die KPD vor dem Verbot enthielten.

Es liefen aber noch zahlreiche Verfahren gegen Kommunisten, die nach dem Verbot nicht verborgen, sondern offen politisch aufgetreten waren.

Zwei Fälle will ich schildern, die einiges Aufsehen erregt und mit dazu beigetragen haben, die politische Strafjustiz zu Ende zu bringen. Sie zeigen auch, dass in wachsendem Maße erklärte Nicht-Kommunisten bereit waren, sich für die Rechte ihrer kommunistischen Mitbürger einzusetzen.

Karl Schabrod: Als Mensch und Abgeordneter geschätzt, als Kommunist verfolgt

Karl Schabrod war einer der bekanntesten und geachtetsten Kommunisten in Nordrhein-Westfalen, der für seine politische Überzeugung schwere Opfer gebracht hatte. Im Mai 1924 trat der 1900 in Mecklenburg Geborene in die KPD ein. Von 1927 bis Februar 1933 war er Redakteur bei der kommunistischen Zeitung »Freiheit« in Düsseldorf. Nach dem Reichstagsbrand, der ohne Untersuchung von Hitler und Göring den Kommunisten angelastet worden war, kam Schabrod am 28. Februar 1933 »in Schutzhaft« ins Konzentrationslager Börgermoor, aus dem er am 1. Mai 1934 entlassen wurde. Er nahm wieder Verbindung mit seinen Gesinnungsgenossen auf und wurde im Ruhrgebiet schon am 28. Juli 1934 wieder verhaftet. Unter der Beschuldigung der Vorbereitung zum Hochverrat beantragte der Staatsanwalt beim Sondergericht Dortmund am 20. Dezember 1934 gegen ihn und einen weiteren Mitangeklagten die Todesstrafe. Insgesamt waren in diesem Strafverfahren 51 Personen wegen dieses Deliktes angeklagt. Die beantragten Todesstrafen lösten Entsetzen aus, weil die Höchststrafe bis zu einer kurz vor dem Prozess erfolgten Gesetzesverschärfung »nur« drei Jahre Zuchthaus betragen hatte. Das Sondergericht verurteilte ihn zwei Tage später zu lebenslangem Zuchthaus. Diese Strafe verbüßte er in den Zuchthäusern Münster und Werl. Weihnachten 1944 wurde ein aus 36 Langzeitgefangenen bestehender Transport in das Vernichtungslager Mauthausen überführt; nur vier der Gefangenen erlebten das Kriegsende. Schabrod war ernstlich erkrankt und blieb vom Transport verschont. Am 13. Mai 1945 wurde er in Werl entlassen. Obwohl wegen eines verfolgungsbedingten Herzleidens nach ärztlichem Attest arbeitsunfähig, beteiligte sich Schabrod sofort aktiv und konstruktiv beim Wiederaufbau nach dem Zusammenbruch. Seine Arbeit als Redakteur nahm er bei der »Freiheit« wieder auf, schied aber aus, als er im Mai 1947 zum Vorsitzenden der KPD-Fraktion im nordrhein-westfälischen Landtag gewählt worden war, dem er seit Oktober 1946 angehörte. Neben anderen Funktionen als Abgeordneter war er als Schriftführer des Verfassungsausschusses an der Ausarbeitung der Landesverfassung von 1950 beteiligt, für die er einen Entwurf geliefert hatte, der später Grundlage der parlamentarischen Beratung war. Bei den Landtagswahlen von 1954 scheiterte die KPD an der 5 %-Klausel. Schabrod hielt aber als »Leiter des parlamentarischen Büros« Kontakt zur Landtagsarbeit. Gleichzeitig war der wegen seines Fleißes und seiner Sachkunde bei allen Fraktionen geschätzte Parlamentarier von 1948 bis 1956 Ratsherr der Landeshauptstadt Düsseldorf. Nach dem Verbot der KPD kandidierte Schabrod bei den Kommunalwahlen im Herbst 1956 als Einzelbewerber ohne jede Behinderung, konnte aber kein Ratsmandat erringen. Vom 1. September 1956 bis zum 15. Mai 1957 arbeitete er in seinem erlernten Beruf als Schreiner und war anschließend bis Februar 1958 Angestellter des Zentralrates zum Schutze demokratischer Rechte, der zu diesem Zeitpunkt verboten wurde. Daraufhin entschloss er sich, wieder journalistisch tätig zu werden, gründete einen Verlag und gab ab 1. März 1958 die Halbmonatszeitschrift »Die freie Meinung« heraus. Bei den Landtagswahlen im Juli 1958 wollte Schabrod als unabhängiger Bewerber kandidieren, wurde aber zur Wahl nicht zugelassen. Weil noch 40 ehemalige Mitglieder der KPD in den 150 Wahlkreisen des Landes als »unabhängige Kandidaten« auftraten, sahen die Ermittlungsbehörden in den Kandidaturen eine von der illegalen KPD gesteuerte Aktion, zumal die KPD einen Aufruf zur Landtagswahl veröffentlicht hatte und die Mehrzahl der »unabhängigen Kandidaten« nach Aussagen von zwei »Zeugen vom Hörensagen« an zwei Konferenzen in der DDR teilgenommen hatten. Mit weiteren 14 Kandidaten wurde Schabrod der Staatsgefährdung angeklagt und am 9. Juni 1959 zu neun Monaten Gefängnis auf Bewährung verurteilt, die einmonatige Untersuchungshaft aus dem Jahre 1958 wurde angerechnet. Die Zeitschrift »Die freie Meinung« konnte unbehelligt weiter erscheinen. Erst am 22. Juli 1960 verbot der Polizeipräsident von Düsseldorf ihre Verbreitung. Noch am selben Tag meldete Schabrod seinen Verlag beim Stadtsteueramt ab.

Zur Bundestagswahl 1961 gründete Schabrod mit anderen eine Kommunistische Wahlgemeinschaft, die betonte, keine der im Verbotsurteil als Begründung angeführten Ziele der verbotenen KPD, sondern verfassungsneutrale tagespolitische Ziele zu vertreten. Um dem Vorwurf der Geheimbündelei zu entgehen, habe man die Bezeichnung Kommunistische Wahlgemeinschaft gewählt, also sich offen zu einer Weltanschauung bekannt. Die Gründer beriefen sich darauf, dass ihnen wie anderen Bürgern die individuellen Grundrechte zustünden. Mit dieser Argumentation hatten Schabrod und seine Freunde die Atmosphäre des Kalten Krieges gründlich unterschätzt. Er wurde vom 22. Juli bis zum 18. Oktober 1961 in Untersuchungshaft genommen und am 23. Juli 1962 vom Landgericht Düsseldorf zu zwei Jahren Gefängnis verurteilt. Ferner hat das Gericht ihm für die Dauer von fünf Jahren die Fähigkeit zur Bekleidung öffentlicher Ämter sowie das Wahl- und Stimmrecht und die Wählbarkeit aberkannt; des Weiteren für dieselbe Dauer die Ausübung des Berufs eines Redakteurs oder Verlegers untersagt. Am Tage der Urteilsverkündung wurde Schabrod im Gerichtssaal erneut verhaftet und erst am 27. Februar 1963 wieder entlassen. Der politische Strafsenat des BGH hob am 13.

November 1963 das Urteil lediglich im Strafausspruch auf, bestätigte aber die Verurteilung wegen eines Verstoßes gegen das Verbotsurteil, wegen Rädelsführerschaft in einer verfassungsfeindlichen Vereinigung und wegen verfassungsfeindlicher Geheimbündelei. Das war nicht anders zu erwarten, hatte sich das Landgericht doch an der ständigen Rechtsprechung des BGH orientiert. Beim Strafmaß und bei den Nebenstrafen hatte der politische Strafsenat allerdings mit einer Änderung gerechnet und bemerkt, »dass möglicherweise in dem überaus harten, sich am Rande des Todes bewegenden Lebensgang des Angeklagten während der NS-Zeit der vieles erklärende und manches entschuldigende Ursprung für eine gewisse Verhärtung« liegen könne. Auch wies der BGH auf Schabrods »rührige Tätigkeit in der Zeit des Wiederaufbaus nach dem Zusammenbruch 1945« hin. In der erneuten Verhandlung am 1. Oktober 1964 ermäßigte das Landgericht Düsseldorf die Strafe auf ein Jahr und acht Monate Gefängnis, bestätigte aber alle Nebenstrafen und das Berufsverbot. Gleichzeitig widerrief es die Strafaussetzung zur Bewährung aus der Verurteilung im Jahre 1959. Die Rechtsmittel blieben ohne Erfolg. Parallel dazu hatte die 10. Entschädigungskammer des Landgerichts Düsseldorf Schabrod die Anerkennung als Verfolgter des NS-Regimes aberkannt, was den Verlust seiner Wiedergutmachungsrente bedeutete. Der 11. Zivilsenat des Oberlandesgerichtes Düsseldorf hatte am 17. Februar 1965 Schabrods Berufung zurückgewiesen und die Revision nicht zugelassen. Eine positive Überraschung war dagegen das am 13. Februar 1964 verkündete Urteil des Verwaltungsgerichtes Düsseldorf, das die Verbotsverfügung des Polizeipräsidenten vom 22. Juli 1960 und den Widerspruchsbescheid des Regierungspräsidenten gegen den Verlag und die Zeitschrift »Die freie Meinung« aufhob, weil der Kläger »rechtswidrig in seinen Rechten beeinträchtigt« worden sei. Das Gericht betonte, das KPD-Urteil könne nicht als Rechtsgrundlage für Eingriffe in das Grundrecht der Pressefreiheit der ehemaligen KPD-Mitglieder dienen. Es schränke nur das Grundrecht der Vereinigungsfreiheit insoweit ein, als es die Bildung von Ersatzorganisationen der KPD verbiete. Die anderen Grundrechte stünden auch Kommunisten zu: »Die Rechtssicherheit und der Schutz der Freiheitssphäre des Bürgers verlangen, die Verfahren nach Art. 18 GG (Verwirkung von Grundrechten) und Art. 21 Abs. 2 GG (Parteiverbot) streng auseinander zu halten.« Das Oberverwaltungsgericht Münster wies am 22. November 1965 die Berufung des Düsseldorfer Polizeipräsidenten zurück. Es bestätigte die Rechtsauffassung der Vorinstanz und fügte hinzu:

> »Es mag zutreffen, dass die rechtzeitige Bekämpfung staatsgefährdender Umtriebe durch diese Rechtslage erschwert wird. Die Schöpfer des Grundgesetzes waren sich des Problems, dass eine Demokratie nicht mit ihren eigenen Waffen geschlagen werden darf, durchaus

bewusst. Wenn sie in Abwägung aller Gesichtspunkte die Pressefreiheit so hoch eingeschätzt haben, dass sie für die Beeinträchtigung dieser Freiheit in ihrem Kerngehalt ausschließlich den Weg des Art. 18 GG vorgesehen haben, so darf diese Verfassungsentscheidung nicht durch nachrangige Zweckmäßigkeitsgesichtspunkte beeinträchtigt werden.«

Die Entscheidung bekam dadurch ein zusätzliches Gewicht, dass der Senatsvorsitzende Dr. Pötter nicht nur der Präsident des Oberverwaltungsgerichtes, sondern auch der Präsident des Verfassungsgerichtshofes des Landes Nordrhein-Westfalen war. Bevor dieses bemerkenswerte Urteil erging, musste allerdings noch ein harter Kampf ausgetragen werden, um zu verhindern, dass Schabrod weitere anderthalb Jahre im Gefängnis verbringen musste. Mit der Weihnachtspost 1964 erhielt er die Aufforderung zum Strafantritt am 4. Januar 1965. Am 23. Dezember 1964 reichte ich ein Gnadengesuch ein. Dabei konnte ich auch Leumundszeugnisse prominenter Politiker vorlegen, die Landtagskollegen Schabrods gewesen waren.

So schrieb der Vizepräsident des Landtages, Alfred Dobbert, an mich, Karl Schabrod habe sich als Abgeordneter sachlich betätigt. »Irgendwelche persönlichen Angriffe oder Gehässigkeiten gegen Mitglieder anderer Fraktionen habe ich nicht feststellen können. Bei der Gestaltung der Landesverfassung und anderen Landesgesetzen legte Herr Schabrod den Standpunkt der kommunistischen Fraktion mit Gründen dar, die der Überlegung wert waren. Im Ältestenrat hat Herr Schabrod, soweit ich dabei war, loyal gewirkt, ebenso im Hauptausschuss. Beiden Gremien habe ich von Anfang an angehört. Als Vizepräsident des Landtags habe ich wiederholt wahrnehmen können, dass so gut wie alle Mitglieder der Fraktionen des Landtages in Herrn Schabrod einen Kollegen gesehen haben, dem man menschlich nahe kam, auch wenn man seine politischen Ansichten nicht teilte.«

Der SPD-Fraktionsvorsitzende im Landtag, Heinz Kühn, der zwei Jahre später zum Ministerpräsidenten gewählt wurde, beendete einen längeren Brief mit folgenden Sätzen: »Als stellvertretender Vorsitzender des Verfassungsausschusses kann ich bezeugen, dass er sich bei der Beratung der verschiedenen vorliegenden Entwürfe und Anträge zur Landesverfassung stets mit Sachlichkeit und Maß für den von seiner Fraktion vorgelegten Entwurf eingesetzt hat. Bei allen Begegnungen, die ich als stellvertretender Fraktionsvorsitzender und in den verschiedenen Ausschüssen mit Herrn Schabrod hatte, habe ich ihn – auch wenn wir uns in heftiger politischer Gegnerschaft auseinandersetzen mussten – als einen im Gegensatz zu vielen seiner anderen parlamentarischen Gesinnungsfreunde fairen Parlamentskollegen kennen gelernt«.

Der frühere Vorsitzende des Verfassungsausschusses, Werner Jacobi, inzwischen SPD-Bundestagsabgeordneter, der selbst politischer Häftling im Dritten

Reich war, stellte sich als Leumundszeuge zur Verfügung. Der ehemalige CDU-Landtagsabgeordnete Dr. Herbert Scholtissek, inzwischen Bundesverfassungsrichter, schrieb u. a.: »Gerade Herr Schabrod war in der KPD-Fraktion im Landtag derjenige, mit dem man manche Angelegenheit sachlich besprechen konnte.« Er riet auch, Landtagsprotokolle vorzulegen, aus denen sich die positive Mitarbeit Schabrods ergab. Am meisten beeindruckte mich der Brief, den der amtierende nordrhein-westfälische Justizminister Dr. Artur Sträter an meinen Mandanten geschrieben hatte. Darin hieß es:

»Ich kann Ihnen seit meiner Tätigkeit im Kabinett (1946) bestätigen, dass Sie konstruktiv beim Aufbau nach 1945 mitgewirkt haben. Sowohl im Ältestenrat als auch in den Ausschüssen, in denen wir zusammentrafen, haben Sie genau so objektiv mitgearbeitet wie jeder andere. Ich darf Ihnen in aller Offenheit sagen, dass wir Ihre Betätigung in der kommunistischen Partei als die Arbeit eines Idealisten für eine – von uns anderen zwar nicht akzeptierte – Weltanschauung gehalten haben. Trotz aller politischen Gegensätzlichkeit hatten Sie – so glaube ich ohne Übertreibung sagen zu dürfen – zu fast allen Kollegen des Landtags immer ein ausgezeichnetes Verhältnis. ... Ich hoffe, dass Ihnen meine Ausführungen im Rahmen des von Ihnen Erstrebten helfen können.«

Hunderte von Unterstützungsschreiben aus dem ganzen Bundesgebiet erreichten die Familie. Einige boten sich an Stelle von Schabrod zum Strafantritt an.

Der Präses der Evangelischen Kirche Westfalens, D. Ernst Wilm, selbst ehemaliger KZ-Häftling, und mehrere Kirchenkreise wandten sich an die Landesregierung, obwohl Schabrod der Kirche gar nicht angehörte. Diejenigen Nicht-Kommunisten, die ihn kannten, sahen in ihm den Menschen, der mit freilich untauglichen Mitteln eine bessere Ordnung der Gesellschaft und Wirtschaft anstrebte, und fragten sich, was er eigentlich getan hatte, um so bestraft zu werden; andere sahen in ihm allerdings auch den Kommunisten, den sie für die Schandtaten der Stalinisten mitverantwortlich machten.

Ende August 1966 erreichte uns die erlösende Nachricht, dass die noch nicht verbüßte Reststrafe mit Bewährungsfrist bis zum 31. August 1969 ausgesetzt sei. Da Sträter nach der Landtagswahl 1966 als Justizminister ausgeschieden war, musste Ministerpräsident Dr. Meyers – vom 26. Juli bis 9. Oktober 1966 zugleich Justizminister – die Entschließung des Justizministers vom 17. August 1966 abgezeichnet haben.

Als der Landtag am 9. Oktober 1966 sein zwanzigjähriges Bestehen mit einem Festakt feierte, lud Landtagspräsident John van Nes Ziegler auch die ehemaligen Landtagsabgeordneten, einschließlich der kommunistischen Mandatsträger, ein.

Schabrod bedankte sich schriftlich für die Einladung, obwohl sie in normalen Zeiten eigentlich selbstverständlich gewesen wäre.

Einen Schlussstrich zog erst das Straffreiheitsgesetz vom 9. Juli 1968, durch das die noch nicht vollstreckte Strafe von anderthalb Jahren Gefängnis erlassen wurde. Die Straffreiheit erstreckte sich auch auf die Nebenstrafen und die noch ausstehenden 2590 DM Gerichtskosten.

Nicht von dem Straffreiheitsgesetz erfasst wurden drei schwere Nachteile, unter denen Schabrod auch psychisch litt:

Aberkennung der Eigenschaft, politisch Verfolgter des NS-Gewaltregimes gewesen zu sein, Aberkennung aller Ansprüche aus einer fast zwölfjährigen Inhaftierung von 1933 bis 1945, Ablehnung einer Soforthilfe nach dem Bundesentschädigungsgesetz-Schlussgesetz.

Bis zu seinem Tode konnte dies Ärgernis nicht beseitigt werden. Die bescheidene Altersversorgung konnte auf Grund landesgesetzlicher Vorschriften ab März 1968 durch einen monatlichen Härteausgleich verbessert werden, den das Düsseldorfer Innenministerium zahlte.

In der Einleitung des Bundesentschädigungsgesetzes vom 29. Juni 1956 heißt es:

> »Der aus Überzeugung oder um des Glaubens oder des Gewissens willen gegen die nationalsozialistische Gewaltherrschaft geleistete Widerstand war ein Verdienst um das Wohl des deutschen Volkes und Staates.«

Galt das für Karl Schabrod nicht?

Heinz Renner: Trauer um einen Staatsfeind?

Unter den Kommunisten, die 1958 bei den nordrhein-westfälischen Landtagswahlen als »unabhängige Kandidaten« antreten wollten, war auch Heinz Renner. Zwar ließ der Kreiswahlausschuss in Essen die Kandidatur einstimmig zu, doch lehnte der Landeswahlausschuss gegen zwei Stimmen die Bewerbung ab. Am 23. September 1958 wurde Renner zeitgleich mit mehreren anderen Kandidaten von der Polizei festgenommen und am nächsten Tag in Untersuchungshaft genommen. Während Schabrod einen Monat in Haft gehalten und mit 14 Mitbewerbern von der Staatsanwaltschaft Düsseldorf vor der dortigen Staatsschutzstrafkammer angeklagt wurde, konnte ich die Haftentlassung Renners schon nach vier Tagen in einem Haftprüfungstermin erreichen. Auch wurde er nicht in Düsseldorf angeklagt. Dass man ihn »vergessen« oder auf sein hohes Alter Rücksicht genommen hätte, konnte man ausschließen. Denn mit Datum vom 31. Januar 1959 schickte ihm die Landesrentenbehörde einen Widerrufsbescheid:

»1. Die bisher ergangenen Bescheide und Benachrichtigungen von Renten und Kapitalentschädigungen wegen Schadens an Körper oder Gesundheit werden widerrufen.
2. Die Zahlung der laufenden Rente wird sofort eingestellt.
3. Die bisher gewährten Leistungen werden in Höhe von 27 383,60 DM zurückgefordert. Die Verpflichtung zur Rückzahlung dieses Betrages wird festgestellt.
4. Der Bescheid ist vorläufig vollstreckbar.«

In der Begründung des Bescheides heißt es: »Obwohl eine rechtskräftige Verurteilung bisher noch nicht erfolgt ist, kann es nach dem gegebenen Sachverhalt keinem Zweifel unterliegen, dass Sie als führender Funktionär der KPD die auf die Beseitigung der freiheitlich demokratischen Grundordnung gerichteten Bestrebungen dieser Partei maßgeblich gefördert haben.«

Renner klagte. Am 31. Juli 1959 erging ein Berichtigungsbescheid. Die Landesrentenbehörde hatte übersehen, dass Widerruf und Rückzahlungsforderung sich nur auf die Leistungen nach dem Bundesentschädigungsgesetz beziehen konnten, nicht aber auch auf eine Landesrente von monatlich 233 DM. Den begrenzten Rentenentzug hielt die Entschädigungskammer beim Landgericht Düsseldorf für gerechtfertigt und wies am 20. April 1960 die Klage ab. Über die Berufung wurde bis zum Tode Renners nicht mehr entschieden.

Ende Februar 1960 wurde die vom 5. Februar 1960 datierte Anklageschrift des Generalbundesanwaltes zugestellt, die mit dem Antrag endete, das Hauptverfahren vor dem Bundesgerichtshof zu eröffnen.

Das war des Rätsels Lösung: Das Verfahren gegen den bekanntesten im Bundesgebiet verbliebenen Kommunisten sollte nicht vor einer Staatsschutzstrafkammer, sondern vor dem Bundesgerichtshof durchgeführt werden. Als strafbares Verhalten wurde die Tätigkeit vor und nach dem Verbot der KPD angesehen. Die ersten 19 Seiten der 62-seitigen Anklageschrift waren nach dem Clemens-Urteil des Bundesverfassungsgerichtes vom 21. März 1961 Makulatur, da aus verfassungsrechtlichen Gründen die Tätigkeit vor dem Parteiverbot nicht strafbar sein konnte. Zwei Vorwürfe blieben:

1. Die Kandidaturen bei den nordrhein-westfälischen Kommunalwahlen am 28. Oktober 1956 und der Landtagswahl am 6. Juli 1958, wobei die Letztere mangels Zulassung nicht zustande kam.
2. Die Herausgabe des »Informationsdienstes über Sozialfragen, Wirtschaft und Politik«. Renner war Journalist. Es lag nahe, dass er nach dem KPD-Verbot auf diesem Gebiet eine Betätigung suchte. Deshalb gab er seit dem 15. Oktober 1956 einen halbmonatlich erscheinenden »Informationsdienst« heraus. Der Inhalt seiner Artikel war strafrechtlich nicht zu beanstanden, wie auch die Anklageschrift einräumte.

Bei der Zustellung der Anklageschrift war der 68-Jährige gesundheitlich schon sehr angegriffen und musste den »Informationsdienst« mit der letzten Ausgabe vom 18. März 1960 einstellen. In dieser Nummer veröffentlichte er seine Antwort auf die Anklage. Noch in der Annahme, es bliebe bei einer Bestrafung seiner Tätigkeit als Bundestagsabgeordneter und als das für Kommunal- und Sozialfragen im Parteivorstand der KPD zuständige Mitglied, formulierte er den letzten Satz seiner Stellungnahme:

> »Eine objektive Nachprüfung des Sachverhalts würde zu der Feststellung führen, dass ganz allgemein auf die Mitglieder der heute verbotenen KPD eine systematische Hexenjagd im Gange ist, die sich ständig verschärfte.«

Bei der Haftverschonung am 27. September 1958 war Renner die Auflage gemacht worden, das Bundesgebiet nicht ohne Genehmigung zu verlassen. Auf Antrag erlaubte der Bundesgerichtshof Ende März 1960 eine zweimonatige Kur in Karlsbad. Von diesem Kuraufenthalt kehrte Renner nicht mehr nach Essen zurück. Am 29. April 1961 stellte der politische Strafsenat das Verfahren vorläufig ein, »weil der Hauptverhandlung für längere Zeit die durch Krankheit bedingte Abwesenheit des

Angeschuldigten entgegensteht«. Nach langem Siechtum starb er am 11. Januar 1964 in einem Ostberliner Krankenhaus.

Die Nachricht von seinem Tode löste in der Essener Bevölkerung Trauer und Anteilnahme aus, weit über den Kreis seiner Gesinnungsfreunde hinaus. Wer war dieser Mann?

Unweit von Bernkastel an der Mosel 1892 als Sohn eines Lehrers und Organisten geboren, legte Renner nach dem Besuch des Realgymnasiums in Sulzbach (Saar) die Reifeprüfung ab und ergriff den Beruf eines Zahntechnikers. Im Ersten Weltkrieg wurde er schwer verwundet (u. a. Fuß- und Kieferdurchschuss) und nach Zwischenstationen in ein Lazarett in Essen eingeliefert. Diese Stadt wurde zu seiner zweiten Heimat. 1919 trat er der KPD bei und wurde 1922 als Stadtverordneter der KPD gewählt. Der Stadtverordnetenversammlung gehörte er bis zur Machtübernahme Hitlers, zuletzt als Fraktionsvorsitzender an. Gleichzeitig war er Abgeordneter und Fraktionsvorsitzender im Rheinischen Provinzial-Landtag. Sowohl dort als auch in Essen war die KPD wesentlich stärker als die SPD und folgte gleich der Deutschen Zentrumspartei, die die stärkste politische Gruppierung war. Im Provinzial-Landtag in Düsseldorf wurde er zum härtesten Gegner der Nationalsozialisten. Seine scharfen Auseinandersetzungen mit den NS-Größen Robert Ley und Terboven trugen ihm deren Hass ein. Seit dieser Zeit schätzte ihn der Kölner Oberbürgermeister Adenauer. Als Renner 1926 zum Bezirksvorsitzenden des Internationalen Bundes der Opfer des Krieges und der Arbeit gewählt wurde, gab er seinen Beruf auf. Die Büroräume des Bundes wurden »zum zweiten Wohlfahrtsamt der Stadt Essen«. Einige Monate nach der nationalsozialistischen Machtergreifung gelang Renner die Flucht in das Saargebiet, von wo er 1934 nach Frankreich ging. Dort wurde er Generalsekretär der Vereinigung der deutschen Emigranten in Frankreich. Bei Kriegsausbruch wurden auch die deutschen Hitlergegner durch die französische Polizei interniert. Zunächst im Pariser Gefängnis La Santé, dann im südfranzösischen Internierungslager Le Vernet untergebracht, lieferten die französischen Behörden den deutschen Kommunisten an die Gestapo aus, die ihn am 1. Juli 1943 nach Saarbrücken transportierte und in Untersuchungshaft nahm. Das vom Oberreichsanwalt gegen ihn vorbereitete Strafverfahren vor dem Volksgerichtshof rettete ihm wahrscheinlich das Leben, denn bei Überführung in ein Konzentrationslager wäre er wohl innerhalb kurzer Zeit umgebracht worden. Von Saarbrücken wurde er ins Gefängnis Landau überführt. Als er schwer erkrankte, wurde er in die Krankenabteilung des Zuchthauses Ludwigsburg eingeliefert. Dort am 25. April 1945 von französischen Truppen befreit, gelang es ihm, sich nach Essen durchzuschlagen, wo er am 12. Mai 1945 eintraf.

272 Luftangriffe, die 6800 Zivilpersonen das Leben kosteten und über 30000 Wohngebäude total zerstörten und unbewohnbar machten, hatten die Einwohnerzahl der Ruhr-Metropole auf ein Drittel zusammenschrumpfen lassen. Die britische Besatzungsmacht ernannte Renner zum Oberbürgermeister, »weil er von den politischen Parteien in Essen den Schwung gezeigt hat, den die Militärregierung wünscht, damit Essen wieder an seinen früheren Platz zurückgebracht wird«. Nach den ersten Kommunalwahlen im Oktober 1946 wurde Gustav Heinemann von der Ratsmehrheit zum neuen Oberbürgermeister gewählt. Bei der Verabschiedung am 30. Oktober 1946 hielt Heinrich Strunk, der damalige Fraktionsvorsitzende der CDU, im Namen des Rates eine mit viel Lob verbundene Dankesrede. Renner blieb als Fraktionsvorsitzender bis zum Parteiverbot Mitglied des Rates und war viele Jahre der Vorsitzende des Wohlfahrtsausschusses. Als sein Tod bekannt wurde, schrieb der Lokalredakteur der größten Essener Zeitung im Rückblick auf Renners Ratstätigkeit und seine temperamentvollen Beiträge im Plenum: »Als ein anderer zeigte sich Renner, wenn er über die Arbeit des Wohlfahrtsausschusses berichtete. Da hörten wir einen stillen, sachlichen Sprecher, dem anzumerken war, wie gern er diesen um das Wohl der Hilfsbedürftigen wirkenden Ausschuss leitete.«

Renner gehörte schon dem ersten, noch von der Besatzungsmacht ernannten Landtag und seit dem 29. August 1946 der ersten Landesregierung unter dem Ministerpräsidenten Dr. Amelunxen als Sozialminister an. Bei den ersten Landtagswahlen 1947 wurde er in den Landtag gewählt und gehörte bis zum 7. Februar 1948 dem ersten Kabinett Arnold als Verkehrsminister an. Im Düsseldorfer Landtag begegnete er wieder Konrad Adenauer, der den Vorsitz der CDU-Fraktion innehatte. Diese Landesregierung, aus CDU, Zentrum, SPD und KPD gebildet, hatte eine bemerkenswerte personelle Zusammensetzung. Die CDU stellte neben dem Ministerpräsidenten Karl Arnold u.a. mit Heinrich Weitz den Finanzminister, der später Präsident des Deutschen Roten Kreuzes wurde, mit Gustav Heinemann den Justizminister, und mit Heinrich Lübke den Ernährungs- und Landwirtschaftsminister. Das Zentrum war durch Rudolf Amelunxen, den ersten Ministerpräsidenten und späteren langjährigen Justizminister, als Sozialminister vertreten. Der SPD gehörten drei Minister an: der Innenminister Walter Menzel, zugleich Stellvertreter des Ministerpräsidenten, der Wirtschaftsminister Erik Nölting und der Arbeitsminister August Halbfell. Der zweite Kommunist im Kabinett war Hugo Paul als Wiederaufbauminister.

Als am 1. September 1948 der parlamentarische Rat in Bonn seine Arbeit für das Grundgesetz eines aus den drei westlichen Besatzungszonen zu bildenden föderativen Staates aufnahm, gehörte Renner zu den 65 stimmberechtigten Mitgliedern. Er gehörte auch dem Bundestag in der ersten Wahlperiode (1949-1953) als stellvertretender Fraktionsvorsitzender der KPD an. Seine Rededuelle mit Adenauer, von beiden Seiten oft witzig und schlagfertig geführt, waren ein belebendes Element.

Als bekannt wurde, dass die Urne Renners von Berlin nach Essen überführt werde, die Beisetzung am Samstag, den 1. Februar 1964, auf dem Ehrenfriedhof erfolgen und eine Trauerfeier stattfinden solle, sagte Gustav Heinemann, er werde mit seiner Frau dem Toten die letzte Ehre erweisen. Auf meinen Hinweis, viele Kommunisten würden das Begräbnis zu einer Demonstration für ihre verbotene Partei benutzen und seine Teilnahme werde zwar in Essen, aber vielleicht nicht darüber hinaus verstanden, antwortete er kurz, etwaige Missverständnisse nehme er in Kauf. Von einem Polizeibeamten des für politische Ermittlungsverfahren zuständigen 14. Kommissariats erfuhren wir, dass sein Leiter in Kollegenkreisen geäußert habe, jetzt werde sich zeigen, wes Geistes Kinder die Rechtsanwälte Heinemann und Posser seien. Falls sie an der Trauerfeier teilnehmen, sei das wohl ein Beweis ihrer Nähe zum Kommunismus.

Natürlich erregte es einiges Aufsehen, als das Ehepaar Heinemann in der Trauerhalle des Ehrenfriedhofs erschien. Es war eine würdige Trauerfeier ohne jeden Versuch einer Agitation. Die Ansprache hielt Karl Schabrod. Beiläufig wurde erwähnt, dass viele Kondolenzschreiben eingegangen seien. Die Zahl der Kränze, darunter die der Stadt Essen und des Landes Nordrhein-Westfalen, war außerordentlich groß. Nach Schätzung der Zeitungen nahmen weit über zweitausend Menschen an der Beisetzung teil. Die Beileidsbekundungen waren in der Tat eindrucksvoll. Wie bei dem Leben Renners nicht anders zu erwarten war, stammte die größere Anzahl der Briefe und Telegramme aus dem politischen Bereich: Der Präsident des Deutschen Bundestages, Eugen Gerstenmaier, und die Vizepräsidenten Thomas Dehler und Carlo Schmid, die Ministerpräsidenten Nordrhein-Westfalens und Hessens, Franz Meyers und Georg-August Zinn, der Vizepräsident des Landtages, Alfred Dobbert, eine stattliche Zahl ehemaliger Kollegen aus Bundestag und Landtag wie der fast neunzigjährige Paul Löbe, der fast während der ganzen Weimarer Republik Präsident des Reichstags, dann Mitglied des Parlamentarischen Rates und des ersten Bundestages war, seit 1954 Präsident des Kuratoriums Unteilbares Deutschland. Oder ehemalige Bundestagsabgeordnete wie Ferdinand Friedensburg, der stellvertretende Oberbürgermeister von Berlin in der ersten Nachkriegszeit, Fritz Baade, der langjährige Leiter des Instituts für Weltwirtschaft in Kiel, und August Dresbach, in dessen Brief es hieß: »Einer, der mal die Geschichte der bösen Jahre nach 1945 schreiben wird, wird am Wirken von Heinz Renner in Essen und Düsseldorf nicht vorbeigehen können.« Johannes Brockmann, Vorsitzender der Deutschen Zentrumspartei und langjähriges Mitglied des

Düsseldorfer Landtages, schrieb u. a.: »Der politische Meinungsunterschied hat nicht vermocht, die menschliche und persönliche Verbundenheit zu beeinträchtigen, die uns so oft zusammenführte. Der Verstorbene hat in schwerster Zeit unserem Volke große Dienste geleistet, und dafür wird man ihm immer dankbar sein und sein Andenken hoch in Ehren halten.« In vielen Briefen kam das zum Ausdruck, was Thomas Dehler so ausdrückte: »Ich habe seine Lauterkeit und seine hohe Intelligenz, nicht minder seine parlamentarische Schlagfertigkeit sehr geschätzt«. Carlo Schmid schrieb u. a.: »So sehr wir auch gegeneinander gestritten haben, und so sehr ich, was er vertrat, als einen unseligen Irrtum ansehen musste, so sehr habe ich doch die Tapferkeit und das Talent Heinz Renners beim Vertreten seiner Ansichten geschätzt. Er hat dem Bundestag viel Farbe gegeben, und viele unserer Kollegen haben bei mancher Gelegenheit bedauert, dass seine Stimme im Chore fehlte.«

Auch außerhalb des politischen Bereiches war die Anteilnahme groß, z.B. bei den Gewerkschaften. Die Superintendenten der drei Essener evangelischen Kirchenkreise, die jüdische Kultusgemeinde und der Bischof von Essen, Franz Hengsbach, bekundeten ihre »aufrichtige Teilnahme«. Bischof Hengsbach schrieb: »Was er in rechter Gesinnung zum Wohle seiner Mitmenschen getan hat, wird bei Gott nicht vergessen sein.«

Am stärksten beeindruckte die Angehörigen des Verstorbenen, dass auch der Mann nicht schwieg, dessen politischen Lebensweg Renner seit der gemeinsamen Zugehörigkeit zum Rheinischen Provinzial-Landtag in den zwanziger Jahren, im Düsseldorfer Landtag, im Parlamentarischen Rat und im Bundestag zunächst mit Zustimmung, dann mit wachsender Kritik begleitet hatte. Konrad Adenauer schrieb:

> »Aus Anlass des Todes Ihres Vaters spreche ich Ihnen und Ihren Angehörigen meine aufrichtige Teilnahme aus. Meine Begegnungen mit dem Menschen Heinz Renner habe ich nicht vergessen.
>
> In herzlichem Beileid Adenauer «

Zwanzig Jahre später, im Februar 1984, schrieb mir Walter Henkels, der langjährige Bonner Korrespondent der »Frankfurter Allgemeinen Zeitung«, er wolle ein Buch mit dem Titel »Der Kanzler hat die Stirn gerunzelt – Der Hofchronist macht Inventur« schreiben. »Auch meinem alten Freund Heinz Renner möchte ich ein kleines Denkmal setzen … Ich habe Renner in besonders guter Erinnerung.« Henkels' Fragen konnte ich mit Hilfe meiner Unterlagen beantworten. Als das Buch erschienen war, sandte Henkels es mir zu. In einem besonderen Kapitel »Der Alte und der Kommunist« berichtete Henkels einen Vorgang, der auch mir unbekannt war:

»Anfang der sechziger Jahre ging es Renner wirtschaftlich sehr schlecht. Sein Antrag auf Haftentschädigung für im Dritten Reich erlittene Unbill war von den Wiedergutmachungsbehörden abgelehnt worden. Durch einen Mittelsmann hatte er das Adenauer wissen lassen. Nach einigen Wochen offenbarte Renner dem Chronisten diskret: Was glauben Sie? Sechstausend Mark Haftentschädigung hat mir der Alte besorgt. Und dann fügte der um die Weltrevolution Betrogene hinzu: Ich glaube, er kommt doch noch in den Himmel.«

Bei Renners Beerdigung war Heinemann und mir aufgefallen, dass neben der von Kränzen umgebenen Urne drei Fahnen standen: Eine schwarz-rot-goldene Bundesfahne, eine mit Trauerflor versehene rote Fahne und eine Fahne mit dem Zeichen der VVN, der Vereinigung der Verfolgten des Naziregimes. War das ein Symbol dafür, dass die Kommunisten Frieden mit der Bundesrepublik Deutschland geschlossen hatten, die sie in den Anfangsjahren nicht mit Gewalt, aber doch mit äußerster verbaler Schärfe angegriffen hatten?

Keinen Frieden wollten die Strafverfolgungsbehörden mit Ernst Schmidt schließen, der als Wahlvertrauensmann den »unabhängigen Kandidaten« Renner bei dem vergeblichen Versuch unterstützt hatte, bei den Landtagswahlen 1958 in Essen zu kandidieren. Schmidt wurde am 9. Juli 1960 in Untersuchungshaft genommen, in der er bis zum 15. September 1960 verblieb. Zur Hauptverhandlung gegen ihn und zwei Mitangeklagte kam es vor dem Landgericht Dortmund im Sommer 1963. Mit Urteil vom 3. Juli 1963 verurteilte die Staatsschutzstrafkammer Schmidt wegen Rädelsführerschaft in der illegalen KPD, wegen verfassungsfeindlicher Geheimbündelei und Verstoßes gegen das KPD-Verbot zu einem Jahr und drei Monaten Gefängnis. Die Mitangeklagte Lorenz erhielt acht Monate Gefängnis zur Bewährung. Der Mitangeklagte Lomberg wurde freigesprochen. Das Strafmaß für Schmidt war für mich peinlich, denn der Staatsanwalt hatte nur ein Jahr Gefängnis beantragt, und ich hatte insgeheim gehofft, es gelänge durch mein Plädoyer, die Strafe auf neun Monate Gefängnis zu senken, was eine Aussetzung zur Bewährung ermöglicht hätte. Im Allgemeinen liegt in solchen Fällen ein Versagen des Verteidigers nahe, aber Schmidt und seine Angehörigen machten mir keinen Vorwurf.

Neben der Unterstützung der vergeblichen Kandidatur Renners war Schmidt auch wegen der Herausgabe der Zeitschrift »Ruhrbote« in einer Auflage von 1000 – 1400 Exemplaren von Anfang Oktober 1958 bis Anfang Juli 1960 verurteilt worden. Das Gericht stellte fest, die Zeitschrift sei in Absprache mit der illegalen KPD erschienen und auch teilweise von ihr finanziert worden. Auf Seite 72 des Urteils war eine Auswertung der in der Abonnentenkartei enthaltenen 350 Einzelpersonen durch die Kriminalpolizei wiedergegeben. Sie ergab, »dass davon 200 Personen bzw. 82,8 % ehemalige Mitglieder oder Funktionäre der KPD oder deren Angehörige waren, dass weitere 22 Personen bzw. 6,2 % KPD-Tarnorganisationen angehört bzw. früher eine kommunistische Zeitung abonniert hatten und einige weitere Personen Angehörige linksorientierter Vereinigungen waren«. Dann heißt es über die »Aufschlüsselung der 974 sichergestellten Postsendungen, die für Einzelempfanger in der Bundesrepublik Deutschland bestimmt waren: »Gut 700 Personen bzw. 71 % waren Angehörige von früheren KPD-Mitgliedern bzw. ehemalige Funktionäre oder Mitglieder der KPD. Weitere 154 Empfänger bzw. 15,8 % waren Mitglieder von KPD-Tarnorganisationen.« Den Dortmunder Richtern scheint entgangen zu sein, dass sie mit dieser Art von Buchführung die totale Erfassung und Überwachung von Kommunisten und ihren Angehörigen praktizierten.

Der Inhalt der Zeitschrift »Ruhrbote« war unter keinem Gesichtspunkt strafbar, doch fiel das beim Strafmaß nicht ins Gewicht. Entscheidend war der Eindruck des Gerichtes, es handele sich bei Ernst Schmidt »um einen fanatischen, völlig unbelehrbaren kommunistischen Funktionär, der kraft seiner beachtlichen Intelligenz und einer in jeder Lage ein beherrschtes Auftreten zeigenden gefestigten Persönlichkeit zu den gefährlichen Funktionären der illegalen KPD zu rechnen ist«.

Um Zeit zu gewinnen, legte ich Revision ein, die bis auf einen Nebenpunkt erfolglos blieb. Das Urteil des Bundesgerichtshofes erging am 17. April 1965. Nachdem das Urteil rechtskräftig geworden war, drohte die Ladung zum Strafantritt.

Deshalb entschlossen sich angesehene Essener Bürger zu einem Gnadengesuch. Die Unterzeichner erklärten ausdrücklich, dass sie weder der KPD angehörten noch die kommunistische Ideologie verträten. Sie wandten sich insbesondere gegen die gerichtliche Feststellung, Schmidt sei fanatisch und völlig unbelehrbar. Dem stellten die Gesuchsteller entgegen, dass sie den Verurteilten lange Jahre, zum Teil seit Jahrzehnten als redlichen, hilfsbereiten und anständigen Menschen mit bestem Leumund kennen. Wegen seiner allgemeinen Beliebtheit als arbeitsamer und tolerant eingestellter Mensch sei Schmidt auch in Ehrenämter berufen worden, z. B. in die Schulpflegschaft und in Funktionen in mehreren Vereinen. Was den »Ruhrboten« betraf, verwiesen die Unterzeichner darauf, dass dieser in aller Öffentlichkeit erschienen und niemals gegen ihn eingeschritten worden sei. Im Gnadengesuch wurde auch erwähnt, dass Ministerpräsident Meyers 1964 in zwei veröffentlichten Interviews eine Diskussion über die Frage der Aufhebung des KPD-Verbots angeregt habe. Es erscheine angesichts eines solchen Sachverhaltes »wenig sinnvoll, jetzt noch einen geachteten Bürger unserer Stadt wegen seiner politischen Betätigung zur Strafhaft zu laden und damit von Familie und Arbeitsplatz zu trennen«. Die Gnadenstelle des Landgerichtes Dortmund erwiderte am 28. September 1964 knapp, dass das öffentliche Interesse eine Vollstreckung der Strafe fordere. Gegen die Ablehnung legten die Gesuchsteller Beschwerde beim Justizminister ein und unterrichteten auch den Justizausschuss des Landtages. Die Begründung war für einen unvoreingenommenen Menschen einleuchtend: Die Richter kennen Schmidt nur als Angeklagten, der überdies zum ersten Mal vor Gericht stand, also keine Erfahrung im Umgang mit Gericht und Staatsanwaltschaft hatte. Sie regten eine Begnadigung in Form einer Strafaussetzung mit einer langen Bewährungszeit an. Dann werde sich zeigen, wessen Beurteilung richtig sei. Die Befürworter des Gnadengesuches waren sämtlich Menschen mit Lebenserfahrung und Beurteilungsvermögen: ein Großkaufmann mit mehr als tausend Angestellten, ein Zeitungsverleger, Geistliche, Schulleiter, Vertreter von Sportvereinen. Der Vorsitzende des Essener Katholikenausschusses unterzeichnete aus Dankbarkeit für die Hilfe, die Renner in der ersten Nachkriegszeit einem nahen Verwandten geleistet hatte.

Aber noch war die Zeit nicht reif. Der Leiter des Essener 14. Kommissariates suchte den Arbeitgeber auf, ein großes Essener Textilhaus, und legte nahe, Ernst Schmidt zu entlassen. Das wurde nicht nur abgelehnt, sondern mit einem weiteren Gnadengesuch beantwortet. Bei dieser Firma blieb Schmidt 28 Jahre bis zu seinem Ausscheiden aus dem Erwerbsleben.

Am 17. Juli 1965 musste er seine Strafe antreten. Nach gut fünf Monaten, am 21. Dezember 1965, erfolgte die Begnadigung durch den Justizminister.

Natürlich hatten die Essener Bürger Recht, die sich für Schmidt eingesetzt haben. Er verhielt sich nicht nur in der »Bewährungszeit« gesetzestreu, sondern in seinem ganzen weiteren Leben. Er widmete sich in seiner Freizeit und nach der Pensionierung verstärkt zeitgeschichtlichen Studien und wurde ein gefragter Redner. 1982 promovierte ihn die Universität Bremen für seine wissenschaftlichen Arbeiten über das Thema »Studien zur Lokal- und Regionalgeschichte im Ruhrgebiet, unter besonderer Berücksichtigung der Arbeiterbewegung« zum Dr. phil. Von der kommunistischen Ideologie hatte er sich gelöst.

Was ist eine Ersatzorganisation der verbotenen KPD?

Die durch das KPD-Verbotsurteil aufgeworfene Frage, was eine »Ersatzorganisation« der aufgelösten KPD ist, spielte in den sechziger Jahren eine wichtige Rolle. Wer sich an der Arbeit der im Untergrund wirkenden »illegalen« KPD durch Verbreiten von Schriften oder durch Aufrechterhalten des organisatorischen Zusammenhalts beteiligte, konnte mit Recht wegen eines Verstoßes gegen das Verbotsurteil bestraft werden. Der Bundesgerichtshof hat den Begriff der Ersatzorganisation allerdings sehr weit ausgelegt. Schon in einem Urteil aus dem Jahre 1958 war entschieden worden:

> »Die für die ›Westarbeit‹ geschaffene Teilorganisation des ›Freien Deutschen Gewerkschaftsbundes‹ (FDGB) hat die Aufgabe, in der kommunistischen Propaganda die durch das Verbot der KPD entstandenen Lücken auszufüllen. Sie ist daher eine Ersatzorganisation der aufgelösten KPD. Dass die Organisation nicht ausschließlich aus früheren KPD-Mitgliedern besteht und einen solchen Zusammenschluss auch nicht erstrebt, ist unerheblich. Es ist auch nicht erforderlich, dass eine organisatorische oder personelle Verbindung zwischen den Funktionären des FDGB und dem illegalen Apparat der KPD besteht und dass sich die illegale KPD auf die Funktionäre des FDGB stützt.«

Am 4. Oktober 1960 formulierte der Bundesgerichtshof:

> »Die SED und die von ihr abhängigen Organisationen bilden, soweit sie ›Westarbeit‹ betreiben, mit ihren in dieser Richtung tätigen Organen und den von diesen geleiteten Agenten, Gruppen, Splittern, Parteigängern und Tarnorganisationen in der Bundesrepublik eine verfassungsfeindliche Vereinigung im Sinne des § 90a StGB. Diese Organisation ist zugleich eine Ersatzorganisation der aufgelösten KPD.«

Diese Feststellungen ließen sich auf Grund der Gesetzeslage verstehen, obwohl in der DDR praktisch alle politischen Organisationen von der SED abhängig waren. Dazu gehörten – wie einschlägige Urteile entschieden – z. B. auch die Konsumgenossenschaften, der »Deutsche Städte- und Gemeindetag« und der »Deutsche Turn- und Sportbund«. Zusammenfassend stellte der Bundesgerichtshof in seinem Urteil vom 18. September 1961 (BGHSt 16,264 ff.) fest:

> »Eine Ersatzorganisation ist ein Personenzusammenschluss, der an Stelle der aufgelösten Partei deren verfassungsfeindliche Nah-, Teil- oder Endziele ganz oder teilweise, kürzere oder längere Zeit, örtlich oder überörtlich, offen oder verhüllt weiterverfolgt oder weiterverfolgen will.«

Wie sollte man eigentlich bei einer solch perfekten Definition feststellen, ob ein Personenzusammenschluss verfassungsfeindliche Nahziele teilweise, kürzere Zeit, örtlich, verhüllt weiterverfolgen wollte? Man geriet dadurch zwangsläufig auf das weite Feld der Spekulation.

Wer den Schah bekämpft, ist ein Feind des Grundgesetzes

Beim Aufspüren von Verfassungsfeinden wurden die Sicherheitsorgane im Bundesgebiet immer wieder fündig. Am 11. Oktober 1961 hatten drei Iraner in Koffern Schriftenmaterial in persischer Sprache aus Leipzig in die Bundesrepublik bringen wollen, waren aber an der Zonengrenze vom Bundesgrenzschutz festgenommen und anschließend bis zum 28. Dezember 1961 wegen Staatsgefährdung in Untersuchungshaft gehalten worden. Die Anklageschrift vom 10. April 1962 warf den drei Beschuldigten vor, Mitglieder der Tudeh-Partei – der kommunistischen Partei des Iran, die dort seit 1949 verboten war – zu sein und im Bundesgebiet mit anderen Iranern in konspirativer Weise zusammengearbeitet sowie politische Schriften in persischer Sprache verteilt zu haben. Die Beschuldigten bestritten die Tudeh-Mitgliedschaft, gaben aber ihre Untergrundtätigkeit zu; diese sei nötig gewesen, um ihre Verbindung von Gegnern des Schah-Regimes vor den Nachforschungen des im Bundesgebiet stark vertretenen iranischen Geheimdienstes zu tarnen. Vor den deutschen Behörden hätten sie nichts geheim halten wollen. Dennoch war verständlich, dass ihnen Geheimbündelei vorgeworfen wurde. Der andere Schuldvorwurf – Rädelsführerschaft in einer verfassungsfeindlichen Vereinigung – überraschte uns dagegen sehr, als wir auf Bitten naher Verwandter der Beschuldigten die Verteidigung der drei Iraner übernahmen. Zwar hatte die Führung der Tudeh-Partei seit 1957 ihren Sitz in Leipzig und betrieb dort vorübergehend auch eine Rundfunkstation, die aber ausschließlich in persischer Sprache sendete, doch ließen die Akten nicht erkennen, dass diese iranische Partei, die das Schah-Regime bekämpfte, auch die verfassungsmäßige Ordnung der Bundesrepublik Deutschland bedrohte. Nun wussten wir aus anderen Strafprozessen, dass gerade die politische Abteilung der Kölner Staatsanwaltschaft engen Kontakt zu dem in Köln untergebrachten Bundesamt für Verfassungsschutz hielt und weitgehend dessen Bewertungen übernahm. Auf Seite 63 der Anklageschrift war folgende Konstruktion gewählt worden, um diesen Schuldvorwurf zu begründen:

> So sei es »unerheblich, ob im Iran, der sich in einem Umgestaltungsprozess vom Feudalstaat zur Demokratie befindet, bereits jetzt eine freiheitliche demokratische Ordnung besteht. Entscheidend ist, dass dieser Staat in das westliche Verteidigungssystem gegen den weltumspannenden Angriff des Ostblocks einbezogen ist, der auch den Bestand der Bundesrepublik in ihrer freiheitlichen demokratischen Konzeption bedroht. Unter diesem Aspekt stellt der gegen das Regierungssystem in Iran gerichtete Angriff der kommunistischen Tudeh-Partei zugleich auch einen Angriff auf die Grundordnung der Bundesrepublik dar.«

Außerdem beantragte die Staatsanwaltschaft die Vernehmung des Leitenden Regierungsdirektors Dr. Nollau vom Bundesamt als Sachverständigen, der auch in der im Juni 1962 durchgeführten Hauptverhandlung von der Staatsschutzstrafkammer in Köln angehört wurde. Nollau hatte 1959 das Buch »Die Internationale. Wurzeln und Erscheinungsformen des proletarischen Internationalismus« geschrieben, das seinen Ruf als Kenner der Materie begründete. Nollau argumentierte, dass auch die Tudeh-Partei die Erklärung der 81 kommunistischen und Arbeiterparteien unterzeichnet habe, die am 2. Dezember 1960 in Moskau, zusammen mit einem »Appell an alle Völker«, veröffentlicht worden sei. Der »Weltkommunismus« sei ein »monolithischer Block« unter Moskaus Führung mit Stoßrichtung gegen die freie Welt und damit auch gegen die bundesrepublikanische Ordnung. Von dieser hatten allerdings die drei Angeklagten, die zwischen 1951 und 1953 zum Medizinstudium in die Bundesrepublik gekommen waren, eine hohe Meinung. Sie meinten, es werde lange dauern, bis in ihrem Heimatland eine vergleichbare wirtschaftliche und soziale Lage mit Wohlstand für die breiten Schichten erreicht sei. Das Gericht folgte den Ausführungen des Sachverständigen und verurteilte alle wegen Rädelsführerschaft in einer verfassungsfeindlichen Vereinigung und Geheimbündelei zu Freiheitsstrafen zwischen sechs und neun Monaten auf Bewährung. In der Urteilsbegründung hieß es:

> »Die schließliche Beseitigung der Ordnung (der Bundesrepublik) will die Tudeh-Partei zwar nicht unmittelbar in eigener Zuständigkeit durchführen, sie erstrebt sie aber als Mitglied der ›internationalen kommunistischen Bewegung‹ zusammen mit den ›Bruderparteien‹ auf der Grundlage ›der unerschütterlichen Prinzipien des Marxismus-Leninismus und des proletarischen Internationalismus‹. Bei der kommunistischen Weltbewegung, der die Tudeh-Partei angehört, kann es schließlich auch nicht zweifelhaft sein, dass ihr politischer Kurs durch eine Absicht bestimmt ist, die grundsätzlich und dauernd tendenziell auf die Bekämpfung jeder freiheitlichen demokratischen Grundordnung gerichtet ist.«

Sowohl die Staatsanwaltschaft als auch die Angeklagten legten Revision ein. Die Anklagebehörde verlangte noch zusätzlich eine Bestrafung wegen Verstoßes gegen das KPD-Verbotsurteil, da die Tudeh-Partei eine »Ersatzorganisation« der KPD sei. Das hatte die Strafkammer mit Recht abgelehnt:

> »Die Tudeh-Partei – auch soweit sie auf dem Territorium der Bundesrepublik tätig wird – ist keine Ersatzorganisation für die verbotene KPD, noch will sie die gesetzeswidrige Wirksamkeit der verbotenen KPD fördern. Sie wird vielmehr gewollt eigenständig tätig, wobei sich ihr Tätigwerden außerhalb des Iran vor allem dadurch erklärt, dass die Partei im Iran verboten ist.«

Die Konsequenzen der These: »Unterschrift der Moskauer Erklärung = Verfassungsfeindlichkeit nach bundesdeutschem Strafrecht« würden weittragend sein. Die italienischen, griechischen, türkischen, jugoslawischen Gastarbeiter, die kommunistisch eingestellt waren und Parteibeiträge in ihre Heimat überwiesen, ihre Zeitungen lasen und mit Gesinnungsfreunden über politische Vorgänge »aus allgemein kommunistischer Sicht« sprachen, mussten wegen Staatsgefährdung in der Bundesrepublik bestraft werden, wenn das Kölner Urteil rechtskräftig würde. Unbestreitbar gab es zahlenmäßig große kommunistische Parteien in Italien und Frankreich. Was würde geschehen, wenn es in Zukunft ein Europäisches Parlament mit kommunistischen Abgeordneten geben sollte? Könnten sie sich im Bundesgebiet frei bewegen? Das alles hing von der bevorstehenden Grundsatzentscheidung des Bundesgerichtshofs ab.

Die Revisionsverhandlung vor dem Bundesgerichtshof fand am 17. Juli 1963 statt. Der Vertreter des Generalbundesanwaltes verneinte die Inkriminierung der Tudeh-Partei als verfassungsfeindliche Vereinigung, da § 90a StGB keine Strafvorschrift zur Bekämpfung des Weltkommunismus sei. Andererseits vertrat der Bundesanwalt aber die Auffassung, die Tudeh-Partei könne eine Ersatzorganisation der verbotenen KPD sein. Außerdem müsse geprüft werden, ob der Inhalt der Schriften dieser iranischen Partei verfassungsfeindlich sei.

Ich plädierte gegen die Anwendbarkeit des § 90a und gegen die Charakterisierung der Tudeh-Partei als Ersatzorganisation. Es wurde eine lange Sitzung, und der Strafsenat beriet einige Tage. Die Entscheidung wurde erst am 25. Juli 1963 verkündet. Der Strafsenat hob das Urteil auf Grund der beiderseitigen Revisionen auf und verwies die Sache zur erneuten Verhandlung nach Köln zurück.

Die beiden Leitsätze des Urteils, das auch in der Amtlichen Sammlung veröffentlicht wurde (BGHSt 19, 51 ff.), lauteten:

1. Eine ausländische kommunistische Partei, die unter den in der Bundesrepublik weilenden Angehörigen ihres Heimatlandes tätig wird, ist nicht schon deshalb eine verfassungsfeindliche Vereinigung, weil sie der ›kommunistischen Weltbewegung‹ angehört und entsprechend ihrer gegen alle ›kapitalistischen‹ Länder gerichteten Grundhaltung kommunistische Thesen übernimmt, die sich u.a. auch gegen die Bundesrepublik richten. Es muss vielmehr hinzukommen, dass sie nach ihren Zwecken oder in ihrer Tätigkeit gerade auf die Beseitigung oder zumindest Untergrabung der verfassungsmäßigen Ordnung der Bundesrepublik grundsätzlich und dauernd abzielt.
2. Eine ausländische kommunistische Partei kann auch dann, wenn sie in der Bundesrepublik ›gewollt eigenständig‹ auftritt, Ersatzorganisation der verbotenen KPD sein. Ob dies der Fall ist, kann nur unter Berücksichtigung aller Umstände entschieden werden.«

Leider sprach auch das Revisionsurteil von »der allgemeinkundigen Tatsache der engen Verbundenheit der kommunistischen Parteien der Welt«, obwohl doch Ende Juli 1963 der aufmerksame Zeitbeobachter längst die ideologischen Spannungen und Zerwürfnisse im Weltkommunismus erkannt haben musste. Genau zwei Tage vor der Revisionsverhandlung brachte die »Frankfurter Allgemeine« auf der ersten Seite am 15. Juli 1964 einen großen Bericht mit der Überschrift: »Moskau geht zum offenen Angriff gegen Peking über«. Darin wurde von einem »Tiefpunkt in den Beziehungen«, von der chinesischen Forderung nach dem Sturz der sowjetischen Regierung und von den Differenzen seit April 1960 geschrieben, also schon vor der Moskauer Beratung der 81 kommunistischen Parteien. Tatsächlich hatte der italienische KP-Führer Togliatti schon 1956 nach dem XX. Moskauer Parteitag die Forderung nach Autonomie für die einzelnen kommunistischen Parteien gestellt. Der Kommentar in der FAZ vom selben Tag hieß: »Im Stadium der Enthüllungen«. Als falsch bezeichnet wurde auch die »allgemeinkundige« Tatsache des monolithischen Aufbaus des Weltkommunismus. Heinemann und ich hatten immer davor gewarnt, politische Theorien zur Grundlage von Strafurteilen zu machen. Hier hatten wir wieder ein herausragendes Beispiel. Die zweite Verhandlung vor der Strafkammer in Köln fand im Mai 1964 statt. Erneut wurde der Sachverständige des Bundesamtes, Dr. Nollau, gehört. Anders als zwei Jahre zuvor war in seinen Ausführungen nichts mehr vom »monolithischen« Aufbau des Weltkommunismus zu hören, stattdessen sprach auch er nun vom Polyzentrismus des Kommunismus. Er hatte 1963 sogar eine Schrift über den »Zerfall des Weltkommunismus« veröffentlicht. So schnell änderten sich angeblich eherne Wahrheiten.

Allerdings plädierte er dafür, die Tudeh-Partei als Ersatzorganisation der verbotenen KPD anzusehen, was auch der Staatsanwalt beantragte. Aber die Strafkammer blieb jetzt fest: Nach der Beweisaufnahme habe die Tudeh-Partei zwar einen Umsturz im Iran gefordert, aber keinen Angriff gegen die Grundordnung der Bundesrepublik Deutschland geführt. Die Propaganda der Tudeh-Partei habe sich an iranische Staatsangehörige gewandt; eine Förderung der verbotenen KPD und ihrer Ziele habe sich nicht feststellen lassen. Die Strafen wegen Geheimbündelei wurden auf vier bis sechs Monate Gefängnis zur Bewährung gesenkt. Die drei Angeklagten, inzwischen Assistenzärzte geworden, verließen erleichtert den Gerichtssaal. Die Staatsanwaltschaft fertigte eine umfängliche Revisionsbegründung an, um doch noch eine Verurteilung der Tudeh-Partei als KPD-Ersatzorganisation zu erreichen. Aber der Bundesgerichtshof verwarf die Revision am 25. Juni 1965 und vermerkte in seinem Urteil, dass der Generalbundesanwalt die Revision der Kölner Staatsanwaltschaft nicht vertreten hatte.

Leider habe ich in späteren Jahren keinen Kontakt mehr zu den drei iranischen Ärzten gehabt. Es hätte mich schon interessiert, wie sie die islamische Revolution des Ajatollah Khomeini und die Herrschaft der islamischen Fundamentalisten nach dem Sturz des Schahs beurteilten.

Die Güde-Titelgeschichte im »Spiegel« und ihre Folgen

Das Jahr 1961 brachte für die politische Strafjustiz neben dem Urteil des Bundesverfassungsgerichtes vom 21. März, das der Strafverfolgung gegen Kommunisten für eine Tätigkeit in der KPD vor deren Verbot die gesetzliche Grundlage entzog, noch ein weiteres Ereignis mit erheblicher Folgewirkung.

Am 5. August veröffentlichte »Der Spiegel« mit einem Titelbild des Generalbundesanwalts Max Güde einen elf Seiten langen Bericht über die politische Justiz. Zwar war den interessierten Beobachtern schon seit einiger Zeit aufgefallen, dass dem Befürworter eines möglichst umfassenden strafrechtlichen Staatsschutzes wachsende Zweifel an dem »Superschutzsystem« gekommen waren. 1952 war Güde, schon seit 1950 in der Bundesanwaltschaft, Leiter der politischen Abteilung in der obersten Anklagebehörde geworden und hatte die Entwicklung der Rechtsprechung an der Quelle miterlebt. Nach dem Verbot der KPD 1956 trat auch er für eine Amnestie ein. Es war auch bekannt geworden, dass Güde die Nichtigkeitserklärung des § 90a Abs. 3 des Strafgesetzbuches für richtig hielt, was er Heinemann gegenüber bei der Urteilsverkündung deutlich genug zu erkennen gegeben hatte. In einer Broschüre über »Probleme des politischen Strafrechts« hatte er schon 1957 seine Distanz zu einer ausufernden Anwendung der ohnehin zu unbestimmten Straftatbestände dieses Präventivstrafrechts sichtbar werden lassen. Als ein politisch denkender Mensch sah er die verheerenden Auswirkungen, die die Strafverfolgung von kommunistischen und nichtkommunistischen Mitgliedern des »Friedenskomitees« als einer »verfassungsfeindlichen Vereinigung« im Ausland haben musste. In der Tat konnte das Elend der politischen Justiz nicht sinnfälliger dargelegt werden als in dem längsten Strafverfahren wegen Staatsgefährdung, das die Bundesrepublik Deutschland je erlebt hatte. Vom 10. November 1959 bis zum 8. April 1960 verhandelte die Staatsschutzstrafkammer in Düsseldorf an 56 Sitzungstagen gegen sechs Mitglieder des Westdeutschen Friedenskomitees (später: Friedenskomitee der Bundesrepublik Deutschland), das am 15. Mai 1949 im Bonner Rathaus gegründet worden war und sich als ein Teil der Weltfriedensbewegung betrachtete, an deren Spitze der Weltfriedensrat stand. Die Anklageschrift hatte die Weltfriedensbewegung als ein Instrument der sowjetischen Außenpolitik bezeichnet und ihr die groteske Absicht unterstellt, »den Weltfriedensrat gegebenenfalls zu einer kommunistischen UNO umzugestalten«. Als Entlastungszeugen boten sich viele Persönlichkeiten aus dem westlichen und neutralen Ausland an: Vom Präsidenten des Weltfriedensrates, dem britischen Physikprofessor Bernal, über bekannte Juristen wie den Direktor der Rechtsabteilung in der japanischen Akademie der Wissenschaften, Professor Hirano, oder Jessy Street, die die Gründungscharta der UNO 1945 in San Francisco für Australien unterzeichnet hatte, bis zu den Bischöfen verschiedener christlicher Kirchen. Aus der Bundesrepublik Deutschland sagten u.a. Kirchenpräsident Martin Niemöller, Gustav Heinemann, Hans Joachim Iwand und Klara Marie Fassbinder als Zeugen aus. Unbestreitbar war, dass auch Kommunisten im Friedenskomitee mitgearbeitet hatten und die KPD vor ihrem Verbot ihre Mitglieder zur Mitarbeit in der Friedensbewegung aufgefordert hat, aber es hat während der ganzen Verhandlung nicht einen einzigen Beweis dafür gegeben, dass das Friedenskomitee irgendeines der vom Bundesverfassungsgericht als verfassungsfeindlich bezeichneten Ziele der KPD verfolgte. Staatsanwaltschaft und Gericht operierten mit dem dem deutschen Recht fremden Begriff der »Kontaktschuld«. So wie in der griechischen Sage der phyrgische König Midas alles, was er berührte, in Gold verwandelte, so wurde alles, was Kommunisten unterstützten, sofort verfassungsfeindlich. Das war die Faustregel der Urteilsfindung.

Unter den Verteidigern im Düsseldorfer Prozess war der betagte britische Kronanwalt D. Pritt, selbst Mitglied des Weltfriedensrates und von 1935 bis 1950 Mitglied des britischen Parlamentes. Als er gegen Ende des Verfahrens von einem Journalisten gefragt wurde, welches Urteil er erwarte, antwortete er, der fließend Deutsch sprach: »Ich denke das Urteil vom 10. November 1959.« Das war der Tag des Prozessbeginns. Das Strafverfahren löste eine solche Betroffenheit und Irritation im Ausland aus, dass das Auswärtige Amt allen bundesdeutschen Vertretungen eine »Handreichung« zur Erläuterung schickte. Der Tenor entsprach dem, was der Gerichtsvorsitzende der Urteilsverkündung voranstellte: »Es geht in diesem Fall nicht um den Frieden. Jeder Mensch will den Frieden. Es geht um eine Organisation, die sich den Namen ›Friedenskomitee‹ gegeben hat.« Wie gefährlich die Organisation für die verfassungsmäßige Ordnung der Bundesrepublik Deutschland gewesen sein muss, kann man an dem Strafmaß erkennen: Bis auf einen Angeklagten, einen Diplom-Dolmetscher, der einige Jahre Theologie studiert hatte und ein Schüler Karl Barths gewesen war und mit einem Jahr Gefängnis bestraft wurde, erhielten vier Angeklagte Gefängnisstrafen zwischen drei und neun Monaten auf Bewährung; ein Angeklagter wurde zu einer Geldstrafe von 500 DM verurteilt. Eine geringe Geldstrafe für eine »Rädelsführerschaft in einer verfassungsfeindlichen Vereinigung«. Der politische Strafsenat sorgte im Revisionsverfahren noch dafür, dass auch die einjährige Gefängnisstrafe, die nicht zur Bewährung ausgesetzt werden konnte, beim »zweiten Durchgang« in Düsseldorf am 6. Dezember 1962 auf neun Monate ermäßigt wurde. Im Übrigen hatte sich die Düsseldorfer Kammer eng an die höchstrichterliche Rechtsprechung gehalten, so dass der Strafsenat hier nicht helfen konnte; er hatte sich selbst umzingelt. Auf das schriftliche Urteil mussten die Angeklagten und die Verteidiger acht Monate nach der Verkündung – bis zum 5. Dezember 1960 – warten. Dann wurden umfangreiche Revisionsbegründungen gefertigt.

Da die »Spiegel«-Geschichte mehrfach auf diesen »bislang ungewöhnlichsten politischen Strafprozess« hinweist, ist sicher, dass Güde seine vernichtende Kritik auch auf diesen Prozess bezog, zumal er im Sommer 1961 in der Revisionsinstanz anhängig war. Höhepunkt dieser Kritik war der Satz: »Die heutige politische Justiz judiziert aus dem gleichen gebrochenen Rückgrat heraus, aus dem das Sondergerichtswesen (Hitlers) zu erklären ist.« Güde ließ auch keinen Zweifel daran, was er von den weit gefassten und unklaren Straftatbeständen hielt: »Die Bundestagsabgeordneten wissen überhaupt nicht, was sie (mit dem Ersten Strafrechtsänderungsgesetz 1951) beschlossen haben.« So hatte noch niemand öffentlich gesprochen, obwohl neben Adolf Arndt auch Thomas Dehler, der 1951 Bundesjustizminister und Mitinitiator des Ersten Strafrechtsänderungsgesetzes war, angesichts der exzessiven Gesetzesfolgen bekannt hatte: »Mein Gewissen schlägt schwer.« Auch andere Stellen dieser Güde-Titelgeschichte stimmten uns hoffnungsfroh, so seine Feststellung: »Ich bin gläubiger Katholik, soweit ein Katholik das von sich sagen kann. Niemand kann für die Freiheit so fechten wie derjenige, der in der Gebundenheit der Kirche steht. Deshalb haben die Katholiken hier mehr Pflichten als die Protestanten, die heutzutage gleich verdächtigt werden, fellow travellers oder sogar verkappte Kommunisten zu sein.« Für viele, gerade auch für Heinemann und mich, waren die Äußerungen Güdes wie eine Befreiung. Dem Bericht war auch zu entnehmen, dass in der politischen Strafjustiz ein Gegensatz zwischen Bundesinnenminister und dem Generalbundesanwalt bestand. Später hat Jagusch mir erzählt, wie sich das Bundesinnenministerium um die Richter des politischen Strafsenats bemüht und sie von dem eigenen sturen Antikommunismus zu überzeugen versucht habe. Typisch für diese Geisteshaltung war die Überschrift im Hausblatt des Innenministeriums »Deutsche Zeitung«, als die Clemens-Verfassungsbeschwerde am 31. Januar 1961 vor dem Bundesverfassungsgericht verhandelt wurde: »Ein Kommunist beschwert sich in Karlsruhe – Juristische Spiegelfechtereien sollen Unruhestifter vor ihrer Strafe bewahren«.

Es war nicht schwer, sich vorzustellen, wie eisig das Klima zwischen den Mitgliedern des politischen Strafsenats und Güde wurde, als diese »Spiegel«-Ausgabe erschien. Zwar hatte der Generalbundesanwalt damals schon die Weichen für eine Bundestagskandidatur in Karlsruhe am 17. September 1961 gestellt, doch waren wir überzeugt, dass die Bundesrichter über ihre Verbindungen erreichen würden, dass Max Güde nicht Bundesjustizminister werden würde. Das war allerdings ohnehin nicht möglich, weil in der aus den Bundestagswahlen hervorgegangenen Koalitionsregierung das Justizressort an die FDP fiel. Dennoch war der Einzug des erfahrenen Juristen Güde in den Bundestag ein großer Gewinn. Er wurde der Vorsitzende des Sonderausschusses für die Strafrechtsreform und hat neben Gustav Heinemann das Hauptverdienst bei der gründlichen Durchforstung des politischen Strafrechts, um das aber doch noch fast sieben Jahre gekämpft werden musste. Allerdings gelang schon 1964 ein gewichtiger Einbruch durch das Vereinsgesetz, das den Organisationsdelikten praktisch den Garaus machte. Eine erhebliche Rolle für diese Entwicklung spielte erneut ein Urteil der Staatsschutzstrafkammer in Lüneburg.

Frohe Ferien für die Kinder – Gefängnis für die Betreuer

Die Zentrale Arbeitsgemeinschaft Frohe Ferien für alle Kinder (ZAG), die am 20. Juni 1954 gegründet worden war, hatte seitdem Jahr für Jahr Zehntausende von Kindern mit Sonderzügen der Bundesbahn in Ferienlager in die DDR gefahren. Die ZAG wirkte im vollen Licht der Öffentlichkeit und gab wahrheitsgemäß an, dass die Regierung der DDR kostenlose Ferieneinladungen ausgesprochen habe, so dass nur Fahrtauslagen bis zur Zonengrenze entstanden. Es war verständlich, dass den verantwortlichen Stellen der Bundesrepublik diese alljährlichen Ferientransporte politisch höchst unerwünscht waren. Seit 1954 wurden die Eltern in Presse und Rundfunk gewarnt, ihre Kinder in diese Ferienlager zu schicken, da die ZAG eine »kommunistische Tarnorganisation« sei, »von den Behörden der sowjetischen Besatzungszone gesteuert« sei und ihre Aktion »im Auftrag Pankows« durchführe. Gleichzeitig wurde erklärt, dass die Innenminister der Bundesländer übereinstimmend die Auffassung verträten, ein polizeiliches Verbot der Ferienaktion sei aus grundsätzlichen Erwägungen unzweckmäßig; es gebe auch keine gesetzliche Grundlage zum Einschreiten. »Die Zeit« vom 23. September 1954 gab dem Artikel, in dem sie darüber berichtete, die bezeichnende Überschrift »Verwirrte Kinder, ratlose Minister«. »Die Welt« vom 24. Juli 1957, also drei Jahre später und fast ein Jahr nach dem KPD-Verbot, meldete als »Hauptgrund« für die übereinstimmende Auffassung aller Innenminister »die Möglichkeit, auch Kinder aus der Sowjetzone in die Bundesrepublik einzuladen, die man sich offen halten möchte«. Den Innenministern seien »die politisch-propagandistischen Zwecke der Einladungen in die Sowjetzone genau bekannt«. Erst durch eine vom 7. Juli 1961 datierte Verfügung aller Regierungspräsidenten der Bundesrepublik wurde die ZAG verboten und aufgelöst. Zu diesem Zeitpunkt war bereits eine 503 Seiten umfassende Anklageschrift vom 18. Februar 1961 drei Frauen und einem Mann zugestellt worden, die sich in Niedersachsen an der Ferienaktion beteiligt hatten. Ja, es war bereits von der Lüneburger Staatsschutzstrafkammer am 23. Juni 1961 das Hauptverfahren eröffnet worden. Nach mehrtägiger Verhandlung verurteilte das Landgericht Lüneburg am 4. November 1961 alle Angeklagten, darunter zwei Frauen, zu einer Gefängnisstrafe von je einem Jahr, Aberkennung des aktiven und passiven Wahlrechtes und Unfähigkeit zur Bekleidung öffentlicher Ämter für die Dauer von fünf Jahren. Bei den beiden verurteilten Frauen, Elfriede Kautz und Gertrud Schröter, wurde auch auf Zulässigkeit der Polizeiaufsicht erkannt. Die dritte Angeklagte und der angeklagte Mann wurden zu je neun Monaten Gefängnis ohne Nebenstrafen verurteilt. Das Urteil übertraf in seiner Länge mit 566 Seiten noch die überlange Anklageschrift. Es unterrichtete über die Entwicklung des Weltkommunismus mit Lenin-Zitaten, über die beklagenswerte Verfassungswirklichkeit in der DDR und ähnliche Probleme; nur ein Punkt blieb unerwähnt: die Verbots- und Auflösungsverfügung der Regierungspräsidenten vom 7. Juli 1961 und die sich daraus ergebenden Rechtsfragen. Das Gericht meinte, das Verbot verfassungsfeindlicher Vereinigungen sei bereits im Grundgesetz in Art. 9 Abs. 2 ausgesprochen (sog. ex lege-Theorie). Diese Argumentation war nicht überzeugend. Wie sollte der einzelne Staatsbürger die Verfassungsfeindlichkeit einer Vereinigung erkennen, wenn die über entsprechende Erkundungs- und Nachrichtenapparate verfügende Regierung dies anscheinend nicht herausfinden konnte, da sie die angeblich verfassungsfeindliche Vereinigung nicht verboten hatte? Verpflichtet denn Art 9 Abs. 2 des Grundgesetzes nicht auch und vor allem die zuständigen Behörden, das in der Verfassung enthaltene Verbot durch entsprechende Verwaltungsakte auch formal wirksam zu machen? Noch ärger aber war es, wenn wie hier die Regierung nach ihrer Darstellung sichere Anhaltspunkte für die Verfassungsfeindlichkeit hatte, aber aus irgendwelchen unbekannten Gründen kein Verbot aussprach. Es war ein Fall der unzulässigen Rechtsausübung des Staates, dass man sieben Jahre lang die späteren Angeklagten mit preisverbilligten Sonderzügen der Bundesbahn mit Tausenden von Kindern zu Ferienaufenthalten in die DDR reisen ließ, um sie nachträglich eben wegen dieser Tätigkeit zu bestrafen. Müsste man nicht den Behördenleitern den Vorwurf der fortgesetzten Begünstigung im Amte machen? Die Bereitstellung von preisverbilligten Feriensonderzügen konnte auch nicht mit dem Beförderungs(Kontrahierungs)zwang begründet werden, dem die Bundesbahn unterliegt. Denn es steht außer Zweifel, dass der Kontrahierungszwang nicht die Unterstützung oder Förderung strafbarer Handlungen rechtfertigen kann. So ist zum Beispiel ausgeschlossen, dass eine Einbrecherbande unter Hinweis auf die allgemeine Beförderungspflicht der Bundesbahn von dieser zum Transport ihrer Beute einen Sonderwagen gestellt bekäme. Derselbe Grundsatz gilt auch im politischen Strafrecht. Trotz Kontrahierungszwanges würde die Bundesbahn sich weigern, einen Sonderzug für ein Treffen der illegalen KPD zu stellen.

Das Landgericht sah in den Fahrten auch einen Verstoß gegen das KPD-Verbotsurteil, obwohl diese Partei doch wegen ganz anders gelagerter Vorwürfe verboten worden war. Die Angeklagten wurden ferner des staatsgefährdenden Nachrichtendienstes und der landesverräterischen Beziehungen für schuldig befunden. Die Begründung für den »Nachrichtendienst«: die Übermittlung der Personalien der Kinder und ihrer Betreuer in die DDR. Dies aber war ein zwangsläufiger Vorgang, der keinerlei Unrechtsgehalt haben konnte: Die Personalien waren erforderlich für die Einreise- und Aufenthaltsgenehmigungen; außerdem mussten bei Krankheits- und Unglücksfällen die Angehörigen unterrichtet werden, was ohne Kenntnis der Personalien nicht möglich war. Wenn die Behörden der Bundesrepublik von 1954 bis 1961 die Ferien zuließen, dann war damit auch diese »Nachrichtenübermittlung« gedeckt, ohne die ein geordneter Ablauf gar nicht möglich gewesen wäre. Das war auch unschwer für die untätig bleibenden Dienststellen zu erkennen.

Die Verbindung der ZAG zu dem in der DDR bestehenden Zentralen Arbeitsausschuss Frohe Ferientage für alle Kinder (ZAA) war den Behörden bekannt. Die ZAG hat in ihren Veröffentlichungen über diese für die Abwicklung der Ferienreisen unerlässliche Verbindung offen berichtet. Schriftliche Vereinbarungen zwischen den beiden Gremien sind im Wortlaut mitgeteilt worden.

Nach Zustellung des Urteils sprach ich in der Revision die rechtliche Kernfrage an. Ist die Bestrafung für eine Tätigkeit in Vereinigungen zulässig, gegen die die zuständigen Verwaltungsbehörden trotz voller Kenntnis der angeblich verfassungsfeindlichen Betätigung nicht durch Verbots- und Auflösungsverfügungen eingeschritten sind? Mit anderen Worten: Es ging um die Vorhersehbarkeit der strafrechtlichen Folgen eines Verhaltens, also um den Grundgedanken des für die Freiheitsordnung wesentlichen Artikel 103 Abs. 2 GG: »Eine Tat kann nur bestraft werden, wenn die Strafbarkeit gesetzlich bestimmt war, bevor die Tat begangen wurde.« Rechtsstaatliches Strafrecht erfordert Klarheit darüber, wo die Grenzen des strafbaren Tuns beginnen, die bei den kriminellen Straftatbeständen (z. B. Diebstahl, Einbruch, Urkundenfälschung) ohne Schwierigkeiten zu erkennen sind. Bei den meisten Tatbeständen des politischen Strafrechts, insbesondere bei den Organisationsdelikten, kann diese Klarheit nur ein formelles Verbot bringen. In Eilfällen kann die sofortige Vollziehung einer Verbots- und Auflösungsverfügung angeordnet werden, wie es auch am 7. Juli 1961 geschehen war. Damit kann innerhalb von 24 Stunden die Tätigkeit einer tatsächlich verfassungsfeindlichen Vereinigung wirksam unterbunden und eine klare verfassungsgerechte Grundlage für ein notwendiges polizeiliches Einschreiten gefunden werden.

Bei den »Kontaktdelikten« (Nachrichtensammeln und Konspiration) sah ich keine Chance, das Urteil aus den Angeln zu heben, denn nach der Rechtsprechung genügte schon das Sammeln allgemein zugänglicher Informationen, z. B. der Preis für Winterkartoffeln oder die Höhe des Weihnachtsgeldes, für eine Verurteilung. Ein konspiratives Verhalten war nicht erforderlich.

Es kam nicht einmal zu einer Revisionsverhandlung in Karlsruhe, vielmehr wurde die Revision am 21. Dezember 1962 durch Beschluss des BGH als unbegründet verworfen. Obwohl das Lüneburger Urteil bei Frau Schröter erwähnt hatte, dass sie an »verhältnismäßig schweren Leiden erkrankt« sei, wurden sie und Frau Kautz bald zum Strafantritt aufgefordert. Am 3. März 1963 traten die beiden Frauen im Gefängnis Vechta ihre Strafe an. Anträge auf Haftunfähigkeit, die beide vorher beim Gesundheitsamt eingereicht hatten, wurden nicht einmal beantwortet. Dafür kamen sie ins Gefängnislazarett; Frau Schröter bald in das medizinisch besser ausgestattete Gefängniskrankenhaus in Lingen, wegen unerklärlichen Gewichtsverlustes. Dort besuchte ich sie an ihrem 50. Geburtstag am 23. Juli 1963. Bei Erstbestraften ist die Entlassung nach zwei Dritteln der Strafe die Regel. Aber das Lüneburger Gericht lehnte auch dies ab. Beide Frauen mussten über den 2. November 1963 hinaus einsitzen.

Ich hatte sofort nach der verworfenen Revision Güde in Bonn besucht und ihn dann auf dem Laufenden gehalten. Er hielt das ganze Verfahren »für einfach unglaublich«. Wir waren uns einig, dass jetzt der Gesetzgeber so schnell wie irgend möglich eingreifen musste. Aber das dauerte. Als das Entlassungsgesuch nach zwei Dritteln Strafverbüßung abgelehnt wurde, rief ich Güde sofort wieder an. Er sagte zu mir, er bringe das bei einem Gespräch mit Bundesjustizminister Bucher in Ordnung. Wie es im Einzelnen gelaufen ist, weiß ich nicht mehr. Jedenfalls wurden die Damen kurz vor Weihnachten begnadigt. Aber die Lüneburger Staatsanwaltschaft gab nicht auf und klagte die Ehemänner Kautz und Schröter im September 1964 wegen Verstoßes gegen das KPD-Verbot an, weil sie gemeinschaftlich ein Rundschreiben über den Strafantritt ihrer Ehefrauen herausgegeben hatten. In dem Rundschreiben hatten sie das Urteil und die Höhe der Strafe mit Gerichtsentscheidungen gegen NS-Gewaltverbrecher verglichen. Zu einer Hauptverhandlung kam es nicht mehr. Am 8. September 1965 stellte das Landgericht Lüneburg das Verfahren mit Zustimmung der Staatsanwaltschaft ein.

Dass man auch anders verfahren konnte, bewiesen Staatsanwaltschaft und Landgericht Dortmund in einem Prozess gegen die Leitung der ZAG auf Bundesebene, die eine höhere Verantwortung hatte als die Lüneburger Angeklagten. Die drei angeklagten Frauen wurden am 9. Dezember 1963 zu neun bzw. sieben Monaten Gefängnis auf Bewährung verurteilt, ohne eine Nebenstrafe. Auch verzichtete das Landgericht auf eine Verurteilung wegen staatsgefährdenden Nachrichtendienstes und Konspiration. Im Übrigen war die Staatsschutzstrafkammer an die rechtliche Beurteilung durch den Bundesgerichtshof gebunden. Überzeugt waren die Dortmunder Richter von der Richtigkeit des BGH-Urteils nicht. Mein Beweisantrag auf Ladung und Vernehmung des für die Fahrplanaufstellung zuständigen Beamten der Bundesbahn zum Beweis der Tatsache, »dass die Bundesbahndirektion Hamburg seit 1956 jährlich bei der Bundesregierung angefragt hat, ob gegen die

Bereitstellung von Sonderzügen für die ZAG Bedenken bestünden«, wurde nicht wie in Lüneburg als belanglos angesehen, sondern als wahr unterstellt und entsprechend strafmildernd gewertet.

Klarheit brachte erst das Vereinsgesetz, das der Bundestag am 4. Juni und der Bundesrat am 26. Juni 1964, jeweils einstimmig, verabschiedet hatten. Die wichtigste Neuerung bestand darin, dass die Betätigung für verfassungsfeindliche Vereinigungen nur noch strafbar war, nachdem die Vereinigung unanfechtbar verboten war. Die ex lege-Theorie, an der der Bundesgerichtshof bis zuletzt festgehalten hatte, war damit zu Gunsten des »Verbotsprinzips«, das wir immer vertreten hatten, vom Gesetzgeber aufgegeben worden. Die gesetzliche Regelung hatte einen großen Befriedungseffekt: Viele noch anhängige Strafverfahren, insbesondere gegen Mitglieder des Friedenskomitees, wurden eingestellt.

Das neue Vereinsgesetz erledigte auch ein Verfahren, das dem Ansehen der Bundesrepublik Deutschland erheblich geschadet hat. Bald nach Kriegsende hatte sich die Vereinigung der Verfolgten des Naziregimes (VVN) gebildet, die die Interessen der Verfolgten bei Gesetzgeber und Verwaltung vertrat. Zunächst gehörten ihr Verfolgte aller politischen Richtungen an. Als der Kalte Krieg mehr und mehr das Klima in Deutschland vergiftete, verließen die meisten Nichtkommunisten die Organisation und schlossen sich im Bund der Verfolgten des Naziregimes zusammen. Die Kommunisten, die im Dritten Reich zahlenmäßig am härtesten verfolgt worden waren, stellten von Anfang an die meisten Mitglieder, nun aber dominierten sie. Die VVN setzte sich besonders gegen das Wiederaufleben nazistischer Tendenzen ein und griff vor allem die Tätigkeit von Personen in Verwaltung und Justiz an, die aus der NS-Zeit belastet waren. Am 20. Oktober 1959 beantragte die Bundesregierung beim Bundesverwaltungsgericht, die VVN zu verbieten. Bis dahin hatte es nur das Verbotsverfahren gegen die FDJ vor dem Bundesverwaltungsgericht gegeben, das durch Verbotsurteil vom 16. Juli 1954 beendet worden war.

Das Bundesverwaltungsgericht ließ sich Zeit bei der Behandlung des Verbotsantrages; erst Ende November 1962 kam es zur mündlichen Verhandlung. Der Prozess erregte im Ausland großes Aufsehen. Die VVN hatte immer enge Kontakte zu Organisationen in den von Hitler-Deutschland besetzten Ländern, in denen sich Widerstandskämpfer zusammengeschlossen hatten. Unglücklicherweise war der Präsident des Bundesverwaltungsgerichtes, der den Vorsitz in der Verhandlung führte, Mitglied der NSDAP und der SA gewesen. Obwohl alle, die den Präsidenten kannten und in seiner richterlichen Tätigkeit beobachtet hatten, von seiner Unvoreingenommenheit und Lauterkeit überzeugt waren, konnte das nicht die Tatsache verdecken, dass ein früheres Mitglied der Hitler-Partei und der SA einen Prozess über die Verfassungsmäßigkeit einer Vereinigung ehemaliger Verfolgter und

Widerstandskämpfer leitete. Nach der Rechtsprechung der damaligen Zeit war bei Durchführung des Verfahrens an einem Verbot der VVN nicht vorbeizukommen. Da geschah etwas Unerwartetes. Der Senat vertagte die Verhandlung, ohne einen neuen Termin zu bestimmen. In dem Vertagungsbeschluss berief sich das Gericht auf den Sühnegrundsatz: Die Pflicht, das von Hitler-Deutschland begangene Unrecht wieder gutzumachen, »verlangt eine Abwägung, ob gegen eine Organisation von Verfolgten ein Verbot mit der damit untrennbar verbundenen Strafsanktion erlassen werden darf«. Diese Abwägung habe die Bundesregierung bei Stellen des Verbotsantrages nicht vorgenommen. Die Bundesregierung beantragte zwar mit Schriftsatz vom 4. Juni 1963 die Fortsetzung des Verfahrens, doch wurde dies durch das neue Vereinsgesetz (§ 31 Abs. 4) gegenstandslos.

Der Fall Knepper: Der Kalte Krieg verhalf dem Denunzianten zur Karriere

Seit dem Freispruch, den wir im Dezember 1957 beim Bundesgerichtshof im Strafverfahren gegen Dr. Viktor Agartz erreichen konnten, wurden Heinemann und ich wiederholt von Gewerkschaften um anwaltlichen Rat gebeten, wenn es um Fragen des politischen Strafrechts ging. Die Staatsschutzbehörden hielten eine Unterwanderung des Deutschen Gewerkschaftsbundes und seiner Einzelgewerkschaften für leicht möglich, weil es sich um eine Einheitsgewerkschaft handelt, in der Arbeitnehmer der verschiedenen politischen Richtungen Mitglied werden und tätig sein können. In den ersten Jahren nach Kriegsende waren auch Kommunisten in den Vorständen einzelner Gewerkschaften vertreten, wie auch der Anteil kommunistisch orientierter Gewerkschaftsmitglieder – gemessen an ihrem Anteil an der Bevölkerung – überproportional hoch war. Das galt bis zur Bildung der Bundesrepublik Deutschland als nicht überraschend, weil es in den meisten Landesregierungen sogar kommunistische Minister und Staatssekretäre gab. Im Rückblick kann gesagt werden, dass die weitaus meisten der Gewerkschaftsmitglieder, die der KPD angehörten, sich in den Gewerkschaften nach deren Satzung verhalten und das Grundprinzip der Einheitsgewerkschaft – Wahrung der politischen und religiösen Neutralität – beachtet haben.

Ein anderes Problem waren Kontakte der westdeutschen zu den ostdeutschen Gewerkschaften. Hier gab es eindeutige Beschlüsse, die offizielle Kontakte untersagten. Immer wieder gab es Ermittlungsverfahren, wenn Gewerkschaftsmitglieder tatsächlich oder angeblich solche Kontakte unterhielten. Falls es zu einer Verurteilung kam, erfolgte anschließend regelmäßig auch der Ausschluss aus der Gewerkschaft.

Was der Rechtsschutzsekretär W. von der Gewerkschaft Textil - Bekleidung (GTB) allerdings am 23. Februar 1959 schriftlich und bei persönlichen Vorsprachen Ende 1958 und Anfang März 1959 der Bundesanwaltschaft mitteilte, war – wenn es zutraf – alarmierend und verlangte sofortiges Eingreifen: W. warf zwei Vorstandsmitgliedern der GTB – Fritz Knepper und Paul Trost – vor, sie hätten von 1954 bis 1957 die verfassungsfeindliche Infiltrationstätigkeit des FDGB im Bereich der Gewerkschaft Textil und Bekleidung unterstützt. Für ihren seit etwa 1951 bestehenden Plan, sich und KPD-Mitgliedern Schlüsselstellungen in ihrer Gewerkschaft zu verschaffen, hätten sie sich der Hilfe des FDGB bedient. Dessen Funktionäre hätten im Auftrag der beiden Beschuldigten bei den Bezirksvorständen der GTB für diesen Plan Stimmung gemacht und dabei zugleich mit ihrer Billigung und Hilfe verfassungsfeindliche Wühlarbeit geleistet.

Der Anzeige des W. war seine vom 5. Februar 1959 datierte Beschwerde an die GTB vorausgegangen, er werde seit etwa zwei Jahren von Trost und Knepper bösartig und heimtückisch verfolgt, in einer Weise, die im höchsten Maße rechtswidrig sei. »Das ist umso befremdlicher, als die beiden genannten Kollegen Veranlassung hätten, mich ein bisschen freundlicher zu behandeln, und zwar in ihrem eigenen Interesse. Ich bin nämlich selbst noch in einem inneren Zwiespalt, ob ich nicht von Gesetzes wegen verpflichtet bin, die mir bekannten Tatbestände weiterzugeben.« Der »innere Zwiespalt« war erfunden, weil W. nach eigenen Angaben damals schon in Kontakt zum Bundesamt für Verfassungsschutz war und bereits im Dezember 1958 bei Bundesanwalt Dr. Wagner in Karlsruhe »ausgepackt« hatte.

Die von W. behauptete »bösartige und heimtückische« Verfolgung konnte völlig geklärt werden: Es ging um die Miethöhe der von W. benutzten Wohnung, um eine nach dem Haustarif der GTB nicht mögliche Höhergruppierung und die Referententätigkeit des W. bei den Verwaltungsstellen der GTB im Bundesgebiet sowie im zentralen Schulungsheim der GTB auf der Elisenhöhe bei Beverungen.

Mehrfach hatten Kursusteilnehmer sich über Bemerkungen beschwert, die W. bei seinen Referaten machte. Die bedenklichste Äußerung, die mehrere Beschwerdeführer empört hatte, war die Erklärung, »man könne ruhig einen Meineid leisten, dürfe das nur nicht gleich in der nächsten Wirtschaft erzählen«. Wegen solcher und ähnlicher Vorkommnisse hatte Trost zusammen mit seinem Vorstandskollegen Karpf, der als CSU-Bundestagsabgeordneter dem Fraktionsvorstand der CDU/CSU-Fraktion angehörte, am 2. Oktober 1958 den Gewerkschaftsvorsitzenden Bock aufgesucht. Die drei Vorstandsmitglieder waren sich einig, dass man sich von W. so bald wie möglich trennen und ihm als Erstes die weitere Referententätigkeit untersagen sollte. Die Beschränkung seiner Arbeit auf die Vertretung in Rechtsschutzsachen vor den Arbeitsgerichten traf W. besonders finanziell sehr. Daher könnte wohl die Anzeige bei der Bundesanwaltschaft wegen Staatsgefährdung ein Racheakt gewesen sein. Dass W. neben dem für die Kassen- und Vermögensverwaltung verantwortlichen Paul Trost auch das für Betriebsräte, Angestellte und Presse zuständige Vorstandsmitglied Fritz Knepper anzeigte, lag daran, dass Knepper als einziges der sieben Vorstandsmitglieder früher der KPD angehört hatte und dadurch die Behauptung eines geplanten kommunistischen »Putsches« in der GTB glaubhaft erscheinen sollte. Dass Knepper im Sommer 1948 aus der KPD ausgeschlossen worden war, weil er sich geweigert hatte, bei seiner gewerkschaftlichen Arbeit die Weisung der KPD zu befolgen, blieb unerwähnt.

Nachdem die von W. gemachten Vorwürfe bekannt geworden waren, begannen sich der nach der Satzung zur Unterstützung des Hauptvorstandes gebildete Beirat und ein durch geheime Abstimmung gewählter Untersuchungsausschuss intensiv mit dem auch in der Presse aufgegriffenen »Fall« zu beschäftigen. Für die Dauer der Untersuchung hatten die beiden Beschuldigten gebeten, vorläufig beurlaubt zu werden. Sie erstatteten sogleich eine Strafanzeige gegen W. wegen falscher Anschuldigung. Nach den gesetzlichen Vorschriften ruht die Bearbeitung solcher Strafanzeigen, bis im »Hauptverfahren« entschieden worden ist, ob die Beschuldigung zu Recht erhoben worden war oder nicht.

Der Untersuchungsausschuss der GTB kam einstimmig zu dem Schluss, dass die Darstellung des W. unglaubhaft und die beiden Beschuldigten zu rehabilitieren seien. Nach diesem Ergebnis beschloss der Beirat der GTB am 19. Juni 1959 in geheimer Abstimmung mit 40 Ja-Stimmen gegen sieben Nein-Stimmen bei zwei Stimmenthaltungen, die Beurlaubung von Trost und Knepper sofort zu beenden. W. wurde aus der Gewerkschaft ausgeschlossen. Beim Hamburger Gewerkschaftstag der GTB Ende August 1959 wurden beide mit großer Mehrheit erneut in den Hauptvorstand gewählt.

Umso überraschender war fast zwei Jahre später die Zustellung einer 34 Seiten umfassenden Anklageschrift des Generalbundesanwaltes mit Datum vom 10. April 1961. Viele vermuteten, dass sich diese Anklage im Wahljahr wieder gut gegen die SPD verwenden lasse, wie die »Affäre« Schroth/Scharley 1953 und der Agartz-Prozess 1957. In diesen beiden Fällen war nach dem Wahltermin die Beschuldigung angeblicher kommunistischer Finanzierung mit Bedauern zurückgenommen worden bzw. ein Freispruch erfolgt. Sofort nach Erhalt der Anklageschrift beauftragte Paul Trost uns mit seiner Vertretung, und wir meldeten uns am 26. April 1961 als Verteidiger mit der Bitte um Akteneinsicht. Knepper wurde von Rechtsanwalt Dr. Dr. Josef Neuberger vertreten, der schon im Auftrage der beiden Beschuldigten 1959 die Strafanzeige gegen W. bei der Düsseldorfer Staatsanwaltschaft eingereicht hatte.

Die Anklage stützte sich ausschließlich auf die Aussagen des ehemaligen Rechtsschutzsekretärs W. Am meisten verwunderte uns aber die »Rechtliche Würdigung« am Ende der Anklageschrift. Beide Angeschuldigte wurden als »Hintermänner« der mit der sogenannten Westarbeit befassten verfassungsfeindlichen Organisation des FDGB angesehen, weil sie die »der kommunistischen Zersetzung von Gewerkschaften und Betrieben dienende Infiltrationsgruppe« als Außenstehende wesentlich gefördert hätten. Die Angeschuldigten hätten sich auch der Geheimbündelei schuldig gemacht, weil sie »durch ihre Tätigkeit den Mitgliedern einer Geheimverbindung, nämlich den Funktionären des FDGB, Hilfe geleistet haben«. Gänzlich überrascht aber waren wir, dass Trost und Knepper auch die Fortsetzung der am 17. August 1956 verbotenen KPD angelastet wurde. Die rechtliche Konstruktion war Folgende: »Die ›Westorganisation‹ des FDGB hat nach dem Verbot der KPD deren gegen die verfassungsmäßige Ordnung gerichteten Ziele in der Bundesrepublik weiterverfolgt. Die Angeschuldigten haben als führende Gewerkschaftler sowohl das Verbot der KPD gekannt als auch erkannt, dass die ›Westarbeit‹ betreibende Infiltrationsgruppe des FDGB an Stelle der verbotenen KPD deren gegen die verfassungsmäßige Ordnung der Bundesrepublik gerichteten Ziele weiterverfolgt. Gleichwohl haben sie diese Tätigkeit des FDGB mit bedingtem Vorsatz unterstützt.« Erst Monate später begriff ich, warum Max Güde als Generalbundesanwalt eine solche Anklageschrift unterschreiben konnte.

Die genaue Durchsicht der uns überlassenen Gerichtsakten überzeugte mich, dass die Anklage nicht haltbar war, weil niemand die von W. gemachten Angaben im Ermittlungsverfahren bestätigt hatte, sondern im Gegenteil seine Glaubwürdigkeit erschüttert worden war. Zum ersten Mal hielt ich es nicht für aussichtslos, durch eine umfangreiche Schutzschrift das Hauptverfahren vor dem BGH vermeiden zu können. Als ich meinem Seniorpartner diesen Gedanken vortrug, ermutigte er mich, so zu verfahren. Auch Neuberger stimmte für seinen Mandanten Knepper zu. Als Heinemann meinen Entwurf gelesen hatte, meinte er, wir könnten eine Premiere erleben. Zu meiner Freude unterzeichnete er mit mir die Endfassung unter dem Datum vom 16. Mai 1961. Neuberger, dem ich ein Exemplar zugesandt hatte, rief mich an und lobte die Schutzschrift sehr. Er schickte am 3. Juni einen ergänzenden Schriftsatz an den BGH, in dem er eingangs auf unsere Schutzschrift Bezug nahm, in der »in überzeugender Weise die Glaubwürdigkeit des einzigen Belastungszeugen W. erschüttert worden ist. Ich mache den Schriftsatz ausdrücklich zum Gegenstand meiner Darlegungen. Er bedarf lediglich, soweit der Angeschuldigte Knepper in Frage kommt, einiger Ergänzungen.« Neubergers Lob machte mich stolz. Ich kannte den Lebensweg dieses ungewöhnlichen Menschen und Anwalts, seine aufrechte Haltung, seine Standfestigkeit in für ihn und seine Frau schwerer Zeit der Verfolgung aus politischen und rassischen Gründen und seine Anhänglichkeit an seine deutsche Heimat, die ihn zur Rückkehr aus der durch Misshandlungen erzwungenen Emigration veranlasste. Keiner von uns ahnte, dass Josef Neuberger nur gut fünf Jahre später der weit über die Grenzen des Landes hinaus bekannte und angesehene Justizminister des bevölkerungsreichsten Bundeslandes im Kabinett Kühn wurde, und ich im Herbst 1972 sein unmittelbarer Nachfolger.

In der GTB waren seit ihrer Gründung 1949 mehr als in anderen Gewerkschaften Mitglieder der CDU/CSU in leitenden Funktionen vertreten. Im Hauptvorstand war Bernhard Tacke von April 1949 bis Oktober 1956 als stellvertretender Vorsitzender tätig, bevor er anschließend zum stellvertretenden DGB-Vorsitzenden gewählt wurde. Neben ihm amtierte Hugo Karpf, Mitglied der CSU, der auch während der von W. ausgelösten Krise dem Hauptvorstand mit einem weiteren CSU-Mitglied, Martin Heiß, angehörte. Auch unter den Bezirks- und Verwaltungsstellenleitern gab es stets Mitglieder der Unionsparteien. Die Aussagen aller vor der Anklageerhebung vernommenen Zeugen waren eindeutig. Bernhard Tacke bekundete, er habe erst Anfang 1959 durch W. »von den angeblichen engen Ostkontakten« der Angeschuldigten erfahren. Ebenso bestritt Martin Heiß die Behauptung des Belastungszeugen W., er habe ihn seit 1957 über das angebliche Komplott und die angeblichen Ostkontakte unterrichtet. W. war über die Mitgliedschaften in der KPD und SPD 1957 zur CDU gewechselt.

Da Anfang Mai 1961 nahezu die gesamte Presse über die erfolgte Anklageerhebung gegen Trost und Knepper berichtete, musste die Leitung der GTB erneut darüber beraten, ob nunmehr eine Beurlaubung der beiden Hauptvorstandsmitglieder erforderlich sei. Ich wurde zu einer gemeinsamen Sitzung der Leitungsgremien der Gewerkschaft auf die »Elisenhöhe« gebeten, um nach erfolgter Akteneinsicht und fertiggestellter Schutzschrift Angaben zum weiteren Ablauf des Strafverfahrens zu machen.

Bei dem der Anklage zu Grunde liegenden Beweismaterial, so führte ich aus, könne ich eine Verurteilung ausschließen. Dagegen sei nicht vorhersehbar, ob es zu einer Hauptverhandlung vor dem Bundesgerichtshof komme. Die Ablehnung der Eröffnung des Hauptverfahrens habe es bei derartigen Schuldvorwürfen seit Inkrafttreten des politischen Strafrechts am 1. September 1951 noch nie gegeben, obwohl ich eine solche Entscheidung in diesem Fall für möglich hielte. Hauptvorstand und Beirat entschieden sich einmütig, von einer Beurlaubung abzusehen. Schon am 15. Juni 1961 beschloss der 3. Strafsenat des BGH, die gerichtliche Voruntersuchung durch Ermittlungen bei den Bezirksverwaltungen der Gewerkschaft Textil und Bekleidung zu ergänzen. Sollte die Ablehnung der Eröffnung des Hauptverfahrens vorbereitet werden? Die weiteren Ermittlungen wurden durch den Oberlandesgerichtsrat Buddenberg als Untersuchungsrichter sowie Beamte der Sicherungsgruppe des Bundeskriminalamtes durchgeführt. Sie blieben ohne jedes belastende Ergebnis im Sinne der Anklage. Aufschlussreich war die richterliche Vernehmung des Gewerkschaftssekretärs Schewzyk, der den Bezirk Münster/Arnsberg der GTB seit Frühjahr 1952 leitete und Mitglied der CDU war. Er bekundete am 11. November 1961 u.a., W. habe ihn Ende 1953/Anfang 1954 gebeten, sich als Nachfolger des verstorbenen Bezirksleiters in Hannover für einen Mann einzusetzen, der in Hannover bei der IG Chemie wegen seiner Zugehörigkeit zur KPD entlassen worden war, aber ein fähiger Mann sei. Schewzyk erwiderte, die IG Chemie werde für die Entlassung wohl Gründe gehabt haben. Auf den Hinweis, der Hauptvorstand werde einen solchen Mann nicht einstellen, sagte W., es komme darauf an, wer ihn vorschlage. Wenn er, W., mit einem solchen Vorschlag käme, »würden sein Abteilungsleiter Knepper und auch die anderen Herren des Hauptvorstandes verrückt. Du weißt doch, wie der Knepper diese Leute hasst, vor allem nach dem Streik in Nordhorn.« Schewzyk weiter: W. habe ihn »unter Hinweis auf meine damalige CDU-Zugehörigkeit aufgefordert«, den Genannten ins Gespräch zu bringen. »Ich lehnte dieses Ansinnen glatt ab und forderte ihn auf, mit diesem Unsinn Schluss zu machen.« Bemerkenswert verlief auch die erneute richterliche Vernehmung des einzigen Belastungszeugen, der nach seiner Entlassung bei der GTB ins Allgäu gezogen war und nach seinen Angaben ein Immobilien- und Finanzierungsbüro betrieb. Ihm wurden auch die Schutzschriften vorgelegt, die Neuberger und ich gefertigt hatten. Sensationell war das Ende der Vernehmung vom 6. November 1961: »Zum Schluss möchte ich sagen, dass ich es nicht ausschließen kann, dass mir der FDGB-Funktionär Lehmann bzw. sein Begleiter Hinz während der Zeit meiner Kontakte mit ihnen von Ende 1955 bis Anfang 1957 bezüglich ihrer Zusammenarbeit mit Knepper und Trost die Unwahrheit gesagt haben bzw. mich an der Nase herumgeführt haben.«

Es gab also nur einen Gewerkschaftssekretär bei der Hauptverwaltung der GTB, der über Jahre wiederholten Kontakt zu führenden Gewerkschaftsfunktionären aus der DDR gehalten hatte, nämlich W. Schon am 2. Mai 1961 hatte Neuberger brieflich bei mir u. a. angefragt: »Wie erklären Sie es sich, dass gegen W. kein Verfahren eingeleitet ist?« Wir sollten noch ganz andere Überraschungen erleben.

Am 30. Januar 1962 schloss der Untersuchungsrichter die Voruntersuchung erneut und leitete über den Generalbundesanwalt die Akten an den 3. Strafsenat des BGH. Schon am 7. März 1962 entschieden die fünf Bundesrichter unter dem Vorsitz des Senatspräsidenten Jagusch:

> »Die Eröffnung des Hauptverfahrens wird abgelehnt. Die Angeschuldigten werden außer Verfolgung gesetzt. Die Kosten des Verfahrens werden der Bundeskasse auferlegt.«

Die Begründung des Beschlusses – 2 StE -1/61 – umfasste nicht einmal drei Seiten:

> »Was der Zeuge (W.) bekundet, beruht vorwiegend auf Mitteilungen, die er bis 1955 von den Angeschuldigten und danach bis Anfang 1957 von den FDGB-Funktionären Lehmann und Hinz erhalten haben will. Eigene Wahrnehmungen über eine von den Angeschuldigten geförderte oder zugelassene Wühlarbeit von FDGB-Funktionären bei den Bezirksvorständen der GTB hat W. nicht bekundet. Dafür haben sich auch bei den umfangreichen Ermittlungen keinerlei Anhaltspunkte oder Beweise ergeben.«

Keinerlei Anhaltspunkte – das war auch ein kaum verhüllter Vorwurf an die Bundesanwaltschaft, die trotz dieser »Beweislage« vor dem höchsten Strafgericht angeklagt hatte.

Bei der Beurteilung der Aussagen des Zeugen W. hat der BGH auch berücksichtigt, »dass er mit den Angeschuldigten seit 1955 verfeindet ist«.

Dies alles war ein beachtlicher Erfolg. Heinemanns Prognose, wir könnten eine Premiere erleben, hatte sich bestätigt. Er unterrichtete sofort den DGB-Vorsitzenden Willi Richter über diesen erfreulichen Ausgang des Verfahrens. Der DGB-Vorstand hatte um laufende Unterrichtung gebeten, weil Paul Trost seit Jahren dem Bundesausschuss und der Revisionskommission des DGB angehörte und Fritz Knepper auf Vorschlag des DGB im April 1958 zum (ehrenamtlichen) Bundesarbeitsrichter berufen worden war. Dass der Bundesgerichtshof die Eröffnung des Hauptverfahrens ablehnte, wiederholte sich nur noch einmal: im Landesverratsverfahren gegen den Herausgeber und Mitarbeiter des »Spiegel« im Jahre 1966. Erst das »Gesetz zur allgemeinen Einführung eines zweiten Rechtszuges in Staatsschutzstrafsachen« vom 8. September 1969 beendete die Möglichkeit, dass die Bundesanwaltschaft direkt beim BGH anklagen konnte. Seit Herbst 1969 war der BGH wieder reine Revisionsinstanz.

Nach dem Abschluss des Ermittlungsverfahrens wegen Staatsgefährdung mussten die von Trost und Knepper im April 1959 eingereichte Strafanzeige gegen W. wegen falscher Anschuldigung und die erhobene Privatklage wegen Beleidigung und übler Nachrede wieder aufgenommen werden. Am 6. Mai 1963 stellte die Staatsanwaltschaft Düsseldorf das Verfahren wegen falscher Anschuldigung ein. Kernsatz der Begründung: Die von Trost und Knepper gemachten »Angaben allein reichen zur Überführung des beschuldigten W., der eine falsche Anschuldigung bestreitet, nicht aus. Ihren Angaben kann in diesem Verfahren ebenso wenig ein zwingender Beweiswert beigemessen werden, wie denen des beschuldigten W. in dem Verfahren vor dem BGH.« Die zweiseitige Einstellungsverfügung ging den Anzeigeerstattern erst am 5. Juni zu. Wo war die Akte in der Zwischenzeit geblieben?

Im Auftrag der beiden Herren legte ich Beschwerde ein und bat am 15. Juni um Akteneinsicht. Diese wurde mir erst über ein Jahr später, im Juli 1964, ermöglicht. Die ganz ungewöhnliche Verzögerung wurde damit erklärt, die Akte sei im Privatklageverfahren gegen W. wegen übler Nachrede benötigt worden, in dem das Amtsgericht Düsseldorf die Eröffnung abgelehnt habe; gegen die Ablehnung habe Rechtsanwalt Neuberger Beschwerde an das Landgericht Düsseldorf eingelegt. Als ob man nicht die wenigen Seiten, die man im Privatklageverfahren brauchte, aus der anderen Akte hätte fotokopieren können.

Das Landgericht Düsseldorf hatte die Beschwerde am 27. Mai 1964 zurückgewiesen. Beide gerichtlichen Instanzen vertraten die Auffassung, W. stehe ein Rechtfertigungsgrund, nämlich die Wahrnehmung berechtigter Interessen, zur Seite. Das war dieselbe Begründung, die 13 Jahre vorher Frau Christa Thomas von der Staatsanwaltschaft Bonn auf ihre Strafanzeige erhalten hatte. Noch immer galt in der Bundesrepublik der Grundsatz, dass auch unberechtigte Vorwürfe wegen kommunistischer Machenschaften gerichtlich nicht geahndet wurden. Der lobenswerte Kampf gegen den Kommunismus, auch wenn er mit unlauteren Mitteln geführt wurde, war allemal als Wahrnehmung berechtigter Interessen gedeckt.

Die endlich erreichte Akteneinsicht bot einige Überraschungen: W. war als Wirtschafts- und Sozialreferent im November 1961 in den Auswärtigen Dienst eingetreten und vertrat die Bundesrepublik Deutschland seit Januar 1962 als Diplomat in einem afrikanischen Staat.

Im Lebenslauf fiel mir die Angabe auf. »Nach der Kapitulation gelang es mir, zur ersten juristischen Staatsprüfung zugelassen zu werden, die ich dann am 16. Mai 1945 vor dem OLG in Celle bestand«. Ich bat die Verwaltung des Oberlandesgerichts Celle um eine Auskunft, da diese Angabe zweifelhaft erschien, weil der 16. Mai 1945 genau eine Woche nach der Kapitulation lag und wir uns nicht denken konnten, dass das OLG Celle zu dieser Zeit normal gearbeitet hat. Sollte es vielleicht 16. Mai 1946 heißen? Die Nachfrage ergab, dass das Oberlandesgericht Celle am 16. Mai 1945 vollständig geschlossen war und daher auch keine Amtshandlungen vorgenommen werden konnten. Dennoch hatte W. in diesem Fall die Wahrheit gesagt: Am 16. Mai 1945 musste auf Befehl der britischen Besatzungsmacht ein Senatspräsident des OLG Celle in seiner Wohnung W. »prüfen«. Anschließend musste ihm ein Zeugnis über das abgelegte Referendarexamen erteilt werden. Zwar gab es an diesem Tag keine Tätigkeit deutscher Gerichtsbarkeit oder Justizverwaltung, aber W. legte das »Staatsexamen« ab – ohne Hausarbeit, ohne Klausuren und ohne die ebenfalls durch Gesetz in ihrer Zusammensetzung vorgeschriebene Prüfungskommission.

Meine Beschwerdeschrift vom 30. Juli 1964 an den Generalstaatsanwalt in Düsseldorf wurde am 11. September 1964 zurückgewiesen mit dem lapidaren Hinweis: »Das Beschwerdevorbringen rechtfertigt es nicht, die Erhebung der öffentlichen Klage oder die Wiederaufnahme der Ermittlungen anzuordnen.« Das überraschte mich schon deshalb, weil ich mehrere Zeugen benannt hatte, die ausgesagt hatten, dass W. wiederholt bei Lügen ertappt worden war. Wenn die Beschuldigungen eines Schwindlers für die Bundesanwaltschaft ausreichend waren, gegen zwei untadelige Gewerkschaftssekretäre eine Anklage zu erstellen, dann müssten doch – so meinte ich – die Angaben zahlreicher Zeugen genügen, um einen außerdem durch alle konkreten Sachumstände widerlegten Phantasten der falschen Anschuldigungen zu überführen. Aber ich irrte mich, wie auch mein Anwaltskollege Dr. Fritz Groß aus Münster, der 1959 für den Gewerkschaftssekretär Schewzyk eine Strafanzeige gegen W. wegen Beleidigung und übler Nachrede erstattet hatte und mit seiner Beschwerde gegen die Einstellungsverfügung der Staatsanwaltschaft Düsseldorf ebenfalls gescheitert war. Auch in diesem Falle deckte »die Wahrnehmung berechtigter Interessen« alles. Ihm teilte die Behörde des Generalstaatsanwaltes in Düsseldorf mit Datum vom 11. September 1964 ergänzend mit, die Strafverfolgung sei »inzwischen auch verjährt und somit unzulässig«. Die fünfjährige Verjährungsfrist sei seit dem 3. August 1964 bereits verstrichen. »Es bestand kein Anlass, vor Ablauf dieser Frist eine erneute Unterbrechung der Verjährung herbeizuführen, da ein hinreichender Tatverdacht nicht gegeben ist.« Fritz Groß war einer der erfahrensten deutschen Strafverteidiger. Besondere Verdienste um das Rechtswesen hat er sich nicht zuletzt dadurch erworben, dass er Personen, die durch Justizirrtum zu lebenslanger Freiheitsstrafe verurteilt worden waren, im Wiederaufnahmeverfahren zum Freispruch verhelfen konnte (so u. a. in den Fällen Maria Rohrbach, Meinberg, Hetzel). Ich habe wiederholt mit Groß in Strafprozessen (außerhalb von Staatsschutzstrafsachen) verteidigt und viel dabei gelernt. Im Wiederaufnahmeprozess Hetzel musste ich 1968 die Mitverteidigung niederlegen, weil Ministerpräsident Kühn mich in sein Kabinett als »Landesminister für Bundesangelegenheiten« berufen hatte.

Trotz einiger Bedenken wegen meiner arbeitsmäßigen Belastung entschloss ich mich zu einem Anklageerzwingungsverfahren beim Oberlandesgericht in Düsseldorf. In der Antragsschrift vom 12. Oktober 1964 benannte ich acht Zeugen, die die Angaben des W. widerlegen und seine Glaubwürdigkeit erschüttern konnten. Ich verwies auf Fundstellen in den Akten, die bewiesen, dass W. selbst Lügen zugegeben hatte, die er später als »Notlüge« oder als »taktisch bedingte« Falschdarstellungen hinstellte. Ich konnte Beispiele aus den Akten nennen, dass W. mehrfach Menschen seiner Umgebung über seine innere Einstellung – wie er selbst zugab – getäuscht hat, dass er sich jahrelang in Prozessen vor Arbeitsgerichten als »Assessor« bezeichnen ließ, obwohl er nie die große Staatsprüfung abgelegt und sein Abteilungsleiter ihn gemahnt hatte, den Irrtum klarzustellen. W. hatte nach eigener Erklärung jahrelang eindeutig Ostkontakte unterhalten, ohne dafür zur Verantwortung gezogen worden zu sein. In einem Strafprozess außerhalb des Staatsschutzstrafrechts hätte ich die Möglichkeit gehabt, die FDGB-Funktionäre, mit denen W. über Jahre in Kontakt gestanden hatte, als Zeugen dafür zu benennen, dass seine Angaben über Trost und Knepper falsch waren. Doch dieser Weg war verschlossen, weil nach der damaligen Rechtslage die Entlastungszeugen sofort verhaftet worden wären, weil sie als Mitglieder »der Infiltrationsgruppe des sowjetzonalen FDGB«, also einer verfassungsfeindlichen Vereinigung, eines Geheimbundes und einer Ersatzorganisation der verbotenen KPD behandelt worden wären. Außerdem hätte man ihnen in der hohen Zeit des Kalten Krieges in Deutschland ohnehin nicht geglaubt. Obwohl ich damit rechnen musste, dass W. als Günstling der britischen Besatzungsmacht und Vertrauensmann der Verfassungsschutzbehörde einflussreiche Gönner hatte, hoffte ich doch, auf diesem Wege die volle Rehabilitierung der beiden Gewerkschaftsfunktionäre erreichen zu können. Aber es gelang nicht. Der Kalte Krieg hatte W. zu seiner Karriere verholfen.

Belastungszeugen und Agenten

Strafverfahren mit dem Vorwurf der Staatsgefährdung unterschieden sich nicht nur durch die Unbestimmtheit der Straftatbestände von »nichtpolitischen« Strafprozessen, sondern auch durch Aussagen von Belastungszeugen, die in dieser Form und in diesem Ausmaß in anderen Verfahren nicht möglich gewesen wären. Ich will zu diesem bedenklichen Sachverhalt einige Beispiele berichten:

1. Im November/Dezember 1956 verteidigte ich vor der Staatsschutzstrafkammer des Landgerichts in Dortmund einen 29-jährigen ehemaligen Jurastudenten, der nach seinen Angaben zwischen Ende 1949 und Sommer 1951 in der kommunistischen Freien Deutschen Jugend (FDJ) tätig war, um so sein Studium finanzieren zu können. Er war angeklagt, nach dem 1. September 1951 (Inkrafttreten des Strafrechtsänderungsgesetzes) bis Mitte 1954 führendes Mitglied der FDJ und damit Rädelsführer in einer verfassungsfeindlichen Vereinigung und Untergrundbewegung sowie Vorsteher in einem Geheimbund gewesen zu sein. Der Angeklagte wurde wegen dieser Beschuldigung seit Mitte 1954 nach acht Semestern Studium nicht zum Staatsexamen zugelassen. Als er die Aussichtslosigkeit seiner Bemühungen einsah, sattelte er um und ging in eine Handwerkslehre.

   In der Hauptverhandlung brach die Anklage in den wichtigsten Belastungspunkten zusammen. Die beiden schwerwiegendsten Beschuldigungen (die Organisierung eines großen illegalen Treffens der FDJ zu Ostern 1954 und die Organisierung eines Austauschverkehrs mit FDJlern der DDR 1953) stellten sich als Schreibfehler in der Anklageschrift heraus. Statt Ostern 1954 musste es Pfingsten 1951 heißen, und der Austausch soll nicht 1953, sondern 1951 erfolgt sein. Beide Tätigkeiten hat übrigens der Angeklagte auch für 1951 bestritten, obwohl das zu diesem Zeitpunkt nicht strafbar gewesen wäre. Der Hauptbelastungszeuge hatte vor dem Untersuchungsrichter u.a. ausgesagt, dass der Angeklagte 1953 eine Geheimversammlung der FDJ, bei der etwa 50 Personen anwesend gewesen seien, in S. geleitet und das Hauptreferat gehalten habe. Über den Inhalt des Referates machte dieser Zeuge genaue Angaben und berichtete auch über die weitere illegale Tätigkeit des Angeklagten während des Jahres 1953, wobei er sogar »vertrauliche Sitzungsprotokolle« vorlegte. Ende 1955 widerrief der Hauptbelastungszeuge seine gesamte Aussage, soweit sie über das Jahr 1951 hinausging, und erklärte, er habe alles frei erfunden, insbesondere die angeblichen Sitzungsprotokolle selbst geschrieben. Er sei, obwohl er im

Auftrage der politischen Polizei bis Ende 1953 in der FDJ tätig war, von dieser sowie von einem Beamten des Verfassungsschutzamtes in zwei Besprechungen (die Namen der Gesprächsteilnehmer und der Ort der Besprechungen wurden genannt) bedrängt worden, weiteres Material zu liefern, sonst werde er wegen seiner FDJ-Tätigkeit selbst bestraft. Er habe nicht mehr ein noch aus gewusst und dann in seinen belastenden Aussagen so übertrieben gelogen, dass man die Unrichtigkeit auf den ersten Blick hätte erkennen müssen. Dies freilich war nicht der Fall, weil alles so schön in die Linie der Anklage passte. Der Hauptbelastungszeuge blieb bei dieser korrigierten Bekundung auch in der Hauptverhandlung und bedauerte seine Handlungsweise, die zusammen mit den beiden verhängnisvollen Schreibfehlern der Anklage überhaupt erst Gewicht gegeben hatte.

Ein weiterer Zeuge schränkte seine früheren Aussagen so erheblich ein, dass nichts mehr beweiskräftig Belastendes übrig blieb. Hieß es z. B. in der Voruntersuchung: »Unsere letzte Begegnung war Anfang 1953 beim Zentralbüro der FDJ«, so wurde in der Hauptverhandlung daraus: »Ich habe davon gehört – wann und von wem kann ich nicht angeben –, dass der Angeklagte Anfang 1953 beim Zentralbüro der FDJ gewesen sein soll.« Überhaupt wurde erkennbar, dass die Belastungszeugen ihre Aussagen revidierten, als ich die Frage nach der Verbindung der Zeugen zu geheimen Nachrichtendiensten oder zu Stellen der politischen Polizei bzw. Verfassungsschutzämtern anschnitt. Ein besonders geschwätziger Zeuge, dessen Glaubwürdigkeit ich anzweifelte, wobei ich eine Reihe von Fragen wegen schwer wiegender Widersprüche zu früheren Aussagen ankündigte, erklärte, nachdem das Gericht eine Verhandlungspause eingelegt hatte, bezeichnenderweise, bevor die erste Frage der Verteidigung beantwortet wurde: »Ich bin heute schlecht im Schuss und habe schon zwei Tabletten genommen, weil bei mir alles durcheinander geht.« Insgesamt entpuppten sich allein in diesem Verfahren sieben Zeugen als Lockspitzel der politischen Polizei, die in die FDJ eingeschleust worden waren und dort zum Teil führende Stellungen erlangt hatten. Angeblich authentisches FDJ-Material erwies sich als eine Zusammenstellung des geheimbündlerischen Bundes Deutscher Jugend (BDJ), dessen »Technischer Dienst« Liquidationslisten für Gegner der Remilitarisierung aufstellte und »Anweisungen für den Straßenkampf« ausgearbeitet hatte, die unter dem Motto standen: »Frühes Blut vermeidet viel Blut.« Von den Rädelsführern und Vorstehern dieses BDJ ist niemand vor Gericht gestellt worden[66].

66 Vgl. *Posser*, »Haben wir zweierlei Recht in der Bundesrepublik«, Stimme der Gemeinde, 1955, Spalten 385-390.

Bei einem weiteren Belastungszeugen fiel mir auf, dass er Bekundungen machte, die er nur aus – unrichtigen – polizeilichen Unterlagen haben konnte. Meine Frage, ob er mit dem Verfassungsschutzamt, politischen Polizeidienststellen oder Geheimdiensten Verbindung und von daher seine Kenntnisse über eine angebliche illegale Tätigkeit des Angeklagten habe, verneinte dieser Zeuge mit aller Entschiedenheit. Die Staatsanwaltschaft hatte übrigens gegen die Zulässigkeit dieser Frage opponiert, doch war sie vom Gericht nach Beratung zugelassen worden. Im weiteren Verlauf der Verhandlung stellte sich heraus, dass dieser Zeuge in seiner beeideten Aussage hinsichtlich seiner Verbindung zu den oben erwähnten Stellen gelogen hatte. Er wurde erneut vorgeladen und musste dann kleinlaut eingestehen, dass er seit Dezember 1952 bezahlter Agent des amerikanischen Geheimdienstes innerhalb der KPD und seit Frühjahr 1953 außerdem bezahlter Mitarbeiter des Verfassungsschutzamtes gewesen sei.

Ein anderer Belastungszeuge, der ebenfalls für das Verfassungsschutzamt gearbeitet hatte, erklärte, er habe dieses Geschäft nach einem besonderen Erlebnis aufgegeben: Eines Tages sei er von seiner Kontaktstelle nach der Anschrift eines ehemaligen FDJ-Funktionärs gefragt worden und habe auch die gewünschte Auskunft erteilt. Kurze Zeit später sei ein Agent des amerikanischen Geheimdienstes zu ihm gekommen und habe ihm Vorwürfe gemacht, dass er die Anschrift des Funktionärs an das Verfassungsschutzamt weitergegeben habe, denn dieser sei ein Mitarbeiter des amerikanischen Geheimdienstes, wovon das Verfassungsschutzamt nicht zu wissen brauche. Wohl alle Prozessbeteiligten hielten diese Bekundung für unglaubhaft, weil sie sich eine solche Rivalität zwischen gleich gerichteten Organisationen nicht vorstellen konnten.

Einen Tag nach Abschluss dieses Prozesses wurde jedoch in der Presse die Aussage des früheren Ministerialdirektors im Bundesinnenministerium und späteren Chefpräsidenten des Bundesverwaltungsgerichtes, Egidi, im John-Prozess bekannt, dass zur Zeit der Amtstätigkeit Johns im Bundesgebiet allein sechs amerikanische Geheimdienste operiert hätten, die sich gegenseitig bespitzelten (»Die Welt« vom 12. Dezember 1956).

2. Vertrauensleute des Verfassungsschutzamtes oder von Geheimdiensten gewannen in politischen Prozessen einen immer größeren Einfluss. Diese »Mitarbeiter« wurden regelmäßig für ihre Berichte honoriert und neigten dazu, entweder aufzubauschen oder durch eigenes aktives Handeln erst die Grundlagen für »besondere Vorkommnisse« zu schaffen. In der von den Staatsschutzstrafkammern für verfassungsfeindlich erklärten »Nationalen Front« war z.B. im Lande Nordrhein-Westfalen im Jahre 1953 die Mehrzahl der hauptamtlichen Mit-

arbeiter zu Spitzeldiensten eingeschleust worden. Diese Lockspitzel blieben als agents provocateurs straffrei, während die von ihnen angeleiteten Mitläufer sich verantworten mussten. Ein besonders aktiver Instrukteur hat nach seinen eigenen Angaben als Zeuge in der Hauptverhandlung gegen einen ihm unterstellten Funktionär nacheinander für das Verfassungsschutzamt, den britischen, französischen und polnischen Geheimdienst gearbeitet; er wurde aus der Untersuchungshaft vorgeführt, weil er in Verdacht stand, auch für den sowjetischen Nachrichtendienst tätig gewesen zu sein.

3. In einem Strafprozess gegen acht Mitglieder der Gesellschaft für deutsch-sowjetische Freundschaft erklärte gegen Schluss der Hauptverhandlung der Staatsanwalt, es habe sich eine Zeugin gemeldet, die über einen der Angeklagten wesentliche belastende Aussagen machen könne. Die Zeugin wurde geladen. Kurz bevor sie vernommen wurde, bat ich den Angeklagten, über dessen Tätigkeit die Zeugin aussagen wollte, seinen Platz mit einem anderen Angeklagten zu tauschen. Als die Zeugin eingangs ihrer Vernehmung gefragt wurde, wer der von ihr gemeinte Angeklagte sei, erwiderte sie: »Der erste links.« Dort hatte der Angeklagte drei Wochen lang gesessen. Der Vorsitzende nickte zunächst zustimmend. Als er jedoch die Platzänderung bemerkt hatte, bat er die Zeugin, sie möge doch überprüfen, ob nicht ein anderer Angeklagter der Herr X sei. Sie blieb aber dabei, dass es nur der von ihr Bezeichnete sein könne; da sei jeder Zweifel ausgeschlossen. Als ich die Zeugin dann fragte, ob ihr von dritter Seite der Sitzplatz des Angeklagten X genannt worden sei, verneinte sie dies. Sie gab aber zu, dass sie nach ihrer Vernehmung eine Zusammenkunft mit der politischen Polizei habe, die vorher vereinbart worden war.
4. Gelegentlich wurde durch einen reinen Zufall die unrichtige Aussage eines Zeugen entdeckt, die freilich nicht immer auf Böswilligkeit beruhte. So bekundete eine Zeugin, ein Angeklagter habe in einer von der Vereinigung X durchgeführten Filmveranstaltung einen Film vorführen lassen, in dem ein bekanntes kommunistisches Kampflied gespielt worden sei. Der Angeklagte sagte mir, es könne sich nur um den Film Y gehandelt haben, in dem eine allerdings sehr bekannte Melodie gespielt wurde. Ich bat das Gericht, der Zeugin die Melodie vorsummen zu dürfen, was auch genehmigt wurde. Die Zeugin bestätigte, dass es diese Melodie mit Sicherheit gewesen sei. Das kommunistische Kampflied war die Marseillaise, die französische Nationalhymne.
5. Anfang April 1960 bat mich ein in Bayern praktizierender Arzt, Ernst E., brieflich, ihn in einem Strafverfahren wegen Staatsgefährdung zu verteidigen. Nach der Anklageschrift sollte er führend in einer kommunistischen Tarnorganisation tätig gewesen sein. Obwohl ich sofort darauf hinwies, dass meine

Beauftragung erhebliche Mehrbeträge (Fahrt- und Übernachtungskosten) verursache, blieb er bei seiner Bitte. Da bei einer Verurteilung für seine Berufsausübung zu viel auf dem Spiel stehe, wünsche er einen in derartigen Prozessen erfahrenen Verteidiger. Die Akteneinsicht ließ erwarten, dass ein Freispruch erzielt werden konnte, was ich meinem Mandanten auch am Vorabend des Prozessbeginns mitteilte. Als am 2. Mai 1960 um 8.30 Uhr im Saal 270, dem Schwurgerichtssaal, im Justizpalast am Karlsplatz der Prozess vor der Staatsschutzstrafkammer des Landgerichts München I eröffnet wurde, schien zuerst alles planmäßig zu verlaufen. Am Mittag teilte der Anklagevertreter den anderen Prozessbeteiligten mit, dass von den acht Angeklagten mindestens drei für in- oder ausländische Nachrichtendienste gearbeitet hätten. Die Namen der Agenten seien nicht genannt worden, so dass die Rechtswohltat des Zweifels, welche Angeklagten vorsätzlich gehandelt hätten, allen zugute kommen müsste. Das sichtlich überraschte Gericht beschloss die Vernehmung eines anderen Staatsanwalts, der bei den Gesprächen des Anklagevertreters mit den Vertretern der Geheimdienste anwesend war, als Zeugen und vereidigte ihn. Am nächsten Tag wurden alle Angeklagten freigesprochen, darunter auch Personen, die mehr als ein halbes Jahr Untersuchungshaft verbüßt hatten.

Bei meinem Mandanten hob das Gericht hervor, er sei – anders als die sieben Mitangeklagten – auch aus objektiven Gründen mangels Beweises freigesprochen worden. Das war wichtig für sein berufsgerichtliches Verfahren, denn einen Verfassungsfeind hätte die Ärztekammer wohl kaum in ihren Reihen geduldet. Ich konnte früher zurückfahren und war froh, dass ich schon am Vorabend und nicht, wie ursprünglich vorgesehen, am nächsten Tag die Kleine Komödie besucht hatte, in der Willy Birgel die Hauptrolle in dem Stück »Der Goldesel« spielte. Es war ein unterhaltsamer Abend.

Zeugen vom Hörensagen

Nach diesen und ähnlichen Erfahrungen mit »ihren« Zeugen war mir klar, dass die Strafverfolgungsbehörden einen anderen Weg suchen würden, um derartige Risiken zu vermeiden. Sie erreichten ihr Ziel dann durch das Präsentieren so genannter »Zeugen vom Hörensagen«, ein zweifelhaftes Verfahren, das auch schon das Reichsgericht in politischen Strafprozessen für zulässig erklärt hatte. Dabei können die Rechte eines Angeklagten kaum stärker beschnitten werden als durch die Zulassung solcher Zeugen an Stelle der eigentlichen Tatzeugen. In mehreren Verfahren ab 1960 habe ich das erlebt. Die politische Polizei weigerte sich, ihre V-Leute als Zeugen zur Verfügung zu stellen, und ließ über die Anklagebehörde beantragen, Kriminalbeamte darüber zu vernehmen, was ihnen als Zeugen vom Hörensagen von den V-Leuten berichtet worden war.

Die Vernehmungsprotokolle der V-Leute beginnen wie folgt: Es erschien der Zeuge (Deckbezeichnung) und erklärt: »Mir ist gesagt worden, dass der Gegenstand meiner Vernehmung unter dem vorbezeichneten Decknamen … erfolgt, dass daher meine Vernehmung in ihrem Inhalt der reinen Wahrheit entsprechen muss. Mir ist gesagt worden, dass die vorgenannten Beamten meine unter vorstehendem Decknamen gemachten Aussagen als ›Zeugen vom Hörensagen‹ vor Gericht vertreten werden.« Der »Zeuge« weiß also schon zu Beginn seiner Vernehmung, dass er soviel lügen kann, wie er will, da ihn niemand zur Verantwortung ziehen kann. In der Hauptverhandlung beschwören dann ein oder zwei Kriminalbeamte, dass ihnen ein glaubwürdiger Zeuge berichtet hat, wie er mit den jeweiligen Angeklagten der verschiedenen Prozesse illegal gearbeitet hat, an Konferenzen beteiligt war usw. Alle Fragen der Verteidigung und alle Vorhaltungen der Angeklagten an die »Zeugen vom Hörensagen« sind zwecklos, da jeder Versuch, die Glaubwürdigkeit des Ursprungszeugen zu überprüfen, daran scheitert, dass die Beamten auf fehlende Aussagegenehmigung verweisen.

In dem Prozess gegen Mitglieder des Westdeutschen Friedenskomitees überreichte die Staatsanwaltschaft gegen Ende der Beweisaufnahme angebliche Originalprotokolle von Sekretariatssitzungen des Friedenskomitees aus dem Frühjahr 1953, bei denen über eine Beteiligung an einem kommunistischen Umsturz in der Bundesrepublik gesprochen worden sei. Diese angeblichen Protokolle trugen weder irgendeine Unterschrift noch einen Stempel. Es lagen auch keine ordnungsgemäßen Beschlagnahmeprotokolle vor, aus denen sich hätte ergeben können, wie die Strafverfolgungsbehörde in den Besitz der Unterlagen gekommen war. Als

Zeuge für die Echtheit dieser Protokolle wurde ein Kriminalbeamter des politischen Kommissariates genannt, vernommen und vereidigt. Dieser beschwor, eine vertrauenswürdige Person habe ihm die Originalschriftstücke im Frühjahr 1953 ausgehändigt, mit dem Hinweis, es sei vertrauliches Material des Friedenskomitees (FK). Die Gewährsperson habe Zutritt zu einer geheimen Ablagestelle für solches Material gehabt. Die ihm überlassenen Protokolle habe er in dem Panzerschrank seiner Dienststelle die ganzen Jahre über aufbewahrt. Bei einer etwa im Sommer 1953 erfolgten Durchsuchung der Wohnung des Funktionärs W. des Friedenskomitees habe er, der Kriminalbeamte, ein Schriftstück (einen Durchschlag) gefunden, das – wie er beim Überlesen festgestellt habe – mit einem der ihm zugänglich gemachten Sitzungsprotokolle identisch gewesen sei. Deshalb sei jeder Zweifel an der Echtheit der Protokolle behoben, auch wenn er bewusst die Beschlagnahme dieses bei W. befindlichen Dokumentes unterlassen habe. Im Anschluss an diese Bekundung des Zeugen ergab sich folgendes Frage- und Antwortspiel zwischen Verteidigung und Zeugen:

FRAGE: Wer war die Gewährsperson, die Ihnen die angeblichen Protokolle über Sekretariatssitzungen des FK im Frühjahr 1953 übergeben hat?
ANTWORT: Darauf erstreckt sich nicht meine Aussagegenehmigung.
FRAGE: Soll es sich bei den Sitzungsprotokollen um echtes Material des FK gehandelt haben?
ANTWORT: Ja.
FRAGE: Hatten Sie – wenn Sie dies annahmen – keine Bedenken, dass Ihre Gewährsperson das im angeblichen Eigentum des FK stehende Material durch eine strafbare Handlung (Diebstahl oder Unterschlagung) an sich gebracht haben muss?
ANTWORT: Darauf erstreckt sich nicht meine Aussagegenehmigung.
FRAGE: Ist Ihre Antwort dahin zu verstehen, dass Sie kein Ermittlungsverfahren gegen Ihre Gewährsperson eingeleitet haben, um festzustellen, ob Diebstahl oder Unterschlagung vorliegt?
ANTWORT: Ja.
FRAGE: Hatten Sie keine Bedenken, dass Sie sich dadurch den Verdacht eines Verbrechens der Begünstigung im Amte aussetzen würden?
ANTWORT (zögernd): Nein.
FRAGE: Können Sie eine Erklärung dafür geben, warum Sie die angeblichen Originalunterlagen jahrelang in Ihrem Panzerschrank verwahrt und nicht der Bundesanwaltschaft in Karlsruhe zur Verfügung gestellt haben, die das Strafverfahren gegen die führenden Persönlichkeiten des FK seit Jahren vorbereitet hat?
ANTWORT: Darauf erstreckt sich nicht meine Aussagegenehmigung.

FRAGE: Trifft die Information der Verteidigung zu, dass bei der Hausdurchsuchung in der Wohnung des Funktionärs W. des FK im Sommer 1953 zahlreiche Unterlagen beschlagnahmt worden sind und u.a. auch die private Bibliothek des Herrn W. abtransportiert worden ist?
ANTWORT: Das kann sein.
FRAGE: Können Sie eine Erklärung für die auffällige Tatsache geben, warum Sie bei dieser Hausdurchsuchung ausgerechnet jenes Schriftstück nicht beschlagnahmt haben, das nach Ihrer Darstellung den Beweis der Echtheit der Ihnen zugänglich gemachten und überlassenen Unterlagen hätte erbringen können?
ANTWORT: Das geschah aus kriminaltaktischen Erwägungen.
FRAGE: Können Sie das näher erläutern?
ANTWORT: Darauf erstreckt sich nicht meine Aussagegenehmigung.

Vielleicht wird die Bedenklichkeit der Zulassung von Zeugen vom Hörensagen an folgendem Beispiel deutlich. In der autorisierten Biografie Dr. Adenauers von Paul Weymar wird geschildert, dass Anfang 1934 gegen Konrad Adenauer der Vorwurf erhoben wurde, er habe als früherer Oberbürgermeister von Köln von der Deutschen Bank den Betrag von 35 000 RM zur Abdeckung einer Hypothekenschuld erhalten als Entgelt für eine besonders wohlwollende Berücksichtigung der Deutschen Bank bei finanziellen Transaktionen der Stadt Köln. Der Betrag sei nach außen hin als Spekulationsgewinn frisiert worden. Die Beschuldigung stammte von dem ehemaligen Direktor der Deutschen Bank in Köln, Anton Brüning, der Anfang 1934 unter dem Verdacht der Untreue, der Unterschlagung und des Betruges verhaftet worden war. Dazu heißt es in der Biografie (S. 179/180):

> »Konrad Adenauer wusste: Wenn es ihm nicht gelang, diese ungeheuerliche Beschuldigung zu widerlegen, dann war er erledigt, dann harrte seiner Zuchthausstrafe, und jede noch so entfernte Möglichkeit einer politischen Wirksamkeit nach dem Zusammenbruch des Dritten Reiches war für immer vorbei.
>
> Adenauer stellte sich dieser Lage sofort. Aus dem Beschuldigten wurde der Ankläger. Mit den Worten: Brüning ist zu dieser Lüge veranlasst worden, um sich damit eine Strafmilderung zu erkaufen, wandte er sich dem Vertreter der Anklage zu … Brüning war bei Adenauers Worten zusammengezuckt. Jetzt, als alle ihn ansahen, stammelte er: Ich habe meine Aussage freiwillig gemacht … und Brüning wiederholte: Oberbürgermeister Adenauer hat durch meine Vermittlung 35 000 Mark Bestechungsgelder erhalten. Wann und wo? fragte Adenauer erregt. Damit war das Stichwort für ein stundenlanges Frage- und Antwortspiel gefallen …

In den frühen Vormittagsstunden hatte man sich getroffen, am Spätnachmittag wurde noch immer gekämpft. Alles und jedes war besprochen und widerlegt worden. Doch noch immer beharrte Brüning auf seiner Behauptung. Da wandte sich Adenauer direkt an ihn. Indem er mit der Hand auf das Kruzifix deutete, das in einer Ecke des Raumes hing, sagte er langsam und feierlich, wobei er Brüning fest anblickte: Bei allem, was Ihnen heilig ist, fordere ich Sie auf: Geben Sie endlich der Wahrheit die Ehre. Die Worte trafen Brüning wie ein Schlag. Er senkte den Kopf und schwieg. Erst nach einer Weile sah er wieder auf und blickte Hilfe suchend Richter und Staatsanwalt an, dann sagte er mit leiser Stimme: Es kann sein, dass der Oberbürgermeister Recht hat, und dann kaum hörbar: Ja, er hat Recht.«

Wenn die deutsche Justiz 1934 das für angängig gehalten hätte, was die Justiz der Bundesrepublik während des Kalten Krieges in politischen Strafprozessen für vertretbar hielt, dann würde sich der Vorgang mit dem Bundeskanzler anders abgespielt haben. Er würde in ein Strafverfahren verwickelt worden sein, in dem als Zeugen vom Hörensagen zwei oder drei Kriminalbeamte beschworen hätten, ein glaubwürdiger, nicht vorbestrafter Zeuge habe ihnen erklärt, Adenauer habe 35 000 Reichsmark Bestechungsgeld von der Deutschen Bank erhalten. Dieser Betrag sei zwar als Spekulationsgewinn frisiert worden, stelle aber in Wirklichkeit eine Zuwendung für wohlwollende Berücksichtigung der Deutschen Bank bei finanziellen Transaktionen der Stadt Köln dar. Alles das, was in der Biografie des Bundeskanzlers als ein stundenlanges Frage- und Antwortspiel mit Vorhaltungen und Beschwörungen geschildert worden ist, wäre nicht möglich gewesen.

Die Zulassung des Zeugen vom Hörensagen löste heftige Kritik in der juristischen Fachwelt aus. Bis heute ist die Frage, ob die Vernehmung mittelbarer Zeugen zulässig ist, lebhaft umstritten. Zwar hatte der Bundesgerichtshof schon 1961 darauf hingewiesen, dass die Angaben der Zeugen vom Hörensagen »durch andere wichtige Gesichtspunkte bestätigt werden« müssten, doch ließ das den Staatsschutzstrafkammern einen weiten Spielraum. Mit vielen Juristen bin ich auch heute noch der Auffassung, dass das Gericht und die anderen Verfahrensbeteiligten die Möglichkeit haben müssen, die Glaubwürdigkeit des eigentlichen Tatzeugen zu überprüfen. Sie müssen nicht nur wissen, ob der Zeuge mit dem Angeklagten verwandt oder verschwägert oder verfeindet ist, sondern gegebenenfalls auch, ob und wie er vorbestraft ist, welchen Leumund er hat, ob er sich als Doppelagent betätigt hat und welche persönlichen Vorteile (z. B. die Einstellung eines gegen ihn laufenden Ermittlungsverfahrens wegen tätiger Reue) er sich durch seine Bekundungen erhofft. Von diesen Rechtsgarantien für einen Angeklagten (Erkundigungsrecht über die Person des Zeugen, Recht auf Fragen und Vorhaltungen an den Zeugen) wird bei der geschilderten Vernehmung der nur mittelbaren Zeugen bewusst abgegangen. Es geht hier nicht um die Frage, ob die Vernehmung eines Zeugen vom Hörensagen im Einzelfall sinnvoll sein kann, z.B. gerade um die Glaubwürdigkeit des eigentlichen Zeugen zu überprüfen. Bekundet etwa ein Zeuge, er habe an einen den Angeklagten belastenden Umstand keine Erinnerung mehr, so kann es durchaus angebracht sein, Personen als Zeugen vom Hörensagen zu vernehmen, denen gegenüber der Zeuge früher andere Angaben gemacht hat. Abzulehnen aber ist die Vernehmung von Zeugen vom Hörensagen, wenn sie an die Stelle des eigentlichen Zeugen treten, der absichtlich unerkannt im Hintergrund gehalten, wird. Wenn der Aussage eines Zeugen verfahrenserhebliche Bedeutung zukommt, muss er von der Anklagebehörde präsentiert werden.

Im Kampf gegen die Kommunisten und ihre tatsächlichen oder vermeintlichen Bundesgenossen hatten die bundesdeutschen Ermittlungsbehörden viele Methoden übernommen, mit denen das Federal Bureau of Investigation (FBI) – das Bundeskriminalamt der USA – die Kommunisten in den USA verfolgte. Aber selbst auf dem Höhepunkt des Kalten Krieges ließ die amerikanische Justiz nicht den »Zeugen vom Hörensagen« zu, der nach dem VI. Amendment der USA-Verfassung und den darauf fußenden strengen Beweisregeln (rules of evidence) grundsätzlich ausgeschlossen war. Daran haben nicht einmal die Exzesse des McCarthyismus rütteln können. Nur so konnten später die Falschaussagen und Meineide von Belastungszeugen aufgedeckt werden.

Nachdem sich 1966 sogar der 46. Deutsche Juristentag gegen die Zeugen vom Hörensagen ausgesprochen hatte, hoffte ich, dass auf eine Verfassungsbeschwerde hin das Bundesverfassungsgericht eingreifen werde. Aber in diesem Fall kam keine Hilfe. Nach der höchstrichterlichen Entscheidung plante ich diese Beweismethode für die Verteidigung einzusetzen, um sie ad absurdum zu führen. Ich wollte einen Zeugen benennen, demgegenüber eine glaubwürdige Person bekundet habe, dass der Angeklagte nicht an der Konferenz X oder der Besprechung Y teilgenommen hat, selbstverständlich nur, wenn es tatsächlich eine solche Aussage gegeben hätte. Aber ich konnte nicht die Probe aufs Exempel machen, weil es 1967 und 1968 keinen geeigneten Prozess gab.

Dann erledigte sich das Problem in politischen Strafsachen von selbst, nachdem im Laufe des Jahres 1968 der Bundesgesetzgeber den Abschnitt »Staatsgefährdung« im Strafgesetzbuch weitgehend gestrichen hatte.

Die Behandlung der Beweisanträge

Nach dem Gesetz hat das Gericht bereits von Amts wegen die Beweisaufnahme zur Erforschung der Wahrheit »auf alle Tatsachen und Beweismittel zu erstrecken, die für die Entscheidung von Bedeutung sind«. Daneben haben die Prozessbeteiligten (Staatsanwalt, Verteidiger und Angeklagter) das Recht, Beweisanträge zu stellen, um zur Wahrheitsfindung beizutragen und auf die Sachentscheidung des Gerichtes einzuwirken. Beweisanträge dürfen nur aus den im Gesetz vorgesehenen Gründen vom Gericht abgelehnt werden. Die Ablehnung ist zu begründen. Ich habe schon berichtet, dass der BGH in dem Musterstrafprozess gegen drei Angeklagte, die in der Gesellschaft für deutsch-sowjetische Freundschaft tätig waren, 1955 mehrere Beweisanträge mit der Begründung abgelehnt hat, sie seien offensichtlich zu verfahrensfremden Zwecken gestellt worden. Das ist ein im Gesetz nicht vorgesehener Ablehnungsgrund. Er sollte verhindern, dass das politische Vorbringen der Angeklagten in der Hauptverhandlung durch zeitgeschichtliche Beweismittel untermauert werden konnte. Mit Recht hatte Adolf Arndt dagegen eingewandt:

> »Die unlösbar miteinander verschmolzene Rechts- und Wahrheitsfrage lässt sich nicht aus ihrem geschichtlichen Zusammenhang abtrennen. Der abzuurteilende Tatvorwurf umfasst auch die Frage nach der sittlichen Rechtfertigung des Geschehens insgesamt, innerhalb dessen sich die Tat ereignet haben soll und von dem her sie zu deuten und zu werten ist. Wer einer Tat angeklagt ist, die sich aus politischer Überzeugung gegen einen politischen Zustand richtet, kann auch für diesen Sinn seines Verhaltens rechtliches Gehör beanspruchen.«

Ein Beweisantrag kann nach der Strafprozessordnung auch abgelehnt werden, wenn eine Beweiserhebung wegen Offenkundigkeit überflüssig ist. Davon kann gesprochen werden, wenn die beweiserhebliche Tatsache dem Gericht (einschließlich der Schöffen!) aus anderen Verfahren dienstlich bekannt geworden (gerichtsbekannt) oder allgemeinkundig ist.

In zahlreichen politischen Strafprozessen wurde vom Gericht eine Liste von gerichtsbekannten und allgemeinkundigen Tatsachen verlesen, z.B., dass in der DDR eine Gewalt- und Willkürherrschaft bestehe, dass die KPD, die SED, der FDGB und viele andere sogenannte kommunistische Tarnorganisationen die in der DDR herrschenden Verhältnisse auf die Bundesrepublik Deutschland übertragen wollten; dass die KPD usw. eine kriminelle Organisation sei; dass die Vereinigung X usw. ein Geheimbund sei und ähnliche Tatsachen mehr.

Ein Angeklagter, der einer solchen Vereinigung angehörte, war praktisch nach einem derartigen Allgemeinkundigkeitsbeschluss bereits verurteilt. Denn warum sollte ausgerechnet er das nicht wissen, was allgemein bekannt war? Die Einlassung eines Angeklagten, weder er noch die Organisation, in der er tätig war, habe z. B. die Übertragung der DDR-Verhältnisse auf die Bundesrepublik gewollt, weil dies wegen der sehr unterschiedlichen Entwicklung dieser Teile Deutschlands gar nicht möglich sei, wurde als bloße Schutzbehauptung abgetan. So wurden für die Tatbestandsfeststellung wichtige Tatsachen dem grundsätzlich vorgeschriebenen Strengbeweis in der Hauptverhandlung entzogen und eine Beweiserhebung für überflüssig erklärt.

Ein derartiges Verfahren ist außerordentlich bedenklich. Im Schrifttum ist wiederholt vor der Überbewertung angeblicher Offenkundigkeit gewarnt worden. In ihrem Werk: »Der Beweisantrag im Strafprozess« schreiben Alsberg/Nüse:

> »Die Offenkundigkeit kann trügen, insbesondere, wenn sie durch unzuverlässige Nachrichtenmittler, z. B. Zeitungen, begründet ist. Schließlich sind auch Meinungsverschiedenheiten darüber denkbar, ob eine Offenkundigkeit besteht, etwa ob eine Tatsache oder ein Erfahrungssatz wirklich in weiteren Kreisen anerkannt ist.«

An anderer Stelle führt Nüse aus:

> »Es lässt sich nicht verkennen, dass auch im allgemeinen zuverlässige Quellen einmal irren oder sich durch nachträglich eingetretene Ereignisse oder neuere Forschungen als offenkundig angesehene Tatsachen oder Erfahrungssätze in ihrem Wahrheitsgehalt als trügerisch erweisen können.«

Das Landgericht Frankfurt hat in einem Beschluss zur Offenkundigkeit folgende bemerkenswerten Ausführungen gemacht:

> »Man wird dies vielmehr nur bei solchen durch Presse bzw. Radio vermittelten Daten und reinen Tatsachen annehmen dürfen, wie beispielsweise: Daten (Geburts- und Sterbetag) bekannter Persönlichkeiten des öffentlichen oder kulturellen Lebens, politische Ereignisse (Konferenzen oder Reisen der Staatsmänner), Unwetter- oder Verkehrskatastrophen, auch der … jeweilige Kurs eines Wertpapiers. Überall da aber, wo die Tatsachenmeldungen weitgehend mit Werturteilen durchsetzt oder durch solche ersetzt werden, wie z. B. die politisch gefärbten Meldungen über die Bestrebungen und die Tätigkeit einer Vereinigung, kann von einer so sicheren und allgemeinen Kenntnis … und damit von einer Offen- und Allgemeinkundigkeit schwerlich gesprochen werden.«

Wie berechtigt solche Bedenken sind, geht am besten daraus hervor, dass innerhalb weniger Jahre zumindest in zwei Punkten eine Korrektur der Rechtsprechung zu offenkundigen Tatsachen vorgenommen worden ist.

In den ersten Jahren nach Inkrafttreten des Strafrechtsänderungsgesetzes vom 1. September 1951 hielten die Staatsschutzstrafkammern und der Bundesgerichtshof bis 1954 an der alten These des Reichsgerichts fest, dass die gesamte politische Tätigkeit der Kommunisten den Hochverrat, d. h. den gewaltsamen Umsturz der bürgerlichen Staats- und Gesellschaftsordnung, vorbereiten solle. So hat der BGH noch in einem Revisionsurteil vom 24. November 1954 wie folgt entschieden:

> »Es ist kein Rechtsfehler, wenn der Tatrichter feststellt, es sei *gerichtsbekannt,* dass die kommunistischen Führer der SED ein hochverräterisches Unternehmen gegen die Bundesrepublik vorbereiten.«

Diese Rechtsprechung mit der These vom »ideologischen Hochverrat in Permanenz« hat der BGH nach 1954 aufgegeben. In einigen Urteilen von Strafkammern ist als »gerichtsbekannt« erklärt worden, dass die KPD auch nach ihrem Verbot einen »systematischen Hetzfeldzug« gegen Verfassungsorgane der Bundesrepublik betreibe und deshalb nach wie vor eine kriminelle Organisation sei. Das hat der BGH als Revisionsinstanz nicht gebilligt. Daraufhin wurde die »gerichtsbekannte Tatsache« aus der Liste gestrichen. So schnell konnte die Gerichtskundigkeit entfallen.

Es lag auf der Hand, dass bei dieser Dreier-Kombination: Ablehnung der Beweisanträge der Verteidigung wegen Verfahrensfremdheit – Feststellung des verfassungsfeindlichen und kriminellen Charakters einer Vereinigung, der der Angeklagte angehörte, als gerichtsbekannte Tatsache – Zulassung der Zeugen vom Hörensagen, eine sinnvolle, gar erfolgreiche Verteidigung schlechthin unmöglich war.

Da eine Änderung dieser strafprozessualen Praxis nicht möglich war, konzentrierten wir uns darauf, eine Revision der Straftatbestände durch Bundestag und -rat zu erreichen.

Verteidiger und Richter in politischen Strafsachen

Wie kritisch und voller Vorurteile Verteidiger in politischen Strafsachen von anderen Juristen beurteilt wurden, zeigt folgender Vorgang im Frühjahr 1959. In einem Meineidsverfahren hatte die Strafkammer des Landgerichts Detmold den Angeklagten Hanke zu einem Jahr Gefängnis verurteilt. Hanke war Betriebsratsvorsitzender einer Möbelfirma und gehörte dem erweiterten Vorstand der Gewerkschaft Holz an, die ihren Sitz in Düsseldorf hatte. Der Verurteilung lag die Feststellung zu Grunde, Hanke habe in einem arbeitsgerichtlichen Prozess, bei dem es um den Ablauf eines mehrtägigen Streiks ging, einen Meineid geschworen. Sein Verteidiger hatte eine sehr gute Revisionsschrift gefertigt, wobei man wissen muss, dass nur wenige Rechtsanwälte die Besonderheiten des Revisionsrechtes beherrschen. Während Revisionen in Zivilsachen nur durch beim Bundesgerichtshof ausdrücklich zugelassene Anwälte vertreten werden können, kann in Strafsachen jeder Rechtsanwalt die Revision einlegen und auch vor dem Bundesgerichtshof auftreten. Allerdings werden die meisten Revisionen ohne Verhandlung durch Beschluss als »offensichtlich unbegründet« verworfen. Kommt es zu einer Verhandlung vor dem Bundesgerichtshof, so ist dies ein deutliches Anzeichen, dass das Revisionsbegehren vom Gericht nicht von vornherein als aussichtslos angesehen wird. Immer wieder hatte ich in Revisionsverfahren erlebt, dass Rechtsanwälte gegenüber den fünf in roter Robe vor ihnen sitzenden Bundesrichtern befangen waren, ins Stottern gerieten, den Faden verloren und auf Fragen des Vorsitzenden oder des Berichterstatters vor Aufregung so ungeschickt antworteten, dass für ihre Mandanten kein zusätzlicher Pluspunkt gewonnen werden konnte. Ich hatte durch die manchmal Wochen dauernden Prozesse vor dem politischen Strafsenat viel Erfahrung gewonnen und fühlte mich dem Dialog mit den Richtern gewachsen.

Der Vorstand der Gewerkschaft Holz hatte mich – auch in Absprache mit dem bisherigen Verteidiger – gebeten, im Revisionsverfahren aufzutreten. Ich war dazu umso mehr gern bereit, als es das erste Mal war, dass ich vor dem 4. Strafsenat des BGH verteidigen konnte. Die Verhandlung war auf Freitag, den 20. März 1959, um 9 Uhr anberaumt. Ich hielt ein ausführliches Plädoyer, das sich auf die gründliche schriftliche Revisionsbegründung stützte. Gegen Ende meiner Ausführung sah ich, dass ein Richter den Justizwachtmeister zu sich winkte, ihm etwas sagte und einen Zettel übergab, der mir überbracht wurde. Darauf stand: Stelle anheim. Anruf heute ab 21 Uhr. Tel.-Nr … Seibert. Diesem Richter war ich zum ersten Mal beim Oberlandesgericht Hamm begegnet, als ich 1950 als Referendar einem Strafsenat zur Ausbildung zugewiesen war, dem Seibert als Richter angehörte. 1953 zum Bundesrichter ernannt, wurde er rasch einer der bekanntesten Richter des Gerichtshofs, zumal er zahlreiche Aufsätze in den verschiedenen juristischen Fachzeitschriften veröffentlichte.

Mein Zug aus Karlsruhe traf kurz nach 21 Uhr in Essen ein, und ich telefonierte vom gegenüberliegenden Hauptpostamt mit Seibert. Er sagte mir, dass der Senat das Urteil aufgehoben und die Sache an das Landgericht Bielefeld zurückverwiesen habe. Dort fand dann am 7. und 10. März 1960 die Hauptverhandlung mit neuer Beweisaufnahme statt. Es gelang, die Strafkammer davon zu überzeugen, dass die Vorwürfe unberechtigt waren. Der Freispruch, der bei dem Angeklagten und beim Gewerkschaftsvorstand große Erleichterung auslöste, wurde rechtskräftig.

Wenige Tage nach dem Telefonat mit Seibert erhielt ich seinen vom 22. März 1959 datierten Brief, in dem es hieß:

> »Ich bin zwar in keiner Weise legitimiert. Es ist mir aber doch ein Bedürfnis, Ihnen sehr zu danken für Ihr ausgezeichnetes Plädoyer am 20. 3. dieses Jahres vor dem 4. Strafsenat. Es war geradezu ein forensischer Genuss ... Ich hatte, um das offen zuzugeben, bei Ihrem Namen an einen Anwalt etwa von der Art Liebknechts gedacht, mit wirren Haaren und einer roten Schleife, oder so etwa. Ich war sehr angenehm enttäuscht ...«

Zunächst habe ich mich über den Brief gefreut, doch dann war ich sehr betroffen. Seibert wusste offensichtlich von Liebknecht nicht, dass er nach vorzüglichem Assessorexamen und einer mit *magna cum laude* bewerteten Doktorarbeit mit seinem Bruder Theodor seit 1899 eine der größten Anwaltspraxen in Berlin unterhielt. Er war einem Vorurteil erlegen, das einen Revolutionär mit einem Rabauken und Terroristen verwechselte.

Unter den Verteidigern in politischen Strafprozessen gab es drei Gruppen: Die erste Gruppe, die in den Anfangsjahren bis etwa 1956 die Mehrzahl stellte, rekrutierte sich aus Mitgliedern der KPD oder Anhängern der kommunistischen Ideologie. Sie führten die Verteidigung offensiv politisch, sahen in den Richtern Vertreter einer »Klassenjustiz« und verzichteten weitgehend auf Beweisanträge, die sie für sinnlos hielten, weil ihrer Meinung nach das Urteil bis auf das Strafmaß feststand. Die verurteilten Angeklagten waren Märtyrer ihrer politischen Überzeugung.

Die zweite Gruppe sah in den politischen Prozessen keinen entscheidenden Unterschied zu »normalen« Strafverfahren. Die zu dieser Gruppe gehörenden Anwälte scheuten politische Ausführungen in ihren Plädoyers und stellten auch keine Beweisanträge mit zeitgeschichtlich-politischem Inhalt.

Die dritte Gruppe lehnte den Kommunismus als politische Ideologie ab, war aber zur Verteidigung von Kommunisten bereit, weil sie deren Behandlung als unvereinbar mit wichtigen Grundsätzen unserer Verfassung wertete. Den Anwälten dieser Gruppe ging es um einen Staatsschutz im Geiste der Verfassung. Sie versuchten z. B. durch Beweisanträge darzulegen, dass Aussagen und Beurteilungen von Kommunisten zu zeitgeschichtlichen Vorgängen auch von Personen vertreten wurden, deren verfassungstreue Einstellung ernstlich nicht bezweifelt werden konnte. Es gelang ihnen der Nachweis, dass die Straftatbestände der Staatsgefährdung Elemente des Gesinnungsstrafrechts enthielten, weil für ein und dasselbe Geschehen Kommunisten bestraft, aber Nichtkommunisten freigesprochen wurden.

Dieser dritten Gruppe, zu der Heinemann und ich uns rechneten, konnte auch die schlimme Rechtspraxis in der DDR in politischen Prozessen nicht entgegengehalten werden, weil wir öffentlich diese Justiz angriffen und nichtöffentlich ihren Opfern nach besten Kräften halfen.

Von den Richtern in politischen Strafsachen kann allgemein gesagt werden, dass sie – anders als viele Richter in der Zeit der Weimarer Republik – unsere demokratische Grundordnung bejahten und vertraten. Sie waren auch davon überzeugt, dass sie durch ihre Tätigkeit dem Rechtsstaat und der inneren Sicherheit einen wertvollen Dienst leisten würden. Erst im Laufe der Jahre kamen Zweifel, zunächst an der Gesetzgebung, dann auch an der Rechtsprechung, an der sie beteiligt waren. Einige haben das nicht nur in privaten Gesprächen erklärt, sondern auch in Aufsätzen und Artikeln freimütig bekannt. Bis etwa 1964 fiel das – gelegentlich krampfhafte – Bemühen auf, den politischen Strafprozess wie einen »normalen« Strafprozess zu führen, d.h. die strafrechtlich zu beurteilenden Vorgänge von ihrem zeitgeschichtlichen Hintergrund zu lösen und sie außerhalb der politischen Entwicklung zu betrachten. Typisch für diese Handhabung war z.B. der Prozess gegen Angehörige des Friedenskomitees vor der Staatsschutzstrafkammer des Landgerichts Düsseldorf 1960. In diesem Verfahren hatte die Verteidigung zahlreiche Beweisanträge vorgelegt, aus denen sich ergab, dass politische Parteien, in ihrer Verfassungstreue bisher nicht angezweifelte Persönlichkeiten, Gremien und Vereinigungen in veröffentlichten Stellungnahmen zu gleichen oder ähnlichen Beurteilungen über politische Vorgänge in der Bundesrepublik gekommen waren wie die Angeklagten. Das Gericht lehnte die Verlesung der Dokumente mit der Begründung ab: »In verfassungstreuer Absicht geäußerte politische Werturteile sind strafrechtlich wertneutral.« Das Gericht ging also nicht davon aus, was inhaltlich gesagt oder geschrieben worden war, sondern stellte nur fest, wer etwas gesagt oder geschrieben hatte. Auf die Wahrheit des Behaupteten kam es überhaupt nicht mehr an, entscheidend sollte nur sein, ob eine Behauptung in verfassungstreuer oder -feindlicher Absicht aufgestellt und verbreitet worden war. Mit solchen Begründungen wollten Richter der Erörterung politischer Fragen entgehen. Das war aber schon deshalb nicht möglich, weil viele Anklageschriften auch politische Thesen enthielten, besonders bei Organisationsdelikten. Anklageschriften von mehreren hundert Seiten waren keine Seltenheit. Eine andere wichtige Frage war, ob Begriffe wie »Untergraben« der verfassungsmäßigen Ordnung strafrechtlich klar abgrenzbar sind. Bei den oft recht unbestimmt gefassten Tatbeständen der Staatsgefährdung »mit ihrer großen Spannweite und z.T. geringen rechtlichen Präzision« bewegten sich die Richter bei der Prüfung, ob die jeweilige Strafvorschrift verletzt war, mehr auf dem Gebiet der Deutung und Vermutung als auf dem Boden sicherer objektiver Feststellungen. Von daher war verständlich, dass die politischen Auffassungen der Richter, die jeweilige öffentliche Meinung oder Einflüsse von Massenhysterien sich stärker auswirkten als bei den üblichen Strafprozessen, bei denen es durchweg gleichgültig ist, welcher Partei ein Dieb nahe steht oder welche weltanschauliche Überzeugung ein Urkundenfälscher hat. Es lag auf der Hand, dass in einem politischen Strafverfahren Richter, die in Übereinstimmung mit prominenten Politikern der damaligen Zeit die Russen für die »Hunnen des 20. Jahrhunderts« hielten und die sowjetischen Staatsmänner als »Banditen« ansahen, einen Angeklagten von vornherein verdächtig fanden, der einer Gesellschaft für deutsch-sowjetische Freundschaft angehörte. So entstand die Gefahr, dass nicht die Handlungen der Angeklagten Gegenstand eines juristischen Urteils, sondern die Angeklagten Opfer eines politisch-weltanschaulichen Vorurteils wurden. Dies beinhaltet nicht den Vorwurf, dass die Richter bewusst entgegen der Rechtslage zum Nachteil der Angeklagten urteilen wollten; es soll damit nur auf die gerade in politischen Prozessen so folgenschwere Bindung auch der Richter an bestimmte außerrechtliche Wertvorstellungen hingewiesen werden: Das politische Vorurteil gefährdet überall die Wahrheitsfindung.

Die Behandlung der Angeklagten in der Hauptverhandlung war durchweg korrekt. Der Typ Freisler ist mir nie begegnet.

Auch die Angeklagten und ihre Verteidiger beachteten die üblichen Umgangsformen. Vorgänge, wie sie später in den Prozessen gegen Mitglieder terroristischer Vereinigungen leider vorkamen, gab es nicht. Meines Wissens ist in den Strafverfahren wegen Staatsgefährdung auch niemals ein Angeklagter wegen unflätigen Verhaltens vor Gericht von der Teilnahme an den Verhandlungen ausgeschlossen worden, wie es bei Terroristenprozessen immer wieder geschah. Bei der Strafzumessung schöpften die Richter nie den Strafrahmen aus. Im Bereich von Hochverrat und Staatsgefährdung gab es eine einzige Zuchthausstrafe. Besonders nach 1961 bewegten sich die meisten Strafen in einer Höhe, bei der die Strafaussetzung zur Bewährung noch möglich war. Dass eine Verurteilung wegen Staatsgefährdung so ungewöhnlich schwer wiegende Folgen hatte (Verlust des Arbeitsplatzes, der Werkwohnung, Rentenentzug usw.), kann nicht den Strafrichtern zugerechnet werden, die solche Konsequenzen oft selbst bedauerten. Ein antikommunistisches Vorurteil zeigte sich häufig darin, dass den Angeklagten nicht geglaubt wurde, sie hätten keinesfalls in verfassungsfeindlicher Absicht gehandelt.

Der »mündige« Staatsbürger unter politischer Vormundschaft

Der Verlag für fremdsprachige Literatur in Moskau hatte die wichtigsten Dokumente des XXII. Parteitages der KPdSU, der im Oktober 1961 stattfand, in verschiedenen Übersetzungen, darunter auch in deutscher Sprache herausgegeben. Der Düsseldorfer Brücken-Verlag, der belletristische und wissenschaftliche Literatur aus den osteuropäischen Ländern bezog und zu dessen Kundenkreis Universitäten, Hochschulen, Bibliotheken, Bundes- und Landesministerien sowie über 1000 Buchhandlungen im Bundesgebiet gehörten, hatte auf Grund eines Prospektes des Moskauer Verlages und im Rahmen der ihm erteilten Einfuhrlizenzen des Bundesamtes für gewerbliche Wirtschaft in Frankfurt jeweils 5 000 Exemplare der Materialien des XXII. Parteitages eingeführt und mit Anzeigen in mehreren Presseorganen, u.a. im »Börsenblatt« und im »Spiegel« Nr. 52/1961, Interessenten zum Kauf angeboten. Nachdem etwa ein Drittel der Broschüren abgesetzt war, erwirkte die Staatsanwaltschaft im März 1962 gegen den Düsseldorfer Verlag einen gerichtlichen Durchsuchungs- und Beschlagnahmebeschluss, der die Grundlage für eine umfangreiche Aktion der Kriminalpolizei abgab: Es wurden nicht nur die noch nicht verkauften Exemplare beim Verlag sichergestellt und die Geschäftsunterlagen – insbesondere alle Bestellkarten – mitgenommen, sondern auch in der ganzen Bundesrepublik die Käufer der Schriften aufgesucht und nach einem in Düsseldorf entworfenen »Fragebogen« vernommen. Er enthielt folgende Punkte: Wie der einzelne Käufer von der Bezugsmöglichkeit bei dem Brücken-Verlag erfahren habe, ob er ein Informationsinteresse nachweisen könne und ob er bereits in staatsgefährdender Weise »in Erscheinung getreten« sei. Außerdem mussten die Käufer die Materialien als beschlagnahmte herausgeben.

Der Verlag bat mich, ihn zu vertreten. Ich legte Beschwerde ein, die aber schon am 5. April 1962 verworfen wurde, »weil der dringende Verdacht besteht, dass die Schriften als Schulungsmaterial für Mitglieder der verbotenen KPD vorgesehen sind und dazu dienen sollen, als Ersatzprogramm für das Programm der aufgelösten KPD den organisatorischen Zusammenhang zwischen den früheren und jetzt illegal tätigen Mitgliedern herzustellen«. Gleichzeitig wurde gegen den Geschäftsführer des Verlages ein Ermittlungsverfahren wegen Einfuhr und Verbreitens verfassungsfeindlicher Schriften eingeleitet, das aber am 5. Dezember 1962 eingestellt wurde. Dann begann vor dem Landgericht Düsseldorf das »selbstständige Einziehungsverfahren«, in dem die Hauptverhandlung am 14. Februar 1963 stattfand. Ergebnis: Die Gesamtauflage der sieben Broschüren (neues Parteiprogramm und -statut, Reden von Chruschtschow und anderen sowjetischen Parteiführern) wurde zwecks späterer Vernichtung eingezogen. Im Urteil hieß es zur Begründung:

»Die Schriften richten sich bei erster Betrachtung zwar nur an die Bevölkerung der Sowjetunion. Die auf den kommunistischen Parteitagen gehaltenen Reden und getroffenen Beschlüsse sind jedoch entsprechend dem kommunistischen Endziel der Welteroberung zugleich auch als Propaganda-Exportartikel gedacht.«

Bei der mündlichen Urteilsbegründung hatte der Vorsitzende der Strafkammer betont, die Einziehung der Schriften verletze auch nicht Art. 5 des Grundgesetzes. Denn die dort verbürgte Meinungs- und Informationsfreiheit finde ihre Schranken in den Vorschriften der allgemeinen Gesetze. Ebenso wie die Jugend vor pornografischer Literatur geschützt werden müsse, müssten die Staatsbürger vor politisch gefährlichen Schriften bewahrt werden.

Meine für den Brücken-Verlag eingelegte Revision begründete ich u. a. wie folgt: Die freiheitlich-demokratische Grundordnung der Bundesrepublik Deutschland werde in keiner der eingezogenen Schriften angegriffen. In den meisten Broschüren werde die Bundesrepublik nicht einmal erwähnt. Lediglich der sowjetische Ministerpräsident Chruschtschow habe in zwei Parteitagsreden Fragen der aktuellen Außenpolitik, aus seiner Sicht behandelt und dabei die Politik der Bundesregierung scharf kritisiert; das aber dürfe nicht mit einem Angriff auf die Verfassung gleich gesetzt werden. Richtig sei, dass alle Schriften eine Lobpreisung des Kommunismus enthielten, aber das sei aus dem Munde der sowjetischen Parteiführer selbstverständlich. Ich verwies auch auf Äußerungen des Bundestagspräsidenten Dr. Gerstenmaier, die dieser am 17. Oktober 1961 im Bundestag gemacht hatte:

»Der Zufall will es, meine Damen und Herren, dass während sich hier in dieser Stunde der 4. Deutsche Bundestag konstituiert, in Moskau der XXII. Parteikongress der Kommunistischen Partei der Sowjetunion zusammentritt, um ein neues Parteiprogramm anzunehmen. Es ginge zu weit, sich hier damit im Einzelnen zu befassen. Aber ich möchte doch empfehlen, dieses Werk des heutigen Kommunismus nicht zu ignorieren …«,

Nachdem der Bundestagspräsident dargelegt hatte, warum auch »der furchtsamste und kleinmütigste Zeitgenosse« das neue Parteiprogramm mit Gewinn lesen könnte, erklärte er in der Rede weiter:

»In diesem Programm stehen nicht nur groteske Torheiten, sondern eben auch einige goldene Worte. Wenn da z.B. der grundsätzliche Verzicht auf Kriege als Mittel zur Entscheidung

> von Streitigkeiten proklamiert und stattdessen ihre Entscheidung durch Verhandlungen gefordert wird, dann können wir Deutsche mit der gesamten zivilisierten Welt dazu doch nur ja sagen.«

Nicht ein einziger Abgeordneter hat während der Sitzung oder später Bedenken geäußert, der Bundestagspräsident habe mit der Empfehlung zur Lektüre des kommunistischen Parteiprogramms sozusagen zu einer strafbaren Handlung ermuntert.

Ich widersprach auch der Auffassung des Landgerichtes, die Einziehung der Schriften stelle keinen Eingriff in die Informationsfreiheit dar. Unter Hinweis auf das verfassungsrechtliche Schrifttum führte ich aus, dass zu der bereits in der Weimarer Verfassung garantierten Meinungsfreiheit in Art. 5 des Grundgesetzes die Informationsfreiheit zusätzlich verbürgt worden sei. Mit dieser Erweiterung habe das Grundgesetz vor allem die in der nationalsozialistischen Zeit ergangenen Verbote des Bezuges ausländischer Presseerzeugnisse und das Abhören fremder Sender als verfassungswidrig kennzeichnen wollen. Das Informationsrecht bilde die unerlässliche Voraussetzung für die Meinungsbildung des Bürgers. Es sei unbegreiflich, warum die Menschen in der Bundesrepublik nicht das offizielle Programm der die Staatsgewalt in der Sowjetunion ausübenden KPdSU lesen dürften und nur bei Gefahr strafrechtlicher Sanktionen der Empfehlung des Bundestagspräsidenten zur Lektüre des Programms folgen könnten. Vielleicht sei das Urteil des Düsseldorfer Landgerichtes noch von Resten obrigkeitsstaatlichen Index-Denkens getragen. Der Bürger in einem freiheitlich-demokratischen Staat sei nicht mehr der Untertan, dem vorgeschrieben werden könne, was er zu lesen habe. Der Vergleich mit dem allseits als berechtigt angesehenen Schutz der Jugend vor Schund und Schmutz sei hier abwegig. Der mündige Staatsbürger dürfe nicht unter eine Art politischer Vormundschaft gestellt werden.

Die Revisionsverhandlung vor dem Bundesgerichtshof am 18. Februar 1964 war ein Rechtsgespräch auf hohem Niveau. Der Vertreter des Generalbundesanwaltes beantragte nach meinem Plädoyer ebenfalls die Aufhebung des Urteils. Die Urteilsverkündung sollte zunächst am 25. Februar sein, wurde aber noch einmal auf den 28. Februar, 17 Uhr, verlegt. Das Urteil spiegelte die gründliche Prüfung des politischen Strafsenates wider. Es knüpfte an das Urteil zur Tudeh-Partei vom 25. Juli 1963 an und stellte fest, dass nach bundesdeutschem Strafrecht nur solche Schriften verfassungsfeindlich seien, die sich gerade gegen die Bundesrepublik und ihre Ordnung richten würden. »Der verständige Leser wird von vornherein einen Unterschied machen zwischen Ausführungen des 1. Sekretärs der KPdSU und Ministerpräsidenten der UdSSR und Ausführungen von SED/KPD-Funktionären in der Sowjetzone.« Die Beurteilung der Materialien des XXII. Parteitages durch das Landgericht Düsseldorf nannte der Bundesgerichtshof »rechtlich verfehlt, teils bedenklich«. Das war eine herbe Enttäuschung für Kriminalpolizei, Staatsanwaltschaft und Staatssicherheitsstrafkammer in Düsseldorf. Sie waren sich ihrer Sache so sicher gewesen, dass sie am 24. Februar erneut Schriften beim Brücken-Verlag beschlagnahmen und abtransportieren ließen, darunter die Chruschtschow-Broschüre »Einen Krieg verhüten – die vordringlichste Aufgabe«. Am 3. März 1964 ordnete das Amtsgericht Düsseldorf die Beschlagnahme von zwei weiteren Chruschtschow-Reden an. Das Verhaftetsein im Index-Denken war noch nicht überwunden. Nach der Karlsruher Entscheidung drängte ich nun auf die erneute Hauptverhandlung vor dem Landgericht Düsseldorf. Meine Beschwerde gegen die amtsgerichtlichen Beschlagnahmebeschlüsse vom 20. Februar und 3. März 1964 hatte Erfolg. Die Staatsschutzstrafkammer hob sie am 22. Oktober 1964 auf, u.a. mit der Begründung: »Ein Gebrauch dieser Schriften zu Schulungszwecken ist nach Entmachtung ihres Verfassers unwahrscheinlich«. Die Kammer befand sich auf der Höhe der Zeit. Denn die Ablösung Chruschtschows von seinem Partei- und Staatsamt erfolgte am 14. und 15. Oktober 1964. Die Hauptverhandlung fand am 7. und 8. Dezember 1964 statt. Mit dem höchstrichterlichen Urteil auf meiner Seite war die Aufgabe recht leicht. Die Strafkammer wies den Antrag der Staatsanwaltschaft bezüglich aller Schriften zurück. Alle Kosten, einschließlich des Revisionsverfahrens, wurden der Staatskasse auferlegt. Die Staatsanwaltschaft gab sich noch nicht überzeugt. Sie legte Revision ein, die sie erst im Mai 1965 zurücknahm. Aber selbst dann verweigerte sie dem Verlag noch die Rückgabe der beschlagnahmten Broschüren bis zum 29. Juli 1965. Bei der Rückgabe fehlten dann 1495 Broschüren. Sie waren bei einem Wassereinbruch im Asservatenkeller des Polizeipräsidiums vernichtet worden. Einen Schadensersatz lehnte der Regierungspräsident am 25. November 1965 ab und verwies – ohne Angabe des Namens – an die Firma, die die Heizung entleert hatte. Als sie ermittelt war, bestritt sie jedes Verschulden.

Der missglückte Zeitungsaustausch

Am 25. April 1964 schlug der Vorsitzende des Staatsrates der DDR, Walter Ulbricht, der Bundesregierung einen beschränkten Zeitungsaustausch vor: Falls in der Bundesrepublik das Zentralorgan der SED, das »Neue Deutschland«, öffentlich verkauft werden könnte, sei die DDR bereit, in gleichem Umfang »einige westdeutsche Zeitungen wie etwa ›Die Zeit‹ oder die ›Süddeutsche Zeitung‹ bei uns zum Verkauf auszulegen«. Die Bundesregierung gab wenige Tage später bekannt, sie habe den Rechtsausschuss des Bundestages ersucht zu prüfen, wie ein solcher Austausch möglich gemacht werden könne, da der freie Verkauf des »Neuen Deutschland« im Bundesgebiet rechtlich nicht möglich sei. In der Tat schloss § 93 StGB das Eingehen auf das Austauschangebot aus. »Die Zeit« beklagte am 8. Mai 1964 die Situation unter der Überschrift »Nicht einmal Zeitungsaustausch – Staatsschutzgesetze verhindern eine flexible Politik«. Wer konsequent nach den Prämissen eines lückenlosen Staatsschutzes handele, »kann Zeitungen nur zulassen, wenn sie aufgehört haben, kommunistisch zu sein, und er kann mit der Regierung der DDR nur über deren Kapitulation sprechen. Wer so denkt, kann Aktionen, die geeignet sind, die Lage der DDR-Bevölkerung zu erleichtern, immerdar begrüßen, muss aber zugleich gestehen, möglich seien sie leider nicht.«

Am 11. Juni 1964 druckte »Neues Deutschland« sowohl einen »Zeit«-Artikel über die DDR ab als auch Meldungen und Nachrichten aus der »Süddeutschen Zeitung«. Beide Blätter wurden aufgefordert, ihrerseits Artikel und Nachrichten aus dem SED-Organ zu übernehmen. Am 12. Juli wurde in der DDR ein Schreiben des Leiters des dortigen Presseamtes an den Sprecher der Bundesregierung, Staatssekretär von Hase, veröffentlicht, das von diesem ungeöffnet zurückgeschickt worden war. Der Zeitungsaustausch kam nicht zustande.

Rechtsanwalt Kaul, den ich damals häufig sah, erzählte mir, Ulbricht habe dies propagandistisch ausgeschlachtet und bei einer Parteiveranstaltung höhnisch erklärt, er bleibe bei seinem Angebot. Wenn der Bundesregierung die Wahrheiten aus dem »Neuen Deutschland« zu gefährlich seien, biete er als Tauschobjekt die Zeitschrift der Jungen Pioniere an »Fröhlich sein und singen«.

In der Bundesrepublik mehrten sich inzwischen die Stimmen, wir müssten notfalls eine Gesetzesänderung vornehmen, um aus der ständigen Defensive herauszukommen.

Tatort Äther

Keine leichten Arbeitsbedingungen hatten die Journalisten im Bundesgebiet, die für die Presse und den Rundfunk der DDR arbeiteten; das Fernsehen spielte damals noch keine große Rolle. Ihre Auftraggeber erwarteten von ihnen Berichte, in denen vor allem die Schattenseiten des Lebens in der Bundesrepublik geschildert wurden, um so vielleicht der Wirkung von Sendungen bundesdeutscher Rundfunkstationen begegnen zu können. Gerade eine solche einseitige Berichterstattung wollten die bundesdeutschen Behörden verhindern. Hinzu kam, dass die meisten Korrespondenten ostdeutscher Medien bis zum Verbot Mitglieder der KPD waren. Wenn sie auch jeden illegalen Kontakt mieden, um ihre Arbeit nicht zu gefährden, so galten sie den Sicherheitsorganen doch als verdächtig. Die Tatbestände des politischen Strafrechts und ihre weite Auslegung durch die Rechtsprechung machten eigentlich jede journalistische Tätigkeit für DDR-Medien unmöglich. Ich habe schon im Zusammenhang mit der Aktion »Frohe Ferien für alle Kinder« berichtet, dass bereits die Übermittlung der Personalien der Kinder und ihrer Betreuer an die Parallelorganisation der DDR als »staatsgefährdender Nachrichtendienst« und »landesverräterische Konspiration« bewertet wurde. Dennoch ließen die bundesdeutschen Behörden die Journalisten gewähren; einige von ihnen waren sogar beim Deutschen Bundestag »akkreditiert«, alle hatten Presseausweise. In den Morgenstunden des 14. Mai 1962 wurden die Wohnungen und Büros von 26 für DDR-Medien arbeitenden Journalisten durchsucht, vieles beschlagnahmt und die Journalisten festgenommen. Alle wurden nach bis zu elf Tagen Untersuchungshaft freigelassen. Diese als »Unternehmen Maitest« bezeichnete zentrale Aktion der Sicherheitsorgane brachte keine Erkenntnisse für eine illegale politische Betätigung. Dass nach der damaligen Rechtslage bereits die offene journalistische Tätigkeit für die DDR strafbar war, falls Kommunisten sie betrieben, blieb unbeachtet. Ein Entrüstungssturm ging aber durch den Blätterwald, als bekannt wurde, dass der Chefredakteur des Deutschlandsenders, Dr. Georg Grasnick, und der Chefredakteur der »Leipziger Zeitung«, Teubner, am 30. Mai 1963 in Solingen festgenommen worden waren. An diesem Abend rief mich ein Mandant, der selbst ein Opfer des »Unternehmens Maitest« gewesen war, an und teilte Folgendes mit: Die beiden Genannten seien ordnungsgemäß in die Bundesrepublik eingereist, hätten Solingen als ihren Zielort angegeben und als Zweck ihrer Reise den Besuch einer Gerichtsverhandlung genannt. Es handelte sich um ein Beleidigungsverfahren, das fünf hohe Militärs der Bundeswehr gegen einen westdeutschen Journalisten angestrengt hatten, der zu einer Geldstrafe von 300 DM verurteilt wurde. Beim Verlassen des Gerichtsgebäudes seien die beiden Besucher Grasnick und Teubner festgenommen worden. Er bat mich, nach dem Verbleib der beiden Herren zu forschen. Nun war das in der Bundesrepublik leichter als in der DDR, wo ich 1961/62 mehrere Monate nach dem verschwundenen Redakteur Heinz Brandt forschen musste, der Opfer einer Verschleppung geworden war. Durch Telefonate erfuhr ich am nächsten Tag, dass Herr Teubner schon entlassen und bereits auf dem Wege nach Leipzig war. Teubner war nicht zu widerlegen, dass die »Leipziger Zeitung« nur in der DDR erschien und nicht in die Bundesrepublik versandt worden sei. Dr. Grasnick dagegen sei wegen Staatsgefährdung verhaftet und in die Justizvollzugsanstalt Düsseldorf eingeliefert worden. Ein Besuch war erst am 4. Juni möglich, weil am 2./3. Juni Pfingsten war. Ich erhielt sofort eine Sprecherlaubnis und konnte in aller Ruhe über eine Stunde mit Grasnick und anschließend mit dem sachbearbeitenden Staatsanwalt sprechen. Grasnick sagte, er sei seit dem 1. Februar 1963 Chefredakteur des Deutschlandsenders und für die tägliche achtstündige Wortsendung verantwortlich. Der Deutschlandsender sei nicht der Sender der verbotenen KPD, die eine in der DDR stationierte Sendestation – den sogenannten Freiheitssender 904 – besitze. Grasnick bat mich, Verbindung zu seiner Frau aufzunehmen und für sie eine Besuchserlaubnis zu beschaffen. Der Staatsanwalt bestätigte, dass der Deutschlandsender der Staatssender der DDR sei, doch habe er eine Sendereihe »Meine Hörer in Westdeutschland«, in der auch führende Mitglieder der verbotenen KPD zu Wort kämen. Deshalb habe sich der für die Wortsendungen des Deutschlandsenders verantwortliche Chefredakteur wegen Verstoßes gegen das KPD-Verbotsurteil strafbar gemacht. Der staatsgefährdende Nachrichtendienst sei in der Teilnahme Grasnicks an der Solinger Gerichtsverhandlung zu sehen, denn er habe erklärt, darüber nach seiner Rückkehr berichten zu wollen. Diese Ansicht entsprach leider der Rechtslage.

Da ich aus mehrjähriger Erfahrung wusste, wie wichtig die Betreuung eines zum ersten Mal Verhafteten in den ersten Tagen der Untersuchungshaft ist, besuchte ich Grasnick bis zu seiner Verlegung von Düsseldorf nach Karlsruhe am 14. also innerhalb von zehn Tagen, viermal. Bei anderen Terminen ließ ich mich vertreten. Schon am Tage nach meinem ersten Besuch traf ich mich mit Frau Grasnick, die mit ihrem Sohn aus Berlin gekommen war. Sie konnte ihren Mann schon am 6. Juni sprechen. Als es 1956 bei der Verteidigung des GDSF-Funktionärs Paul Krüger um genau dieselben Rechtsfragen ging, waren meine Ausführungen gegen das geltende Recht ohne jedes öffentliche Echo geblieben. Dies war im Juni 1963 völlig anders. Dass sich die DDR-Medien mit Angriffen überschlugen, war nichts Besonderes, aber diesmal war sich auch die Presse der Bundesrepublik einig, zumal vier Tage nach Grasnicks Verhaftung die Volkspolizei an der Zonengrenze besonders streng nach Vorschrift kontrollierte, d.h. den Personen- und Warenverkehr behinderte. Der Tenor der westdeutschen Medienkommentare war eindeutig: Kein Fingerspitzengefühl, übereifrige Staatsanwälte und Richter, »äußerst ungute Praxis«, »sinnlos und schädlich«. Die Politiker begannen sich abzusetzen. Die Bundesregierung schob die Verantwortung auf die Düsseldorfer Landesregierung, und diese verwies auf die Unabhängigkeit der Justiz und das Legalitätsprinzip.

Am 11. Juni befasste sich die SPD-Bundestagsfraktion mit dem Vorgang und stellte fest: Die Verhaftung ostdeutscher Journalisten sei außerordentlich problematisch. Wegen ihrer politischen Bedeutung dürfe sie nicht einzelnen Staatsanwälten überlassen bleiben. In solchen Fällen müsse vielmehr die Bundesanwaltschaft die Sache an sich ziehen. Das wirkliche Problem liege aber in einer Reform des 1951 geschaffenen politischen Strafrechts. Diese Reform müsse daher der allgemeinen Strafrechtsreform vorgezogen werden.

Damit waren das richtige Nahziel – Übernahme des Verfahrens durch den Generalbundesanwalt – und das richtige Fernziel – Reform des politischen Strafrechts – genannt. Das drückte die allgemeine Stimmungslage aus. Heinemann konnte einen Beschluss des SPD-Fraktionsvorstandes erreichen, den Bundesjustizminister zu bitten, die Sache an Karlsruhe zu überweisen. Max Güde wirkte entsprechend innerhalb der CDU/CSU-Bundestagsfraktion. Der Deutsche Journalistenverband übermittelte dem Bundesjustizminister »die große Beunruhigung bei den westdeutschen Journalisten«.

Bald nach Grasnicks Verhaftung hatte mich der WDR-Redakteur Peter Bender angerufen und sich unterrichten lassen. Wir waren uns einig, dass es nach der Rechtslage einen »Tatort Äther« gebe und die Radiowellen an Grenzen nicht aufzuhalten seien. Das war keine Frage der Justiz, sondern der Physik. Sicher hätten einzelne Sendungen des Deutschlandsenders die Zielrichtung Bundesrepublik gehabt, doch gelte das auch umgekehrt. Bender war im WDR verantwortlich für die Sendereihe »Wir sprechen zur Zone«. Ich empfahl ihm und seinen Kollegen, bis zum Abschluss des Verfahrens nicht mehr mit dem Auto nach Berlin zu fahren.

Am 12. Juni übernahm der Generalbundesanwalt das Verfahren. Ich hatte ein längeres Telefonat mit dem Leiter der politischen Abteilung der Bundesanwaltschaft, Dr. Wagner, und beantragte einen mündlichen Haftprüfungstermin, der innerhalb einer Woche stattfinden musste. Bei den Staatsanwaltschaften in Düsseldorf und Karlsruhe wurde dankbar vermerkt, dass Heinemann und ich in mehreren Zeitungsartikeln hervorgehoben hatten, dass die ausgelösten Misshelligkeiten durch Änderung des Gesetzes abgewendet werden müssten und nicht durch unbegründete Ermahnungen an die Strafverfolgungsbehörde. Wir verwiesen auch auf das Revisionsurteil des politischen Strafsenats vom 23. Januar 1957 gegen Paul Krüger, in dem es hieß: »Die SBZ ist unbeschadet der dort noch bestehenden politischen Gewaltherrschaft Inland im Sinne des Strafgesetzes ... Als Angehöriger der SBZ ist der Angeklagte Deutscher im Sinne des Strafgesetzbuches.« Auf Grund dieser Rechtslage konnte Grasnick hier verhaftet werden. Den Feiertag am 17. Juni nutzte ich, um einen Artikel für »Die Zeit« zu schreiben, der auch rechtzeitig am 21. Juni erschien mit der Überschrift »Das Fragwürdige am Fall des Dr. Grasnick. Treuepflicht gegenüber der Bundesrepublik – für wen?«.

Der Haftprüfungstermin fand am Freitag, dem 21. Juni, statt. Zwei Tage vorher rief mich der neue Generalbundesanwalt Ludwig Martin an und fragte mich, wann ich in Karlsruhe einträfe, weil er mich gern noch vor der Verhandlung sprechen wolle. Ich fuhr kurz nach 6 Uhr in Essen fort und war um 11.07 Uhr in Karlsruhe, wo mich der Fahrer des Generalbundesanwalts am Hauptbahnhof abholte. In unserem zwanzigminütigen Gespräch sagte mir Martin, er habe noch nicht entschieden, welchen Antrag sein Vertreter im Haftprüfungstermin stellen werde. Für den Fall der Haftentlassung möge ich Grasnick doch bewegen, auf eine sofortige Pressekonferenz im Bundesgebiet zu verzichten. Das sagte ich zu, und mein Mandant hielt sich an meinen Rat.

Martin konnte seine innere Erregung nur mühsam verbergen. Dafür hatte ich volles Verständnis, denn er war – vorher als Bundesrichter tätig – erst am 22. April 1963 in sein Amt eingeführt worden. Nach dem Ausscheiden Güdes wegen seiner Wahl zum Bundestagsabgeordneten am 17. September 1961 war die Chefposition der obersten Anklagebehörde praktisch vakant. Zwar war mit seiner offiziellen Verabschiedung am 30. März 1962 sein Nachfolger Wolfgang Fränkel in das Amt des Generalbundesanwalts eingeführt worden, doch wurde dieser bereits am 11. Juli 1962 in den einstweiligen Ruhestand versetzt. Der Grund für diese ungewöhnliche Maßnahme waren Angriffe aus der DDR, aber auch aus Nachbarstaaten der Bundesrepublik, weil Fränkel von 1940 bis 1945 bei der Reichsanwaltschaft beim Reichsgericht in Leipzig Nichtigkeitsbeschwerden bearbeitet hatte, die die Umwandlung von Freiheitsstrafen in die Todesstrafe zum Ziel hatten. Außerdem soll Fränkel Anträge auf Aufhebung der Todesstrafe abgelehnt haben. Eine Arbeitsgruppe von drei Bundestagsabgeordneten der CDU, SPD und FDP hatte nach Prüfung der Dokumente der Bundesregierung die Abberufung Fränkels empfohlen. Nun stand Martin vor seiner ersten schweren Bewährungsprobe: eine eindeutige Gesetzesvorschrift und ein höchstrichterliches Strafurteil auf der einen Seite – die politische Vernunft und das nahezu einhellige Rechtsempfinden der deutschen Presse und Bevölkerung auf der anderen Seite. Zudem hatte Martin mir gesagt, dass im Rundfunk wiederholt vor Reisen mit dem Auto nach Berlin gewarnt worden sei, weil »Gegenmaßnahmen der Zonenbehörden« wegen des Falles Grasnick zu befürchten seien. Nach dem Gespräch mit Martin hatte ich noch Gelegenheit, kurz mit Grasnick zu sprechen. Wir waren uns schnell einig, dass der Schwerpunkt auf fehlendes Unrechtsbewusstsein gelegt werden sollte. Punkt 12 Uhr begann im Zimmer des Ermittlungsrichters, Oberlandesgerichtsrat Buddenberg, der Haftprüfungstermin. Der Generalbundesanwalt war durch zwei Herren vertreten. Grasnicks und meine Ausführungen waren knapp. Ich beantragte die Aufhebung des Haftbefehls mangels *dringenden* Tatverdachts. Dann kam das Unerwartete: Der Bundesanwalt meinte, »im augenblicklichen Stadium des Verfahrens (sei) völlige Klarheit in Bezug auf die innere Tatseite nicht erbracht«. Er stellte keinen Antrag! Nach der Strafprozessordnung muss aber der Anklagevertreter im Haftprüfungstermin einen solchen Antrag stellen. Beantragt er die Aufhebung des Haftbefehls, so muss der Haftbefehl aufgehoben werden; hier ist ausnahmsweise der unabhängige Richter an den Antrag des Staatsanwalts gebunden, selbst wenn er anderer Ansicht ist. Buddenberg und ich erkannten sofort den Grund für dieses außerordentliche Verhalten: Die Bundesanwaltschaft schob dem Ermittlungsrichter allein die Verantwortung für die Folgen der Entscheidung zu. Ich bat sofort um die Protokollierung der Weigerung der obersten Anklagebehörde, der Pflicht zur Stellung eines Antrags nachzukommen, und fügte hinzu, das Protokoll dieses Haftprüfungstermins komme in meine anwaltliche Kuriositätensammlung, ich hätte heute erneut eine Premiere erlebt. Buddenberg diktierte ins Protokoll: Der Vertreter der Bundesanwaltschaft »stellte es in das Ermessen des Gerichts, über die Frage der Haftfortdauer zu entscheiden«. Dann sagte der Ermittlungsrichter Zorn bebend: Das Gericht müsse lange mit sich beraten. Termin zur Verkündung einer Entscheidung sei 17 Uhr. Da es noch nicht ganz 13 Uhr war, bedeutete das eine Wartezeit von vier Stunden. Ich sagte Grasnick kurz, dass ich die weitere Entwicklung positiv einschätzte, und war um 13.30 Uhr wieder bei Generalbundesanwalt Martin. Ich riet ihm, Kontakt mit Bonn zu halten, damit er im Falle der Aufrechterhaltung des Haftbefehls durch den Richter auf Weisung des Bundesjustizministers die Haftentlassung verfügen könne. Ohnehin waren Heinemann und ich der Meinung, dass in derartigen Fällen mit erheblichen politischen Auswirkungen der parlamentarisch verantwortliche Minister entscheiden müsse. Diese Verantwortung durfte nicht auf Staatsanwälte und Richter »abgewälzt« werden. Martin sagte mir, dass er in ständigem Kontakt mit Bonn sei. Zu diesem Zeitpunkt wusste ich noch nicht, dass Kaul sich in West-Berlin aufhielt und in Telefonkontakt mit Güde in Bonn war. Die DDR-Behörden hielten sich mit Gegenmaßnahmen zurück, solange Kaul keinen negativen Ausgang des Haftprüfungstermins gemeldet hatte. Die zeitliche Verzögerung bei der Bekanntgabe der richterlichen Entscheidung hatte alle verunsichert. Zwischendurch sprach ich auch mit Frau Grasnick, die nach Karlsruhe gekommen war, um ihren Mann abzuholen. Kurz nach 17 Uhr verkündete der Ermittlungsrichter die Aufhebung des Haftbefehls: Aus subjektiven Gründen fehle es am dringenden Tatverdacht. So wurde ein Zusammenstoß mit der höchstrichterlichen Rechtsprechung vermieden, aber eine Lösung war damit nicht erreicht. Als ich den Seitenflügel des Gerichtsgebäudes verließ, sah ich, wie ein Auto schnell zum Haupteingang fuhr. Der Generalbundesanwalt begrüßte am Eingang den aus dem Wagen steigenden Bundesminister Bucher, der allerdings nicht mehr einzugreifen brauchte. Der Bundestag unterstrich seinen Reformwillen. Am 26. Juni 1963 wurde ein Unterausschuss für die Strafrechtsreform gebildet, dessen Vorsitz der CDU-Abgeordnete Max Güde übernahm; sein Vertreter wurde der SPD-Rechtspolitiker Müller-Emmert, der von Beruf Staatsanwalt war. Dennoch dauerte es noch fünf Jahre, bis das Ziel erreicht war.

Politische Strafjustiz in der DDR: Der Verschleppungsfall Heinz Brandt

Am 4. Juli 1961 verteidigte ich beim Landgericht Flensburg eine in Schleswig-Holstein damals bekannte und viel beschäftigte Heilpraktikerin, der der Vorwurf der fahrlässigen Tötung in mehreren Fällen gemacht wurde – zu Unrecht, wie sich in der mehrtägigen Hauptverhandlung herausstellte. Die in der Bevölkerung als »Engel von Südtondern« bezeichnete Frau stammte aus meiner Heimatstadt Essen. Da unsere Eltern sich kannten und wir als Kinder gelegentlich miteinander spielten, hatten ihre Angehörigen mich in ihrem Auftrag gebeten, die Verteidigung zu übernehmen. Wieder einmal in einer nichtpolitischen Strafsache auftreten zu können, war eine willkommene Abwechslung. Am späten Vormittag unterbrach der Vorsitzende die Sitzung, nachdem der Justizwachtmeister ihm eine kurze Mitteilung gemacht hatte. Sie betraf mich; ich möge bitte sofort zum Telefon kommen. Das Gericht legte eine viertelstündige Pause ein. Am Telefon meldete sich der mir bis dahin unbekannte Justiziar der Industriegewerkschaft Metall, Assessor Robert Lung, und fragte im Auftrag des Vorstandes, ob ich bereit sei, die Interessenvertretung des seit dem 16. Juni 1961 in Berlin verschwundenen Redakteurs Heinz Brandt zu übernehmen. Alles Nähere werde mir noch mitgeteilt; es ginge im Augenblick nur um die grundsätzliche Bereitschaftserklärung. Ich sagte zu. Als ich aus Flensburg nach Essen zurückkehrte, fand ich ein erstes Informationsschreiben vor. Lung berichtete Folgendes: Heinz Brandt sei am 16. Juni 1961 nach Westberlin geflogen, um für die Gewerkschaftszeitung »Metall« über den am 18. Juni 1961 beginnenden Gewerkschaftstag der Gewerkschaft Handel, Banken und Versicherungen zu schreiben. Für den Abend sei er mit der befreundeten Familie Flechtheim verabredet gewesen, bei der er auch für die Dauer seines Berlin-Aufenthaltes habe wohnen wollen. Nach seiner Ankunft am Flughafen gegen 14 Uhr habe er sich bis etwa 16 Uhr mit einem Herrn von der deutschen Botschaft in Paris getroffen. Gegen 18 Uhr habe er dann Prof. Dr. Ossip Flechtheim angerufen, um mitzuteilen, dass er nicht gegen 19 Uhr, sondern erst später eintreffen werde. Brandt kam aber weder in den Nachtstunden noch am folgenden Tag. Auch eine für den 18. Juni mit einem Vorstandsmitglied der IG Metall getroffene Verabredung hielt Brandt nicht ein. Rückfragen bei Brandts Familie in Frankfurt/Main ergaben, dass dort keinerlei Nachricht von dem plötzlich Verschwundenen vorlag. Da auch bei der Polizei in Westberlin niemand vermisst gemeldet worden war, auf den Brandts Personenbeschreibung zutraf, desgleichen keine nicht identifizierten Personen in Krankenhäusern oder im Leichenschauhaus festgestellt wurden, blieb das Verschwinden tagelang ein Rätsel. Erst in den frühen Nachmittagsstunden des 21. Juni 1961 verbreitete die DDR-Nachrichtenagentur ADN die Meldung, der »Agent« Heinz Brandt sei beim »aktiven Spionageeinsatz im Bezirk Potsdam« verhaftet worden. Mein Seniorsozius Heinemann und ich möchten bitte alles versuchen, Kontakt zu Brandt zu bekommen und die nach wie vor mysteriöse Angelegenheit aufzuklären. Sowohl Frau Brandt als auch die meisten Vorstandsmitglieder der IG Metall hielten es für ausgeschlossen, dass Heinz Brandt freiwillig in den Ostteil der Stadt oder gar in den Bezirk Potsdam gegangen sei. Zwar wurde die Mauer in Berlin – erst knapp zwei Monate später – am 13. August 1961 errichtet, so dass man ohne Schwierigkeiten mit öffentlichen Verkehrsmitteln in alle Teile der Stadt fahren konnte, doch sprachen mehrere Umstände dagegen, dass Brandt aus eigenem Entschluss Westberlin verlassen hatte: Aus politischen Gründen und um einer drohenden Verhaftung zu entgehen, waren die Eheleute Brandt mit ihren drei Kindern 1958 aus Ostberlin geflohen und nach mehrmonatigem Aufenthalt in Westberlin nach Frankfurt gekommen. Zudem wusste Frau Brandt, dass ihr Mann ein Manuskript bei sich hatte, in dem er die Ereignisse des 17. Juni 1953 aus seiner Sicht als damaliges hauptamtliches Mitglied der SED-Bezirksleitung geschildert hatte. Sein Besuch bei Ossip Flechtheim sollte auch einer gemeinsamen kritischen Durchsicht des Aufsatzes dienen.

Robert Lung, mit dem ich in den folgenden Jahren bis zur Aufgabe meiner Anwaltstätigkeit im Herbst 1968 gut zusammengearbeitet habe, war nicht nur ein gewandter Jurist und – wie auch von Arbeitgeberseite betont wurde – ein erfolgreicher Verhandlungspartner in Tarifrunden, sondern auch ein nüchterner, zur Skepsis neigender Mann. Wegen seines seriösen Auftretens, wozu neben gepflegter Kleidung auch meistens ein Schirm gehörte, nannte man ihn nicht nur in Gewerkschaftskreisen »Sir Robert«. Lung war nicht verborgen geblieben, dass bei der IG Metall auch Gerüchte liefen, Brandt könne doch freiwillig in den Ostteil Berlins gegangen sein, um alte, vertrauenswürdige Freunde zu treffen oder anzurufen, was damals von Westberlin aus nicht möglich war. Angeblich sei er bereits bei früheren Berlin-Aufenthalten seit 1959 im Ostsektor gewesen. Derartige Gerüchte bestätigten sich aber nie. Bevor unsere Anwaltskanzlei eingeschaltet wurde, hatte Lung sich an den ihm bekannten Westberliner Rechtsanwalt Scheidt mit der Bitte gewandt, sich an Rechtsanwalt Kaul, den dieser gut kannte, mit der Anfrage zu wenden, ob ihm Näheres über die Sache Brandt bekannt sei und er gegebenenfalls zur Übernahme der Verteidigung bereit sei. Das vom 23. Juni datierte Schreiben beantwortete Kaul nach Rückkehr von einer Reise am 10. Juli 1961: »Soweit mir bekannt, hat Herr Brandt auf dem Gebiet der DDR Handlungen begangen, durch die er die

Strafgesetze verletzt hat. Deswegen erfolgte seine Verhaftung auf dem Gebiet der DDR. Das Verfahren gegen ihn wird den gesetzlichen Bestimmungen entsprechend durchgeführt werden. Dementsprechend wird er die Hilfe eines Verteidigers seiner Wahl in Anspruch nehmen können. Da ich der Person des Beschuldigten nicht mit der notwendigen Unvoreingenommenheit gegenüberstehe, dürfte ich von vornherein für diese Wahl ausscheiden«. Ich hatte nur von der Anfrage gehört, Kauls Antwort ging erst mit einem Begleitbrief Scheidts am 17. Juli bei der IG Metall ein. In Unkenntnis der Antwort schrieb ich selbst am 14. Juli an Kaul, kündigte meinen Besuch in seiner Praxis für den 19. Juli vormittags an und bat ihn, er möge mir für die Mittags- oder frühen Nachmittagsstunden ein Entrée beim Generalstaatsanwalt der DDR verschaffen.

Bevor ich nach Berlin flog, ließ ich mir von Frau Brandt und der IG Metall einige Lebensdaten unseres Mandanten geben, damit ich auf eventuelle Fragen vorbereitet war.

Heinz Brandt wurde am 16. August 1909 in Posen als Sohn des Schriftstellers Georg Brandt und der Lehrerin Gertrud Brandt geb. Krause geboren. Er wuchs in einer kosmopolitisch eingestellten jüdischen Familie auf. Sein Großvater mütterlicherseits, Ludwig Krause, war ein bekannter Talmudgelehrter. In Posen wohnten vor dem Ersten Weltkrieg viele deutsche Familien jüdischer Herkunft. Zu den Freunden der Familie Brandt gehörte auch der jüdische Arzt Dr. Peiser, ein außerordentlich befähigter Chirurg. Seine beiden Töchter, Irene und Lilli, waren die Spielkameraden der Brandt-Kinder, die auch oft die Ferien miteinander verbrachten. Nach Ende des Ersten Weltkrieges wurde Posen polnisch. 1921 erhielten die Deutschen in Polen die Möglichkeit, für Deutschland zu optieren und damit die deutsche Staatsbürgerschaft aufrecht zu erhalten. Falls sie optierten, mussten sie Polen aber in kurzer Frist verlassen. Zu den Optanten gehörten auch die Familien Brandt und Peiser, die beide nach Berlin gingen. Eine der beiden Peiser-Töchter, die nach der nationalsozialistischen Machtübernahme rechtzeitig Deutschland verließen, nannte sich später Lilli Palmer und wurde eine weltbekannte Schauspielerin.

Als die Peiser-Geschwister ins Ausland gingen, saß Heinz Brandt bereits im Zuchthaus. Er hatte 1928 in Berlin das Abitur abgelegt und studierte dann vier Semester Volkswirtschaft an der dortigen Universität. Schon 1928 wurde er Mitglied des Kommunistischen Jugendverbandes und der Berliner Roten Studentengruppe, später (1931) Mitglied der KPD. Zu diesem Zeitpunkt hatte er schon sein Studium abgebrochen, war als freier Journalist, u.a. für die »Weltbühne« und »Welt am Abend« tätig und arbeitete vor allem politisch. Nach Hitlers Machtübernahme wurde Brandt erstmals am 13. März 1933 von der SA in »Schutzhaft«

genommen, schwer misshandelt, aber bald wieder entlassen, weil ihm nichts nachzuweisen war. Nach seiner Freilassung arbeitete er politisch weiter und gab als Werkstudent bei Siemens eine illegale kommunistische Werkszeitung heraus. Anfang Dezember 1934 wurde er erneut verhaftet und vom Berliner Kammergericht wegen Vorbereitung zum Hochverrat zu sechs Jahren Zuchthaus verurteilt, die er in den Zuchthäusern Luckau und Brandenburg verbüßte. Als er nach sechsjähriger Haft am 8. Dezember 1940 das Zuchthaus Brandenburg-Görden verließ, war er nicht frei, sondern seine Leidenszeit ging unvergleichlich schlimmer weiter. Als Jude und Kommunist war er im Dritten Reich doppelt stigmatisiert. Er wurde vom Zuchthaus in das zentrale Berliner Polizeigefängnis am Alexanderplatz überführt. Dann folgte die Einweisung in den »Judenblock« des Konzentrationslagers Sachsenhausen, dessen Lagertor die zynische Inschrift »Jedem das Seine« trug. Im Oktober 1942 wurde Brandt mit anderen jüdischen Häftlingen in das Konzentrationslager Auschwitz transportiert. Dort ätzte ihm die SS die Nr. 69912 in den linken Unterarm. Sie hielt lange, ich habe sie noch 22 Jahre später gesehen, als ich Heinz Brandt 1964 in Ostberlin nach seiner Begnadigung begrüßte. Er kam in das kleine Außenlager Budy und war in der Revierstube eingesetzt, wo man mit unzulänglichen Mitteln das Menschenmögliche tat, erkrankte Leidensgenossen gesund zu pflegen. Wer länger durch Krankheit ausfiel, wurde von der SS ins Hauptrevier Auschwitz gebracht und landete fast immer in der Gaskammer. Ende 1944 wurde das Lager Auschwitz vor der heranrückenden Roten Armee in panischer Hast geräumt. Drei Tage und drei Nächte dauerte der Todesmarsch. Wer nicht mehr weiter konnte, wurde am Straßenrand niedergeschossen. In Gleiwitz wurden die Häftlinge, die überlebt hatten, auf offene Güterwagen geladen. Ebenfalls drei Tage und drei Nächte dauerte die Fahrt, bis das Konzentrationslager Buchenwald erreicht war. Am 11. April 1945 wurde Buchenwald befreit. Am selben Tag, als amerikanische Panzertruppen Weimar erreichten, hatten sich die gut organisierten Häftlinge selbst befreit, nachdem die meisten Bewacher geflohen waren. Die SS-Leute, deren die Häftlinge noch habhaft werden konnten, wurden nicht getötet, sondern den Amerikanern übergeben, Lynchjustiz durch die politischen Häftlinge gab es nicht. Brandt war nach zehn Jahren, vier Monaten und sieben Tagen wieder frei und schlug sich von Buchenwald in Etappen nach Berlin durch, wo der Krieg erst am 2. Mai 1945 zu Ende gegangen war. Nach vorübergehender Tätigkeit als Angestellter beim Magistrat der Stadt Berlin, Abteilung Sozialwesen, arbeitete Brandt vom 1. Dezember 1945 bis zum 31. Juli 1954 als hauptamtlicher Funktionär in der Berliner Bezirksleitung der KPD bzw. SED, davon ab Juli 1950 bis Ende 1953 als Sekretär für Agitation und Propaganda. Nach dem 17. Juni 1953 wurde er wegen seiner von der Ulbricht'schen Parteilinie abweichenden Auffassung gemaßregelt und seit dem 31. Juli 1954 nach erneutem Parteiverfahren aus der SED-Bezirksleitung Berlin entlassen. Bis zur Flucht am 14. September 1958 wurde er im Archiv des Verlages Die Wirtschaft in Ostberlin verwendet und innerhalb dieser Zeit »zur Bewährung« als Chefredakteur kleiner Fachzeitschriften eingesetzt. Dann zwang ihn ein Hinweis auf seine akute Gefährdung zur Flucht.

Die Eltern und der jüngste Bruder Wolfgang Brandt sind im Dritten Reich aus rassischen Gründen ermordet worden. Sein ältester Bruder Richard und die Schwester Lili sind in die Sowjetunion geflohen. Richard war als Übersetzer, Lili als Ärztin tätig. Von beiden fehlte seit 1938 jede Spur, nachdem beide als deutsche Kommunisten in die Säuberungsprozesse Stalins geraten waren. Am 30. August 1956 entschied das Militärkollegium des Obersten Gerichts der UdSSR – Nr. 4 N - 07221/56 – wie folgt:

> »Die Strafsache Brandt, Richard Georgewitsch, ist durch das militärische Kollegium des Obersten Gerichtes der UdSSR am 21. Juni 1956 überprüft worden.
>
> Der Beschluss der NKWD der Sowjetunion vom 29. Juli 1938, in Bezug auf Brandt, Richard Georgewitsch, ist aufgehoben und die Angelegenheit ist wegen Fehlens eines Straftatbestandes eingestellt. Brandt, Richard Georgewitsch, ist posthum rehabilitiert.«

Die Schwester Lili war – ebenso wie ihr Ehemann – auch 1962 noch verschollen.

Mit diesem Wissensstand flog ich zu den Gesprächen nach Berlin. Die Besprechung beim Generalstaatsanwalt, die Kaul vermittelt hatte, dauerte etwa anderthalb Stunden. Meine Gesprächspartner waren der Stellvertreter des Generalstaatsanwaltes, Czwidzinski, und Staatsanwalt Windisch, der Notizen über unser Gespräch machte. Ein offizieller Nachfolger des einige Monate vorher verstorbenen Generalstaatsanwaltes Melsheimer war noch nicht ernannt. Der amtierende Generalstaatsanwalt Funk war in Urlaub. Zunächst fragte ich, wie Heinz Brandt in den Gewahrsam der Volkspolizei gekommen sei. Ob es zutreffe, dass er entführt oder aus Westberlin in eine Falle gelockt worden sei. Das wurde von beiden Gesprächspartnern energisch zurückgewiesen. Sie erklärten, dass Brandt in der S-Bahn eingeschlafen und bei der Routine-Kontrolle am Kontrollpunkt Griebnitzsee (Bezirk Potsdam) aufgeweckt worden sei. Da nach Brandt gefahndet worden sei, habe die Volkspolizei ihn festgehalten und ihre nächsthöhere Dienststelle in Potsdam unterrichtet, die dann die Zentralstelle in Berlin benachrichtigt habe. Meine Frage, ob Brandt im Fahndungsbuch gestanden habe, wurde verneint, nach ihm sei aber gefahndet worden. Auf die Frage, weshalb man nach ihm gefahndet habe, wurde erwidert, dies sei nicht wegen »Republikflucht« geschehen, sondern wegen der Tätigkeit, die Brandt bis zu seinem Weggang im Jahre 1958 und später ausgeübt habe. Auf meine diesbezüglichen Fragen wurde im Einzelnen Folgendes erklärt:

Brandt habe bis zu seinem Weggang im Jahre 1958 schon jahrelang Kontakt zum Ostbüro der SPD unterhalten und habe parteiinternes Material der SED nach dort geliefert. Man habe lange nach der Quelle für die ausgezeichneten Informationen gesucht, die das Ostbüro zeitweilig gehabt habe. Zum Unterschied von anderen »Lügenmeldungen« seien im Westen auf einmal wortgetreue Protokolle über Sitzungen veröffentlicht worden. Nach längeren Ermittlungen sei der Verdacht u. a. auf Brandt gefallen, der bei seiner Flucht kurz vor der Verhaftung gestanden habe. Herr Czwidzinski sagte mehrfach: »Glauben Sie mir und sagen Sie es den Herren der IG Metall: Brandt hat massiv spioniert.« Nach seinem Weggang sei Brandt einige Zeit in Westberlin Resident des Ostbüros der SPD gewesen und habe »Abwerbungen« vorgenommen.

Ich fragte die Herren, ob ich Heinz Brandt sprechen könne und ob Dr. Heinemann und/oder ich als Verteidiger zugelassen werden könnten. Darauf wurde erwidert, dies sei Sache des Ministeriums der Justiz der DDR. Als ich darum bat, Herrn Brandt wenigstens kurz während meines Aufenthalts sprechen zu können, wurde mir gesagt, man wisse selbst nicht genau, wo er sei. Ich entnahm daraus und aus einer anderen Bemerkung, »man wolle sich mit den Ermittlungsorganen in Verbindung setzen«, dass die Untersuchungen nicht von der Behörde des Generalstaatsanwaltes durchgeführt wurden, sondern – wie sich später bestätigte – vom Staatssicherheitsdienst. Auf meine Frage nach dem Gesundheitszustand erklärte man mir, man habe sich kurz vor unserem Gespräch darüber informiert und erfahren, dass es Brandt gesundheitlich gut gehe. Man versprach, auf seinen Gesundheitszustand besonders zu achten, nachdem ich darauf hingewiesen hatte, dass Herr Brandt über zehn Jahre im Zuchthaus und Konzentrationslager zubringen musste. Es wurde mir bestätigt, dass Brandt noch nicht an seine Angehörigen schreiben dürfe. Auf meine Bitte, ihm Post der Ehefrau auszuhändigen, wurde mir erklärt, der Brief der Ehefrau solle an die Dienststelle des Generalstaatsanwaltes gesandt werden, der ihn – falls gegen den Inhalt keine Bedenken bestünden – weiterleiten werde. Diese bedingte Zusage wurde nicht eingehalten.

Ich habe dann die mir von der IG Metall am 17. Juli 1961 zugeleiteten Unterlagen überreicht und vorgetragen, welche Persönlichkeiten sich für Brandt einsetzen würden. Darunter waren aus der Bundesrepublik Deutschland Kirchenpräsident Martin Niemöller, die Professoren Wolfgang Abendroth, Fritz Baade, Eugen Kogon und Alexander Mitscherlich, daneben amerikanische, britische und schwedische Persönlichkeiten, unter ihnen die damalige Vorsitzende der britischen Labour Party, Barbara Castle. Dies schien Eindruck zu machen, da sämtliche Namen der Unterzeichner der Telegramme notiert wurden. Eine typische Bemerkung des stellvertretenden Generalstaatsanwaltes war: »Das sind ja alles Leute, die bei uns in

Ansehen stehen.« Er fügte allerdings hinzu, sie würden den »wahren« Heinz Brandt nicht kennen und seien von diesem getäuscht worden.

Ich hatte den Eindruck gewonnen, dass meine beiden Gesprächspartner mir das gesagt hatten, was ihnen über das Ergreifen Brandts bekannt war. Lag also doch kein Menschenraub vor? Ich sah noch einmal alle Unterlagen durch und zog weitere Erkundigungen ein. Es gab zwei sich gegenseitig ausschließende Versionen, wie Brandt in die Hand der DDR-Machthaber gekommen war: Aktiver Spionageeinsatz im Bezirk Potsdam und das Ergreifen Brandts am Kontrollpunkt Griebnitzsee, als er schlafend versehentlich die letzte Westberliner S-Bahnstation überfahren haben sollte. Die letztgenannte Version ließ sich schnell widerlegen. Die S-Bahnlinie, die von Berlin in Richtung Wannsee/Potsdam über den Kontrollpunkt Griebnitzsee fuhr, endete schon seit Jahren in Wannsee, fuhr also nicht mehr nach Potsdam durch, vielmehr musste man in Wannsee umsteigen. Dass ein Schlafender auch noch umsteigen konnte, war wohl auszuschließen.

Wir überlegten, was nunmehr getan werden konnte. Heinemann und ich schrieben am 28. Juli 1961 einen gemeinsamen Brief an das Ministerium der Justiz der DDR, Berlin W 8, Clara-Zetkin-Straße 93, und nahmen Bezug auf die Unterredung, die ich mit dem Stellvertreter des Generalstaatsanwaltes am 19. Juli hatte, und in der mir gesagt worden war, es sei Sache des DDR-Justizministeriums, ob wir als Verteidiger zugelassen werden könnten. Dann schrieben wir:

> »Wir bitten, uns als Verteidiger des Beschuldigten zuzulassen und uns eine Besuchserlaubnis zu erteilen. Ferner bitten wir um eine Abschrift des Haftbefehls und um Mitteilung, ob der Inhaftierte Briefpost und Pakete erhalten kann und ob die Möglichkeit besteht, für ihn Geld zum Einkauf in der Haftanstalt einzuzahlen. Bejahendenfalls bitten wir um Mitteilung, wie die Anschrift bzw. das Konto lautet.«

Mit Datum vom 8. August 1961 erhielten wir folgende Antwort:

> »Zu den von Ihnen geäußerten Wünschen kann ein Gericht erst dann Stellung nehmen, wenn Anklage bei Gericht erhoben ist. Da sich das Verfahren gegen Heinz Brandt im Ermittlungsstadium befindet, werden wir Ihre Anregungen im Zeitpunkt der Anklageerhebung dem zuständigen Gericht übermitteln.«

Ob das geschehen ist, konnte ich nicht feststellen. Sicher ist nur, dass wir vom Obersten Gericht der DDR, bei dem das Strafverfahren später durchgeführt worden ist, niemals eine Antwort erhalten haben.

Da die meisten unserer Fragen vom DDR-Justizministerium nicht beantwortet worden waren, schrieben wir am 15. September 1961 erneut dorthin:

»Wir würden dankbar sein, wenn Sie auch die Fragen in unserem Schreiben vom 28. Juli 1961 beantworten könnten. Besteht die Möglichkeit nach den Gesetzen der DDR, dass Herr Brandt schon während des Ermittlungsverfahrens den Besuch eines Rechtsanwaltes empfangen kann? Hat Herr Brandt die Möglichkeit, Briefpost seiner Angehörigen oder seines Anwaltes zu erhalten? Ist es gestattet, für ihn Geld zu Einkaufszwecken in der Haftanstalt einzuzahlen? Die Ehefrau des Inhaftierten hat bisher über den Herrn Generalstaatsanwalt der DDR zwei Briefe an ihren Mann geschrieben, aber bisher weder eine Antwort ihres Mannes noch eine Eingangsbestätigung der Behörde erhalten.

Können Sie schon übersehen, vor welchem Gericht im Falle einer Anklageerhebung die Hauptverhandlung durchgeführt würde? Wir würden für einen entsprechenden Hinweis dankbar sein, weil wir uns rechtzeitig bei dem zuständigen Gericht um Zulassung als Anwälte und Akteneinsicht bemühen möchten.«

Als wir Anfang November noch keine Antwort erhalten hatten, bat ich Kaul, mir ein Gespräch mit der Justizministerin Hilde Benjamin zu vermitteln. Die Unterredung fand am Montag, dem 27. November 1961, im Justizministerium statt.

Seit der in den Einzelheiten noch immer mysteriösen Verhaftung Brandts Mitte Juni 1961 waren inzwischen über 5 Monate vergangen, ohne dass die Angehörigen, die Industriegewerkschaft oder wir als Anwälte etwas erreicht hatten. Ereignet hatte sich allerdings sehr viel: Die DDR-Machthaber hatten am 13. August 1961 die totale Sperrung Ostberlins gegenüber dem Westteil der Stadt vollzogen, so dass Ostberlin nur mit Genehmigung betreten werden konnte. Frau Anneliese Brandt hatte ebenfalls das Justizministerium und die Generalstaatsanwaltschaft der DDR angeschrieben, ohne eine Antwort zu bekommen. Das Bundesjustizministerium, an das Frau Brandt sich auch gewandt hatte, teilte ihr mit, dass es »wegen des Fehlens jeder Möglichkeit eines amtlichen Verkehrs mit den Behörden der Zone nichts zur Aufklärung der Umstände, vor allem zur Herstellung einer persönlichen Verbindung zwischen Ihnen und Ihrem Mann beitragen kann«. Es wurde empfohlen, sie möge sich mit der beim Bundesminister für Gesamtdeutsche Fragen bestehenden »Rechtsschutzstelle für politische Häftlinge in der Sowjetzone« in Verbindung setzen. Das führte aber auch nicht weiter. Wichtig war, dass die IG Metall ihre Möglichkeiten einsetzte. Auf ihre Bitte hatte sich der Generalsekretär des Internationalen Bundes Freier Gewerkschaften, Omer Becu, aus Brüssel am 30. Juni 1961 an den Generalsekretär der Vereinten Nationen, Dag Hammarskjöld, gewandt und wegen des Verdachtes der gewaltsamen Verschleppung eines Gewerkschaftsjournalisten eine internationale Untersuchung durch die Kommission für Menschenrechte angeregt. Mit Datum vom 1. August 1961 teilte der Direktor der Abteilung für Menschenrechte, John P. Humphrey, in Hammarskjölds Auftrag mit, dass die

Beschwerde dem Wirtschafts- und Sozialrat der UNO und der Kommission für Menschenrechte zugeleitet werde. Dem Vorstoß war noch kein Erfolg beschieden, weil damals weder die DDR noch die Bundesrepublik Deutschland Mitgliedstaaten der Vereinten Nationen waren und zudem die Behauptung, Brandt sei gewaltsam von West- nach Ostberlin verschleppt worden, noch nicht durch Beweise untermauert werden konnte. Aber immerhin erhielten auf diese Weise die UNO-Vertretungen der osteuropäischen Staaten, vor allem der Sowjetunion, Kenntnis von den gegen die DDR erhobenen Vorwürfen. Ab September 1961 hatten sich auch viele Untergliederungen der IG Metall und anderer Mitgliederorganisationen des DGB mit Protesten an die Öffentlichkeit gewandt. Solche Proteste hielten bis zur Entlassung Brandts 1964 an.

Auch aus dem Ausland wurde an das DDR-Justizministerium geschrieben. So von einer Gruppe schwedischer Freunde Brandts, die schon 1941 für ihn ein Visum für Schweden beschafft hatten, als er im KZ Sachsenhausen inhaftiert war. Diese Bemühungen waren damals gescheitert. Eine englische Gruppe, die den Quäkern nahe stand, hatte sich ebenfalls eingesetzt und einen Anwalt beauftragt, nähere Informationen in der DDR zu beschaffen.

Der »Fall Brandt« wurde den zuständigen DDR-Stellen so unangenehm, dass sie eine Gegenkampagne einleiteten. So berichtete ADN am 29. September 1961 über ein Journalistengespräch im Ostberliner Presseclub, bei dem ein Oberstleutnant Gerhard Kehl vom Ministerium für Staatssicherheit (MfS) und der Berliner Journalist Martin Böttcher, der zeitweilig mit Wissen des MfS im Ostbüro der SPD mitgearbeitet haben soll, »aufschlussreiche Einzelheiten über die verbrecherische Tätigkeit dieser Agentenzentrale« geschildert hätten. Die DDR-Zeitungen, vor allem »Neues Deutschland«, das Zentralorgan der SED, brachten die ADN-Meldungen in großer Aufmachung. Als »sensationelle Enthüllungen« wurde u.a. mitgeteilt, Heinz Brandt sei »ein eingefleischter Faschist und Revanchist, der unter dem Deckmantel eines Redakteurs der IG Metall im westdeutschen DGB Spionage und Wühlarbeit gegen die DDR betrieb«. Wer den Lebensweg Brandts kannte, konnte über eine solche Charakterisierung nur empört sein. Der Artikel »enthüllte« noch mehr: Das SPD-Ostbüro habe auf Weisung »der Wehner-Brandt-Gruppe im Parteivorstand« »den Dritten Weltkrieg bereits eingeplant«. Aber »Neues Deutschland« hatte für die ob solcher Meldung wohl erschrockenen Leserinnen und Leser auch einen Trost bereit: »Mit dem 13. August hat unser Staat auch gegen diese für den Weltfrieden so überaus gefährlichen Kreise einen entscheidenden Schlag geführt. Sie aus den Reihen der deutschen Arbeiterbewegung, der Sozialdemokratie und der Gewerkschaften ein für allemal zu entfernen, bleibt die Aufgabe unserer westdeutschen Klassenbrüder.«

Welch eine groteske Verzerrung und welch ein Realitätsverlust! Der umfangreiche Artikel des »Neuen Deutschland« unter der Überschrift »Der Agent des SPD-Ostbüros packt aus« brachte auch noch Erheiterndes. So berichtete Martin Böttcher, »der Nachfolger des Ostbüro-Residenten Heinz Brandt in Westberlin« habe ihm in einem Gespräch gesagt: »Den Heinemann mit seinen Betschwestern hätte man nie in die SPD aufnehmen dürfen. Er bringt doch nur Unruhe und Verwirrung in die Partei.« Auch Karl-Eduard von Schnitzler wurde eingesetzt. Das FDJ-Organ »Junge Welt« brachte am 19. Oktober 1961 einen Kommentar dieses Propagandisten, der von den üblichen Entstellungen nur so strotzte.

Das alles war mir bekannt, als am 27. November nachmittags 16 Uhr mein Gespräch mit der DDR-Justizministerin Hilde Benjamin in ihrem Arbeitszimmer begann, das etwa 45 Minuten dauerte. Bei ihr war ein Mann, bei dem es sich entweder um ihren persönlichen Referenten oder um den zuständigen Abteilungsleiter des Ministeriums handelte. Er wurde mir zwar vorgestellt, aber ich habe seinen Namen nicht verstanden und auch nicht gefragt, zumal er sich an dem Gespräch nicht beteiligte. Gleich zu Beginn erklärte ich, dass ich die Behandlung dieser Angelegenheit durch die bisher damit befassten Behörden der DDR für unerträglich ansähe und sich ein ähnlicher Fall in der Bundesrepublik Deutschland, die so sehr von der DDR geschmäht werde, noch nicht ereignet habe. Frau Benjamin wisse aus meinen Verteidigungen und den zahlreichen Veröffentlichungen – im Frühjahr 1961 war auch mein Buch »Politische Strafjustiz aus der Sicht des Verteidigers« erschienen –, dass ich dem politischen Strafrecht der Bundesrepublik, besonders im Abschnitt »Staatsgefährdung«, sehr kritisch, ja ablehnend gegenüberstünde, aber die Angehörigen eines inhaftierten Kommunisten im Bundesgebiet würden innerhalb weniger Tage erfahren, in welcher Haftanstalt ihr Vater/Mann/Bruder/Sohn sich befände und welche strafbaren Handlungen ihm angelastet würden. Auch könne er seinen Angehörigen schreiben und Post von ihnen erhalten; allerdings unterliege der Briefverkehr einer richterlichen Kontrolle. Vor allem könne ein Häftling in der Bundesrepublik von einem Anwalt seines Vertrauens besucht werden, und zwar schon von Beginn des Ermittlungsverfahrens an. Der beauftragte Anwalt erhalte auch eine Abschrift des Haftbefehls und der Anklageschrift. Ich ereiferte mich, während Frau Benjamin ruhig blieb und ihre Stellungnahme mit dem Hinweis begann, sie sei mit dem »Fall Brandt« nicht befasst, denn ihr unterstünden nicht die Staatsanwälte, sondern die Gerichte. Der Generalstaatsanwalt der DDR sei dem Ministerrat unmittelbar verantwortlich. Darauf entgegnete ich, gerade der Generalstaatsanwalt habe mir bei der Unterredung am 19. Juli 1961 erklärt, ich solle mich an das Justizministerium wenden. Ich sei erstaunt, dass ich offenbar von Behörde zu Behörde weitergereicht werde.

Daraufhin sagte Frau Benjamin, ich solle unter diesen Kompetenzschwierigkeiten nicht leiden; deshalb habe sie mich auch empfangen, obwohl sie von der viertägigen Plenarsitzung des ZK der SED (23.-26. 11.) sehr erschöpft sei. Sie warf mir vor, ich hätte in meinem Brief an ihr Ministerium der DDR mit Gegenmaßnahmen gedroht. Als ich dies zurückwies, gab sie zu, diese Drohung sei nicht in meinem Brief, sondern in meinem Gespräch mit dem Generalstaatsanwalt gemacht worden, wie dieser berichtet habe. Damit hatte sie zugegeben, dass ihr ein Bericht des Generalstaatsanwaltes über das Gespräch mit mir bekannt geworden war. Ich erklärte, dass ich auch in diesem Gespräch keinerlei Drohungen ausgesprochen hätte, wohl aber auf die unvertretbare Sachbehandlung hingewiesen und die Enttäuschung und Empörung gerade bei den Kräften der Bundesrepublik hervorgehoben hätte, die nicht den Denkkategorien des Kalten Krieges verfallen seien. Die Ministerin erklärte, sie habe nur die Gesetze und die Interessen der »Arbeiter- und Bauernmacht« zu vertreten. Ich erwiderte, dass es mir unerklärlich sei, wie die bisherige Behandlung des Falles Brandt noch als gesetzmäßig bezeichnet werden könne. Diese Aussage wies Hilde Benjamin scharf zurück und verlangte einen Beleg für meine Behauptung. Ich sagte, dass Herr Brandt bisher noch nicht ein einziges Mal an seine Familie hätte schreiben dürfen. Es sei seinen Angehörigen und der IG Metall auch unbekannt, ob er überhaupt noch lebe. (Frau Benjamin: »Doch, doch, er lebt.«) Die Nichtbenachrichtigung der Angehörigen über die Verhaftung und ihre Gründe sowie die Verweigerung der Übersendung einer Abschrift des Haftbefehls seien nicht verständlich. Es sei auch auf meine Anfrage weder mitgeteilt worden, ob Herr Brandt Besuch empfangen könne, noch ob für ihn Geld eingezahlt werden könne. Frau Benjamin meinte, es sei durchaus möglich, dass Brandt an seine Familie geschrieben hätte; der Brief könne ja bei der westdeutschen Post verloren gegangen sein. Als ich sie fragte, ob sie mir bestätigen könne, dass Herr Brandt geschrieben habe, verneinte sie dies. Sie erklärte sich nach einigem Hin und Her bereit, folgende »Anregungen« weiterzuleiten: – Schreib- und Besuchserlaubnis für Herrn Brandt, – Prüfung, ob Geld eingezahlt werden könne, – Mitteilung des Haftbefehls.

Auf meine Frage nach dem Grund für die Verhaftung erwiderte Frau Benjamin, es habe sich um einen Fall aktiver Spionage gehandelt. Meine Gegenfrage, ob dies bedeute, dass Herr Brandt bei der Ausführung eines Spionageauftrages verhaftet worden sei, bejahte sie. Ich wies darauf hin, dass dies auch die erste Darstellung durch das Presseamt der DDR gewesen sei, erwähnte aber, dass mir auch eine andere Version bekannt sei (Einschlafen in der S-Bahn und Überfahren der Grenzstation). Sie erwiderte darauf, diese Version sei ihr nicht bekannt, sie sei unrichtig. Daraufhin äußerte ich mein Erstaunen, weil mir diese Version vom Generalstaatsanwalt bestätigt worden sei. »Dann hat mich also der Generalstaatsanwalt getäuscht«, sagte ich. Sie erwiderte: »Der Generalstaatsanwalt untersteht nicht meinem Weisungsrecht; ich kann ihn also auch nicht tadeln, wenn er Sie beschwindelt haben sollte.«

Frau Benjamin erzählte mir, dass sie Herrn Brandt persönlich von seiner Tätigkeit in Berlin kenne. Auch sie sei durch seinen »Verrat« tief getroffen worden. Gesprächsweise erklärte Frau Benjamin, es liege ein Fall von §§ 14 und 16 des Strafrechtsänderungsgesetzes vom 11. Dezember 1957 vor (Spionage und Verbindung zu verbrecherischen Organisationen oder Dienststellen).

Einen schriftlichen Bericht über die Unterredung schickte ich nach Rückkehr aus Ostberlin an die IG Metall und besprach am 11. Dezember in Frankfurt mit dem Justiziar Robert Lung und den beiden Vorstandssekretären Werner Thönnessen und Fritz Opel das weitere Vorgehen. Wir waren uns schnell darüber einig, dass wir auf jede geeignete Weise die Bemühungen um die Freilassung Brandts verstärken müssten. Da uns die letzte Gewissheit fehlte, wie unser Schützling nach Ostberlin gekommen war, legten wir den Schwerpunkt auf die Behandlung der Sache durch die DDR-Verantwortlichen seit dem Tag des Verschwindens, dem 16. Juni 1961. Ich stattete auch Personen, von denen ich wusste, dass sie in der DDR angesehen waren, mit den wichtigsten Daten aus, damit sie bei Besuchen entsprechend argumentieren konnten. So schrieb ich am 14. Dezember 1961 Pfarrer Herbert Mochalski, einen engen Mitarbeiter des hessischen Kirchenpräsidenten Martin Niemöller, an, der gute Kontakte zum »Friedensrat« der DDR hatte. In dem Brief fasste ich die Vorwürfe gegen die Sicherheitsbehörden in sechs Punkten zusammen:

»1. Bis heute haben die Ehefrau und die Kinder, die in Frankfurt/Main leben, noch keine offizielle Nachricht über die Inhaftierung ihres Mannes bzw. Vaters. Es stand lediglich eine Meldung in der Zeitung ›Neues Deutschland‹, dass Herr Brandt als Westagent im Bezirk Potsdam verhaftet worden sei.
2. Die Familie hat bisher nicht ein einziges Lebenszeichen von Herrn Brandt erhalten, obwohl er nunmehr fast sechs Monate verschwunden ist.
3. Niemand von uns weiß, wo Herr Brandt sich befindet. Der Name der Untersuchungshaftanstalt wird nicht angegeben.
4. Die Familie hat auch an Herrn Brandt mangels Kenntnis seiner Anschrift noch nicht schreiben können. Das Einzige, was erreicht werden konnte, war die Erlaubnis, dass die Ehefrau Brandt an den Generalstaatsanwalt schreiben konnte, mit der Bitte, den Brief an ihren Mann weiterzuleiten. Ob der Brief weitergeleitet worden ist und Herr Brandt ihn erhalten hat, ist nicht bekannt.

5. Bei Untersuchungshäftlingen kann auf das Anstaltskonto Geld zum Einkauf für persönliche Dinge (Toilettenartikel, Zigaretten usw.) eingezahlt werden. Auf unsere Bitten, uns ein Konto zu nennen, auf das Zahlungen geleistet werden könnten, sind wir ohne Antwort geblieben.

6. Es ist unbekannt, ob Herr Brandt einen Rechtsanwalt mit seiner Verteidigung beauftragt hat und ob ihm überhaupt die Möglichkeit dazu gegeben worden ist.

Die ganze Verfahrensweise erinnert in einer peinlichen Weise an die berüchtigten Nacht- und Nebelverfahren.«

An demselben 14. Dezember schrieb ich auch erneut an den Generalstaatsanwalt der DDR. Ich teilte ihm mit, dass ich mich entsprechend der Empfehlung seines Stellvertreters im Gespräch vom 19. Juli an das Justizministerium gewandt hätte. Sowohl der Briefwechsel als auch eine Unterredung mit der Ministerin am 27. November hätten ergeben, dass das Justizministerium im gegenwärtigen Verfahrensstadium nicht zuständig sei. Dann wiederholte ich die bekannten Fragen nach dem Aufenthaltsort Brandts, den Haftbedingungen, Korrespondenzmöglichkeiten usw. Den Brief schloss ich mit folgenden Sätzen:

»Das Ermittlungsverfahren gegen Herrn Brandt dauert jetzt nahezu sechs Monate an. Nach § 107 des ›Gesetzes über das Verfahren in Strafsachen in der Deutschen Demokratischen Republik‹ vom 2. Oktober 1952 sind alle Ermittlungsverfahren innerhalb einer Frist von höchstens drei Monaten abzuschließen. Eine Überschreitung der Höchstfrist von drei Monaten ist nur mit Genehmigung des Generalstaatsanwaltes zulässig. Aus dieser Gesetzesvorschrift ergibt sich, dass die Behörde des Generalstaatsanwaltes spätestens am 17. September 1961 mit dem Ermittlungsvorgang gegen Herrn Brandt befasst worden sein muss. Deshalb bitten wir um die Beantwortung der vorstehend aufgeführten Fragen, was bei der Vorsprache am 19. Juli 1961 noch nicht möglich war.«

Die IG Metall hatte eine eindrucksvolle Dokumentation über Brandt zusammengestellt, die sie national und international verbreitete. Heinemann und ich hatten uns umgehört, welchen Rechtsanwalt wir wegen der Verteidigung Brandts anschreiben sollten. Da die Ostberliner Verwaltung am 1. Dezember 1961 den vier Westberliner Anwälten, die in Ostberlin noch zugelassen waren und bis dahin Dauerpassierscheine besaßen, die Passierscheine entzogen hatte, kam nur noch ein in Ostberlin oder in der DDR praktizierender Anwalt in Betracht. Aus verschiedenen Quellen wurden uns sechs Namen genannt. Der von uns ausgesuchte Kollege, dessen Kanzlei sich in der Lenin-Allee in Berlin-Nord-Ost befand, war sofort zur Übernahme des Mandats bereit und bat um schnelle Zusendung einer Vollmacht der Ehefrau, was auch umgehend geschah. Am 8. Januar 1962 überreichte der Ostberliner Kollege die Vollmacht und bat um Erteilung einer Sprecherlaubnis für Heinz

Brandt. Mit Datum vom 9. Januar antwortete mir Staatsanwalt Schüssler von der Behörde des Generalstaatsanwaltes der DDR auf meinen Brief vom 14. Dezember 1961:

> »Die von Ihnen angeführten Fragen kann ich nicht beantworten, da sich das Verfahren noch im Stadium der Untersuchung befindet. Ich möchte jedoch darauf hinweisen, dass Sie kein Prozessbevollmächtigter sind, sondern ein Rechtsanwalt aus der Deutschen Demokratischen Republik dem Beschuldigten zur Seite steht, der seine Rechte wahrnimmt.«

Unsere Annahme, dass der von uns angeschriebene Ostberliner Anwalt derjenige sei, der Heinz Brandt »zur Seite steht und seine Rechte wahrnimmt«, war falsch. Vielmehr teilte mir unser Korrespondenzanwalt aus der Lenin-Allee am 9. Januar 1962 mit, er habe die übersandte Vollmacht von Frau Brandt überreicht, aber bei der Generalstaatsanwaltschaft erfahren, dass Herr Brandt selbst einen Rechtsanwalt für seine Verteidigung gewählt habe, dessen Name aber nicht genannt werden könne. Sofort schrieb ich wieder an den Generalstaatsanwalt, bezog mich auf das Schreiben des Staatsanwalts Schüssler und bat um Mitteilung des Namens und der Anschrift des Verteidigers von Herrn Brandt. Diese Anfrage wurde nie beantwortet. Bald danach teilte uns ein »amtlich bestellter Abwickler der Praxis« unseres Korrespondenzanwalts mit, dieser sei »zurzeit unbekannten Aufenthaltes«. Ende Januar meldete sich der »Verschwundene« aus Berlin-Grunewald: Er habe mit Genehmigung der Ostberliner Behörde eine Strafverteidigung in West-Berlin wahrnehmen können und diese Gelegenheit benutzt, um in Westberlin zu bleiben. Sein Ziel sei die Übersiedlung ins Bundesgebiet.

So sehr wir verstanden, dass unser Ostberliner Kollege die Chance zum Verlassen der DDR ergriffen hatte, so sehr befürchteten wir, im Bemühen um Heinz Brandt zurückgeworfen zu sein. Deshalb mussten wir so schnell wie möglich einen guten Anwalt in der DDR finden. Prof. Ossip Flechtheim, bei dem Brandt bei seinem Berlin-Aufenthalt im Juni 1961 wohnen wollte und der als Letzter mit ihm gesprochen hatte, riet dazu, den Rechtsanwalt Friedrich Wolff als Verteidiger zu gewinnen, der auch der Vorsitzende des Rechtsanwaltskollegiums in Ostberlin war. Wolff übernahm die Verteidigung. Es war ein Glücksfall. Unter den obwaltenden Umständen hätte es niemand besser machen können. Ich unterrichtete Wolff am 21. Februar über den Sachstand, vor allem über meinen Besuch bei Frau Benjamin, die mir ja zugesagt hatte, meine »Anregungen« weiterzuleiten (Schreib-, Besuchserlaubnis, Mitteilung des Haftbefehls). Nachdem ich die Justizverhältnisse der DDR näher kennen gelernt hatte, war ich überzeugt, dass Frau Benjamin ohne jeden Einfluss war, d. h. praktisch bis zum eigentlichen Gerichtsverfahren. Ich schloss das auch daraus, dass sie gegenüber Frau Prof. Fassbinder, die sich auch bei ihr für Heinz Brandt einsetzte, im Februar 1962 betonte, sie wünsche ein öffentliches Gerichtsverfahren, bei dem ich einen Beobachterstatus haben solle. Nichts davon wurde jedoch verwirklicht.

Wenn der Staatssicherheitsdienst vielleicht gehofft hatte, im Laufe der Monate werde der »Fall Brandt« an Interesse verlieren, so hatte er sich getäuscht.

Am 21. Dezember 1961 war es im Wirtschafts- und Sozialausschuss der UNO zu einer stürmischen Auseinandersetzung gekommen, als es um die Festlegung der Tagesordnung für dessen Frühjahrssitzung 1962 ging. Der Internationale Bund Freier Gewerkschaften und die amerikanischen Gewerkschaften hatten auf der Grundlage der von der IG Metall erarbeiteten Dokumentation die Aufnahme des Tagesordnungspunktes »Vorwürfe wegen Verletzung gewerkschaftlicher Rechte« – gemeint war damit der »Fall Brandt« – beantragt. Die osteuropäischen Vertreter protestierten, aber die Mehrheit setzte den Punkt auf die Tagesordnung. Am 21. Januar 1962 richtete der Frankfurter Bundestagsabgeordnete Hans Matthöfer, der damals bis zu seinem 1972 erfolgten Eintritt in die Bundesregierung die Abteilung Bildungswesen beim Vorstand der IG Metall leitete, eine Anfrage an die Bundesregierung, welche Bemühungen sie zur Freilassung Brandts unternommen habe. Da damals jeder offizielle Kontakt zu DDR-Behörden strikt abgelehnt wurde, hatte die Bundesregierung aber praktisch keinen eigenen Handlungsspielraum.

Der in späteren Jahren immer stärker einsetzende Austausch oder Freikauf von Häftlingen aus der DDR hatte noch nicht begonnen. Dennoch unternahm Gustav Heinemann am 28. März 1962 einen Vorstoß beim damaligen Bundesaußenminister Schröder. Er hatte als Mitglied des Bundestagsausschusses für Auswärtige Angelegenheiten erfahren, dass die Sowjetunion sehr an einer Haftentlassung des in Münster wegen Spionage einsitzenden sowjetischen Ingenieurs Pripolzew interessiert sei. Heinemann bat um Prüfung, ob Heinz Brandt nicht ein geeigneter Tauschpartner sein könnte. Er legte dem Brief eine Kurzdarstellung von Brandts Lebenslauf und Wirken bei, samt der im Anfang dieses Kapitels wiedergegebenen Bescheinigung des Militärkollegiums des Obersten Gerichtes der Sowjetunion, das den 1938 zu Unrecht hingerichteten Bruder Richard 1956 postum rehabilitiert hatte. »Angesichts dieses letzteren Umstandes könnte vielleicht auch bei den Sowjetrussen ein Interesse für den Austausch mit Herrn Brandt geweckt und zugleich ausprobiert werden, ob deren Einfluss auf die Ostberliner Machthaber ausreicht, um den Austausch durchzusetzen.« Bundesminister Schröder antwortete am 7. April 1962, dass die Frage eines Austausches unter Beteiligung weiterer Bundesressorts sehr sorgfältig geprüft werde. Der angeregte Austausch kam allerdings nicht zustande.

Die Frühjahrssitzung des Wirtschafts- und Sozialausschusses der UNO fand am 3. April 1962 in New York statt. Hier gab es einen Rückschlag, denn der Ausschuss beschloss mehrheitlich, dass die Angelegenheit Brandt zur Untersuchung an das Internationale Arbeitsamt in Genf zu überweisen sei. Der sowjetische Vertreter, Botschafter Morosow, betonte, die Sowjetunion könne nicht die Verantwortung für Handlungen übernehmen, die ein »souveräner« Staat begehe; die DDR sei nicht Mitglied der UNO. Die Untersuchung müsse von einer internationalen Organisation durchgeführt werden, deren Mitglied die DDR sei. Dieses rein prozedurale Argument setzte sich durch. Westliche Beobachter wollten im Verhalten Morosows sogar eine Distanzierung der Sowjetunion gegenüber der DDR sehen, weil der sowjetische Vertreter die behauptete Verschleppung nicht etwa als »lügnerische Provokation« oder Ähnliches zurückgewiesen habe. Wie immer man dies bewerten mag, über die UNO war nicht weiterzukommen. Hilfe kam aber von einer internationalen Organisation, die erst 1961 in London gegründet worden war und sich für die Freilassung von Menschen einsetzte, die wegen ihrer politischen oder weltanschaulichen Überzeugung oder Tätigkeit oder wegen ihrer Zugehörigkeit zu rassischen oder ethnischen Gruppen inhaftiert sind. Amnesty international und ihrem internationalen Sekretariat in London sind nationale Sektionen zugeordnet. Die ersten Leiter des deutschen Zweiges waren die Rundfunkjournalisten Gerd Ruge und Carola Stern. Schon am 25. Januar 1962 hatte sich Carola Stern bei mir gemeldet und wegen einer ausführlichen Information über Brandt nachgefragt. Amnesty international hatte nämlich den Rechtsberater des indischen Gewerkschaftsbundes, Rechtsanwalt Prem S. Khera, beauftragt, bei Ostberliner Stellen die Fälle einiger politischer Gefangener abzuklären. Neben Heinz Brandt waren es der Schriftsteller Erich Loest und der Göttinger Agrarwissenschaftler Ernst Röhrig. Bevor Khera nach Ostberlin flog, traf ich ihn und Gerd Ruge am 26. Februar 1962 in Köln. Khera, der sich mehrere Tage in Berlin aufhielt, führte etliche Gespräche, darunter am 5. März mit dem Generalstaatsanwalt der DDR. Über seine Reise fertigte Khera am 17. März in London einen 57 Seiten umfassenden Bericht, den mir Carola Stern zusandte. Zum Verfahren gegen Brandt versicherte der Generalstaatsanwalt seinem indischen Besucher, die Ermittlungen würden bald abgeschlossen, und alles laufe korrekt nach den Gesetzen der DDR. Auf Kheras Einwand, im Westen sei man von einer Entführung Brandts aus Westberlin überzeugt, antwortete der Generalstaatsanwalt, der Spion Brandt sei auf frischer Tat im Bezirk Potsdam ergriffen worden. Kheras Bitte, Brandt sprechen zu dürfen, wurde mit der Begründung abgelehnt, nach der in der DDR geltenden Strafprozessordnung dürfe ein Beschuldigter vor Abschluss der Ermittlungen nicht einmal von seinem Verteidiger besucht werden. Selbstverständlich würde es einen öffentlichen Prozess *(open trial)* geben, und falls Amnesty international die Hauptverhandlung beobachten wolle, würde dies erlaubt. Als der Generalstaatsanwalt sagte, es habe sich bereits ein Verteidiger für Brandt gemeldet, fragte Khera nach seinem Namen, den sein Gesprächspartner jedoch angeblich vergessen hatte. Als Khera um eine Abschrift des Haftbefehls bat, bedauerte der Generalstaatsanwalt, diesen Wunsch nicht erfüllen zu können, da er selbst den Haftbefehl nicht besitze. Erklärend fügte er hinzu, das Ermittlungsverfahren werde von einer unteren Behörde betrieben, da auch die Anblage nicht vor dem Obersten Gericht erhoben werde, für das er als Anklagebehörde zuständig sei.

Dies alles war Bluff, denn das Strafverfahren fand vor dem Obersten Gericht statt, und der Generalstaatsanwalt persönlich plädierte. Mit Datum vom 17. April 1962 schrieb der Generalstaatsanwalt einen dreiseitigen Brief an den Vorsitzenden der IG Metall, Otto Brenner. Der Brief ging erst am 24. April bei der IG Metall in Frankfurt ein, die mir eine Fotokopie zusandte.

Das Schreiben polemisierte gegen die »Agentenzentrale Ostbüro der SPD«, deren Mitarbeiter der »Spion Brandt« sei. Dieser habe »seine schwere kriminelle Tätigkeit« gegen die DDR auch noch als Redakteur der Zeitung der IG Metall fortgesetzt, »indem er den imperialistischen Spionagezentralen Bürger der DDR als Agenten zuführte«. Das Wichtigste für das weitere Verfahren stand in den beiden Sätzen: »Das Ermittlungsverfahren gegen Heinz Brandt ist abgeschlossen« und »In Kürze wird sich Brandt vor Gericht zu verantworten haben; seine Verteidigung liegt in den Händen von zwei Anwälten«. Auch das war eine Lüge, denn Wolff war der einzige Verteidiger. Zwar hatte sich vorher ein Anwalt aus Frankfurt/Oder gemeldet, der aber – bevor er Brandt auch nur ein einziges Mal gesehen hatte – ein allgemeines Vertretungsverbot erhalten hatte, und zwar wegen Trunksucht. Das also war der Anwalt, der laut Mitteilung des Staatsanwaltes Schüssler vom 9. Januar Heinz Brandt »zur Seite steht und seine Rechte wahrnimmt«.

Ich hatte schon am 17. April Herrn Wolff gebeten, umgehend Nachricht zu geben, »sobald Sie Herrn Brandt gesprochen haben oder Ihnen die Anklageschrift bekannt geworden ist«. Am 2. Mai unterrichtete ich Wolff über den Brief des Generalstaatsanwaltes Streit an Otto Brenner und kündigte an, dass Heinemann, am 10./11. Mai in Berlin sei und ihn wegen eines noch zu vereinbarenden Treffens anrufen werde. Mein Brief schloss mit dem Satz: »Wir würden Ihnen sehr dankbar sein, wenn wir, nachdem nunmehr das Verfahren in die entscheidende Phase getreten ist, laufend Kontakt haben könnten.«

Bevor Otto Brenner entschied, ob und wie er den an ihn gerichteten Brief Streits beantworten werde, wollte er die Rückkehr Heinemanns aus Berlin und einen Bericht über dessen Gespräch mit Rechtsanwalt Wolff abwarten. Heinemann war zu einer zweitägigen Sitzung des Rates der Evangelischen Kirche in Deutschland (EKD) in Berlin und verband damit den Besuch bei Wolff. Er hatte sich am 10. Mai 1962 nachmittags aus der Ostberliner Kirchenkanzlei telefonisch im Anwaltsbüro gemeldet und erfahren, dass Wolff wegen eines Gerichtstermins abwesend sei. Er bat um Rückruf, wenn er wieder im Büro sei. Als der Rückruf kam, fuhr Heinemann sofort zu ihm. Wolff empfing ihn mit den Worten: »Den neuesten Stand werden Sie noch nicht wissen. Brandt ist soeben zu 13 Jahren Zuchthaus verurteilt worden.« Dann berichtete Wolff über den Verfahrensablauf. Er konnte Brandt erstmalig am 27. April sprechen, wobei er sich mit unserem Brief vom 21. Februar legitimierte. Der Inhalt dieses Briefes habe Heinz Brandt außerordentlich gefreut und ihm Zuversicht gegeben. Kein Wunder, denn der bei Wolffs erstem Besuch bereits über zehn Monate von Außenkontakten völlig Abgeschnittene erfuhr zum ersten Mal, was bisher unternommen worden war, um ihm zu helfen. Das Wichtigste für ihn aber war die in dem Brief enthaltene Mitteilung, dass seine Ehefrau mehrere Briefe für ihn an den Generalstaatsanwalt der DDR geschickt hatte, weil sein Aufenthaltsort nicht bekannt war. Keiner dieser Briefe hatte ihn erreicht. Zu den niederträchtigsten Methoden der totalen Isolationshaft gehörte die unrichtige Behauptung der ihn vernehmenden Schergen des Staatssicherheitsdienstes, seine Familie habe sich von ihm abgewandt. Eine zweite Aussprache gab es am 2. Mai.

Die Hauptverhandlung vor dem Obersten Gericht der DDR fand am 3., 4. und 5. Mai mit Beweisaufnahme (12 Zeugen) statt. Neben Brandt waren noch zwei Männer wegen Spionage für den Bundesnachrichtendienst und den US-Geheimdienst angeklagt: Karl Raddatz und Wilhelm Fickenscher. Ohne dass es ein gemeinsames Handeln der drei Angeklagten gegeben hatte, sollte durch die gemeinsame Verhandlung und Verurteilung der Eindruck einer gefährlichen Spionagegruppe erweckt werden. Dabei war Raddatz, der vor seiner schon im Juni 1960 erfolgten Verhaftung Abteilungsleiter im Ausschuss für deutsche Einheit in Ostberlin war, bereits im Mai 1961 in einem geheimen »Administrationsverfahren« des Staatssicherheitsdienstes zu 12 Jahren Freiheitsentzug verurteilt worden. Am 7. Mai plädierten Generalstaatsanwalt Streit, der gegen Brandt 15 Jahre Zuchthaus wegen Spionage beantragte, sowie die Anwälte. Am 10. Mai wurde vom Gerichtsvorsitzenden, dem Vizepräsidenten Ziegler, das Urteil verkündet: 13 Jahre gegen Brandt, 12 Jahre gegen Fickenscher und 7 Jahre und 6 Monate gegen Raddatz. Das Urteil war mit der Verkündung rechtskräftig. Nach Wolffs Mitteilung gab es in den Gerichtsakten keinerlei Hinweis, wie unser Mandant nach Ostberlin gekommen war. Brandt habe seine Entführung in der Hauptverhandlung nicht erwähnt, jedoch seine Verbindung zum Ostbüro der SPD zugegeben und die Gründe dafür genannt. Brandts politischer Widerstand gegen das stalinistische Herrschaftssystem in der

DDR wurde von der Anklagebehörde und vom Gericht als Spionage eingestuft. Auf Heinemanns Frage, warum wir von ihm trotz mehrfacher Bitten keine Nachricht von der Anklageerhebung, den beiden Besuchen bei Brandt und dem Gerichtstermin erhalten hätten, antwortete Wolff nur, das sei ihm nicht möglich gewesen. Auch die Anklageschrift konnte Wolff Heinemann nicht zeigen, weil er sie nach kurzer Einsichtnahme wieder zurückgeben musste. Zunächst fragten wir uns, ob nicht Feigheit im Spiel war, doch mussten wir bald erkennen, dass Wolffs Verhalten richtig war. Er hat auch eine wichtige Rolle bei der vorzeitigen Entlassung Brandts gespielt.

Bei seiner Pressekonferenz vom 3. Juni 1964 in Frankfurt nahm Heinz Brandt zwei Jahre später auch zu seiner Einlassung in der Hauptverhandlung Stellung:

> »Es ergab sich natürlich die Frage, ob es das Richtigste gewesen wäre, jegliche Aussage zu verweigern und das Gericht auf Grund des Menschenraubes als nicht zuständig zu erklären. Ich bin diesen Weg nicht gegangen. Man mag das für mangelnden Heroismus halten, aber ich hielt es für unsinnig, meine physische Vernichtung zu provozieren. Ich habe im Verlauf des Prozesses aus meiner Einstellung und meinen dementsprechenden Handlungen kein Hehl gemacht. Das Urteil war ein glatter Racheakt.«

Mit dem Geheimverfahren gegen Heinz Brandt hatten sich die DDR-Behörden einen Bärendienst erwiesen. Die wiederholte Versicherung, es werde einen öffentlichen Prozess geben, an dem neben den von der IG Metall beauftragten Anwälten auch der indische Rechtsanwalt Khera für Amnesty international als Beobachter teilnehmen könnte, war nicht eingehalten worden. Gerade die Kreise, auf deren Bereitschaft zur Verständigung die DDR Hoffnungen setzte, wie die Gewerkschaften und die Friedensbewegung, waren empört und verbittert.

Der Ausschuss der Verteidiger in politischen Strafsachen, der 1957 im Bundesgebiet entstanden war, hatte sich bei seiner 8. Arbeitstagung am 26. Mai 1962 ebenfalls mit dem Verfahren beschäftigt und gebeten, »die vor dem Obersten Gericht der DDR abgeurteilte Strafsache gegen den Gewerkschaftsjournalisten Heinz Brandt im Hinblick auf die in der hiesigen Presse erhobenen Vorwürfe wegen möglicher Verletzung der UNO-Charta der Menschenrechte zu überprüfen«.

Der IG-Metall-Vorstand war in einer schwierigen Lage. Die große Mehrheit war überzeugt, dass ein Fall von Entführung vorlag, zumal der Staatssicherheitsdienst sich dieser verbrecherischen Methode wiederholt bedient hatte, um unbequeme Gegner auszuschalten oder geflohene ehemalige SED-Funktionäre in seinen Gewaltbereich zu bringen. Die Zahl der von der Staatssicherheit in den fünfziger und sechziger Jahren durchgeführten Menschenraubaktionen wird zwischen mehreren hundert bis annähernd tausend geschätzt. So entführte am 13. Februar 1953 ein

SSD-Kommando den ehemaligen Major Wolfgang Höher, einen Mitarbeiter der Organisation Gehlen aus Westberlin. SSD-Agenten hatten ihm zuvor in einem Lokal am Wittenbergplatz ein Betäubungsmittel in ein Glas Wein geträufelt. Höher berichtete dem SSD über Struktur- und Arbeitsweise seiner Organisation, was man später in der DDR-Broschüre »Agent 2996 enthüllt« nachlesen konnte. Am 4. Februar 1956 wurde ein früherer hoher FDJ- und SED-Funktionär, Robert Bialek, nach seiner Flucht aus der DDR in einer Westberliner Wohnung bei einer fingierten Geburtstagsfeier, zu der er ahnungslos ging, durch mit Betäubungsmitteln präparierte Getränke in einen willenlosen Zustand versetzt und wegen eines angeblichen Herzanfalls in einem vom SSD bereitgestellten »Taxi« zu einem »Arzt« gefahren. Das alles geschah unter den Augen ahnungsloser Zeugen. Bialek soll kurz nach seiner Entführung in SSD-Haft verstorben sein.

Das wichtigste Indiz für eine Entführung und gegen die offizielle Behauptung vom »aktiven Spionageeinsatz« im Bezirk Potsdam aber war das Manuskript über die Hintergründe des 17. Juni 1953, das schonungslos mit dem Versagen der SED-Führung, besonders Ulbrichts, abrechnete. Ein solches Manuskript würde Brandt nach Meinung seiner Freunde niemals mit nach Ostberlin genommen haben.

Andererseits erfuhr ich bei Gesprächen mit der IG Metall, dass in Frankfurt Gerüchte umgingen, die die Behauptung der DDR über Brandts freiwilligen Besuch im Ostteil der Stadt nicht gänzlich unwahrscheinlich erscheinen ließen. Da wurde gemunkelt, Brandt habe in geselliger Runde verlauten lassen, zu Telefonaten mit »alten Freunden« gehe er bei Berlin-Aufenthalten auch in den Ostsektor, was vor dem Mauerbau keine Schwierigkeiten machte. Ein anderer Mitarbeiter vermutete, Brandt könne durch eine auf ihn angesetzte Agentin in den Ostteil Berlins gelockt worden sein, 1960 – im Jahr vor seinem Verschwinden – habe man ihn in Gesellschaft einer angeblich in Ostberlin wohnenden Frau gesehen usw. Bei allen Nachfragen ergab sich aber nichts Konkretes. Am stärksten schien gegen die Annahme einer Entführung zu sprechen, dass sein Verteidiger Wolff ausdrücklich erklärt hatte, Brandt habe während der Hauptverhandlung nichts darüber gesagt und auch in den Akten, also auch in den Vernehmungsprotokollen während der Voruntersuchung, gebe es keine Hinweise. Eine Lüge trauten wir Wolff nicht zu; war er selbst getäuscht worden?

Wichtig war, so bald wie möglich Rechtsanwalt Wolff aufzusuchen, damit über ihn einige familiäre Dinge Brandts geklärt werden konnten (z. B. Vollmachterteilung für Frau Brandt), und auch endlich eine Briefverbindung herzustellen, denn keiner der von Frau Brandt an ihren Mann über den Generalstaatsanwalt geleiteten Briefe hatte ihn je erreicht. Obwohl mir dieser Weg schon vom Generalstaatsanwalt in Berlin angeboten worden war, erwies er sich nicht als gangbar, offenbar, weil sich der Staatssicherheitsdienst mit der Forderung nach totaler Isolierung durchgesetzt hatte.

Meine Unterredung mit Rechtsanwalt Wolff fand am Samstag, dem 2. Juni 1962, ab 10 Uhr im Rechtsanwaltskollegium in der 1. Etage des Gerichtsgebäudes Littenstraße 12 - 15 am Alexanderplatz statt und dauerte über zwei Stunden. Es war unser erstes Zusammentreffen, und es wurde ein sehr aufschlussreiches Gespräch. Wolff begann mit einer kurzen Entschuldigung, warum er uns über seine beiden Besuche bei Brandt, die Anklageschrift und die Terminierung der Hauptverhandlung nicht verständigt habe. Diese Nichtbeachtung der kollegialen Höflichkeit beruhe auf Gründen, die nicht in seiner Person lägen.

Dann schilderte er mir die Darstellung, die Heinz Brandt ihm bei ihren Gesprächen und in der Hauptverhandlung gegeben hatte:

Er, Heinz Brandt, habe innerhalb der KPD vor 1933 zu der Gruppe gehört, die eine enge Zusammenarbeit mit der SPD befürwortet habe. Insoweit habe eine Übereinstimmung mit der Kommunistischen Parteiopposition (KPO) bestanden, die sich allerdings außerhalb der KPD organisiert habe. Zu seiner Gruppe habe auch Siegfried (Siggi) Neumann gehört, mit dem er auch nach 1945 persönlichen Kontakt gehabt habe. Diese Verbindung habe sich während seiner Tätigkeit in der SED fortgesetzt. Neumann habe auch von seinen Schwierigkeiten innerhalb der SED gewusst. Etwa 1954 habe er ein Parteiverfahren bekommen und 1956 erstmalig mit Neumann über seine Flucht in die Bundesrepublik bzw. nach Westberlin gesprochen. Neumann habe ihn daraufhin mit einem Mitarbeiter des Ostbüros der SPD, namens Wande (Deckname) in Verbindung gebracht. Dieser habe die Übersiedlung von Brandt nicht befürwortet, weil er ihm noch als Informationsquelle wichtig erschienen sei. 1958 sei ein zweites Parteiverfahren gegen ihn eingeleitet worden, bei dem die Gefahr bestanden habe, dass sich ein Strafverfahren wegen verbotener Westkontakte angeschlossen hätte. Deshalb sei er mit seiner Familie nach Westberlin geflohen. Von dort habe er an Bekannte in Ostberlin Briefe geschickt. Für diese Briefe sei er vom Ostbüro honoriert worden. Der SED-Funktionär Martin Böttcher sei mit einem solchen Brief zum Sicherheitsdienst gegangen und habe von diesem den Auftrag bekommen, den Kontakt mit ihm, Brandt, zu halten. Dieser Kontakt habe, nachdem er nach Frankfurt/ Main übersiedelt sei, mit Mitarbeitern des Ostbüros in Westberlin fortbestanden. Die Verbindung zwischen den Ostbüro-Leuten und Böttcher habe er nach seinem Weggang aus Ostberlin hergestellt.

Böttcher sei im Prozess als Zeuge vernommen worden. In dem Prozess habe sich kein Anhaltspunkt ergeben, dass Brandt irgendwelche nachrichtendienstlichen Kontakte zu alliierten Geheimdiensten gehabt habe. Es sei auch nicht bewiesen worden, dass Brandt während seiner Tätigkeit bei der IG Metall noch Verbindungen zum Ostbüro der SPD unterhalten habe.

Anklagebehörde und Gericht hätten eine Fortsetzungstätigkeit darin erblickt, dass Brandt sich für andere politische Flüchtlinge von Frankfurt aus eingesetzt habe, damit sie Arbeit fänden.

Bei Besprechungen mit ihm und auch in der Hauptverhandlung habe Brandt einen ruhigen und sicheren Eindruck gemacht. Er sei allem Anschein nach gesund und geistig sehr rege und habe seine Chancen im Prozess nüchtern und realistisch beurteilt. Denn er habe ihm schon beim ersten Besuch gesagt, er halte mit Ausnahme der Todesstrafe jedes Urteil für möglich. Aus den Akten ergebe sich nicht, wie Brandt in den Gewahrsam der DDR-Behörden geraten sei; darüber wisse auch er, Wolff, nichts. Überrascht zeigte er sich, dass unser Mandant noch immer nicht habe schreiben dürfen. Nach den Vorschriften über den Strafvollzug in der DDR habe jeder Strafgefangene das Recht, einmal monatlich einen Brief zu schreiben und jedes Vierteljahr einen Besuch zu erhalten. Auf meine Frage, wie es zu erklären sei, dass Brandt während der fast elfmonatigen Untersuchungshaft nie ein Lebenszeichen habe geben können, sagte mir Wolff, bei Strafvorwürfen nach dem Strafrechtsänderungsgesetz der DDR vom 11. Dezember 1957, in dem das sogenannte politische Strafrecht (wie Spionage, Verbindung zu verbrecherischen Organisationen oder Dienststellen, staatsgefährdende Propaganda und Hetze, Verleitung zum Verlassen der DDR) enthalten sei, würde keine Schreiberlaubnis gegeben.

Ich bat Wolff zu prüfen, ob er, gegebenenfalls mit mir, einen Besuch bei Brandt machen könne und ob er sich mit Frau Brandt zu einem Gespräch in Westberlin treffen könne. Wolff erwiderte, nach den in der DDR geltenden Regelungen ende das Recht eines Verteidigers zur Vertretung seines Mandanten mit der Verurteilung. Er benötige deshalb für jegliche weitere Aktivität jeweils eine neue Genehmigung. Als ich erwähnte, dass die Empörung nicht nur in der Bundesrepublik Deutschland über die totale Isolierung des Untersuchungsgefangenen Brandt groß sei, wies Wolff darauf hin, dass der Staatsrat der DDR am 25./26. Mai eine Justizkonferenz abgehalten habe, bei der es u.a. um die »Stärkung der Rechte des Beschuldigten« gegangen sei. Dies sei freilich in dem veröffentlichten Bericht über diese Tagung nur für Eingeweihte zu erkennen gewesen.

Otto Brenner, der Vorsitzende der IG Metall, hatte mich bei einem Gespräch in Frankfurt unter vier Augen dringlich gebeten herauszufinden, ob eine Entführung Brandts vorliege oder er vielleicht doch im Bezirk Potsdam bzw. in Ostberlin festgenommen worden sei. Das sei für die weiteren Aktionen der Gewerkschaft von überragender Bedeutung. An ihn würden gegensätzliche Informationen gelangen, und er könne nicht entscheiden, ob es sich dabei um gezielte Desinformationen handele. Immerhin hätten der Generalstaatsanwalt und die Justizministerin der DDR mir gegenüber von einer Festnahme in der DDR gesprochen, ebenso der Generalstaatsanwalt gegenüber dem Vertreter von Amnesty international. Die Behauptung von einem aktiven Spionageeinsatz sei zwar Unfug, aber was den Ort des Ergreifens angehe, habe er letzte Zweifel, die ich – wenn irgend möglich – durch vorsichtige Gespräche in Ostberlin ausräumen solle. Nach Lage der Dinge konnte mir die Aufklärung nur über Wolff oder Kaul gelingen. Bei Letzterem hatte ich schon nach dem Verschwinden vorgefühlt; er kannte nach seiner Erklärung nur die offizielle Version. Also blieb nur Wolff. Es war mir klar, dass ich diesen Mann, dessen Bedeutung für den weiteren Kampf um die Freilassung Brandts ich ahnte, nicht in Schwierigkeiten bringen durfte. Außerdem hatte er ja sowohl Heinemann als auch mir gesagt, dass er über eine Entführung nichts wisse. Also grübelte ich, ehe ich zu dem Gespräch mit Wolff nach Berlin flog, wie ich ohne Gefährdung meines Ostberliner Kollegen Gewissheit in diesem Punkt bekommen könne. Die Lösung war einfach, obwohl ich nicht sofort darauf kam: Ich musste von Wolff erfahren, von welcher Tatzeit die Anklageschrift ausgegangen war. Also fragte ich meinen Kollegen gegen Ende unseres Gespräches so beiläufig wie möglich, ob er – da er die Anklageschrift ja wieder habe zurückgeben müssen – sich noch an die dort angenommene Tatzeit erinnere. Er bejahte das und nannte als Tatzeitraum 1946 - 1958. Ich fragte scheinbar gelassen – aber innerlich erregt – weiter, dann hat Brandt also nach seinem Weggang aus Ostberlin keine nach den Strafnormen der DDR strafbaren Handlungen mehr begangen? Er antwortete mit einem knappen »Nein!« Ich erhob mich zur Verabschiedung und dankte herzlich für das lange Gespräch. Erleichtert fuhr ich nach Westberlin zurück. Wenn der Vorwurf der Spionage 1958 endete, dann konnte Heinz Brandt nicht bei einem aktiven Spionageeinsatz am 16. Juni 1961 im Bezirk Potsdam gefasst worden sein! Das war also der Grund, warum wir weder den Haftbefehl noch die Anklageschrift sehen durften.

In meinem Aktenvermerk, den ich an die IG Metall schickte, war dieser Punkt nicht erwähnt. Ich sprach darüber nur mit Otto Brenner im Beisein seines engen Mitarbeiters Thönnessen und dem Justiziar Lung. Wie sich – allerdings erst zwei Jahre später herausstellte, war unsere Vorsicht nicht übertrieben: Im Vorstand der IG Metall saß ein Agent des MfS. Brenner war froh, dass letzte Zweifel an der Entführung ausgeräumt waren und die IG Metall Aktionen planen konnte. Wir waren uns rasch einig, dass allgemeine Demonstrationen wenig nützlich seien, sondern nur gezieltes Vorgehen weiterhelfen würde.

Schon am 5. Juni teilte Wolff durch Eilboten mit, »dass ich heute bei der Obersten Staatsanwaltschaft darauf hingewiesen habe, dass unser Mandant noch keinen

Brief an seine Ehefrau schreiben konnte. Daraufhin wurde von dort sofort eine Weisung an die Haftanstalt erteilt, dass unser Mandant noch heute seiner Frau schreiben kann.« Tatsächlich bekam Frau Brandt den ersten Brief ihres Mannes am 12. Juni. Absenderangabe: Bautzen, Postschließfach 102.

Von diesem Zeitpunkt an erhielt Frau Brandt jeden Monat einen Brief ihres Mannes, wenn auch mit einer Verzögerung von jeweils rund drei Wochen. Nach Mitteilung von Frau Brandt enthielten diese Briefe nur persönliche Dinge. Dies war ein Irrtum, der allerdings erst nach Brandts Entlassung erkannt wurde. Schlimm war, dass die regelmäßig von Frau Brandt an ihren Mann geschriebenen Briefe diesen nicht erreichten. Am 11. Juli teilte der ständige Anwalt des Hauptvorstandes der IG Chemie, ein Rechtsanwalt aus Hannover, dem IG-Metall-Vorstand mit, ihm sei bei Wirtschaftsverhandlungen in Ostberlin gesagt worden, Herr Brandt bitte seine Frau dringend, ihm zu schreiben. Meine Erkundigungen ergaben, dass Kaul der Informant war. Kümmerte er sich plötzlich um das Ergehen von Heinz Brandt, den er nach eigenem Bekunden doch nicht leiden konnte?

Ich hatte seit dem 19. August 1962 einen intensiven Kontakt mit Kaul. Er war von mir aufgesucht worden, um einen wegen militärischer Spionage in der DDR zum Tode Verurteilten unmittelbar vor der Hinrichtung zu retten. Jedenfalls benutzte ich jedes Treffen mit Kaul in der anderen Sache, um mit ihm auch über Heinz Brandt zu sprechen. Selbst fünf Monate nach dem Urteil hatte Brandt lediglich den vom 14. Juni datierten Brief seiner Frau erhalten. Verzweifelt schrieb er, dass er ohne jede Nachricht von zu Hause leben müsse. Auch Rechtsanwalt Wolff hielt ich auf dem Laufenden, der seinerseits den Generalstaatsanwalt mehrfach bat, sich zu der von uns wiederholt gemeldeten Unterbrechung der Briefverbindung zu äußern. Das tat er am 2. November 1962 mit dem lapidaren Brief: »Die von der Ehefrau geschriebenen Briefe wurden, soweit vertretbar, dem Verurteilten zur Kenntnis gegeben.«

»Soweit vertretbar« – das war die schriftliche Bestätigung für die rein willkürliche Handhabung, denn Frau Brandt hatte bewusst auf jeden möglicherweise verfänglichen Satz verzichtet und ausschließlich über ihr und der drei Kinder Befinden geschrieben. Man hätte erwarten können, dass die Leitung des Zuchthauses Brandt wenigstens mitteilen würde, wenn ein Brief seiner Familie eingetroffen und was der wesentliche Inhalt war, wenn man Sorge wegen einer konspirativen Nachrichtenübermittlung hätte. Die Unterdrückung jeglicher Nachricht war eine bewusste Quälerei. Rechtsanwalt Wolff hatte auf Bitten von Frau Brandt um eine Besuchserlaubnis in Bautzen gebeten, um unseren Mandanten über die tatsächlichen Zusammenhänge aufklären zu können; aber auch er musste monatelang auf eine Antwort warten. Frau Brandt hat übrigens niemals einen Antrag auf eine

Besuchserlaubnis gestellt oder stellen lassen. Selbst wenn man ihr »freies Geleit« zugesichert hätte, wäre sie nicht darauf eingegangen. Die Liste der gebrochenen Zusagen war zu lang. Außerdem verstand sich der Staatssicherheitsdienst auf Manipulationen. Wenn man ihr z. B. »freies Geleit« wegen der 1958 begangenen »Republikflucht« zugesagt hätte, würde dies kein Schutz gegen eine Inhaftierung »wegen Beihilfe zur Spionage« sein. Eine Verhaftung und Verurteilung wegen dieser Straftat würde nach SSD-Logik ja keine Verletzung des zugesagten freien Geleits wegen des Vorwurfs der Republikflucht bedeuten. Auch Heinz Brandt hat niemals den Wunsch nach einem Besuch seiner Frau geäußert. Allerdings hatte der SSD seit dem ersten Tag, an dem er Brandt in seine Gewalt gebracht hatte, immer wieder sofortige Freilassung und ein angenehmes Leben versprochen, wenn er seine Familie in die DDR kommen ließe und erkläre, er sei vom kapitalistischen Westen enttäuscht und kehre reumütig zurück. Das erfuhren wir allerdings erst nach Brandts Freilassung. Darauf war übrigens auch die mit fünftägiger Verspätung erfolgte Pressemitteilung über seine Festnahme als »Spion« zurückzuführen. Vom 16. bis 21. Juni 1961 hatte der SSD massiv versucht, Brandt zum Eingeständnis eines »politischen Irrtums« zu bewegen; dann werde er sofort freigelassen.

Am 28. November 1962 konnte Wolff unseren Mandanten zum ersten Mal seit der Verurteilung im Zuchthaus Bautzen besuchen und unter Aufsicht eines Offiziers der Volkspolizei rund 20 Minuten sprechen.

Wer nie in einer vergleichbaren Situation wie Brandt war, kann nicht annähernd ermessen, was ein solcher Besuch für einen total von der Außenwelt abgeschnittenen Häftling im Isolier- und Schweigesystem des schlimmsten aller DDR-Zuchthäuser bedeutete. Der Plan des Staatssicherheitsdienstes, ihn in der Isolation dadurch mürbe zu machen, dass man ihn als einen vom Westen Abgeschriebenen hinstellte, war mit diesem Besuch gescheitert. Heinz Brandt hörte vom Ergehen seiner Familie, die ihm regelmäßig schrieb, auch wenn er die Briefe nicht erhielt; von der schulischen Entwicklung seiner Söhne Jürgen und Stefan und dem Kindergartenbesuch der Tochter Regina. Er erfuhr, wie sehr seine Freunde innerhalb und außerhalb der IG Metall an seinem Schicksal Anteil nahmen. Andererseits teilte uns Wolff nach seiner Rückkehr aus Bautzen mit, dass Brandt den Umständen entsprechend gesund sei, nicht unter Depressionen leide, jetzt regelmäßig eine Zeitung lesen und aus der Anstaltsbücherei Bücher entleihen könne. Dieser Besuch war auch noch unter einem anderen Gesichtspunkt wichtig: Der das Gespräch überwachende Offizier berichtete Wolff anschließend, Brandt könne von seinem Arbeitsentgelt monatlich zwischen 20 und 30 Mark zum Einkauf verwenden; außerdem sei seinem am 27. November 1962 abgegangenen Brief an seine Familie erstmalig ein Paketschein beigelegt worden, so dass seine Frau ihm ein Paket schicken könne. Schließlich teilte Wolff mit, Frau Brandt brauche sich nicht unbedingt an die 20 Zeilen zu halten, die generell als Grenze für die Post vorgeschrieben seien, auch der doppelte Umfang werde nicht beanstandet; Brandt bekäme sogar einen Sonderbrief für seine Kinder bewilligt.

Nach Wolffs Besuch lief die Briefverbindung fast störungsfrei. Worauf war diese erfreuliche Wende zurückzuführen? Wir wussten es nicht und konnten nur Vermutungen anstellen. Ein leitender Angestellter der IG-Metall-Hauptverwaltung hatte z.B. verwandtschaftliche Beziehungen zu einem hohen SED-Funktionär, was er loyal gemeldet hatte. Dieser wird seinen Verwandten in der DDR mit Sicherheit berichtet haben, welch verheerende Wirkung die im Westen behauptete Entführung Brandts und der Geheimprozess in Gewerkschaftskreisen hatten. Dass es enge verwandtschaftliche Bindungen zwischen Deutschen in den beiden deutschen Staaten gab, war selbstverständlich. Das bekannteste Beispiel war der General und spätere Generalinspekteur der Bundeswehr, Ulrich de Maizière, dessen Bruder Clemens Rechtsanwalt in Ostberlin war und neben Kaul zu den wenigen Anwälten gehörte, die auch in Westberlin und damit in der Bundesrepublik zugelassen waren. Clemens de Maizière, übrigens der Vater des ersten, 1990 demokratisch gewählten Ministerpräsidenten der DDR, Lothar de Maizière, war wegen seines hohen Ansehens auch der ursprüngliche Wunschkandidat der IG Metall, doch war er als Strafverteidiger weniger hervorgetreten.

Am 11./12. Dezember 1962 war ich wieder in Ostberlin und hatte Gespräche mit Wolff, Kaul und Generalstaatsanwalt Streit. Ihm überreichte ich eine von Wissenschaftlern aus mehreren Ländern zu Gunsten einer Haftentlassung Brandts unterzeichnete Petition, die mir Ossip Flechtheim gegeben hatte. Bei dieser Unterredung hatte ich keinen schlechten Eindruck von Streit. Umso enttäuschter war ich, als ich seinen dreiseitigen Brief vom 27. März 1963 erhielt, in dem wieder von der »von westlicher Seite organisierten Verleumdungskampagne« geschrieben und erneut behauptet wurde, Brandt sei am 17. Juni 1961 im Bezirk Potsdam festgenommen worden.

Ende 1962 weilte auf Einladung des Deutschen Friedensrates der DDR der Domherr der Londoner St.-Pauls-Kathedrale, John Collins, der damals auch Vorsitzender der Britischen Bewegung für nukleare Abrüstung war, in der DDR und wurde auch von Ulbricht empfangen. Darüber berichtete der »Berliner Brief« den der Deutsche Friedensrat herausgab, in seiner Dezember-Ausgabe. Da wir Näheres über das Gespräch wissen wollten, benutzte ich einen Aufenthalt in Berlin am 23. Februar 1963 und suchte den Generalsekretär des Deutschen Friedensrates, Heinz Willmann, auf, der an dem Gespräch Collins/Ulbricht teilgenommen hatte. Willmann war zehn Jahre mit Ulbricht in der Moskauer Emigration gewesen. Man sagte von ihm, er besitze das Vertrauen des SED-Chefs und könne ihm auch unangenehme Dinge sagen. Ich nutzte die Gelegenheit, Willmann ausführlich darzulegen, welche internationale Unterstützung Heinz Brandt habe. Willmann wusste einiges davon, denn er war auch in Moskau bei Gesprächen anwesend, die der Philosoph und Psychoanalytiker Erich Fromm mit Vertretern des Obersten Sowjets geführt hatte. Fromm war zu dem vom Weltfriedensrat einberufenen Weltkongress für allgemeine Abrüstung und Frieden 1962 nach Moskau gereist und hatte dort Kontakte geknüpft. Er war in erster Linie Wissenschaftler und populärer Schriftsteller, der mit Dutzenden von Büchern Millionenauflagen erzielt hatte. Seine wichtigsten Werke waren auch in deutscher Sprache erschienen und hielten sich lange auf der Bestsellerliste, wie »Haben oder Sein«, »Jenseits der Illusionen«, »Die Flucht vor der Freiheit«, »Die Kunst des Liebens«, »Psychologie und Religion«, »Revolution der Hoffnung«, »Der moderne Mensch und seine Zukunft«. Fromm, einer der bedeutendsten Denker unserer Zeit, in Frankfurt geboren, musste aus rassischen Gründen 1934 Deutschland verlassen und hatte sich in den USA niedergelassen. Er war ein Verwandter von Heinz Brandt und setzte sich auch aus familiären Gründen für seinen Vetter zweiten Grades ein. Wie er uns später mitteilte, hatten seine Moskauer Gesprächspartner kein Verständnis dafür, dass die DDR-Behörden ihm eine Besuchserlaubnis für seinen Verwandten verweigerten.

Wichtig war auch, dass Fromm mit dem britischen Philosophen, Mathematiker und Schriftsteller Bertrand Russell befreundet war und ihn für eine Intervention in Moskau gewinnen konnte. Russell, der 1950 mit dem Literatur-Nobelpreis ausgezeichnet worden war, wurde in den fünfziger und sechziger Jahren das Idol der nichtkommunistischen Linken in der Welt und genoss auch hohes Ansehen in der Sowjetunion. Er wandte sich mit einem Brief an Chruschtschow, in dem er die Freilassung Brandts anregte.

Am 15. Juni 1963, einem Samstag, erhielten meine Frau und ich zu Hause den Besuch des Ehepaares Heinemann, in deren Begleitung sich Gerd Ruge und Paul Oestreicher befanden. Während wir Gerd Ruge schon kannten, sahen wir Oestreicher zum ersten Mal. Er war als »halbjüdisches Kind« mit seinen Eltern nach dem 9. November 1938 von Thüringen über Berlin nach Neuseeland geflüchtet und lebte nach dem Krieg als britischer Staatsbürger in Großbritannien, wo er im kirchlichen Dienst tätig war. Er erzählte uns vom Besuch des Domherrn Collins bei Ulbricht, bei dem er gedolmetscht hatte. Ulbrichts Ton sei hart und unnachgiebig geworden, als sie nach einiger Zeit darauf bestanden hätten, auch über Heinz Brandt mit ihm zu sprechen. Ulbricht habe sie verärgert gefragt, was dieser »Verräter am Sozialismus« mit der Friedensbewegung zu tun habe? Sie hätten ihn auf die vermutete Verschleppung hingewiesen, zu der Ulbricht geschwiegen habe. Ulbricht habe ihnen keine Hoffnung auf eine baldige Freilassung gemacht. Ruge und Oestreicher waren durch die gemeinsame Arbeit bei Amnesty international verbunden; Oestreicher ist jetzt der Vorsitzende der Weltorganisation mit Sitz in London. Die Organisation beschloss für 1963 erstmalig, symbolisch für alle politischen Häftlinge in der Welt, einen »Gefangenen des Jahres« zu benennen, für den jeweils im Herbst in der Londoner St.-Pauls-Kathedrale die Amnesty-Kerze angezündet wird. Der erste »Gefangene des Jahres« wurde Heinz Brandt, für den seine Frau Anneliese 1963 in London die Kerze anzündete. Das verdross die DDR-Führung nicht zuletzt deshalb, weil sie versuchte, nach dem Mauerbau ihren schwer angeschlagenen Ruf im westlichen Ausland zu verbessern. Diesem Ziele diente wohl auch die Verleihung der vom Friedensrat der DDR gestifteten Carl-von-Ossietzky-Medaille an Bertrand Russell. Der so Geehrte schrieb daraufhin am 12. August 1963 einen deutlichen Brief an Ulbricht, in dem er beklagte, dass seine früheren Appelle zu Gunsten Brandts nicht beantwortet worden seien. Er ersuchte Ulbricht »zu überlegen, wie sehr die weiterhin andauernde Haft Brandts den Bemühungen um eine Verbesserung der Beziehungen Ihres Landes zum Westen und einer Mäßigung des Kalten Krieges schadet … Obwohl ich die Ossietzky-Medaille sehr schätze, befinde ich mich auf Grund der fortwährenden Haft Brandts in einer zwiespältigen Lage.« Am 30. Oktober antwortete der Sekretär des Staatsrates der DDR Gotsche und sprach von »gerechter Strafe für den Spion Brandt«, die im Juni 1974 auslaufe. »Im Interesse der Humanität« müsse das Strafgesetz in voller Strenge zur Anwendung kommen. Das war für Lord Russell zu viel. Er schickte die Ossietzky-Friedensmedaille mit einem Begleitbrief an Ulbricht zurück.

Dr. Kaul ließ mich im Sommer 1963 wissen, nach seiner Information sei eine Haftentlassung möglich, wenn die Frau mit den Kindern in die DDR übersiedelte, was aber verständlicherweise abgelehnt wurde. Am 8. August 1963 hatten Heinemann und ich wegen eines möglichen Austausches eine Unterredung mit Bundesjustizminister Bucher, der sehr aufgeschlossen war. Aber weder dieses Gespräch noch ein Besuch Otto Brenners im Auswärtigen Amt bei Staatssekretär Lahr brachten den Fortschritt.

Die Gewerkschaften nutzten jede internationale Kontaktmöglichkeit, um Brandt zu helfen. Es gelang sogar, den »Weltgewerkschaftsbund« mit Sitz in Prag für eine Intervention in Ostberlin zu gewinnen.

Die Wende brachte ein Besuch, den Rechtsanwalt Wolff am 28. April 1964 in Bautzen machte. Den Inhalt des Gesprächs erfuhren wir allerdings erst Wochen später.

Am Samstag, dem 23. Mai 1964, meldete der Rundfunk um 9 Uhr, dass Heinz Brandt begnadigt worden sei. Ich versuchte vergeblich, telefonischen Kontakt zur

Familie Brandts und zur IG Metall zu bekommen. Am folgenden Tag erreichte mich ein Anruf des IG-Metall-Pressesprechers Thönnessen, Brandt habe ein Telegramm geschickt, er sei bei seinen Schwiegereltern in Ostberlin; Brenner bäte mich, sofort zu Brandt zu fahren. An diesem Sonntag waren alle Berlinflüge von Düsseldorf, Köln und Hannover ausgebucht. Mit Hilfe des DGB-Vorstandes gelang es, für die letzte Maschine von Düsseldorf noch einen Platz zu bekommen. Ich übernachtete im Flughafenhotel Tempelhof. Am nächsten Morgen war ich um 7 Uhr am Übergang, nahm ein Taxi und fuhr nach Berlin-Pankow, Mühlenstraße 48, zu Brandts Schwiegereltern, dem Ehepaar Schwichtenberg, wo ich gegen 7.30 Uhr eintraf. Heinz Brandt war gerade aufgestanden. Da wir uns noch nicht gesehen hatten, ließ er sich meinen Personalausweis zeigen und prüfte die Angaben genau. Ich kannte ihn sofort nach den Fotos wieder, die ich von ihm gesehen hatte. Dann fragte er, ob Beyerlein verhaftet sei. Als ich zurückfragte, wer das sei, schaute er mich erstaunt an und sagte: Beyerlein, der mit mir in der Hauptverwaltung der IG Metall gearbeitet hat und über mir wohnt, hat meine Entführung eingefädelt. Das habe er doch – über einen Zeitraum von anderthalb Jahren verteilt – aus Bautzen in verschlüsselter Form an seine Frau berichtet. Meine Unwissenheit bestürzte ihn, und er stellte mir – misstrauisch geworden – einige Fragen, die ich zu seiner Zufriedenheit beantworten konnte. Außerdem hatte ich einen Brief der IG Metall bei mir, der von Thönnessen unterschrieben war, dessen Schrift er kannte. Dann erzählte er, dass er Rechtsanwalt Wolff bei dessen Besuch in Bautzen am 28. April den Ablauf seiner Entführung geschildert habe mit der dringenden Bitte, dies dem Staatsrat zu übermitteln, was Wolff versprochen habe; er habe hinzugefügt, das sei auch im Westen bekannt, weil er dies verschlüsselt nach Frankfurt habe übermitteln können. Brandt berichtete: Bei einem Gewerkschaftstreffen im Herbst 1960 in Westberlin habe ihn Beyerlein mit einer jungen Frau, Eva Walter, bekannt gemacht. Sie habe ihm von ihren Eltern erzählt, die wie er im Dritten Reich verfolgt worden seien. Er habe Vertrauen zu ihr gefasst, und sie seien in Verbindung geblieben. Bis zu seiner Entführung habe er sie zweimal bei Berlin-Aufenthalten getroffen. Am 16. Juni 1961 nachmittags habe ihn Eva Walter erstmalig in ihre (angebliche) Wohnung mitgenommen, die in der Nähe des Schlossparktheaters Steglitz gelegen habe. Der Name der Straße sei ihm entfallen; es sei eine kurze Straße gewesen, die er bei einer Ortsbesichtigung wiedererkenne. Am Türschild der Wohnung habe er den Namen »Ast« gelesen. Nach etwa einstündigem Aufenthalt in der Wohnung habe er mit dem Taxi zu seinem Freund Professor Flechtheim nach Dahlem fahren wollen, wo er auch zur Übernachtung angemeldet war. Als er zur Toilette gegangen sei, müsse ihm die Frau ein Betäubungsmittel in sein Whisky-Glas getan haben. Das Haus habe er noch bei klarem Bewusstsein verlassen, dann Herzstiche gespürt und starken Schwindel empfunden. Die ihn begleitende Eva Walter habe um Hilfe gerufen, dann seien einige Männer auf ihn zugekommen, und er habe beim Zusammenbrechen noch einige Worte gehört, wie etwa »Auf dich haben wir lange gewartet«.

Als er aufgewacht sei, habe er vier Männer gesehen, die ihn beobachtet hätten. Er habe um Hilfe gerufen; daraufhin sei er mit einem Mundknebel am Schreien gehindert worden. Später habe man ihm ein Angebot gemacht: Er werde sofort freigelassen, wenn er in einer Pressemitteilung und im Radio erkläre, er sei aus Enttäuschung über den »Westen« freiwillig in die DDR zurückgekehrt. Das habe er trotz wiederholten Angebots abgelehnt. Brandt führte auf diese »Verhandlungen« mit ihm zurück, dass erst am 21. Juni nachmittags, also vier Tage nach seiner Verschleppung, bekannt gegeben worden sei, man habe ihn bei einem aktiven Spionageeinsatz im Bezirk Potsdam festgenommen. Beyerlein müsse der Urheber sein, weil ihm bei seinen späteren Vernehmungen Punkte vorgehalten worden seien, die nur dieser gekannt habe. Als er mit seiner Familie einen Urlaub in Dänemark verbracht und während dieser Ferienzeit ein Bekannter in seiner Wohnung gelebt habe, seien von ihm wichtige persönliche Unterlagen zur Aufbewahrung an Beyerlein, dem er vertraut habe, gegeben worden. Den Inhalt müsse Beyerlein in die DDR übermittelt haben.

Am Mittwoch, dem 20. Mai 1964, sei er von Bautzen nach Berlin überführt worden, am folgenden Samstag habe er einen Personalausweis bekommen mit der Aufforderung, am Montag, dem 25. Mai, einen Ausreiseantrag zu stellen. Er sei zu seinen Schwiegereltern entlassen worden. Er bat mich, ihm bei den Ausreiseformalitäten zu helfen. Gegen 9 Uhr verließen wir das Haus und gingen zur Volkspolizei, die sich für nicht zuständig erklärte und uns an das Rathaus in Pankow verwies. Dort füllte ich nach seinen Angaben den dreiseitigen Antrag aus und bat um beschleunigte Bearbeitung. Man schickte uns zu einem Kaufhaus mit einem Foto-Schnellautomaten, der angeblich kurz vor unserem Erscheinen reparaturbedürftig geworden war. Es gelang, einen Privatfotografen ausfindig zu machen, der allerdings erst am nächsten Nachmittag die Bilder anfertigen konnte. Meine Hoffnung, Brandt am Montag mitnehmen zu können, war damit gescheitert. Im Pankower Rathaus, wohin wir noch einmal gingen, sagte man uns, die Ausreise könne frühestens Mitte der Woche erfolgen. Brandt, der unter Schlaflosigkeit litt, wurde zusehends nervöser. Die Befürchtung, es könne im letzten Augenblick noch seine Ausreise verhindert werden, wenn im Osten bekannt werde, dass die IG Metall und die Familie ahnungslos seien, beherrschte alle seine Gedanken. Er drängte mich, sofort nach Westberlin zurückzukehren, meinen Flug nach Frankfurt umzubuchen und der Gewerkschaft alles zu berichten. Außerdem musste ich versprechen, in dieser Woche noch einmal nach Ostberlin zu kommen. Von Ostberlin rief ich nach erfolgter Umbuchung in Frankfurt an und bat die Vorstandssekretäre Thönnessen und Opel zum Flughafen Frankfurt, weil ich mit der letzten Maschine noch nach Düsseldorf fliegen musste. Denn am nächsten Tag musste ich unbedingt beim »Perser-Prozess« in Köln anwesend sein, da der Sachverständige Dr. Nollau sein Gutachten vortrug.

Thönnessen und Opel holten mich ab. Ich hatte bei dem Telefonat am frühen Nachmittag nur gesagt, ich müsse sie in einer äußerst wichtigen Angelegenheit noch heute sprechen. Meine erste Frage war: Wo ist Beyerlein? Sie schauten mich verständnislos an und antworteten: Von Beyerlein sei am 20. Mai ein Brief aus Wien eingetroffen, in dem er die fristlose Kündigung seines Arbeitsverhältnisses mit der IG Metall mitgeteilt habe. Nähere Auskünfte werde er später geben. Nun reimte sich alles zusammen: Brandt durfte noch nicht ausreisen, weil Beyerlein erst in Sicherheit gebracht, eventuelle Spuren beseitigt und vielleicht sogar ein Nachfolger gewonnen werden mussten. Am Mittwochabend erfuhr ich in einem Telefonat mit Frau Brandt, dass ihr Mann am nächsten Tag ausreisen dürfe; wenn möglich, möchte ich ihn abholen. Da Heinemann gerade zu einer kirchlichen Veranstaltung in Ostberlin war, vereinbarten wir, dass er Brandt von der Wohnung der Schwiegereltern nach Westberlin zum Flughafen begleiten solle, wo ich ihn zum gemeinsamen Flug nach Frankfurt in Empfang nehmen wollte. Ich traf rechtzeitig in Berlin ein, und wir flogen nach Frankfurt, wo uns neben der Familie und den Vertretern der IG Metall noch eine große Schar von Reportern erwartete. Auf Bitten Otto Brenners blieb ich noch am nächsten Tag in Frankfurt, wo wir eingehend besprachen, was zur weiteren Aufhellung der »Affäre« Beyerlein getan werden müsse. Es liefen nämlich Gerüchte, dieser habe nicht nur Mitwisser, sondern auch Helfershelfer in der IG Metall gehabt.

Gegen Beyerlein erstattete die Gewerkschaft Anzeige wegen Beihilfe zum Menschenraub; das Verfahren wurde vorläufig eingestellt, weil der Beschuldigte in die DDR übergesiedelt war. Otto Brenner hatte mich nach Rücksprache mit seinem Vorstandskollegen beauftragt, durch Befragen von Mitarbeiterinnen und Mitarbeitern der Vorstandverwaltung Klarheit zu gewinnen. Die Anhörungen führte ich am 2., 9. und 16. Juni 1964 in Frankfurt durch. Am 9. Juni wurde ich fündig. Eine Mitarbeiterin berichtigte ihre früheren falschen Angaben. Danach ergab sich folgendes Bild: Beyerlein, in dessen Abteilung sie arbeitete, hatte nach seinen Angaben am 12. Mai einen Anruf erhalten, sein in Österreich lebender Schwager sei lebensgefährlich erkrankt, er wolle seinen Schwager noch einmal sehen, deshalb werde er mit seiner Frau dorthin reisen. Diese Mitarbeiterin fuhr – wie lange geplant und bekannt – am 13. Mai für einige Tage zu einer Freundin nach Halle/Saale. Am Pfingstsamstag, dem 16. Mai, sei Beyerlein in einem PKW mit Berliner Kennzeichen in Begleitung eines Herrn zu ihr nach Halle gekommen. Ihre Urlaubsanschrift habe er gekannt. Er habe ihr zu Beginn einer fast zweistündigen Unterredung unter vier Augen 1000 DM gegeben, die sie zunächst nicht annehmen wollte, sie befürchtete Schwierigkeiten an der Zonengrenze, weil sie bei der Einreise genaue Angaben über die mitgeführte Geldmenge habe machen müssen. Er habe versichert, das gehe schon in Ordnung. Dann habe er ihr gesagt, »man« habe ihn erstmalig im Januar 1964 gewarnt. Brandt habe in Bautzen einem Mithäftling gesagt, Beyerlein habe ihm das alles eingebrockt. Einen zweiten Schock habe er beim Geburtstag von Frau Brandt am 1. April 1964 erhalten. Die habe neben anderen Kollegen der IG Metall ihn eingeladen und dabei auch von den monatlichen Briefen ihres Mannes berichtet. Er habe geschrieben, dass er seit einiger Zeit in Bautzen das »Neue Deutschland« lesen könne. Die Berichte über Strauß und Höcherl hätten ihn aufgeregt. Es sei »schon schlimm, so böse Bayerleins über sich zu haben«. Als er das gehört habe, sei er sehr erschrocken und hätte sich nur mühsam wieder fassen können. Mit dieser Briefstelle habe Brandt offensichtlich vor ihm warnen wollen, und er habe angenommen, dass Frau Brandt etwas gemerkt habe und seine Reaktion testen wolle.

In Wirklichkeit wurden die versteckten Hinweise nicht erkannt. Die wichtigste Warnung habe Beyerlein am 12. Mai 1964 mit der Nachricht erhalten, Brandt werde in Kürze entlassen. Er habe sich deshalb entschlossen, mit seiner Frau nach Wien zu fliegen und von dort mit dem Zug durch die Tschechoslowakei in die DDR zu fahren. Zwar sei er schuldlos am Verschwinden Brandts am 16. Juni 1961, doch gebe es leider Indizien, die gegen ihn sprächen und die er nicht widerlegen könne. So sei zum Beispiel richtig, dass er Brandt im Herbst 1960 zu einem Barbesuch in Westberlin eingeladen habe, bei dem Brandt eine attraktive Frau, Eva Walter, kennen gelernt habe, die mit seinem Verschwinden ein knappes Jahr später in Verbindung gebracht werde.

Beyerlein habe in Halle seine Mitarbeiterin gebeten, ihn über alle Vorgänge in der Gewerkschaft, die mit ihm oder Brandt zu tun hätten, genau zu unterrichten. Er nannte ihr zwei Deckadressen. Beyerlein habe ihr aufgetragen, die Briefe mit einer 0,05 DM Marke links und einer 0,15 DM Marke rechts zu frankieren. Als Absender könne sie irgendeine Anschrift aus dem Telefonbuch angeben. Er habe sie zu strengstem Stillschweigen verpflichtet. Sie habe das zugesagt, aus Angst, sonst nicht unbehelligt nach Frankfurt zurückreisen zu können. Wenn sie zu ihm nach Berlin kommen wolle, solle sie fliegen und von Tempelhof mit der U-Bahn zur Friedrichstraße fahren. Sie werde keine Schwierigkeiten beim Übergang haben. Zum Schluss des Gespräches habe Beyerlein den Begleiter herangerufen und gesagt: »G … wird schreiben und auch kommen. Sie wird meine Arbeit fortsetzen.« Nach Frankfurt am 19. Mai zurückgekehrt, habe sie die Unwissende gespielt und das Rätselraten über die Beweggründe für das Verschwinden von Beyerlein mitgemacht. Sie habe erfahren, dass Frau Brandt die Abreise Beyerleins für harmlos halte, zumal dieser an eine Mitbewohnerin geschrieben habe, er bleibe noch einige Tage fort und sie möge noch die Blumen gießen. Am 21. Mai hatte sie in einem Brief an die Deckadresse u.a. geschrieben: »Im Büro gibt es viel Arbeit. In unserem Haus hat ein Mann seine Familie verlassen. Die Familie rätselt über die Gründe … Die Leute im Parterre meinen, es werde sich sicher alles ganz harmlos aufklären.« Nach der Rückkehr Brandts und dessen Erklärungen über die Verschleppung habe sie das Versteckspiel nervlich nicht länger durchhalten können und wolle jetzt zur Aufklärung beitragen. Über die Sicherungsgruppe des Bundeskriminalamtes konnte schnell ermittelt werden, dass die beiden Deckadressen Anschriften des MfS waren. Am 26. Juni 1964 erreichte ein vom 23. Juni datierter Brief Beyerleins die IG Metall; ihm war eine sechsseitige »Stellungnahme zu den gegen mich ausgesprochenen Verdächtigungen« beigefügt. Den Vorgang in Halle und die Verpflichtung seiner »Nachfolgerin« ließ Beyerlein unerwähnt, weil er wohl zu diesem Zeitpunkt noch nicht wusste, dass die Mitarbeiterin sich offenbart hatte. Als Grund für seinen Übertritt in die DDR gab Beyerlein ausgerechnet den Fall »Knepper/Trost« bei der Gewerkschaft Textil-Bekleidung an: »Mir war damals klar geworden, in welcher Gefahr Gewerkschaftsfunktionäre angesichts der westdeutschen Justizpraxis schweben.« Nun war, wie bereits erwähnt, gerade in diesem Fall das Hauptverfahren nicht eröffnet, die Anklageschrift des Generalbundesanwalts nicht zugelassen und die beiden Angeschuldigten außer Verfolgung gesetzt worden.

Von Beyerlein war bekannt, dass er gleich nach Kriegsende Mitglied der KPD wurde. Erst später erfuhr ich aus zuverlässiger Quelle, dass Beyerlein 1945 von einem westlichen Geheimdienst in die KPD als V-Mann eingeschleust worden ist. Dieser Umstand muss zu einem nicht bekannten Zeitpunkt im Osten bekannt geworden und als Druckmittel gegen ihn benutzt worden sein, nunmehr für das MfS zu arbeiten.

Heinz Brandt trat einen längeren Erholungsurlaub an, bevor er in die Redaktion der Gewerkschaftszeitschrift zurückkehrte, und war mit seiner Frau auch Gast schwedischer Freunde und von Lord Russell. Soweit bekannt, war die Verschleppung Brandts die letzte Menschenraub-Aktion des MfS.

1967 erschien mit einem Vorwort von Erich Fromm das Buch »Ein Traum, der nicht entführbar ist«, in dem Heinz Brandt seinen Weg zwischen Ost und West schildert. Diese Lebenserinnerungen sind ein zeitgeschichtliches Dokument von hohem Rang. Zehn Jahre später wurde eine unveränderte Neuauflage veröffentlicht und 1985 eine um zusätzliche Beiträge erweiterte Taschenbuchausgabe publiziert. 1984 verlieh die Universität Osnabrück Heinz Brandt die Ehrendoktorwürde. Vor seinem Tode am 8. Januar 1986 erlebte er noch die große Freude, dass 1982 seine Schwester Lili, die vor Hitler in die Sowjetunion geflohen und dort als Ärztin tätig war, nach Deutschland zurückkehrte. Jahrzehntelang galt sie als verschollen. Als sie nach 17-jähriger Verbannung in Sibirien ein Lebenszeichen an ihren Bruder schikken konnte, vergingen noch Jahre, bis sie eine Ausreisegenehmigung in ihr Geburtsland erhielt.

Ebenso erging es Adele Herzberg, die als Lebensgefährtin von Richard Brandt mit diesem nach Moskau in die Emigration gegangen war. Nach dessen Erschießung durch die sowjetische Geheimpolizei im Juli 1938 musste sie bittere Jahrzehnte in Lagern und in sibirischer Verbannung verbringen. Die Tatsache, dass ihr Mann am 30. August 1956 durch das Militärkollegium des Obersten Gerichts der UdSSR postum rehabilitiert wurde, hatte nicht zu ihrer Freilassung geführt, ja sie wusste nicht einmal davon. Die Familie hielt sie für tot. Erst 1984 durfte sie die Sowjetunion verlassen und nach Deutschland ausreisen, wo sie ihre letzten Lebensjahre endlich zusammen mit ihren Angehörigen verbringen kann.

Otto Brenner: Erfahrungen mit einem Arbeiterführer

Durch die mehrjährigen gemeinsamen Bemühungen um Heinz Brandt hatte ich den damaligen Vorsitzenden der IG Metall näher kennen gelernt. Ich hatte schon immer großen Respekt vor Menschen empfunden, die sich, ohne die Chance, eine höhere Schule besuchen zu können, aus ärmlichen Verhältnissen in leitende Positionen hochgearbeitet hatten und dabei nicht überheblich geworden waren. Otto Brenner gehörte zu ihnen. 1907 geboren, erlebte er die Entbehrungen des Ersten Weltkrieges, aus dem sein Vater erst nach einigen Jahren französischer Kriegsgefangenschaft nach Hause zurückkehren konnte. Schon mit zehn Jahren trug er als Laufjunge zum Lebensunterhalt der Familie (Mutter und drei Geschwister) bei. Nach Schulentlassung wurde er Hilfsarbeiter, qualifizierte sich aber durch Abendkurse und Selbststudium als Betriebselektriker zum Facharbeiter. Sehr früh betätigte sich Brenner gewerkschaftlich und politisch. Im Dritten Reich wurde er schon Ende 1933 wegen »Vorbereitung zum Hochverrat« zu zwei Jahren Gefängnis verurteilt und unter ständige Polizeiaufsicht gestellt. Die Erfahrungen der NS-Zeit prägten sein politisches Bewusstsein. 1945 wurde der Sozialdemokrat Ratsherr seiner Heimatstadt Hannover und Abgeordneter des niedersächsischen Landtags, wo er den Vorsitz des Sozialausschusses übernahm. Sein eigentliches Betätigungsfeld war die gewerkschaftliche Arbeit. Bald nach Kriegsende als Bezirksleiter der IG Metall gewählt, rückte er schon im Dezember 1952 als Nachfolger des zum DGB-Vorsitzenden gewählten Walter Freitag in den Vorstand der IG Metall auf. Seit dem 15. September 1956 bis zu seinem Tode am 15. April 1972 war er der erste Vorsitzende seiner Gewerkschaft, seit 1961 auch der Präsident des Internationalen Metallarbeiter-Bundes, der mit zehn Millionen Mitgliedern in aller Welt die größte internationale Gewerkschaftsorganisation ist. Brenner, auf den keine Schablone passte, war ein überaus ernster, nüchterner und bescheidener Mann. Er diskutierte hart, aber sachlich und diszipliniert. Ein Volkstribun war er nicht. Er gehörte auch nicht zu den unbelehrbaren Fanatikern, weil er offen war für neue Erkenntnisse und aus Niederlagen und Irrtümern lernte. Sein Verhältnis zu den Bundeskanzlern Adenauer und Erhard war kühl-distanziert. Adenauer hielt ihn für gefährlich. Noch in einem Bericht vor dem CDU-Bundesvorstand vom 7. Februar 1962 warnte er vor der »Affinität« eines Teils der SPD »mit dem Kommunismus« und fuhr fort:

»Dann werden auch Mitglieder der SPD wie Brenner viel mehr zu sagen haben. Dann laufen wir Gefahr, dass wir im Laufe der weiteren Entwicklung in den russischen Sog kommen werden.«

Eine groteske Fehleinschätzung, denn Brenner war immer ein Gegner der kommunistischen Ideologie und der Zustände in der DDR. Sein Verhalten in der Verschleppungssache Brandt ist dafür ein Beispiel.

Auch in Wirtschaftskreisen wurde mit der Zeit erkannt und anerkannt, dass Brenner kein Dogmatiker war. So trennte er sich von der lange Zeit bejahten Forderung nach Sozialisierung wichtiger Industriezweige, als er nach sorgfältiger Beobachtung die Überzeugung gewann, dass die Interessen der Arbeitnehmer mittels Mitbestimmung in einer marktwirtschaftlichen Ordnung besser aufgehoben waren als in einem zentral gelenkten und geplanten System.

Berthold Beitz schätzte Brenner so sehr, dass er nach Rücksprache mit dem damals noch lebenden Alfried Krupp von Bohlen und Halbach bei der Neugründung des Aufsichtsrates der Fried. Krupp GmbH den Vorsitzenden der IG Metall als Vertreter der Anteilseigner und seinen Stellvertreter im Aufsichtsrat vorschlug. Brenner hat – wie Beitz unterstreicht – die Interessen der Firma Krupp und damit natürlich auch der Belegschaft nachdrücklich, insbesondere gegenüber Banken, vertreten und dem Aufsichtsrat bis zu seinem Tode angehört.

Helmut Brandt: Ein Irrtum der Bautzener Zuchthausverwaltung

Am 25. November 1974 erhielt ich als Justizminister in Düsseldorf einen Brief des Rechtsanwalts und Notars Dr. Dr. Helmut Brandt. Er bat mich um eine Unterredung in einer juristischen Angelegenheit, die nach unserem Gespräch am 2. Dezember 1974 auch positiv geregelt werden konnte. Der für mich interessante Punkt dieses Briefes war sein Hinweis, dass er vierzehn Jahre lang in DDR-Haftanstalten, darunter auch in Bautzen, verbracht habe und 1964 zu den ersten politischen Häftlingen gehörte, die freigekauft worden waren.

In dem Brief hieß es: »Offiziell ist es mir niemals mitgeteilt worden, aber einem damaligen Gerücht unter den politischen Häftlingen im berüchtigten Bautzener Objekt II zufolge sollen Sie bei einem dortigen Besuch als Strafverteidiger auch nach mir gefragt haben … es hätte mich schon interessiert, ob das seinerzeitige Bautzener Gerücht den Tatsachen entsprach.«

Es ist richtig, dass ich am 18. November 1963 in Bautzen II als Rechtsanwalt gewesen war. Diese Möglichkeit hatte mir Kaul in der Sache des ursprünglich zum Tode verurteilten Heinz Benster eröffnet. Es trifft auch zu, dass ich unter vier Augen dem stellvertretenden Anstaltsleiter in Bautzen gesagt habe, es sei im Westen bekannt, dass auch Herr Brandt hier einsitze, und ich könnte nur raten, ihn gut zu behandeln. Allerdings meinte ich Heinz Brandt; von Helmut Brandt in Bautzen wusste ich damals nichts. Der Anstaltsleiter muss meine Bemerkung auf den anderen Brandt bezogen haben. Ich weiß noch immer nicht, wie die Tatsache meines Besuches und mein Name den politischen Häftlingen mitgeteilt worden ist. Jedenfalls sagte mir mein Besucher, von diesem Zeitpunkt an sei er wesentlich besser behandelt worden als vorher. Übrigens sind sich wegen der strengen Isolierhaft die beiden Brandts in Bautzen nie begegnet.

Helmut Brandt hatte wegen seiner politischen Überzeugung auch ein besonders schweres Schicksal zu tragen: Der Mitbegründer der Ost-CDU in Berlin war von Oktober 1949 bis zu seiner Festnahme im September 1950 Staatssekretär im DDR-Justizministerium. Nach vierjähriger absoluter Isolierhaft in einer Zelle mit Kübel ohne Wasserleitung im MfS-Gefängnis Berlin-Hohenschönhausen wurde er zu zehn Jahren Zuchthaus verurteilt.

Angeblich sollte er einer Verschwörergruppe um den zeitweiligen DDR-Außenminister Dertinger angehört haben, die den Plan gehabt hätte, die DDR »in den amerikahörigen imperialistischen und militaristischen Bonner Staat« einzugliedern. 1958 wurde Brandt mit einer Aufenthaltsbeschränkung für Dresden entlassen. Zwei Tage nach seiner Entlassung wurde er bei einem Fluchtversuch nach Westberlin wieder festgenommen und wegen »Spionage, staatsfeindlicher Hetze, Propaganda und Abwerbung« erneut zu zehn Jahren Zuchthaus verurteilt. Insgesamt 14 Jahre Freiheitsentzug ohne anwaltliche Betreuung, ohne Besuchsmöglichkeit, davon neun Jahre ohne Briefverkehr und neun Jahre ohne Zeitung und Radio. Zweieinhalb Jahre ohne Freistunde. Das ist fast mehr als ein Mensch erdulden kann, ohne zu zerbrechen. Ich bin dankbar dafür, dass ich – wenn auch durch einen Irrtum der Anstaltsleitung – einen kleinen Beitrag leisten konnte, ihm wenigstens die letzten neun Monate seines grausamen Freiheitsentzuges zu erleichtern.

Der Fall Heinz Benster: Ein in der DDR zum Tode Verurteilter will nach seiner Begnadigung nicht in den Westen

Es war Mitte August 1962. Meine Frau und ich hatten uns auf ein ruhiges Wochenende gefreut. Auch in den folgenden zwei Wochen sollte es nur wenige Terminverpflichtungen geben, so dass ich öfter als sonst zu Hause sein konnte. Das war uns umso lieber, als wir im September unser drittes Kind erwarteten. Aber es kam anders. Am frühen Abend des 18. August 1962 läutete das Telefon. Zu meiner Überraschung meldete sich ein Ermittlungsrichter beim Bundesgerichtshof. Er sagte lediglich, er sei in etwa zwei Stunden bei mir, ich solle die Wohnung nicht verlassen. Ehe ich nach Einzelheiten fragen konnte, hatte er schon aufgelegt. Ich verließ sofort die Wohnung und sagte meiner Frau, die im Kinderzimmer war, nur, ich müsse zu Heinemanns, käme aber bald zurück. Dass Gustav Heinemann zu Hause war, wusste ich, weil er beim Doppelkopf-Spiel am Vortage davon gesprochen hatte, er wolle an diesem Abend einen Artikel schreiben. Die Entfernung zu seinem Haus in der Essener Schinkelstraße 34 betrug von meiner Wohnung etwa 500 m, so dass ich wenige Minuten später bei ihm war. Angemeldet hatte ich meinen unerwarteten Besuch nicht, weil ich damit rechnete, dass mein Telefon abgehört würde. Heinemann öffnete selbst und fragte, was passiert sei, da ich offensichtlich erregt war. Ich berichtete ihm von dem Anruf und fügte hinzu, dieser Richter sei zuständig für den Erlass von Haftbefehlen in Staatsschutzsachen; meine Befürchtung sei, dass ich das Opfer von nachrichtendienstlichen Desinformationen sein könnte. Meine Tätigkeit bei DDR-Justizbehörden, insbesondere in der Verschleppungssache Heinz Brandt, könnte »Falken« im DDR-Apparat veranlasst haben, mich durch eine gezielte Falschmeldung beim Bundesnachrichtendienst anzuschwärzen und zeitweilig auszuschalten. Ebenso bestehe die Möglichkeit, dass die Initiative von hiesigen Stellen ausgehe, denen ich als kritischer Verteidiger in zahlreichen politischen Strafverfahren unliebsam aufgefallen sei und die deshalb meine vorübergehende Ausschaltung betreiben würden. Eine dritte Möglichkeit sei eine als Warnschuss zu verstehende Aktion, ähnlich wie das Ermittlungsverfahren gegen mich 1955 wegen eines Beweisantrages im Strafprozess gegen drei Mitglieder der Gesellschaft für deutsch-sowjetische Freundschaft beim BGH. Heinemann hörte mir ruhig zu und meinte trocken, ein Richter, der mir einen Haftbefehl verkünden wolle, werde sich wohl nicht telefonisch anmelden, sondern durch eine

– notfalls unter einem Vorwand erfolgende – polizeiliche Nachfrage feststellen lassen, ob ich zu Hause sei. Der Hinweis beruhigte mich nicht, zumal der Besuch eines Richters, der nicht zu meinem Freundeskreis gehörte, an einem späten Samstagabend ganz ungewöhnlich war. Ich versicherte, dass ich mich in jeder Hinsicht korrekt verhalten hätte, und ermächtigte ihn, von dieser Erklärung überall Gebrauch zu machen. Beim Abschied gab ich ihm eine von mir unterschriebene Strafprozessvollmacht; trotz aller Eile des Aufbruchs hatte ich zu Hause vorsorglich ein Formular eingesteckt. Nach meiner Rückkehr erzählte ich meiner Frau, dass in etwa einer Stunde ein Richter kommen werde.

Kurz nach 21 Uhr schellte es. Wir wohnten damals in der ersten Etage eines Mehrfamilienhauses in der Richard-Wagner-Straße. Nach dem Öffnen kam der erwartete Besucher – jeweils zwei Stufen nehmend – die beiden Treppen hoch. Bei der Begrüßung sah ich das auffallend bleiche Gesicht des Richters, der mir – noch ehe er Platz genommen hatte – eröffnete, ich müsste sofort nach unserem Gespräch nach Berlin fahren und Kontakt zu Rechtsanwalt Dr. Kaul aufnehmen. »Es geht um Leben oder Tod.« Selten war ich so verblüfft. Mein Besucher schilderte kurz den Sachverhalt: Ein Angehöriger der Volkspolizei habe einige Jahre für eine Bundesbehörde gearbeitet, seine Tätigkeit sei entdeckt und er zum Tode verurteilt worden. Seine Frau sei wegen Beihilfe mit einer mehrjährigen Freiheitsstrafe belegt worden, die sie in einer Frauenhaftanstalt verbüße. Ein westlicher Nachrichtendienst habe unserer zuständigen Behörde mitgeteilt, die Vollstreckung des Todesurteils werde am kommenden Montag in der Morgenfrühe erfolgen.

Daraufhin habe es eine Krisensitzung in Bonn gegeben mit dem Ergebnis, mich zu beauftragen, Verbindung zu Rechtsanwalt Dr. Kaul herzustellen, um das Leben dieses Mannes zu retten. Falls ich wegen des Wochenendes Herrn Kaul nicht bis zum Sonntagabend erreichen könne, sei ich ermächtigt, das Ministerium für Staatssicherheit oder jede andere Behörde in Ostberlin unmittelbar zu kontaktieren. Da 1962 schon die Aufnahme einer Beziehung zu einem östlichen Nachrichtendienst strafbar war, meinte der Richter, meine eventuellen Verhandlungen mit dem Staatssicherheitsdienst seien durch den Rechtfertigungsgrund der Rettung eines Menschenlebens gedeckt. Auf jeden Fall müsse ich einen Aufschub der Hinrichtung erreichen, damit über einen Austausch oder eine andere Gegenleistung verhandelt werden könne. Kaul hatte mir vor einiger Zeit seine private Telefonnummer in Ostberlin gegeben, und ich läutete noch in Anwesenheit des Richters durch, aber es meldete sich niemand, was an einem Samstagabend nicht überraschend war, zumal ich wusste, dass Kaul und seine Frau gern Theatervorstellungen und Konzerte besuchten. Ich erklärte mich bereit, den Auftrag zu übernehmen. Der Richter sagte mir noch, dass er nur die Verbindung zu mir hergestellt habe. Der weitere Kontakt werde durch einen süddeutschen Anwalt stattfinden, der seinerseits von der zuständigen Bundesbehörde beauftragt werde. Ich könne also in Ostberlin wahrheitsgemäß erklären, dass ich keine unmittelbare Verbindung, etwa zum BND, hätte. Meinem Besucher schlug ich vor, die erste Flugverbindung von Düsseldorf nach Berlin zu nehmen, und buchte in seinem Beisein bei der Air France die Maschine, die am Sonntag, dem 19. August, um 8.45 Uhr nach Berlin-Tegel flog. Nachdem der Richter gegangen war, versuchte ich noch mehrfach bis gegen Mitternacht vergeblich, Kaul telefonisch zu erreichen. Der Flug am nächsten Morgen verlief planmäßig. Vom Flughafen Tegel fuhr ich mit einem Taxi zum Übergang Bahnhof Friedrichstraße, wo noch wenig Andrang war, tauschte Geld ein und versuchte erneut, Kaul zu erreichen. Seine Wohnungsanschrift kannte ich nicht; sie stand auch nicht im Telefon- oder Adressbuch. Ich wäre andernfalls dorthin gefahren, um vielleicht bei Nachbarn oder Hausbewohnern zu erfahren, ob Kaul etwa in Urlaub sei. Aus Erzählungen wusste ich, dass Kaul neben seiner Anwaltstätigkeit als Justiziar für den Hörfunk und das Fernsehen arbeitete, ja sogar regelmäßige Sendungen moderierte. Deshalb nahm ich ein Taxi und fuhr zunächst zum Deutschlandsender. Dort ließ ich mich beim Chef vom Dienst melden und fragte, ob man wisse, wo ich in einer dringenden Angelegenheit Dr. Kaul erreichen könne. Es war inzwischen 11 Uhr geworden, und die Zeit rann dahin. Der Dienst tuende Redakteur gab sich nach Rückfrage mit meiner Antwort, es gehe »um Leben oder Tod« und morgen sei es zu spät, zufrieden und nannte mir mit der inständigen Bitte, die Nummer nicht weiterzugeben, den Privatanschluss Kauls. Doch diese Telefonnummer hatte ich schon vergeblich von Essen und in Berlin mehrfach angerufen. Mein Gesprächspartner bedauerte, mir nicht weiterhelfen zu können. Meine nächste Station war das Fernsehen in Berlin-Adlershof, wo ich gegen 11.30 Uhr eintraf. Wieder fand ich in einem leitenden Herrn, der telefonisch herbeigerufen worden war, einen hilfsbereiten Zuhörer, der mir ebenfalls die private, mir bereits bekannte Telefonnummer gab. Inzwischen war mir klar geworden, dass mir jetzt nur noch die unmittelbare Kontaktaufnahme mit dem Staatssicherheitsdienst weiterhelfen konnte. Als ich dies erwähnte und hinzufügte, es gelte, in letzter Minute eine Hinrichtung zu verhindern, stellte der Herr eine telefonische Verbindung zu einer Schauspielerin in Ostberlin her. Vorher hatte ich versprechen müssen, nicht zu verraten, woher ich den Tipp erhalten hatte, denn die Rufnummer dieser Schauspielerin stand ebenfalls nicht im Telefonbuch. Als nach dem Anwählen das Freizeichen ertönte, gab er mir den Hörer. Ich fragte die Dame, ob sie wisse, wo Prof. Dr. Kaul zu erreichen sei; ich müsste ihn noch heute in einer Angelegenheit sprechen, die keinen Aufschub bis morgen vertrage. Erwartungsgemäß wurde ich gefragt, wer mir ihre Telefonnummer gegeben hätte. Ich antwortete ausweichend, es sei ein gemeinsamer Bekannter von Herrn Kaul und mir gewesen, der aber nicht genannt werden wolle. Die Dringlichkeit meines Kontaktes zu Kaul unterstrich ich wieder mit dem Satz, es gehe um Leben oder Tod, sie könne dabei helfen, ein Menschenleben zu retten. Schließlich bestätigte sie, mit dem Ehepaar Kaul befreundet zu sein und auch zu wissen, wo sich beide außerhalb Berlins befänden.

Allerdings sei sie unschlüssig, ob sie einem ihr Unbekannten am Telefon die Rufnummer geben könne, und zudem wisse sie nicht, ob die Kauls mit der Weitergabe einverstanden seien. Ich schlug ihr vor, sie möge sich bei Kauls danach erkundigen, dabei aber auch auf die Dramatik der Sache hinweisen. Sie nannte mir dann doch den Aufenthalt ihrer Freunde an dem mecklenburgischen Feldberg-See im Kreise Neustrelitz, rund anderthalb Autostunden von Berlin entfernt, sowie die Telefonnummer Feldberg 153. Ich bedankte mich sehr für die Hilfe und wählte die mir genannte Rufnummer. Es meldete sich Frau Kaul. Es war ein Glück, dass ich sie einige Jahre vorher in Karlsruhe kennen gelernt und in unregelmäßigen Abständen wiedergesehen hatte. Sie sagte mir, ihr Mann sei mit dem Motorboot auf dem See und sie erwarte ihn um 14 Uhr zum Essen zurück. Frau Kaul schlug vor, gegen 14.30 Uhr erneut anzurufen.

Als ich Kaul dann bei meinem Anruf sagte, ich müsste ihn noch heute sprechen, lehnte er sofort ab. Er habe dringend eine Erholungspause nötig, sei völlig überarbeitet und überdies mit seiner Frau erst zwei Tage in ihrem Wochenendhaus am See; ein Treffen in Berlin sei frühestens in einer Woche möglich. Nachdem er dies in der ihm eigenen impulsiven Art »losgeworden« war, fragte er, warum ich denn sogar an einem Sonntag nach Berlin gekommen sei. Nachdem ich ihm den Grund genannt hatte, sagte er aufseufzend »Na, endlich!«, und verabredete sich mit mir um 21 Uhr im Restaurant »Newa«, wo er einen Tisch bestellen werde. Aus einschlägigen Berichten wusste ich, dass das »Newa« das bekannteste Agentenlokal zwischen Berlin und Wladiwostok war. Ich fuhr nicht nach Westberlin zurück, sondern blieb im Osten der Stadt, machte nach dem verspäteten Mittagessen einen mehrstündigen Spaziergang und erkundigte mich, in welchem Stadtbezirk das »Newa« lag. Auch Kaul war pünktlich. Er hatte einen Tisch ausgesucht, der mit einigen anderen Tischen auf einem erhöhten Teil des Restaurants, einer Art Bühne, stand. Als wir Platz genommen hatten, meinte er lachend, jetzt werde den Beobachtern aus Ost und West ein Stein vom Herzen fallen. Ich schilderte Kaul meinen Auftrag und bat ihn, als Erstes den Aufschub der für den nächsten Morgen vorgesehenen Hinrichtung zu erreichen. Er ging zum Telefon und kehrte nach etwa zehn Minuten mit dem Bemerken zurück, er habe mit »Erich« gesprochen, der Hinrichtungstermin sei verschoben worden. Nach Lage der Dinge konnte mit »Erich« nur der Minister für Staatssicherheit, Erich Mielke, oder der im Politbüro der SED für Sicherheitsfragen zuständige Erich Honecker gemeint sein. Ich fragte nicht nach, weil es mir unwichtig zu sein schien: Später wurde mir klar, dass Honecker Kauls Gesprächspartner gewesen war.

Kaul, der sehr aufgekratzt war, versicherte, er werde alles ihm Mögliche tun, eine Vollstreckung des Todesurteils zu verhindern, ich wisse ja von ihm seit langem, dass er ein überzeugter Gegner der Todesstrafe sei. Man habe sich gewundert, dass die Bundesregierung so lange mit ihrer Rettungsaktion gewartet habe; es sei um ein Haar zu spät gewesen. Ich nannte ihm den Grund; der Bundesregierung könne man keinen Vorwurf machen. Verärgert war er darüber, dass er wiederholt als Verteidiger in politischen Strafverfahren von bundesdeutschen Gerichten ausgeschlossen worden sei, obwohl er keinen Anlass zu einer solchen ihn diskriminierenden Maßnahme gegeben habe. Dann erzählte er aus seinem Leben, wie immer interessant und eindrucksvoll.

Lachend berichtete er mir, sein Vater habe als Kaufmann immer das Ziel gehabt, so reich zu werden, dass er im kapitalistischen Staat von den Zinsen seines Vermögens hätte leben können. Das habe er aber nie erreicht. Er dagegen lebe von den Zinsen seines Vermögens im sozialistischen Staat und habe es nicht nötig, sich ständig von Bonn treten zu lassen. Sein Vermögen habe er nicht durch seine Anwaltstätigkeit, sondern durch seine umfangreichen schriftstellerischen Arbeiten erworben. Auf meinen Einwand, auf Grund seiner Beziehungen sei für den Druck seiner Bücher sicher viel Papier für hohe Auflagen zur Verfügung gestellt worden, erwiderte er, die Nachfrage nach seinen Veröffentlichungen sei so groß, dass es zwangsläufig zu hohen Auflagen komme. Die Bücher seien keine Ladenhüter. Sein Vermögen mache ihn auch in der DDR unabhängig. Deshalb kritisiere er – allerdings intern – manche unerträglichen Urteile der DDR-Gerichte und habe schon in vielen Fällen helfen können. Dass Kaul nicht übertrieb, habe ich immer wieder feststellen können. So schilderte mir – um ein Beispiel zu nennen – Walter Nienhagen, der seit 1984 Landrat des Kreises Siegen-Wittgenstein ist, viele Jahre später, dass Kaul sich erfolgreich für seine vorzeitige Freilassung eingesetzt habe. Nienhagen war 1947 aus jugoslawischer Kriegsgefangenschaft in seine sächsische Heimat zurückgekehrt und Mitglied der Liberaldemokratischen Partei geworden. Dem Ostbüro der SPD, zu dem er Kontakt hielt, meldete er Verhaftungen, die aus politischen Gründen erfolgt waren. Diese Kontakte wurden entdeckt. Nach seiner Verhaftung am 11. November 1948 wurde er im Januar 1950 von einem Sowjetischen Militär-Tribunal (SMT) wegen Spionage, antisowjetischer Propaganda und illegaler Gruppenbildung zu 25 Jahren Arbeitslager verurteilt. Nach der Verurteilung wurde er in das Zuchthaus Bautzen gebracht und war zeitweilig mit einem Neffen

Ulbrichts inhaftiert. Ende 1955 erfolgte eine Herabsetzung seiner Strafe auf zwölf Jahre, so dass die Haftentlassung bei Anrechnung der 14-monatigen Untersuchungshaft erst Ende 1960 erfolgt wäre. Zum Glück hatte Nienhagen eine couragierte Tante, die 1955 an Kaul schrieb, sie hätte in der Zeitung von der Verteidigung politischer Gefangener durch Kaul in Westdeutschland gelesen. Sie habe einen Neffen, der als nicht einmal Zwanzigjähriger zu Unrecht zu 25 Jahren Freiheitsentzug verurteilt worden sei; ob er auch diesem helfen könne. Kaul antwortete der Tante, einer unpolitischen und gesellschaftlich einflusslosen Bürgerin in der DDR, sie möge ihm nähere Angaben machen. Nach Erhalt der Unterlagen teilte Kaul mit, er werde sich für den Neffen beim Generalstaatsanwalt Melsheimer einsetzen, um eine vorzeitige Entlassung zu erreichen. Er besorgte der Tante auch eine Besuchserlaubnis für das Zuchthaus Bautzen; sie konnte ihrem Neffen sogar den Zeitpunkt seiner Entlassung – Ende November 1956 – ankündigen. Eine Honorarforderung hat Kaul nicht gestellt. Tatsächlich wurde der Neffe am 29. November 1956, nach über achtjähriger Untersuchungs- und Strafhaft, bedingt zur Bewährung entlassen. Walter Nienhagen bewährte sich in der Bundesrepublik. Er studierte Sozialwissenschaften und war seit dem 12. Januar 1962 bei den Stahlwerken Süd-Westfalen tätig, zuletzt als Sozialdirektor. 1964 wurde er Mitglied des Gemeinderates Geisweid; seit 1969 gehörte er dem Kreistag Siegen an.

Ich nutzte die Gelegenheit, um Kaul auf Heinz Brandt anzusprechen, der drei Monate vorher zu 13 Jahren Zuchthaus verurteilt worden war. Ich sagte Kaul, ich könne es nicht verstehen, warum sich die DDR durch diesen Fall so viel Ärger auflade. Stärker hätte sie ihr Ansehen gar nicht beeinträchtigen können als durch die Verschleppung ihres Opfers, eines von Hitler verfolgten Juden und Kommunisten, der außerdem Redakteur bei der Gewerkschaft sei, die in der DDR-Presse von allen Gewerkschaften in der Bundesrepublik am häufigsten erwähnt werde. Kaul gab dies zu; wenn meine Vermutung einer Entführung zutreffend sei, dann sei das Ganze »ausgesprochen idiotisch« gewesen. Bei einem späteren Treffen sagte ich, beim Verbrechen des Menschenraubes höre bei mir jedes Verständnis auf, worauf er erwiderte: »Da haben Sie vollkommen Recht.«

Kurz vor Mitternacht, dem letztmöglichen Zeitpunkt, setzte Kaul mich am Übergang Friedrichstraße ab, und ich war froh, von meinem Westberliner Hotel aus bei einem Telefonat das vereinbarte Stichwort übermitteln zu können. Am nächsten Tag traf ich abends zum ersten Mal meinen süddeutschen Anwaltskollegen, Dr. Hopmeier, der mir auch einige Wünsche seiner »Mandantschaft« überbrachte. Bei unserer Trennung hatte Kaul erklärt, wir müssten so schnell wie möglich zu einem Verhandlungsergebnis kommen, er werde sich »bei seinen Leuten« um eine Klärung bemühen; er hoffe, mir Mitte der Woche einen Besprechungstermin nennen zu können. Bei einem Telefonat wurde das Treffen für Montag, den 27. August 1962, vormittags 9 Uhr, in seiner Anwaltskanzlei in der Wilhelm-Pieck-Str. 11, festgelegt. Zu Beginn des Gesprächs, bei dem keine dritte Person zugegen war, versicherte Kaul, dass er zu verbindlichen Erklärungen autorisiert sei. Der Verurteilung läge ein besonders gravierender Sachverhalt zu Grunde. Das Gericht habe antragsgemäß auf Todesstrafe erkannt. Auf Grund meiner Intervention sei die Entscheidung über die Vollstreckung des Todesurteils bis Donnerstag, den 30. August 1962, aufgeschoben worden. Eine starke Meinungsströmung in der zuständigen Instanz fordere die Vollstreckung aus Abschreckungsgründen mit der Begründung: Wenn dieser schwer wiegende Fall von erwiesener Spionage durch Austausch »erledigt« werde, dann sei das eine Ermutigung für potenzielle neue Täter. Die Bereitschaft zum Austausch sei in der gegenwärtigen gespannten politischen Situation ein erhebliches Entgegenkommen der DDR. Ich erwiderte, dass ich keine Vorschläge zu machen hätte, sondern lediglich die Wünsche der DDR für einen Austausch weitergeben könne. Allerdings gebe es für deren Annehmbarkeit sachliche und personelle Grenzen: So dürften keine politischen Forderungen mit dem Austausch verknüpft werden, z.B. die völkerrechtliche Anerkennung der DDR durch die Bundesregierung, und es müsse die Zustimmung der vom geplanten Austausch betroffenen Personen vorliegen: Kaul diktierte dann in meinem Beisein einen Aktenvermerk, den er mir zur Weiterleitung mitgab. Darin hieß es u.a. :

> »Angesichts der qualifizierten Schwere der Tat (des zum Tode verurteilten) ist mit einer Vollstreckung noch im Laufe dieser Woche zu rechnen. Dementsprechend muss die Prüfung der von Rechtsanwalt Dr. Posser vorgeschlagenen gegenseitigen Begnadigung bis spätestens Donnerstag, den 30. August 1962, abgeschlossen sein. Für die Umwandlung der Todesstrafe und den Erlass der umgewandelten Strafe wird die Freilassung von Oskar Neumann und von Richard Scheringer verlangt. Es soll vermieden werden, dass die gegenseitige Begnadigung in der Öffentlichkeit bekannt gemacht wird, insbesondere wird die gegenseitige Verpflichtung eingegangen, die Begnadigung und die Personen, die von ihr betroffen werden, nicht zu irgendwelchen Propagandazwecken zu benutzen.«

Mündlich ergänzte Kaul: Die Übergabe von Oskar Neumann bzw. des zu begnadigenden Todeskandidaten solle am Freitag, dem 31. August 1962, um 18 Uhr am Übergang Invalidenstraße stattfinden. Richard Scheringer werde im Bundesgebiet bleiben.

Scheringer war durch Urteil des BGH vom 13. Juli 1956 wegen Vorbereitung eines hochverräterischen Unternehmens (Mitwirkung am KPD-»Programm der nationalen Wiedervereinigung«) zu zwei Jahren Gefängnis verurteilt worden, von denen einige Monate durch die angerechnete Untersuchungshaft verbüßt waren. Die größere Reststrafe war durch Gnadenentscheidung des Bundespräsidenten Heuss zur Bewährung ausgesetzt worden. Nach Ablauf der mehrjährigen Bewährungszeit, aber vor dem formellen Erlass der Strafe, war die Gnadenentscheidung widerrufen worden, weil Scheringer wegen Beleidigung des Bundesverteidigungsministers zu einer Geldstrafe verurteilt worden war. Im August 1962 saß Scheringer in Strafhaft ein und verbüßte seit dem 8. November 1961 die Reststrafe aus dem Jahre 1956. Dem Bundespräsidialamt lagen zahlreiche Gnadengesuche aus der Bevölkerung des Wohnortes, einschließlich des Bürgermeisters und des Ortsgeistlichen, vor, so dass Bundespräsident Lübke ohne Schwierigkeiten einen neuen Gnadenerweis vornehmen konnte.

Anders lagen die Dinge bei Oskar Neumann. Er war durch Urteil des BGH vom 2. August 1954 wegen seiner Tätigkeit im »Hauptausschuss für Volksbefragung« wegen »Staatsgefährdung« zu drei Jahren Gefängnis verurteilt worden. Einige Jahre nach dem Verbot der KPD war Neumann illegal in das Bundesgebiet eingereist und für die verbotene KPD bis zu seiner Entdeckung und Verhaftung am 5. Juli 1961 tätig gewesen. Zunächst verbüßte er eine Reststrafe aus der 1954 erfolgten Verurteilung, aber es bestand wegen seiner illegalen KPD-Arbeit ein Haftbefehl des BGH. Dieser konnte nicht aufgehoben werden, weil seine Gründe (Tatverdacht bezüglich der illegalen Tätigkeit; Flucht- und Verdunklungsgefahr) fortbestanden. Also musste seine Übergabe trotz bestehenden Haftbefehls und ohne Unterrichtung der Bundesrichter vorgenommen werden. Die rechtliche Krücke war die Berufung auf einen »übergesetzlichen Notstand«. Sogar Bundeskanzler und Bundesjustizminister sollen eingeschaltet worden sein und diesem Vorgehen zugestimmt haben. Adenauer mit den Worten: »Wenn uns der übergesetzliche Notstand hilft, ein Menschenleben zu retten, dann machen wir das. Leben hat Vorrang.« Also telegrafierte ich innerhalb der gesetzten Frist am Mittwoch, dem 29. August, um 20.20 Uhr, an Kaul: »Vorschläge angenommen stop Abwicklung wie vereinbart Freitag 18 Uhr«.

Am folgenden Tag erreichte mich um 18 Uhr ein Blitztelegramm Kauls: »Formalitäten bis zum vorgeschlagenen Termin noch nicht erledigt stop gebe im Laufe des morgigen Tages neuen Termin durch«. Bei dem am 31. August 1962 geführten Telefonat teilte Kaul mir mit, dass ein Austausch nicht möglich sei: Neumann sei Bundesbürger und müsse in der Bundesrepublik bleiben; B. sei Bürger der DDR und könne nicht in die Bundesrepublik überstellt werden. Er machte ein neues Angebot: Gegen Freilassung von Neumann und Scheringer werde die gegen B. verhängte Todesstrafe in eine Zuchthausstrafe umgewandelt. Ich sagte zu, dieses neue Angebot weiterzugeben, brachte aber zum Ausdruck, dass die Annahme nach meiner Beurteilung unwahrscheinlich sei. Anschließend verständigte ich meinen süddeutschen Kollegen, der ebenfalls tief enttäuscht war. Nach einigen Telefongesprächen kam es zu einem neuen Treffen mit Kaul am Mittwoch, dem 5. September 1962, in Hannover. Kaul übergab mir ein Papier, dessen wesentliche Punkte Folgende waren:

Die gegen B. ergangene Todesstrafe wird im Gnadenwege in 15 Jahre Zuchthaus umgewandelt. Kaul übernimmt die anwaltliche Betreuung des Verurteilten und seiner gleichfalls verurteilten Ehefrau im Hinblick auf eine im Rahmen der für die DDR geltenden gesetzlichen Bestimmungen zu erwirkenden späteren weiteren Begnadigung mit dem Ziel einer Herabsetzung der zu verbüßenden Strafe bzw. eines Erlasses der nach Teilverbüßung verbleibenden Reststrafe.

Neumann wird freigelassen und an die Grenze der DDR überstellt.

Scheringer wird freigelassen und kehrt auf den Dürrnhof in Köchingen Krs. Ingolstadt zurück.

Ich besprach mit Kaul, wann und wie ich Gewissheit über die Umwandlung der Todesstrafe und ein Gespräch mit dem Verurteilten erhalten könnte; außerdem wollte ich wissen, in welchem Zeitraum die weitere Herabsetzung der Strafe und die mit einer Ausreisegenehmigung für Benster und seine Familie verbundene Freilassung erfolgen würden. Kaul erklärte, dass sich die Abwicklung in drei Etappen vollziehen solle, wobei der erste Schritt in etwa einem Monat vorgenommen werde. Als Endtermin nannte er »ungefähr Ostern 1963« und bot mir ein Gespräch mit dem Verurteilten in Ostberlin an.

Mit dem neuen Angebot Kauls flog ich zurück. Man war bereit, das Angebot anzunehmen, wollte aber verständlicherweise Gewissheit haben, dass Kauls mündliche Erklärungen auf bindenden und autorisierten Zusicherungen basierten. Am 12. September traf ich mich wieder mit Kaul in seiner Anwaltskanzlei. Er zeigte mir dabei ein vom 10. September 1962 datiertes Dokument des Staatsrates. Es hatte folgenden Inhalt:

»Kanzlei des Staatsrates
Hauptabteilung III
Die vom Bezirksgericht Halle am 26. 7. 1962 gegen Heinz Benster, geb. 15. 12. 1928 in Bernburg, ausgesprochene Todesstrafe wird gnadenweise in eine Freiheitsstrafe in Höhe von 15 Jahren umgewandelt.
gez. W. Ulbricht
bestätigt Bluhm
Leiter der Gnadenabteilung«

Ich trug Kaul den Wunsch vor, noch mit einer verantwortlichen Behörde der DDR sprechen zu können, die über die weiteren Schritte in der Angelegenheit unterrichtet sei, um von dieser die Bestätigung zu erhalten, dass – wie Kaul mir am 5. September in Hannover erklärt hatte – nach Herabstufung der Freiheitsstrafe in Etappen die Haftentlassung und Ausreise »ungefähr zu Ostern 1963« erfolgen werden. Diesen Wunsch wies Kaul heftig zurück und wertete ihn als ein Zeichen von Misstrauen. Er versicherte, dass alles so, wie er es mir gesagt habe, mit der entscheidenden Stelle abgesprochen sei. Dass man sich auf sein Wort verlassen könne, wisse der BND aus anderen Zusammenhängen. Ich erwiderte, ihm gegenüber bestehe kein Misstrauen, aber die gewünschte Rückversicherung sei doch bei einer derart diffizilen Sache verständlich, bei der die eine Seite voll liefern solle, die andere Seite aber einen wesentlichen Teil ihrer Leistung gestundet haben wolle. Dabei erinnerte ich Kaul an ein Wort eines seiner Bekannten, das er mir früher einmal erzählt hatte: Er führe seine Prozesse so, wie er sein Auto fahre – mehr auf den Effekt als auf die Sicherheit der Beteiligten bedacht. Was denn, so fragte ich, geschehen solle, wenn er etwa bei seiner rasanten Fahrweise verunglücke, und an wen ich mich dann halten solle? Kaul entgegnete, das sei alles geregelt und schriftlich niedergelegt, »so eine Art Testament«. Anschließend fuhren wir in die Haftanstalt des Staatssicherheitsdienstes in Berlin-Hohenschönhausen, wo ich mit Benster allein sprechen konnte.

Ich hatte mir vorher eine Beschreibung geben lassen, um ihn sicher identifizieren zu können. Vor mir stand ein mittelgroßer, schmächtiger Mann, der mir bestätigte, der zum Tode verurteilte Heinz Benster zu sein. Dann sagte er, er habe vor zwei Stunden heute Morgen von einem Vertreter des Generalstaatsanwaltes die Nachricht erhalten, das Todesurteil werde nicht vollstreckt; die Todesstrafe sei in eine Zeitstrafe von 15 Jahren umgewandelt worden. Er fragte mich, ob ich weitere Herabsetzungen seiner Freiheitsstrafe erreichen und auch seiner ebenfalls inhaftierten Frau helfen könne. Beides bejahte ich. Ich verabschiedete mich mit der Bemerkung, ich hoffe, ihn in einigen Monaten wiederzusehen. Er drückte mir fest die Hand und bedankte sich mit Tränen in den Augen. Dann wurde er zu seiner Zelle zurückgeführt. Ich wurde zum Zimmer des Anstaltsleiters gebracht, mit dem sich Kaul lebhaft unterhielt. Auf Grund meines von Westberlin telefonisch voraus erstatteten Berichtes wurde dann grünes Licht für die Haftentlassung Neumanns und Scheringers gegeben sowie für die Überstellung Neumanns in Helmstedt am Nachmittag des 13. September. Ich war dort um 15 Uhr mit der Oberstaatsanwältin Hofmann von der Bundesanwaltschaft verabredet, die Oskar Neumann in einem Wagen der Sicherungsgruppe des Bundeskriminalamtes brachte. In einem Gespräch bestätigte mir Neumann, dass er freiwillig die Bundesrepublik Deutschland verlasse und zukünftig in der DDR leben wolle. Seine Ehefrau war aus München bereits in Ostberlin eingetroffen.

Aber es gab auch »Querschüsse«. Schon am 12. September, dem Tag meines Besuches bei B. in der Ostberliner Haftanstalt, erschien – offenbar auf Grund einer gezielten Indiskretion – im »Spiegel« unter »Panorama« folgende Meldung:

»Agenten-Austausch. Die Bundesrepublik Deutschland hat mit der DDR einen Agenten-Tauschhandel vereinbart. Das ehemalige KPD-Vorstandsmitglied Oskar Neumann, das seit dem 5. Juli 1961 wegen Staatsgefährdung im Gefängnis sitzt, wird gegen einen in der DDR zum Tode verurteilten DDR-Bürger ausgetauscht, dem das Zonenregime Spionage für den Bundesnachrichtendienst vorwirft. Der Austauschvertrag kam auf Initiative des Ostberliner Anwalts Professor Kaul zustande, der erst Bedenken des Bundesjustizministers und der Bundesanwaltschaft zu überwinden hatte: Nach westdeutscher Rechtsauffassung können derartige Abmachungen eigentlich nur mit dem Ausland getroffen werden; Gesamtdeutschland gilt als ein einheitliches Rechtsgebiet.«

Das »Neue Deutschland«, das Zentralorgan der SED, brachte am 17. September 1962 unter dem Titel »Nicht nachlassen« eine polemische redaktionelle Bemerkung zu der oben wiedergegebenen »Spiegel«-Meldung, die mit »Dr. K.« unterzeichnet war. Kaul unterrichtete mich noch am selben Tag, dass nicht er, sondern der Redakteur Dr. Kretscher ohne Kenntnis der Zusammenhänge den Artikel geschrieben habe. »Mit dem Bedauern hierüber kann ich Ihnen erklären, dass derartige Veröffentlichungen nicht mehr wiederholt werden.« Die Veröffentlichung im »Neuen Deutschland« nahm der Bonner »Parlamentarisch-Politische Pressedienst« am 28. September 1962 zum Anlass, u.a. Folgendes zu schreiben: »In aller Stille hat die Oberstaatsanwältin Hofmann von der Karlsruher Bundesanwaltschaft Mitte September die beiden Altkommunisten Richard Scheringer und Oskar Neumann an die Zonengrenze begleitet und in die Sowjetzone ausreisen lassen … Bonner Informationen sprechen davon, dass die Übergabe der beiden Kommunisten allein zwischen Bundeskanzlei und Bundesnachrichtendienst vereinbart wurde, zunächst, wie es am 12.9. im ›Spiegel‹ hieß, um einen in der DDR zum Tode verurteilten DDR-Bürger auszutauschen, dem das Zonenregime Spionage für den Bundesnachrichtendienst vorwirft. Von diesem Austausch, der sich Zug um Zug hätte abwickeln müssen, ist heute indessen keine Rede mehr. Die Zonenpresse, an der Spitze ›Neues Deutschland‹, hat vielmehr nach dem Eintreffen der beiden Freigelassenen in der Zone jubelnd verkündet, westdeutsche Patrioten seien frei gekämpft worden, was die Wirksamkeit der andauernden öffentlichen Proteste beweise. Die Behandlung des Falles, in die offensichtlich weder das Bundesjustizministerium noch die Bundesanwaltschaft in dem erforderlichen Maße eingeschaltet waren, zeigt Symptome gefährlicher Abweichungen von den in der Bundesrepublik geltenden Rechtsnormen.« Dann wurde eine Verbindung mit den

Spionagefällen Fuhrmann und Felfe hergestellt und abschließend ausgeführt: »Der Fall Neumann-Scheringer berührt auch tiefer gehende politische Fragen, vor allem, dass niemand aus politischen Gründen innerhalb Deutschlands ausgeliefert werden darf. Diese Übergabe ist der erste derartige Fall, ihre politischen Konsequenzen auf das Problem der Anerkennung der Zone sind nicht abzusehen. Hier zeigt sich zum ersten Mal auch nach außen, was viele Kenner interner Zusammenhänge seit langem behaupten: Der Bundesnachrichtendienst entwickelt sich mit der Protektion des Staatssekretärs im Bundeskanzleramt zu einer Institution mit unkontrollierbaren Machtbefugnissen.«

In der Mitteilung war vieles falsch, zum Glück war meine Zusammenarbeit mit Kaul nicht genannt worden, vor allem kannten die erwähnten Bundesbehörden den richtigen Ablauf. Dennoch war mir klar, dass der Verzicht auf den ursprünglich vereinbarten Austausch Mann gegen Mann, der durch die Meinungsverschiedenheiten im Führungskreis der SED leider hingenommen werden musste, um die Vollstreckung des Todesurteils abzuwenden, zu einer schweren Belastung werden konnte. Ich hatte deshalb großen Wert darauf gelegt, sehr ausführlich sowohl mündlich als auch schriftlich über die Gespräche mit Kaul zu berichten. Die schriftliche Berichtsform hielt ich für unerlässlich, um bei der Bedeutung der Sache jedes Missverständnis und jede Fehlinformation durch Übermittlungsfehler auszuschließen. Das hat mich später einige Turbulenzen verhältnismäßig gut durchstehen lassen.

Schon Ende Oktober 1962 meldete ich mich wieder bei Kaul mit der Anfrage, ob der erste Schritt bei der Abwicklung erfolgt sei. Kaul bestätigte am 5. November meinen Brief und meinte, dass mein Schreiben »doch wirklich etwas reichlich verfrüht« sei. Am 12. Dezember sah ich Kaul wieder in Berlin, wo ich mit ihm einige Fälle der Familienzusammenführung besprach, ohne Neues in der Sache Benster erfahren zu können. Unsere nächste Unterredung kam erst am 23. Januar in Essen zustande. Einige Wochen vorher hatte Kaul mich gebeten, in einer anderen Austauschangelegenheit zu helfen: Im Sommer 1960 hatte der politische Strafsenat des BHG den in der DDR ansässigen Rudolf Esterle wegen der üblichen »Kontaktdelikte« und Unterstützung der verbotenen KPD zu dreieinhalb Jahren Gefängnis verurteilt, obwohl die Bundesanwaltschaft nur anderthalb Jahre beantragt hatte. Das war ein beim BGH ungewöhnlicher Vorgang, zumal der Strafsenat zusätzlich sechs Monate der erlittenen Untersuchungshaft nicht angerechnet hatte, so dass die tatsächliche Freiheitsstrafe vier Jahre betragen sollte. Ursächlich für die – gemessen am Strafantrag – harte Verurteilung sollten politische Ausführungen Esterles in der Hauptverhandlung gewesen sein. Einen Antrag auf Entlassung nach zwei Drittel der verbüßten Strafe hatte der Senat ebenfalls abgelehnt, so dass das

Strafende erst im Dezember 1963 anstand. Esterle war zwischenzeitlich erkrankt und in ein Gefängniskrankenhaus überführt worden. Die DDR bot für eine Begnadigung die vorzeitige Entlassung einer aus Göttingen stammenden Studentin an, die in der DDR zu drei Jahren Gefängnis verurteilt worden war. Ein Hannoveraner Anwalt hatte den Austausch fast zum Abschluss gebracht, beide Verurteilte waren bereits über die bevorstehende Entlassung unterrichtet, dann wurde die Entlassung Esterles blockiert. Ich gab Kauls Wunsch ohne große Hoffnung weiter. Es kam die erwartete Antwort: »Erledigung sofort, wenn B. im Bundesgebiet eingetroffen.«

Bei unserem Essener Gespräch erklärte Kaul, Benster sei in Bautzen. Er habe ihn bisher noch nicht besuchen können, doch werde das in Kürze geschehen. Eine weitere Herabstufung der Freiheitsstrafe von 15 auf sechs Jahre sei noch nicht erfolgt, weil »man« plötzlich erhebliche Schwierigkeiten mache. Es handele sich um einige wenige Personen in dem kleinen Kreis der Eingeweihten, die jetzt grundsätzliche Einwendungen vorbrächten. Man habe ihm vorgeworfen, er sei in seinen Zusagen mir gegenüber unverantwortlich weit gegangen. Es könne nur das letzte schriftliche Papier gelten, das keine Termine nenne. Kaul versicherte, er hätte sofort widersprochen und darauf hingewiesen, dass er alle Zusagen mit Einwilligung der politischen Spitze gemacht habe; dies sei ihm schließlich auch bestätigt worden. Der Grund für die bedauerliche Verhärtung liege in folgenden: Man sei empört und beunruhigt über die »Mauerattentate«, deren Urheber in Westberlin, obwohl Sprengstoffverbrechen vorlägen, milde behandelt würden, was dem Gesetzeswortlaut widerspräche. Vor allem sei »man« jedoch über Sprengstoffanschläge in Ostberlin geschockt und davon überzeugt, dass die verantwortlichen Personen im Auftrag und im Solde jener Stelle handeln würden, die sich so nachdrücklich für die Freilassung Bensters einsetze. »Man« führe die Anschläge sogar auf die Begnadigung von Benster zurück, weil die besagte Stelle offenbar seit dieser Begnadigung an der Ernsthaftigkeit des Abwehrwillens der DDR zweifle. Dieser Eindruck könne nur verwischt werden, wenn man in absehbarer Zeit Benster jede weitere Vergünstigung ablehne. Eine Freilassung werde unübersehbare Konsequenzen haben, zumal Benster als freier Mann im Westen durch Briefe an Bekannte und Verwandte in der DDR »beweisen« könne, was ein Todesurteil tatsächlich bedeute. Das werde labile Elemente zu ähnlichen Taten ermuntern, in der Zuversicht, der Westen hole sie schon heraus. Schließlich habe er sich vorwerfen lassen müssen, er hätte sich von mir aufs Glatteis führen lassen.

Kaul war nach seinen Worten dieser »Argumentation« sofort entgegengetreten, habe sich aber nicht durchsetzen können. Eine Entscheidung sei bis zu seiner Rückkehr vertagt worden. Ich habe im Wesentlichen folgendes erwidert: Das ursprüngliche Angebot der Ostseite – auf meine Anfrage vom 19. August 1962 hin

– habe eine Regelung pari passu vorgesehen. Dann habe die Ostseite einen ersten wesentlichen Rückzieher gemacht und den gleichzeitigen Austausch abgelehnt. Die Westseite hätte also praktisch eine Vorleistung erbracht und sich – abgesehen von der dokumentarisch belegten Begnadigung Bensters auf 15 Jahre und dem Besuch bei ihm – auf mündliche Zusagen verlassen. Die Ostseite stehe im Wort und die Westseite sei bestürzt darüber, dass die Zusage nicht eingehalten werde. Geschäfte dieser Art seien nicht einklagbar und wegen ihres delikaten Charakters auch nicht für eine Mobilisierung der öffentlichen Meinung geeignet. Es sei klar, dass jeder Versuch, eine ähnliche Abmachung später zu treffen, daran scheitern müsse, dass man hier nicht Wort gehalten habe. Der Hinweis auf die Sprengstoffanschläge sei abwegig. Ich hielte jegliche Verbindung zwischen den dafür Verantwortlichen und dem BND für ausgeschlossen. Kaul wisse aus der »Spiegel«-Veröffentlichung, dass die Regelung in dieser Sache auch im Westen auf Kritik gestoßen sei. Es könne sein, dass die für die Absprache Verantwortlichen ebenfalls Kritik in den eigenen Reihen ausgesetzt seien. Ein solches Verhalten könne sich möglicherweise auch auf seine bisherige freie Bewegung im Bundesgebiet auswirken. Die Verärgerung sei jedenfalls sehr groß. Nachdem die vereinbarten Herabstufungen der Strafe nicht erfolgt seien, müsse die Westseite darauf bestehen, dass wenigstens an den zwei Endterminen festgehalten werde. Zu der letzten Bemerkung erklärte Kaul, insoweit sei »Fälligkeit« ja noch nicht eingetreten, denn es sei ja noch nicht April. In der Sache denke er wie ich, und meine Argumentation sei für das Gespräch mit seinen Partnern nützlich. Abschließend bot er mir eine gemeinsame Reise nach Bautzen an.

Diese Reise erübrigte sich, weil Benster Anfang Februar von Bautzen nach Berlin verlegt worden war. Ich konnte ihn am 13. Februar 1963 mit Kaul beim Staatssicherheitsdienst in der Normannenstraße besuchen. Benster, der sich über unseren Besuch sehr freute, berichtete, er habe in Bautzen in einer 15 Mann zählenden Gruppe gearbeitet, die elektrische Geräte für eine Dresdener Firma herstellte. Kaul versprach Benster, dessen in Halle inhaftierte Ehefrau und die älteren Kinder, die bei ihrem Großvater lebten, zu besuchen. Das jüngste, zwei Jahre alte Kind war in einem Heim untergebracht. Ferner ließ Kaul deutlich durchblicken, dass Benster seinen nächsten Geburtstag im Dezember nicht mehr im Zuchthaus verbringen werde; aber er war zu optimistisch. Beim Abschied versicherte ich Benster, dass meine Bemühungen für ihn und seine Frau weitergehen würden. Auch ich nahm an, dass die Sache nun auf einem guten Wege sei, aber ich wurde durch einen Brief Kauls vom 20. März 1963 eines Schlechteren belehrt. Er schrieb u.a.: »Ich bin darüber unterrichtet worden, dass von der Seite, die von Ihnen vertreten wird, offiziell behauptet wird, dass ich die durch meine Vermittlung in der Sache getroffene Vereinbarung nicht eingehalten hätte, vielmehr ›zynische Gründe‹ für die Nichteinhaltung angegeben hätte.« Die Beschuldigungen seien »ganz offiziell in einer Besprechung bei dem Minister der Justiz der Bundesrepublik von einem Ministerialbeamten im größeren Kreise vorgetragen« worden. »Ich verwahre mich gegen dieses Verhalten der von Ihnen vertretenen Seite ganz energisch.« Er erklärte, dass er in Zukunft »von jeder weiteren Mittlertätigkeit Abstand nehmen werde, wenn die von Ihnen vertretene Seite bei diesem Verhalten bleibt«. Kaul betonte, die Ostseite habe alle Verpflichtungen erfüllt, fügte jedoch hinzu: »Ich habe allerdings in Aussicht gestellt, dass ich hoffe, bei gleich bleibenden Verhältnissen weitere Begnadigungen bis April erreichen zu können, doch konnte kein Zweifel darüber bestehen, dass das keine fest verbindliche Zusage war.« Als er um weitere Begnadigungen bemüht gewesen sei, »wurde ich darauf hingewiesen dass der Gefährdungszustand, der durch die westlicherseits staatlich geradezu sanktionierten Sprengstoff-Terrormaßnahmen erzeugt wurde, derzeit eine weitere Begnadigung nicht zulässt«. Es war mein Glück, dass ich über jede Verhandlung genauestens berichtet hatte, und ich war froh, dass in Kauls Brief von weiteren Begnadigungen bis April 1963 gesprochen wurde. Der Vorbehalt »gleich bleibende Verhältnisse« war niemals gemacht worden, er hätte auch nicht akzeptiert werden können. Jedenfalls war klar, dass in Berlin im Führungskreis der SED Meinungsverschiedenheiten bestehen mussten. Der Hinweis auf Sprengstoffanschläge an der Mauer konnte nur ein Vorwand sein. Mein süddeutscher Kollege berichtete mir Ende April von seltsamen Aktivitäten eines hannoveranischen Rechtsanwaltes, der bei dem Austausch von Esterle gegen eine Studentin gescheitert war. Er habe beim Bundesjustizministerium vorgesprochen und behauptet, er könne Benster nebst Familie in Kürze ins Bundesgebiet bringen und benötige dazu lediglich einen Verhandlungsauftrag von Bonn. Außerdem habe er sich angeboten, mit dem Staatssicherheitsminister Mielke zu verhandeln. Gleichzeitig liefen Gerüchte, Kaul sei in Ungnade gefallen, weil er eine Liaison mit der Frau eines hohen SED-Funktionärs habe. Hartnäckig hielt sich die Behauptung, die DDR wolle in Zukunft keine eigenen Bürger mehr in die Bundesrepublik Deutschland überstellen und die Freilassung von Bundesbürgern aus DDR-Haftanstalten nicht mehr im Wege des Austausches, sondern gegen materielle Leistungen anbieten. Zum Austausch gebe es zu wenig DDR-Bürger in bundesdeutschen Gefängnissen.

Ich stellte mir die Frage, ob ich nicht das Mandat niederlegen sollte. Der Kampf um die Freilassung des IG-Metall-Redakteurs Heinz Brandt hatte durch die Möglichkeit dieser größten Einzelgewerkschaft der Welt eine internationale Unterstützung gefunden, die einzigartig war. Ich wurde mit dieser Kampagne in Verbindung gebracht. Benster und seine Familie durften nicht unter meinem Einsatz für Heinz Brandt leiden.

Es war auch nicht zu übersehen, dass der Bundesnachrichtendienst ins Kreuzfeuer der Kritik geraten war. Im Zusammenhang mit der »Spiegel-Affaire« im Oktober 1962 war außer dem Herausgeber Rudolf Augstein und einigen Redakteuren des »Spiegel« auch der Oberst Adolf Wicht vom BND durch den BGH unter dem Vorwurf des Geheimnisverrats verhaftet worden. Sogar das enge Vertrauensverhältnis zwischen Bundeskanzler Adenauer und BND-Chef Gehlen war zerstört. Adenauer war davon überzeugt, dass Gehlen auf Veranlassung des amerikanischen Nachrichtendienstes CIA mit Rückendeckung der US-Regierung den »Spiegel« mit militärischem Geheimmaterial versorgt habe, um die atomare Bewaffnung der Bundeswehr zu verhindern und ihn sowie Bundesverteidigungsminister Strauß notfalls zu stürzen. Tatsächlich hatte der BND schon im Frühjahr 1962 zutreffend gemeldet, dass die USA der Bundesrepublik Deutschland jeden Mitbesitz an Atomwaffen verweigern werden, während vor allem Strauß an dem Plan der Aufrüstung der Bundeswehr mit Atomwaffen festhielt. Am 12. November 1962 waren Gehlen und drei leitende Mitarbeiter ins Kanzleramt beordert und in getrennten Zimmern untergebracht worden. Der Kanzler verlangte von dem ebenfalls ins Palais Schaumburg zitierten Bundesjustizminister Stammberger und dem diesen begleitenden Bundesanwalt Kuhn, sie sollten den BND-Chef festnehmen. Stammberger und Kuhn zögerten, weil nach ihrer Beurteilung harte Beweise für eine Mittäterschaft Gehlens an dem Geheimnisverrat fehlten. Zwar hatte die Bundesanwaltschaft vorsorglich den zuständigen Ermittlungsrichter Korn gebeten, sich bei der Sicherungsgruppe des Bundeskriminalamtes in Bad Godesberg bereit zu halten, aber die oberste Anklagebehörde hatte ein Jahr zuvor bei der Inhaftierung und Freilassung der Führer der algerischen Freiheitsbewegung, Hafid Keramane und Mouloud Kassim, erlebt, dass gerade dieser Richter sich nicht nach den Wünschen der Regierung richtete, sondern einen strengen rechtlichen Maßstab anlegte, der für einen Haftbefehl neben dem dringenden Tatverdacht auch einen Haftgrund (Flucht- bzw. Verdunklungsgefahr) verlangte. Den Vorstoß des Generalbundesanwaltes, Korn als Ermittlungsrichter abzulösen, hatte der damalige Präsident des BGH, Heusinger, abgelehnt und Korn in seinem Amt belassen. Stammberger und Kuhn war klar, dass sich die von ihnen vermutete Ablehnung des Haftbefehls durch den Ermittlungsrichter nach einer vorausgegangenen Festnahme Gehlens im Kanzleramt bei der ohnehin misstrauisch gewordenen Öffentlichkeit schnell zu einem Justizskandal entwickeln würde, der das Ansehen der obersten Anklagebehörde weiter beschädigt hätte. Es gelang ihnen, ihren Gesprächspartner Adenauer davon zu überzeugen, der dann nicht mehr auf Gehlens Festnahme bestand.

Im Sommer 1963 stand zudem der Spionageprozess gegen die ehemaligen Angehörigen des BND Clemens und Felfe vor dem Bundesgerichtshof an, die als Agenten des sowjetischen Nachrichtendienstes jahrelang im BND gearbeitet hatten. Die Personalpolitik des BND wurde in der Presse heftig kritisiert, weil beide Angeklagte als SS-Leute im Reichssicherheitshauptamt tätig gewesen und ohne gründliche Überprüfung in den BND aufgenommen worden waren. Zusätzliche Niederlagen des BND waren den Rivalen im Bundesamt für Verfassungsschutz und im Militärischen Abschirmdienst, der gemeinsam mit der Bundesanwaltschaft die Ermittlungen gegen den »Spiegel« geführt hatte, durchaus willkommen.

Es kam allerdings nicht zur Niederlegung meines Mandats, weil mein süddeutscher Kollege mir mitteilte, man sei von der Korrektheit meiner Berichte überzeugt. Auch Kaul hatte auf vorsichtiges Anfragen erklärt, mein Ausscheiden aus den Verhandlungen würde die endgültige Abwicklung nicht zusätzlich fördern können. Bei einer Begegnung erwähnte er, die DDR werde eine »neue Schiene« anbieten, bei der er sich aber nicht beteiligen wolle. Es handele sich um die Freilassung politischer Häftlinge gegen Geld oder Warenlieferungen.

Im Oktober 1963 teilte Dr. Hopmeier mir mit, dem BND sei die nicht überprüfbare Nachricht zugegangen, Benster sei in Bautzen schwer erkrankt und ohne ausreichende ärztliche Versorgung. Ich solle versuchen, eine Aufenthaltsgenehmigung für eine Reise in die DDR sowie eine Sprecherlaubnis für einen Besuch im Zuchthaus Bautzen zu erhalten, wo Benster jetzt wieder einsaß. Man würde es begrüßen, wenn ich bei der Reise auch Frau Benster besuchen könnte. Als ich Verbindung zu Kaul aufnahm, sagte er mir sofort, er sehe keine Schwierigkeiten, dass ich die Eheleute besuchen könne. Kaul schickte mir die vom 29. Oktober 1963 datierte Aufenthaltsgenehmigung Nr. 688 des Ministeriums des Innern der DDR, nach der ich berechtigt war, »in der Zeit vom 18. bis 20. November 1963 in nachstehenden Orten der Deutschen Demokratischen Republik aufzuhalten: Berlin, Halle, Bautzen« Ich flog noch am Sonntag, dem 17. November, nach Berlin und übernachtete im Flughafenhotel Tempelhof. Am anderen Morgen verließ ich das Hotel kurz nach 6 Uhr, weil ich mit Kaul schon für 7 Uhr am Bahnhof Friedrichstraße verabredet war und ich nicht sicher kalkulieren konnte, wie lange die »Durchschleusung« am Übergang Friedrichstraße dauern würde. Kaul erwartete mich bereits mit seinem Wagen IA 01-80 am Reichstagsufer / Ecke Friedrichstraße, wo auch der Glaspavillon lag, durch den ich dann drei Tage später die Rückreise in den Westen antreten musste.

Ich empfand Kauls Angebot, mich drei Tage durch die DDR zu begleiten, als eine noble kollegiale Geste, zumal er weder ein Honorar forderte noch seine Unkosten in Rechnung stellte. Ohne seine Begleitung hätte ich keine Haftanstalt in der

DDR betreten können. Später hörte ich, dass ich als erster westdeutscher Anwalt die Erlaubnis zum Besuch des Zuchthauses Bautzen erhalten hatte. Das wäre ohne die Besonderheiten dieses Falles und den Einfluss Kauls nicht möglich gewesen.

Unser erstes Reiseziel war Bautzen, das wir nach etwa dreistündiger Fahrt erreichten. Seit Jahren wusste ich, dass gerade dieses Zuchthaus der jahrelange Aufenthaltsort vieler politischer Gefangener war, die dort nicht mit Namen, sondern mit einer Nummer angeredet wurden. Einer von ihnen war Heinz Brandt, über dessen Schicksal ich bereits berichtet habe und dessen Foto ich bei mir trug. In der Nähe des Zuchthauses liegt eine Schule, die bei unserem Eintreffen gerade eine Unterrichtspause hatte. Kaul wurde von den Kindern erkannt und mit Zurufen »Hallo, Onkel Kaul« und Händeklatschen lebhaft begrüßt. Seine Kindersendungen in Radio und Fernsehen müssen sehr beliebt gewesen sein. Ich hatte schon davon gehört, dass Kaul geradezu ein Kindernarr sei, und habe dies mehrfach bestätigt gefunden. Er litt darunter, selbst keine Kinder zu haben. Die Begrüßung der Kinder brachte Kaul, der durchaus sentimental sein konnte, in eine gelöste Stimmung. Auf der Fahrt von Berlin nach Bautzen hatte ich ihn gebeten, dafür zu sorgen, dass ich mit Benster unter vier Augen sprechen könne. Er wolle es sich überlegen, war seine kurze Antwort. Nun hatte ich keinen Zweifel mehr, dass er meinen Wunsch erfüllen werde. In der Anstalt wurden wir von dem stellvertretenden Leiter, Oberleutnant Pokorny, empfangen, der Kaul gegenüber eine respektvolle Haltung annahm und ihn mit »Genosse Professor« ansprach. Kaul, der oft zynisch und grob sein konnte, zeigte sich von seiner leutseligen Seite und sagte Pokorny, ich hätte das Recht, den Häftling Benster ohne Aufsicht zu sprechen. Dabei hatte ich nicht einmal eine schriftliche Sprecherlaubnis vorzuweisen. Als ich Kaul auf der Fahrt nach Bautzen danach gefragt hatte, erwiderte er knapp: »Ihre Sprecherlaubnis bin ich.« Kaul entfernte sich, weil er dringend noch etwas erledigen müsse. Pokorny begleitete mich zu einem Besucherraum, wo er mit mir auf das Eintreffen von Heinz Benster wartete, der von einem Arbeitskommando in der Anstalt geholt wurde. Wie die anderen politischen Häftlinge in Bautzen, wurde auch er nicht unter seinem Namen, sondern unter einer Nummer geführt, mit der er angeredet wurde und sich zu melden hatte. Benster war der Gefangene 515. Als Benster herbeigebracht wurde, ging Pokorny in sein Büro zurück, und ich konnte allein mit meinem »Schützling« reden. Natürlich war ich mir darüber klar, dass unser Gespräch mit hoher Wahrscheinlichkeit abgehört wurde, und vermied deshalb jede Frage, die ihn in Schwierigkeiten bringen könnte. Bevor wir uns an dem Tisch, der im Besucherraum stand, niederließen, ging ich ganz dicht an Benster heran, holte das Foto von Heinz Brandt aus meiner Brieftasche und fragte ihn tonlos: »Kennen Sie den?« Er hatte die drei Wörter von meinen Lippen ablesen können, schaute sich das Bild genau an und schüttelte dann den Kopf. Dann nahmen wir Platz, und Benster erzählte, dass er genau vor einer Woche, am 11. November 1963, nach Halle transportiert worden sei und dort in der Anstalt erstmalig nach der Urteilsverkündung seine Frau wiedergesehen habe. Er sei als Schichtarbeiter beim Gerätebau in der Anstalt eingesetzt, und gesundheitlich gehe es ihm den Umständen entsprechend gut. Er könne zwar jeden Monat schreiben und habe auch als Arbeitsprämie schon wiederholt die Genehmigung für einen Sonderbrief erhalten, doch klappe die Postverbindung mit seiner Frau nicht, denn deren Briefe an ihn würden ihn nicht erreichen. Umso erleichterter sei er über den Besuch bei ihr in Halle gewesen, den wohl auch Kaul arrangiert hatte, sozusagen als ein Trostpflaster für die noch nicht erfolgte weitere Strafherabsetzung. Ferner meinte er, der Besuch eines westdeutschen Anwaltes in Bautzen II werde als Sensation empfunden und würde seine Position verbessern, weil man sehe, dass er nicht vergessen sei. Ich versuchte ihm Mut zu machen – er wurde am 15. Dezember 35 Jahre alt – und versicherte ihm, nach meinem Eindruck werde er seinen nächsten Geburtstag in Freiheit bei seiner Familie verbringen. Benster freute sich besonders, dass er die Sonderbriefe, die er für erhöhte Arbeitsleistung erhalten hatte, zum Schreiben an seine Kinder benutzen konnte. Unser Gesprächsstoff war aus nahe liegenden Gründen bald erschöpft, und ich schellte, damit er wieder abgeholt werden konnte. Dabei stellte ich mit einem Blick durch das Türfenster fest, dass kein Bewacher vor der Tür stand und uns beobachtete.

Als ich zu Pokornys Zimmer zurückkam, war Kaul gerade wieder eingetroffen. Wegen einer anderen Verpflichtung Kauls konnten wir den Besuch in der Frauenhaftanstalt Halle nicht anschließend erledigen. Auf der Rückfahrt nach Berlin sagte mir Kaul, er sei während meines Gesprächs mit Benster schnell zu der nahe gelegenen Schule gegangen und habe neben dem Namen der Leiterin Namen und Anschrift der Schule notiert, weil er einige seiner Bücher an die Schulbücherei senden wolle. In Ostberlin setzte mich Kaul an der Praxis des Rechtsanwaltes Friedrich Wolff ab, mit dem ich den Sachstand in der Angelegenheit Heinz Brandt besprach. Bei diesem Gespräch lud Wolff mich zum Abendessen in seine Wohnung ein, wo ich bis 1.45 Uhr höchst anregende Stunden verbrachte; u.a. sahen wir ein Fernsehspiel über einen Strafprozess, der in der Zeit der Weimarer Republik gegen den Industriellen Hugo Stinnes jun. und einige Mitarbeiter wegen versuchten Betruges zum Nachteil des Deutschen Reiches geführt worden war. Autor des Fernsehspieles war Friedrich Karl Kaul. Er hatte u.a. einen dreibändigen »Pitaval der Weimarer Republik« geschrieben, so benannt nach dem französischen Rechtsgelehrten François Gayot de Pitaval, der im 18. Jahrhundert eine Sammlung bedeutender und interessanter Strafrechtsfälle veröffentlicht hatte. Seitdem wird der Name Pitaval allgemein zur Kennzeichnung von Strafrechtsfallsammlungen verwendet. Im 2. Band seines Pitaval hat Kaul einige Strafverfahren geschildert, deren Hintergrund Wirtschaftsskandale waren. Im Fall Stinnes ging es um die Aufwertung von deutschen Kriegsanleihen nach der Inflation. Wenn sie vor dem 1. Juli 1920 erworben worden waren, erhielten die sogenannten Altbesitzer eine »Aufwertung« von 12,5 Prozent des Nominalbetrages, bei Erwerben der Papiere nach dem Stichtag wurden nur 2,5 Prozent des Nennwertes gezahlt. Nach der Anklage hatte Stinnes durch Strohmänner 1926 für mehrere Millionen Mark Kriegsanleihen aufkaufen und über eine ausländische Bank gefälschte Bescheinigungen mit der Zusicherung besorgen lassen, dass die Anleihestücke vor dem 1. Juli 1920 angekauft und im Depot der Bank hinterlegt worden seien. Der geplante Riesenbetrug wurde durch die Reichsschuldenverwaltung 1927 entdeckt und vereitelt. Im Ermittlungsverfahren legte der Privatsekretär von Waldow am 28. August 1928 ein richterliches Geständnis ab, durch das er auch seinen Chef Stinnes schwer belastete. Am 31. August 1928 diktierte der bis dahin leugnende Hugo Stinnes jun. sein Geständnis ins Protokoll: »Ich wusste schon im Dezember 1926, dass das ganze Anleihegeschäft Betrug und Schwindel war …« Nach dem Besuch seines Rechtsanwaltes in der Untersuchungshaft widerrief Stinnes sein vor dem Untersuchungsrichter selbst diktiertes Geständnis. In dem acht Wochen dauernden Strafprozess vor dem erweiterten Schöffengericht Berlin-Mitte wurde Stinnes von sieben Rechtsanwälten verteidigt, darunter dem damals bekanntesten Strafverteidiger Deutschlands, Max Alsberg. Waldow entlastete nunmehr seinen ehemaligen Chef und erklärte, dieser habe nichts gewusst. Am 27. Juli 1929 erging das Urteil: Stinnes wurde freigesprochen, sein ehemaliger Privatsekretär von Waldow, der zum 31. Dezember 1927 gegen eine hohe Abfindung aus Stinnes' Diensten ausgeschieden war, und ein weiterer Angeklagter erhielten je vier Monate Gefängnis, die in der Berufungsinstanz sogar noch in eine Geldstrafe von je 5000 Mark umgewandelt wurden. Die Staatsanwaltschaft, die gegen Stinnes eine Gefängnisstrafe von neun Monaten und zusätzlich eine Geldstrafe von 100 000 Mark beantragt hatte, blieb auch in dem von ihr angestrengten Berufungs- und Revisions-Verfahren erfolglos.

Dass Kaul so genau über den Ablauf dieses und anderer von ihm im »Pitaval der Weimarer Republik« geschilderten Strafverfahren berichten konnte, erklärte sich daraus, dass er das notwendige Aktenmaterial vom Staatlichen Zentralarchiv der DDR erhalten hatte, wie er im Vorwort mitteilt. Von gelegentlichen agitatorischen Übertreibungen und Ausfällen abgesehen, ist Kauls Darstellung interessant und durch die Akten gut belegt. Darauf baute sein Fernsehspiel auf. Wolff brachte mich zu meiner Unterkunft. Schon vor meinem Abflug nach Berlin hatte Kaul mir telefonisch mitgeteilt, dass er für mich kein Hotelzimmer mehr habe finden können, weil seit längerem alles ausgebucht sei. Er habe mich aber im Gästehaus des Freien Deutschen Gewerkschaftsbundes in der Ostberliner Invalidenstraße gegenüber dem früheren Stettiner-, jetzt Nord-Bahnhof, unterbringen können. Ich musste lachen, als ich das hörte, denn der FDGB war nach der ständigen Rechtsprechung des politischen Strafsenates des Bundesgerichtshofes und der Staatsschutzstrafkammern eine verfassungsfeindliche Ersatzorganisation der im Bundesgebiet verbotenen und aufgelösten KPD. Und bei denen sollte ich übernachten. Aber was blieb mir übrig? Nach Westberlin durfte ich nicht, weil die dreitägige Aufenthaltserlaubnis zwei Übernachtungen in Ostberlin bzw. der DDR einschloss. Kaul hatte mir beim Abschied nachmittags gesagt, er wolle mich am anderen Morgen gegen 11.30 Uhr am Gästehaus abholen; vorher müsse ich mich bei der Volkspolizei an- und abmelden. Als ich das nächstgelegene Polizeirevier aufgesucht und meine Sachen gepackt hatte, wollte ich die Übernachtung bezahlen, was mir aber zunächst nicht gelang. Man erklärte mir, meine Aufenthaltskosten seien über »internationale Verbindungen«, verbucht, so dass man mir keine Rechnung ausstellen könne. Ich hatte Mühe, ernst zu bleiben. Eine »internationale Verbindung« zwischen dem Gewerkschaftsbund der DDR und dem Bundesnachrichtendienst der Bundesrepublik Deutschland! Ohnehin wird man in Pullach gestaunt haben, als man in meinen über den süddeutschen Kollegen geleiteten Abrechnungsunterlagen eine Quittung über eine Übernachtung im Gästehaus des FDGB fand. Freundlich, aber bestimmt bat ich um meine Rechnung, die ich nach einigen Telefonaten auch erhielt. Für meine durchaus ansprechende Unterbringung in einem Appartement zahlte ich dann 30 Ostmark, ein wirklich angemessener Betrag. Für die vorausgegangene Übernachtung im Flughafen-Hotel Tempelhof hatte ich 24 DM entrichtet, und die folgende Übernachtung im Hotel »Rotes Ross« in Halle hatte 10,60 Ostmark gekostet. Das Verbleiben in Halle war allerdings nicht vorgesehen. Aber als Kaul und ich nachmittags die Frauenhaftanstalt in Halle aufsuchten, um Frau Benster zu sprechen, erfuhren wir zu unserer Überraschung, dass sie erst am darauf folgenden Tag aus der Frauenklinik der Universität Leipzig zurückkehren werde, wo sie untersucht worden sei. Überdies sei unser Besuch erst für den 20. November 1963 erwartet worden. Ich wurde misstrauisch, doch stellte sich heraus, dass bei dem Termin ein Übermittlungsfehler vorlag. Man sagte uns zu, dass wir am nächsten Morgen gegen 10 Uhr Frau Benster sprechen könnten. Kaul war ziemlich verärgert, fand sich aber dann doch mit der neuen Situation ab. Es gelang ihm nach mehreren Anrufen nicht nur, eine Hotelunterkunft für mich zu finden, sondern auch eine Theaterkarte zu ergattern. Er selbst wollte Freunde in Jena besuchen und dort übernachten.

Nachdem ich die vorgeschriebene Meldung bei der Volkspolizei hinter mir hatte, suchte ich das Hotel auf und bummelte dann ein bisschen durch die Stadt, die ich zuletzt zwanzig Jahre früher, 1943, als Soldat besucht hatte. Die Theatervorstellung begann um 19 Uhr. Die Karte war auf meinen Namen an der Kasse hinterlegt. Das voll besetzte »Theater des Friedens«, das Landestheater Sachsen-Anhalt-Halle, spielte am Vorabend des Buß- und Bettages, der in der DDR kein Feiertag mehr war, »Faust« I. Teil. Ich hatte von meinem Sitzplatz eine gute Sicht auf die Bühne. Die Leistungen der Darstellerinnen und Darsteller fand ich vorzüglich. Ein Höhepunkt war das Gebet, das Gretchen vor einem großen Andachtsbild der Mater dolorosa sprach und dessen erste Zeilen lauten:

»Ach neige,
Du Schmerzenreiche,
Dein Antlitz gnädig meiner Not!
Das Schwert im Herzen,
Mit tausend Schmerzen
Blickst auf zu deines Sohnes Tod.«

Die Vorstellung dauerte bis 23.15 Uhr. In der Pause mischte ich mich unter die Besucher, sprach aber niemanden an, hörte vielmehr einer ungezwungenen Unterhaltung zu. Eine Jugendgruppe tauschte Eindrücke und Erlebnisse von einer Schulfahrt in die Sächsische Schweiz aus und freute sich auf die nächste Reise. Es gab keinen Unterschied zu ähnlichen Anlässen bei uns im Westen. Auf dem Weg zum Hotel durch das mitternächtliche Halle gingen mir viele Gedanken durch den Kopf. »Faust« mit den religiösen Bezügen durfte gespielt werden – in einem »Landestheater«, obwohl die Länder in der DDR schon im Juli 1952 aufgelöst worden waren. Verpflegung und Bekleidung unterschieden sich auf den ersten Blick nicht von unseren Verhältnissen. Die Bausubstanz war noch nicht so heruntergekommen wie in späteren Jahren. Wie die Bevölkerung über die politische und wirtschaftliche Situation dachte, konnte ich mangels Kontakten nicht feststellen; äußerlich war es ruhig. Würden die Menschen sich mit der Teilung Deutschlands, die seit gut zwei Jahren durch die Berliner Mauer, durch Sperrzonen und Todesstreifen noch verstärkt worden war, abfinden? Es wurde eine unruhige Nacht; im Hotel lärmte eine offensichtlich angetrunkene südamerikanische Tanzgruppe, die bei einer »Veranstaltung für Völkerfreundschaft« mitgewirkt hatte.

Mir ging mehrfach der Text der DDR-Hymne durch den Kopf, die damals noch gesungen werden durfte: »Auferstanden aus Ruinen und der Zukunft zugewandt, lass uns Dir zum Guten dienen, Deutschland einig Vaterland.« Johannes Robert Becher, Sohn eines Oberlandesgerichtspräsidenten in München, hatte den Text geschrieben. Wie nicht wenige junge Leute aus gutbürgerlichem Haus war der Bayer während der Weimarer Republik im Jahre des Hitler-Putsches 1923 Kommunist und einige Jahre später Redakteur des KPD-Zentralorgans »Rote Fahne« geworden. 1933 zur Emigration gezwungen, lebte er in Österreich, in der Schweiz, in Frankreich und am längsten in der Sowjetunion, wo er in der Redaktion der Zeitschrift »Internationale Literatur. Deutsche Blätter« arbeitete. Ob der spätere Präsident des Deutschen Kulturbundes in der DDR, der von 1954 bis zu seinem Tode im Jahre 1958 als Minister für Kultur amtierte, sich hätte vorstellen können, dass drei Worte aus seinem Hymnen-Text »Deutschland, einig Vaterland« einmal zur mitreißenden Losung jener Hunderttausenden würden, die im Herbst 1989 in machtvollen, aber friedlichen Demonstrationen durch eine gewaltfreie Revolution das kommunistische System beseitigten, für das Becher sein ganzes Leben gekämpft hatte? Auch dem Komponisten der DDR-Hymne, Hanns Eisler, Sohn eines angesehenen österreichischen Philosophie-Professors, dessen dreibändiges »Wörterbuch der philosophischen Begriffe« und dessen »Kant-Lexikon« bis heute als grundlegend gelten, war nicht an der Wiege gesungen worden, dass er – Mitglied der KPD seit 1926 – von 1933 bis 1948 in der Sowjetunion, Spanien und den USA im Exil leben musste, bis er seit 1948 als Musikpädagoge am Staatskonservatorium in Ostberlin sein umfangreiches kompositorisches Schaffen fortsetzen konnte.

Kaul, der Mitglied des Kulturbundes war und viel in Künstlerkreisen verkehrte, kannte beide gut und schätzte besonders die weniger bekannte Lyrik Bechers.

Am anderen Morgen holte Kaul mich vom Hotel ab, und wir fuhren zum Frauengefängnis. Das gemeinsame Gespräch mit Frau Benster war kurz. Sie arbeitete in der Gefängnisschneiderei, übererfüllte – wie sie sagte – ihr Soll und brachte keine Klagen vor. Natürlich litt sie unter der Trennung von ihren vier minderjährigen Kindern sehr, obwohl sie sie in guter Obhut wusste. Kaul sagte ihr zu, sich für ihre vorzeitige Haftentlassung einzusetzen, die aber dann doch erst rund acht Monate später erfolgte.

Während der Rückfahrt nach Berlin erzählte ich Kaul von meinem Theaterbesuch und meinen Eindrücken und fragte ihn, wie es nach seiner Meinung in Deutschland weitergehen sollte. Zu meiner Erleichterung sprach er ganz offen: Die Sperrmaßnahmen und die Berliner Mauer seien entgegen dem amtlichen SED-Sprachgebrauch kein »antifaschistischer Schutzwall« gegen eine Bedrohung aus dem Westen, sondern eine Notmaßnahme, um das Ausbluten der DDR durch das Übersiedeln größerer Bevölkerungsgruppen in die Bundesrepublik zu verhindern. Die Mauer werde dann fallen, wenn sich die Lebensverhältnisse in beiden deutschen Staaten angeglichen hätten. Das könne noch eine unbestimmte Zeit dauern, doch glaube er fest an eine Annäherung der beiden Teile Deutschlands. Für die noch nicht absehbare Übergangszeit komme es darauf an, die deutsche Nation zusammenzuhalten. Das Wort von der deutschen Nation verwendete er so oft, dass ich ihm scherzend entgegenhielt, man könne ihn fast für einen Nationalisten halten. Darauf erwiderte er knapp: »Nein, das nicht, aber glauben Sie mir, auch in der SED gibt es deutsche Patrioten.« Diese Auffassung schien in der DDR weit verbreitet zu sein. Denn in der Verfassung der DDR vom 9. April 1968, die die Verfassung aus dem Gründungsjahr 1949 ersetzte, hieß der erste Satz in Art. 1: »Die Deutsche Demokratische Republik ist ein sozialistischer Staat deutscher Nation.« Leider war dieses Bekenntnis zur deutschen Nation nicht von Dauer. Die Volkskammer der DDR verabschiedete am 27. September 1974 einmütig einen gemeinsamen Antrag aller Fraktionen, durch den die Verfassung von 1968 in wichtigen Punkten geändert wurde. So wurde in der Präambel der Hinweis auf die »Lebensinteressen der Nation« gestrichen und in Artikel 1 formuliert: »Die DDR ist ein sozialistischer Staat«, wobei auf die beiden folgenden Worte »deutscher Nation« verzichtet wurde. Honecker, der den gemeinsamen Antrag der Fraktionen in der Volkskammer einbrachte, sprach in der Folgezeit nur von der »sozialistischen Nation«. Leider habe ich Kaul nicht mehr auf seine Meinung zu dieser fundamentalen Verfassungsänderung ansprechen können. Auch in diesem Punkt haben die Deutschen in der DDR die These von dem Bestehen einer sozialistischen und einer kapitalistischen deutschen Nation gründlich revidiert.

Obwohl Kaul kritisch zu Ulbricht stand – er nannte ihn mir gegenüber, auf meine Verschwiegenheit vertrauend, den »großen Gelehrten WU« (Walter Ulbricht) –, rechnete er ihm hoch an, dass er Schauprozesse mit Todesurteilen gegen angebliche Parteifeinde wie in der CSSR, Ungarn und Bulgarien verhindert habe. Er, Kaul, bleibe trotz gelegentlicher Zweifel an der Richtigkeit der von seiner Partei betriebenen Politik Kommunist. In den vielen Stunden, die ich mit Kaul allein verbracht habe, hatte ich Gelegenheit, ihn und seine Ansichten gut kennen zu lernen.

In Berlin brachte mich Kaul noch zum Grenzübergang Friedrichstraße. Da die »Durchschleusung« zügig verlief, war ich schon gegen 14 Uhr in Westberlin und versuchte, für das Flugzeug um 17.30 Uhr nach Düsseldorf buchen zu können, was nur für die Warteliste gelang. Die Spannung hielt bis kurz vor dem Abflug an; ich erhielt den letzten verfügbaren Platz der Warteliste. Die Maschine war voll ausgebucht, nicht zuletzt, weil die Fußballmannschaft des 1. FC Schalke 04 mit etlichen Anhängern nach einem Freundschaftsspiel nach Düsseldorf flog. Dort wurde ich schon erwartet und erstattete einen ersten mündlichen Bericht.

So erleichtert wir waren, dass sich die Eheleute Benster unter den obwaltenden Umständen in zufriedenstellender gesundheitlicher Verfassung befanden, so blieb doch bedrückend, dass Kaul auch im vertraulichen Gespräch nicht sagen konnte, wann mit einer weiteren Herabsetzung der Strafe und der dann möglichen Entlassung zu rechnen sei.

Heinemann hatte über einen kirchlichen Informationskanal erfahren, dass die DDR mit allen ihr zur Verfügung stehenden Mitteln versuchte, auch ohne Einhalten der mir von Kaul gegebenen Zusagen mit der Bundesregierung ins Geschäft zu kommen. Angeblich war die DDR bereit, für eine materielle Gegenleistung mehrere hundert politische Häftlinge zu begnadigen und in die Bundesrepublik ausreisen zu lassen. Mein Kollege Dr. Hopmeier übermittelte mir Anfang April 1964 von seiner Mandantschaft, in Bonn gäbe es »Aufweichungstendenzen«. Heinemann und ich sahen uns in einer Zwickmühle: Wenn man der DDR ohne vorherige Erledigung der Sache Benster entgegenkam, half man zwar vielen politischen Gefangenen zur Freiheit – und das war ein höchst erstrebenswertes Ziel –, andererseits konnte man der DDR-Führung das Nichteinhalten der getroffenen Vereinbarungen nicht durchgehen lassen. Das hätte ein gefährlicher Präzedenzfall werden können. Deshalb nahm Heinemann Kontakt zu Bundesjustizminister Dr. Bucher auf. Bucher hielt das Einschalten des Ministeriums für gesamtdeutsche Fragen für zweckmäßig, weil zur selben Zeit der Ostberliner Rechtsanwalt Wolfgang Vogel dem damaligen Ressortchef Mende das Angebot des Generalstaatsanwaltes der DDR, Streit, übermittelt hatte, 650 Häftlinge zu entlassen, deren Namen die Bundesregierung benennen könnte. Für jeden Häftling sei eine Summe von 40 000 bis 50 000 DM zu zahlen. Mende stellte das Einvernehmen mit Bundeskanzler Erhard und Finanzminister Dahlgrün her und gab am 13. Mai 1964 grünes Licht für die Tauschoperation, bei der allerdings nicht in bar, sondern durch Warenlieferungen gezahlt werden sollte. Die Kirchen deckten alles ab, weil die Bundesregierung auf Grund ihres Alleinvertretungsanspruches nicht mit der Regierung eines für sie nicht vorhandenen Staates Kontakt aufnehmen wollte. Während die Vorbereitungen für die Benennung der freizukaufenden Häftlinge begannen, die sich über mehr als drei Monate bis zum ersten Transport hinzogen, erfolgte am 23. Mai 1964 die Begnadigung und Haftentlassung des IG-Metall-Redakteurs Heinz Brandt, der am 16. Juni 1961 aus Westberlin durch ein Stasi-Kommando nach Ostberlin verschleppt worden war. Seine »Befreiung« war allerdings nicht durch Tausch oder eine materielle Gegenleistung zustande gekommen, sondern durch eine regelrechte Kapitulation der SED-Führung vor dem weltweiten Protest der internationalen Gewerkschaftsbewegung, einiger in der DDR angesehener Repräsentanten der internationalen Friedensbewegung wie Bertrand Russell sowie den Bemühungen von Amnesty international.

Mitte Juni traf ich Kaul in Frankfurt. Er überraschte mich mit einem Vorschlag, den sich nach meiner Beurteilung die SED-Führung ausgedacht hatte: Die ganze Familie Benster solle auf eine Liste der freizukaufenden Häftlinge gesetzt werden, dann sei diese verkorkste Sache geräuschlos erledigt. Ich widersprach mit dem Hinweis, dass die Gegenleistung bereits erbracht sei und nicht erneut etwas geliefert oder angeboten werden könne. Außerdem seien die vier Kinder der Eheleute Benster keine Häftlinge. Erneut brachte ich die Vorgeschichte in Erinnerung und fügte hinzu, wir hätten im Westen den Eindruck, er habe jeden Einfluss auf das entscheidende Gremium in der DDR verloren und es sei wohl besser, uns beide durch neue Leute ersetzen zu lassen. Ich erzählte Kaul auch, was mir in einem Strafprozess bei der Kölner Staatsschutzstrafkammer gegen drei iranische Medizinstudenten, denen verfassungsfeindliche Aktivitäten angelastet wurden, der damalige Leitende Regierungsdirektor (und spätere Präsident) des Bundesamtes für Verfassungsschutz, Dr. Nollau, erklärt hatte.

Nollau war in jenem Verfahren, in dem ich als Pflichtverteidiger den Angeklagten vom Gericht beigeordnet worden war, am 26. Mai 1964 als Gutachter gehört worden. In einer Verhandlungspause sprach Nollau mich zu meiner Überraschung auf die Angelegenheit Benster an. Er vertrat auf Grund ihm zugegangener Informationen die Meinung, der Staatssicherheitsdienst habe mit der Behauptung, die Vollstreckung des Todesurteils gegen Benster habe unmittelbar bevor gestanden, »einen Türken gebaut«; jedenfalls sei niemals an dessen Vollstreckung gedacht gewesen. Außerdem sei von westdeutscher Seite falsch verhandelt und ich sei von Kaul »über den Tisch gezogen« worden. Ihm wäre das nicht passiert. Unter Hinweis auf das Gespräch mit Nollau sagte ich Kaul, er könne daran ermessen, welche Kreise die immer noch ausstehende Erledigung der Sache Benster ziehe. Kaul war empört, versprach aber am Ende unserer zweieinhalbstündigen Unterredung, sich noch einmal mit großem Nachdruck für die baldige positive Abwicklung einzusetzen.

Am 26. Juni teilte Kaul durch Blitzgespräch mit, dass Frau Benster »heute begnadigt worden und auf dem Weg zu ihren Kindern« sei. Außerdem sei für Benster durch einen Akt des Staatsrates die auf 15 Jahre Zuchthaus lautende Freiheitsstrafe auf sechs Jahre Zuchthaus herabgesetzt worden. Zu unserer Erleichterung war nun wenigstens Frau Benster in Freiheit und konnte ihre minderjährigen Kinder betreuen, von denen sie durch Verhaftung und Verurteilung fast drei Jahre getrennt war. Den Inhalt des Blitzgespräches bestätigte Kaul mit Brief vom selben Tage und verband damit noch einen wichtigen Hinweis:

Da Benster von der auf sechs Jahre Zuchthaus herabgesetzten Strafe »bereits drei Jahre verbüßt hat, ist nach diesem Gnadenerlass die Voraussetzung geschaffen, dass nach § 346 der Strafprozessordnung eine endgültige Aussetzung der Strafvollstreckung mit dem Ziele des Straferlasses erfolgen kann. Mir ist dementsprechend von den zuständigen Instanzen nahe gelegt worden, Ende August den Antrag auf endgültige Aussetzung der Strafvollstreckung zu stellen, so dass Benster spätestens Ende August/Anfang September entlassen werden wird.« Kaul ging auch auf mein Gespräch mit Nollau ein, von dem ich ihm erzählt hatte: »Sie sagten mir, der Genannte hätte behauptet, dass die gegen Benster ursprünglich erkannte Strafe nie vollstreckt worden wäre. Die mit der Erarbeitung der Gnadenanträge jetzt erneut erforderlich gewordene Einsicht in die Akten hat mir die dokumentarische Kenntnis davon vermittelt, dass ausschließlich die von uns beiden getroffene Abmachung die unmittelbar bevorstehende Vollstreckung der ursprünglichen Strafe verhindert hatte. Das ist im übrigen Ihrer ›Mandantschaft‹ auf Grund eines kurz vor den Vorgängen um Benster liegenden Ereignisses genau bekannt«.

In einem späteren Gespräch nannte Kaul mir den Namen Fehrmann, der »in einem Parallelfall« zum Tode verurteilt und hingerichtet worden sei. Beim Lesen des vom 26. Juni 1964 datierten Briefes, der am 29. Juni in unserer Praxis eingegangen war, fiel mir auf, dass Kaul zwar von der Entlassung Bensters in wenigen Monaten geschrieben, aber weder seine noch seiner Familie Ausreise in das Bundesgebiet erwähnt hatte. Deshalb bemühte ich mich sofort um Klarheit in diesem wichtigen Punkt und traf schon zwei Tage später mit Kaul in Frankfurt/Main zusammen. Er war sehr bedrückt und eröffnete mir, eine Ausreise in die Bundesrepublik werde weder für Benster noch für seine Familie genehmigt. Auf meinen Einwand, »auf der anderen Schiene« sei doch die Freilassung und Ausreise einiger hundert politischer Häftlinge angeboten worden, erwiderte er, dabei handele es sich nicht um »Bürger der DDR«, was aber bei der Familie Benster der Fall sei. Hier liege das grundsätzliche Problem. Ich erwiderte, von diesem Grundsatz müsse jedenfalls dann eine Ausnahme gemacht werden, wenn eine bindende Absprache vorliege, und appellierte an Kaul, die Angelegenheit vereinbarungsgemäß zu Ende zu bringen. Er versprach, sein Bestes zu tun. Am 10. Juli sah ich Kaul wieder, der sich wesentlich zuversichtlicher zeigte als eine Woche zuvor, aber noch keine feste Zusage für die Ausreisegenehmigung machen konnte. Bei dieser Gelegenheit übergab er mir eine von ihm handschriftlich gefertigte Liste mit sechs Namen; davon waren vier Personen 1964 vom OLG Köln zu Strafen verurteilt worden, die zwischen anderthalb und zweieinhalb Jahren lagen, die beiden anderen Personen befanden sich seit dem 3. Februar 1964 in München in Untersuchungshaft. Kaul bot für diese »DDR-Bürger« einen Tausch »Mann gegen Mann« an. Ich wandte sofort ein, dass Untersuchungsgefangene in einen Austausch nur einbezogen werden könnten, wenn nach den Regeln unserer Strafprozessordnung die Einstellung des Ermittlungsverfahrens vertretbar sei.

Kauls Liste gab ich meinem süddeutschen Kollegen Hopmeier mit der Bitte um Weiterleitung an den BND und schlug dabei vor, bei den vier Strafgefangenen als Tauschpartner zu nennen: Peter Karl, dessen Großvater Albin Karl, Mitglied des DGB-Bundesvorstandes, sich mit der Bitte um Hilfe an Heinemann gewandt hatte, sowie drei wegen »Fluchthilfe« in der DDR angeklagte Westdeutsche, deren Strafprozess gerade stattfand. Schon drei Tage später traf ich Kaul am 13. Juli in Wartha wieder, wo er mir einen westdeutschen Studenten an der Zonengrenze übergab. Bei dieser Gelegenheit versicherte Kaul, die mir von ihm überreichte Liste sei nicht als Paket aufzufassen. Hopmeier und ich waren über die verschiedenen »Verhandlungsstränge«, über die Bemühungen zur Freilassung politischer Häftlinge liefen, verwirrt. Während Rechtsanwalt Vogel im Auftrage des Generalstaatsanwaltes der DDR, Josef Streit, über den Westberliner Rechtsanwalt Stange, den die Bundesregierung als ihren Gesprächspartner benannt hatte, über die Begnadigung und Ausreise hunderter Häftlinge gegen hohe materielle Leistungen der Bundesrepublik verhandelte, bot Kaul den Austausch »Mann gegen Mann« ohne finanziellen Ausgleich an.

Außerdem meldeten sich bei Bonner Dienststellen gelegentlich Leute, die sich guter Kontakte zu ostdeutschen Behörden rühmten und eine schnelle Lösung aller Probleme versprachen. In keinem einzigen Fall führte dies meines Wissens zu einem Erfolg. Eine Koordinierung war auf beiden Seiten überfällig.

Die Sommerferien verbrachten meine Familie und ich im holländischen Katwyk in einem Ferienhaus, das keinen Telefonanschluss besaß. Ich hatte sowohl Kaul als auch Hopmeier meine Urlaubsanschrift gegeben. Zudem war Gustav Heinemann als »Stallwache« in unserer Anwaltspraxis, der alle Einzelheiten meiner Ost-West-Aktivitäten kannte. Er war auch für den 20. August mit dem Bundesjustizminister verabredet. An demselben Tag erreichte mich am späten Nachmittag ein Telegramm Hopmeiers: »Erbitte Anruf Freitag, 21. 8., 16 Uhr, sehr wichtig, unaufschiebbar.« Bei meinem Rückruf am nächsten Tag erfuhr ich von Hopmeier Folgendes: Rechtsanwalt Vogel hatte im Auftrag der DDR-Regierung dem Gesamtdeutschen Ministerium mitgeteilt, Benster werde mit Familie von Kaul am 27. August in Herleshausen übergeben. Der Bundesnachrichtendienst sei darüber empört, dass er, Hopmeier und ich übergangen werden sollten, und wünsche dringend, dass ich am 27. August in Herleshausen anwesend sei, zumal ich als Einziger die Eheleute Benster identifizieren könne. Am 24. August würde ich telegrafisch erfahren, wann ich in Herleshausen eintreffen müsse und an wen ich mich wenden solle. Hopmeier übermittelte mir den Wunsch des BND, Kaul heftige

Vorwürfe wegen seines vermuteten illoyalen Verhaltens zu machen. Da ich von Kaul wusste, dass er ab 8. August für knapp drei Wochen Urlaub in Rumänien machte, hielt ich es für wenig wahrscheinlich, dass er für diesen Affront verantwortlich war. Ich sagte Hopmeier zu, meinen Urlaub zu unterbrechen und zu dem noch mitzuteilenden Zeitpunkt in Herleshausen zu sein. Heinemann unterrichtete ich in einem Eilbrief ausführlich über die neueste Entwicklung. Am 24. August morgens 9 Uhr erhielt ich – wie angekündigt – ein Telegramm, allerdings nicht von Hopmeier, sondern von Heinemann in seiner bekannt knappen Art: »Erbitte Anruf«. Bei meinem Rückruf erfahr ich, dass das Telegramm schon am 23. August morgens in Essen aufgegeben war, aber wegen der damals noch streng beachteten Sonntagsruhe in Katwyk nicht ausgeliefert worden war. Heinemann hatte den ganzen Tag auf meinen Anruf gewartet. Gleichzeitig mit dem Telegramm kam ein vom 21. August datierter Brief Heinemanns, in dem er u.a. in verschlüsselter Form den Inhalt seines Gespräches mit Bundesjustizminister Bucher vom Vortag schilderte. Bei unserem Telefonat ergab sich vor allem, dass nach einer Mitteilung vom Büro Kaul die Überstellung der Familie Benster nicht am 27. in Herleshausen, sondern am 26. August in Helmstedt erfolgen solle. Am Dienstag, dem 25., rief ich vormittags wieder in unserer Praxis an. Heinemann sagte mir nach einem Anruf von Hopmeier, der Bundesnachrichtendienst wünsche meine Anwesenheit in Helmstedt, und riet mir, sobald wie möglich nach Essen zu kommen, wo ich wegen der Helmstedter Reise besser disponieren könne, zumal noch keine Nachricht über den Zeitpunkt der Übergabe vorliege. Ich fuhr alsbald mit meinem Wagen von Katwyk nach Essen in die Praxis. Dort las ich die wichtigste während meines Urlaubs eingegangene Post und brachte um 17 Uhr Heinemann zum Flughafen Düsseldorf, von wo er nach Berlin flog. Auf der Fahrt ergänzte Heinemann die mir schon brieflich übermittelten Informationen. Da ich nicht mit dem Wagen nach Helmstedt fahren wollte, benutzte ich eine spätere Zugverbindung nach Hannover, bestellte ein Hotelzimmer und traf eine halbe Stunde nach Mitternacht in Hannover ein. Kurz nach meiner Rückkehr vom Flughafen Düsseldorf erreichte mich Kauls Nachricht, dass wir uns am nächsten Tag um 12 Uhr am Kontrollpunkt Helmstedt treffen sollten.

Mittwoch, der 26. August 1964, wurde ein ungemein interessanter Tag, den ich nicht vergessen werde. Zunächst lief alles planmäßig. Ich fuhr mit dem Zug von Hannover nach Helmstedt und nahm ein Taxi zur Zonengrenze an der Autobahn nach Berlin. Hopmeier hatte noch einige Hinweise übermittelt: Ich solle mich beim Leiter des Bundesgrenzschutzes, Lengtat, legitimieren, dann zur Ost-Kontrollstelle Marienborn gehen, im Beisein Kauls Herrn Benster und seine Familie identifizieren und mich dann mit ihnen beim Leiter des Bundesgrenzschutzes melden. Ein

Vertreter des Bundesnachrichtendienstes werde sich den ganzen Tag am Autobahn-Übergang bereithalten. Ich war kurz nach 11 Uhr am Übergang, legitimierte mich mit meinem Personalausweis bei Herrn Lengtat und ging zum DDR-Übergang. Der diensthabende Offizier sagte mir, dass Kaul für 11 Uhr gemeldet, aber noch nicht eingetroffen sei; ich möge doch veranlassen, dass Kaul mit Begleitung ohne viel Aufhebens den Westübergang passieren könne. Dies richtete ich Herrn Lengtat aus, der es zusagte. Kurz nach 12 Uhr kam Kaul mit seinem Wagen herüber – allein. Er bat mich in das Restaurant und berichtete Folgendes: Als er vor drei Tagen aus dem Urlaub zurückgekommen sei, habe er erfahren, dass »seine Freunde« die endgültige Erledigung der Sache Benster beschlossen hätten und zur Überstellung der Familie in die Bundesrepublik bereit seien. Er habe durchsetzen können, dass die Übergabe, die ursprünglich für einen anderen Ort vorgesehen war, in Helmstedt an mich erfolgen solle. Am Vortage (25. 8.) sei Frau Benster in ihrer Wohnung in Bernburg davon unterrichtet worden, dass sie mit ihren vier Kindern und dem begnadigten Ehemann ins Bundesgebiet ausreisen könne. Sie habe jedoch erklärt, dass sie Bernburg nicht verlassen wolle. Falls ihr Ehemann in die Bundesrepublik übersiedeln wolle, werde sie ihn nicht daran hindern. Als er, Kaul, von der für alle überraschenden Weigerung der Frau Benster erfuhr, habe er erreichen können, dass sie vorher mit ihrem Mann sprechen könne. Dieses Treffen habe so arrangiert werden sollen, dass Frau Benster am 26. August morgens von Bernburg nach Magdeburg gebracht würde, wo er sie abholen und gemeinsam mit ihrem Mann nach Helmstedt bringen wolle. Heute Morgen sei er früh in Berlin in die Haftanstalt gegangen, wohin man Benster einige Tage vorher von Bautzen überführt habe, und habe ihm eröffnet, dass er ihn mit seiner Familie um 12 Uhr in Helmstedt an den ihm bereits bekannten westdeutschen Anwalt übergeben wolle; er könne aber vorher noch mit seiner Frau sprechen, die allerdings eine Übersiedlung ins Bundesgebiet für sich und die Kinder abgelehnt habe. Er sei konsterniert gewesen, als Benster auch für sich das Verlassen der DDR ausgeschlossen habe. Kurz vor 10 Uhr sei er mit Benster in Berlin abgefahren. Dessen Frau sei nicht in Magdeburg gewesen, doch sei ihm am vereinbarten Treffpunkt mitgeteilt worden, sie werde unmittelbar nach Marienborn gebracht. Als er mit Benster kurz vor 12 Uhr dort angekommen sei, sei dessen Frau noch nicht eingetroffen gewesen. Er sei deshalb allein zu mir gefahren, um mich nicht über den abgesprochenen Zeitpunkt hinaus warten zu lassen. Kaul bestürmte mich geradezu, ich möchte alles tun, um wenigstens den Mann zu überreden, in die Bundesrepublik zu gehen. Die Tatsache, dass Benster am 26. Juli 1962 wegen Spionage im schweren Fall zum Tode verurteilt worden war, sei in Bernburg allgemein bekannt. Wenn er nun gerade zwei Jahre später als freier Mann in seiner Geburtsstadt auftauche und dort mit seiner

Familie lebe, würde das die »Rechtstreue« der Bürger beeinträchtigen und die abschreckende Wirkung eines Todesurteils oder einer langen Freiheitsstrafe zur Farce werden lassen. Er erwähnte mehrfach, es hätte sich viel Ärger vermeiden lassen, wenn man die Einstellung der Eheleute Benster vorher gekannt hätte. Ich war nicht weniger schockiert als Kaul, denn mir war sofort klar, dass niemand in Bonn und Pullach Verständnis für diesen Ausgang des jahrelangen Kampfes haben und mein »Versagen« als Ursache dieser Blamage ansehen würde. Deshalb musste ich Zeit gewinnen. Als Kaul mich fragte, was nun geschehen solle, erklärte ich, darauf bestehen zu müssen, die Eheleute Benster diesseits des Übergangs zu sprechen. Nur so könnte ich mich davon überzeugen, ob das mir von ihm Mitgeteilte tatsächlich dem freien Willen der Eheleute entspreche. Ich fügte hinzu, dass es die Klärung erleichtern würde, wenn er an der Unterredung nicht teilnähme. Kaul sagte sofort zu, er wolle sich für ein Gespräch zwischen mir und Bensters auf Bundesgebiet einsetzen. Vorher hatte er bemerkt, das Ministerium für Staatssicherheit sei hochrangig an der Grenze vertreten. Falls Frau Benster bis zu seiner Rückkehr an den DDR-Kontrollpunkt noch nicht eingetroffen sei, wolle er mit dem Mann allein zurückkommen.

Kaul ist dann gegen 12.30 Uhr hinübergefahren. Ich ging zu Herrn Lengtat und unterrichtete ihn, dass Kaul in etwa einer halben Stunde wiederkommen wolle. Da ich durch meinen Kollegen Hopmeier wusste, dass der Bundesnachrichtendienst am Helmstedter Übergang vertreten war, bat ich Lengtat, der über diese Anwesenheit auch unterrichtet war, er möge dem Vertreter des BND ausrichten, dass nach Mitteilung von Kaul die erwartete Familie nicht bereit sei, in die Bundesrepublik zu übersiedeln. Auf mein nachdrückliches Verlangen wolle Kaul versuchen, mir Gelegenheit zu einem Gespräch mit den Eheleuten auf westdeutschem Boden zu verschaffen. Ich stellte anheim, ob angesichts der neuen Lage der BND-Vertreter mich unmittelbar kontaktieren und an dem Gespräch teilnehmen wolle. Lengtat kam mit dem Bescheid zurück, der BND wolle nicht in Erscheinung treten, jedoch solle geklärt werden, ob er, Lengtat, bei dem Gespräch anwesend sein könne. Diese Bitte wollte ich ohnehin an ihn richten, denn es war nicht schwer zu begreifen, wie wichtig und wertvoll der Leiter der Bundesgrenzschutzdienststelle am Kontrollpunkt Helmstedt als Zeuge für mich sein könnte. Kurz nach 13 Uhr kam Kaul mit den Eheleuten zurück. Er entfernte sich, während ich mit beiden in Lengtats Dienstzimmer ging, gegen dessen Anwesenheit kein Einwand erhoben wurde.

Ich war sicher, dass es sich bei Benster um den Mann handelte, den ich zweimal in Ostberlin und einmal in Bautzen gesehen hatte. Auch bei seiner Frau gewann ich diese Gewissheit, obwohl ich sie nur einmal, im November 1963 bei meinem Besuch im Zuchthaus in Halle, gesehen hatte. Zu Beginn unseres Gespräches versicherte ich, dass sich die Eheleute bereits im Bundesgebiet befänden und sie frei sprechen könnten. Auf meine Frage, wann sie von der Möglichkeit der Übersiedlung in die Bundesrepublik und der Begnadigung ihres Mannes erfahren habe, sagte Frau Benster, sie sei am Vormittage zu Hause aufgesucht und unterrichtet worden. Sie habe aber gleich erklärt, dass sie Bernburg nicht verlassen wolle. Nach den Gründen für diese Einstellung gefragt, antwortete sie ruhig und freundlich: Sie sei so froh, dass sie seit sieben Wochen wieder zu Hause sein könne, sie wolle nicht wieder fort. Als sie verhaftet wurde, sei das jüngste Kind noch keine zwei Monate alt gewesen. Sie gehöre zu den vier Kindern. Besonders die beiden älteren Kinder (15 und 13 Jahre alt) hätten sich während der Abwesenheit der Eltern seit September 1961 Verwandten und Bekannten so eng angeschlossen, dass sie einen Wegzug aus Bernburg ablehnen würden. Meine Frage, ob ihre Entscheidung davon beeinflusst sei, dass die Kinder nicht bei ihnen in Helmstedt seien, verneinte Frau Benster. Zweimal habe ich den Eheleuten versichert, dass die Vereinbarung über die Übersiedlung der Familie auch alle Kinder einschließe. Wenn sie jetzt erklärten, im Bundesgebiet bleiben zu wollen, würden die Kinder ebenfalls nach Helmstedt gebracht, und die Familie sei in der Bundesrepublik vereint, wo man bestimmt gut für sie sorgen werde. Darauf sagte die Frau, nicht nur die Kinder, sondern sie selbst wolle um keinen Preis Bernburg verlassen. Als vor der Inhaftierung einmal ein Wohnsitzwechsel erwogen worden sei, habe sie ihren Mann beschworen, in Bernburg, ihrer gemeinsamen Geburtsstadt, zu bleiben; sie wolle auch in der DDR nicht an einem anderen Ort wohnen. Dann wandte sie sich an ihren Mann und sagte: »Heinz, wenn du hier bleiben willst, stelle ich dir nichts in den Weg.« Von einer möglichen Scheidung war dabei nicht die Rede. Herr Benster erklärte, dass er erstmalig heute frühmorgens von seiner Begnadigung erfahren habe. Es sei ihm auch erst zu diesem Zeitpunkt die Herabstufung der Freiheitsstrafe von 15 auf sechs Jahre Zuchthaus, die schon am 26. Juni 1964 erfolgt war, mitgeteilt worden. Am 10. August sei die Verlegung von Bautzen nach Berlin erfolgt, ohne dass er den Grund erfahren habe. Bei der Mitteilung der Begnadigung heute Morgen habe man ihm gesagt, dass die Reststrafe auf drei Jahre zur Bewährung ausgesetzt sei. Benster erklärte seinen Wunsch, nicht in der Bundesrepublik bleiben zu wollen, mit dem Hinweis, er hätte vor seiner Verhaftung wiederholt Gelegenheit gehabt, in den Westen zu gehen, habe aber stets den Gedanken an eine Flucht verworfen, weil auch er in seiner Heimat verwurzelt sei. Ich erklärte es für zweifelhaft, ob er wieder nach Bernburg komme, denn er sei zu der schwersten Strafe verurteilt worden und sein Erscheinen in Bernburg könnte für die Behörden schwierig zu erklären sein. Er meinte dazu, nach seiner Erklärung, die DDR nicht verlassen zu wollen, habe man ihm zugesagt, er käme zu seiner Familie zurück. Er wisse, dass er es für längere Zeit sehr schwer habe, aber dennoch sei er überzeugt, dass es gut ausgehe. Er wurde dann sehr bewegt und sagte: »Ich weiß sehr genau, was der Westen für uns getan hat. Ohne diese Hilfe würde ich mit hoher Wahrscheinlichkeit nicht an diesem Tisch sitzen können, sondern nicht mehr unter den Lebenden sein. Betrachten Sie deshalb meinen Wunsch, nicht in der Bundesrepublik zu bleiben, nicht als Undank. Ich kann einfach meine Heimat nicht verlassen.«

Meine Frage, ob sie nicht eine Bedenkzeit haben wollten, um eine endgültige Entscheidung erst in einigen Tagen zu treffen, haben beide verneint. Ich hatte keinen Anhaltspunkt dafür, dass die Eheleute etwa unter der Einwirkung einer Droge standen. Beide haben normal gesprochen, so dass auch nicht der Eindruck entstand, als ob ihnen eine Erklärung eingetrichtert worden wäre. Beide sind auch meinen fragenden und forschenden Blicken nicht ausgewichen. Die Verabschiedung war herzlich und mit nochmaligem Dank für die Bemühungen um sie verbunden. Auch von Herrn Lengtat verabschiedeten sich beide mit Handschlag. Lengtat sagte zu Frau Benster: »So etwas habe ich noch nicht erlebt; hoffentlich bereuen Sie es nicht.« Ich unterrichtete kurz Kaul, der gerade von einem Spaziergang zurückgekommen war, über das Ergebnis des Gesprächs. Er schüttelte wiederholt den Kopf und nahm offensichtlich mürrisch und schweigend die Eheleute in seinem Wagen mit nach Marienborn. Herrn Lengtat dankte ich für seine Anwesenheit bei dem Gespräch. Ein Taxi brachte mich zum Bahnhof Helmstedt. Von dort fuhr ich nach Essen. Ich ging in die Praxis, rief von dort meinen Kollegen Hopmeier in Pörtschach an, wo er Urlaub machte, und teilte ihm das Ergebnis mit. Er war genauso betroffen und ratlos wie ich. Hatte ich etwas falsch gemacht? Und wenn ja, was war es? Nach dem 15-minütigen Telefonat mit Hopmeier schrieb ich noch einen dreiseitigen Vermerk für Heinemann, der noch in Berlin bei einer Ratstagung der EKD war, während ich am anderen Morgen nach einer unruhig verbrachten Nacht schon vor 8 Uhr nach Katwyk zurückfuhr, um mit meiner Familie die restlichen Urlaubstage bis zum 31. August zu verbringen. Noch vor unserer Rückreise erreichte mich ein Brief Heinemanns, der meinen Vermerk inzwischen »mit großem Interesse« gelesen hatte: »Schon in Berlin hörte ich am Donnerstagmorgen (27. 8. 64) von dem Verlauf auf Grund von Telefonaten zwischen Krautwig (dem ehemaligen Staatssekretär im Gesamtdeutschen Ministerium) und ... In Bonn bestand offenbar äußerste Erregung ... Hätte die Sache einen anderen Verlauf genommen, wenn auch die Kinder mit herübergekommen wären? Das ist die Vermutung, die ebenfalls gestern geäußert wurde.« Kein Zweifel: Es würde viel Ärger geben. Als ich am 1. September in die Praxis kam, fand ich einen vom 28. August datierten Brief Kauls vor, der den Ablauf des Treffens in Helmstedt schilderte und mit den Sätzen schloss: »Damit sind die am 10.9.1962 getroffenen

Vereinbarungen in jeder Beziehung erfüllt. Ich wäre Ihnen dankbar, wenn Sie mir diese Tatsache kurz bestätigen würden.« Gleichzeitig bat mich ein hoher Beamter des Bundesjustizministeriums um einen mündlichen Bericht am Nachmittag des 2. September in Bonn. Außerdem wollte der Generalbundesanwalt mich möglichst bald in Karlsruhe sprechen. Ich schrieb an Hopmeier einen ausführlichen Bericht, der dann auch die Grundlage für meinen Vortrag im Bundesjustizministerium bildete. Am selben Tag erreichte mich ein zweiter Brief Kauls, in dem es hieß:

»In aller Eile: Unser Mandant Karl wird in den nächsten Tagen zu Hause eintreffen. Bitte, unterrichten Sie seine Eltern.«

Das Gespräch im Bundesjustizministerium am 2. September 1964 nachmittags verlief ziemlich frostig: In den beteiligten Ministerien herrschte allgemein große Verärgerung. Das Treffen mit den Eheleuten Benster in Helmstedt könne nicht als Erfüllung der Vereinbarung angesehen werden. Es gebe seltsame Begleitumstände. So seien offenbar keine Vorbereitungen getroffen worden, auch die Kinder nach Helmstedt zu bringen; die Eheleute hätten sich vor dem Treffen an der Zonengrenze nicht aussprechen können, und Benster sei von der im Juni erfolgten weiteren Herabsetzung seiner Strafe von 15 auf sechs Jahre Zuchthaus nicht zeitgerecht, sondern erst am Tag seiner endgültigen Freilassung unterrichtet worden. Er habe sich deshalb innerlich auch nicht auf die Frage der Übersiedlung in die Bundesrepublik Deutschland vorbereiten und das Für und Wider einer Entscheidung in Ruhe abwägen können. Von kompetenter Seite der DDR habe man außerdem erfahren, dass Kaul in Ostberlin behauptet habe, er sei mit den Kindern in Helmstedt gewesen. Das alles stärke den Verdacht, dass falsch gespielt werde und eine freie Willensentscheidung der Eheleute nicht vorgelegen habe. Daraus ergebe sich die Forderung eines neuen Treffens mit den Eheleuten Benster und allen Kindern in Helmstedt. Diese Forderung solle ich baldmöglichst Kaul übermitteln.

Weil es mir selbst unbegreiflich war, konnte ich gut verstehen, dass es für die wenigen Unterrichteten in der Bundesrepublik unfassbar war, dass ein nur knapp dem Tode Entronnener nicht ohne jedes Zögern die Chance zu einem Leben in Freiheit bei gesicherter Zukunft ergriff und sich stattdessen für ein Leben voller Unsicherheit, Gefährdung, Überwachung und ohne berufliche Perspektive entschied.

Nach Rückkehr in die Praxis versuchte ich durch Telefonate, den Besuch eines in Karlsruhe inhaftierten Mandanten mit dem Termin bei Generalbundesanwalt Martin zu verbinden. Es traf sich gut, dass auch Kaul sich am Samstag, dem 5. September, in Karlsruhe aufhielt und wie immer im Hotel »Karpfen« wohnte. Da 1964 noch samstagvormittags gearbeitet wurde, machte ich um 8 Uhr den Besuch in der Karlsruher Haftanstalt, traf Kaul um 9 Uhr zu einem längeren Gespräch im

»Karpfen« und hatte ab 12 Uhr die Unterredung beim Generalbundesanwalt, an der auch Bundesanwalt Kammerer teilnahm.

Bei der Vorbereitung auf das Gespräch mit Kaul ging mir die Behauptung nicht aus dem Kopf, Kaul habe nach Rückkehr aus Helmstedt in Ostberlin behauptet, auch die Kinder Benster seien mit ihr am Kontrollpunkt gewesen. Ich kannte ihn nun schon fast zehn Jahre und traute ihm eine solche plumpe, weil leicht widerlegbare Lüge nicht zu. Andererseits gab es für mich keinen Zweifel, dass es so vom Osten den Bundesbehörden berichtet worden war. Zwar konnte ich nicht völlig ausschließen, dass es dem BND wie in den frühen fünfziger Jahren gelungen war, einen Mitarbeiter im engsten Führungskreis der DDR als Informanten zu gewinnen, doch tippte ich eher auf »die andere Schiene«, über die 1964 wiederholt versucht worden war, Kaul und mich ins Zwielicht zu setzen. Wer konnte der Urheber solcher Desinformationen sein? Ich vermute auch heute noch, dass es der Generalstaatsanwalt der DDR, Josef Streit, war. Zum einen wollte er mir möglicherweise die große Blamage in der Verschleppungssache Heinz Brandt heimzahlen, zum anderen sah er wohl – wenn auch zu Unrecht – bei Kaul und mir Widerstände gegen sein gerade in Gang kommendes Milliardengeschäft: Freilassung politischer Häftlinge gegen materielle Gegenleistungen aus der Bundesrepublik Deutschland, und suchte uns deshalb auszuschalten. In Wirklichkeit hatte ich die Bemühungen um die politischen Gefangenen in der DDR, die Heinemann und ich schon 1954 begonnen hatten, stets unterstützt und nie Bedenken gehabt, für die Freiheit dieser in Not, Isolierung und Hoffnungslosigkeit lebenden Menschen auch Geld zu zahlen oder Waren zu liefern. Der moralische Vorwurf des »Menschenhandels« traf nicht die Bundesregierung, sondern allenfalls die Verantwortlichen in der DDR.

Zu Beginn meines Gesprächs mit Kaul nannte ich ihm die Gründe, die nach unserer Auffassung eine Wiederholung der Unterredung mit den Eheleuten Benster im Beisein aller Kinder unerlässlich machen würden. Daraufhin gab Kaul eine eingehende Darstellung der Vorgeschichte des 26. August: Am Sonntag (23.8.) sei er abends aus dem östlichen Ausland nach Berlin zurückgekehrt und habe sich am Montag »zurückgemeldet«. Dabei habe er erfahren, dass er am Donnerstag (27.8.) in Herleshausen Benster mit Familie übergeben solle. Auf seine Frage, warum man ihm stets die Genehmigung der Übersiedlung der Familie in die Bundesrepublik abgelehnt und sie nun in seiner Abwesenheit erteilt habe, sei ihm geantwortet worden, das sei eine Angelegenheit der hohen Politik. Er habe dann gebeten, dass die Übergabe am 26. August in Helmstedt stattfinden könne, und zwar an mich, weil er es für illoyal angesehen habe, den bisherigen Verhandlungspartner bei der endgültigen Erledigung zu übergehen. Seinem Wunsch sei entsprochen worden. Dann habe er meinem Büro den Tag der Übergabe und den Ort mitgeteilt. Am

Mittwoch (26. 8.) habe ihn Mielke persönlich zwischen 8.15 und 8.30 Uhr angerufen und das Telefonat mit den Worten begonnen: »In der Sache B ist eine Panne passiert.« Erstmalig zu diesem Zeitpunkt habe er, Kaul, erfahren, dass Frau Benster es abgelehnt habe, Bernburg zu verlassen. Er sei total überrascht gewesen, zumal er schon eine Quittung vorbereitet gehabt habe, auf der ich nach Übergabe den Empfang der Familie Benster und die Erledigung der Angelegenheit bestätigen sollte. Er habe die Weigerung der Frau auf ein eheliches Zerwürfnis zurückgeführt. Trotzdem habe er erreichen können, dass Frau Benster zum Übergang gebracht wurde, damit sie wenigstens mit ihrem Mann sprechen konnte. Frau Benster habe übrigens – wie ihm berichtet worden sei – bei der Ankündigung ihrer bevorstehenden Übersiedlung erklärt, sie habe angenommen, ihr Mann sei bereits im Bundesgebiet. Bevor er mit den Eheleuten zu mir hinübergefahren sei, hätten diese Gelegenheit gehabt, sich etwa eine Viertelstunde auszusprechen. Es sei dabei offenbar sehr tränenreich zugegangen, denn Frau Benster habe sich nach dem Gespräch noch ein Taschentuch von ihm ausgeliehen. Das habe er ihr später auf ihre Bitte als Souvenir überlassen. Kaul fragte mich, ob denn die Willensäußerung der Eheleute mir gegenüber nicht eindeutig gewesen sei. Wenn sie unter irgendeinem Druck gestanden hätten, wäre es doch möglich gewesen, einen entsprechenden Hinweis auf einen Zettel zu schreiben und mir zu übergeben. Ich sagte, das sei nicht der Fall gewesen, doch sei durchaus ein psychologischer Druck denkbar wegen der Abwesenheit der Kinder. Kaul bestätigte mir die Richtigkeit der mir von Benster gemachten Mitteilung, dass die im Juni erfolgte Herabsetzung der Zuchtbausstrafe von 15 auf sechs Jahre ihm erst am 26. August eröffnet worden sei. Er, Kaul, habe bei Erhalt dieser Nachricht angenommen, dass Benster die Ermäßigung durch die Strafvollzugsbehörde erfahren habe. Umgekehrt sei wohl die Behörde davon ausgegangen, er werde seinen Mandanten unterrichten. Er gebe zu, dass er eine Mitschuld an der fehlenden Benachrichtigung trage, weil er sich nicht bei der Behörde erkundigt habe. Dieser Mangel sei aber jetzt durch die Entlassung geheilt und dieser »seltsame Begleitumstand« – wie ich formuliert hätte – nun aufgeklärt. Ich erwähnte Kaul gegenüber, dass er nach Bonner Informationen in Berlin erklärt habe, er sei sogar mit den Kindern an der Grenze gewesen. Diese Äußerung komme zu den seltsamen Begleitumständen hinzu, so dass auch kombiniert werde, er habe vielleicht die Übersiedlung der Familie Benster hintertrieben, um sich bei seinen Freunden in ein gutes Licht zu setzen. Kaul wurde daraufhin sehr erregt, sprang auf und forderte mich mit lauter Stimme auf, nachstehende Ausdrücke zu notieren und weiterzugehen. Er sei »empört«, das alles sei »widerwärtig«, es sei »zum Speien«, es sei ein »Skandal«, wie er von Bonn behandelt werde. Dabei habe er gerade in dieser Sache viel Schwierigkeiten und Ärger gehabt. Durch die Reisen mit mir nach Bautzen und Halle sowie andere Auslagen in dieser Angelegenheit habe er rund 2000 Mark privat draufgelegt. In seiner Wut griff er die »unfähigen Verhandlungspartner in Bonn« an. Während man dort einen von ihm angebotenen Austausch von Hofé, den der Osten mit höchster Priorität aus einem bundesdeutschen Gefängnis herausholen wollte, gegen einen vom Westen gewünschten jungen Häftling verhindert habe, sei Hofé dann für nichts weggegeben worden. Er fragte mich, warum man denn in Bonn gerade ihn so behandele, obwohl er sein Wort halte und loyal sei. In diesem Zusammenhang erwähnte er, dass er von westdeutschen Journalisten auf die Erklärung des Ministerpräsidenten Stoph vor der Volkskammer wegen Verhandlungen zwischen einem Beauftragten der Bundesregierung und Stellen der DDR angesprochen worden sei. Man habe ihm 10 000 DM und einen neuen Wagen für eine Information angeboten. Obwohl er die genauen Einzelheiten kenne, habe er geschwiegen. Ob man denn nicht einsehen wolle, dass er eine Art Brücke sein könne. Ich erwiderte auf diesen Zornesausbruch, ich könne das nicht beurteilen, würde es aber weitergeben. Kaul versprach, schon am Montag in Ostberlin über unser Gespräch zu berichten. Er werde das neutral tun. Ein starkes persönliches Engagement mit dem Ziele, das Gespräch mit den Eheleuten Benster im Beisein der Kinder zu wiederholen, würde er allerdings nur dann eingehen, wenn er wegen der ständigen Verdächtigungen, denen er ausgesetzt sei, Genugtuung erlange.

Kaul verlangte als Gegenleistung für seinen Einsatz, dass sein Anwaltsstatus im Bundesgebiet verbessert werde. Auf meine Frage, was das konkret bedeute, brachte er folgendes Anliegen vor: Er wolle sich in einer Revisionssache beim Bundesgerichtshof als Verteidiger melden. Es handele sich dabei um ein Strafverfahren, in dem der Generalstaatsanwalt von Westberlin gegen ein freisprechendes Urteil der Staatsschutzstrafkammer Revision eingelegt habe. Der Angeklagte sei ein Mitarbeiter des DDR-Fernsehens, dessen Justiziar er, Kaul, sei. Er respektiere die Entscheidung, dass er als Verteidiger in Landesverratssachen ausgeschlossen sei. Er verlange auch nicht, dass der Beschluss des politischen Strafsenats des BGH vom 21. März 1961 aufgehoben werde, durch den er in einer Staatsschutzstrafsache von der Verteidigung ausgeschlossen worden sei, zumal er überzeugt sei, dass seine gegen diesen Beschluss eingelegte Verfassungsbeschwerde Erfolg haben werde, was später auch tatsächlich der Fall war. Es komme ihm jetzt ausschließlich darauf an, dass er nicht erneut ausgeschlossen werde, weil ein weiterer Ausschluss als Verteidiger auch bei anderen Gerichten in der Bundesrepublik zu Erörterungen unter den Prozessbeteiligten führen werde, wenn er z. B. als Nebenkläger auftrete. Kaul erinnerte daran, dass Verteidiger von Personen, die wegen nationalsozialistischer Gewaltverbrechen angeklagt waren, versucht hätten und sicher weiter versuchen würden, ihn unter Hinweis auf seine Ausschließung als Verteidiger auch als Nebenkläger für die Hinterbliebenen der Opfer auszuschalten. Er würde es deshalb begrüßen, wenn die Bundesanwaltschaft in dem Berliner Verfahren keinen Antrag beim Revisionssenat stelle, ihn von der Verteidigung auszuschließen. Wir verabredeten ein Telefonat in der kommenden Woche. Das Gespräch beim Generalbundesanwalt befasste sich mit dem Sachstand in einigen laufenden Revisionsverfahren, in denen ich als Verteidiger mitwirkte, vor allem aber mit dem von Kaul angesprochenen Strafprozess. Erwartungsgemäß erklärte der Generalbundesanwalt, nach seiner Beurteilung dürfe kein Junktim zwischen dem geforderten persönlichen Engagement Kauls für eine Wiederholung des Gesprächs mit der Familie Benster und einer Verbesserung seines Anwaltsstatus hergestellt werden. Er werde sich aber nicht auf den früheren Ausschließungsbeschluss berufen, sondern jeweils neu prüfen, ob er den Ausschluss Kauls als Verteidiger beantragen solle. Es bestehe eine gewisse Aussicht, dass der Antrag im konkreten Verfahren nicht gestellt werde. Im Übrigen sei in seiner Behörde noch nicht entschieden, ob sie die Revision des Berliner Generalstaatsanwaltes überhaupt vertreten werde.

Das Telefonat mit Kaul kam erst am 10. September zustande. Er sagte mir, er habe die Forderung nach einem erneuten Treffen mit der Familie Benster im Bundesgebiet – ich hatte Bad Hersfeld vorgeschlagen – schon am vergangenen Sonntag in Berlin vorgetragen. Seine Gesprächspartner hatten gelacht und ihn gefragt, ob die Forderung wirklich ernst gemeint sei. Dies habe er unter Hinweis auf seine Unterredung mit mir in Karlsruhe bejaht. Am Mittwoch (9. 9.) sei ihm mitgeteilt worden, die Forderung werde abgelehnt. Ein Entgegenkommen könne nur insoweit erfolgen, als ein Gespräch in Bernburg oder Ostberlin möglich sei. Von einer Reise nach Bernburg konnte ich mir nichts versprechen, doch änderte ich meine Meinung, als ich hörte, dass aus einer mir nicht genannten Quelle die Information nach Bonn gelangt war, Benster sei wieder inhaftiert worden, zumindest habe man gegen ihn einen Zwangsaufenthalt in einer anderen Stadt und damit Trennung von seiner Familie verfügt. Die Aufklärung, ob das zutraf, rechtfertigte schon die Reise. In den beteiligten Bundesministerien war inzwischen der Verdacht gewachsen, Opfer eines großen Täuschungsmanövers des Staatssicherheitsdienstes der DDR geworden zu sein. Die mir von Nollau entgegengehaltenen Argumente des Bundesamtes für Verfassungsschutz hatten offensichtlich in Bonn Wirkung gezeigt. Bei einem Telefonat mit Kaul wies dieser mich auf einen Artikel »Agententausch an der Zonengrenze« hin, der im »Münchner Merkur« vom 5. September 1964 erschienen war, den weder mein süddeutscher Kollege noch ich kannten. Darin berichtete die Bonner Redaktion dieser Zeitung u.a., Bonn habe sich »in einigen Fällen von der Zone prellen oder gar erpressen lassen«. Wie aus zuverlässiger Quelle zu erfahren sei, werde der Agententausch in Deutschland »in erster Linie von dem Ostberliner Star-Anwalt Kaul und einem bekannten westdeutschen Rechtsanwalt abgewickelt. In einem besonders schwer wiegenden Fall hat sich die westdeutsche Seite dabei von ihrem Partner folgendermaßen aufs Glatteis führen lassen«. Es folgte die Darstellung des Strafverfahrens gegen Oskar Neumann (mit Namensnennung), der »im Jahre 1961 plötzlich auf höchste Anweisung in die Zone abgeschoben (worden sei), weil Pankow andernfalls mit der Hinrichtung eines in der Zone zum Tode verurteilten Mitarbeiters des westdeutschen Bundesnachrichtendienstes drohte. Die Zusage, den Verurteilten im Tausch gegen Neumann in die Bundesrepublik zu entlassen, hat das Zonenregime bis heute nicht verwirklicht. Die Kommunisten benutzen den westdeutschen Agenten offensichtlich als Faustpfand, um auch den von der Bundesanwaltschaft in Karlsruhe längst vorbereiteten Prozess gegen den kommunistischen Verbindungsmann Neumanns zu verhindern ...«

An dem Artikel war vieles falsch, aber der Eindruck, geprellt worden zu sein, hatte sich bei den mit der Sache befassten bundesdeutschen Stellen gefestigt. Hopmeier ließ mich wissen, dass seine Mandantschaft trotz der Enttäuschung, dass das Treffen nicht im Bundesgebiet stattfinden konnte, den Besuch in Bernburg für sinnvoll hielt. Kaul hatte mitgeteilt, dass er bis Ende Oktober nur am Samstag, dem 26. September 1964, zur Verfügung stehen könnte. Er würde mich um 9 Uhr am Kontrollpunkt Helmstedt-Autobahn abholen, mit mir nach Bernburg fahren und mich wieder nach Helmstedt zurückbringen. Eine Aufenthaltsgenehmigung brauchte ich nicht. Die Familie Benster wurde über unser Eintreffen zwischen 10.30 und 11 Uhr unterrichtet.

Ich war am Vortag mit dem Wagen bis Helmstedt gefahren und hatte dort übernachtet. Am Samstag stand ich sehr früh auf und prägte mir die übermittelten Informationen für die Befragung der Eheleute ein. Diese Unterlagen wollte ich nicht mit in die DDR nehmen und schloss sie deshalb in meinem beim Bundesgrenzschutz am Kontrollpunkt geparkten Auto ein. Für die Fahrt bis Bernburg brauchten wir über anderthalb Stunden, weil wir einige Umleitungen fahren und mehrfach fragen mussten. Die Familie wohnte Hegebreit 4 in der früheren Solvay-Stiftung, die einmal zum größten belgischen Chemiekonzern gehört hatte. Sie bewohnte das Erdgeschoss des Hauses, das aus einer Wohnküche und zwei weiteren Räumen besteht. In der Wohnung warteten die Eheleute Benster sowie die älteste Tochter Sylvia auf uns. Die Töchter Hannelore und Christine waren in der Schule; die dreijährige Tochter Cornelia war in der Wochenkrippe und nur von Samstagmittag bis Montagvormittag bei der Familie. Unsere Aufnahme durch die Eheleute war sehr freundlich. Kaul, der während der Fahrt nach Bernburg erklärte, es sei eigentlich kaum mit dem Prestige der DDR zu vereinbaren, dass ich mit Bensters allein sprechen wolle, entfernte sich dann doch. Ich sagte Benster, dass ich ihn gern unter vier Augen sprechen möchte und einen Spaziergang vorschlüge. Er meinte aber, ich solle nur alles in Anwesenheit seiner Frau mit ihm erörtern und es sei nicht notwendig, die Wohnung zu verlassen. Auf meine Frage, ob man frei sprechen könnte, sagten beide, über ihnen wohne nur eine Frau mit zwei Kindern, die aber nicht zu Hause seien. Das Haus besteht nur aus dem Erdgeschoss und einer Etage. Als ich durch Zeichen andeutete, dass möglicherweise unser Gespräch abgehört werde, meinte Benster, das nehme er nicht an, es sei aber auch unwesentlich, da alles, was ich wissen wolle und er mir sagen könne, ohnehin den Behörden der DDR aus dem Strafprozess und durch Kaul bekannt sei. Ich begann mit der Frage, wie lange die Eheleute schon hier wohnen würden. Darauf erwiderte Frau Benster, sie habe die Wohnung nach ihrer Haftentlassung Anfang Juli 1964 erhalten. Es seien auch ihre Möbel; nur das Wohnzimmer sei im Prozess vor dem Bezirksgericht Halle eingezogen worden. Benster erklärte, Kaul habe sie beide am 26. August von Helmstedt nach Bernburg zurückgefahren und habe ihnen beim Abschied erklärt, nach ihrer Entscheidung, in der DDR bleiben zu wollen, seien sie »vollberechtigte Bürger der Republik« und könnten sich jederzeit an ihn wenden, wenn sie seine Hilfe für nötig hielten. Er lebe seitdem bei seiner Familie; ein Zwangsaufenthalt sei ihm nicht zugewiesen worden. Auf meine Frage, ob ihnen Versprechungen gemacht worden seien, wenn sie in der DDR blieben, sagten die Eheleute, es sei ihnen auf ihre Bitte nur zugesagt worden, dass sie in Bernburg bleiben könnten. Benster war als Ofenschmierer in der Bernburger Zementfabrik tätig und verdiente etwa 400 Mark im Monat. Er sagte, dass diese Arbeit sehr schwer und ungewohnt für ihn sei, weil sein gelernter Beruf kaufmännischer Angestellter sei. Frau Benster war als Schlosserin in der Bernburger Zuckerfabrik eingesetzt. Sie zeigte mir ihre Hände, die Spuren harter Arbeit aufwiesen, aber sie müssten sehen, dass sie durch diese bittere Zeit hindurchkämen. Die Tochter Sylvia hielt sich in dem Nebenraum auf, wurde dann aber von den Eltern hereingerufen. Sie zeigte sich mir gegenüber keinesfalls feindselig, obwohl Kaul mir auf der Fahrt erzählt hatte, sie habe eine Funktion in der Pionier-Organisation Ernst Thälmann. Die Eheleute beklagten sich über die zu kleine Wohnung. In dem Zimmer, das unmittelbar an die Küche anschloss, standen für die Töchter Hannelore und Christine zwei weiß bezogene Betten übereinander. Die in demselben Zimmer befindliche Couch war die Schlafstätte für Sylvia. Das anschließende Zimmer diente als Elternschlafzimmer mit einem Kinderbett für die dreijährige Cornelia, wenn sie über das Wochenende zu Hause war. Frau Benster bedauerte, dass die Kinder keinen Raum hätten, um ihre Schulaufgaben machen zu können, da der einzige

Tisch in der Wohnküche stehe, der auch zur Erledigung der Küchenarbeiten benutzt werde.

Nach der Schilderung ihrer wirtschaftlich schwierigen Situation und der beengten Wohnverhältnisse habe ich den Eheleuten gesagt, dass sie für den Fall ihrer Übersiedlung in das Bundesgebiet sicher sein könnten, dass sie keine finanziellen Sorgen hätten. Ich könne ihnen zusagen, dass sie eine gut eingerichtete Wohnung für sich und die vier Kinder bekämen und dass Frau Benster nicht mehr zu arbeiten brauche, sondern sich ganz der Betreuung und Erziehung der Kinder widmen könne. Ferner könne ich zusagen, dass Benster in seinem erlernten Beruf tätig werde. Außerdem würden beide eine beträchtliche Haftentschädigung erhalten, zu deren Höhe ich allerdings keine Angaben machen könne; es wurde auch nicht danach gefragt. Ferner sicherte ich beiden auf Grund der mir gegebenen Informationen zu, dass sie mit den Kindern einen mehrwöchigen Erholungsaufenthalt antreten könnten, wenn sie im Bundesgebiet seien. Sowohl Benster als auch seine Frau dankten für diese Mitteilung und erklärten wiederholt, sie seien sehr beeindruckt, wie sehr man um sie bemüht sei. Allein die Tatsache, dass ich den Besuch bei ihnen in Bernburg hätte erreichen können, beweise ihnen, wie wirkungsvoll die Möglichkeiten der Bundesrepublik seien. Trotz der verlockenden Aussicht auf ein materiell gesichertes Leben möchten sie aber Bernburg nicht verlassen. Auf meine Frage, was denn der wirkliche Grund für den Wunsch ihres Bleibens sei, gaben beide ausschließlich familiäre Gründe an. In Bernburg lebten die siebzigjährige Mutter und eine Schwester von Frau Benster. Vonseiten des Mannes lebten die Eltern in Bernburg, deren einziges Kind er ist. Bei den Eltern des Mannes waren auch die drei älteren Kinder untergebracht, während Cornelia in einem Heim war. Frau Benster sagte, selbst wenn sie, die Eheleute, sich entschließen könnten, trotz der engen Bindungen zu Eltern, Verwandten und Freunden Bernburg zu verlassen, würden sie Sylvia und Hannelore verlieren, die beide erklärt hätten, unter allen Umständen in Bernburg bleiben zu wollen. Eine Trennung von diesen beiden Kindern sei für sie ausgeschlossen. Etwa zu diesem Zeitpunkt kam Kaul wieder zurück und fragte, ob das Gespräch beendet sei. Ich verneinte das, weil ich noch manche Fragen zu klären hätte. Frau Benster brachte dann recht geschickt eine Bitte an Kaul vor: Er möge doch mit der Tochter Sylvia die kleine Cornelia in der Wochenkrippe abholen. Als er nach einigem Zögern mit Sylvia fortging, sagte Frau Benster, es würde mindestens 20 Minuten dauern, bis sie wieder zurück seien, da die Wochenkrippe weit entfernt sei und Cornelia erst umgezogen werden müsse. Tatsächlich blieb Kaul etwa eine halbe Stunde fort. Ich habe dann die mir aufgetragenen Fragen gestellt und Folgendes erfahren: Benster wurde am 15. Dezember 1928 in Bernburg geboren. Das stimmte mit der Urkunde des Staatsrates über die

Umwandlung der Todesstrafe in eine 15-jährige Zuchthausstrafe vom 10. September 1962 überein, die ich in Kauls Büro gelesen hatte. Die Ehefrau wurde am 15. März 1929 in Bernburg geboren. Als Tag der Urteilsverkündung gaben beide den 26. Juli 1962 an. Gegen den Mann habe der Staatsanwalt die Todesstrafe beantragt, auf die auch erkannt worden sei. Er sei nach §§ 14, 24 Strafrechtsergänzungsgesetz der DDR wegen Spionage im schweren Fall verurteilt worden. Gegen die Ehefrau, die wegen Beihilfe zur Spionage verurteilt worden ist, habe der Staatsanwalt sieben Jahre Zuchthaus beantragt, das Gericht habe aber nur vier Jahre Zuchthaus ausgesprochen. Den Eheleuten sei je ein Pflichtverteidiger beigeordnet worden. Auf meine Frage, wann sie verhaftet worden seien, sagte Benster, er sei am 13. September 1961 in Halle festgenommen worden, seine Frau sei zwei Tage später morgens kurz vor 7 Uhr in ihrer Wohnung in Bernburg verhaftet worden. Benster erzählte, er sei Volkspolizeimeister mit der Dienststellung eines Oberleutnants gewesen. In dem Strafverfahren seien keine Zeugen vernommen worden. Beide Eheleute betonten, dass sie sicher seien, dass Verrat vorläge. Nach den gesamten Umständen käme dafür nur eine Freundin des Mannes in Frage, die zwar nicht alles gewusst, aber doch einiges erfahren habe. Frau Benster erklärte, sie habe über die Existenz dieser ebenfalls aus Bernburg stammenden Freundin und die dadurch entstehende Gefährdung ihres Mannes vor der Verhaftung in Westberlin berichtet. Es sei bezeichnend, dass sich die Freundin nach der Verhaftung und der jetzt erfolgten Entlassung nicht habe sehen lassen; sie sei auch trotz ihres Mitwissens nicht verurteilt worden. Der Schuldspruch gegen Frau Benster sei damit begründet worden, dass sie Briefe nach Frankfurt an den Mann geschrieben habe, der Benster 1955 angeworben habe, außerdem von der Tätigkeit ihres Mannes gewusst und diese billigend unterstützt habe. Sie nannten mir den Namen dieses Mannes und erwähnten, dass sie von dessen Familie auch Pakete aus Frankfurt erhalten hätten. Ich fragte die Eheleute, ob sie meine Anschrift zu haben wünschten und ob ich ihnen eine Visitenkarte geben könne oder ob das etwa missverstanden werden könnte. Frau Benster sagte, sie habe vor niemandem Angst, und bat mich, ihr die Visitenkarte zu geben.

Kaul kam mit Sylvia und Cornelia zurück. Cornelia war offensichtlich gut betreut worden und gut ernährt. Das fiel mir deshalb besonders auf, weil die Eheleute einen verhärmten Eindruck machten und Frau Benster, als sie für uns Kaffee kochte, bedauerte, uns keine Milch anbieten zu können. Nach der Rückkehr holte Sylvia ein Buch, das Kaul verfasst hat. Es handelte sich um den Roman »Es wird Zeit, dass Du nach Hause kommst«. Darin schildert Kaul seine Erlebnisse während der im Dritten Reich erzwungenen Emigration. Sylvia bat um eine Widmung, die Kaul ihr auch schrieb. Kaul fragte dann, wie die Entscheidung der Eheleute ausgefallen sei. Ich sagte in deren Beisein, dass sie aus familiären Gründen in Bernburg bleiben möchten. Daraufhin sicherte Kaul Bensters seine volle Unterstützung zu und fragte nach Beanstandungen. Die Eheleute brachten die engen Wohnverhältnisse und die geringe Verdienstmöglichkeit des Mannes vor. Kaul versprach Abhilfe und sagte auf entsprechende Bitte auch zu, er wolle sich dafür einsetzen, dass sie nach Erhalt einer größeren Wohnung das eingezogene Wohnzimmer zurückerhalten würden. Die Verabschiedung war sehr herzlich. Die Eheleute mit den beiden Kindern winkten uns nach, solange sie das Auto sehen konnten. Ich hatte nicht den Eindruck, dass die Eheleute unter irgendeinem Druck standen. Politische Argumente haben sie nicht vorgebracht, sondern immer nur auf die menschlichen Beweggründe verwiesen und um deren Respektierung gebeten. Auf der Rückfahrt erzählte mir Kaul, die verhältnismäßig kleine Wohnung sei Frau Benster mit den Kindern als vorübergehender Aufenthalt zugewiesen worden, da man davon ausgegangen sei, dass die Familie ohnehin bald in das Bundesgebiet ginge. Aus diesem Grunde sei auch kein Entlassungsgeld an Benster gezahlt worden, obwohl er einen Anspruch aus geleisteter Arbeit gehabt habe. In Bautzen habe man bei seiner Verlegung nach Berlin kurz vor der Entlassung die Auffassung vertreten, »der geht ja in den Westen und braucht dann unser Geld nicht mehr«. Bensters Erklärung, er wolle in der DDR bleiben, sei für alle völlig überraschend gekommen. Auftragsgemäß habe ich Kaul dann aufgefordert, mir die Unterlagen über die Verurteilung der Eheleute Benster zu zeigen, vor allem das Todesurteil. Er sagte mir, dass er das Urteil nicht besitze, da er ja nicht Verteidiger gewesen sei. Normalerweise müsste die Akte beim Bezirksgericht, Abt. 1 in Halle sein. Es könne allerdings auch sein, dass sich die Unterlagen noch in Berlin befänden. Dies lasse sich aber an einem Samstag nicht klären.

Kaul hat sich noch einmal sehr heftig darüber beschwert, wie schlecht er vom Westen behandelt werde und wie tief verletzend es sei, dass man seine menschliche und anwaltliche Integrität ständig anzweifle. Er lehne es jedenfalls ab, noch einmal in einer solchen Sache tätig zu werden. Zu meiner persönlichen Information wolle er mir noch sagen, dass der Staatssicherheitsminister Mielke ausgesprochen böse auf mich sei, er werfe mir vor, dass ich unrichtig berichtet haben müsse; denn wenn ich die Erklärung der Eheleute Benster korrekt nach Bonn berichtet hätte, würden die »Leute« gar nicht auf den Gedanken gekommen sein, eine neue Unterredung zu fordern. Er, Kaul, habe mich Mielke gegenüber zu schützen versucht und erklärt, er sei davon überzeugt, dass ich das berichtet hätte, was sich tatsächlich abgespielt habe. Ich fertigte über das Wochenende einen ausführlichen Bericht an und fragte, ob nun die Angelegenheit Benster als erledigt angesehen werden könne. Eine solche Erklärung hatte Kaul mit Brief vom 28. August 1964 erbeten. Am 16.

Oktober erklärte das Bundesjustizministerium seine Zustimmung, und am 22. Oktober erklärte auch der Bundesnachrichtendienst über meinen süddeutschen Kollegen, ich könne Kaul mitteilen, dass die Sache abgeschlossen sei. Es war wohl nicht nur mein Bericht, der inzwischen überprüft werden konnte, sondern auch die dienstliche Äußerung des Leiters des Bundesgrenzschutzes am Kontrollpunkt Helmstedt, Lengtat, die die beteiligten Stellen überzeugt hatten. Später erfuhr ich, dass Lengtat auch gefragt worden sei, ob ich nach seinem Eindruck in Helmstedt alles getan hätte, um die Eheleute Benster zum Bleiben im Bundesgebiet zu bewegen. Seine Antwort habe gelautet: »Ob der Rechtsanwalt wirklich alles getan hat, damit die Eheleute hier bleiben, vermag ich nicht zu beurteilen, er hat sich jedenfalls die größte Mühe gegeben.« Von Bensters hatte ich seit dem Besuch in Bernburg nichts mehr gehört und schloss daraus, dass es ihnen den Umständen entsprechend gut ging. Ich hatte mich für eine aktive Mitarbeit in der Politik entschieden, war 1966 in den nordrhein-westfälischen Landtag in einem Essener Wahlkreis gewählt und 1968 vom Ministerpräsidenten Heinz Kühn in die Landesregierung berufen worden, der ich bis 1988 angehörte. Nach meinem Ausscheiden begann ich, Unterlagen für dieses Buch zusammenzustellen. Bei erneuter Lektüre der Akte Benster stieß ich wieder auf Nollaus Bewertung, dass die Bundesregierung damals, nicht zuletzt durch mein angeblich fehlerhaftes Verhandeln, Opfer eines Täuschungsmanövers geworden ist.

In seinem 1978 erschienenen Buch »Das Amt« schildert Nollau ebenfalls den »Austausch Oskar Neumann/Heinz Benster« entsprechend seiner früheren Darstellung:

> »Das DDR-Regime hatte die damalige Bundesregierung mit der plumpen Drohung genötigt, das Todesurteil an einem drüben verurteilten BND-Spion innerhalb weniger Tage zu vollstrecken, wenn Neumann nicht ausgetauscht werde. Ich hielt das für Bluff. Ich glaubte zu wissen, dass die Kommunisten die Freilassung eines Politbüromitgliedes der KPD – eines Mannes, der in ihren Augen Ministerrang hatte – gewiss nicht durch die Hinrichtung eines Spions mittlerer Güte gefährden würden. Wenn Neumann so leicht davonkäme, war auch die mehrmonatige erfolgreiche Arbeit meiner Leute vergeblich gewesen. Schließlich empörte sich der Jurist in mir: Damals war eine solche Freilassung erst nach der Verurteilung des Verhafteten durch einen Gnadenakt des Bundespräsidenten zulässig. Ich lief damals in Bonn von Pontius zu Pilatus, um zu verhindern, dass die Bundesregierung auf den Bluff der DDR-Regierung hereinfiel. Zuletzt landete ich bei einem Ministerialdirektor im Justizministerium. Er sprach von einem übergesetzlichen Notstand, in dem sich die Bundesregierung befinde. Der BND habe die Todesgefahr, in der sein Mann bei den Kommunisten schwebe, so drohend dargestellt, dass die Regierung wohl nicht anders könne, als auf die Austausch-

forderung einzugehen. Mein Gesprächspartner lief zwar rot an, als ich erwiderte, es habe sich wohl noch immer nichts daran geändert, dass die Juristen sich den Forderungen der Diktatoren beugten, aber es blieb beim Austausch. Meine Behauptung, die Kommunisten blufften nur mit der Todesdrohung, wurde nach wenigen Tagen überraschend und beschämend bestätigt: Oskar Neumann wurde an der Grenze übergeben, wo auch das Tauschobjekt erschienen war. Der Mann erklärte jedoch denen, die ihn abholen wollten, er bleibe lieber in der DDR, weil es ihm dort besser gefalle.«

Ich wusste es als unmittelbar Beteiligter besser: Benster und Neumann waren nie gleichzeitig an der Zonengrenze erschienen, sondern Benster und Frau erst zwei Jahre nach der Überstellung Neumanns. Auch hatte Benster nie erklärt, er bleibe lieber in der DDR, weil es ihm dort besser gefalle. Vielmehr fühlte sich Benster aus den von mir berichteten Gründen seiner engeren Heimat zu stark verbunden und wollte zudem auch seine Familie nicht verlieren, die nicht ins Bundesgebiet übersiedeln wollte. Die harsche Kritik Nollaus lässt sich nach meiner Beurteilung nur aus dem Spannungsverhältnis zwischen dem Bundesamt für Verfassungsschutz und dem Bundesnachrichtendienst erklären. Nollau und Gehlen hielten sich wechselseitig für Fehlbesetzungen. Nach Nollaus Darstellung hatte Gehlen auf allen möglichen Kanälen, darunter auch bei der Justiz, verbreiten lassen, Nollau sei »von drüben geschickt« worden, also ein Agent des Ostens. Tatsächlich war Nollau bis zum März 1950 Rechtsanwalt in Dresden gewesen, aber sein Verhalten war einwandfrei, und er musste wegen drohender Verhaftung ins Bundesgebiet bzw. nach Westberlin fliehen. Als Gehlen 1968 aus Altersgründen als Präsident des BND ausschied, war auch Nollau als Nachfolger im Gespräch. Dagegen sollen sich führende Mitarbeiter des BND gewehrt haben. Wie tief das Zerwürfnis zwischen Nollau und Gehlen war, zeigt folgende Bemerkung in Nollaus Buch: Er habe

»gelesen, zehn Generale und fünfzig Oberste hätten den Nachrichtendienst quittieren wollen, falls ich zum Präsidenten des BND ernannt worden wäre. Sollte das wahr sein, so hat sich die Bundesregierung eine Gelegenheit entgehen lassen, sechzig Herren vom Geiste und von der Qualität Gehlens billig loszuwerden: Einen größeren Dienst hätte die Regierung dem öffentlichen Wohl kaum leisten können.«

Es wurmte mich, dass ich die Darstellung Nollaus über die nie beabsichtigt gewesene Vollstreckung des gegen Benster ergangenen Todesurteils nicht mit letzter Sicherheit widerlegen konnte. Es blieb ein Rest an Zweifeln: Ich hatte das Todesurteil nicht gesehen und musste mich mit Kauls Versicherung, er habe nicht nur das Urteil, sondern auch den Termin der Hinrichtung gelesen, begnügen.

Die Eheleute Benster hatten einen glaubwürdigen Eindruck auf mich gemacht, aber nach wie vor erschien ihre Erklärung, nur mit Rücksicht auf die Verwandtschaft in Bernburg auf ein wesentlich besseres Leben in der Bundesrepublik Deutschland zu verzichten, jedenfalls für einen Westdeutschen kaum nachvollziehbar.

Nach der friedlichen Revolution in der DDR und der Ablösung des SED-Regimes durch eine aus freien Wahlen hervorgegangene Regierung sah ich endlich die Chance, die noch bestehenden Zweifel zu beseitigen. Schon im Winter 1989/90 hatte ich mit Hilfe eines früheren Mandanten in Leipzig erfahren, dass nach Auskunft des Post- und Fernmeldeamtes Bernburg die Familie Benster »unbekannt verzogen ist«. Das bedeutete, dass Bensters wahrscheinlich im Bundesgebiet seien. Es dauerte einige Zeit, bis ich den Aufenthalt der Eheleute ermittelt hatte: Sie waren am 13. Oktober 1989 ins Bundesgebiet gekommen und wohnten in Düsseldorf. Am 8. August 1990 sahen wir uns nach mehr als einem Vierteljahrhundert wieder. Ich hätte Bensters nicht wiedererkannt, wenn ich ihnen auf der Straße begegnet wäre. Es wurde ein aufschlussreiches mehrstündiges Gespräch, das wir am 22. August fortsetzten. Die drei älteren Kinder lebten mit ihren Familien noch in der DDR, nur die jüngste Tochter, Cornelia, die Kaul in Bernburg aus der Wochenkrippe abgeholt hatte, war im September 1986 über die grüne Grenze in die Bundesrepublik geflohen. Die ausgebildete Agrar-Ingenieurin, zuletzt in der DDR Brigade-Leiterin eines Gemüseanbaubetriebes, ist jetzt bei einem öffentlichen Nahverkehrsunternehmen beschäftigt. Benster hatte 1987 einen Schlaganfall erlitten, durch den er zeitweilig rechtsseitig gelähmt war. Seitdem war er Invalide. Die Folgen des Schlaganfalls waren aber bei unserem Treffen weitgehend behoben. Frau Benster hatte 1989 das Rentenalter erreicht. Gespannt hörte ich den Bericht über das, was sich seit meinem Besuch in Bernburg 1964 ereignet hatte. Frau Benster hatte übrigens noch das Taschentuch, das Kaul ihr am Kontrollpunkt Marienborn zunächst geliehen und dann als Souvenir überlassen hatte und auch meine Visitenkarte. Allerdings haben Bensters nie geschrieben, weil sie es für nutzlos hielten. Mit hoher Wahrscheinlichkeit wäre ein Brief an mich geöffnet und »mitgelesen« worden und hätte wohl auch Verdächtigungen ausgelöst. Mit Befriedigung hörte ich, dass Kaul alle in meinem Beisein gemachten Zusagen eingehalten hat. Die Familie erhielt eine angemessene Wohnung mit 4 Zimmern, Küche und Bad. Das vom Gericht eingezogene Wohnzimmer wurde zwar nicht zurückerstattet, doch wurde eine Entschädigung gezahlt. Benster erhielt nachträglich auch das ihm zunächst wegen der erwarteten Übersiedlung ins Bundesgebiet vorenthaltene Entlassungsgeld, das aus zwangsgespartem Arbeitsentgelt bestand. Wochen nach dem Besuch entdeckten Bensters auch, dass unser Gespräch in der Hegebreit 4 durch »Wanzen« abgehört worden war, die unter den Fußbodenbrettern im Nebenzimmer vor dem Einzug der Familie angebracht worden sein mussten. Denn es erschienen mehrere Personen, die behaupteten, sie müssten von dem Nebenzimmer aus ein Nachbarhaus beobachten. Nach dem Abzug des angeblichen Observationstrupps stellten Bensters dann deutliche Spuren ihrer Tätigkeit am Fußboden einwandfrei fest. Beim Ausbau der Abhörgeräte war wohl nicht so sorgfältig gearbeitet worden wie beim Einbau. Wenn der Stasi vermutet haben sollte, dass das Gespräch oder auch andere Unterhaltungen in der Wohnung Hinweise für eine nach DDR-Maßstäben strafbare Tätigkeit bringen könnte, so hatte er sich getäuscht. Benster, der – offenbar mit großem Erfolg – immerhin sechs Jahre unentdeckt für den Bundesnachrichtendienst gearbeitet hatte, war zu klug, um sich eine Blöße zu geben. Seine Entdeckung war ja auch nicht auf leichtsinnige Fehler durch ihn, sondern auf »Verrat« zurückzuführen. Es gelang ihm auch verhältnismäßig rasch, eine bessere Verwendung im Zementwerk und einen Einsatz im kaufmännischen Bereich zu erreichen. Mindestens ebenso wichtig war, dass es bald möglich wurde, Frau Benster von der schweren Arbeit in der Zuckerfabrik als Laborantin zum Zementwerk zu holen; die Eheleute hatten seit November 1964 dieselbe Arbeitsstelle, bei der sie bis zum Erreichen des Rentenalters bzw. der Invalidität blieben. Ich bin sicher, dass die erfreuliche Verbesserung der Arbeitsbedingungen auf der Vermittlung Kauls beruhte.

Mein besonderes Interesse galt natürlich den Vorgängen, die sich vor der Freilassung ereignet hatten. Meine erste Frage galt dem Todesurteil. Wie ich schon bei der Verschleppungssache Heinz Brandt erfahren hatte, bekamen Verurteilte und ihre Verteidiger nach den Vorschriften der damaligen Strafprozessordnung der DDR, zumindest in den politischen Strafverfahren, das Urteil nicht zugestellt. Auch die Anklageschrift musste nach Einsichtnahme beim Abschluss des Strafprozesses wieder zurückgegeben werden. Deshalb konnten die Eheleute solche Schriftstücke auch nicht vorweisen. Aber Benster besaß seit 1967 ein wichtiges Dokument, durch das endlich auch das Aktenzeichen des Verfahrens bekannt wurde: Am 29. August 1967 hatte der 1. Strafsenat des Bezirksgerichts Halle/S. in der Strafsache – 1 Bs 101/62- 193/62 – durch den Richter am Bezirksgericht Skorubski sowie einen Rentner und einen Elektroingenieur als Schöffen auf Antrag des Staatsanwalts des Bezirksgerichts Halle/S. beschlossen, »die am 14. August 1964 bedingt ausgesetzte Restfreiheitsstrafe aus dem Urteil des Bezirksgerichts Halle/S. Vom 26. Juli 1962 zu erlassen«. In der Begründung des Beschlusses heißt es:

> »Der Obengenannte wurde durch Urteil des Bezirksgerichts wegen Spionage im schweren Fall zum Tode verurteilt. Durch Gnadenentscheid des Staatsratsvorsitzenden vom 10. 9. 1962 und 4. 8. 1964 wurde die Strafe auf 6 Jahre Zuchthaus herabgesetzt. Mit Beschluss vom

> 14. 8. 1964 wurde dem Verurteilten für den Rest der Freiheitsstrafe unter Auferlegung einer dreijährigen Bewährungszeit bedingte Strafaussetzung gewährt. Nach Ablauf der Bewährungszeit ist festzustellen, dass die Bedingungen für den Widerruf der bedingten Strafaussetzung nicht eintraten, so dass der Erlass der Strafe begründet ist.«

Ich zweifle nicht, dass Kaul den Anstoß für den Antrag des Staatsanwalts zum frühestmöglichen Zeitpunkt gegeben hat. Er hat damit die in unserer Vereinbarung vom 5. September 1962 übernommene anwaltliche Betreuung der Eheleute Benster korrekt erfüllt. Verständlicherweise interessierte mich, welche Motive Benster hatte, für den Bundesnachrichtendienst tätig zu werden: Er wurde im Herbst 1955 von einem gemeinsamen früheren Schulfreund der Eheleute in Bernburg aufgesucht. Dieser Schulfreund war etwa 1947 nach Frankfurt/Main übergesiedelt und hatte Kontakt zur Organisation Gehlen bekommen. Zum Zeitpunkt des Besuches hatte die Bundesregierung am 11. Juli 1955 bereits beschlossen, die Organisation Gehlen als Bundesnachrichtendienst in den Bundesdienst zu übernehmen. Es gelang dem Besucher, den ehemaligen Schulfreund für eine Mitarbeit zu gewinnen. Obwohl Benster sich immer noch an seine Schweigepflicht gebunden fühlt und deshalb über Art und Umfang seiner Tätigkeit keine näheren Angaben machen will, müssen seine Aktivitäten in dem Zeitraum von sechs Jahren so bedeutend gewesen sein, dass die Todesstrafe gegen ihn verhängt worden ist. Ich weiß aus zeitlich etwa gleichlaufenden Spionageprozessen, dass selbst bei Strafverfahren vor dem Obersten Gericht der DDR bei Spionage im schweren Fall nahezu ausschließlich auf lebenslange Zuchthausstrafe als Höchststrafe erkannt wurde. Die Organisation Gehlen hatte in der sowjetischen Besatzungszone und der späteren DDR ein alle Bereiche umfassendes Informationsnetz aufgebaut und unterhalten. Es reichte bis in die Regierung der DDR und in die Chefetagen aller wichtigen Ministerien. Allerdings hatte das Ministerium für Staatssicherheit der DDR gerade 1955 zahlreiche Informanten der Organisation Gehlen aufgespürt. So wurden die Chefsekretärin des Ministerpräsidenten Grotewohl, Elli Barczatis, und ihr Verlobter Karl Laurenz, der an wichtiger Stelle als Dolmetscher arbeitete, entdeckt, zum Tode verurteilt und hingerichtet. Das wurde im »Neuen Deutschland«, dem Zentralorgan der SED, und in anderen Publikationen der DDR öffentlich bekannt gegeben. Am 12. April 1955 meldeten die DDR-Zeitungen die Verhaftung von 521 Agenten; im Mai 1955 folgte die Nachricht, dass sich weitere 80 Personen dem Staatssicherheitsdienst »offenbart« hätten. Das Risiko war also im Herbst 1955, als Benster angeworben wurde, sehr groß. Dass er es dennoch einging, erklärt Benster knapp mit seiner patriotischen Einstellung und mit der Ablehnung des SED-Regimes. Seinen Schulfreund hat er übrigens nach dem Anwerbegespräch nicht mehr wiedergesehen; er ist vor einigen Jahren gestorben. Seine Kontaktstelle war in Westberlin. Nach ihrer Festnahme wurden die Eheleute bis zum Prozess im Zuchthaus in Halle inhaftiert, das sowohl eine Männer- als auch eine Frauen-Abteilung hatte. Diese Haftanstalt hieß im Volksmund »Roter Ochse«. Nach der Verkündung der Todesstrafe erhielt Benster eine Spritze, die ihn betäubte und erst in Berlin-Hohenschönhausen beim Staatssicherheitsdienst wieder erwachen ließ. Da das Urteil mit der Verkündung rechtskräftig war, wurde dort der Hinrichtungstermin anberaumt, wie Kaul es mir nach späterer Akteneinsicht schriftlich bestätigt hatte. Dann gelang durch die geschilderten intensiven Verhandlungen die Rettung. Nach der Begnadigung zu 15 Jahren Zuchthaus leistete sich der Polit-Offizier im »Roten Ochsen«, ein Major der Staatssicherheit, gegenüber Frau Benster eine beispiellose Gemeinheit. Da die Namen der Bediensteten in den DDR-Haftanstalten vor den Gefangenen geheim gehalten wurden und nur Spitznamen kursierten, hatten die Eheleute diesen Major nur als »Bel ami« kennen gelernt. Warum und seit wann er diesen Spitznamen trug, war den Häftlingen nicht bekannt; jedenfalls galt er als brutal und zynisch. So hatte ihn auch Benster erlebt. Einen Tag nachdem seine Begnadigung der Leitung des »Roten Ochsen« in Halle übermittelt worden war, ließ »Bel ami« Frau Benster vorführen. Er forderte sie auf, Platz zu nehmen, und sagte zu ihr: »Es gibt Nachricht von Ihrem Mann. Die Rübe ist nun ab.« Zwar hatte sie im Strafprozess miterlebt, dass gegen ihren Mann die Todesstrafe beantragt und verkündet worden war, doch hatte sie immer noch gehofft, dass er, vor allem wegen der vier minderjährigen Kinder, mit dem Leben davonkommen würde. Nach der Eröffnung »die Rübe ist nun ab«, brach sie mit einem Weinkrampf zusammen. »Bel ami« genoss diesen Anblick der verzweifelten Frau einige Minuten und sagte dann: »Es stimmt nicht, was ich eben gesagt habe. Er ist begnadigt worden.«

Durch die beiden Gespräche mit den Eheleuten in Düsseldorf konnten auch nach wichtige Vorgänge geklärt und Zusammenhänge erhellt werden. Ich habe geschildert, dass die SED-Führung 1963 plötzlich die Auffassung vertrat, Bürger und Bürgerinnen der DDR dürften nicht in die Bundesrepublik »überstellt« werden. Das war der Grund, warum die absprachgemäße Erledigung des Tauschgeschäftes so lange verzögert wurde. Frau Benster berichtete nun, dass sie nach der Begnadigung ihres Mannes nach Berlin-Hohenschönhausen gebracht worden sei. Dort habe der Minister für Staatssicherheit, Mielke, persönlich mit ihr gesprochen. Mielke habe ihr eindringlich klar zu machen versucht, dass sie sich von ihrem Mann trennen müsse. Das sei in ihrem und ihrer Kinder Interesse. Sie dürfe nicht vergessen, dass ihr Mann immerhin 15 Jahre Zuchthaus zu verbüßen habe, das sei eine sehr, sehr lange Zeit. Frau Benster wusste ja nicht, und Mielke verschwieg es, dass eine weitere Herabsetzung der Strafe fest vereinbart war und die DDR zur Einhaltung dieser Vereinbarung verpflichtet war. Schließlich stellte Mielke ihren Mann als einen »schlechten Menschen« hin, der ihre Treue nicht verdiene, und kündigte ihr die baldige Haftentlassung und Rückkehr zu den Kindern an, wenn sie zur Trennung bereit sei. Frau Benster lehnte ab. Weder Mielke noch sie sprachen die entscheidende Frage an, ob sie denn überhaupt in die Bundesrepublik übersiedeln wolle. Diese Frage hätte sie damals für sich und die Kinder sofort verneint. Der Abschluss dieser Kaul und mich so belastenden Affäre wäre mindestens ein Jahr früher möglich gewesen, wenn nur richtig gefragt worden wäre. Benster selbst ist auch erst bei seiner Haftentlassung von seiner bevorstehenden Überstellung ins Bundesgebiet unterrichtet worden, die er bereits von sich aus ohne Abstimmung mit seiner Frau abgelehnt hatte. Bei Frau Benster kam neben der Verwurzelung in Bernburg später noch ein zweiter Grund hinzu, in der DDR zu bleiben. Beim Entlassungsgespräch in der Frauenhaftanstalt Hoheneck habe man ihr warnend gesagt: Wenn sie mit ihrer Familie in den Westen gehe, dann werde sie in der BRD mit ihren Kindern ohne Verwandte und Bekannte ganz allein sein. Denn ihr Mann werde wieder in der Spionagearbeit eingesetzt, und zwar im Ausland. Das habe sie damals geglaubt. Im Rückblick bedaure sie ihre damalige Entscheidung sehr.

Bensters machten sich einige Sorgen um ihre in der DDR zurückgebliebenen drei Kinder und deren Familien; denn einigen drohte der Verlust des Arbeitsplatzes wegen Unrentabilität des Betriebes. Benster, der das Zeitgeschehen aufmerksam verfolgt, meinte, es werde mehrere Jahre dauern, bis die »Einheitlichkeit der Lebensverhältnisse« in allen Teilen Deutschlands erreicht sei. Er wolle aber seinen Kindern Mut machen, nicht zu verzagen.

Als wir uns am Abend des 22. August 1990 verabschiedeten, konnten wir nicht wissen, dass die Volkskammer am Ende ihrer an diesem Tage begonnenen Sitzung drei Stunden nach Mitternacht mit fast Dreiviertel-Mehrheit den Beitritt der DDR zur Bundesrepublik Deutschland mit Wirkung vom 3. Oktober 1990 beschließen würde.

Während der sich über Jahre hinziehenden Abwicklung der Freilassungsaktionen Heinz Brandt und Heinz Benster gab es auch weniger dramatisch verlaufende Verhandlungen über die vorzeitige Entlassung politischer Häftlinge. Wie schon erwähnt, forderte die DDR seit 1964 verstärkt materielle Leistungen von der Bundesrepublik Deutschland, zumal die Zahl der aus politischen Gründen zu längeren Freiheitsstrafen Verurteilten in der DDR wesentlich größer als in der Bundesrepublik war. Ich habe nur ein einziges Mal beim Abholen eines Häftlings einen Geldbetrag, eine Art Lösegeld, gezahlt. Es betraf den damaligen Studenten Martin Ahlbory aus Düsseldorf.

Im Sommer 1963 wandte sich Bischof Hermann Kunst, der seit 1949 – so der offizielle Titel – »Der Bevollmächtigte des Rates der Evangelischen Kirche in Deutschland am Sitz der Bundesrepublik Deutschland« war und seit 1956 im Nebenamt auch als Evangelischer Militärbischof amtierte, an seinen langjährigen Freund Gustav Heinemann. Beide hatten seit 1949 im Rat und der Synode der EKD vertrauensvoll zusammengearbeitet. Kunst bat Heinemann um Unterstützung bei der Bemühung, dem Sohn seines früheren, inzwischen verstorbenen Militärdekans Ahlbory zu einer möglichst baldigen Haftentlassung zu verhelfen. Martin Ahlbory war als Fluchthelfer am 10. April 1963 in der DDR verhaftet und am 19. Juni 1963 vom Obersten Gericht zu fünf Jahren Zuchthaus verurteilt worden, die er im Zuchthaus Brandenburg verbüßte. Dass der Strafprozess vor dem Obersten Gericht der DDR verhandelt wurde und der Generalstaatsanwalt Funk selbst die Anklage vertrat, hatte folgende Bewandtnis: Der Hauptangeklagte Herbert Richter, ein damals 52 Jahre alter Reichsbahningenieur, war wegen Spionage für den Bundesnachrichtendienst angeklagt und voll geständig. Schon 1948 hatte ihn der Westberliner Resident der Organisation Gehlen, ein Kriegskamerad des ehemaligen Wehrmachtsoffiziers, als Mitarbeiter angeworben. Er lieferte – in der Hierarchie der Reichsbahn immer höher steigend – der Organisation und später dem Bundesnachrichtendienst wichtiges Material über das Bauwesen in der Eisenbahnverwaltung der SBZ/DDR. Richter war – wie die Hauptverhandlung ergab – auch in seiner beruflichen Tätigkeit ein fleißiger Mann. Viermal war er als »Aktivist« ausgezeichnet worden und hatte zweiundzwanzigmal eine Leistungsprämie erhalten. Dass er lange Jahre unentdeckt blieb, hatte ihn unvorsichtig werden lassen. Der Staatssicherheitsdienst fand in seiner Wohnung neben Kriegsauszeichnungen und den Belobigungen als Aktivist auch nachrichtendienstliches Handwerkszeug wie Geheimtinte sowie vor allem eine »Mikro-Folie«, auf der ihm der BND neben neuen Aufträgen auch den Dank für unermüdliche Mitarbeit und »Treue für lange Jahre« übermittelt hatte. Bei dieser zweifelsfreien Beweislage war Leugnen zwecklos. Die Anklagebehörde ging also kein Risiko ein, und es fand ein öffentliches Strafverfahren statt, zu dem auch westdeutsche Journalisten zugelassen waren. Hansjakob Stehle hat in der »Frankfurter Allgemeinen Zeitung« vom 24. Juni 1963 einen eindrucksvollen Bericht geschrieben, der den Verteidigern bescheinigt, geschickt plädiert zu haben.

Martin Ahlbory war mit 24 Jahren der jüngste der vier Angeklagten. Er hatte an der Freien Universität in Berlin Sport, Anglistik und – wie sein Vater – evangelische Theologie studiert. Seine Begründung für die Fluchthilfe: Eheleute und Verlobte zusammenbringen wollen, die durch Mauer und Grenzbefestigungen getrennt leben müssen. Er habe allerdings nicht gewusst, dass die Auftraggeber für die von ihm durchgeführten Fahrten durch die DDR auch mit Geheimdiensten zu tun gehabt hätten. Der Vorwurf der Spionage war fallen gelassen, die Verurteilung wegen »Missbrauchs der Transitwege« und »Verleitung zum Verlassen der DDR« mit einer Zuchthausstrafe geahndet worden.

Da ich damals ohnehin häufiger mit Rechtsanwalt Kaul zusammentraf, beauftragte mich Gustav Heinemann, bei diesem vorzufühlen, was als Gegenleistung für eine baldige Haftentlassung gefordert werde. Hermann Kunst hatte ein großzügiges Limit gegeben: »Meine Freunde sind bereit, für diesen Fall etwas Exzeptionelles zu tun. Ich bin in der Lage, ziemlich weit über den zwischen uns genannten Betrag hinauszugehen. Selbstredend kann man auch irgendetwas für irgendeine Organisation oder einen Betrieb stiften, was man nur im Westen kaufen kann. Ich bin in der glücklichen Lage, eine absolute Diskretion, soweit es den Westen angeht, zu gewährleisten. Unter Umständen kann auch der Bischof von … (es folgte der Name eines Ortes im Ausland) als Spender tätig werden …« Am 19. Dezember 1963 kündigte Kaul an, die Sache gehe gegen Zahlung eines Geldbetrages von 25 000 DM in Ordnung, allerdings sei die Abwicklung erst nach dem 5. Januar 1964 möglich. Doch dann kam eine kalte Dusche. Mit Datum vom 15. Januar 1964 teilte Kaul mir brieflich mit: »In der Sache Ahlbory ist es noch etwas zu früh. Ich komme zu gegebener Zeit auf die Angelegenheit zurück und behalte deswegen die mir übermittelten Unterlagen noch hier.« Heinemann und ich waren sehr enttäuscht und mussten auf Grund früherer Vorgänge annehmen, dass Kaul erneut desavouiert worden war. So war es tatsächlich. Ein Westberliner Anwalt hatte im Auftrage eines Ostberliner Kollegen Gräfin von Rittberg, die als Oberkirchenrätin eine enge Mitarbeiterin von Bischof Kunst war, verständigt, die umgehende Haftentlassung Martin Ahlborys sei möglich, wenn Herrn Kaul sofort das Mandat entzogen werde.

Allerdings müsse der mit Kaul ausgehandelte Geldbetrag vervierfacht werden. Am Nachmittag des 25. Juni 1964 bat mich Gräfin Rittberg, Kaul aufzufordern, seine Bemühungen einzustellen, weil sonst die angeblich unmittelbar bevorstehende Haftentlassung gefährdet sei. Als ich am nächsten Tag einen auf die Empfindlichkeiten Kauls Rücksicht nehmenden Absagebrief formulieren wollte, traf mit der Post sein Brief vom 23. Juni ein, in dem er drei »Fälle« ansprach. Der Brief endete mit dem Satz: »In der Sache Ahlbory glaube ich, Ihnen baldigst positive Mitteilung machen zu können.« Nun war die Verwirrung groß.

Am 1. Juli 1964 sagte mir Kaul bei einem Treffen in einer ähnlichen Sache, der »andere Weg« sei gescheitert, und man käme in Kürze wieder auf uns zu, allerdings müsse nun der Geldbetrag gezahlt werden, der auf dem »anderen Weg« gefordert worden sei. Ich erklärte Kaul, die Vervierfachung der um Weihnachten 1963 genannten Summe sei durch nichts begründet worden und das Hin und Her der verschiedenen »Wege« wirke unseriös. Dieser Beurteilung stimmte er zu.

Am 6. Juli teilte Bischof Kunst mir nachmittags mit, er sei an diesem Tage im Bundeskanzleramt gewesen und habe dort von »Preisen« gehört, die der Osten gefordert und die in Bonn akzeptiert worden seien, die man nur als horrend bezeichnen könne. Er gäbe mir nach dieser Erfahrung freie Hand, einen Betrag mit Kaul auszuhandeln, der 100 000 DM möglichst nicht übersteigen sollte. Dies gelang auf der Basis von 70 000 DM. Kaul erhielt 3000 DM als Honorar. Vier Tage später traf ich Kaul aus einem anderen Anlass in Frankfurt am Main. Er schlug vor, dass wir uns am 13. Juli 1964 zwischen 16.30 Uhr und 17.00 Uhr am Schlagbaum in Herleshausen treffen sollten. Mit seinem Wagen werde er mich nach Wartha fahren. Dort solle die Übergabe des jungen Mannes und des Geldes stattfinden; anschließend werde er uns zum Kontrollpunkt in Herleshausen zurückbringen. Bischof Kunst stellte seinen Wagen mit Fahrer zur Verfügung sowie zwei Päckchen mit Hundert-DM-Scheinen. Tausend-DM-Scheine waren damals noch nicht in Umlauf. Als wir in Herleshausen eintrafen, war Kaul bereits dort. Wie vereinbart, nahm ich in Wartha den glücklichen Herrn Ahlbory in Empfang und übergab den Geldbetrag und das Honorar. Ich hatte zwei Quittungen aus Essen mitgebracht. Kaul unterschrieb nur die Honorarquittung, die sich noch in meinen Akten befindet. Die Quittung über 70 000 DM gab er mir ohne Unterschrift zurück: »Dafür haben Sie ja den Jungen.« Als wir wieder auf westdeutschem Boden waren, rief Martin Ahlbory vom nächst erreichbaren Telefon seine Mutter in Düsseldorf an. Ich berichtete abends Bischof Kunst. Wir alle waren erleichtert, dass trotz vieler Rückschläge und Enttäuschungen die Sache ein gutes Ende gefunden hatte und Martin Ahlbory nur etwa ein Viertel der Zuchthausstrafe in Untersuchungs- bzw. Strafhaft verbringen musste.

Wie Gustav Heinemann und ich hatte auch Bischof Kunst Erfahrung in Verhandlungen mit DDR-Justizbehörden. Nach dem Bau der Berliner Mauer am 13. August 1961 war ein normales Übersiedeln aus der DDR in die Bundesrepublik Deutschland bis auf wenige Ausnahmefälle ausgeschlossen. Familienzusammenführungen oder gar die Entlassung politischer Häftlinge aus DDR-Vollzugsanstalten waren bis 1963 nur in seltenen Fällen erreichbar. Von der damaligen Bundesregierung war keine unmittelbare Hilfe zu erwarten. Wegen ihres Alleinvertretungsanspruchs mied sie jeden Kontakt zu Stellen der Sowjetischen Besatzungszone (SBZ), wie die DDR noch bis gegen Ende der sechziger Jahre im offiziellen Bonner Behördendeutsch bezeichnet wurde. In dieser Notsituation sprangen die Kirchen ein, wobei der Berliner Bischof Kurt Scharf, Bischof Hermann Kunst und der katholische Prälat Johannes Zinke eine besonders wichtige Rolle spielten. Im Juni 1962 nahm der persönliche Referent Scharfs, Rechtsanwalt Reymar von Wedel, Kontakt zu Rechtsanwalt Wolfgang Vogel in Berlin-Ost auf, der beim Austausch des 1957 in den USA verurteilten sowjetischen Spions Rudolf Abel gegen den bei einem Aufklärungsflug über der Sowjetunion am 1. Mai 1960 abgeschossenen Piloten Gary Powers mitgewirkt hatte. Dieser Austausch war am 10. Februar 1962 an der Glienitzer Brücke in Berlin vorgenommen worden. Reymar von Wedel überbrachte Vogel das Angebot der evangelischen Kirche, für vorzeitig entlassene Häftlinge Geld oder Waren zu zahlen. Vogel vertraute sich dem damaligen Generalstaatsanwalt Josef Streit an, der die Zustimmung der SED-Führung erreichte. Ein erstes Tauschgeschäft kam zu Weihnachten 1962 zustande: Der Berliner Senat konnte die Ausreise von 20 Personen aus der DDR gegen Geldzahlung erreichen. Vom damaligen Chef der Senatskanzlei, Heinrich Albertz, dem späteren Regierenden Bürgermeister, gedeckt, hatten Vogel und der Westberliner Anwalt Stange den Handel eingefädelt. Das Geld für die ersten Freikäufe beschaffte Bischof Kunst; soweit Waren vom Osten gefordert wurden, erhielt die DDR über das Diakonische Werk in Stuttgart Gutschriften für den Einkauf der benötigten Güter. Über die Hauptvertretung Berlin der Caritas, deren Leiter Prälat Zinke war, floss ebenfalls Westgeld für humanitäre Aktionen in die DDR. Bald stellte sich jedoch heraus, dass die Kirchen bei dem zu erwartenden Umfang der Gegenleistungen für Häftlingsfreikäufe und Familienzusammenführungen finanziell überfordert waren. Die Bundesregierung musste für diese Tauschaktionen gewonnen werden. Bischof Kunst öffnete den Anwälten die Bonner Türen. In der Karwoche 1963 trafen sich Rechtsanwalt Stange und der bei der Kabinettsumbildung im Dezember 1962 von Bundeskanzler Adenauer in die Bundesregierung als Minister für Gesamtdeutsche Fragen berufene Rainer Barzel in München. Etwa zur selben Zeit hatte auch der Verleger Axel Springer – von Rechtsanwalt Vogel vertraulich angesprochen – Barzel darauf aufmerksam gemacht, dass die Ostberliner Regierung bereit sei, politische Häftlinge gegen materielle Leistungen der Bundesrepublik freizulassen. Das könne diskret über die Anwaltsschiene Stange/Vogel erledigt werden.

Das erste Tauschgeschäft, an dem die Bundesregierung mittelbar beteiligt war, brachte acht Langzeitverurteilten im Laufe des Jahres 1963 die Freiheit. Dann gerieten die Verhandlungen ins Stocken. Sowohl in der DDR-Führung als auch innerhalb der Bundesregierung muss es zu erheblichen Meinungsverschiedenheiten über die Zweckmäßigkeit und moralische Vertretbarkeit dieser Art von Tauschoperationen gekommen sein. Außerdem wurde auf beiden Seiten befürchtet, trotz der zugesicherten Diskretion werde ein Häftlingsfreikauf in großem Stil nicht lange geheim bleiben können. Dass die Verhandlungen im ersten Halbjahr 1964 ins Stocken gerieten, hatte jedoch noch einen konkreten Grund: Die zuständigen Stellen in der Bundesregierung verübelten zu Recht die vom Osten bewusst hinausgezögerte Abwicklung des Falles Benster. Die Ostseite konnte dadurch einige von ihr dringend gewünschte Entlassungen ihr wichtiger, in bundesdeutschen Haftanstalten einsitzender Häftlinge nicht durchsetzen und gab auch kein grünes Licht für einen weiteren Freikauf.

Neben der Angelegenheit Martin Ahlbory erwiesen sich die Bemühungen um die Freilassung des Grafen Hoensbroech als Testfall. Ich habe umso mehr Anlass, diesen Vorgang darzustellen, weil er bis Dezember 1989 Spekulationen ausgelöst hat und Ausführungen des früheren Bundesministers Erich Mende über das Verhalten des Rechtsanwaltes Kaul richtig zu stellen sind.

Am 17. Juli 1964 suchte mich Eugen Graf von und zu Hoensbroech in der Essener Anwaltskanzlei auf und teilte mit, sein Sohn Benedikt sei am 13. Juli 1964 vom Stadtgericht Berlin zu zehn Jahren Zuchthaus verurteilt worden. Er bat, mich um die vorzeitige Haftentlassung zu bemühen und Kontakt zu Rechtsanwalt Kaul aufzunehmen, der die Verteidigung vor dem Stadtgericht übernommen hatte. Ich übernahm das Mandat, und Graf Hoensbroech unterzeichnete die übliche Strafprozessvollmacht. Von Kaul erfuhr ich, dass es sich um einen »Fluchthilfeprozess« mit drei Angeklagten handele. Der 25-jährige Graf Hoensbroech von Schloss Türnich im Erftkreis habe mit dem Ehepaar Rolf und Helga Juliane W. durch getarnte Möbeltransporte auf den Transitstrecken von Berlin wiederholt Menschen zur Flucht in die Bundesrepublik verholfen. Am 26. September 1963 waren die drei auf der Strecke Berlin – Hamburg bei der Rückfahrt von Westberlin »auf frischer Tat« festgenommen worden. Auch in diesem Fall konnte ich miterleben, wie intrigenreich innerhalb der DDR-Führung gearbeitet wurde. Dass Kaul Neider hatte, die ihm seine wirtschaftliche Unabhängigkeit, seine vielen Westreisen und seinen großbürgerlichen Lebensstil missgönnten, war mir im Laufe der jahrelangen Zusammenarbeit mit ihm nicht verborgen geblieben. Diesmal aber trieben seine Gegner im SED-Apparat ein besonders schäbiges Spiel mit ihm. Dieselben Leute, die ihn daran hinderten, im Falle Heinz Benster die mir von ihm gegebenen Zusagen einzuhalten, zu deren Erklärung sie ihn vorher ausdrücklich ermächtigt hatten, machten ihn nun für den Stillstand in den humanitären Aktionen zwischen den beiden deutschen Staaten verantwortlich. Von Graf Hoensbroech hörte ich, dass offenbar über gutgläubige Mittelsmänner vom Osten aus auch im Bundeskanzleramt, im Bundesministerium für Gesamtdeutsche Fragen und im Bundesjustizministerium mit Verdächtigungen Stimmung gegen Kaul gemacht wurde. Die Nachwirkungen dieser Verdächtigungen sind noch in Erich Mendes 1986 erschienenem Buch »Von Wende zu Wende« zu erkennen.

Mende war in der von Bundeskanzler Ludwig Erhard geführten Regierung am 17. Oktober 1963 Barzels Nachfolger als Minister für Gesamtdeutsche Fragen und zugleich Vizekanzler geworden. Innerhalb des bundesdeutschen Behördenapparates gab es Widerstand gegen die Fortsetzung des gerade erst vor einigen Wochen unter Barzel begonnenen Häftlingsaustausches. Nach mir zugegangenen Informationen sprach sich vor allem der neue Chef des Bundeskanzleramtes, Ludger Westrick, gegen weitere Verhandlungen aus. Wieder half Bischof Kunst über den toten Punkt hinweg. In seinem Büro arrangierte er im Frühjahr 1964 ein Treffen Vogels mit einem Vertreter des Gesamtdeutschen Ministeriums und suchte gleichzeitig Bundeskanzler Erhard auf, mit dem ihn seit Jahren ein Vertrauensverhältnis verband. Am 12. Juni 1964 empfing Mende in seinem Berliner Büro Vogel, der das offizielle Angebot überbrachte, bis zum Jahresende mehrere hundert Häftlinge gegen Barzahlung, Warenlieferung oder im Austausch gegen in der Bundesrepublik einsitzende Ostspione in die BRD zu entlassen. Um die Zahl der Mitwisser klein zu halten, wurde die Zustimmung außerhalb der Kabinettssitzung am 13. Juni 1964 durch einen aus dem Bundeskanzler, dem Justizminister Bucher, dem Finanzminister Dahlgrün und Mende bestehenden kleinen Kreis gegeben, wobei die Gegenleistung aus Warenlieferungen bestehen sollte. Grundsätzliche Bedenken konnten durch die Zusage ausgeräumt werden, Bischof Kunst und sein Büro würden nach außen die Verantwortung tragen. So konnte die Bundesregierung im Hintergrund bleiben. Allerdings machte Justizminister Bucher den wichtigen Vorbehalt, dass vor Beginn der Aktion erst der Fall Heinz Benster erledigt sein müsse. So wurde der August 1964 der entscheidende Monat. Alle auf den Listen stehenden 888 Häftlinge wurden zwischen August und Jahresende 1964 entlassen. Die ersten Bustransporte erfolgten am 14., 18. und 21. August am Übergang nach Herleshausen. Dafür wendete die Bundesregierung 32 Millionen DM auf. In dieser Höhe wurden Butter,

Rohkaffee, Kakao, Südfrüchte, Getreide, Öle und Fette, Medikamente, chemische Produkte und Werkzeugmaschinen in die DDR geliefert. Die Mittel stammten aus dem Etat des Bundesministeriums für innerdeutsche Beziehungen, wie sich das Gesamtdeutsche Ministerium inzwischen nannte. Die ausgehandelten Beträge wurden auf ein besonderes Bankkonto des Diakonischen Werks in Stuttgart überwiesen, das zu diesem Zweck eingerichtet worden war. Über die Beträge konnte seitens der DDR nur der Staatssekretär im Außenhandelsministerium, Alexander Schalck-Golodkowski, verfügen, der Leiter des Bereichs »Kommerzielle Koordinierung« in diesem DDR-Ministerium war. Er versah diese Aufgabe mehr als ein Vierteljahrhundert und wurde in seinem Amt als Devisenbeschaffer der DDR einer der einflussreichsten und verschwiegensten Männer des anderen deutschen Staates. Dass Schalck-Golodkowski, der auch die Großkredite für die DDR beschaffte, u.a. einen Milliardenkredit bei westdeutschen Banken durch Vermittlung des bayerischen Ministerpräsidenten Strauß, im Lauf der Jahre Mitglied des Zentralkomitees der SED wurde, war kein Geheimnis. Überraschung löste Ende 1989 nur die Mitteilung aus, dass der aus DDR-Sicht bewährte Unterhändler auch den Rang eines Obersten im Staatssicherheitsdienst bekleidete. Nach Rücksprache mit westdeutschen Verhandlungspartnern stellte sich Schalck-Golodkowski Anfang 1990 in Westberlin der Justiz, die ihn nach kurzer Inhaftierung mangels dringenden Tatverdachts aus der Untersuchungshaft entließ.

In der ersten Zeit handelten offiziell Bischof Kunst und Oberkirchenrätin Gräfin Rittberg die Häftlingslisten und die Listen für Familienzusammenführungen aus, die der Westberliner Anwalt Stange dann seinem Ostberliner Kollegen Vogel überbrachte. Soweit es sich um Häftlinge handelte, entschied der Generalstaatsanwalt der DDR im Einvernehmen mit den Ministerien für Staatssicherheit und für Nationale Verteidigung. Falls diese Sicherheitsbedenken geltend machten, wurde der betreffende Häftling aus der Liste gestrichen und durch einen anderen Mann ersetzt. Bei Familienzusammenführungen entschied das Ministerium für Inneres. Später bedurfte es des Umweges über das Büro Kunst nicht mehr, sondern ein Beamter des Ministeriums für Gesamtdeutsche Fragen übergab die Liste direkt an Rechtsanwalt Vogel.

Mende schreibt in seinen Erinnerungen, in den drei Jahren seiner Amtszeit seien 4000 politische Gefangene aus der DDR heimgekehrt, wofür 198 Millionen DM für Warenlieferungen aufgewendet worden seien. Für jeden Häftling wurde ohne Ansehen der Person und der Haftdauer ein rechnerischer Betrag von 40 000 DM zugrunde gelegt. Den zahlenmäßigen Höhepunkt erreichte der Häftlingsfreikauf 1985 mit 2669 Personen; allerdings war der Pauschalpreis von 40 000 DM auf über 90 000 DM angestiegen. Wie sehr sich Mende in seinen Erinnerungen irrt oder ihn die ihm zugegangene Information irregeführt hat, zeigt die zitierte Passage aus seinem Buch, in dem er über Kauls Verhalten im Fall Hoensbroech schreibt:

»Dass auch damals schon einige ihr Eigengeschäft betreiben wollten, ließ der Fall Hoensbroech erkennen. Zu den in der DDR Inhaftierten gehörte auch Benedikt Graf von Hoensbroech, der als Fluchthelfer durch Möbelwagentransporte auf den Transitstrecken nach Berlin vielen zur Flucht verholfen hatte, bis er verhaftet wurde. Das Elternpaar Graf von Hoensbroech, mit Königin Fabiola von Belgien verwandt und im katholischen Adel Westeuropas in hohem Ansehen, wählte den Staranwalt der SED, Professor Friedrich Karl Kaul, als Verteidiger. Eines Tages erschienen die alten Eltern im Ministerium in Bonn und berichteten, Prof. Kaul könnte für 2 Millionen DM die sofortige Freilassung des Sohnes erwirken. Graf Hoensbroech bat, eine Million von Staats wegen zu übernehmen, die andere Million werde die Familie selbst tragen und daher Ländereien verkaufen. Ich ließ mich sofort mit Rechtsanwalt Stange in Berlin verbinden. ›Bitte, fragen Sie Ihren Kollegen Vogel in Ostberlin, ob ein Graf im Arbeiter- und Bauernstaat der DDR fünfzig Mal wertvoller ist als ein Arbeiter. Es wäre mir später ein Vergnügen, nach Abschluss unserer Aktion dieses auf einer Pressekonferenz in Berlin mitteilen zu können!‹ Die Antwort kam nach einigen Stunden. Kaul wurde aller Verteidigungspflichten sofort entbunden und nach Ostberlin zurückgerufen. Der junge Hoensbroech aber kehrte mit dem nächsten Transport über Herleshausen in seine rheinische Heimat zurück – zum Normaltarif von DM 40 000,–.«

Der farbige Bericht lässt Mendes Erzähltalent erkennen, aber er ist zumindest unrichtig, soweit es Kaul betrifft. Weder hat Kaul von zwei Millionen DM oder einer anderen Summe gesprochen, noch hat Graf Hoensbroech dies im Gesamtdeutschen Ministerium vorgebracht. Weder wurde Kaul aller Verteidigungspflichten entbunden noch nach Ostberlin zurückgerufen. Und der junge Hoensbroech kehrte nicht mit einem Bus-Transport über Herleshausen in seine rheinische Heimat zurück, sondern am 11. September 1964 mit einem planmäßigen Flugzeug von Berlin nach Köln/Bonn, zusammen mit seinen Eltern, die ihn am Vorabend gegen 22 Uhr in Westberlin in Empfang genommen hatten.

Den genauen Ablauf habe ich von Graf Hoensbroech selbst erfahren. Seine Darlegungen deckten sich mit der Schilderung, die Kaul mir gegeben hatte. Als Kaul in Ostberlin zufällig von dem für Graf Hoensbroech geforderten Millionenbetrag hörte, hatte er sofort widersprochen und auf eine ihm gegebene Zusage hingewiesen, nach der ein Austausch des jungen Grafen gegen den im Bundesgebiet inhaftierten Ostberliner Verlagsdirektor Günter Hofé erfolgen sollte. Ohne Kaul zu verständigen, war auf einer anderen Schiene die Haftentlassung Hofés, der im dringenden Verdacht stand, 15 Jahre lang für den sowjetischen Nachrichtendienst und das Ministerium für Staatssicherheit der DDR gearbeitet zu haben, am 24.

August 1964 erreicht worden. Während der Frankfurter Buchmesse 1963 verhaftet, war Hofé in Untersuchungshaft auf Grund eines in Haftprüfungsterminen bestätigten Haftbefehls, der nach geltendem Recht wegen fortbestehender Haftgründe gar nicht hätte aufgehoben werden dürfen. Allem Anschein nach hatte die Bundesanwaltschaft – wie im Falle Heinz Benster – sich auf einen übergesetzlichen Notstand berufen, allerdings zu Unrecht, denn die Gegenleistung für Hofe war nicht ein zum Tode Verurteilter in der DDR, dessen Hinrichtung unmittelbar bevorstand. Gut zwei Wochen nach Hofes Entlassung erschien im »Spiegel« der Beitrag eines prominenten deutschen Strafrechtlers, den der »Spiegel« um seine Ansicht gebeten hatte. Der Name des Verfassers des Aufsatzes mit der Überschrift »Handel mit Verrätern? Die Haftentlassung des Ostagenten Hofe« war durch drei Sterne ersetzt. Etliche Wochen später stellte sich heraus, dass Heinrich Jagusch, der bis 1962 den Vorsitz des politischen Strafsenates innehatte, den kritischen Beitrag verfasst hatte. Jagusch, der für die Haftentlassung Hofes keine Rechtsgrundlage gefunden hatte, stimmte mir in einem 1966 geführten Gespräch allerdings zu, dass im Falle Heinz Benster die nach damals geltendem Strafrecht nicht mögliche und ohne Wissen des Bundesgerichtshofs erfolgte Haftentlassung Oskar Neumanns unter dem Gesichtspunkt des übergesetzlichen Notstandes gerechtfertigt gewesen sei, weil ein Menschenleben zu retten war. Der Gesetzgeber hat einige Jahre später die Konsequenzen aus der Kritik an der Inanspruchnahme des übergesetzlichen Notstandes bei Austauschaktionen gezogen und eine Rechtsgrundlage geschaffen, die die Voraussetzungen für einen rechtfertigenden Notstand regelt.

Kaul war über die Art der Abwicklung des Verfahrens Hofe, den der Westen »für nichts und wieder nichts« habe laufen lassen, empört. Er habe der zuständigen Stelle in der DDR gesagt: »Ihr treibt es mit eurer genialen Politik noch so weit, dass weder Graf Hoensbroech noch Gehlen in Zukunft ein Stück Brot von mir nehmen.« Unrichtig ist, dass Graf Hoensbroech Kaul von seinen Verteidigungspflichten entbunden hätte. Richtig ist vielmehr, dass Graf Hoensbroech in einem Brief an Kaul vom 31. Oktober 1964, von dem er mir eine Fotokopie zugesandt hat, u. a. schrieb:

> »Heute möchte ich Ihnen den Ihnen gebührenden herzlichen Dank aussprechen für die Mühen, die Sie gehabt haben, und die Bemühungen, die Sie sich gemacht haben ... Es hat in der letzten Phase der Angelegenheit, wie Sie wissen, noch eine Reihe mysteriöser Dinge gegeben, die noch nicht aufgehellt sind. Es wird gut sein, einmal darüber zu sprechen. Ich würde mich freuen, einmal einen Abend mit Ihnen ... zu verbringen.«

Dieser mit Maschine geschriebene Brief enthält noch einen handschriftlichen Zusatz der Gräfin Hoensbroech, in dem Kaul ebenfalls gedankt wird.

Am 10. Dezember 1989 erschien in der »Welt am Sonntag« ein Artikel »Dunkle DDR-Geschäfte beim Häftlingsfreikauf«, in dem auch über die Haftentlassung Hoensbroechs berichtet wird:

»Der junge Benedikt Graf von Hoensbroech war in Ost-Berlin verhaftet und zu zehn Jahren Gefängnis verurteilt worden, weil er mit anderen Studenten selbstlos DDR-Bürgern zur Flucht verholfen hatte. Die DDR lehnte Freikaufsangebote aus Bonn immer wieder nachdrücklich ab. Dennoch kam Hoensbroech plötzlich mit anderen Gefangenen zum Normaltarif (40 000,– Mark) frei. Der Grund: Die Anwälte hatten beim Vater heimlich zusätzlich 410 000,– Mark kassiert.«

Schon in ihrer nächsten Ausgabe, vom 17. Dezember 1989, druckte die »Welt am Sonntag« eine Gegendarstellung der Rechtsanwälte Dr. Wolfgang Vogel und Jürgen Stange zu diesem Bericht ab. In den Zuschriften werden die Behauptungen als falsch bezeichnet. Vogel erklärt u. a.:

»Ich habe niemals ohne Wissen der Bundesregierung oder heimlich zusätzliche Summen kassiert. Insbesondere im Fall Hoensbroech habe ich weder allein noch zusammen mit Rechtsanwalt Stange von dem Vater des Mandanten zusätzlich 410 000,– DM gefordert oder erhalten.«

Ich habe keinen Anlass, an der Richtigkeit dieser Gegendarstellung zu zweifeln. Wem könnten die 410 000,– DM zugeflossen sein, wenn sie – wie die »Welt am Sonntag« berichtet – tatsächlich gezahlt worden sein sollten?

Da nicht auszuschließen ist, dass nach Mendes Schilderung aus dem Jahre 1986 und der Veröffentlichung in der »Welt am Sonntag« Ende 1989 in einigen Jahren eine neue Version auftaucht, in der ich dann eine Rolle spielen könnte, liegt mir viel an einer Klarstellung: Ich habe dem Grafen Hoensbroech nur die bei mir angefallenen Unkosten für Porto und Telefonate in Rechnung gestellt. Darauf schrieb mir der Graf am 8. Januar 1965 u. a.:

»Ich weiß nicht, ob es berechtigt ist, dass Sie mir nur Ihre baren Auslagen in Rechnung stellen, denn Sie haben sich doch auch ernstlich bemüht und wären sicherlich berechtigt, ein Honorar zu fordern …«

Um ein für allemal Klarheit zu schaffen, zitiere ich aus meiner Antwort vom 20. Januar 1965 einige Sätze, die der von mir geteilten Einstellung Gustav Heinemanns entsprachen:

»Wir haben es in den vergangenen Jahren immer so gehalten, dass wir in Fällen vorzeitiger Häftlingsentlassung oder Familienzusammenführung nur dann ein Honorar berechnet haben, wenn eine staatliche Stelle oder ein Verband unser Auftraggeber war. Das war in der Sache Benster und bei dem Gewerkschaftsjournalisten Heinz Brandt der Fall. In allen übrigen Fällen – es sind inzwischen mehrere hundert Vorgänge – haben wir kein Honorar berechnet und möchten es auch bei Ihnen nicht tun. Wer durch besondere Umstände in die Lage gekommen ist, auf diesem Gebiet Hilfe zu geben, sollte es aus gesamtdeutscher Verpflichtung tun.«

Die Gesamtzahl der freigekauften politischen Häftlinge beträgt 31 775 Personen. Eine Übersicht über die Entlassungen in den einzelnen Kalenderjahren ergibt sich aus der nachfolgenden Aufstellung.

Die Gesamtkosten der Bemühungen der Bundesregierung um humanitäre Erleichterungen belaufen sich auf fast 3 Milliarden 399 Millionen, wie die nachfolgende Übersicht zeigt. In den ausgewiesenen Aufwendungen für die vorzeitige Entlassung politischer Häftlinge sind auch damit zusammenhängende Nebenkosten und Beträge für Familienzusammenführungen enthalten. Eine Trennung ist nicht möglich, weil die Verhandlungen stets mit pauschalen Verrechnungsgrößen abgeschlossen wurden. Die Angaben sind mir vom Haushaltsausschuss des Deutschen Bundestages auf Anfrage gemacht worden.

Entlassungen politischer Häftlinge in der DDR im Rahmen der besonderen Bemühungen der Bundesregierung

Kalenderjahr	*Fälle*
1963	8
1964	888
1965	1541
1966	424
1967	531
1968	696
1969	927
1970	888
1971	1375
1972	731
1973	631
1974	1053
1975	1158
1976	1439
1977	1475
1978	1452
1979	890
1980	1036
1981	1584
1982	1491
1983	1105
1984	2236
1985	2669
1986	1450
1987	1209
1988	1048
1989	1840
Insgesamt	31775

Gesamtkosten der Bemühungen der Bundesregierung um humanitäre Erleichterungen

Kalenderjahr	Ist-Ausgaben
1964	35 320 000,–
1965	41 297 270,29
1966	52 599 461,70
1967	32 274 063,95
1968	15 301 668,71
1969	48 957 448,27
1970	52 866 855,73
1971	92 023 373,33
1972	70 013 393,73
1973	34 846 373,60
1974	109 043 361,78
1975	104 590 005,26
1976	131 098 785,–
1977	144 574 827,11
1978	168 753 033,63
1979	107 552 963,82
1980	133 776 616,36
1981	179 984 763,11
1982	179 274 196,71
1983	104 246 450,57
1984	390 095 143,17
1985	209 100 710,38
1986	249 430 170,48
1987	207 840 679,91
1988	234 161 985,58
1989	269 973 532,46
Insgesamt	3 398 997 134,64 DM

Eine Hypothekenbank und das Verbot der KPD

Das Bundesverfassungsgericht hatte in seinem KPD-Verbotsurteil vom 17. August 1956 auch entschieden, dass das Vermögen dieser Partei zu Gunsten gemeinnütziger Zwecke der Bundesrepublik Deutschland eingezogen wird. Die Einziehung des Vermögens wurde dem Bundesminister des Innern übertragen. Das Ministerium stellte durch Einziehungsbescheid vom 26. Januar 1960 fest, dass u.a. die Volkshaus Gelsenkirchen GmbH (im Folgenden: GmbH) zum Vermögen der KPD gehörte, so dass das gesamte Vermögen auch dieser GmbH zu Gunsten der Bundesrepublik Deutschland eingezogen werden müsse. Die GmbH wurde im Handelsregister gelöscht und die Bundesrepublik als Eigentümerin des der GmbH gehörenden Grundstücks in das Grundbuch eingetragen.

Die GmbH hatte 1952 dieses Grundstück mit einer Darlehnshypothek über 90 000,– DM belastet. Das Darlehen hatte die Deutsche Hypothekenbank, Aktiengesellschaft, Bremen (im Folgenden: Bank) gegeben. Grundlage der Grundbucheintragung war eine notarielle Urkunde vom 30. Januar 1952. Da seit dem Verbot der KPD und der Auflösung der Gesellschaft keine Zins- und Tilgungsleistungen mehr an die Bank überwiesen wurden, betrieb die Bank 1964 auf Grund einer vollstreckbaren Ausfertigung der notariellen Urkunde die Zwangsvollstreckung in das Grundstück und erwirkte die Anordnung der Zwangsverwaltung. Am 6. August 1964 erhob der Bundesminister des Innern Vollstreckungsgegenklage gegen die Bank beim Landgericht Essen, zu dessen Bezirk auch Gelsenkirchen gehört. Es traf sich gut, dass ein Vorstandsmitglied der Bank der Vater eines in unserer Anwaltspraxis tätigen Referendars war, auf dessen Anfrage wir die Prozessvertretung der Bank übernahmen.

Gustav Heinemann fertigte die Klageerwiderung und vertrat darin die Auffassung, dass durch den Einziehungsbescheid nicht die dingliche Sicherung am Grundbesitz der GmbH verloren gegangen sei. Es würde das Vertrauen in das Kreditwesen, speziell sogar der mündelsicheren Hypothekenpfandbriefe, beeinträchtigen, wenn eine Hypothekenbank derartig um ihre Ansprüche gebracht werde. Heinemann liebte immer eine klare Sprache. Deshalb schrieb er am Ende seiner Klageantwort vom 25. September 1964:

»Auch im sog. Dritten Reich gab es Vermögenseinziehungen von politischen Vereinigungen und Parteien. Es gab aber keinen ersatzlosen Wegfall von Schuldnern und keine Eingriffe in Grundpfandrechte unbeteiligter Dritter. Wir verweisen hierzu auf das Gesetz über die Einziehung kommunistischen Vermögens vom 26. Mai 1933. Will die Bundesrepublik ernstlich weniger rechtsstaatlich sein als das Dritte Reich?«

Das Landgericht Essen beraumte die mündliche Verhandlung schon für den 23. November 1964 an, erklärte noch am selben Tag die Zwangsvollstreckung für unzulässig und legte der Bank die Kosten des Rechtsstreits auf. Das knapp begründete Urteil ließ einen Teil der aufgeworfenen Rechtsfrage unbeantwortet und konnte nicht überzeugen. Gustav Heinemann bestärkte die Bank darin, den Prozess notfalls bis zum Bundesgerichtshof zu führen.

Die mündliche Verhandlung vor dem Berufungsgericht, dem Oberlandesgericht Hamm, fand am 29. November 1965 statt. Dabei stellte sich heraus, dass der Vorsitzende und der Berichterstatter die Rechtsfragen unterschiedlich beurteilten. Der Senat prüfte die Rechtsfragen gründlicher als die Vorinstanz und ging auf das gesamte Vorbringen der Bank ein. Unstreitig war, dass es sich bei der Darlehnsforderung nicht um eine »makelbehaftete« Forderung handelte, weil die Bank nichts von der Zugehörigkeit der GmbH zum KPD-Parteivermögen wusste. Vielmehr war die Bank durch die öffentliche Hand selbst, nämlich den Minister für Wiederaufbau des Landes Nordrhein-Westfalen, veranlasst worden, durch Darlehnsgewährung den Wiederaufbau des zerstörten Gebäudes auf dem Grundstück zu fördern. Der Bund müsste nach Ansicht der Bank diese durch das Land Nordrhein-Westfalen vorgenommene Ermutigung zur Darlehnsgewährung gegen sich gelten lassen. Sein entgegenstehendes Verhalten rechtfertige für die gutgläubige Bank den Einwand der Arglist. Außerdem sei das Verhalten des Bundes mit der grundgesetzlichen Eigentumsgarantie (Art. 14) unvereinbar.

Das Urteil wurde erst nach ungewöhnlich langer Beratungszeit am 24. Januar 1966 verkündet; es wies die Berufung kostenpflichtig zurück. Die Bank rief mit der Revision den Bundesgerichtshof an, dessen 5. Zivilsenat am 22. September 1967 verhandelte.

Der gesamte Sachverhalt war unstreitig, so dass es nur um die Bewertung von Rechtsfragen ging. Eine Woche nach der mündlichen Verhandlung erging das Urteil, das in die amtliche Entscheidungssammlung des Bundesgerichtshofs in Zivilsachen aufgenommen wurde (BGHZ 48,303 [319]): Die Klage des Bundes wurde abgewiesen und die Kosten des Rechtsstreits dem Bund auferlegt. Die Urteile des OLG Hamm und des LG Essen wurden aufgehoben. Die tragenden Gründe der höchstrichterlichen Entscheidung entsprachen dem, was Heinemann schon in seinem ersten Schriftsatz vorgebracht hatte:

»Mit Recht weist die Revision auch darauf hin, dass selbst der Gesetzgeber des sog. Dritten Reiches trotz der ihm eigenen Rücksichtslosigkeit in der Durchsetzung seiner Ziele doch in

§ 3 des Gesetzes über die Einziehung kommunistischen Vermögens vom 26. Mai 1933 immerhin die Grundpfandrechte an eingezogenen Grundstücken bestehen ließ. Es kann auch keine Rede davon sein, dass die mit der Einziehung des Vermögens der aufgelösten KPD verfolgten Zwecke den Untergang der Rechte Dritter an den eingezogenen Gegenständen erforderten. Es liegt auf der Hand, dass es insbesondere für die Verhinderung der Aufrechterhaltung des organisatorischen Zusammenhalts der aufgelösten KPD belanglos ist, ob derartige dingliche Rechte – hier die Hypothek der beklagten Bank – fortbestehen oder nicht.«

Für die Bank war eine Hypothek von 90 000,– DM kein ins Gewicht fallender Betrag, und sie hätte den Verlust ohne Diskussion hinnehmen können. Umso mehr muss anerkannt werden, dass der Vorstand der Bank im Interesse auch anderer gutgläubiger Darlehnsgeber darauf bestanden hat, die Rechtsfrage höchstrichterlich entscheiden zu lassen.

Gefährdung der Münchner Olympiade?

In seinem Buch »Die Amtskette«, in dem er seine zwölfjährige Tätigkeit als Münchner Oberbürgermeister schildert, berichtet Hans-Jochen Vogel auch über die Vorgeschichte der Sommerolympiade 1972 in der bayerischen Hauptstadt. Es begann mit einem Besuch des Präsidenten des Nationalen Olympischen Komitees, Willi Daume, bei Vogel am 28. Oktober 1965. Der gegenüber einer Bewerbung Münchens als Austragungsort anfangs zurückhaltende Oberbürgermeister ließ sich von Daumes Optimismus und Begeisterungsfähigkeit anstecken. Beide erreichten gemeinsam die Zusagen der Bundes- und der bayerischen Staatsregierung, München im Falle einer erfolgreichen Bewerbung finanziell zu unterstützen. Am 30. Dezember, einen Tag vor Ablauf der Frist, wurde die Bewerbung dem Internationalen Olympischen Komitee überreicht. Am 26. April 1966 fiel in Rom die Entscheidung für München, das sich gegen Montreal, Madrid und Detroit durchsetzte. Vorausgegangen war dieser Entscheidung die Zusage an den Präsidenten des Internationalen Komitees, Avery Brundage, dass die DDR ebenso behandelt werde wie alle anderen Teilnehmerländer. Wie konnte diese Zusage eingehalten werden? Seit der Entscheidung des Bundesgerichtshofs vom 14. März 1961 (BGHSt 16, 15 ff.) galt der »Deutsche Turn- und Sportbund« (DTSB) der DDR als »eine von der SED gelenkte Massenorganisation, die ihre sog. gesamtdeutsche Arbeit im Rahmen der SED-Gesamtorganisation für die Westarbeit betreibt«. Das Vereinbaren von Wettkämpfen zwischen Sportlern der Bundesrepublik und der DDR war für sich allein weder verboten noch strafbar. Doch wenn Kommunisten dabei mitwirkten, entstand sofort der Verdacht einer verfassungsfeindlichen Tätigkeit. Die Funktionäre und Trainer im DTSB waren wie viele Sportlerinnen und Sportler Mitglieder der SED. Nur wenige Tage nach der Wahl Münchens zum Austragungsort der Olympischen Sommerspiele 1972 verurteilte die Staatsschutzstrafkammer Düsseldorf am 6. Mai 1966 drei Angeklagte wegen Verstoßes gegen das KPD-Verbot in Tateinheit mit Geheimbündelei in verfassungsfeindlicher Absicht und Unterhaltung verfassungsfeindlicher Beziehungen zum DTSB zu Gefängnisstrafen zwischen vier und neun Monaten, die – soweit nicht durch die Untersuchungshaft verbüßt – zur Bewährung ausgesetzt wurden. Die Angeklagten waren Gesellschafter einer GmbH, die von März 1962 bis einschließlich Februar 1964 eine monatlich erscheinende Sportzeitung mit dem Titel »Sport-Tribüne« herausgegeben hatte. Zwei oder drei Angeklagte hatten für diese Sportzeitung auch Artikel geschrieben. Nach der Feststellung des Gerichts war der Inhalt der »Sport-Tribüne« nicht strafbar. Neben rein sportlichen Berichten wurden nur wenige Artikel veröffentlicht, die im weitesten Sinne politisch waren. Hauptangriffspunkt war der vom Deutschen Sportbund (DSB) der Bundesrepublik Deutschland am 16. August 1961 in Düsseldorf gefasste Beschluss, den Sportverkehr mit der DDR als Antwort auf die Errichtung der Berliner Mauer am 13. August abzubrechen. Die Verurteilung wurde darauf gestützt, dass der DTSB die »Sport-Tribüne« zumindest mitfinanziert habe und sich an dem Vertrieb an Sportler im Bundesgebiet auch frühere Mitglieder der KPD beteiligt hätten. Zwei der drei Angeklagten waren überdies mehrfach zu Sportveranstaltungen in die DDR gereist, z.B. zu den Europameisterschaften im Schwimmen in Leipzig, an denen alle NATO-Länder außer der Bundesrepublik beteiligt waren, und zum andern zu sog. Oberhofer Sportgesprächen, an denen einmal Ulbricht teilgenommen hatte. Die Verurteilung wurde damit begründet, dass »der DTSB, soweit er mit dem gesamtdeutschen Sportverkehr zu tun hat, als ›Massenorganisation‹ ausschließlich für die Verwirklichung der politischen Ziele der SED/KPD eingesetzt und ebenso wie die anderen ›Massenorganisationen‹ in die Westarbeit der SED/KPD eingespannt (ist), mit der besonderen Aufgabe, die Sportler in der Bundesrepublik anzusprechen«. Dieses Ansprechen erfolge als »politische Infiltrationsarbeit«, in die sich die Angeklagten eingegliedert hätten.

Wenige Tage vor dem Urteil saß der Präsident des DSB Daume bei einem Fußballspiel in Westberlin neben dem Präsidenten des DTSB Ewald, der bei der Olympiade in Tokio 1964 auch Chef de Mission der gesamtdeutschen Mannschaft war. Zur selben Zeit, als München in Rom zur Stadt der Olympiade 1972 gewählt wurde, wurde das Präsidiumsmitglied des DTSB Schöbel in das Internationale Olympische Komitee aufgenommen. Wenige Tage nach dem Düsseldorfer Urteil fand in Essen die europäische Ringermeisterschaft statt. Vor Beginn gab es Streit, ob die Ringer aus der DDR unter der Fahne des DTSB, also einer Ersatzorganisation der verbotenen KPD, starten durften, was zunächst abgelehnt wurde. Dann erklärten sich alle osteuropäischen Länder mit der DDR solidarisch, und die Veranstalter gaben nach.

Der Fairness halber muss erwähnt werden, dass Daume schon seit längerem für die Aufhebung des Beschlusses vom 16. August 1961 eintrat. In seinem Referat »Sport und Politik« vor der Jahreshauptversammlung des Verbandes Deutscher Sportpresse in Mannheim hatte er schon im März 1963 ausgeführt:

> »Wir können auch auf die Dauer unseren Aktiven, zum Beispiel (dem erfolgreichen Schwimmer) Hetz, nicht erklären, als anständiger Staatsbürger musst du auf einen Start in Leipzig und damit mutmaßlich auf drei Europameisterschaften verzichten, um ihm ein anderes Mal zu sagen, als guter Staatsbürger musst du jetzt in Leipzig zur Ausscheidung für die gesamtdeutsche Olympiamannschaft antreten. Das versteht das Sportvolk nicht, und das macht es auf die Dauer auch nicht mit« (»FAZ« vom 29. März 1963).

Auch Politiker wie Erich Mende und Herbert Wehner beklagten den unterbrochenen Sportverkehr. So kritisierte Wehner bei einer Tagung der SPD-Sportbeauftragten, »dass es zwar große Bemühungen um die Aufstellung einer gesamtdeutschen Olympiamannschaft gebe, aber kaum eine gewöhnliche sportliche Begegnung über die Zonengrenze hinweg« (»Die Welt« vom 6. Januar 1964).

Das 120 Seiten umfassende Urteil der Düsseldorfer Staatsschutzstrafkammer wurde mir am 30. September 1966 zugestellt; erst danach konnte ich die Revision an den Bundesgerichtshof begründen. Zu meiner Überraschung war in dem Urteil nicht erwähnt, dass der Deutsche Sportbund seinen Düsseldorfer Beschluss Ende 1965, also sechs Monate vor der Urteilsfällung, bedingungslos aufgehoben hatte, ohne dass der DTSB auf »Verwendung der Zonenflagge und der Zonenembleme« verzichtet hätte. Ich hatte in der Verhandlung einen entsprechenden Beweisantrag gestellt, dem auch durch Verlesen des Dokumentes entsprochen worden war. Im Urteil hatte das Gericht die immer wieder von den Angeklagten geforderte Aufhebung des Düsseldorfer Beschlusses als Teil ihrer strafbaren Tätigkeit angeführt.

Die Revisionsverhandlung vor dem politischen Strafsenat in Karlsruhe fand erst am 7. und 9. Februar 1968 statt. In der Zwischenzeit hatte sich manches geändert. Nachdem das Internationale Olympische Komitee schon bei seiner Sitzung am 8. Oktober 1965 in Madrid die Ablösung der gesamtdeutschen Olympiamannschaft durch zwei getrennte Mannschaften der Bundesrepublik und der DDR beschlossen hatte, waren nach einer Untersuchung des Godesberger Instituts für angewandte Sozialwissenschaften nur 18 Prozent der westdeutschen Bevölkerung der Ansicht, man solle einer eigenen DDR-Mannschaft die Reise nach München verweigern, wenn sie darauf bestehen sollte, die DDR-Fahne zu zeigen und die DDR-Hymne zu spielen; notfalls solle man dann riskieren, dass die Olympischen Sommerspiele nicht in München veranstaltet würden. Unter den 67 Prozent, die an einem getrennten Auftreten von West- und Ostdeutschland keinen Anstoß nehmen würden, waren Anhänger der CDU/CSU, der SPD und der FDP gleichermaßen vertreten (»Süddeutsche Zeitung« vom 21. Februar 1967).

Dieser veränderten Einstellung der Bevölkerung folgte auch die Politik. Im Dezember 1966 war die Große Koalition unter Bundeskanzler Kiesinger gebildet worden. Der neue Minister für Gesamtdeutsche Fragen, Herbert Wehner, erklärte schon im Januar 1967, die Bundesregierung sei nicht dazu da, den Sport und den Sportverkehr zu gängeln, die Sportler und Sportlerinnen zu bevormunden. »Wenn sich die Sportler, die dem Deutschen Turn- und Sportbund angehören, als Staatssportler verstehen oder verstehen sollen, so ist das ihre Sache. Sie leben unter solchen Verhältnissen, und wir haben das zur Kenntnis zu nehmen.« Das Auftreten der ostdeutschen Sportler mit ihren Emblemen sei eine Protokollfrage, bei der man großzügig sein könne (»Die Welt« vom 31. Januar 1967).

Endgültige Klarheit konnte nur die Gesetzesänderung bringen, die aber noch nicht vorlag, als ich zum Revisionstermin zum Bundesgerichtshof fuhr. Also musste ich versuchen, eine Aufhebung des Düsseldorfer Urteils und die Zurückverweisung zu erreichen. Das gelang. Der Strafsenat unterzog das angefochtene Urteil einer recht deutlichen Kritik. Der wichtigste Satz der Revisionsentscheidung war die Feststellung: »So kann, wie die Revision mit Recht geltend macht, aus der Abhängigkeit des DTSB von der SED nicht ohne weiteres geschlossen werden, dass er zur Tatzeit über die vom Landgericht angenommene Teilorganisation in der Bundesrepublik verfassungsfeindliche Ziele verfolgt habe.«

Der Bundesgerichtshof verwies das Verfahren zu neuer Verhandlung und Entscheidung nicht an das Landgericht Düsseldorf, sondern nach Dortmund zurück. Das war ein begrüßenswerter Zeitgewinn, denn die Dortmunder Staatsanwaltschaft und die Richter mussten sich vor einer neuen Hauptverhandlung erst in einen ihnen neuen Sachverhalt einarbeiten. Das aber war nicht mehr nötig. Dem Strafrechtsänderungsgesetz folgte am 1. Oktober 1968 das Straffreiheitsgesetz, durch das anhängige Verfahren eingestellt wurden. Das geschah durch Beschluss vom 21. November 1968. Noch schneller hatte das Internationale Olympische Komitee auf die Aufhebung des Abschnitts »Staatsgefährdung« im bundesdeutschen politischen Strafrecht reagiert. Es beschloss am 13. Oktober 1968 in Mexico City mit 44 : 4 Stimmen die künftige Teilnahme der DDR bei Olympischen Spielen mit eigener Flagge, eigener Hymne und der Bezeichnung »Deutschland DDR«.

Als ich von Karlsruhe nach Essen zurückfuhr, wusste ich, dass ich zum letzten Mal in einem politischen Strafprozess verteidigt hatte. Ein zeitweilig aufregendes, aber immer interessantes Kapitel meines Lebens war abgeschlossen.

Das Vereinsgesetz vom 5. August 1964 hatte die Organisationsdelikte im Abschnitt »Staatsgefährdung« des Strafgesetzbuches neu geregelt und durch die Einführung des »Verbotsprinzips« mehr Rechtssicherheit gebracht. In Zukunft konnte niemand mehr für seine Tätigkeit in einer bundesdeutschen Vereinigung bestraft werden, wenn diese nicht von der zuständigen Verwaltungsbehörde verboten und aufgelöst worden war. Die politische Strafjustiz verlagerte sich nun auf die Bestrafung politischer Kontakte zur DDR, in denen regelmäßig auch ein Verstoß gegen das KPD-Verbotsurteil gesehen wurde. Den anderen Schwerpunkt bildete die Verfolgung kommunistischer Meinungsäußerungen (also verfassungsfeindliche Schriften). Während der Bundesgerichtshof 1956 noch entschieden hatte: »Wer nur bemüht ist, für die Anschauungen und Ziele der SED in der Bundesrepublik Anhänger zu werben, sammelt keine Nachrichten im Sinne des § 92 (staatsgefährdender Nachrichtendienst)«, ging die Rechtsprechung in den Folgejahren sehr viel weiter. Es galt die Faustregel: Wer im Auftrage der SED oder einer von ihr abhängigen Organisation in die Bundesrepublik fährt und Gespräche – gleichgültig welchen Inhalts – führt, wird wegen Nachrichtendienstes bestraft. Dazu nur noch vier Beispiele von vielen, in denen ich verteidigt habe.

Zwei Kreistagsabgeordnete aus Leipzig besuchten Stadtverordnete einer nordrhein-westfälischen Großstadt. Wie die als Zeugen vernommenen Stadtverordneten bekundet haben, wurde von den Besuchern keine kommunistische Propaganda betrieben, sondern ein sachliches Gespräch über kommunale Fragen geführt. Trotzdem erfolgte eine Bestrafung nach § 92.

Zwei Angehörige einer Betriebsgewerkschaftsleitung fuhren im Frühjahr 1960 zu einem Werk in der Bundesrepublik, um dem Betriebsratsvorsitzenden einen Brief ihrer Belegschaft zu übergeben, der sich mit der damals bevorstehenden Pariser Gipfelkonferenz beschäftigte. An der Zonengrenze erklärten sie Zweck und Ziel der Reise, nannten den Namen des Betriebsratsvorsitzenden und zeigten den zu überbringenden Brief. Nach Durchsicht wünschten die Kontrollbeamten gute Reise und sandten vorsorglich gleichzeitig ein Fernschreiben an die Kriminalpolizei des Zielortes: »Mit D 110 reisen (Namen), wollen zum Betriebsratsvorsitzenden X des Werkes Y und Brief übergeben usw.« Die örtliche Kriminalpolizei überwachte pflichtgemäß den weiteren Ablauf. Die beiden Besucher begaben sich zum Werk, trafen aber den Betriebsratsvorsitzenden nicht an. Es wurde ihnen anheim gestellt, am nächsten Tag wiederzukommen. Sie übernachteten – ordnungsgemäß gemeldet – in einem Hotel. Am folgenden Tag wurden sie im Vorzimmer des Betriebsratsvorsitzenden, den sie nicht einmal gesehen hatten, festgenommen. Nach fast fünfmonatiger Untersuchungshaft fand die Hauptverhandlung statt, in der sie freigesprochen wurden. Die Strafkammer fand in dem Verhalten der Angeklagten nichts, was eine Verurteilung stützen konnte. Die Staatsanwaltschaft hat gegen das freisprechende Urteil mit Erfolg Revision eingelegt.

Beim dritten Beispiel zitiere ich den Sachverhalt aus dem Urteil der Staatsschutzstrafkammer Düsseldorf vom 17. Dezember 1963: Am 21. und 22. November 1963 fand in Düsseldorf ein »Außerordentlicher Bundeskongress des Deutschen Gewerkschaftsbundes« (DGB) zur Verabschiedung eines neuen Grundsatzprogramms statt. Zur gleichen Zeit tagte vom 19. bis 23. November 1963 in Ostberlin der »6. FDGB-Kongress«. Die Angeklagten gehörten zu den Delegierten dieses Kongresses. Sie erhielten am 19. November den Auftrag, eine sog. Grußadresse am 21. November beim DGB-Kongress abzugeben und alsdann unverzüglich, und ohne sich auf irgendeine politische Diskussion einzulassen oder sonst politisch tätig zu werden, wieder zurückzukehren. Die »Grußadresse« war vom FDGB-Vorsitzenden Herbert Warnke unterzeichnet. Die Angeklagten reisten in der Nacht vom 19. zum 20. November 1963 mit dem Interzonenzug in die Bundesrepublik ein. Am Grenzkontrollpunkt wurden sie von dem kontrollierenden Beamten des Grenzschutzes nach dem Ziel ihrer Reise gefragt. Sie antworteten, dass sie zum DGB-Kongress nach Düsseldorf wollten, um dort eine Grußadresse des FDGB-Kongresses zu überreichen. Der Beamte entfernte sich darauf zunächst, kam aber nach einiger Zeit mit der Frage wieder, ob sie eine Einladung zu dem DGB-Kongress hätten. Die Angeklagten verneinten dies. Der Beamte ging darauf wieder fort und gab ihnen ihre Fahrkarten und Personalbescheinigungen, die er vorher an sich genommen hatte, zurück. Die Angeklagten kamen am Morgen des 20. November 1963 gegen 8 Uhr in Düsseldorf an.

Sie wohnten in einem Doppelzimmer im »Haus des jungen Mannes« (CVJM-Heim) in der Nähe des Hauptbahnhofes. Am nächsten Morgen, dem 21. November 1963, begaben sie sich gegen 9 Uhr zur Kongresshalle in Düsseldorf, wo der DGB-Kongress tagte, und gaben sich dort einem Ordner als Vertreter des FDGB zu erkennen. Sie erklärten, dass sie eine Grußbotschaft zu überbringen hätten. Der Ordner führte sie daraufhin zum Büro der Kongressleitung. Der dort anwesende Vertreter des DGB lehnte jedoch die Annahme des Schreibens ab. Die Angeklagten verließen daraufhin das Tagungsgebäude. Sie wurden vor dem Gebäude polizeilich festgenommen und durch Haftbefehl des Amtsgerichts in Düsseldorf vom 22. November 1963 in Untersuchungshaft genommen.

Da der Sachverhalt unstreitig war, konnte die Hauptverhandlung an einem Tag mit der Urteilsverkündung abgeschlossen werden. Beide Angeklagten wurden eines Verstoßes gegen das KPD-Verbot in Tateinheit mit Einfuhr einer staatsgefährdenden Schrift, der »Grußadresse«, für schuldig befunden. Der 66-jährige Vorsitzende der Betriebsgewerkschaftsleitung im VEB Lacke und Farben Leipzig erhielt sechs Monate Gefängnis auf Bewährung und wurde sofort freigelassen. Der 36-jährige Sekretär beim Bezirksvorstand des FDGB in Erfurt wurde zu acht Monaten ohne Bewährung verurteilt. Die Vollstreckung seiner Strafe war nach Meinung des Gerichtes aus Abschreckungsgründen erforderlich.

Am nächsten Tag hatte ich eine vierstündige Unterredung mit dem früheren Generalbundesanwalt und jetzigen CDU-Abgeordneten Max Güde in Bonn, bei der über mehrere anhängige Verfahren gesprochen wurde. Güde sagte zu, sich für die baldige Haftentlassung des Gewerkschaftssekretärs einzusetzen. Während wir zusammensaßen, erreichte Güde die Nachricht, dass die Damen Kautz und Schröter an diesem Tag vorzeitig entlassen würden; die »Gegenleistung« aus der DDR sei eingetroffen.

Die Empörung über das Düsseldorfer Urteil war allgemein. Am Tage nach dem Urteil sprach Peter Bender einen Kommentar im »Westdeutschen Rundfunk«, der das ausdrückte, was nahezu alle Zeitbeobachter empfanden. Ich zitiere daraus einige Sätze:

> »Wer Briefverteiler des FDGB zu Fortsetzern der KPD macht, legt die Gesetze sehr extensiv aus, das heißt, er dehnt die Bestimmungen in einem Umfang, dass es höchst fragwürdig wird, ob damit dem Sinn des Gesetzes überhaupt noch entsprochen wird. Hier beginnt die politische Seite der Sache. Solche extensive Auslegung ist nämlich kein Einzelfall, sondern wird immer häufiger. Was das bedeutet, lässt gerade das Urteil von gestern erkennen. Dass zwei Leute, die einen Brief aus Ostberlin in Düsseldorf abgeben wollen – und zwar in aller Offenheit –, zu Gefängnis verurteilt werden, ist einfach absurd. Es ist absurd für jeden unbefangen denkenden Menschen, noch mehr aber für jeden, der politisch denkt. Die politische Bilanz dieses Prozesses lautet: Wir haben der SED Propagandamaterial erster Qualität geliefert; wir haben zwei wirkliche Feinde der Bundesrepublik drüben mehr, zwei Leute, die jetzt wissen, warum sie gegen die Demokratie sind. Wir haben schließlich eine Schwäche unseres Staates demonstriert, die gar nicht besteht. Dieser Prozess zur Sicherung der Bundesrepublik hat der Bundesrepublik schwer geschadet. Dieser Widersinn sollte endlich den Gesetzgeber, das Parlament in Bonn, beschäftigen.«

Am 20. Dezember meldete sich der Vorstand der IG Metall aus Frankfurt mit der Bitte um Unterrichtung. Damals kämpften wir um die Freilassung des IG-Metall-Redakteurs Heinz Brandt aus der DDR-Haft. Der DGB-Vorstand hatte schon am

27. November, also wenige Tage nach der Verhaftung der beiden FDGB-Funktionäre, in einer Pressemitteilung den Austausch der beiden »Briefträger« gegen in der DDR inhaftierte politische Häftlinge vorgeschlagen. Im Januar 1964 bat der Präses der Evangelischen Kirche von Westfalen, Ernst Wilm, um Auskunft und reichte dann beim nordrhein-westfälischen Justizminister ein Gnadengesuch ein. Dasselbe tat Otto Brenner für die IG Metall. Der Justizminister nahm das Gnadengesuch des westfälischen Präses zum Anlass, die vorzeitige Haftentlassung des noch inhaftierten »Briefträgers« zum 26. März 1964 anzuordnen; die Zwei/Drittel-Strafzeit wäre erst am 7. Mai 1964 abgelaufen gewesen.

Die Sicherheitsorgane hatten aus der allgemeinen Entrüstung aber noch nicht gelernt. Am 25. April 1964 reisten sechs FDJ-Mitglieder ins Bundesgebiet ein. In ihrem Besitz befanden sich elf Briefe des Bezirkskomitees Halle zur Vorbereitung des Deutschlandtreffens (17./18. Mai 1964) mit Einladungen an elf verschiedene Jugendorganisationen in der Bundesrepublik, die persönlich überbracht werden sollten. Den Zweck ihrer Reise hatten die Festival-Einlader an der Zonengrenze den Beamten des Bundesgrenzschutzes geschildert. Nach vier Stunden Telefonierens durften die sechs FDJler einreisen, um wenig später verhaftet zu werden, ohne die Einzuladenden überhaupt gesehen zu haben. Nach einer zweieinhalbwöchigen Untersuchungshaft stellte das Gericht in der Hauptverhandlung mit Einverständnis der Staatsanwaltschaft das Verfahren wegen Geringfügigkeit ein. Zum Freispruch, den ich beantragt hatte, konnte sich die Strafkammer im Hinblick auf die höchstrichterliche Rechtsprechung nicht entschließen.

Der DGB-Bundesvorstand befasste sich am 6. Mai 1964 mit diesem Verfahren und kritisierte in einem veröffentlichten Beschluss, dass durch die Verhaftung »unnötig falsche Märtyrer geschaffen werden«. Es sei »sinnvoller, auf solche Provokationen nicht zu reagieren«. Der Bundesvorstand erwarte »eine baldige Freilassung der sechs zurzeit in Braunschweig inhaftierten FDJ-Funktionäre«. Außerdem wurde an den Bundestag appelliert, einzugreifen. Die Sicherheitsbehörden waren in einer Zwickmühle: Die DDR war Inland und die Bewohner deutsche Staatsangehörige mit dem Grundrecht der Freizügigkeit. Deshalb war schon im Bundestag ein Vorstoß des Bundesinnenministers für ein Ein- und Ausreisegesetz gescheitert. Zur Einführung des Opportunitätsprinzips in der politischen Strafjustiz, die das Einschreiten der Strafverfolgungsbehörden in ihr Ermessen stellte, wollte der Gesetzgeber sich auch nicht entschließen. Zwar brachten CDU/CSU und FDP am 9. Februar 1965 einen Gesetzentwurf zur Einführung des Opportunitätsprinzips bei politischen Delikten im Bundestag ein, doch kam es nicht zur Verabschiedung. Der einzige wirksame rechtsstaatliche Ausweg konnte nur in einer Änderung des materiellen Strafrechts gefunden werden. Das wurde überdeutlich in einer Fernsehsendung des Magazins »Panorama«, die Professor Eugen Kogon einleitete und abschloss. Den Bericht hatte der Journalist Lutz Lehmann zusammengestellt. Er schilderte einige Strafverfahren, die das Elend der politischen Strafjustiz auch dem nicht juristisch Vorgebildeten überzeugend klar machten. Diese Fernsehsendung vom 9. November 1964 fand ein lebhaftes Echo. Zum ersten Mal wurden die Probleme dieser Gesetzgebung und Rechtsprechung einem Millionenpublikum vorgeführt. Der ultrakonservative Journalist Kurt Ziesel fragte öffentlich, ob Kogon und seine Helfershelfer als notorische Feinde unserer Verfassung noch die Eignung und das Recht haben, in einer Anstalt öffentlichen Rechts oder auf dem Lehrstuhl einer deutschen Universität die Bevölkerung und die akademische Jugend gegen die Gesetze und Institutionen unseres Staates systematisch aufzuhetzen. Er forderte ein Ermittlungsverfahren gegen Kogon und Lehmann wegen wissentlicher Verfälschungen und der Leistung von Handlangerdiensten für das verbrecherische System Pankows und der verbotenen KPD. Der niedersächsische Landtag debattierte am 10. Dezember 1964 und 2. März 1965 über die »Panorama«-Sendung. Am 4. Januar 1965 wurde in einer Diskussion in »Panorama« das Thema noch einmal aufgegriffen. Unter der Leitung von Fritz Rene Allemann diskutierten der Justiz- und Innenminister Niedersachsens, der Autor Lutz Lehmann und ich. In einem zweiten Teil der Sendung wurden Stellungnahmen eingespielt vom Stuttgarter Oberlandesgerichtspräsidenten Richard Schmid, Max Güde, Professor Maihofer und Adolf Arndt. Wieder war die Sehbeteiligung sehr hoch. Joachim Fest, der diese Sendung einleitete und abmoderierte, schloß mit den Worten: »Beide Sendungen wollten – und konnten auch – das Problem nicht lösen; aber es sichtbar machen. Nun müsste die öffentliche Diskussion darüber beginnen.«

Heinemann ergriff die Initiative. Am 7. Januar 1965 fand in der hessischen Landesvertretung eine erste Besprechung zur Reform des politischen Strafrechts statt, zu der der Hausherr Lauritzen seinen Hamburger Kollegen Kramer sowie Heinemann, Gerhard Jahn, Bundesjustizminister von 1969 bis 1974, den späteren hessischen Generalstaatsanwalt Gauf und mich einlud. Dazu zwei Beamte als Protokollführer. Die Gesetzgebung ist eine Kunst, die man lernen muss. Denn es gilt Formulierungen zu finden, die für eine unbestimmte Zahl von Lebensvorgängen gelten müssen und auch im äußersten Falle noch rational als sinnvoll nachvollzogen werden können. Obwohl die meisten von uns viel beschäftigt waren, gelang es schon im Juni einen internen Gesetzentwurf zu erstellen, der dann in die öffentliche Diskussion gegeben wurde. Grundsätzlichen Zuspruch erhielten wir im Herbst von den Länderjustizministern. Am 8. Dezember 1965 reichte die SPD-Fraktion beim Bundestag einen Gesetzentwurf zur Reform des gesamten politischen Strafrechts ein. Er enthielt die ersatzlose Streichung der meisten Straftatbestände des Abschnitts »Staatsgefährdung« sowie die Einschränkung von einigen Tatbeständen, die nichts mit Hoch- und Landesverrat im eigentlichen Sinne zu tun hatten. Die Kontakt- und Meinungsdelikte entfielen gänzlich, auch die Geheimbündelei. Natürlich bejahten wir den Schutz des Staates gegen gewaltsamen Umsturz und gegen Geheimnisverrat, lehnten aber strikt die »Vorverlegung« des Staatsschutzes in den Bereich der Grundrechte ab, wie er sich in jahrelanger Praxis ereignet hatte. Heinemann begründete den Gesetzentwurf in der Plenarsitzung des Bundestages am 13. Januar 1966. Der Entwurf wurde an den »Sonderausschuss für die Strafrechtsreform« unter Güdes Vorsitz überwiesen. Die Bundesregierung legte am 5. September auch noch einen eigenen Entwurf vor, der aber nach Überzeugung der großen Mehrheit nicht weit genug ging.

Dieser Ausschuss leistete eine gründliche Arbeit und hörte zahlreiche Sachverständige. Am 23. Mai 1966 hatte ich die Freude, als Sachverständiger über meine Erfahrungen berichten zu können. An diesem Tage wurde auch Prof. Dr. Jescheck, der langjährige Direktor des Max-Planck-Instituts für ausländisches und internationales Strafrecht, gehört. Er hatte sich 1959 als einziger Strafrechtslehrer öffentlich gegen die rückwirkende Anwendung des § 90 a StGB ausgesprochen, so wie es das Bundesverfassungsgericht 1961 entschied. Ich war zwei Jahre lang mit Hans-Heinrich Jescheck in französischer Kriegsgefangenschaft gewesen, wo er sich im Interesse seiner Schicksalsgenossen außerordentlich verdient gemacht hat. Auch bei der Diskussion der Reform des politischen Strafrechts leistete er wertvolle Beiträge. Außer Jescheck und mir kamen noch Bundesrichter Dr. Willms, Rechtsanwalt Hannover und ein Vertreter der Deutschen Journalisten-Union zu Wort. Willms hatte selbst einige Zeit dem politischen Strafsenat angehört und aus seiner Erfahrung beachtliche Beiträge geliefert, die die Fragwürdigkeit mehrerer Straftatbestände der »Staatsgefährdung« offen legten. Heinrich Hannover, mit dem ich zum ersten Mal im Strafprozess gegen Mitglieder des Friedenskomitees 1959/1960 in Düsseldorf zusammen verteidigt hatte, berichtete über unvertretbare Auslegungen von Strafnormen in Verfahren, in denen er als Verteidiger mitgewirkt hat. Er hatte 1962 eine Broschüre über die »Politische Diffamierung im freiheitlich-demokratischen Rechtsstaat« mit einem Vorwort von Heinemann veröffentlicht.

Während der Sonderausschuss an der geplanten Neuregelung arbeitete, mussten sich Bundestag und Bundesrat mit einem hochpolitischen Rechtsproblem befassen, das auch mit der Teilung Deutschlands und dem Kalten Krieg zusammenhing: dem Redneraustausch.

Die DDR hatte eingesehen, dass die Bundesyregierung wegen ihres Alleinvertretungsanspruchs und des Bestreitens des Staatscharakters der DDR zu keiner politischen Verhandlung bereit war. Dann bot Ulbricht als SED-Chef in einem

Offenen Brief der SPD am 11. Februar 1966 Gespräche zwischen den Parteien über die Wiedervereinigung Deutschlands an. Die SPD geriet dadurch in eine schwierige Lage. Lehnte sie das Angebot ab, setzte sie sich dem Vorwurf aus, nichts für die deutsche Wiedervereinigung tun zu wollen; bei Annahme nährte sie den ohnehin gegen sie erhobenen Verdacht, sie sei dem »Osten« gegenüber zu nachgiebig. In ihrer Antwort vom 18. März 1966 stellte sie der SED sieben Fragen nach Schießbefehl, Freizügigkeit und Schikanen gegen Westberlin. Kernstück der Antwort war: »Die SPD ist gegen ein Verwischen von Gegensätzen und Meinungsverschiedenheiten. Für eine Zusammenarbeit der beiden Parteien fehlen alle Voraussetzungen. Für Volkfrontmanöver sind die Sozialdemokraten nicht zu haben.« Aber die SPD schlug vor, überall die Voraussetzungen dafür zu schaffen, dass Vertreter der im Bundestag und in der Volkskammer vertretenen Parteien offen ihre Auffassungen über die Deutschlandfrage darlegen und austragen könnten. Am 26. März antwortete die SED und machte den Vorschlag, eine Veranstaltung in Karl-Marx-Stadt und in Essen durchzufahren. In beiden Städten sollten Vertreter der SED und SPD unbehelligt sprechen können. Am 31. März boten die Intendanten des Süddeutschen Rundfunks und des Südwestfunks den Parteien in der Bundesrepublik und der DDR eine Fernsehdiskussion an. SPD und FDP nahmen die Einladung ohne Vorbehalt an, CDU und CSU äußerten Bedenken, lehnten aber nicht grundsätzlich ab. Die Bundesregierung stellte einige Bedingungen: Das Gespräch dürfe nicht als eine Art Anerkennung der DDR ausgelegt werden. Die Vorsitzenden der CDU, FDP und CSU hätten hohe Regierungsämter und könnten schon deshalb nicht an der Fernsehdiskussion teilnehmen. Der Osten erklärte daraufhin das Angebot für gescheitert. In der Folgezeit trafen sich je zwei Vertreter der SED und SPD und besprachen die notwendigen technischen Vorbereitungen. Als Termine wurden der 14. Juli 1966 für Karl-Marx-Stadt und der 21. Juli 1966 für Hannover (statt Essen) festgelegt. Unvermeidlich tauchte die Frage auf, ob es denn zulässig sei, SED-Funktionäre überhaupt in der Bundesrepublik sprechen zu lassen. Denn nach dem geltenden Strafrecht müssten sie nach dem Betreten des Bundesgebietes verhaftet und abgeurteilt werden. Deshalb beschloss der Bundestag am 23. Juni 1966 gegen 50 Stimmen der CDU/CSU und zwei der FDP ein »Gesetz über die befristete Freistellung von der deutschen Gerichtsbarkeit«, das nach der einstimmigen Billigung des Bundesrates am 30. Juli 1966 in Kraft trat.

Nach diesem Gesetz konnte die Bundesregierung Deutsche, die ihren Wohnsitz oder gewöhnlichen Aufenthalt außerhalb des Geltungsbereiches des Grundgesetzes haben, von der deutschen Gerichtsbarkeit freistellen, wenn sie es bei Abwägung aller Umstände zur Förderung wichtiger öffentlicher Interessen für geboten hielt. Die Freistellung sollte in der Regel nicht länger als eine Woche dauern und konnte an Bedingungen und Auflagen geknüpft werden. Die SED bezeichnete das Gesetz am 29. Juni als »völkerrechtswidriges annexionistisches Gesetz, mit dem die westdeutsche Gerichtsbarkeit willkürlich auf die DDR ausgedehnt werde; eine grobe chauvinistische Herausforderung, die selbst über Hitlers Gesetzgebung hinausgeht.« Später nannte die DDR dieses Gesetz das »Handschellengesetz«. Am 22. August 1966 überreichte der sowjetische Botschafter Zarapkin im Auswärtigen Amt eine Protestnote seiner Regierung gegen dieses Gesetz. Jedenfalls ließ die DDR den von ihr vorgeschlagenen Redneraustausch an diesem Gesetz scheitern. Brandt, Wehner und Erler hielten über die bundesdeutschen Medien ihre Ansprachen, die sie »in Karl-Marx-Stadt an der Chemnitz« hatten halten wollen.

Am 1. Dezember 1966 wurde die Regierung der Großen Koalition zwischen CDU/CSU und SPD vereidigt. Gustav Heinemann löste Richard Jäger als Bundesjustizminister ab. Damit übernahm ein engagierter und fachkundiger Gegner des ausgeuferten politischen Strafrechts das federführende Justizressort.

Die Zusammenarbeit mit Max Güde bewährte sich. Die Notwendigkeit einer starken Einschränkung des politischen Strafrechts wurde kaum noch bestritten. Am 8. Oktober 1967 legten 16 Strafrechtslehrer einen »Alternativ-Entwurf« vor, der die Diskussion weiter förderte. Dass auch Heinrich Jagusch, der dem politischen Strafsenat seit 1954 angehörte und von Oktober 1959 bis Ende 1962 sein Präsident war, für eine gründliche Reform eintrat, freute mich besonders. Seit 1963 hatte ich in seiner Wohnung in Karlsruhe-Rüppur mit ihm stundenlang debattiert und seine Wandlung, die von viel Selbstkritik begleitet war, miterlebt. Er war ein glänzender Jurist, der auch zu den Verfassern der führenden Kommentare zum Strafgesetzbuch und zur Strafprozessordnung gehörte. Die Disziplin, mit der er eine schwere Kriegsverletzung (Verlust eines Auges und erhebliche Gesichtsverletzungen) trug, war beeindruckend.

Anfang 1968 erzählte mir Heinemann, dass der Durchbruch im Bundeskabinett zu Gunsten einer umfassenden Reform gelungen sei; auch Strauß ziehe mit.

Am 29. Mai 1968 beschloss der Bundestag das Änderungsgesetz ohne Enthaltungen gegen zehn Stimmen aus der CSU, die trotz des Einsatzes von Strauß als einzige politische Gruppe nicht geschlossen votierte, weil die ablehnende Haltung von Richard Jäger nicht vollständig zu überwinden war. Der Bundesrat billigte es einstimmig, so dass es am 1. August 1968 in Kraft treten konnte. Am 28. Juni 1968 beschloss der Bundestag ohne Gegenstimmen und Enthaltungen eine Amnestie für alle bis zum 1. Juli 1968 begangenen politischen Straftaten; nur der eigentliche Landesverrat war ausgenommen.

Ich habe wiederholt berichtet, dass der Bundesgerichtshof in allen wichtigen politischen Strafverfahren in erster und letzter Instanz den Musterprozess führte und entschied, so dass das Urteil mit der Verkündung rechtskräftig war. Außerdem hatten sich die 17 Staatsschutzstrafkammern im Bundesgebiet nach der höchstrichterlichen Rechtsprechung zu richten. Das Fehlen einer zweiten Instanz wurde seit 1951 immer wieder kritisiert. Als endlich das »Gesetz zur allgemeinen Einführung eines zweiten Rechtszuges in Staatsschutzstrafsachen« im Sommer 1969 verabschiedet wurde, war Heinemann schon als Bundespräsident im Amt. Für Nordrhein-Westfalen stimmte ich als Minister für Bundesangelegenheiten im Bundesrat dem Gesetz zu, für dessen Zustandekommen auch ich als Anwalt so lange gekämpft hatte.

Gleichzeitig mit der Beschränkung des politischen Strafrechts auf die schutzwürdigen Staatsinteressen lief die Neuorientierung der Deutschland- und Ostpolitik. Die Ostverträge, die nach Jahrzehnten bundesdeutscher Verweigerung auch die Sicherheitsinteressen unserer östlichen Nachbarn, vor allem der Sowjetunion und Polens berücksichtigten, ermöglichten den Grundlagenvertrag mit der DDR, der ihre staatliche Existenz anerkannte, und das Berlin-Abkommen der alliierten Siegermächte, das die jahrzehntelangen Krisen und Schwierigkeiten um Berlin beendete. Nach der Aufnahme beider deutscher Staaten in die Vereinten Nationen und durch ihre Mitwirkung in der Konferenz für Sicherheit und Zusammenarbeit konnte ein Zustand des Friedens in Europa erreicht werden, in dem das in zwei Staaten lebende deutsche Volk durch Selbstbestimmung seine staatliche Einheit wiederfand.

Abkürzungsverzeichnis

AdG	Archiv der Gegenwart (seit 1955 Jahresbände)
ADGB	Allgemeiner Deutscher Gewerkschaftsbund
ADN	Allgemeine Deutscher Nachrichtendienst (DDR)
BdD	Bund der Deutschen
BDJ	Bund Deutscher Jugend
BND	Bundesnachrichtendienst
BGH	Bundesgerichtshof
BGHSt	Entscheidungen des Bundesgerichtshofs in Strafsachen
BGHZ	Entscheidungen des Bundesgerichtshofs in Zivilsachen
BRD	Bundesrepublik Deutschland
BVerfG	Bundesverfassungsgericht
BVerfGE	Entscheidungen des Bundesverfassungsgerichts
CDU	Christlich Demokratische Union
CIA	Central Intelligence Agency (Zentrale Geheimdienstorganisation USA)
CIC	Counterintelligence Corps (Gegenspionagekorps der US-Armee)
CSU	Christlich Soziale Union
CVJM	Christlicher Verein Junger Männer
DDR	Deutsche Demokratische Republik
DFD	Demokratischer Frauenbund Deutschlands
DFG	Deutsche Friedensgesellschaft
DGB	Deutscher Gewerkschaftsbund (BRD)
DSB	Deutscher Sportbund (BRD)
DTSB	Deutscher Turn- und Sportbund (DDR)
EKD	Evangelische Kirche in Deutschland
FAZ	Frankfurter Allgemeine Zeitung
FBI	Federal Bureau of Investigation (Bundeskriminalamt der USA)
FDGB	Freier Deutscher Gewerkschaftsbund (DDR)
FDJ	Freie Deutsche Jugend (DDR)
FDP	Freie Demokratische Partei
FK	Friedenskomitee der Bundesrepublik Deutschland
GDSF	Gesellschaft für deutsch-sowjetische Freundschaft
GG	Grundgesetz der Bundesrepublik Deutschland

GTB	Gewerkschaft Textil-Bekleidung
GVP	Gesamtdeutsche Volkspartei
KAG	Keesings Archiv der Gegenwart (seit 1931 bis 1954 in Jahresbänden)
KPD	Kommunistische Partei Deutschlands (am 17. August 1956 vom BVerfG gemäß Art. 21 Abs. 2 GG verboten und aufgelöst)
KZ	Konzentrationslager
LG	Landgericht
MfS	Ministerium für Staatssicherheit (DDR)
NATO	Nordatlantik-Organisation (1949 gegründet)
NS	Nationalsozialismus
NSDAP	Nationalsozialistische Deutsche Arbeiterpartei
OLG	Oberlandesgericht
SBZ	Sowjetische Besatzungszone
SED	Sozialistische Einheitspartei Deutschlands
SMA	Sowjetische Militär-Administration
SMT	Sowjetisches Militär-Tribunal
SONR	Rat für die Befreiung der Völker Russlands
SRP	Sozialistische Reichspartei (am 23. Oktober 1952 vom BVerfG gemäß Art. 21 Abs. 2 GG als eine Nachfolgeorganisation der NSDAP aufgelöst)
SSD	Staatssicherheitsdienst (DDR)
STASI	Staatssicherheitsdienst (DDR)
StGB	Strafgesetzbuch
VEB	Volkseigener Betrieb (DDR)
V-Mann	Vertrauensmann der Polizei
VVN	Vereinigung der Verfolgten des Naziregimes
WAZ	Westdeutsche Allgemeine Zeitung
WFFB	Westdeutsche Frauenfriedensbewegung
WFK	Westdeutsches Friedenskomitee
WWI	Wirtschaftswissenschaftliches Institut des DGB
ZAA	Zentraler Arbeitsausschuss Frohe Ferientage für alle Kinder (DDR)
ZAG	Zentrale Arbeitsgemeinschaft Frohe Ferien für alle Kinder

Personenverzeichnis

Abel, Rudolf 342
Abendroth, Wolfgang 162, 256
Abs, Hermann Josef 168
Acheson, Dean 17 f.
Adenauer, Konrad 12 ff., 26 f., 31-43, 45-50, 54, 67, 76-79, 88, 93, 95, 99, 106,108, 131, 141 f., 157, 188-192, 229 f., 285, 296, 304, 342
Agartz, Viktor 156-170, 212, 214
Ahlbory, Martin 339 ff., 343
Albers, Johannes 78
Albertz, Heinrich 342
Allemann, Fritz René 363
Alsberg, Max 111, 308
Altmeier, Peter 70
Amelunxen, Rudolf 114, 189
Ammann, Walter 94, 97 f., 147, 151, 175
Angenfort, Josef 90
Antonescu, Ion 138
Arndt, Adolf 87, 109-113, 126 f., 139 f., 147 f., 204, 232, 363
Arnold, Karl 12 f., 56, 67 f., 77 f., 88, 114, 158, 189
Augstein, Rudolf 71, 304

Baade, Fritz 190, 256
Baldus, Paulheinz 95, 100 ff., 124
Balthasar, Urs von 72
Bangel, August 66
Barczatis, Elli 336
Barth, Karl 203
Barzel, Rainer 342 ff.
Baum, Gerhart 73
Becher, Johannes Robert 310 f.
Becker, Matthias 129 ff.
Becu, Omer 258
Beitz, Berthold 42 f., 286
Bender, Peter 247, 361
Benjamin, Hilde 258, 260 ff., 264
Benster, Christine 327 f.
Benster, Cornelia 327-330, 334
Benster, Hannelore 327 ff.
Benster, Heinz 287-338, 343 f., 347, 349
Benster, Hilde 305-338
Benster, Sylvia 327-330
Bernal, John Desmond 202
Berndsen, Hermann 170-174, 178
Bevin, Ernest 35
Beyerlein, Hans 279-383
Bialek, Robert 270
Bidault, Georges 54
Birgel, Willy 226
Blankenhorn, Herbert 50, 124
Blüm, Norbert 73
Bock, Werner 213
Böckler, Hans 156 f., 162
Bölling, Klaus 71
Bolz, Lothar 44
Böttcher, Martin 259 f., 271
Brandt, Anneliese (geb. Schwichtenberg) 258, 270-283
Brandt, Georg 253
Brandt, Gertrud (geb. Krause) 253

Brandt, Heinz 246, 251-289, 294, 303-307, 313, 323, 335, 339, 349, 361
Brandt, Helmut 287 f.
Brandt, Lili 255, 284
Brandt, Richard 255, 284
Brandt, Willy 50, 89, 366
Brandt, Wolfgang 255
Brenner, Otto 267, 272 f., 278 f., 281, 285 f., 362
Brentano, Heinrich von 44, 56
Brockmann, Johannes 190
Brost, Erich 103
Brügelmann, Jan 40
Brundage, Avery 355
Brüning, Anton 229 f.
Bucher, Ewald 209, 250, 278, 313, 317, 344
Buddenberg, Wolfgang 216, 249
Burda, Aenne 74
Byrnes, James Francis 22

Caemmerer 116
Carstens, Carl 74
Castle, Barbara 256
Chruschtschow, Nikita 33, 42, 46, 164, 241, 243, 277
Chruchill, Winston 16, 22, 33, 41 f.
Claudel, Paul 54, 61, 70, 72 ff.
Claudel, Pierre 73
Clay, Lucius Dubignon 45
Clemens, Alfons 150 f., 170-173, 175, 178, 187, 204, 305
Collins, John 276 f.
Cornides, Wilhelm 103
Curzon, George Nathaniel 21 ff.
Czwidzinski 256 f.

Dahlgrün, Rolf 313, 344
Daume, Willi 355 f.
Dehler, Thomas 190 f., 204
Deku, Maria 73
Dertinger, Georg 287
Dickel, Karl 128
Dirks, Marianne 73
Dirks, Walter 73, 94
Dobbert, Alfred 183, 190
Dönhoff, Marion Gräfin 71
Douglas, William 20
Dresbach, August 190
Dulles, John Foster 25 f., 32. 43

Eden, Anthony 21
Egidi, Hans 82, 86, 88, 224
Ehard, Hans 13
Ehlen, Nikolaus 62
Eichmann, Adolf 167
Eisenhower, Dwight D. 19 f., 31 ff., 38
Eisler, Hanns 311
Elfes, Wilhelm 76-81, 85-89, 94
Erhard, Ludwig 43, 157, 285, 313, 344
Erler, Fritz 39, 366
Ernst, Werner 72
Esterle, Rudolf 300 f., 303
Etzel, Hermann 29
Ewald, Manfred 356

Fassbinder, Klara Marie 52-75, 94, 203, 264
Felfe, Heinz 300, 305
Fest, Joachim 363
Fickenscher, Wilhelm 268
Fisch, Walter 142
Flanders, Ralph E. 19, 38
Flechtheim, Ossip 251 f., 264, 276, 279
Föcher, Matthias 78, 158 f.

Forrestal, James 17
Francois-Poncet, André 49
Fränkel, Wolfgang 248
Freisler, Roland 111, 238
Freitag, Walter 285
Friedensburg, Ferdinand 31, 190
Frings, Josef Kardinal 74
Fromm, Erich 277, 283
Fuchs, Ernest 115 f., 119, 122 f. 125 ff.
Fuhrmann, Peter 300

Gampfer, Georg 92, 100, 102
Gauf, Horst 363
Gaulle, Charles de 23, 42, 71 f.
Gehlen, Reinhard 16, 50 f., 270, 304, 333, 336, 339, 347
Geier, Friedrich-Wilhelm 95, 101, 136
Genscher, Hans-Dietrich 72
Gerstenmaier, Eugen 190, 241
Glaser, Hans-Georg 97-100, 103
Goebbels, Joseph 35, 96, 111
Goecke, Gustav 11
Goldschmidt, James 111
Gollwitzer, Helmut 35 f.
Göring, Hermann 9, 15, 180
Gotsche, Otto 278
Graeber, Friedrich 12
Grasnick, Georg 118, 245-250
Grewe, Wilhelm 50
Groß, Fritz 220
Grüber, Heinrich 58 f., 61
Grünbaum, Präses 120
Grundig, Max 74
Grynspan, Herschel 122
Güde, Max 69, 202, 204 f., 209, 215, 247-250, 361, 363 f., 366

Haasler, Horst 148
Halbfell, August 189
Hallstein, Walter 124
Hamel, Johannes 120
Hammerskjöld, Dag 258
Hampel, Maria 56
Hannover, Heinrich 364
Hartmann, Heinrich 163, 167
Hase, Karl-Günter von 244
Hausmann, Manfred 79
Heinemann, Gustav 8, 12-15, 19, 26, 31, 36-40, 73 f., 76 f., 79, 91, 98, 104,109 f., 114, 120, 147, 156, 161, 164, 166 f., 172, 175 f., 189 f., 192, 200, 202-205, 212, 215, 218, 237, 247, 249, 252, 256 f., 260, 263, 265, 267 ff., 273, 277 f., 281, 289, 313, 316 f., 321, 323, 339 f., 342, 348, 352 f., 363 f, 366 f., 371
Heiß, Martin 216
Held, Heinrich 35
Hengsbach, Franz 191
Henkels, Walter 191
Hentschel, General 130
Hermes, Andreas 79
Herriot, Édouard-Marie 80
Herzberg, Adele 284
Hetz, Gerhard 356
Hetzel, Hans 220
Heusinger, Robert 304
Heuss, Theodor 84, 296
Hirano, Prof. 203
Hitler, Adolf 23, 33, 35, 96, 111, 180, 284, 294
Höcherl, Hermann 282
Hoensbroech, Benedikt Graf von und zu 343 f., 346 ff.
Hoensbroech, Eugen Graf von und zu 343, 346 ff.

Hofé, Günter 325, 346 f.
Hofmann, Anne-Marie 298 f.
Hofmann, Werner 162
Höher, Wolfgang 270
Honecker, Erich 293, 312
Hoover, Edgar 17, 20
Höpker-Aschoff, Hermann 144
Hopmeier, Fritz 294, 305, 313, 316 f., 319, 321 f., 327
Horn, Walter 162 f.
Humphrey, John P. 258
Hundhammer, Alois 81

Iwand, Hans Joachim 203

Jacobi, Werner 183
Jäger, Richard 366
Jagusch, Heinrich 122, 125, 127, 204, 217, 347, 366
Jahn, Gerhard 363
Jescheck, Hans-Heinrich 11, 364
Johannes XXIII., Papst 70, 74
John, Otto 166, 224
Johnson, Lyndon Baines 38

Kaiser, Jakob 78, 134, 147
Kallen, Hans 43
Kammerer, Heinrich 323
Kannenberg, Heinz 137
Karl, Albin 316
Karl, Peter 316
Karpf, Hugo 213, 216
Kassim, Mouloud 304
Kassmann, Fritz 66 f.
Kauffmann, Herbert 137
Kaufmann, Alfons 137 ff.
Kaul, Friedrich Karl 119-122, 127, 244, 249, 252-255, 258, 273 f., 276, 278, 287, 290-347
Kautz, Elfriede 206, 209, 361
Kehl, Gerhard 259
Kennan, George F. 24
Kennedy, John F. 45 ff.
Keramane, Hafid 304
Kern, Eduard 116
Kesseböhmer, Wilhelm 114
Khera, Perm S. 266 f., 269
Kiesinger, Kurt Georg 117, 357
Kirk, Alan G. 26
Kirkpatrick, Ivone A. 49
Knepper, Fritz 212-220
Koch, Gerhard 66
Kofler, Leo 162
Kogon, Eugen 94, 256, 363
Kokoschka, Oskar 112
Kordt, Erich 103
Korn, Helmut 304
Kraft, Prälat 63
Kramer, Gerhard 363
Krause, Ludwig 253
Krautwig, Carl 321
Krone, Heinrich 45 f.
Krüger, Paul 93 ff., 115-119, 123, 126, 246, 248
Krupp von Bohlen und Halbach, Alfried 43, 286
Kuhn, Alwin 304
Kühn, Heinz 183, 215, 220, 332
Kunst, Hermann 339-345
Küster, Fritz 69, 78
Küster, Ingeborg 69

Lahr, Rolf 278
Laurenz, Karl 336

Laurien, Hanna-Renate 74
Lauritzen, Lauritz 363
Lehmann, Lutz 363
Lehr, Robert 131
Leipart, Theodor 112
Lemmer, Ernst 31, 147, 163
Lengtat 317 ff., 321, 332
Leo XIII., Papst 129
Leuschner, Wilhelm 112, 156
Ley, Robert 188
Liebknecht, Karl 236
Lippmann, Walter 24 f., 38
Löbe, Paul 48, 190
Loest, Erich 266
Lomberg, Hans 192
Lorenz, Cläre 192
Luchtenberg, Paul 68
Ludwig, Ruth 159-164, 167 f.
Lübke, Heinrich 71 ff., 189, 296
Lüst, Reimar 74
Lung, Robert 251 f., 262

MacArthur, Douglas 18
McCarthy, Joseph 17-20, 32, 38
McCloy, John Jay 14, 17, 49
Maihofer, Werner 147, 363
Maizière, Clemens de 276
Maizière, Lothar de 276
Maizière, Ulrich de 276
Marshall, George Catlett 17
Martin, Ludwig 248 f., 322
Matthöfer, Hans 265
Maunz, Theodor 117
Meidner, Ludwig 112
Meinberg, Arthur 220
Melsheimer, Ernst 255, 294
Mende, Erich 40, 343-346, 348, 357
Menzel, Walter 189
Meyers, Franz 62, 80, 88, 184, 190, 193
Middelhauve, Friedrich 56, 68
Mielke, Erich 293, 303, 324, 331, 337 f.
Mikojan, Anastas 43
Mitscherlich, Alexander 256
Mochalski, Herbert 262
Molotow, Wjatscheslaw M. 22, 34 f.
Montgomery, Bernard Law 16
Morosow 266
Müller, Ingo 101
Müller-Emmert, Adolf 250

Nahl, Hans van 62-66
Nay, E. W. 112
Neiseke, Heinrich Adolf 132
Nes Ziegler, John van 184
Neuberger, Josef 214 f., 217 f.
Neumann, Oskar 128, 295-300, 327, 332 f., 347
Neumann, Siegfried 271
Neumayer, Fritz 140
Niemöller, Martin 13, 35 f., 38, 73, 79, 203, 256, 262
Nienhagen, Walter 293 f.
Nimitz, Chester 18
Nollau, Günther 51, 198, 200, 281, 314 f., 326, 332 f.
Nölting, Erik 189
Norte, Dr. 160
Nowak-Haney, Elli 69
Nuschke, Otto 88

Oberhof, Johannes 131
Opel, Fritz 262, 281
Öttingen-Wallerstein, Fürst 29
Overbeck 74

Paasikivi, Juho 22
Palmer, Lilli 253
Patton, George 16
Paul VI., Papst 74
Paul, Hugo 157, 160, 163, 168, 189
Peiser, Dr. 253
Peiser, Irene 253
Peiser, Lilli s. Palmer, Lilli
Pferdmenges, Robert 39, 43
Pfleiderer, Karl-Georg 30
Pirker, Theo 163, 167
Pitaval, François Gayot de 307
Pius XII., Papst 133
Platon 126
Plievier, Theodor 119
Pokorny 306 f.
Pötter, Wilhelm 183
Powers, Gary 342
Pripolzew, Ing. 265
Pritt, D. 203
Pünder, Hermann 30 f., 79
Puschkin, Georgij M. 37

Raddatz, Karl 268
Raimbaut de Vaqueiraz 53
Rath, Ernst Eduard vom 122
Reimann, Max 78, 138, 157
Reismann, Bernhard 28 f.
Renner, Heinz 98, 186-194
Richter, Herbert 339
Richter, Willi 218
Rittberg, Gräfin von 340 f., 345
Rohrbach, Maria 220
Röhrig, Ernst 266
Rolland, Romain 53
Ruge, Gerd 266,, 277
Russell, Bertrand 277 f., 283, 313

Schabrod, Karl 180-186, 190
Schalck-Golodkowski, Alexander 345
Scharf, Kurt 342
Scharley, Hugo 214
Scheringer, Richard 295-300
Scheu, Adolf 15
Schewzyk, Stefan 216 f., 220
Schmid, Carlo 190 f.
Schmid, Richard 147, 363
Schmidt, Ernst 192-194
Schmidt-Ruttloff, Karl 112
Schmidt/Wuppertal, Otto 67
Schneider, Reinhold 79
Schnitzler, Karl-Eduard von 260
Schöbel, Heinz 356
Scholtissek, Herbert 184
Schröder, Gerhard 265
Schroeder 57 f., 60
Schröter, Gertrud 206, 209, 361
Schroth, Heinrich 214
Schulte, Heinrich 39
Schulze zur Wiesche, Paul 135 f.
Schumacher, Kurt 112, 157, 162
Schüssler 264
Schütz, Werner 60 ff., 65 f.
Schwarz, Hans-Peter 12
Seibert, Claus 235 f.
Semjonow, Wladimir S. 56, 61, 75
Servatius, Robert 162, 167
Sethe, Paul 39
Seydoux de Clausonne, François 73
Siemsen, Karl 66 f.
Skorubski 335
Smirnow, Andrei A. 46
Sokrates 126
Sonnenschein, Karl 129
Springer, Axel 39, 342
Stackelberg, Curt Frhr. von 97 f., 103

Staff, Curt 147
Stahel, General 138
Stalin, Joseph 20, 22 f., 29 ff., 33, 39, 145, 268
Stammberger, Wolfgang 304
Stange, Jürgen 316, 342 f., 345 f., 348
Stehle, Hansjakob 340
Steinhoff, Fritz 66-68
Steinmann, Elly 69, 73
Stern, Carola 266
Stinnes, Hugo 307 f.
Stoph, Willi 325
Strack, Hans 124
Sträter, Artur 12, 184
Strauß, Franz Josef 70, 282, 304, 345 f.
Streit, Josef 267 f., 276, 313, 316, 323, 342
Strunk, Heinrich 189
Stücklen, Richard 75
Suttner, Bertha von 66, 130

Tacke, Bernhard 78, 216
Taubert, Eberhard 35
Terboven, Josef 188
Teusch, Christine 56 f., 60
Thomas, Christa 128-136, 155, 219
Thönnessen, Werner 262, 273, 279, 281
Thyssen-Bornemisza, Hans Heinrich 168
Tillmanns, Robert 31
Triepel, Heinrich 111
Trost, Paul 212-220
Truman, Harry Spencer 18, 24

Ulbricht, Walter 34, 244, 270, 276 ff., 297, 312, 356, 364
Ule, Carl-Hermann 11

Vogel, Hans-Jochen 355
Vogel, Wolfgang 120, 313, 316, 342 f., 345 f., 348
Wagner, Walter 37, 95, 97, 213, 247
Waldow, Wolf von 308
Walter, Eva 279 f.
Walther, Hofrat von 12
Wandel, Paul 81
Warburg, James P. 23, 38
Warnke, Herbert 360
Weber, Karl 69 f., 125
Wedel, Reymar von 342
Wehner, Herbert 113, 259, 357, 366
Weitz, Heinrich 36 f., 189
Weizel, Walter 66
Wessel, Helene 15, 33, 40, 52, 79, 94, 371
Westrick, Ludger 344
Weygand, Maxime 23
Weymar, Paul 229
Wicht, Adolf 304
Wieland, Gustav 160, 163 f., 167 f.
Wienken, Heinrich 58, 63, 65
Willmann, Heinz 276 f.
Willms, Günther 177, 364
Wilm, Ernst 12, 35, 184, 362
Windisch 255
Wölfel, Hans 129
Wolff, Friedrich 264, 267-278, 307 f.
Wolff von Amerongen, Otto 42

Zarapkin, Semjon K. 366
Zehrer, Hans 96
Ziegler, Walter 268
Ziesel, Kurt 363
Zinke, Johannes 342
Zinn, Georg-August 190
Zorin, Valerian P. 36

Zum Autor

Diether Posser wird am 9. März 1922 in Essen geboren. Sein Abitur macht er 1940 am Humanistischen Burggymnasium in Essen. Danach folgen Reichsarbeitsdienst und drei Trimester Studium der Rechtswissenschaft und Volkswirtschaft an der Universität in Münster. 1941 wird Posser zur Luftwaffe eingezogen und als Bordfunker in einer Fernaufklärungsstaffel ausgebildet. Zwischen 1943 und 1945 fliegt er über 130 Einsätze im Mittelmeerraum und an der Ostfront. Am 9. Mai 1945 gerät er in russische und – nach geglückter Flucht – zunächst in amerikanische, dann in französische Kriegsgefangenschaft. Sein Studium setzt er zunächst in einer Lagerakademie, dann – nach Entlassung aus der Kriegsgefangenschaft 1947 – an der Universität Köln fort. Am 11. Dezember 1948 besteht er sein Referendarexamen und beginnt seine Referendarausbildung. Zum Thema »Prozessuale Fragen des Verfahrens vor dem Ständigen Internationalen Gerichtshof« promoviert er am 20. November 1950 zum Dr. jur.

Nach seinem Assessorexamen wird er – im November 1951 – Anwaltsassessor bei Rechtsanwalt Dr. Dr. Gustav Heinemann in Essen, dem späteren Bundespräsidenten. Von 1952 bis 1966 ist er Sozius von Gustav Heinemann, ehe dieser – durch Eintritt in die Bundesregierung als Bundesjustizminister – aus der Anwaltspraxis ausscheidet. Posser wird 1951 Mitgründer der überparteilichen »Notgemeinschaft für den Frieden Europas« und deren Geschäftsführer. Außerdem ist er am 30. November 1952 Mitgründer und Vorstandsmitglied der »Gesamtdeutschen Volkspartei« (GVP), die ihre Geschäftsstelle in seiner Anwaltskanzlei nimmt. Nachdem die GVP bei der Bundestagswahl am 6. September 1953 nur 1,2 % der Stimmen erhalten hatte, beschließt sie auf einem Bundesparteitag ihre Auflösung und empfiehlt den Mitgliedern, sich der SPD anzuschließen. Außer Posser treten Heinemann, Helene Wessel, Adolf Scheu, Johannes Rau und viele andere zur SPD über. 1957 werden Heinemann und Helene Wessel auf Landeslisten der SPD in den Bundestag gewählt.

Posser kandidiert für den nordrhein-westfälischen Landtag und wird in Essen am 24. Juli 1966 direkt gewählt. Er hält sein Mandat bis 1990. Zwischen 1. November 1968 und 13. September 1972 ist Posser Minister für Bundesangelegenheiten und Stimmführer Nordrhein-Westfalens im Bundesrat. Gleichzeitig wird er Mitglied des Vermittlungsausschusses von Bundestag und Bundesrat. Am 13. September 1972 übernimmt er das nordrhein-westfälische Justizministerium, ehe er – am

9. Februar 1978 – nordrhein-westfälischer Finanzminister wird. Zugleich wird er Vorsitzender des Finanzausschusses des Bundesrats. Ab 4. Juni 1980 ist Posser Stellvertreter des Ministerpräsidenten. Am 30. April 1988 scheidet er – krankheitsbedingt – aus der Landesregierung aus.

Posser war von 1966 bis 1970 Mitglied des Unterbezirksvorstandes der SPD in Essen, von 1968 bis 1972 Mitglied des Bezirksvorstandes Niederrhein der SPD und von 1970 bis 1986 Mitglied des SPD-Parteivorstandes und Vorsitzender der Kommission für Rechtspolitik beim Parteivorstand. Seit 1988 ist er Vorsitzender der Bundesschiedskommission der SPD.

Zwischen 1970 und 1990 war er Mitglied der Synode der Evangelischen Kirche in Deutschland und ihres Finanzausschusses.

Heute lebt Posser im »Unruhestand« in Essen und ist publizistisch tätig.